KB011250

20세기 이야기

1970년대

20세기 이야기 _1970년대
개발독재, 빛과 그림자(國內) | 신음하는 지구(國外)

1판 1쇄 발행일 2012년 12월 10일

지은이 김정형
발행인 한숙희
발행처 답다출판
출판등록 제2012-000343호(2012년 11월 1일)
주소 135-875 서울시 강남구 선릉로94길 7 현죽빌딩 7층
전화 02)733-9389 | **팩스** 02)6280-9387
전자우편 dabda12@naver.com

편집디자인 나모에디트(02-2263-3309)
용지 동남지류유통(02-2274-0223)
인쇄 상지사 P&B(031-955-3636)

ISBN 978-89-98451-07-3 04900
ISBN 978-89-98451-10-3(세트)

* 이 책의 판권은 저자와 답다출판에 있습니다.
저자와 답다출판의 허락 없이 어떠한 형태로도 이 책의 전부 또는 일부를 이용할 수 없습니다.
* 잘못된 책은 바꾸어 드립니다.

20세기 이야기

1970년대

개발독재, 빛과 그림자(國內)
신음하는 지구(國外)

답다

【일러두기】

1. 외래어 표기는 '외래어 표기법'에 따르되 일부 외래어는 관행을 따랐다. 예를 들어 '에르빈 로멜', '메릴린 먼로', '마틴 루서', '니키타 흐루쇼프'가 외래어 표기법상으로는 맞지만 오랫동안 익숙하게 사용해온 '롬멜', '마릴린', '루터', '흐루시초프'로 표기했다.
2. 중국의 지명과 인명은 중국어 원음(마오쩌둥, 베이징) 대신 한국어 원음(모택동, 북경)으로 표기했다.
3. 사진은 조선일보, 동아일보, 연합뉴스로부터 제공받았다. 사진 중에는 저작권자를 확인하려 했으나 확인하지 못한 일부 사진도 있다.

무한질주 20세기 발자취와 대한민국의 뚝심 추적史

20세기는 무한질주의 시대였습니다. 과학과 기술이 비약적으로 발전하고, 이를 바탕으로 한 신제품이 쏟아져 나왔습니다. 컨베이어 벨트로 상징되는 대량생산 덕에 인류는 유사 이래 처음 물질적 풍요의 시대를 경험했습니다. 불치병은 치료되고 수명은 연장되었습니다. 농업생산력도 폭발적으로 증가해 세계 대부분의 나라에서 기아가 사라졌습니다. 항공기의 발달로 세계는 지구촌이 되고 인터넷과 휴대폰의 대량 보급으로 인류는 이웃이 되었습니다.

문제는 인간의 무지와 탐욕, 야만과 광기였습니다. 여기에 과학과 기술의 옷이 입혀지면서 대량학살이 자행되었습니다. 20세기 전반기에 겪은 두 차례의 세계대전은 인류를 죽음의 구렁텅이로 몰아넣었습니다. 20세기 후반기에는 미소 냉전과 이로 인한 국지전, 민족과 종교의 이름으로 가해지는 무차별적인 학살, 독재자들의 만행, 악덕 자본가의 탐욕, 환경오염으로 인한 자연파괴 등으로 인류는 혼돈의 시대를 살아야 했습니다.

다행인 것은 이런 와중에도 새로운 문화가 꽃을 피우고 생활수준은 나아졌으며 민주주의가 세계 곳곳에서 자리를 잡아갔습니다.

마치 롤러코스터처럼 세계가 광기와 이성의 시대를 오르내리고 있을 때 대한민국은 어땠을까요. 20세기 초, 대한민국은 적자생존과 약육강식이 지배하는 제국주의 세계에 내던져진 한 점의 고깃덩어리에 불과했습니다. 결국 아가리를 벌리고 발톱을 세운 일본 제국주의의 먹잇감이 되고 말았습니다. 그렇게 질곡의 시대를 살아야 했던 대한민국이 비로소 명패를 내걸고 존재를 인정받은 것은 1948년입니다. 하지만 곧 전 세계를 짓누른 미소 냉전의 틈바구니 속에서 또다시 민족의 비극 6·25를 경험해야 했습니다. 모든 것은 재가 되었습니다. 우리는 그 참혹한 현실 앞에서 망연자실했습니다.

그러나 우리 국민은 참으로 위대했습니다. 끈질긴 생명력으로 다시 일어서고 가난과 폐허로부터 벗어났습니다. 도저히 따라가지 못할 것 같은 선진국과의 격차를 근소하게 좁히고 코리아의 존재를 세계에 각인시켰습니다. 정치적으로는 민주주의를 완벽하게 정착시키고 경제적으로는 절대 가난에서 벗어나 물질적 성취를 이뤄냈습니다. 식민지를 경험한 국가 중 '산업화'와 '민주화'를 모두 이룬 대표적인 모범 국가로 발돋움한 것입니다.

하지만 오늘이 있기까지 남북 대치와 개발 독재로 인한 인권 유린, 자본의 논리로 인한 노동자·농민의 희생이 잇따랐습니다. 민주화를 이룬 뒤에도 사회 양극화와 이념적 대립이 계속 우리 사회 전반을 짓누르고 있습니다. 압축 성장에 따른 정신적 황폐화와 상대적 박탈감, 속물 자본주의 근성도 끈질기게 우리 주변을 배회하고 있습니다.

이 책은 이런 20세기 100년(정확히는 101년)의 이야기입니다. 20세기 국내외에서 일어난 중요하고 의미가 있는 과학, 산업, 정치, 경제, 전쟁, 문화, 예술, 스포츠, 학문, 언론 등을 망라했습니다. 의미가 있는지? 후세에 영향을 미쳤는지? 선구적 업적인지? 새로운 흐름인지? 등을 수록의 기준으로 삼았습니다.

20세기 100년을 10년 단위로 구분해 총 10권으로 구성했습니다. 첫 결과물은 1960년대와 1970년대 두 권이고, 나머지 책은 단계적으로 발간할 예정입니다. 각 권의 연도마다 국내와 국외를 함께 수록했습니다. 국내와 국외를 별권(別卷)으로 하지 않은 이유는 당초 이 책을 쓰려 한 취지를 살리기 위해서입니다.

자료를 찾고 원고를 정리하면서 가장 궁금했던 것은 100년 동안의 세계적인 대격변 속에서 대한민국이 어떤 과정을 거쳐 오늘에 이르렀을까 하는 의문이었습니다. 궁금증을 풀려면 국내와 국외에서 비슷한 시기에 일어난 문제를 함께 소개해야 거시적이고 상대적인 관점에서 온전한 비교가 가능하다고 판단했습니다.

현재 우리 사회는 진보와 보수 간에 도그마, 합리화, 독선, 진영 논리 등에 매몰되어 있습니다. 끊임없이 계속되는 사회적인 갈등과 극단적인 이념 대립은 심각한 수준에 이르렀습니다. 이미 사멸되고 박제화되었어야 할 종북 세력까지 안간힘을 쓰며 우리 사회의 갈등을 부채질하고 있습니다.

그런데도 대한민국은 중심이 흔들리지 않고 꿋꿋하게 버티고 있습니다. 이것은 멸사봉공의 마음가짐으로 국가와 국민을 우선한 선대의 희생과 당대 사람들의 용기가 있었기에 가능했습니다. 일제하에서는 독립운동가, 해방 후에는 6·25 참전용사, 개발 독재 시절에는 산업화의 두 주역인 근로자와 기업가, 민주화를 열망하는 시민과 운동가 등이 오늘을 있게 한 주역들이었습니다.

그중에서도 특히 근로자의 근면과 기업가의 리더십은 오늘의 대한민국을 있게 한 원동력이었습니다. 기업가는 더 많은 부를 쌓고 싶어서 근로자는 더 나은 삶을 위해서 함께 기업을 키워갔습니다. 이 과정에서 다수 근로자의 노력과 희생이 발판이 되어 살아남은 기업은 대기업으로 성장하고 국가는 이들 대기업 덕에 경제 규모를 키워 유엔 사무총장을 배출하는 등 지구촌의 중요한 멤버로 자리를 잡았습니다. 이런 점에서 대한민국의 중심이 흔들리지 않을 수 있었던 결정적인 이유를 꼽으라면 근로자의 땀, 기업의 성장, 국가 경제 규모의 확대 등을 들고 싶습니다.

이 책은 진보 보수 어느 한쪽의 입장에 서기보다 양쪽 모두를 긍정하는 입장을 취했습니다. 양쪽의 생각을 가급적 균형 있게 소개하려 했습니다. '사회가 건강하려면 보수와 진보라는 두 날개로 날아야 한다'는 주장에 전적으로 공감하고, 두 입장 모두 우리 사회를 지탱하는 소중한 두 축이라고 믿고 있기 때문입니다. 그렇다고 우리 사회의 건강성을 해치는 일부 보수의 '부패'와 '탐욕', 일부 진보의 '경박'과 '독선'까지 용인하는 것은 아닙니다. 빛과 그림자는 늘 함께하는 것인데도 이 같은 사실을 애써 외면한 채 어느 한쪽 면만을 지나치게 강조하거나 부각시키려는 외눈박이에 대해서도 경계합니다.

이 책이 국내 위주의 정치·사회적인 책으로 오해하는 독자가 있을지 모르겠습니다. 사실 이 책에는 정치·사회 외적인 내용들이 훨씬 더 많습니다. 세계 문제도 국내 문제 못지않게 풍부하고 다양합니다. 총론적인 역사서도 아닙니다. 하나하나가 과학사이고 문화사이고 경제사이고 생활사입니다.

풍부하지만 부실하고 잘못된 정보가 인터넷에 넘쳐나는 현실도 책을 쓰게 된 동기 가운데 하나였습니다. 물론 인터넷에는 뛰어난 고수들이 많습니다. 하지만 그들의 고급 정보를 일일이 찾는 게 쉽지 않습니다. 장시간 인터넷을 뒤져야 겨우 찾을 수 있기 때문입니다.

원고를 쓰면서 가장 신경을 쓴 부분은 '정확한 사실'이었습니다. 물론 사실이라는 것도 때로는 그것을 바라보는 사람의 관점과 해석에 따라 달리 보인다는 것을 모르지는 않습니다. 우리 사회는 아직도 자신의 입맛대로 해석하거나 특정한 의도를 갖고 사실을 취사선택하는 경향이 강합니다. 우리가 마지막 보루로 기대고 싶어하는 '상식'의 기준과 개념 역시 사람에 따라 각기 다르게 인식되는 것도 사실입니다. 따라서 이 책에서 가끔 드러나는 필자의 생각을 긍정하거나 부정하는 것은 전적으로 독자의 몫입니다.

또 하나 걱정되는 것은 혹시 있을지 모르는 오류입니다. 원고를 쓸 때부터 꼼꼼히 확인하고 몇몇 지인이 원고를 읽어주긴 했지만 그래도 작업이 방대하고 기간이 오래 걸려 어떤 오류가 어디서 튀어나올지 몰라 내심 걱정스럽습니다.

이 책은 독창적이거나 학문적인 저술이 아닙니다. 기존의 저술들을 수집·정리·소개한 것입니다. 그런 점에서 국내외의 많은 학자, 기자, 작가들이야말로 이 책의 진정한 저자입니다. 저는 대표 저자로 이름을 올렸을 뿐입니다. 그들의 책과 논문, 기사를 일일이 소개하는 것이 예의겠으나 책의 분량이 너무 늘어난다는 것을 핑계로 부득이 제외했음을 양해 바랍니다.

국내에 이런 종류의 책이 없고, 20세기를 총체적으로 이해하는 데 도움이 될 수 있겠다는 지인들의 권고에 고무되어 감히 이 책을 세상에 내놓았습니다. 관심과 격려, 질정을 바랍니다.

2012년 12월 1일

김정형 _ 대표 저자

차례

20세기 이야기 _ (1970년대)

개발독재, 빛과 그림자(國內) | 신음하는 지구(國外)

1970년

경부고속도로 개통
새마을운동 시작
전태일 분신자살
와우아파트 붕괴
'사상계' 강세 폐간
김지하와 정치 풍자 담시 '오적'
김영삼·김대중의 '40대 기수론'
김용섭 '조선후기농업사연구' 출간
정경화 '런던 심포니 오케스트라' 협연
_ *'정트리오'와 음악가족*
김재원 국립박물관장 25년 만에 퇴임
_ *국립중앙박물관*
장훈 일본 프로야구 사상 최고 타율 기록
정인숙 여인 의문의 피살
빌리 브란트 분단 25년 만에 동·서독 총리 회담
일본 적군파 결성과 요도호 하이재킹
_ *아랍 적군파*
케이트 밀레트 '성의 정치학' 출간
우에무라 나오미 5대륙 최고봉 세계 최초 등정
미시마 유키오 할복자살

경부고속도로 개통

자동차 시대가 개막되고 전 국토가 일일생활권이 되었으며, 인적·물적 자원의 지역 간 이동이 원활해졌다.

경부고속도로 건설은 1967년 4월 29일 서울 장충단공원에서 열린 제6대 대통령 선거유세에서 박정희 대통령의 공약으로 처음 제기되었다. 4대강 유역을 개발하고 서울에서 인천, 동해안, 목포, 부산을 각각 연결하는 고속도로를 건설하겠다는 이른바 '대국토건설계획'이었다.

당시는 제1차 경제개발계획의 성공 후 수송화물이 대형화되고 수송량도 나날이 급증했으나 주된 수송수단이라야 철도뿐인데다 국도와 지방도로의 사정도 형편없었다. 박 대통령은 재선에 성공하자 1967년 5월 27일 먼저 경인고속도로를 착공하는 것으로 고속도로 건설에 시동을 걸었다.

문제는 서울~부산 간의 경부고속도로 공사였다. 예산, 기술, 경험 등 모든 것이 부족한 상태에서 산과 들과 강을 가로질러 428km의 4차로 도로를 뚫는다는 것은 누가 보아도 무리한 구상이었다. 당시 우리나라의 고속도로 건설 경험은 현대건설이 1965년 태국의 파타니~나라티왓 고속도로를 하도급으로 시공해 본 게 전부였다.

야당은 "포장률이 극히 낮고 노폭도 좁으며 노면도 엉망인 국도·지방도의 정비부터 선행해야 한다"며 반대했다. 언론과 학계까지 들고 일어나 반대하자 여당인 공화당과 공무원 사이에도 신중론이 대두되었다. 1967년 말 1인당 GNP가 겨우 142달러에 불과하고 자동차 보유 대수도 5만 대 남짓인 상황에서 '단군 이래 최대 규모의 토목공사'로 불리는 경부고속도로를 건설한다는 것이 무리한 결정으로 비치는 것은 당연했다.

그러나 겉으로 드러난 현상은 같게 보일지라도 의미와 해결방법은 사람에 따라 다르게 보이는 법이다. 다른 지도자들 눈에는 국도와 지방도 개선이 우선이었겠지만 박 대통령에게는 고속도로 건설이 더 시급해 보였다. 그것은 통찰력이었다. 박 대통령은 "국가 재정이 파탄날 것", "부유층의 유람로가 될 것"이라는 야당의 반대를 무릅쓰고 관련 위원회와 조사단을 발족시켜 고속도로 건설을 구체화했다. 고속도로의 기점과 목적지는 네 가지 방안을 숙의한 끝에 서울 제3한강교(한남대교) 남단과 부산 동래구 구서동을 잇는 현재의 노선을 확정했다.

"싸우면서 건설하자"

가장 큰 문제는 도로용지 확보였다. 토지 수용 문제가 해결되지 않는 한 고속도로 건설은 무망해 보였다. 사유지를 어떻게 처리하느냐가 최대 관건인 상황에서 해결책으로 등장한 것이 구획정리사업이었다. 한남대교 남단에서 과천~성남 갈림길까지의 고속도로 용지를 무상으로 확보하기 위해 영동지구 구획정리사업을 실시한 것이다. 그래도 확보가 안 된 사유지는 정부가 보상비를 주고 매입했는데 이 과정에서 회유와 강제가 동원되었다. 군수와 읍·면장은 논밭의 일부가 도로용지로 편입되면 나머지 땅값은 크게 오르게 된다며 용지 매수에 응할 것을 종용했다.

이렇게 보상비를 지불하고 매수한 용지는 582만 평에 달했다. 총 매수 금액은 13억 7,500만 원이었고 평당 평균 매수가는 236원이었다. 쌀 한 가마가 4,350원 하던 때였으니 그런 헐값도 없었다. 건설비는 300억 원에 10%의 예비비를 더해 330억 원으로 책정했다. 재원 마련을 위해 휘발유세를 2배 인상하고 95억 원의 도로공사채를 발행했다. 대일청구권 자금 27억 원과 통행료 수입 15억 원 등도 충당되었다.

이처럼 모든 윤곽이 그려진 후 서울~수원 간 고속도로 기공식이 서울 원지동에서 열린 것은 1968년 2월 1일이었다. 기공식에서 박 대통령은 그 유명한 "싸우면서 건설하자"는 구호를 처음 언급했다. 11일 전 북한 무장공비 31명이 서울에 침입하고 그로부터 이틀 후 푸에블로호 나포 사건으로 한반도에 전운이 감돌 때였던 만큼 당시 상황을 압축한 표현이었다. 2월 1일이 공식 착공일이었지만 서울~오산 간 공사는 이미 3개월 전부터 진행되고 있었다.

경부고속도로는 박 대통령에게 근대화의 상징이자 경제개발의 꿈을 실현시킬 신앙과도 같은 것이었다. 노선결정은 물론 공정계획까지도 직접 챙겨 사실상 박 대통령 혼자의 '원맨쇼'로 진행되었다. 박 대통령의 고속도로 구상은 1964년 12월의 서독 방문 때 시작되었다. 그때 박 대통령은 본~쾰른 간 아우토반을 시속 160km로 달렸고, 가고 오는 길에 두 차례 중간에 내려 노면, 중앙분리대, 교차시설들을 주의 깊게 살폈다. 귀국해서도 틈만 나면 인터체인지 선형을 직접 그려가며 꿈을 가다듬은 끝에 고속도로 건설의 첫 삽을 뜬 것이다.

전 국토의 일일생활권 실현

고속도로 건설에는 대림산업, 동아건설, 삼부토건, 극동건설, 삼환기업 등 16개 업체와 육군 건설공병단 3개 대대가 참여했지만 그중에서도 유일하게 고속도로 시공 경험이 있는 현대건설의 활약이 컸다. 고속도로 공사비를 산정하는 기획단계 때부터 참여한 현대건설은 전체 428km 가운데 30%나 되는 128km를 시공했다. 경부고속도로 첫 구간이자 시범구간인 서울~수원 간 공구도 현대건설이 맡았다. 고속도로 경험이 전

개통 당시의 경부고속도로

무한 다른 기업에 시범을 보이라는 뜻이었다.

고속도로 준공은 1968년 12월 21일 서울~수원과 서울~인천, 천안~대전(1969.12.10), 대구~부산(1969.12.29), 대전~대구(1970.7.7) 순으로 진행되었다. 착공 후 2년 5개월 만에 결실을 본 초스피드 공사에 429억 7,300만 원의 공사비가 들었고, 연인원 892만 명과 165만 대의 장비가 투입되었다. 1970년 7월 7일 대구 공설운동장에서 열린 준공식에서 박 대통령은 "피와 땀과 의지의 결정이자 예술작품"이라며 공사에 의미를 부여했다. 그날 공화당은 "5,000년 민족사상 일찍이 누구도 꿈꿔 본 적 없는 대동맥이 준공되었다"고 성명을 냈다. 하지만 야당인 신민당은 "국민의 부담을 무시하고 투자 우선순위를 잘못 결정한 전시행정의 표본"이라고 비난했다.

희생자도 많았다. 가장 난공사 구간인 당재터널(옥천터널) 공사에서는 10여 차례나 일어난 낙반사고로 9명이 목숨을 잃었으며 전 구간에서 모두 77명이 희생되었다. 준공일을 앞당기기 위해 기초공사를 허술히 하는 바람에 개통 후에도 무수한 땜질공사를 해야 했고 이 때문에 한동안 '영원히 완공되지 못하는 고속도로'라는 오명을 듣긴 했으나 경부고속도로가 가져다준 효과는 실로 엄청났다.

개통 이후 서울과 부산의 운행시간은 15시간대에서 5시간 이내로 획기적으로 줄어들었다. 자동차 시대가 개막되고, 전 국토가 일일생활권이 되었으며, 인적·물적 자원의 지역 간 이동이 원활해졌다. 대도시 집중이 가속화되었고, 국민의 의식 수준이 향상되고 평준화되었다. 특히 고속도로 건설을 통한 기술력의 확보와 경험은 이후 대형 국책사업 추진의 원동력이 되었다. 추풍령에 세워진 준공기념탑에는 박정희 대통령이 친필 휘호로 쓴 글이 이렇게 새겨져 있다. "경부고속도로는 조국 근대화의 길이며 국토 통일의 길이다."

▶ 이후 개통된 고속도로

고속도로	개통일	고속도로	개통일
호남(서울~전주)	1970. 12. 30	88	1984. 6. 27
호남·남해(전주~부산)	1973. 11. 14	중부	1987. 12. 3
영동·동해	1975. 10. 14	중앙	2001. 12. 14
구마	1977. 12. 17	서해안	2001. 12. 21

새마을운동 시작

당시 농가의 80%는 초가지붕이었고 전기가 들어오는 집은 20%에 불과했으며 식수는 우물과 샘물에 의존했다.

1969년 8월 4일 경상남도의 수해복구 현장을 시찰하기 위해 부산으로 가던 박정희 대통령이 갑자기 경부선 철도변에 위치한 경북 청도군 청도읍 신도1리 마을 어귀에서 특별열차를 멈추게 했다. 마을의 울창한 산림과 말끔하게 개량된 지붕, 잘 닦인 마을 안길 등이 박 대통령의 눈길을 사로잡은 것이다. 비결을 묻자 마을 주민들은 "살기 좋은 마을을 만들어보자고 마을 총회에서 결의한 후 서로 자진해서 협동한 결과였다"고 답했다. 박 대통령이 부산에서 주재한 가뭄 대책을 위한 전국 지방관서장회의에서 신도마을의 사례를 소개하며 새마을 가꾸기 사업을 제창한 것은 그로부터 8개월 후인 1970년 4월 22일이었다. '새마을운동'이 태동하는 순간이었다.

당시 우리 농가는 겉보기에는 평화롭고 목가적이었으나 속을 들여다보면 가난에 찌들어 있었다. 농가의 80%는 초가지붕이었고 전기가 들어오는 집은 20%에 불과했으며 식수는 우물과 샘물에 의존했다. 박 대통령이 새마을운동을 제창한 뒤 농촌환경 개선을 위한 정부의 지원이 이어졌다. 생산과잉으로 시멘트의 재고가 쌓여 있다는 사실을 알고 있던 박 대통령은 그해 10월 전국 3만 4,655개 마을에 335부대씩의 시멘트를 무료로 지급하도록 했다. 주민들은 정부로부터 받은 시멘트에 자신들의 자금과 노동력을 더했다. 진입로 확장을 비롯 교량 건설, 지붕 개량, 우물 개선, 공동 빨래터 건설 등 마을의 공동사업이 전개되었다.

1971년 내무부가 사업성과를 평가해 본 결과 1만 6,600여 마을에서는 정부가 기대했던 것 이상의 실적을 보였으나 나머지 마을에서는 성과가 미진했다. 1972년 박 대통령은 첫 해 성과가 좋은 마을에만 시멘트 500부대와 철근 1톤씩을 추가로 배분해 주도록 했다. 무차별적 시혜가 아니라 적절한 인센티브를 통한 차별화로 마을 주민의 자발적 성취 의욕을 자극하기 위해서였다.

내무부는 전국의 마을을 기초마을, 자조마을, 자립마을로 구분하고 그 중 자조마을과 자립마을에만 지원물자를 배분했다. 그러자 기초마을 주민들은 마을 전체가 더욱 뒤처질지 모른다는 걱정에 사로잡혔다. 곧 그들도 마을 개량에 팔을 걷어붙였다. 무기력하고 수동적이던 농민들에게서 경쟁심, 협동정신, 노동의욕이 새롭게 살아난 것이다. 마을별 경쟁심리가 발동하자 전국에 새마을운동이 메아리쳤다. 점차 기초마을은 자조마을로, 자조마을은 자립마을로 승격하면서 3분의 1을 넘던 기초마을이 1977년에는 사라지는 큰 성과를 거뒀다.

농촌 여성들의 발언권 강해져

농촌환경 개선사업에 머물던 새마을운동의 범위가 농촌 소득증대 사업으로 전환된 것은 1972년부터였다. 박 대통령이 각종 농산물과 특산작물 생산으로 큰 농가수익을 올린 경북 영일군 문성동 마을을 돌아본 것이 계기가 되었다. 농촌에 "잘살아보세~", "좋아졌네 좋아졌어~"라는 노래가 울려퍼진 것도 그 즈음이었다. 농가소득이 급격하게 증가한 데는 새마을운동과 때맞춰 보급된 통일벼 계통의 다수확 신품종도 큰 영향을 미쳤다.

더불어 김해평야 일대에서만 이뤄지던 비닐하우스 재배법이 전국으로 확산되었고, 채소 재배와 양봉 등 다양화된 농사패턴도 농촌 수익증대에 기여했다. 무엇보다 주목할 만한 변화는 종래 중요한 의사 결정에 참여할 수 없었던 농촌 여성들의 발언권이 강해지고 공동사업에서 부녀자들의 역할이 커졌다는 점이었다. 농촌이 남자 중심의 가부장적 사회에서 민주적이고 효율적으로 역할을 분담하는 남녀평등 사회로 변모한 것이다. 이런 점에서 새마을운동은 농촌 잘살기 캠페인을 넘어 국민 의식개혁 운동이자 사회운동이었다. 한편으로는 한국사 최대·최장의 국가주도 대중운동이었고 근면·자조·협동을 강조한 '민족성 개조운동'이었다.

새마을운동이 도시로 퍼져나간 것은 1974년이었다. 반강제성을 띠긴 했지만 직장, 공장, 학교에도 새마을운동의 깃발이 나부꼈다. 반상회가 활성화되었고 '내집 앞 내가 쓸기'라는 캐치프레이즈를 내건 새마을대청소가 시작되었으며, 저축하기와 거리질서 캠페인이 전개되었다. 새마을운동이 안착하는 데는 무엇보다 박 대통령의 지속적인 관심이 결정적인 역할을 했다. 박 대통령은 1971년 6월부터 1979년 9월까지 총 134회에 달하는 월간 경제동향 보고회의를 주재하면서 꼬박꼬박 새마을 성공사례를 보고받았다.

대한민국 정부 수립 후 성취한 업적 가운데 으뜸

문제는 대통령의 관심이 커질수록 함께 비례하는 부작용이었다. 공무원 인사고과에 새마을운동 성과가 반영되면서 길에서 보이는 지붕 한쪽만 페인트를 칠하는 전시행정과 허위·과장 보고 사례가 적지 않았던 것이다. 특히 논란이 되었던 것은 새마을지도자 연수원에서 진행된 새마을교육이었다.

1973년 5월에 세워진 새마을지도자 연수원에서는 1979년까지 약 68만 명이 각종 합숙 교육을 받았다. 교육 내용이 새마을운동에 대한 것도 있었지만 유신정권을 지지하는 교육도 많아 비판이 제기되었다. 처음에는 잘살기 운동으로 시작했는지는 몰라도 점차 반공을 강화하고 성장 이데올로기를 주입시키기 위한 정부의 헤게모니적 공세 조치였다는 것이다.

농촌의 소득증대에 기여했다는 평가를 두고도 실제로는 거의 기여하지 못했고, 설사 기여했다 하더라도 도시와 비교한 상대소득은 한참 뒤떨어졌다는 비판도 제기되었다. 박 정권의 유신독재와 맞물린 시기에 진행되다 보니 "3선 개헌과 유신독재를 지속하기 위한 대국민 세뇌교육 목적의 정치적 이벤트였다"는 혹평도 들었다.

이런 비판에도 불구하고 통치권자의 강력한 개발 의지, 농민들의 적극적인 호응, 여기에 관료들의 극성스러운 독려가 삼박자를 이뤄 결과적으로 큰 성공을 끌어냈다는 사실만은 국민 다수가 인정하고 있다. 지금까지도 각종 조사에 의하면 '1948년 대한민국 정부 수립 후 성취한 중요 업적' 가운데 우리 국민이 으뜸으로 꼽는 것이 새마을운동이기 때문이다. 서울올림픽 개최, 경부고속도로 건설, 경제개발 5개년 계획, 중화학공업 육성도 새마을운동의 성취도에 미치지 못한다.

'새마을운동의 교주'로까지 불렸던 박 대통령의 사망(1979)과 함께 열기가 급속도로 식었던 것은 새마을운동의 운명이자 한계였다. 급기야 전두환 대통령이 1980년 자신의 동생 전경환을 새마을운동중앙회 회장으로 앉히면서 새마을운동은 깊은 동면에 빠졌다. 새마을운동은 1988년 국정감사와 5공청문회에서 된서리를 맞아 사실상 몰락하는 듯했다.

그러나 2000년 들어 중국과 동남아, 심지어 아프리카 국가들로부터 새마을운동을 배우려는 연수생들이 줄을 지어 한국을 찾으면서 새롭게 조명되고 있고, 이제는 국내보다도 해외에서 더 인정하는 아이러니가 연출되고 있다. '새마을의 날'(4.22)은 2011년 법정 기념일로 승격되었다.

전태일 분신자살

그가 본 것은 햇빛 없는 비좁은 다락방의 먼지 구덩이 속에서 혹사당하는 어린 10대 소녀들의 비참한 일상이었다.

가난했던 그 시절, 이 땅 대부분의 사람들이 그랬듯 전태일(1948~1970)도 어려서부터 극빈의 삶을 살았다. 대구에서 태어나 6·25 전쟁 때 아버지 손을 잡고 부산으로 피난을 갔으나 먹고살 일이 막막하기는 마찬가지였다. 전태일의 가족이 낯선 서울역에 내린 것은 전태일의 나이 6살 때인 1954년이었다. 서울 생활은 고달팠다. 경제적으로 무능한 아버지는 폭음과 주정을 일삼았고 어머니는 병이 들었다. 전태일은 결국 초등학교 4학년 때 학교를 그만두고 생활전선에 뛰어들었다. 어린 동생들을 위해 신문팔이와 구두닦이 등을 가리지 않았다.

떠돌이 생활을 하던 전태일이 평화시장 내 삼일사의 시다(견습공)로 들어간 것은 16살이던 1964년 봄이었다. 기술을 배워 가난을 벗어나는 게 그의 꿈이었다. 그러나 전태일은 평화시장에서 보지 말아야 할 것을 보고 말았다. 그것은 허리도 펴지 못하는 비좁은 다락방의 먼지 구덩이 속에서 햇빛 한번 보지 못한 채 하루 14~15시간을 기계처럼 혹사당하는 어린 10대 소녀들의 비참한 일상이었다. 일요 근무와 철야 작업이 예사인 그곳에서 미싱사의 손가락 끝은 닳고 닳아 지문이 없었다. "잠이 안 오는 주사를 사흘 밤이나 맞고 일을 해 눈도 보이지 않고 손도 마음대로 펴지지 않는다"며 울음을 터뜨리는 어린 여공 앞에서 전태일은 절망하며 몸서리쳤다. 억울하다는 자각이 싹텄다. 동료들에 대한 사랑과 연민이 가슴을 쳤다.

전태일은 평화시장 재단사를 중심으로 근로조건 개선을 위한 소모임을 준비했다. 그래서 결성된 모임이 1969년 6월의 '바보회'다. 인간적인 권리를 모르고 살았으니 자신들은 바보라며 지은 이름이었다. 전태일은 고된 노동 속에서도 근로기준법 해설책을 끼고 살았다. 전문 용어와 한자가

전태일(1948~1970)

나오면 "내게도 대학생 친구 하나 있었으면…" 하고 탄식하며 읽었다. 근로기준법은 어린 여공들이 얼마나 부당한 대우를 받고 있는가를 깨우쳐 주었다. 업주들에게는 개선을 요구하고 시청과 노동청에는 수차례 진정을 냈다. 하지만 돌아오는 것은 무관심과 냉대뿐이었다. 전태일은 사업주들에게 위험분자로 경계 대상이 되었고, 더 이상 평화시장에서 일을 할 수 없게 되어 공사판을 전전하며 막노동을 해야 했다.

전태일은 1970년 4월부터 서울 삼각산의 수도원 건물 신축 공사장에서 일하던 중 평화시장의 형제들 곁으로 돌아가야겠다고 결심했다. 그때의 심경을 1970년 8월 9일자 일기에 이렇게 썼다. "이 결단을 두고 얼마나 오랜 시간을 망설이고 괴로워했던가? …나는 돌아가야 한다. 꼭 돌아가야 한다. 불쌍한 내 형제의 곁으로… 조금만 참고 견디어라. 너희들의 곁을 떠나지 않기 위하여 나약한 나를 다 바치마…."

"내 죽음을 헛되이 말라"

1970년 9월, 평화시장에 다시 모습을 나타낸 전태일은 재단사로 취직했다. 바보회 회원 중 남아 있던 6명과 새로 규합한 6명의 재단사를 모아 9월 16일 '삼동회'를 결성했다. 삼동회는 평화시장 근로자들을 상대로 근로조건에 대한 설문지를 돌렸다. "설문지를 써주면 일요일에도 쉴 수 있다"는 농반 진반에 126명이 설문에 응해 주었다. 회수한 설문지를 토대로 '평화시장 피복제품상 종업원 근로개선 진정서'를 작성해 삼동회원과 노동자 90여 명의 서명을 받아 10월 6일 노동청장 앞으로 제출했다. 예상대로 아무런 반응이 없었다. 다행히 그곳에서 우연히 만난 경향신문 기자에게 사정을 설명할 기회를 얻어 그들의 고충이 1970년 10월 7일자 경향신문에 '골방서 16시간 노동'이란 제목의 톱기사로 실렸다. 세상이 그들에게 보인 최초의 관심이었다. 자신들의 이야기가 신문에 난 것에 감격한 그들은 경향신문을 사서 평화시장에 뿌렸다.

삼동회는 다음 단계로 10월 20일 노동청 정문 앞에서 시위를 준비했으나 국정감사를 앞두고 있던 노동청 근로감독관이 "조금만 더 기다려달라"고 회유하는 바람에 시위는 두 차례나 미뤄졌다. 하지만 국정감사가 끝나도 약속을 지키지 않는 당국에 분노하며 전태일과 삼동회는 다시 시위를 계획했다.

그날은 우리 현대사에서 영원히 지워지지 않을 1970년 11월 13일이었다. '근로기준법 화형식'을 치르고 있던 오후 1시 40분, 500여 명의 노동자들이 평화시장 앞에서 웅성거리고 있을 때 온몸에 휘발유를 붓고 나타난 전태일이 자기 몸에 불을 질렀다. 그리고 평화시장 앞길을 내달리며 피맺힌 절규를 쏟아냈다. "근로기준법을 지켜라!", "우리는 기계가 아니다!" 쓰러졌다가 다시 벌떡 일어나 또 외쳤다. "내 죽음을 헛되이 말라."

자신을 불태우며 그렇게 쓰러져간 22살 전태일은 그날 밤 10시, 명동 성모병원에서 어머니 이소선 여사가 지켜보는 가운데 눈을 감았다. 죽기 전 전태일의 입술이 경련을 일으켰다. "어머니, 내가 못다 이룬 일 어머니가 이뤄주세요."

그의 분신은 우리 사회에 엄청난 충격과 파장을 몰고 왔다. "내 죽음을 헛되이 말라"는 유언은 패배와 절망에 사로잡혀 있던 사람들의 의식을 깨웠고, 그의 죽음은 1970년대를 관통하는 노학연대 투쟁의 출발점이 되었다. 아들을 가슴에 묻은 어머니는 평화시장 노동자들의 정신적 구심이 되어 청계피복노동조합을 탄생시켰고, 청계노조는 군사독재 정권 내내 한국 노동운동의 앞자리를 지켰다.

와우아파트 붕괴

불도저식 건설 행정, 전시효과적인 겉치레 실적주의, 부패한 관료 행정에 대한 경고음이었다.

1950~1960년대 들어 서울의 인구가 급증했다. 그러나 집이 턱없이 부족해 웬만한 산허리와 하천가는 무허가 판잣집들로 넘쳐났다. 무허가 건물의 증가를 억제하라는 박정희 대통령의 지시에 따라 김현옥 서울시장이 대책을 내놓았다. 당시 서울시 전수조사에 따르면 1966년의 무허가 건물은 13만 6,650동이나 되었다. 서울시는 이 가운데 4만 6,650동은 개량하고 나머지 9만 동은 시민아파트를 지어 입주시키거나 경기도 광주군 대단지로 이주시킨다는 계획을 세웠다. 시민아파트 건립안은 주로 산허리에 있는 무허가 판자촌을 헐고 그 자리에 소규모의 시민아파트를 지어 월세를 받고 영세민을 입주시키는 방식으로 진행되었다.

김현옥 시장은 1968년 6월 서대문구 영천지구, 종로구 낙산동, 마포구 창전동 등 7개 지역에 향후 1년 동안 총 100동의 영세민아파트를 건립하겠다고 발표했다. 방 2개, 부엌 1개, 변소와 세면소가 있는 8~10평 아파트를 4~5층 높이로 지어 연리 8%, 15년 상환조건으로 월세를 받고, 시공업체는 아파트 골격만 짓고 칸막이나 계단 난간 등은 입주자 개인이 부담하는 방식이었다. 1968년 10월 회현동에 첫 시민아파트가 지어져 124가구의 영세민이 입주를 시작했다.

김 시장은 1968년 12월 마스터플랜을 발표해 시민아파트 건립에 본격적으로 시동을 걸었다. 8.5~10평의 시민아파트를 1969년 400동, 1970년 800동, 1971년 800동 등 3년 안에 총 2,000동을 짓겠다는 것이었다. 계획대로 1968년 21동, 1969년에는 406동 1만 500여 가구분의 시민아파트가 건립되었다. 속전속결이 미덕과 능력으로 인정받던 시대에 그것도 불도저로 불린 김현옥 시장의 진두지휘로 서울에서 높다 싶은 곳에는 어김없이 시민아파트가 모습을 드러냈다.

그러나 한편으로는 대부분의 공사가 부실과 날림으로 진행되어 크고 작은 사고가 예고되었다. 대부분 산 중턱의 화강암 암반에 짓다 보니 일단 지반이 견고할 것이라는 전제 아래 아파트 부지에 대한 정확한 측량은 커녕 지질검사조차 제대로 하지 않았다. 공사비가 지나치게 적게 책정된 탓에 주로 경험 없는 업체가 공사에 참여한 것도 부실을 키운 원인이 되었다. 방 안으로 분뇨가 스며든 곳이 있는가 하면 고질적인 연탄가스 사고로 죽는 사람도 생겨났다. 부실한 난간이나 계단에서 떨어지는 어린이도 있었다.

고속성장 조급증과 안전불감증이 빚어낸 인재

1969년 6월, 70도의 경사진 산비탈에 착공한 마포구 창전동 와우산의 와우아파트도 예외가 아니었다. 11평짜리 16개 동 가운데 4개 동(13~16동) 120가구분의 시공을 맡은 업체는 대룡건설이었다. 문제는 대룡건설이 2,070만 원으로 공사를 따놓고도 500만 원에 하청을 주어 부실을 피할 수 없었다는 점이었다. 그럭저럭 4개 동이 12월 26일에 준공되었으나 겨울철이라 바로 입주하지 않고 1970년 3월부터 입주를 시작했다. 그러나 벽면 곳곳에 금이 가 있어 14동, 15동 입주민들이 이 사실을 구청에 신고했다. 그런데도 현장을 둘러본 구청 공무원은 14동 주민만 대피시키고 15동은 괜찮다며 그대로 머물도록 했다. 결국 부실공사가 드러나 마포구청장과

와우아파트 붕괴 현장

건축과장은 4월 4일 직위해제되었다.

공사가 워낙 부실하다 보니 서울시는 보강공사를 하지 않을 수 없었다. 4월 6~7일에 13동과 14동의 보강공사를 마치고 15동은 8일에 보강공사를 할 예정이었다. 그러나 8일 새벽 6시 20분, 주민들이 막 잠에서 깨어날 무렵 갑자기 5층짜리 15동 건물이 폭삭 내려앉았다. 금이 가 있던 1층 받침부분이 무너져 내린 것이다.

이 사고로 15가구 70명 가운데 32명이 숨지고 38명이 크게 다쳤다. 아파트가 내려앉으면서 그 아래에 있던 판잣집 한 채가 깔려 1명이 사망하고 2명이 다쳐 모두 33명이 숨지고 40명이 부상했다. 이로 인해 마포구청장과 건축과장, 대룡건설과 하청업체 사장 등이 구속되었고, 대룡건설이 지은 나머지 3개 동은 모두 철거되었다.

검찰조사 결과, 지형에 맞게 설계하지 않고 기둥과 기둥을 잇는 철근콘크리트를 설계보다 가늘거나 적게 사용한 것으로 드러났다. 콘크리트를 배합할 때 들어가는 물도 물값을 아끼기 위해 맑은 물 대신 구정물을 쓴 것으로 조사되었다. 김현옥 서울시장도 4월 16일자로 경질되었다. 거창했던 시민아파트 계획도 건립 중인 것만 제외하고는 전면 백지화되었다. 이미 건립된 아파트도 전면 재조사에 들어가 보강하거나 철거하는 절차를 거쳤다.

와우아파트 참사는 우리 사회의 부실과 부정을 만천하에 까발리는 계기가 되었다. 불도저식 건설 행정, 전시효과적인 겉치레 실적주의, 부패한 관료 행정에 대한 경고음이기도 했다. 서울시의 무사안일과 눈앞의 이익에만 급급한 건설업자의 과욕, 여기에 사회 전반에 만연된 고속성장에 대한 조급증과 안전불감증이 총체적으로 빚어낸 인재(人災)였다.

'사상계' 강제 폐간

1970년 9월 26일부로 '사상계'를 폐간(등록 말소)시킨 문공부의 변명은 궁색했다.

장준하(1918~1975)가 1953년 4월에 창간한 '사상계'는 1950~1960년대 한국 지성의 산실이자 지식인들의 등대 구실을 했다. 1952년 9월 문교부 산하 국민사상연구원이 피란지 부산에서 발간한 '사상'이 그해 12월 통권 4호로 종간되자, '사상' 발간에 참여했던 장준하가 이를 인수해 이름을 바꿔 세상에 내놓은 것이 '사상계'의 시작이었다. 창간호 3,000부는 모두 팔렸다.

1953년 11월 서울에 둥지를 튼 후부터 '사상계'는 당대 최고 지성들이 필진으로 참여해 별로 읽을거리가 없던 당시 대학생과 젊은 지식인에게 교과서 대용의 필독서이자 지적인 저수지 역할을 했다. '사상계'는 독재 정권에 대해서는 가차 없이 비판의 칼날을 세우면서도 소장 학자나 외국에서 갓 귀국한 학자에게는 최고의 원고료를 지불하며 새로운 학문과 신조류를 소개하는 학문 발표의 장 역할을 했다. 당시 '사상계' 편집위원들의 면면은 이들 가운데 4명이 장차 총리가 될 정도로 쟁쟁했다. '사상계'는 1955년 동인문학상을 신설해 김성한, 선우휘, 오상원 등 작가들을 발굴하고 사상문고 100권을 발행해 우리나라 문고 시리즈 발행의 신기원을 열었다. '사상계'는 정치적인 탄압을 받거나 격변기를 만나면 독자들의 적극적 호응으로 더욱 성장하는 저력을 보였다.

1958년 8월 함석헌의 글 '생각하는 백성이라야 산다'가 필화사건을 겪어 함석헌이 구속되고 장준하가 연행되었을 때는 독자들의 성원에 힘입어 발행부수가 5만 부를 넘어섰다. 1960년 4·19 때는 사상 최고 부수인 9만 8,000부를 기록했다. 당시 유력 일간지의 발행부수는 20만 부 정도였다. 1959년 2월호에는 '무엇을 말하랴, 민권을 짓밟는 횡포를 보고'라는 제목으로 언론사상 초유의 '백지 권두언'을 싣기도 했다. 1961년 5·16 쿠데타 후 한동안은 '반공'을 국시로 내건 박정희를 긍정적으로 평가하고 조속한 민정 이양을 조건으로 혁명의 불가피성을 인정했으나 박정희가 민정 이양 약속을 지키지 않자 가차 없이 박정희를 공격하기 시작했다.

정치적인 탄압받으면 더욱 성장하는 저력 보여

군정 연장과 한일 굴욕외교에 대한 '사상계'의 맹렬한 비판은 박정희의 조직적인 탄압을 불렀다. 전국 서점으로부터 의도적으로 반품된 잡지들이 편집실에 산더미처럼 쌓이고 발행인 연행을 비롯 판매 봉쇄, 세무사찰이 이어졌으며 막판에는 인쇄할 곳도 찾지 못했다. 이런 상황에서도 장준하는 꺾이지 않고 의연하게 버티며 박 대통령을 가리켜 '밀수 왕초', '매혈자'라고 호되게 비판했다. 결국 장준하는 국가원수 모독죄로 감옥에 갔으나 1967년 6월 옥중에서 국회의원에 당선되어 3개월 뒤 석방되었다. 국회의원과 발행인의 겸직 금지조항에 따라 '사상계' 발행인직은 1968년 1월 언론인 출신의 부완혁에게 넘어갔다.

사상계 창간호(1953.4)

갖은 압력에도 꿋꿋하게 버티던 '사상계'가 1970년 5월, 205호를 마지막으로 종간된 것은 실로 어이없는 이유에서 비롯되었다. 당시 '사상계'는 매달 테마를 정해 특집호를 발행했다. 3월호는 3·1운동, 4월호는 4·19혁명, 5월호는 5·16쿠데타, 6월호는 6·25전쟁 등이었다. 5·16쿠데타를 특집으로 한 5월호에 '오적촌'을 다루기로 한 '사상계'가 필자로 섭외한 인물은 김지하였다. '오적촌'은 '을사5적'에 비유해 재벌, 국회의원, 고급공무원,

군 장성, 장·차관 등 당시 사회 지도층이 많이 살고 있는 서울 용산구의 동빙고동을 지칭했다. 김지하는 오적촌의 부패와 타락상을 풍자적으로 묘사한 담시 '오적'을 썼고, '사상계'는 1970년 5월호에 '오적'을 실었다. 4월 말 발간된 '사상계' 5월호는 날개 돋친 듯 팔려나갔다. 하지만 곧 시중에 뿌려진 잡지가 거둬들여지고 김지하도 경찰에 불려가 조사를 받는 등 온갖 수난이 시작되었다. 다행히 "잡지를 더 이상 판매하지 않겠다"는 부완혁의 말을 믿고 정부가 김지하를 석방하면서 사건은 일단락되는 것처럼 보였다.

그러나 야당인 신민당이 당 기관지 '민주전선' 6월 1일자 1면 전면을 털어 '오적'을 실으면서 상황이 돌변했다. 사실은 군 장성 대목을 뺐기 때문에 '오적'이 아니라 '사적'이었지만 일이 안 되려는지 민주전선이 2~3면에 정인숙 사건과 현대판 아방궁 도둑촌 문제 등에 대한 국회 발언 초록을 싣는 바람에 꺼져가던 불꽃이 되살아나는 불운을 맞았다. 6월 2일 새벽, 민주전선 10만여 부가 압수되고 김용성 편집국장이 구속되었다. 김지하도 부완혁, 김승균(편집인) 등과 함께 반공법 위반, 반국가단체 찬양 고무동조 혐의로 구속되었다가 3개월 후 석방되었다.

조선일보의 '사상계' 인수 불발로 끝나

중앙정보부는 '사상계'를 없애기로 하고 감옥에 있는 부완혁에게 '사상계'를 넘기도록 압력을 가했다. 부완혁은 한동안 버티다가 결국 소유권을 넘기는 데 서명했다. 조선일보가 김계원 중앙정보부장으로부터 '사상계'를 인수할 생각이 있느냐고 제안을 받은 것은 그 무렵이었다.

평소 월간지를 창간하고 싶었으나 허가제였던 탓에 좀처럼 기회를 얻지 못하던 조선일보는 새 잡지를 창간하기보다 기존 잡지의 판권을 인수하는 게 더 낫겠다고 판단하고 제안을 받아들였다. 방우영 조선일보 사장은 감옥의 부완혁 사장과 양도계약서를 작성한 뒤 최석채 주필을 '사상계' 주간으로 겸임시키고 일부 조선일보 기자를 '사상계' 편집실로 발령을 냈다. 조선일보는 "휴간 중인 '사상계'를 본사가 정식 인수해 10월호부터 발행한다"는 내용의 사고까지 냈다.

그러나 생각이 바뀐 부완혁 사장이 "계약서에 계약 연도만 쓰고 월일은 적지 않았다"는 이유를 들어 계약 무효를 주장하며 "조선일보가 나를 직원으로 채용하면 출소 후 내가 편집진을 구성해서 '사상계'를 내겠다"고 제안했다. 결국 조선일보의 '사상계' 인수는 불발로 끝났다.

'사상계'를 기다리고 있는 마지막 수순은 폐간이었다. "자체 인쇄시설을 갖추지 못할 경우 인쇄소의 책임자를 인쇄인으로 등록해야 하는데 '사상계'가 이 규정을 어겼다"는 것이 1970년 9월 26일부로 '사상계'를 폐간(등록 말소)시킨 문공부의 궁색한 변명이었다.

폐간 후 '사상계'는 부완혁의 법적 투쟁을 통해 1972년 4월 대법원으로부터 "등록취소처분을 취소하라"는 판결을 받아내 회생의 발판을 마련했으나 출판비용이 없어 26년간 휴식기를 보내야 했다. 1998년에서야 비로소 206호를 복간했으나 그나마 재정난으로 2년에 한 번씩 발행되다 2002년 208호를 끝으로 사실상 중단되었다.

김지하와 정치 풍자 담시 '오적'

'오적'은 '을사 5적'에 비유해 재벌, 국회의원, 고급공무원, 군 장성, 장·차관 등을 통칭했다.

1963년 무렵의 김영일(1941~)은 아직 정식으로 등단한 시인은 아니었지만 이미 서울대에서는 시로 이름을 떨치던 미학과 4학년생이었다. 그는 시화전을 준비하면서 필명을 생각했다. 술을 마시던 어느 날 문득 지하이발소와 지하다방 등의 이름이 떠오르자 술김에 '지하'를 필명으로 정했다. 한자로 지은 이름이 아닌데도 '지하'가 '芝河'로 알려진 것은 순진히 한 신문기자의 창작의 산물이었다.

김지하(1941~)

김지하는 전남 목포에서 외아들로 태어나 서울의 중동고를 거쳐 서울대 미학과에 입학했다. 1964년 5월 20일 서울대에서 열린 '민족적 민주주의 장례식'에 울려 퍼진 조사 '시체여'와 데모가 '최루탄가'를 썼다는 이유로 감옥에서 4개월을 보낸 것은 1980년 말까지 계속될 고난에 찬 여정의 시작이었다.

1969년 '시인' 11월호에 '황톳길', '녹두꽃' 등 5편의 시를 발표함으로써 시인으로 정식 등단한 김지하는 1970년 잡지 '사상계'로부터 정치 풍자시를 청탁받았다. 김지하는 사흘 동안 골방에 틀어박혀 300행이 넘는 풍자담시 '오적'을 써내려갔다. '오적'은 '을사 5적'에 비유해 당시의 재벌, 국회의원, 고급공무원, 군 장성, 장·차관 등을 통칭하는 말로, 당시 사람들은 이들이 많이 살고 있는 서울 용산구의 동빙고동을 '오적촌'이라 지칭했다.

"서울이라 장안 한복판에 다섯 도둑이 모여 살았겄다 /(중략) 예가 바로 재벌, 국회의원, 고급공무원, 장성, 장차관이라 이름 하는 / 간뗑이 부어 남산만 하고 목질기기 동탁 배꼽 같은 / 천하흉포 오적의 소굴이렷다"며 다섯 도둑의 탐욕을 질타한 '오적'은 200자 원고지 40여 장 분량으로 18쪽에 걸쳐 게재되었다.

김지하는 당시 독재로 치닫는 박정희 정권의 행태를 인내할 수 없었다. 1971년 8월부터 근무를 시작한 천주교 원주교구청에서는 '부정부패 규탄대회' 선언문을 쓰고, 1972년 3월에는 가톨릭잡지 '창조' 4월호에 '비어'라는 담시를 발표해 다시 반공법 위반 혐의로 입건되었다. 1973년 11월 5

일에는 함석헌, 천관우, 지학순 등을 비롯 15인의 이름으로 '민주회복을 위한 시국선언문'을 발표한 뒤 잠행했다.

민주화운동의 상징이었지만 좌파와는 거리 둬

그러던 중 1974년 4월 민청학련 사건으로 지명수배되었고 친구 하길종 감독의 영화 촬영 현장(흑산도)에서 체포되어 긴급조치 1호와 4호 위반으로 사형을 선고받았다. 무기징역으로 감형된 후 1975년 2월 출옥했으나 2월 25일부터 27일까지 3일간 동아일보에 연재한 옥중수기 '고행…1974'를 통해 인혁당 사건의 진상을 세상에 폭로했다가 출옥 27일 만인 3월 14일 반공법 위반 혐의로 또다시 구속되었다.

중앙정보부는 그때부터 김지하로 하여금 '활자도, 언어도, 복음서마저도 없는 어둡고 좁은 독감방에 갇힌 채 면벽만이 생활의 전부인 무명의 나날'을 보내게 했다. 김지하는 이 시절을 겪으며 심각한 벽면증을 앓았다.

옥중에서 김지하는 '양심선언문'을 작성해 일본의 '가톨릭 정의와 평화 협의회'를 통해 발표했다. "자유와 정의를 사랑하는 모든 이들에게 이 글을 보낸다"로 시작하는 '양심선언'이 발표되자 세계 각지에서 구명운동이 전개되었다. 독일의 신학자 요한 메츠와 몰트만을 비롯 사르트르, 보부아르, 촘스키, 브란트, 그리고 일본의 오에 겐자부로와 와다 하루키 등 세계적인 신학자, 석학, 문화인, 정치인 200여 명이 지지와 성원을 보냈다.

1975년 6월 '아시아·아프리카작가회의'는 김지하에게 '로터스 특별상'을, 오스트리아의 '브루노 크라이스키 인권상 위원회'는 인권상을 수여하기로 결정했다. 외국의 작가와 지식인들은 1975년 노벨문학상과 노벨평화상 후보로 추천했다. 이런 노력에도 불구하고 김지하는 형 집행정지 결정이 취소되어 다시 무기징역수가 되었고, 1976년 12월 징역 7년이 추가되었다.

김지하는 이렇듯 당대 민주화운동의 상징이었지만 좌파와는 일정하게 선을 그었다. 4·19 직후 통일운동을 열렬히 지지하면서도 민족통일연맹에는 가입하지 않았고, 5·16 후 반파쇼운동, 한일회담 반대운동에는 헌신적이었으면서도 좌파 성향의 '민족주의 비교연구회'에는 가입하지 않았다. 훗날 그 자신이 콤플렉스였다고 고백했듯이 실패한 공산주의자 아버지의 생애가 그의 의식 속에 깊숙이 투영된 결과였다.

감옥에서 김지하는 생태학 스케치, 선불교, 테야르 드 샤르댕의 사상, 동학을 집중적으로 공부했다. 그 결과 녹색운동은 새로운 변혁운동의 시발점이고 생태학은 그 운동의 출발점으로 인식되었다.

침잠 끝에 내놓은 화두는 '생명'

어느 봄날 아침, 김지하는 쇠창살 사이로 투명한 햇살이 비쳐들 때 바깥에서 날아들어온 새하얀 민들레 꽃씨들이 햇살에 눈부시게 반짝이며 춤추는 것을 보았다. 또한 쇠창살과 시멘트 받침 사이에 쌓인 흙먼지에 멀리서 날아온 풀씨가 싹을 틔우는 것을 보았다. "생명! 생명!" 하는 메아리가 허공에서 들려오는 것 같았다.

김지하는 1980년 12월, 5년 9개월 만에 석방된 후 한동안 침잠했다. 민주화운동의 양태도 확연히 달라져 있었다. 1980년의 5·18광주항쟁 후 학생운동 일각에서는 김지하의 시에 곡을 붙인 '타는 목마름으로' 식의 소극적 수동적 저항을 거부하고 있었다. 그들은 노래도 광주의 아픔을 그린 '두부처럼 잘리워진 어여쁜 너의 젖가슴'을 즐겨 불렀다. 김지하는 신군부에 대해서는 직접적으로 저항하지 않았다.

침잠해 있던 그가 내놓은 화두는 생명이었다. 1980년대 주사파가 주도하던 시대 흐름을 거부하며 좀 더 장기적이고 본질적인 생명운동에 뛰어든 것이다. 그러나 운동권 선후배들은 생뚱맞기까지 해 보이는 그의 생명

사상을 이해하지 못했다. 심지어 비판하기까지 했다. 생명사상이란 것이 민중의 항거와 민족통일 염원과는 동떨어진 관념적, 현실도피적 경향이라는 이유에서였다.

김지하가 운동권과 결정적으로 등을 지게 된 것은 1991년 5월이었다. 그해 4월 26일 명지대 강경대 군 치사사건으로 촉발된 분신 정국의 와중에 보수 성향의 조선일보 5월 5일자에 '죽음의 굿판을 당장 걷어치워라'라고 일갈한 것이 운동권의 분노를 촉발한 것이다.

이후 김지하는 주사파가 장악하고 있는 당시 학생운동 세력의 타도 대상이 되었다. 주류 운동권과의 불화를 자초하며 내지른 김지하의 호통은 김지하가 갖는 상징성으로 인해 더욱 증폭되어 운동권의 분노를 불렀다. 민족문학작가회의조차 김지하의 이사직을 해임하고 회원 자격을 정지시켰다. 그래도 김지하는 크게 동요하지 않고 생명사상의 전도사로 인생의 후반기를 바쁘게 보내고 있다.

김영삼·김대중의 '40대 기수론'

후보 단일화를 다짐하며 단일화가 안 될 경우 지명대회에서 선의의 경쟁을 펼치겠다고 명문으로 약속했다.

박정희 정권이 1969년 9월 3선 개헌안을 여당 단독으로 통과시킨 후 대통령 선거가 다가오고 있었다. 그런데도 야당인 신민당은 딱히 대안이 없었다. 1963년과 1967년 대선에서 연거푸 낙선한 윤보선의 인기도 시들했고 기대를 모았던 유진오 총재마저 3선 개헌 과정에서 병을 얻어 요양 중이었다.

이런 상황에서 1969년 11월 8일 김영삼 신민당 총무(42세)가 "빈사 상태를 헤매는 민주주의를 회생시키는 데 앞장서겠다"면서 1971년의 7대 대통령 선거에 입후보하겠다고 선언했다. 이른바 '40대 기수론'의 시작이었다. 가장 크게 충격을 받은 것은 유진산이었다. 당시 유진산은 당내 2인자인 수석 부총재인데다 제1파벌의 보스였다. 그런데도 자파 내 젊은 실력자인 김영삼 총무가 그의 통제를 벗어나 폭탄선언을 한 것이다.

유진산은 "대통령후보가 40대라야 한다는 얘기는 '구상유취'(젖비린내 나는 애송이)한 노릇"이라며 '40대 기수론'을 일축했으나 내심으로는 충격이 컸다. 유진산은 자파 당원들에게 김영삼의 지명운동에 동조하지 말도록 엄명을 내렸다. 이재형과 정일형 등 다른 파벌의 노장층도 유진산과 보조를 맞췄다. 김영삼의 후원자는 몇몇 소장의원뿐이었다.

김영삼이 '40대 기수론'을 제창하며 세대교체의 여론을 조성하고 있을 때 그동안 당내 기류를 예의 주시하고 있던 김대중(45세)이 전당대회 이틀 전인 1970년 1월 24일 자신도 대통령후보 지명전에 나설 용의가 있음을 밝혔다. 김대중은 "사명감과 신념을 가지고 절망을 모르는 시지프스처럼 최후의 승리를 위해 싸워나갈 것"이라며 "싸우다 쓰러지는 무명의 투사가 될망정 이익을 위해 사술만 농하는 마키아벨리는 되지 않겠다"고 기염을 토했다. 1월 26일에 치러진 전당대회에서는 유진산, 이재형, 정일형 3인이 당수자리를 놓고 2차 투표까지 가는 격전을 벌인 끝에 유진산이 총재로 선출되었다.

김영삼과 김대중이 맹렬한 기세로 지명대회를 준비하고 있을 때 이철승(48세)도 2월 12일 대통령 선거에 출마하겠다는 뜻을 드러냈다. 이철승은 5·16군사쿠데타 직후 정치정화법에 묶여 해외를 떠돌다 1969년 귀국해 전당대회 4일 전에 입당했다.

당내 사정이 이처럼 복잡해져 지명대회가 1970년 6월에서 9월로 연기된 가운데 '40대 기수론'의 세 후보들은 후보 단일화를 다짐하며 단일화가 안 될 경우 지명대회에서 선의의 경쟁을 하겠다고 명문으로 약속했다.

"구상유취한 노릇"

유진산은 "야당의 질서를 파괴할 40대 후보의 등장은 막아야 한다"면서도 대통령후보 출마 결심은 굳히지 않고 상황 변화만을 주시했다. 그러나 자신의 출마에 대해 찬성보다는 반대의 목소리가 높다는 것을 알고는 결국 후퇴를 결심했다. 단 무조건 후퇴가 아니라 후보 지명권을 자신이 행사하겠다는 조건을 달았다.

유진산의 제안을 김영삼, 이철승은 수락한 반면 김대중은 거부했다. 유진산과 항상 계보를 달리해온 김대중으로서는 유진산이 김영삼을 추천할 것이 뻔하다고 생각할 수밖에 없었다. 이 때문에 김대중은 유진산의 후보 추천 제안에 거세게 반발했다. 예상대로 유진산은 지명대회 전날인 1970년 9월 28일 "당수로서 김영삼 의원을 신민당 대통령후보로 추천한다"고 공식 발표했다.

당내 제2파벌인 이재형계마저 김영삼을 지지하고, 또 이철승도 유진산이 추천하면 그에 승복하여 지명대회와 대통령 선거에서 성의를 다해 협조하겠다는 '서약'에 따라 김영삼을 지지할 수밖에 없어 대세는 사실상 김영삼 쪽으로 기울어진 듯했다. 비주류 측에서도 속속 김영삼 지지를 약속하며 당직 배분 문제를 제의해 왔다. 전당대회라는 요식행위만 남아 있다고 생각한 김영삼 측은 대의원 표를 더 끌어모을 생각보다는 후보 지명 뒤의 축하연을 어떻게 치를 것인가에 신경을 썼다. 이 같은 분위기에도 불구하고 김대중은 결코 표 대결을 포기하지 않았다. 전당대회 전

김영삼이 대통령 후보로 확정된 김대중과 악수하고 있다.

날 밤늦게까지 대의원들을 일일이 찾아가 큰절을 올리며 지지를 호소했다. 밤이 깊어지면서 표의 동요가 일어나고 있었지만 김영삼은 이를 눈치채지 못하고 후보 수락 연설문을 작성하며 밤을 보냈다.

9월 29일 전당대회 장소인 시울시민회관. 김영삼과 김대중은 서로 얼싸안고 선의의 경쟁을 약속하는 모습을 연출했다. 오전 10시 35분, 마침내 개회가 선포되었다. 이철승은 김영삼과의 서약을 이행하기 위해 투표가 시작되기 전 신상 발언을 통해 김영삼 지지를 선언할 계획이었다. 그러나 승리를 확신한 김영삼 측은 혹 있을지도 모를 모반의 싹을 제거하기 위해 이철승의 발언을 봉쇄했다. 이게 화근이었다. 투표 결과 총투표수 885명 가운데 김영삼 421, 김대중 382, 무효 82표(백지 78, 기타 4)로 집계되었다. 김영삼이 과반수 획득에 실패하는 믿기지 않는 일이 벌어진 것이다.

역전의 드라마 연출

2차 투표를 위해 정회가 선포된 순간부터 김대중은 혼신의 힘을 다해 모든 조직을 가동했다. 대회장 안은 물론 복도나 계단, 화장실에 이르기까지 대의원들이 있는 곳이면 어디든 찾아가 지지를 호소하며 마지막까지 총력전을 펼쳤다. 정회 중 이철승의 마음을 잡는 것이 양측의 절박한 공동 관심사였으나 약속을 지키라고 막연하게 요구하는 김영삼 측과 달리 김대중 측은 적극적으로 움직였다.

이철승이 대회장을 빠져나간 상태에서 김대중이 이철승계의 조연하를 구석진 곳으로 불러냈다. 조연하가 이철승의 의중을 전하자 김대중은 재빨리 자신의 명함 뒷면에 이렇게 썼다. "각서: 신민당 대통령후보에는 김대중 의원을 추천하고(지지하고) 금년 11월 정기 전당대회에서는 당수로 이철승 씨를 지지하기로 상호 합의각서를 교환함. 9월 29일 김대중." 각서를 손에 쥔 조연하는 자파 대의원들에게 김대중을 지지하라는 뜻을 전했다.

오후 3시쯤 시작된 2차 투표 결과, 총투표 884표 가운데 김대중 458, 김영삼 410, 기타 16표로 나타났다. 역전의 드라마가 연출된 것이다. 김대중은 2년 전 원내총무 지명을 받고도 김영삼계의 반대로 인준을 받지 못했을 때의 치욕을 떠올리며 회심의 미소를 지었다. 김대중이 대통령후보 경쟁에 뛰어들도록 자극한 것도 그때 김영삼의 반대가 계기가 되었다.

김영삼은 망연자실했으나 그래도 곧 정신을 차리고 단상으로 올라갔다. 그는 김대중의 손을 들어올린 뒤 간간이 목멘 소리로 연설을 해나갔다. "김대중의 승리는 바로 나의 승리입니다.… 김대중을 앞세우고 어디든지 함께 다닐 것을 약속합니다. 내 고향 거제에서 제주도까지, 아니 무주구천동까지라도 가서 김대중 씨의 득표를 위해 도와주겠습니다." 한국 정치사에서 몇 안 되는 감동적인 패자의 명연설이었다.

대의원들의 우레 같은 박수갈채를 뒤로한 채 김영삼은 단상에서 내려왔으나 가슴 속에는 진한 눈물이 배어 있었다. 이처럼 드라마틱하게 전개된 이날의 전당대회는 김대중, 김영삼이라는 두 야당 지도자의 영욕이 시작되는 역사적인 날로 한국 정치사에 기록되어 있다.

김용섭 '조선후기농업사연구' 출간

실증주의 사학, 마르크스주의 사학, 민족주의 사학 등 해방 이전 근대 역사학의 세 가지 전통을 발전적으로 계승했다.

해방 이후 인문·사회과학 분야의 명저를 꼽을 때 으레 첫머리를 장식하는 것이 김용섭(1931~)의 '조선후기농업사연구'다. 학문적 성취가 뛰어나거나 학계에 큰 영향을 끼친 학자를 거론할 때도 김용섭이 빠지지 않는다. '조선후기농업사연구'는 해방 이후 우리 사회에서 제시된 가장 영향력 있는, 그리고 우리 역사 및 사회에 대한 가장 강력한 이론 중

하나인 '내재적 발전론'을 체계화한 것으로 평가받고 있다.

김용섭(1931~)

'조선후기농업사연구'는 실증주의 사학, 마르크스주의 사학, 민족주의 사학 등 해방 이전 근대 역사학의 세 가지 전통을 발전적으로 계승하고 '내재적 발전론'의 토대를 마련했다는 점에서 그 진가를 인정받고 있다. 특히 조선 후기 사회의 치밀한 농업 사료 분석을 통해 한국사를 정체적이고 타율적인 역사로 보아온 식민사학을 바로잡고 한국사의 주체적인(내재적인) 발전과정을 해명했다는 데 큰 의미가 있다.

김용섭은 강원도 통천에서 태어나 청소년기에 6·25전쟁을 겪으면서 남북분단과 민족상잔의 역사적 배경을 규명해 보겠다는 생각으로 역사학을 선택했다. 서울대 역사교육과(1951~1955)를 졸업할 즈음 "정체성 이론을 극복하려면 실증을 통해서 그것이 사실이 아니라는 것을 증명해야 하며 그러기 위해서는 농업 국가인 조선 후기의 농업사 연구를 중심으로 해야 한다"며 자신의 학문적 방향과 목표를 세웠다.

김용섭이 역사학계에 자신의 존재를 알린 논문은 전봉준의 재판기록인 '공초'를 통해 동학농민의 성격을 구명한 '동학난 성격고'(1957)였다. 이 고려대 석사학위 논문을 준비하면서 동학농민혁명에서 제기된 지주제의 해체와 토지 균등 경작에 주목한 그는 시대를 거슬러 올라가 조선 후기 농업사회의 변동에 관심을 갖게 되었다. 이후 농민 봉기와 동학농민전쟁 등 중세사회로부터 근대사회로 전환되는 사회변동의 핵심적 원인을 농업구조의 변화에서 찾아낸 김용섭은 중세 봉건사회의 해체과정을 분석하기 위한 연구자료로 토지대장인 '양안(量案)'과 호적대장을 채택했다.

양이 엄청나고 서술할 내용이 많아 보통의 인내심으로는 엄두도 못 낼 작업이었으나 김용섭은 남다른 성실성으로 연구에 매진했다. 선불리 가설을 세워 주장을 펼치기보다는 치밀한 사료 분석의 축적을 통해 한발 한발 결론으로 다가가는 방법을 취했다. 그는 양안과 호적대장에 기록된 지주와 경작자의 신분, 토지매매 기록, 토지 경작형태 등을 통계적으로 분석함으로써 중세 봉건적인 지주와 전호(소작인)의 관계가 어떤 형태로 변모되었는지를 규명했다.

김용섭이 내재적 발전의 강력한 증거로 제시한 것은 새로운 사회세력으로서 '경영형 부농'이었다. 경영형 부농이란 봉건 지주층의 땅을 차경(借耕)한 뒤 주로 임노동을 이용해 농업생산, 농업경영에 전력해 부농이 된 이들을 말한다.

해방 후 한국 경제사 연구 최대 업적

1970년 8월 15일과 1971년 1월 30일 일조각에서 각각 1권, 2권이 나온 '조선후기농업사연구'는 첫 번째 결산이었다. 그의 연구 성과는 일제시대의 식민사관뿐만 아니라 서구 중심의 역사관도 극복하며 한국사의 독자성과 '내재적 발전론'을 형성하는 탄탄한 기반이 되었다. 또한 '조선후기농업사연구'는 해방 후 한국 경제사 최대의 업적으로 평가받는 명저로 자리매김했다.

김용섭이 직접 언급하거나 기술한 표현은 아니지만 '내재적 발전론'이 준 충격은 컸다. 우리 근대사의 정체성에 대한 이론적·경험적 비판과 극복을 가능하게 했으며 우리 모더니티의 기점을 조선 후기로 끌어올렸다.

김용섭은 '조선후기농업사연구'에 그치지 않고 '한국근대농업사연구'(1975), '한국근현대농업사연구'(1992), '한국중세농업사연구'(2000) 등을 발표해 '내재적 발전론'을 심화·확대시켰다. 김용섭은 서울대 사범대(1958~1966)와 서울대 문리대(1967~1975) 교수를 거쳐 연세대 사학과

(1975~1997)에서 제자를 가르쳤다.

'조선후기농업사연구'라는 명저를 남기고 대학에서 오랫동안 후학을 가르쳤는데도 김용섭은 일반인에게 거의 알려지지 않았다. 이는 언론 접촉을 의식적으로 피해온 김용섭의 학문 태도에 기인한다. 언론은 이런 김용섭을 어떻게든 대중에게 알리고 싶어했으나 그럴 때마다 김용섭은 사양했다. 그는 제자들에게도 학자라면 잡문을 쓰지 않아야 한다고 가르쳤다. 그 역시 강의를 제외하곤 공식적인 자리에 서지 않고 학문에만 전념했다. 아침에 집을 나와 연구실로 갔다가 저녁 무렵 걸어서 다시 집으로 돌아가고, 일요일과 방학도 없이 1년 365일을 연구실에서만 보내는 그의 일과는 변함없는 것으로 유명하다.

한국 자본주의의 맹아가 이미 조선시대에 싹트기 시작했다는 '내재적 발전론'은 '식민지 수탈론'과 연결되어 1980년대 말까지 일제 식민통치에 대한 성격 규정으로 굳건하게 자리를 지켰다. 그러나 1990년대 들어 학계 전반에 불어닥친 탈이념, 탈민족주의의 영향으로 '식민지 근대화론'의 도전을 받았다. '식민지 근대화론'은 '내재적 발전론'과 달리 조선 후기 사회는 정체된 사회였으며 한국 자본주의의 발전은 일제의 자본주의 이식에 의해서 가능했다며 '내재적 발전론'과 첨예하게 맞서고 있다.

정경화 '런던 심포니 오케스트라' 협연

끝도 없이 반복되는 연습을 통해 드러나는 연주 모습은 마치 혼을 연소시키거나 때로는 목숨을 건 절규처럼 격렬하다.

정경화(1948~)는 피가 끓고 열정이 넘치는 연주자다. 음악이 너무 감동적으로 가슴에 밀려들어 그것을 다 표현하지 못해 속이 터질 정도다. 그의 생애는 '바이올린에 미쳐서 보낸' 시간들로 채워져 있다. 끝도 없이 반복되는 연습을 통해 드러나는 연주 모습은 마치 혼을 연소시키거나 때로는 '목숨을 건 절규'처럼 격렬하다.

정경화는 "음악에서 기적은 없으며 연주할 때마다 이것이 마지막"이라는 절박한 심정으로 연주에 임한다. 자신의 연주가 마음에 들지 않으면 연주가 끝난 후 머리를 쥐어뜯거나 고함을 칠 때도 있다. 그런 그에게 누군가 "재주 있다"는 말이라도 하면 피가 거꾸로 솟는 것 같은 느낌이 든다고 한다. 어린 시절부터 연습이 잘되면 웃고, 잘 안 되면 울었던 그녀로서는 자신의 치열한 연습 과정을 인정하지 않는 재주 있다는 말이 듣기 싫었던 것이다.

정경화는 서울에서 태어나 5살이던 1953년 바이올린을 시작해 한국방송교향악단, 서울심포니 등과 협연했다. 이화여중에 재학 중이던 1961년 2월, 언니 정명화와 함께 미국으로 건너가 줄리아드음악원에서 수학했다. 1964년 카네기홀에서 독주를 하고 1965년 메리위도 포스트 국제청소년 콩쿠르에서 한국인 바이올리니스트 김영욱에 이어 2위를 차지했다.

정경화는 1967년 5월, 미 최고 권위의 레벤트리트 국제 콩쿠르에도 출전했다. 레벤트리트 콩쿠르는 피아노, 첼로, 바이올린 3부문으로 나눠 매년 종목을 바꿔가며 대회를 치르는데 1965년 한동일이 피아노 부문에서 우승한 바 있다. 정경화는 1967년 5월 16일 카네기홀에서 열린 레벤트리트 콩쿠르 결선에서 뛰어난 연주 실력을 발휘해 동갑내기 유대인 연주자 핀커스 주커만과 공동 우승을 차지했다. 콩쿠르 27년 역사상 공동 우승은 처음이었다.

그러자 막강한 파워를 지닌 유대인 심사위원장 아이작 스턴의 음모라는 설이 무성했다. 대회가 얼마 남지 않은 시점에 주최 측이 갑자기 곡을 변경하고, 4명의 결선 진출자들이 연주를 모두 끝냈는데도 2시간 반이 지나서야 심사 결과를 발표한 것이 의혹을 산 것이다. 심지어는 심사위원대다수가 정경화를 단독 우승으로 밀었는데도 아이작 스턴이 주커만을 밀어 공동 우승자가 되었다는 소문까지 퍼졌다.

정경화(1948~)

'현(絃)의 마녀'

1970년 5월 바이올리니스트 이츠하크 펄먼이 런던 심포니 오케스트라와 협연 직전에 연주를 취소하는 일이 있었다. 비상이 걸린 런던교향악단은 정경화를 급히 섭외했다. 22살에 불과한 가냘픈 아시아 여성 연주자가 리허설 무대에 올라오자 단원들은 골려줄 심산으로 당초 예정되어 있던 차이콥스키의 바이올린 협주곡 대신 까다롭기로 유명한 멘델스존의 협주곡을 연주하기 시작했다. 사전에 이 사실을 몰라 당황해 하던 정경화가 곧 반사직으로 연주를 시작하자 단원들의 표정에 놀라움이 역력했다. 그렇게 신고식을 마친 정경화는 1970년 5월 13일 앙드레 프레빈이 지휘하는 런던교향악단과 차이콥스키 협주곡 협연을 성공리에 마쳤다.

정경화의 런던 데뷔 무대는 큰 반향을 일으켰다. 곧 세계적 명문 음반사인 데카사가 정경화와 접촉했다. 그리고 그해 6월, 런던교향악단과 함께 차이콥스키와 시벨리우스의 바이올린 협주곡으로 데뷔 음반을 녹음했다. 아시아 여성 바이올리니스트로서는 처음 세계 정상에 올랐던 '정경화 신화'의 시작이었다. 이 한 번의 연주로 정경화는 연 100회 이상의 연주 스케줄을 가진 위대한 연주가의 반열에 올랐다. 데카에서 나온 협주곡은 영국에서 '올해의 협주곡 레코드'로 뽑혔다.

정경화는 이후 '현(絃)의 마녀'라는 별명을 들으며 무서운 기세로 세계 바이올린 팬을 사로잡았다. 완벽주의와 고집, 무대를 휘어잡는 카리스마와 새로운 레퍼토리에 대한 과감한 도전의식으로 "자신만의 고유한 족적을 음악사에 뚜렷이 남기고 있는 아티스트"라는 평가를 받았다.

정경화는 유대계의 텃세가 심한 뉴욕을 벗어나 영국으로 활동기반을 넓혔다. 게오르크 솔티를 비롯해 사이먼 래틀, 로린 마젤 등과 협연하는 등 세계의 일급 연주가로 자리를 잡았다. 1973년 출반된 스트라빈스키와 왈튼 협주곡 레코드는 에디슨상을 수상하고, 그해 독일 평론가들이 선정한 '올해의 스타상'을 받았다. 1982년 11월에는 영국의 선데이타임즈 매거진이 선정한 '지난 20년간 가장 위대한 기악 연주자'로 꼽혔다.

세계를 무대로 정신없이 활동하던 정경화는 2005년 9월 게르기예프가 지휘한 키로프 오케스트라 내한공연 협연을 끝으로 연주활동을 접어야 했다. 공연 첫날인 9월 23일 손가락에 통증을 느끼고 직접 무대에 나가 연주 취소와 함께 28일 연주를 약속했고, 약속을 지키기 위해 9월 28일 무통주사를 맞고 연주를 강행했다가 부상이 악화된 것이다.

그는 당황하지 않고 자신의 인생을 정리해야겠다고 생각해 2007년부터 모교인 줄리아드음악원에서 제자를 가르쳤다. 그리고 무대에서 내려온 지 5년 만인 2010년 5월 다시 무대에 섰다. 2012년 5월부터 이화여대 석좌교수로 활동 중이다.

'정트리오'와 음악가족

정경화의 집안은 우리나라 최고의 음악가족이다. 언니 정명화(1944~)는 첼리스트 겸 한국예술종합학교 교수이고, 동생 정명훈(1953~)은 세계적인 피아니스트 겸 지휘자다. 정명화는 1961년 도미해 줄리아드음악원과 캘리포니아 주립대를 졸업했다. 1971년 제네바 국제음악경연대회에서 최우수연주상을 수상한 후 영국 BBC교향악단을 비롯 세계의 유명 교향악단과 협연하며 첼리스트로 명성을 떨쳤다. 정명훈은 새삼 언급할 필요가 없을 정도로 유명한 지휘자다.

3남매를 지칭하는 '정트리오'의 집안에는 4명의 형제들이 더 있다. 명소, 명근, 명철, 명규 등 4명의 형제는 비록 전문 음악가의 길을 걷지는 않았지만 음악적 소양과 기량에서만은 여느 음악인에 못지않은 음악적 재주가 있다. 4형제 모두 피아노는 기본이고 플루트(명소), 비올라(명근), 클라리넷(명철), 트럼펫(명규)의 특기를 갖고 있다.

이들 남매들 가운데 명소, 명근, 명화, 경화는 1958년 시공관에서 첫 가족 연주회인 4남매 연주회를 열어 화제를 모았다. 당시 명훈은 5살의 어린 나이여서 참여하지 않았다. 4남매는 1962년 샌프란시스코에서, 1968년 시애틀과 로스앤젤레스와 하와이에서도 연주회를 가졌다. 그러는 사이 명화, 경화, 명훈 3남매의 각개약진이 본격화되었다.

경화는 1967년 레벤트리트 콩쿠르에서 공동 1위를 차지하고, 명화는 1971년 제네바 국제음악경연대회에서 최우수연주상을 수상했다. 명훈은 1974년 한국인으로는 최초로 참가한 소련 차이콥스키 콩쿠르에서 피아노 부문 2위에 입상했다. 정트리오가 세계적인 음악가로 성장하는 동안 명소는 미국에서 유명 플루트 교육자로, 명근은 종합예술 기획회사 CMI의 대표로, 명철은 미국 캘리포니아 주립대 교수로, 명규는 미국에서 의사로 활약했다.

이런 형제들을 있게 한 무대 뒤에는 어머니 이원숙(1918~2011)의 고집스런 노력이 있었다. 함경남도 원산에서 태어난 이원숙의 억척은 학창시절부터 유명했다. 배화여고와 이화여전 가사과를 거쳐 도쿄에서 요리학교를 수료한 이원숙은 23세에 귀국해 일본 메이지대 법학부를 나와 총독부에서 일하던 공무원과 결혼했다. 결혼 후 동덕여고 교사로 사회에 첫발을 내디딘 것을 시작으로 참기름 장사, 하숙집 운영, 장국밥 장사 등으로 억척같이 돈을 벌어 아이들을 뒷바라지했다. 명동에 문을 연 고려정이라는 한식집으로 벌어들인 돈은 7남매의 음악교육에 고스란히 투자되었다.

그러던 중 서양 음악을 제대로 가르치려면 본고장으로 보내야 한다는 생각에 1961년 당시 17세, 13세에 불과하던 명화와 경화를 미국으로 유학 보냈다. 1962년에는 나머지 자녀들까지 모두 데리고 아예 미국으로 이민을 떠났다. 장사는 시원치 않고 살림살이는 빠듯했지만 자식들만은 어떻게든 좋은 학교에 보냈다. 그런 과정을 거쳐 자식들이 모두 성장하자 1984년 66세 나이에 신학 공부를 시작하고 1988년 목사 안수를 받았다.

김재원 국립박물관장 25년 만에 퇴임

25년 동안 국립박물관의 기틀을 잡은 한국 박물관의 초석이자 기둥이었다.

김재원(1909~1990)은 해방 후 초대 국립박물관장으로 25년간 재직하면서 국립박물관의 기틀을 잡은 한국 박물관의 초석이자 기둥이었다. 6·25전쟁 중에는 중요 문화재를 고스란히 피란시켜 전란 속에서 국보를 지켜낸 공로자였으며, 전쟁 후에는 한국 최초로 미국과 유럽에서 국보 해외 전시회를 열어 한국 문화를 널리 알린 문화인이었다.

김재원은 함경남도 함주의 부잣집에서 태어났으나 부친이 3살 때 작고하고 모친마저 8살 때 재가하여 조모 밑에서 성장했다. 함흥고보를 졸업하고 1929년 6월 독일로 유학을 떠나 그곳에 먼저 와 있던 '압록강은 흐른다'의 저자 이의경(이미륵)의 도움을 받아 뮌헨대 교육학과에 입학했다. 1934년 교육학 및 고고학 전공으로 문학박사 학위를 받고 벨기에 켄트 국립대에서 6년간 조수로 일하며 동양미술을 연구했다. 1940년 귀국한 후에는 해방 때까지 보성전문에서 독일어 강사로 재직했다.

해방 이틀 후인 1945년 8월 17일 김재원은 왠지 염려스러워 조선총독부 박물관을 찾아갔다. 우려한 대로 박물관은 엉망이었고 한국인 직원이라곤 수위와 촉탁으로 있는 최영희뿐이었다. 김재원이 9월 초 미 군정청문교 담당관을 찾아가 자신의 이력을 밝힌 뒤 박물관 업무를 맡겠다고 하자 담당관은 즉석에서 승낙했다.

9월 17일 국립박물관장으로 정식 임명된 김재원은 1941년부터 사실상 조선총독부 박물관장 역할을 하고 있는 아리미쓰 교이치(1907~2011) 박물관 주임을 붙들고 유물들의 소재와 사무를 파악한 뒤 12월 3일 국립박물관을 공식 개관했다. 경주(최순봉 관장)와 부여(홍사준 관장) 박물관도 같은 날 개관했다.

김재원(1909~1990)

아리미쓰는 1931년 교토제국대를 졸업하고 같은 대학원에서 석사학위를 취득한 후 1936년 조선으로 건너와 조선고적조사연구회 조수로 일하며 평양과 경주 지역의 고적을 조사했던 조선 고고학의 베테랑이었다.

김재원은 관장 취임 후 미군들이 경복궁 안의 민속유물을 기념품이라며 몰래 가져간다는 사실을 알고 이를 막기 위해 경복궁 경안당 관사로 아예 거처를 옮겼다. 그는 미 군정청이 경복궁에 야전 건물을 짓는다며 경복궁 안에 있던 국립박물관 앞뜰을 파헤칠 때도 언론에 이 사실을 알리고 이슈화해 미 군정청의 반발을 사고 조사를 받았다.

1946년 4월에는 경기도의 개성부립박물관을 국립박물관 개성분관으로 흡수하고, 1946년 5월에는 귀국하려는 아리미쓰 교이치를 설득해 경주 호우총과 은령총을 조사·발굴했다. 이는 한국인이 주도한 첫 고고학 발굴이었다.

승진도 좌천도 없이 24년 5개월 19일 보내

1946년 5월 3일 시작된 호우총과 은령총 발굴은 5월 14일 뜻밖의 유물이 출토되어 고고학계를 발칵 뒤집어놓았다. 뚜껑을 닫았을 때의 높이가 19.4cm인 청동제 항아리였는데 바닥에는 '을묘년 국강상 광개토지호태왕 호우십'이라는 한자가 새겨져 있었다. 놀랍게도 고구려 광개토대왕의 업적을 기리는 '호우'(그릇의 일종)가 신라 무덤에서 출토된 것이다. 을묘년은 광개토대왕 사후 3년인 415년이다. 함께 발굴된 쌍분은 은방울이나와 은령총으로 명명되었다.

김재원은 개성박물관의 새 박물관장에 진홍섭을 임명한 뒤 38선 접경 부근에 있는 개성박물관이 위태롭다고 생각해 1947년 고려자기 등 귀중한 진열품을 중앙박물관으로 옮겨왔다. 6·25 후 개성이 북한으로 넘어갔으니 김재원의 선견지명이었던 셈이다.

김재원은 6·25전쟁 때 피란을 가지 않고 박물관 유물과 함께 남았다. 북한이 유엔군의 서울 수복(9.28)을 앞두고 유물들을 북한으로 가져가려 하자 김재원은 직원들과 함께 "유물을 포장하는 궤짝이 덜 되었다"는 등 갖은 핑계를 대며 지연작전을 펼쳐 유물들을 온전하게 보전했다.

1950년 12월 중공군이 압록강을 넘었을 때도 2만여 점의 유물을 미군 트럭에 실어 부산으로 피란시켰다. 개성박물관의 유물들도 그때 함께 부산으로 옮긴 덕에 오늘날 우리는 그 많은 고려청자 유물을 관람할 수 있게 되었다. 국립박물관은 1953년 8월 부산에서 서울로 올라왔으나 경복궁 내로 들어가지 못하고 1954년 1월 국립민족박물관이 있는 남산으로 이전·개관했다.

김재원은 우리 문화의 수준을 해외에 알려야 한다는 신념으로 한국 최초의 문화재 해외 전시를 기획했다. 1957년 12월부터 1959년 6월까지 미국의 8개 도시 박물관에서 금동반가사유상, 금관, 고려청자 등 유물 195점을 선보였고, 1961년 3월부터 1962년 6월까지 영국, 네덜란드, 프랑스, 독일, 오스트리아 등 5개국에서 국보전시회를 열었다.

후진 양성에도 힘을 쏟아 김원룡 박사를 비롯 윤무병, 한병삼, 정영화,

안휘준 등 훗날 한국 고고학·미술사학계의 기둥 역할을 할 인물들에게 외국 유학 기회를 주선했다. 김재원은 승진도 좌천도 없이 24년 5개월 19일을 보낸 후 1970년 2월 23일 정년퇴임했다. 김재원의 가족은 문화재 가족으로도 유명하다. 맏딸 김리나는 하버드대에서 미술사학 박사학위를 받고 홍익대 교수를 지냈으며 셋째딸 김영나는 미국에서 한국인 최초로 박물관학을 공부한 후 돌아와 서울대 교수를 거쳐 2011년 국립중앙박물관 관장이 되었다. 사상 첫 부녀 관장의 탄생이었다.

국립중앙 박물관

우리나라 최초의 근대적 박물관은 1908년 8월 창경궁에 설치된 대한제국 제실박물관이다. 외형상으로는 순종이 건립하는 형식을 취했지만 사실은 조선의 황실을 모독하려는 일제의 의도가 깔려 있었다. 일제는 1907년 창경궁 내에 동물원, 식물원과 함께 박물관 건립을 기획했다. 명분은 고종의 강제 양위 후 외롭고 쓸쓸히 지내는 순종을 위한다는 것이었으나 진짜 이유는 국권의 상징인 왕궁을 오락장으로 삼아 민족정신과 민족문화유산을 유린하는 데 있었다. 제실박물관은 1909년 11월 개장한 동물원, 식물원과 함께 일반에 개방되었다가 국권을 일제에 빼앗긴 후인 1911년 이왕직박물관으로 격하되었다.

일제는 1915년 12월 1일 조선총독부 박물관을 경복궁 내에 개관했다. 본관은 1915년 9월부터 10월까지 경복궁에서 열린 물산공진회(산업박람회)를 위해 건립한 건물을 사용했다. 이 건물은 지상 2층의 석조 건물로 정면에 석조 기둥을 세우고 내부에는 중앙의 큰 홀을 중심으로 좌우 2실씩 모두 5실로 건립되었다. 하지만 물산공진회를 위해 건립된 탓에 협소하고 전시실의 구조와 조명, 관람 동선 등이 적합하지 않았다. 이를 보완하기 위해 경복궁의 전각인 근정전, 수정전, 사정전 등도 박물관 건물로 사용했으나 전각들에 방화 및 방호 시설이 없다는 지적이 제기되었다. 일제는 이후 경주분관(1926.6.20), 부여분관(1939.4.1), 공주분관(1940.10.1)을 개관했다.

해방 후 국립박물관은 조선총독부 박물관이 있던 그 자리에서 1945년 12월 3일 개관하고, 1946년 4월 개성부립박물관을 개성분관으로 흡수했다. 6·25전쟁 중 부산 광복동으로 이전했다가 1953년 8월 서울 경복궁으로 올라왔으나 이승만 대통령이 "경복궁을 망친다"고 반대해 1954년 1월 남산의 국립민족박물관으로 이전·개관했다. 1955년 6월 23일에는 남산에서 덕수궁 석조전으로 이전해 1956년 2월 개관하고 1969년 5월에는 덕수궁미술관을 국립박물관으로 통합했다. 1972년 8월 25일에는 경복궁 내에 신축한 건물(현 국립민속박물관)로 이전·개관하면서 국립중앙박물관으로 개칭했다. 국립민속박물관은 1979년 4월 12일 중앙박물관 소속으로 흡수되었다.

1986년 8월 21일에는 중앙청(구 조선총독부) 건물을 개수하여 중앙박물관을 개관했다. 하지만 김영삼 정부가 중앙청 건물을 1995년 8월 15일 철거하기로 하자 유물을 중앙청에서 경복궁 안의 사회교육관 건물(현 국립고궁박물관)로 이전해 1996년 12월 13일 개관했다. 국립중앙박물관 용산 이전을 위해 2004년 10월 17일부터 임시 휴관에 들어갔다가 2005년 10월 28일 용산의 현재 위치에서 개관했다.

▶ 전국의 국립박물관 개관일

박물관	개관일	박물관	개관일
경주박물관	1926. 6. 20	전주박물관	1990. 10. 26
부여박물관	1939. 4. 1	대구박물관	1994. 12. 7
공주박물관	1940. 10. 1	김해박물관	1998. 7. 29
광주박물관	1978. 12. 6	제주박물관	2001. 6. 15
진주박물관	1984. 11. 2	춘천박물관	2002. 10. 30
청주박물관	1987. 10. 30		

장훈 일본 프로야구 사상 최고 타율 기록

통산 타율 0.319에 수위타자 7차례, 504홈런과 1,676타점을 기록하고 지금도 철옹성인 3,085개의 안타를 쳤다.

1959년 4월 10일, 일본 프로야구 '도에이 플라이어즈'(현 니혼햄 파이터스)의 장훈(1940~)이 타석에 들어섰다. 장훈으로서는 프로야구단에 입단한 후 처음 치르는 데뷔전이었다. 가난과 차별, 신체적인 어려움을 참아가며 손꼽아온 감격의 순간이기도 했다.

일본에서 태어나 '하리모토 이사오(張本勳)'란 이름으로 불리던 장훈은 어려서부터 장애자였다. 네 살 때인 1944년 오른손에 화상을 입어 오른손 엄지와 검지를 제외한 세 손가락이 모두 하나로 붙어버렸다. 새끼 손가락은 뼈마저 녹아 형체도 없었고, 물건을 쥐고 들어올리는 것조차 자유롭지 못했다. 더구나 1945년 8월 히로시마에 원자폭탄이 떨어졌을 때 폭심으로부터 2km 반경 안에 있던 사람에게 주어지는 원폭수첩을 지니고 다녀야 했던 원폭 피해자이기도 했다. 큰누나는 피폭으로 시름시름 앓다가 죽었고, 장훈 역시 당장은 괜찮아 보였지만 언제 후유증이 도질지 몰라 마음은 늘 편치 않았다.

오른손을 쓰지 못하면서도 장훈은 어려서부터 몸집이 커 자주 싸움에 휘말렸다. 이런 장훈을 구해준 것은 야구였다. 힘을 쓰지 못하는 오른손을 단련하기 위해 중학시절부터 손에 피가 나도록 타이어를 두들겼다. 학창시절 장훈의 꿈은 고시엔(전국고교야구선수권대회) 출전이었다. 고향 히로시마에서 다니던 고교를 한 학기 만에 그만두고 멀리 오사카 나니와상고로 전학한 것도 고시엔에 출전할 수 있다는 한 가닥 희망 때문이었다.

장훈의 출중한 기량을 익히 알고 있는 프로야구팀이 그를 스카우트하려 했지만 그는 고시엔 출전을 위해 모든 걸 뒤로 미뤘다. 그러나 나니와상고가 학내 폭력문제로 고시엔 대회 1년 출전금지 처분을 받아 꿈을 1년

장훈(1940~)

연기해야 했고, 금지가 풀린 후에는 코칭스태프의 차별과 횡포로 고시엔 출전선수 명단에서 빠져 대회에는 결국 출전하지 못했다.

장훈은 야구가 싫어졌다. 다시 주먹세계를 기웃거리며 주먹을 휘둘렀다. 그때 누군가 장훈에게 손을 내밀었다. 그것은 재일교포 고교생을 한국으로 불러 한일고교친선야구대회를 열어준 조국이었다. 장훈은 자신의 일행을 환영하는 동포들을 보면서 야구를 포기하지 않겠다고 다짐했다.

일본 프로야구 사상 최연소 4번 타자

1958년 고교 3학년이 된 그에게 프로야구팀으로부터 입단 제의가 들어왔다. 파격적인 600만 엔의 계약금을 제시하며 적극적으로 나선 팀은 주니치 드래건스였다. 주니치는 강팀이면서도 언론사까지 소유하고 있어 언론의 스포트라이트를 받기엔 더없이 좋은 팀이었다.

그러나 장훈은 200만 엔의 계약금을 제시한 도쿄의 '도에이 플라이어즈' 팀에 입단했다. 꿈의 도시 도쿄에서 야구를 시작하고 싶다는 일념 때문이었다. 도쿄의 또 다른 팀 요미우리 자이언츠에 입단하면 더할 나위 없이 좋았겠지만 요미우리는 중고교 시절 싸움꾼으로 알려진 장훈을 받아들일 생각이 없었다. 장훈과 동갑내기이자 '영원한 라이벌' 왕정치는 1,200만 엔이라는 거금을 받고 투수로 요미우리에 입단했다. 이런 과정을 거쳐 1959년 데뷔전에 장훈이 출전한 것이다.

장훈이 아무리 고교 최고의 강타자였다지만 프로야구의 벽은 역시 높았다. 1959년 4월 10일 프로야구 데뷔전 첫 타석에서 상대투수가 던진

단 3개의 공에 삼진을 당한 것이다. 수비에서도 날아오르는 타구를 잡지 못하고 머리 위로 넘기는 결정적인 실책까지 범했다. 장훈은 두 번째 타석에 들어서지도 못한 채 교체되었다. 4월 11일의 상대는 전년도 성적 14승 4패를 자랑하는 발군의 투수였다. 그러나 데뷔 두 번째 타석에 나선 장훈의 눈에 공이 선명하게 들어왔다. 좌중간 2루타였다. 데뷔 첫 안타이자 일본 프로야구 최다안타 기록인 3,085안타의 시작이었다. 다음 타석에서는 우측 담장을 넘기는 데뷔 첫 홈런을 기록했다. 점차 프로야구에 익숙해진 장훈은 맹타를 휘둘렀고 6월 13일 4번 타자가 되었다. 일본 프로야구 사상 최연소 4번 타자가 탄생한 것이다. 데뷔 첫해 장훈은 13개의 홈런과 57타점, 0.275의 타율로 신인왕을 수상했다. 왕정치는 투수에서 타자로 막 전업해 성적이 좋지 않았다.

순풍에 돛을 단 듯 1960년 올스타전에 뽑히고 1961년 0.336의 타율로 수위타자가 되었다. 1962년엔 0.333의 타율에 31개의 홈런으로 퍼시픽리그 최우수선수(MVP)에 뽑혔다. 팀도 일본 시리즈를 석권하는 겹경사를 맞았다. 1967년부터 4년 연속 수위타자가 되는 등 장훈 앞에는 거칠 것이 없었다. 스트라이크 존으로 들어오는 공이라면 그라운드 어떤 위치와 방향으로도 쳐낸다고 해서 '부채타법의 달인'이라는 별명이 붙여졌다.

타의 추종을 불허하는 기록들

1970년은 장훈에게 생애 최고의 해였다. 시즌 초반부터 3할대를 유지하며 톱타자의 위치를 놓치지 않더니 마침내 일본 프로야구 사상 전인미답의 최고타율을 기록한 것이다. 10월 18일 장훈은 더블헤더 첫 경기에서 5타수 4안타를 터뜨려 타율을 0.3834로 끌어올렸다. 그 전까지 일본 프로야구의 최고타율은 19년 전 기록된 0.3831이었다. 장훈의 타율을 관리하려는 감독의 배려로 시즌 마지막 세 경기에는 출전하지 않아 장훈의 최고타율은 그대로 확정되었다. 좀처럼 깨질 것 같지 않던 장훈의 기록은 1985년 센트럴리그 한신팀의 미국 선수 랜디 바스에 의해 15년 만에 깨졌다. 장훈이 소속된 퍼시픽리그에서는 1994년 스즈키 이치로가 기록을 경신할 때까지 24년 동안 철옹성이었다.

1976년 요미우리 자이언츠로 이적한 장훈은 같은 팀 왕정치와 호흡을 맞춰 그해 요미우리에 우승컵을 안겨주었다. 1980년 1월 롯데 오리온즈로 이적했다가 그해 5월 28일 대망의 3,000안타를 기록한 뒤 1981년 10월 31일 23년간의 선수생활을 뒤로한 채 그라운드를 떠났다.

그의 기록들은 타의 추종을 불허했다. 통산 2,752경기에 출전해 통산타율 0.319에 수위타자 7차례, 504홈런과 1,676타점을 기록했고 지금도 깨지지 않고 있는 3,085개의 안타를 쳤다. 특히 3,085안타, 504홈런, 319도루는 당시 미국의 메이저리그에서도 단 한 명만 보유할 정도로 달성하기 힘든 대기록이었다. 일부에서는 일본에서 활약하다가 2001년 미 메이저리그로 진출한 시애틀 매리너스의 스즈키 이치로가 2009년 4월 17일 3,086번째 안타를 쳐 장훈의 3,085개 기록을 깼다고 주장하지만 스즈키의 기록은 일본에서의 1,278안타와 미국에서의 1,808안타를 합친 것이기 때문에 일본에서만 3,085안타를 수립한 장훈의 기록과 평면적으로 비교하는 것은 무리가 있다.

정인숙 여인 의문의 피살

세 살배기 아들의 아버지는 박정희 대통령이고 그녀는 정일권 국무총리의 애첩이라는 온갖 풍문이 나돌았다.

철 늦은 눈발이 날리던 1970년 3월 17일 밤 11시경, 서울 양화대교 부근 강변대로에 세워진 코로나 승용차에서 목과 가슴에 두 발의 총알을 맞은 26세 여인이 뒷좌석에 비스듬히 누워 숨진 채 발견되었다. 운전석에는 허벅지에 관통상을 입은 운전사가 신음하고 있었다. 경찰 조사 결과 여인은 서울의 고급요정에서 한창 주가를 올리던 정인숙인 것으로 밝혀졌다. 운전자는 그녀의 오빠 정종욱이었다.

좀처럼 드문 권총살인이 일어난 터라 사건은 처음부터 세간의 주목을 끌었다. 더구나 정인숙의 수첩에서 정·재계 거물 26명의 명단이 발견되고 당시 일반인은 가질 수 없던 불법 발급된 복수여권과 미화 20달러 지폐 100여 장을 소지한 것으로 알려지면서 사건은 일파만파로 확대되었다. 곧 그녀의 세 살배기 아들(정성일)의 아버지는 박정희 대통령이고 그녀는 정일권 국무총리의 애첩이라는 등 온갖 풍문이 세인의 입에 오르내렸다. 간첩 수사를 담당하는 서울지검 공안부가 수사를 맡은 것도 의혹을 부채질했다.

서울지검의 공식 발표에 따르면 살해범은 운전자였던 오빠 정종욱이었다. "오빠인데도 운전기사 노릇을 하면서 수모를 당한데다 여동생의 방종한 사생활을 나무랐으나 오히려 창피만 당해 범행했다"는 게 그가 주장하는 살해의 동기였다. 검찰은 "정종욱이 마포구 서교동 집 근처에서 동생에게 두 발을 쏘고, 자신의 허벅지에도 쏘았다"며 "권총은 강변대로에서 한강에 집어던졌다"고 발표했으나 정종욱이 버렸다는 곳에서는 권총이 발견되지 않았다. 사건현장도 2시간 만에 치워져 현장검증도 없었으며 수첩 역시 수사당국으로 넘어갔다가 사라지는 등 의문스러운 점이 한두 가지가 아니었다.

각종 소문이 꼬리에 꼬리를 물자 중앙정보부가 나서 보도를 통제했다. 이 때문에 3월 27일 이후 신문지면에서 정인숙이라는 이름은 일제히 사라졌다. 검찰은 정황 증거와 자백만으로 정종욱을 구속·기소(4.20)하고 수사를 종결지었다. 그래도 세간에는 '강변3로, 오빠 조심, 명함 조심'이란 유행어가 나돌고 "정인숙의 수첩에 오르지 못하면 유명인사가 아니다"라는 말까지 생겨났다. 가수 나훈아의 히트곡 '사랑은 눈물의 씨앗'을 개사한 "×××가 누구냐고 물으신다면 고관의 ×라고 말하겠어요"라는 풍자곡도 유행했다. 심지어 북한까지 끼어들어 "누구의 아들인가"라는 내용이 담긴 대남선전 삐라를 뿌렸다.

"정인숙 수첩에 오르지 못하면 유명인사 아니다"

사건은 1970년 5월 임시국회가 열리면서 국회로까지 번졌다. 제1야당인 신민당 당수 유진산이 정공법으로 정인숙 사건을 거론하고, 신민당의 조윤형 의원이 본회의장 단상에서 풍자곡 '눈물의 씨앗'을 불렀다. 여당인 공화당 의원들이 이를 제지하는 과정에서 삿대질과 고함, 욕설 등이 난무하면서 본회의장은 난장판이 되었다. 시인 김지하가 구속되고 '사상계'가 폐간된 것도 고위층의 부정과 부패를 신랄하게 풍자한 시 '오적'에 "사회정화다. 정인숙을 철두철미 본받아랏…" 하는 내용을 게재한 것이 일부 빌미가 되었다.

정인숙과 아들 정성일

세간의 의혹에도 정종욱이 그해 6월 공소사실을 모두 시인함에 따라 사법부는 1심 사형, 2심 무기징역을 선고했다. 이후 정인숙 사건은 잊혔다. 그러나 정종욱이 19년간 복역하다 1989년 5월 가석방으로 풀려나면서 제2라운드가 시작되었다. 정종욱은 자신의 과거 자백을 180도 뒤집었다. "동생을 태우고 서교동 집 앞 골목으로 들어설 때 정장 차림의 사내 2명이 차를 세웠고, 차문을 열어주는 순간 그들이 동생에게 두 발을 쏜 뒤 나에게 차를 한강변 절두산

쪽으로 몰게 했다. 강변도로에서 밀치며 달아나려다 허벅지에 관통상을 입었다"며 새로운 주장을 편 것이다.

정종욱은 또한 "정성일의 아버지는 당시 국무총리였던 정일권"이라며 "사건 당시 병원에서 치료 및 조사를 받던 중 (자신의)아비지가 면회 와 '성일이 아버지가 뒤를 돌봐줄 테니 일단 네가 동생을 쏘았다고 진술하라'고 말해 거짓자백을 했다"고 주장했다.

사건 직후 외삼촌 밑으로 입적되어 고교 때인 1985년 미국으로 유학을 갔던 정성일이 1991년 2월 귀국해 그해 6월 정일권 국무총리를 상대로 친자확인 소송을 제기했다가 20여 일 뒤 돌연 취하해 세간의 궁금증을 자아냈다. 그러더니 이듬해 "소송 취하는 백지 위임장을 받은 외가 측이 일방적으로 취하했기 때문"이라며 다시 친자확인 소송을 제기했다. 1993년 3월엔 정일권을 지칭하는 '당신은 나의 아버지였습니다'라는 제목의 책을 출간해 곧 친자 여부가 확인될 것처럼 보였다. 그러나 1994년 1월 정일권이 사망하는 바람에 사건도 진실도 함께 묻혀버렸다.

빌리 브란트 분단 25년 만에 동·서독 총리 회담

첫 정상회담에서 양측은 서로의 '기존 입장'만을 재확인하고 헤어졌다.

빌리 브란트(1913~1992)가 서독의 총리에 취임한 1969년은 미소 간 '전략무기감축조약(START 1)' 협상이 시작되는 등 동서 간 냉전구조에 처음으로 변화가 일어난 해였다. 그해 10월, 사민당(사회민주당)과 자민당(자유민주당)의 연립정부 총리로 취임한 브란트는 취임 일성으로 이렇게 말했다. "독일에는 2개의 국가가 존재하며 둘은 서로 외국이 아니라 특수한 관계에 있을 뿐이다." 이는 '동독과 외교관계를 맺은 나라

빌리 브란트(1913~1992)

와는 외교 단절도 불사한다'는 기존의 외교원칙인 '할슈타인 원칙'에 정면으로 배치된 것이었고 브란트가 향후 추진할 '동방정책'의 확실한 다짐이었다.

브란트의 연설은 그전까지 브란트의 사민당과 연정을 하다 야당이 된 기민당(기독민주당) 의원들의 거센 반발을 불렀다. 기민당의 원내총무는 "동독을 국가로 인정하는 것은 분열주의적 발상"이라며 반통일노선, 분단 고착화, 매국행위라고 비난했다. 공교롭게도 당시 기민당의 원내 총무는 20년 뒤 독일의 통일을 이룬 헬무트 콜이었다.

하지만 브란트의 연설에 솔깃해하는 사람이 있었다. 동독의 국가평의회 의장 발터 울브리히트였다. 그는 1969년 12월 구스타프 하이네만 서독 대통령에게 서신을 보내 동서독 간 동등한 관계 수립을 골자로 하는 국가조약안을 제안했다. 서독 정부의 수락에 따라 양측은 5차례의 실무 접촉을 하면서 정상회담에서 논의할 의제의 가닥을 잡아갔다. 문제는 회담 장소였다. 서독은 열차로 서베를린을 거쳐 동베를린으로 들어가기를 원한 반면 동독은 베를린 장벽 통과라는 상징성을 꺼려해 이를 거부했다. 결국 동독 국경의 소도시 에어푸르트가 회담 장소로 결정되었다.

브란트 일행을 태운 열차가 서독의 본을 떠나 8시간 만에 동서독 경계에 위치한 게어스퉁겐 역에 도착한 것은 1970년 3월 19일 오전 7시 45분이었다. 특별열차의 기관차는 이곳에서 동독 기관차로 교체되었다. 서독의 객차를 동독의 기관차가 끄는 '물리적 결합'이 분단 25년 만에 이뤄진 것이다. 브란트를 태운 기관차는 2시간 후 동독의 에어푸르트 역에 도착했다. 수천 명의 동독 국민들이 "빌리!"를 연호하며 종전 이후 25년 만에 이뤄진 동서독의 역사적인 정상회담을 열렬히 환영했다.

공교롭게도 동서독 총리 모두 이름이 '빌리'였다. 동독 총리는 빌리 슈토프였다. 회담장으로 가는 연도마다 그리고 회담장인 에어푸르트 호텔 밖에서도 브란트를 환영하는 열기가 뜨겁게 달아올랐다. 취재진이 세계 51개국에서 600명이나 몰려들 정도로 취재경쟁도 뜨거웠다.

하지만 안타깝게도 회담장 밖의 뜨거운 열기는 회담장 안으로까지 이어지지는 못했다. 오전 10시에 시작된 정상회담에서 동독은 국제법상 동등한 동서독 관계 수립, 할슈타인 원칙의 명백한 포기, 유엔 동시 가입 신청, 군비 50% 감축 등 7개항을 요구했다.

서독은 "동독과 서독은 서로 외국이 아니다", "선린관계의 제도화를 위해 노력한다" 등의 6개항을 제시하며 양측은 하루 동안 두 차례 회담을 열었으나 두드러진 성과는 없었다. 결국 분단 25년 만에 이뤄진 첫 정상회담에서 양측은 서로의 '기존 입장'만을 재확인한 채 2차 회담을 서독에서 개최한다는 내용의 공동성명만 발표하고 헤어졌다.

2차 정상회담은 1970년 5월 21일 서독의 카셀에서 열렸다. 그 후 이견을 좁히려는 실무진 간의 노력은 계속되었고 70여 차례의 실무접촉이 있은 뒤에야 1972년 12월 21일 서로를 '사실상의 국가'로 인정한다는 기본조약을 체결했다. 첫 정상회담이 열린 지 2년 9개월 만이었다.

이 '기본조약'과 7개월 전 체결된 '통행조약'을 계기로 동서독 간의 교류는 눈에 띄게 활발해졌다. 1969년 110여만 명이던 서독 주민의 동독 방문은 1970년 265여만 명, 1972년 620여만 명으로 급증했다.

1970년 8월 12일 모스크바에서 독·소 조약이 조인되고, 1973년 9월 유엔 동시가입, 1974년 3월 상주대표부 개설로 이어진 양측의 거리 좁히기는 결국 1989년 베를린 장벽 붕괴와 1990년 독일 통일로 이어지는 징검다리 역할을 했다. 통일이 되기까지 양측 정상은 공식·비공식을 합쳐 9차례 만나 통일의 디딤돌을 놓았다.

나치 희생자 애도하며 무릎 꿇어

이렇게 독일 통일의 물꼬를 튼 빌리 브란트는 사생아 어머니의 사생아 아들로 태어났다. 그는 한 번도 아버지를 보지 못한 채 외할아버지를 아버지로 부르며 성장했다. 사실 외할아버지도 어머니의 계부였기 때문에 진짜 외할아버지가 아니었다. 브란트는 17살 때인 1930년 독일 사민당에 가입하고 반나치 청년운동에 가담했다. '빌리 브란트'란 가명은 1933년 3월 독일 드레스덴에서 열린 비밀모임 때부터 사용했다.

1933년 1월 히틀러가 권력을 장악한 후 좌파 정당들이 불법화되고 자유주의자와 사회주의자에 대한 탄압이 강화되자 브란트는 1933년 4월 노르웨이로 망명해 그곳에서 15년 동안 나치에 저항했다. 1936년 스페인내전 때는 좌파 진영을 지원하는 기자로 참전했다. 그는 그곳에서 소련 공산당의 허구를 통렬히 깨달았다. 그때의 경험은 사회주의가 본래의 이념과 정치적 노선을 실천하려면 자유와 민주주의의 기초 위에 서 있을 때만 가능하다는 것을 그에게 가르쳐 주었다.

2차대전 후 브란트는 1949년 연방의회 베를린 시의원으로 정계에 입문하고 1957년 베를린 시장에 취임했다. 1961년 베를린 장벽이 세워지는 것을 직접 목격하고 1964년 사민당 당수로 선출되었다. 독일인들의 사회적·제도적 개혁 요구로 보수당 연립정권이 붕괴되고 기민당과 사민당의 이른바 '좌우 대연정'이 수립되면서 사민당 당수 브란트는 1966년 부총리 겸 외무장관으로 입각해 '동방정책'을 구체화했다. 그러다가 1969년 10월 21일 단 3표 차로 사민당·자민당 연립정부 총리에 선출된 후 '동방정책'을 본격적으로 추진했다.

브란트는 동서독 간 첫 정상회담을 성사시키고 같은 해 12월 7일 서독 총리로는 전후 25년 만에 처음으로 폴란드를 방문해 그동안 외교관계가 단절되었던 폴란드와의 국교정상화를 위한 조약에 서명하고 바르샤바의

한 유대인 위령탑을 참배했다.

위령탑은 1943년 4월 바르샤바 게토에 거주하고 있던 7만 명의 유대인이 그들을 학살수용소로 보내려는 나치에 맨손으로 저항하다 5만 6,000여 명이 현장에서 사살되거나 체포된 곳이었다. 나치의 만행에 희생된 망자들을 애도하며 머리를 조아린 브란트는 무릎을 꿇고 용서를 빌었다. 브란트의 사죄는 동방정책과 함께 훗날 독일 통일의 밑거름으로 평가받았다.

브란트는 1971년 동서독 간 첫 정상회담을 성사시킨 공로로 노벨평화상을 수상했다. 1973년에는 서독 총리로는 처음 이스라엘을 방문했다. 당시 독일에 대한 유대인들의 격앙된 감정으로 총리의 방문 자체가 껄끄러웠지만 브란트는 나치가 유대인들에게 가했던 만행에 대해 진심으로 사죄하고 용서를 청했다. 이스라엘 총리는 "우리는 용서한다. 그러나 잊지는 않을 것"이라는 유명한 말로 화답했다.

비서가 동독 스파이라는 사실 밝혀져 사임

브란트는 총리 취임 5년 만인 1974년 5월 6일 물러났다. 그의 비서 권터 기욤이 18년간 암약해온 슈타지(동독의 정보기관)의 스파이였던 것으로 드러났기 때문이다. 그런데 미심쩍은 몇 가지 일로 사임배경은 명쾌하지 않았다.

사임 며칠 후부터 돌기 시작한 "궁중 음모의 제물", "기욤은 궁중 모사꾼들에게 하늘이 때맞춰 내려준 선물"이라는 소문이 그랬고, 브란트가 여자를 좋아한다는 사실이 새삼스러운 것도 아닌데 간첩사건이라는 민감한 시기에 여자 문제가 불거져 나온 것도 그랬다. 한 작가의 말마따나 그에게 여자란 "언제나 새로이, 언제나 다시, 쉼 없이, 그리고 헛되이"로 정의되는 그런 존재였다. "브란트의 전용열차 객실에 금발의 여인이 들락거렸다"는 등 스캔들에 불을 지핀 것은 보수 신문들이었다.

기욤 사건에도 의심스러운 구석이 많았다. 1년 전부터 기욤이 스파이라는 사실이 포착되어 서독 정부가 내사에 들어갔으나 당내 주요 인사들이 아직 구체적인 증거가 없다며 좀 더 기다려 보자고 말리는 바람에 기욤의 스파이 행위가 1년 더 이어졌기 때문이다. 브란트는 자살을 생각할 정도로 자포자기 상태에 빠졌다가 결국 측근에게 "배신당했다"고 심경을 토로한 뒤 사임을 결정했다.

동독 출신의 기욤이 난민 자격을 얻어 부인과 함께 베를린 장벽을 가로질러 서독으로 넘어온 것은 1956년이었다. 그의 아버지 막스 기욤은 2차 대전이 일어나기 전, 반나치 지하활동을 하던 브란트를 치료한 적이 있는 의사이자 공산주의자였다. 동독의 비밀첩보기관 슈타지는 이런 사실을 알고 그의 아들이자 열렬한 공산주의자 귄터 기욤을 스파이로 끌어들여 베를린 장벽을 넘어가도록 했다. 기욤의 아버지는 옛 친구인 브란트에게 편지를 보내 자신의 아들에게 일자리를 구해달라고 부탁했다. 브란트는 옛 친구의 아들이 난민수용소에서 나올 수 있도록 조치를 취하고 자신의 정치조직에서 행정보좌관으로 일하도록 주선했다.

1969년 기욤이 브란트의 개인 비서에 발탁됨으로써 10여 년에 걸친 슈타지의 스파이 작전은 마침내 결실을 보게 되었다. "고등교육을 받지 않았고 신원조회도 불투명하다"는 지적이 일각에서 제기되었으나 무시되었다. 기욤은 브란트의 집에 들락날락거리고 브란트의 책상 위를 오가는 모든 기밀들을 엿볼 수 있게 되었다.

기욤의 작전은 1973년 영국 정보통신본부가 시행한 암호해독작전에 의해 발각되면서 막을 내렸다. 기욤은 체포되어 13년 징역형을 선고받았다. 그러나 서독 정부는 이미 막대한 손실을 입은 상태였다. 서독의 외교 및 군사 관련 기밀들이 4년 동안 슈타지 수중으로 고스란히 넘어간 것이다.

동방정책을 펼쳐온 브란트는 분명 동독에게 우군이었다. 1972년 4월,

브란트에 대한 불신임투표 때, 동독의 슈타지가 서독 의원들을 매수해 근소한 차로 부결시킨 것도 이 때문이었다. 그런데도 동독이 결국 브란트를 낙마시키는 실책을 범했으니 결과적으로 무의미한 승리를 뜻하는 '피로스의 승리'가 된 셈이다.

일본 적군파 결성과 요도호 하이재킹

"제국주의와 부르주아에 대해 전쟁을 선언하는 단계에 와 있다"는 '전(前)단계 봉기론'이 적군파 결성의 계기였다.

일본의 학생운동은 1968년 1월의 베트남 반전운동과 미 항모 엔터프라이즈 기항 저지 투쟁, 1969년 1월의 도쿄대 야스다 강당 공방전 등을 통해 잠시 기세를 떨치는 듯했다. 그러나 일반 학생들이 그들의 과격한 행동에 실망하고 그들의 곁을 떠나면서 고질적인 내분이 다시 도졌다. 소수화·과격화로 내몰리고 내부 갈등까지 겹쳐 우왕좌왕하고 있을 때 새로운 노선이 운동권 학생들의 주목을 끌었다.

교토대생 시오미 다카야가 발표한 "혁명은 전투적 대중운동이 아니라 조직된 폭력 즉 훈련된 군에 의해서만 달성된다"는 '국제주의와 조직된 폭력'이라는 장문의 논문이었다. 이 '무장투쟁 노선'을 지지하는 관서파와 이에 반대하는 관동파의 동서 대립 끝에 관서파가 공산당 중앙위에서 제명당하자 관서파는 200여 명의 조직원을 기반으로 1969년 9월 '공산동(공산주의자 동맹) 적군파'를 결성했다.

의장은 시오미가 맡고 훗날 아랍 적군파의 주춧돌을 놓은 메이지대생 시게노부 후사코는 중앙위원이 되었다. 적군파는 "세계와 일본이 제국주의와 부르주아에 대해 전쟁을 선언하는 단계에 와 있다"는 이른바 '전(前)단계 봉기론'을 내걸고 오사카와 도쿄 등지에서 화염병과 폭탄으로 경찰

시설을 공격하는 등 과격한 행동을 일삼았다. 그러던 중 산중에서 무장훈련 중이던 주력부대 53명이 체포되고 시오미 의장마저 1970년 3월 체포되면서 조직은 사실상 와해될 위기에 처했다. 요도호 납치가 결정된 것은 그 무렵이었다.

1970년 3월 31일 오전 7시 21분, 131명의 승객을 태운 일본항공(JAL)의 보잉 727기 '요도호'가 후쿠오카로 가기 위해 하네다 공항을 이륙했다. 비행기가 후지산 상공에 이르렀을 즈음인 7시 32분쯤, 갑자기 권총과 일본도로 무장한 괴한들이 조종석에 난입해 항로를 북한으로 돌리라며 기장을 위협했다. 일본 적군파들로 구성된 9명의 범인 가운데는 고등학생도 끼어 있었다. 기장은 연료가 부족하다는 이유로 오전 8시 59분쯤 후쿠오카 이타즈케 공항에 항공기를 착륙시켰다. 범인들은 그곳에서 노인과 어린이 23명을 풀어주고 비행기 급유를 마친 뒤 오후 1시 58분쯤 다시 공항을 이륙했다. 대한해협을 거쳐 동해를 북상하던 요도호가 38도선을 넘은 것은 오후 2시 52분쯤이었다.

공중납치된 요도호를 김포공항으로 유인

그 무렵 우리 정부는 이미 북한의 원산 근처까지 북상한 요도호를 김포공항으로 유인하기 위해 모종의 계획을 진행시키고 있었다. 요도호가 관제 범위 40마일 반경 밖에 있어 관제를 잘못하면 자칫 비행기가 산에 부딪힐 수도 있는 위험한 상황인데도 우리 관제사는 요도호를 김포공항으로 유도하기 위해 기장과 교신을 시도했다. 다행히 남북한 사정에 익숙지 않은 범인들은 북한 공항 관제사로 위장한 우리 관제사의 유도에 순순히 따랐다.

요도호가 우리 관제사의 지시에 따라 동해에서 좌회전한 뒤 북한 상공을 가로질러 황해도 남포를 지나 서해안으로 빠져나가고 있을 무렵, 북한의 해주 근처에서 고사포가 발사되어 일촉즉발의 상황이 전개되었다. 다행히 요도호는 서해로 무사히 빠져나갔고 그곳에서 다시 인천 쪽으로 방향을 틀었다. 그때까지도 범인들은 비행기가 평양으로 가는 것으로 알고 있었다. 기장이 이 사실을 알고 있었는지는 지금까지도 명확지 않다.

김포공항에 착륙한 일본 요도호

요도호가 유인되는 동안 김포공항에서는 평양공항으로 위장하기 위한 일대 소동이 벌어졌다. 원색의 치마저고리를 입고 꽃다발을 든 20여 명의 여인과 인민군 복장에 따발총을 든 군인을 공항에 배치했으나 1시간 만에 평양공항처럼 꾸민다는 것은 역시 무리였다. 이런 상황에서 오후 3시 19분 요도호가 김포공항에 내렸다. 공중납치된 요도호를 우리 정부가 기지를 발휘해 다시 공중납치한 것이다. 곧 비행기에 트랩이 설치되고 문이 열리려는 순간 갑자기 범인들 입에서 "이곳은 평양이 아니다"라는 비명이 터져나왔다. 조종석 밖으로 노스웨스트항공기 마크가 보인데다 미제 지프와 흑인 병사들의 모습까지 눈에 띄었기 때문이다.

이튿날 일본의 운수성 정무차관이 서울로 왔고, 그가 인질로 붙잡히는 조건으로 99명의 승객과 스튜어디스는 풀려났다. 요도호는 4월 3일 오후 6시 정무차관을 인질로 삼아 김포공항을 떠났다. 평양에 도착한 범인들은 북한에 그대로 눌러 앉았고 기체와 승무원들은 4월 5일 무사히 하네다 공항으로 귀환했다.

조직원 15명 처형한 잔인성에 경악

요도호 납치를 전후로 한 시기에 주요 지도자들이 잇달아 검거되고 수사망이 점점 좁혀오자 적군파는 1971년 7월 공산당계 지하조직인 인민혁명군과 결합해 '연합적군'을 결성한 뒤 산악지대로 숨어들었다. 경찰이 이들의 아지트를 급습한 것은 1972년 2월 16일이었다. 그러나 포위망을 뚫고 도주한 5명은 2월 19일 도쿄 북쪽의 피서지인 미나미 가루이자와의 아사마 산장에 침입해 관리인의 아내를 인질로 삼고 경찰과 인질극을 벌였다. 일본 경찰은 9일 동안 이들을 설득했으나 별 효과가 없자 2월 28일 오전 10시, 200여 명의 특공대를 산장에 투입했다. 특공대는 8시간 동안 총격전을 벌인 끝에 오후 6시 15분 인질범 5명을 모두 검거하는 데 성공했다. 일본 내 적군파의 마지막 저항이었다.

그런데 경찰 조사과정에서 새로운 사실이 밝혀져 일본 열도를 들끓게 했다. 그해 초 산악지대에 모였던 29명 가운데 15명이 같은 조직원들에 의해 처형된 사실이 드러난 것이다. 살해 이유도 거창한 사상과는 아무런 관계가 없는 사소한 트집에 있었다. 자아비판 과정에서 연애 경력 등을 이유로 동료를 간단히 죽음으로 내몰고 임신부까지 처형한 극한적 잔혹상에 일본 국민은 치를 떨었다. 요도호의 고교생 납치범은 1985년 일본으로 몰래 들어오다 붙잡히고, 1명은 1996년 캄보디아에서 체포되어 위조달러 사용 혐의로 태국 경찰에 넘겨졌다가 2000년 일본으로 송환되었다. 3명은 북한에서 사망하고 4명만이 현재 북한에 체류 중이다.

아랍 적군파

요도호 피랍은 "세계 혁명을 위해 해외에 근거지를 만들고 그 힘을 배경으로 다시 일본에서도 혁명을 일으킨다"는 적군파 의장 시오미 다카야의 '국제 근거지론'에 따라 해외를 무대로 한 첫 무장투쟁이었다. 요도호 사건 후 중동 지역이 새로운 후보지로 떠오르자 시게노부 후사코 등 19명은 1971년 2월 레바논으로 날아갔다. 이들은 팔레스타인 해방기구(PLO)의 가장 급진적 단체인 팔레스타인해방 인민전선(PFLP)과 연대했다. 레바논의 베카 고원을 거점으로 삼아 '적군파 아랍지부'를 발족하고 군사훈련과 이스라엘 투쟁에 나섰다. 시게노부 등은 중동에서 일본 내 적군파와의 결별을 선언하고 '아랍 적군'을 자칭했다.

'아랍 적군'은 1972년 5월, 여행객 26명을 살해하고 73명을 다치게 한 텔아비브 공항 사건을 계기로 한동안 아랍의 영웅으로 떠올랐다. 이후에도 JAL기 납치(1974), 쿠알라룸푸르 주재 미 영사관 점거(1975) 등 크고 작은 국제테러를 자행했다. 긴 생머리를 날리는 미모의 시게노부는 세계적으로 유명해졌다. 동료들의 석방을 위해 주로 항공기 납치나 대사관 점거 등 죽음을 무릅쓴 이들의 과격한 행동 방식은 국제테러의 원형으로 불릴 정도였다. 그러나 냉전 종식과 중동 평화회담 등 국제적 상황 변화는 중동에서의 이들의 지위를 흔들었다.

1997년 국제적 압력에 타협한 레바논 정부가 베이루트에 잠복한 '아랍 적군' 5명을 체포해 일본에 송환하면서 '아랍 적군' 버리기에 나서자 이들은 중남미나 동남아로 흩어져 새로운 거점을 찾았다. 그러나 대부분이 검거되면서 아랍 적군파는 사실상 종말을 고했다. 일본으로 잠입했다가 2000년 11월 오사카에서 체포된 시게노부가 2001년 4월 감옥에서 지지자들에게 보낸 옥중성명을 통해 적군파 해체를 선언함으로써 한 시대를 폭력으로 물들게 한 테러의 시대도 어둠 속으로 사라졌다.

케이트 밀레트 '성의 정치학' 출간

남성들이 어떻게 암암리에 여성들을 비천한 존재로 만들었는지를 철저하게 파헤쳤다.

현대 페미니즘 운동의 기원은 1848년의 '세네카 폴즈 집회'라는 게 중론이다. '세네카 폴즈 집회'는 1848년 7월 19~20일 뉴욕주의 작은 마을 세네카 폴즈의 웨슬리안 교회에 300여 명(남자 40명 포함)이 모

케이트 밀레트(1934~)

여 미국 최초로 여성참정권을 요구한 집회를 말한다. 당시는 여성들이 공공집회를 연다는 것은 상상도 할 수 없던 때였다. 여성들의 투표권, 고등교육의 기회, 재산 소유권 등도 당연히 존재하지 않았다.

그런데도 참가자들은 집회 후 채택한 '세네카 폴즈 선언문'에서 남성과 여성은 동등하게 태어났다고 선언하고 여성의 참정권을 요구했다. 이를 기점으로 시작된 여성참정권 운동은 온갖 우여곡절을 거쳐 1920년대 여성에게 보통선거권이 부여되면서 막을 내렸다. 여성이 선거권도 얻고 대학에도 갈 수 있게 된 것이다.

이 같은 개혁 분위기 속에서 여성들은 낙관했고 더불어 여성운동은 점차 약화되었다. 이후 수십 년간 여성들은 일상의 행복을 즐기며 살았다. 여성들의 유일한 또는 지배적인 가치와 행복은 남자의 사랑을 받는 것으로 서서히 바뀌었다.

그러던 중 1960년대 흑인 민권운동, 학생들의 반전운동, 학내 민주화 운동의 여파 속에서 여성들은 다시 자신의 존재를 들여다보게 되었다. 제2차 여성해방운동의 시작이었다. 베티 프리단의 '여성의 신비'(1963)는 성공한 남편을 둔 사랑받는 아내, 사랑스러운 자식을 둔 어머니가 결코 행복한 것이 아니며 소외된 존재임을 깨우쳐 주었다.

제2차 여성해방운동은 '개인적인 것이 정치적인 것'이라는 구호를 전면에 내세웠다. 정치와 경제의 틀을 넘어서 성, 몸, 감정, 가족과 같이 그때까지 사적인 것으로 간주되었던 영역들도 운동의 대상이 되었다. 여성운동가들은 정치인을 통해서가 아니라 직접 자신들의 행위와 급진적 구호를 통해 현대 여성해방운동의 정치적 주제를 결정하려 했다.

1968년에는 미스 아메리카 미인대회를 반대하는 행위로 브래지어를 쓰레기통에 버려 세계적으로 주목을 끌었다. 점차 강간, 아내 구타, 어린이 성폭력, 낙태의 합법화, 동성애 문제 등이 여성해방운동의 주요 주제로 등장했다. 그들을 이론적으로 무장시킨 케이트 밀레트(1934~)의 '성의 정치학'이 출간된 것은 그 무렵이었다.

포르노를 방불케 하는 충격적인 예문으로 시작

밀레트는 미국 미네소타주 세인트폴에서 딸만 셋인 가난한 집안에서 태어나 가부장적 폭력 속에서 성장했다. 아버지는 툭하면 딸들에게 손찌검을 하다가 밀레트가 14살 때 집을 나갔다. 어머니는 당시로서는 드물게 대학까지 나온 인텔리였지만 그에 걸맞은 일자리는 주어지지 않았다.

밀레트 역시 1956년 미네소타 주립대 영문과를 졸업하고 1958년 영국 옥스퍼드대에서 석사학위를 취득했으나 어머니가 그랬듯 쉽게 직업을 구하지 못했다. 결국 노스캐롤라이나대 그린즈버러 캠퍼스에서 한동안 영문학을 가르치다가 1961년 일본으로 건너가 와세다대에서 영어를 가르치며 조각을 공부했다.

1964년부터는 컬럼비아대의 협력대학인 버나드여대에서 영문학을 가르치며 박사과정을 밟았다. 그러면서 학교 내의 학생, 여직원, 교수들을 중심으로 '컬럼비아 여성해방'이라는 페미니스트 그룹을 창립했다. 이 그룹은 학교 내 여성들의 성차별 임금실태와 학사행정의 성차별을 조사·폭로하고 컬럼비아대를 상대로 성차별 소송을 제기했다. 1968년 봄 컬럼비아대 스트라이크 때는 학생들과 함께 행동했다. 밀레트는 이런 일련의 활동으로 밉보이게 되어 1968년 겨울 학교에서 파면되었다.

실의와 좌절, 분노의 나날을 보내던 밀레트는 1968년 12월 그동안 강의하느라 쓰지 못한 박사학위 논문을 쓰기로 결심했다. 300권의 문헌을 참고해 8개월 만에 탈고하고 박사학위 논문으로 제출한 것이 '성의 정치학'이다. 논문을 받아든 심사교수들은 벌어진 입을 다물지 못했다. '성의 정치학'이 포르노그래피를 방불케 하는 충격적인 예문으로 시작되기 때문이다. "…그녀는 꼭 열띤 암캐처럼 헐떡이면서 내 온몸을 물어뜯고 갈고리에 걸린 지렁이처럼 꿈틀거렸다.… 몸을 말리고 있자니 그녀가 엎드려 내 성기를 깨물었다. 내가 욕조 가장자리에 앉자 그녀는 내 발밑에 무릎을 꿇고 그것을 게걸스레 빨았다…."

성관계는 남녀의 지배·종속관계

밀레트는 헨리 밀러의 '섹서스'에 나오는 이 대목을 인용하고 소설을 분석하면서 남성들이 어떻게 암암리에 여성들을 비천한 존재로 만들었는지를 철저하게 파헤쳤다. '아메리칸 드림'의 노먼 메일러, '채털리 부인의 사랑'의 D.H. 로렌스 등도 여성을 비하한 작가로 거론되었다.

밀레트에게 1970년 3월 컬럼비아대의 박사학위를 안겨준 '성의 정치학'이 말하고자 한 것은 순수한 인간관계로서의 사랑 또는 본능적 관계로 신비화되어온 성관계와 성행위가 사실은 남녀의 지배·종속관계, 권력관계와 다름없다는 것이다. 특히 가부장제하에서 성애는 여성의 품위를 잃게 하고 모욕하는 것이며 성은 배설·폭력과 일치되고 여성은 남성의 남성중심적인 성적 위안을 위한 합법적 희생자가 된다는 것을 로렌스, 헨리 밀러, 노먼 메일러, 장 주네의 작품 분석을 통해서 알려주었다. 그리고 "가부장제는 유례없는 지배 이데올로기다. 어떠한 체제도 피지배자에 대해 이와 같이 완벽한 지배력을 행사해온 일은 없다"고 결론 내렸다.

밀레트는 문화의 이념도, 권력의 기본적인 개념도 바로 이 가부장제에서 시작된다고 주장했다. 논문이 1970년 7월 책으로 출간되자 미국 사회는 발칵 뒤집혔다. 타임지는 그해 8월 밀레트를 표지 인물로 소개하고 책은 전 세계로 팔려나갔다. 밀레트가 책에서 정의한 개념들은 이후 페미니즘에 관한 모든 논쟁의 기준점이 되었다.

이후 밀레트는 버클리대 등에서 강의하면서 '창녀들에 대한 보고서'(1971), 레즈비언 소설 '플라잉'(1974)을 발표했다. 이 소설로 양성연애자라는 사실이 알려지는 바람에 체면을 중시했던 자신의 가족에 의해 1년 반 동안 정신병원에 수용되기도 했다. 퇴원 후에는 강단에 서지 않았으나 소설을 쓰고 페미니스트 영화 '세 인생'을 제작하고 감독했다.

'성의 정치학'은 오늘날 보부아르의 '제2의 성'(1949)과 더불어 여성학의 고전으로 꼽히고 있으며, 여성운동과 여성학 발전에 사상적·이론적으로 결정적인 영향을 미친 '여성해방의 성서'로도 불린다.

우에무라 나오미 5대륙 최고봉 세계 최초 등정

그가 평생 동안 추구한 것은 극한의 한계상황에서 홀로 사투해야 하는 절대 고독이었다.

우에무라 나오미(1941~1984)가 평생 동안 추구한 것은 극한의 한계상황에서 홀로 사투해야 하는 절대 고독이었다. 그는 삶의 한 순간 한 시절이 아니라 산속에서 죽는 마지막 날까지 수직과 수평의 모험에 몸을 던진 세계 산악계의 전설이었으며, 목표 달성 후 명예와 안락을 즐기는 여느 탐험가 영웅들과 달리 끊임없는 도전에서 삶의 진정한 의미를 찾은 20세기 최고의 모험가였다.

일본 효고현 산골에서 태어난 그가 본격적으로 산과 인연을 맺은 것은 메이지대 산악부에 들어가고부터였다. 1964년 5월 대학을 졸업하고 알프스행 경비를 마련하기 위해 무작정 미국으로 건너간 그는 호텔에서 객실 청소와 접시닦이 등을 하고 포도농장에서 포도 따기에 매달리며 자금을 마련했다. 하지만 1964년 9월 불법노동으로 이민국에 체포되는 바람에 미국을 떠나 프랑스로 건너갔다.

1964년 10월 알프스 자락에 위치한 샤모니의 스키장에서 아르바이트를 하다가 1964년 11월 알프스 몽블랑 단독 등반을 시도했으나 첫 도전에서는 간신히 목숨만 건지는 쓰라린 실패를 경험했다. 눈으로 덮여 있던 크레바스(빙하의 갈라진 틈)에 떨어졌다가 배낭이 크레바스 틈에 낀 덕분에 목숨만은 건질 수 있었다.

1965년 4월 메이지대 산악부와 함께 히말라야 고줌바캉 2봉(7,646m) 등정에 성공함으로써 자신감을 되찾게 되자 1966년 7월 25일 유럽 최고봉 몽블랑(4,807m) 등정을 다시 시도해 성공했다. 3개월 뒤인 1966년 10월 24일에는 아프리카 최고봉 킬리만자로(5,895m)의 정상에 홀로 서고 1968년 2월 5일 남미의 최고봉 안데스 아콩카과(6,959m) 정상에까지 오르면서 세계 5대륙 최고봉 최초 등정의 꿈을 차근차근 실현시켜나갔다.

1968년 4월 20일부터 6월 20일까지 아마존 강의 발상지에서 하구까지 6,000여 킬로미터를 뗏목으로 60일 만에 항행한 뒤에는 세계의 지붕이자 아시아 최고봉인 에베레스트(8,848m) 등정을 준비했다. 몽블랑, 킬리만자로, 아콩카과는 단독으로 등정했지만 에베레스트만은 단독 등정이 불가능해 일본산악회 원정대의 일원으로 참가해 1970년 5월 11일 마침내 일본 최초로 에베레스트 등정에 성공했다.

마지막 순간까지 절대고독 추구해

5대륙 최고봉 가운데 남은 것은 북미 최고봉인 알래스카의 매킨리(6,194m)뿐이었다. 4인 이하의 등반을 금지하고 있던 매킨리 관리사무소가 에베레스트까지 오른 이 희대의 산악인에게 예외적으로 단독 등반을 허락한 덕에 우에무라는 1970년 8월 26일 마침내 매킨리 정상에 오를 수 있었다. 이로써 그는 세계 5대륙 최고봉을 세계 최초로 오른 주인공이 되었으며 에베레스트를 제외하고는 4개 최고봉을 홀로 등정하는 강인한 체력과 정신의 소유자임을 과시했다.

우에무라 나오미(1941~1984)

그의 다음 목표는 극지 탐험이었다. 1971년 8월부터 10월까지 일본 열도 3,000km를 도보 여행하고 1972년 9월부터 1973년 2월까지 그린란드 극지의 에스키모인들과 생활하며 생존방식과 개썰매 다루는 법을 배워 북극 탐험을 준비했다. 1973년 2월부터 4월 말까지 홀로 개썰매를 이끌고 그린란드 3,000km를 달리고 1974년 12월부터 1976년 5월까지 17개월간 역시 홀로 개썰매를 이끌고 북극권 1만 2,000km를 단독 종단하는 데 성공했다.

그가 새로운 도전 목표인 북극점을 향해 개썰매를 이끌고 캐나다 엘레스빌 에드워드 기지를 출발한 것은 1978년 3월 5일이었다. 이번에도 혼자였다. 자신과 개의 식량을 거의 사냥으로 마련하면서 자신의 정신력과 싸우며 한 발 한 발 전진한 끝에 4월 29일 마침내 세계 최초로 북극점 단독 도달에 성공함으로써 세계 탐험사에 신기원을 이뤄냈다. 그리고 8월 22일 그린란드 남단에 도착함으로써 북극 대륙을 종단하는 데까지 성공한 그에게 영국은 가장 용감한 사람에게 주는 국제스포츠 용맹상을 수여하며 축하해 주었다.

남극 횡단도 1982년 시도했으나 포클랜드 분쟁으로 뜻을 이루지는 못했다. 우에무라는 1984년 2월 12일 세계 최초로 매킨리 동계 단독 등반에 성공했다. 그러나 하산하던 중 2월 13일 실종되었고 시신은 발견되지 않았다. 마지막 안식처를 눈 덮인 산속에서 구하고 마지막 순간까지 절대 고독을 추구한 우에무라다운 죽음이었다.

미시마 유키오 할복자살

전후 일본 사회 저변에 흐르던 군국주의를 준동케 하는 계기가 되었다.

미시마 유키오(1925~1970)는 도쿄에서 태어나 귀족학교로 유명한 가큐슈인(學習院)을 거쳐 1947년 도쿄대 법학부를 졸업하는 등 전형적인 엘리트 코스를 밟았다. 1948년 대장성 은행국에 들어갔다가 8개월 만에 그만둔 것은 문학에 대한 열정과 미련 때문이었다.

가와바타 야스나리(1899~1972)의 추천으로 문단에 데뷔하고 1949년 장편소설 '가면의 고백'을 발표함으로써 본격적으로 작가의 길을 걸었다. '가면의 고백'은 당시로서는 드물게 동성애자가 겪는 고통을 묘사한 자전적 작품으로 큰 반향을 불러일으켰다. 이후 발표한 소설들에서도 신체적 문제를 안고 있거나 심리적 갈등으로 주변과 화합하지 못하는 사람들의 고통을 그렸다.

미시마는 이후에도 전후 세대의 허무주의와 이상심리를 탐미적 스타일로 표현한 '사랑의 목마름'(1950), '금지된 색'(1954), '금각사'(1956) 등의 작품을 발표하며 일본 문단에서 확고한 지위를 차지했다.

그중에서도 말을 더듬어 열등감에 사로잡힌 청년이 금각사의 미에 매료되어 결국 방화를 결심하기까지의 심리 흐름을 치열하게 묘사한 '금각사'는 대표적인 탐미주의 작품으로 평가받고 있다. '우국'(1960)을 쓸 무렵부터 급진적 민족주의자로 변한 미시마는 그 후의 작품들에서 천황제 파시즘에 대한 낭만적 동경을 그렸다.

애국심과 군국주의에 빠져 있던 그는 일본의 전후 상황이 못마땅했다. 그래서 문학 외적으로 행동에 나선 것이 1968년 10월 사병대 '다테노카이(楯の會)'의 결성이었다. 강령으로는 반공과 천황제 지지, 폭력 불사를 내세웠고 제복은 드골의 제복을 만든 디자이너에게 맡겼다. 미시마의 직

접 면접으로 입회가 허락된 100여 명의 회원들은 도쿄대, 와세다대, 게이오대 등 명문 대학에 재학 중이거나 졸업한 사람들로 구성되었으며 1개월 동안 자위대 체험을 했다.

회원들은 시위대를 미행하거나 노동자로 가장해 간이 숙박소에 잠입하는 등의 군 정보수집 훈련에도 참가했으며 1968년 10월 국제반전데모 집회 때는 학생시위대에 잠입해 리더를 색출하는 실전훈련 등을 벌였다. 미시마는 1969년 5월 13일 극좌 학생운동단체였던 일본 전공투의 도쿄대 농성장에 혼자 들어가 1,000여 명의 학생들과 공개토론을 벌이기도 했다.

구심점 없던 일본 우익의 정신적 지주로 부상

미시마를 유명 인물로 만든 것은 그의 화려한 작품 목록이 아니라 충격적인 죽음이었다. 1970년 11월 25일 오전 11시쯤 미시마는 '다테노카이' 회원 4명을 이끌고 도쿄의 육상자위대 동부방면 총감부에 들어가 총감을 인질로 삼고 건물 밖의 자위대 간부들에게 요구조건을 제시했다.

자위대원을 모두 본관 앞에 집합시키고 일체의 공격이나 방해를 하지 않으면 총감의 신변보장을 약속한다는 그의 요구조건에 따라 곧 1,000여 명의 자위대원들이 건물 밖에 모였다. 미시마는 일곱 번 다시 태어나도 천황을 위해 목숨을 바치겠다는 '칠생보국(七生保國)'이 적힌 띠를 이마에 두르고 2층 발코니에서 연병장에 도열한 자위대원을 내려다보며 목이 터져라 외쳤다.

육상 자위대 건물 위의 미시마 유키오

"잘 들어라. 지금 일본 혼을 유지하는 사람은 자위대 너희들뿐이다. 일본을 지킨다는 것은 피와 문화의 전통을 지키는 것이다. 너희들은 사무라이다. 너 자신을 부정하는 헌법을 왜 지키고 있단 말인가. 나를 따를 이는 없는가?" 그러나 미시마에게 돌아온 것은 냉소와 야유뿐이었다. 건물 밖에서는 TV 카메라가 그의 일거수일투족을 생중계했다.

호응이 없는 것에 낙담한 미시마는 "이제 자위대에 대한 꿈은 사라졌다"며 "천황폐하 만세"를 외친 뒤 총감실로 돌아갔다. 뒤이어 미시마는 웃통을 모두 벗은 알몸 상태에서 기합과 함께 단도로 자신의 배를 갈랐다. 그와 동시에 뒤의 한 청년회원이 군도(軍刀)로 미시마의 목을 쳤고 잘린 목은 카펫 위에 나뒹굴었다. 목을 친 청년도 미시마를 따라 배를 가르자 또 다른 청년이 그 청년의 목을 날렸다. 시간은 12시 15분을 가리키고 있었다. 두 사람의 목을 유해 앞에 가지런히 놓은 세 청년은 총감의 결박을 풀어 자위대원에게 인도하고 곧 경찰에 체포되었다.

할복 후 미시마는 뚜렷한 구심점이 없던 일본 우익의 정신적 지주로 부상했고, 사건은 전후 일본 사회 저변에 흐르던 군국주의를 준동케 하는 계기가 되었다.

1971년

백제 무령왕릉 발굴
박정희 · 김대중 대통령 선거 격돌
그린벨트(개발제한구역) 지정
남진 · 나훈아 숙명의 라이벌 대결
양희은 데뷔 음반 '아침 이슬' 발표
김종필 국무총리 취임
판사 집단 사표 낸 '사법 파동'
광주대단지(성남시) 조성과 주민 난동
실미도 특수부대원 난동
'닉슨 쇼크'…금 · 달러 태환정지 선언
'펜타곤 페이퍼' 보도와 베트남전 실상
중국의 유엔 가입과 대만의 유엔 축출
제3차 인도 · 파키스탄 전쟁과 방글라데시 독립
이소룡 영화 '당산대형' 개봉
로이드 웨버 '지저스 크라이스트 슈퍼스타' 초연
그린피스 발족
존 롤스 '정의론' 출간

백제 무령왕릉 발굴

편년이 정확지 않았던 백제 역사가 다시 쓰이게 되었고, 잊힌 웅진시대 백제문화도 화려하게 부활했다.

유물에도 팔자가 있다고 한다. '세기의 대발견'이라는 찬사가 쏟아졌던 무령왕릉의 발굴과정을 살펴보면 이 말이 정말 일리가 있음을 실감하게 된다. 1,400년 이상을 온전한 상태로 제 모습을 지켜오다 우연히 처녀분인 채로 발견되던 순간만 해도 무령왕릉의 팔자는 괜찮아 보였다. 문제는 잘못된 발굴이었다. 이로 인해 무령왕릉의 팔자는 기구한 운명 속으로 빠져들었다.

충남 공주 송산리에는 일제시대 때 발굴되거나 도굴된 1호부터 6호까지의 고분이 있었다. 그런데 석실분인 5호분과 벽돌무덤인 6호분은 도굴과 발굴과정에서 훼손된 탓인지 1970년부터 비만 오면 무덤 안으로 물이 스며들었다. 공주박물관 측이 1971년 여름 장마를 앞두고 배수로를 만들기 위해 뒤쪽 언덕을 파내려간 것은 6월 29일이었다. 그런데 공사 중이던 7월 5일 한 인부의 삽이 땅속에 묻혀 있는 벽돌 모서리에 부딪혔다. 1,450년 동안 긴 잠에 빠져 있던 백제 무령왕을 깨우는 소리였다.

소식을 듣고 공사 현장으로 달려간 김영배 관장의 얼굴은 믿을 수 없다는 표정이 역력했다. 6호분으로부터 북쪽으로 3m 정도 떨어진 곳에서 새로운 벽돌의 벽면이 발견된 것이다. 계속된 발굴로 곧 아치형의 벽돌이 드러나자 김 관장은 작업을 중단시킨 뒤 서울의 문화재관리국에 이 사실을 보고했다.

김원룡 국립중앙박물관 관장을 단장으로 한 발굴단이 현지에 도착한 것은 7월 7일이었다. 이미 벽체의 3분의 1 정도가 발굴되어 있었다. 오후

4시쯤 1m 정도 파내려갔을 때 벽돌을 옆으로 쌓은 아치형 입구가 나타났다. 철야작업을 해서라도 그날 밤 발굴작업을 끝내고 다음날부터 본조사에 들어갈 예정이었으나 해질 무렵부터 내리기 시작한 비로 작업현장에 물이 고여 서둘러 배수로를 설치하고 작업은 다음날로 미뤘다.

본격적인 작업은 7월 8일 아침 재개되었다. 오후 3시쯤 바닥 부분까지 파들어가고 오후 4시 15분쯤 김원룡, 김영배 두 사람이 폐쇄부 맨 위의 벽돌 2개를 들어냈다. 무령왕의 혼이 깨어나는 역사적인 순간이었지만 한편으로는 한국 고고학계가 두고두고 가슴을 쳐야 했던 가슴 쓰린 순간이기도 했다. '100년에 한 번 있을까 말까 한' 대발견을 감당해낼 인적 인프라가 제대로 갖춰지기도 전에 잠에서 깬 무령왕의 얄궂은 운명이었는지 모른다.

입구를 뜯어낸 연도(무덤 속의 방으로 들어가는 복도) 한가운데에는 난생 처음 보는 돌짐승 한 마리가 버티고 서서 낯선 침입자를 지켜보고 있었다. 안으로 들어가자 무덤 지석(誌石)이 눈에 들어왔다. 지석 첫머리에 새겨진 '영동대장군백제사마왕(寧東大將軍百濟斯麻王)'이라는 글귀를 보는 순간 발굴단은 심장이 멎는 듯했다. 백제 제25대 사마왕과 왕비의 능이었던 것이다.

'세기의 대발견'으로 백제문화 부활

발굴단은 눈빛으로 감격을 나누며 "무령왕이다!"를 신음하듯이 외쳤다. 무령왕은 죽은 뒤에 내린 시호였고 사마왕은 생전의 이름이었다. 지석은 무령왕이 523년 5월 7일에 죽고 525년 8월 12일 안장되었다는 사실을 분명하게 알려주고 있었다. 그때까지 삼국시대의 수많은 왕릉이 발굴되고 도굴되었지만 무덤의 주인이 누구인지를 확실한 기록과 유물로 알려준 것은 무령왕릉이 처음이었다.

이 '세기의 대발견'으로 편년이 정확지 않았던 백제 역사가 다시 쓰이게 되었고, 잊힌 웅진시대 백제문화도 화려하게 부활했다. 왕릉의 구조와 출토유물에 중국 양나라 양식이 모방되어 있고, 관의 재질이 일본 남부에서만 자라는 금송(金松)으로 짜인 사실도 밝혀져 중국·일본과의 대외문화교류가 활발했음을 알려주었다.

발굴단이 대략 내부조사를 마치고 4시 30분 무덤에서 나왔을 때 밖에는 호기심 가득한 구경꾼들과 기자들로 야단법석이었다. 그들에게 "무덤은 무령왕과 왕비의 지석을 갖춘 완전분"이라고 알려준 뒤 기자들에게 "무덤 속으로는 절대 들어가지 말 것"을 당부하며 연도 입구 밖에서만 내부를 향해 사진을 찍도록 했다. 그러나 근접촬영을 시도하던 누군가가 청동숟가락을 부러뜨리는 만행을 저지르는 등 질서가 좀처럼 지켜지지 않았다.

자칫 큰 사고가 날 것을 우려한 발굴단은 곧 천추의 한이 될 무리한 결정을 하게 된다. 될 수 있는 한 빨리 발굴을 끝내는 것이 보도진이나 구경꾼들과의 마찰과 사고방지에 효과적이라는 결론을 내린 것이다. 그래서 급히 사진을 찍고 실측도를 작성한 뒤 밤 10시경부터 총 108종 2,906점 가운데 큰 유물만 대충 수습하고 나머지는 바닥에 엉킨 풀뿌리째 자루에 쓸어담았다. 몇 달이 걸릴지도 모를 발굴 작업을 불과 11시간 만에 일사천리로 해치운 것이다. 밤새도록 계속된 유물 수습이 끝난 시간은 7월 9일 오전 8시경이었다. 살아 숨쉬던 무령왕릉의 생명도 이것으로 끝이 났다.

무령왕릉을 발굴하기 전 드러난 아치형의 무덤 입구

생전에 김원룡 박사는 "이 엄청난 행운이 멀쩡하던 나의 머리를 돌게 했다"며 가슴을 쳤다. 나중에 유물을 보던 박정희 대통령까지 왕비의 팔찌를 휘었다 폈다 해 그것을 지켜보는 김원룡의 가슴을 철렁거리게 했다. 수난은 여기서 그치지 않았다. 발굴 후에 있었던 두 차례의 보수로 내부가 기울고 비가 새기 시작한 것이다. 결국 후손을 잘못 만난 무령왕은 1997년 영구폐쇄되어 다시 땅속에 묻혀야 하는 신세가 되었다.

박정희·김대중 대통령 선거 격돌

김대중은 패배에도 불구하고 정계의 거물이 되었으나 박정희의 간담을 서늘케 한 죄로 파란과 수난의 길을 걸어야 했다.

박정희 대통령은 야당의 대통령 후보가 40대라는 사실이 못마땅했다. 1969년 11월부터 1970년 2월까지 김영삼, 김대중, 이철승 3명이 '40대 기수론'을 내세우며 줄줄이 출마를 선언하자 "내가 어찌 그런 애송이들하고 싸울 수 있겠느냐"고 역정을 냈다. 그는 자신보다 5~11세나 적은 40대를 상대하기보다 가급적이면 60대의 유진산이 신민당의 대통령 후보가 되기를 원했다. 그래서 대선 구도를 자신의 의도대로 끌고 가기 위해 물심양면 유진산을 도왔으나 무엇보다 국민이 유진산을 원하지 않았다. 국민에게 유진산은 '타협정치의 명수', '권모술수의 화신'으로 비쳤다.

그런데도 여권은 이런 민심을 제대로 파악하지 못했다. 김영삼이 40대 기수론을 선언하고부터 김대중이 극적인 역전극을 벌이는 마지막 순간까지 중앙정보부를 비롯한 여권의 정세 판단은 계속 빗나갔다. 박 대통령은 중앙정보부의 무능에 책임을 묻고 다가올 선거에 대비하기 위해 1970년 12월 김계원 중앙정보부장을 경질하고 후임에 3선 개헌 후 비서실장을 그만두고 주일 대사로 나가 있던 이후락을 기용했다.

1971년 4월 27일에 있을 대통령 선거의 공식 선거운동 기간은 3월 25일부터였으나 양 진영은 1970년 10월부터 유세전에 돌입했다. 김대중은 “10년 세도 썩은 정치, 못살겠다 갈아보자”, “논도 갈고 밭도 갈고 대통령도 갈아보자”라는 캐치프레이즈를 내걸고 전국 1만 6,000km를 누비며 137회의 유세를 강행했다. 박정희 역시 130여 차례나 선거유세에 나설 정도로 적극적이었다.

박정희(1917~1979)

선거전은 종래의 대통령 선거와는 달리 첨예한 정책대결의 양상을 보였다. 정책대결에 불을 붙인 것은 김대중이었다. 그는 후보 선출 후 첫 기자회견에서부터 메가톤급 공약을 제시해 세인의 관심을 끌었다. 향토예비군 폐지, 주변 4대 강국의 한반도 안전보장, 남북한의 화해와 교류 등 당시로서는 생소하기만 했던 그의 정책은 보수층과 정부 여당에 충격을 던져주었고, 뜨거운 안보논쟁을 불러일으켰다.

국방장관은 예비군 폐지를 두고 “김일성 도당의 남침 길을 열어주는 이적행위”라며 공약 철회를 요구했고, 박정희는 남북교류론을 ‘용공적’이라고 규탄했다. 공화당 일각에서는 “김대중이 피리를 불면 김일성이 춤을 추고…” 운운하는 등 김대중에게 빨간 낙인을 찍었다. 그래도 김대중은 육성회비 폐지, 사치세 신설, 학벌타파, 이중곡가제 채택 등 주로 서민층을 겨냥한 공약들을 쏟아내 적지 않은 호응을 끌어냈다.

예산과 조직(박정희), 정책과 연설(김대중)의 대결

국민의 관심을 끌어 모은 정책 발표와 연설 능력이 김대중의 강점이었다면, 자금과 조직의 지원을 받을 수 있는 당권이 없었다는 것은 결정적인 약점이었다. 이에 비해 박정희는 현직 대통령이라는 점에서 예산과 조직을 얼마든지 활용할 수 있는 유리한 고지에 있었다. 공무원들을 움직일

김대중(1924~2009)

수 있었고 국가예산을 마음대로 사용할 수 있었다. 그래도 안심할 수 없어 선거 막판에는 지역 감정을 촉발시켰다.

양쪽의 승부처는 서울이었다. 김대중은 4월 18일 장충단 유세에 운집한 30~50만 명의 청중에게 박정희의 영구집권 음모를 폭로했다. 박정희는 김대중의 막판 기세를 누르기 위해 4월 25일 막대한 자금을 뿌려 장충단 유세에 동원한 100만 명의 청중을 향해 "다시는 국민에게 표를 달라고 나서지 않겠다"며 "이번이 마지막"이라며 한 표를 호소했다. 그의 말마따나 박정희는 그 선거 이후 국민에게 표를 달라고 호소하지 않았다. 이듬해 '10월 유신'을 통해 국민이 대통령을 뽑는 선거를 없애버렸기 때문이다.

1971년 4월 27일의 선거 결과, 634만 2,800여 표(53.2%)를 얻은 박정희가 539만 5,900여 표(45.3%)를 얻은 김대중을 물리치고 7대 대통령에 당선되었다. 표차는 94만여 표였다. 김대중은 패배에도 불구하고 정계의 거물이 되었으나 박정희의 간담을 서늘케 한 죄로 1987년 '6·29선언'을 쟁취할 때까지 파란과 수난의 길을 걸어야 했다.

그린벨트(개발제한구역) 지정

사유재산권 침해 논란을 불러일으켰지만 "개발의 물결로부터 녹지공간을 지켜준 최후의 보루"라는 평가를 들었다.

1960년대부터 급속하게 진행된 도시화·산업화로 인해 서울의 인구가 543만 명(1971.7)으로 급증하는 등 대도시 집중화 현상이 뚜렷해졌다. 이로 인해 도시 빈민이 집단 이주하고 소규모 공장이 난립한 서울 외곽의 녹지지구는 빠르게 사라져갔다. 수도권의 대기오염도 더욱 악화되어 초법적인 대책을 강구해야 하는 심각한 상황에 이르렀다.

이를 해결하기 위한 대책으로 마련된 그린벨트(개발제한구역) 지정 내용이 관보를 통해 발표된 것은 1971년 7월 30일이었다. 건설부 고시 447호로 발표된 도시계획법 시행규칙에 의거해 서울 종로구 세종로 사거리에서 반경 15km 라인을 따라 폭 2~10km 구간이 '영구 녹지대'로 지정되었다.

그런데 이 엄청난 발표 내용을 아는 사람은 별로 없었다. 정부가 일반인의 생활에 엄청나게 큰 영향을 미칠 역사적인 그린벨트 정책을 발표하면서도 언론을 통하지 않고 일반인이 쉽게 접근할 수 없는 관보에 슬그머니 실었기 때문이다. 고시에 따라 그린벨트로 지정된 서울 주변의 녹지대 454㎢에서 건물을 새로 짓는 것은 물론 택지 조성 등 일체의 개발행위가 금지되었다. 인구의 도시집중 억제와 자연환경 보전이라는 대의에는 누구나 공감했지만 문제는 그린벨트로 지정된 지역의 80%가 사유지였다는 점이었다. 이 사실이 서서히 알려지기 시작하자 그린벨트로 지정된 지역의 땅값이 3분의 1 혹은 4분의 1로 폭락하기 시작했다.

하루아침에 땅값이 폭락하는 날벼락에 요즘 같았으면 거센 반발과 소송으로 이어졌겠지만 당시는 서슬 퍼런 군사정권 때였다. 땅 주인들이 항의도 못하고 냉가슴을 앓는 동안 그린벨트 정책은 거침없이 추진되었다.

이후 그린벨트 지역은 모두 8차례에 걸쳐 서울을 비롯 부산, 대구, 광주 등에 이어 1977년 4월 18일 마지막으로 지정된 전남 여수시 일대까지 합쳐 전국적으로 총 5,379㎢가 그린벨트로 묶였다. 전 국토의 5.4%나 되는 엄청난 땅이었다.

갑작스런 그린벨트 정책은 사유재산권 침해 논란을 불러일으켰다. 그런데도 훗날 "팽창하던 개발의 물결로부터 녹지공간을 지켜준 최후의 보루"라는 평가를 들을 수 있었던 것은 전적으로 박정희 대통령의 강력한 의지 덕분이었다. 박 대통령은 정책이 흔들릴 것에 대비해 마치 일선 공무원처럼 그린벨트를 직접 챙겼다.

세계적으로 성공한 자연환경보전 사례

박정희는 건설부령 그린벨트 관리규정을 처음 결재할 때부터 겉표지에 "건설부 장관이 개정할 수 있되 개정시에는 반드시 대통령의 결재를 득할 것"이라고 써 놓아 주무 장관의 재량권을 사실상 봉쇄했다. 심지어 그린벨트 내 군부대 초소의 기왓장 몇 개를 바꾸는 것까지 건설부의 사전허락을 받도록 했다. 이 때문에 그린벨트는 박 대통령 생존 시 단 한 번의 구역변경 없이 철저하게 그리고 강압적으로 관리되었다.

그린벨트를 잘못 관리한 공무원은 가차 없이 징계를 받았다. 1972년부터 1979년까지 무려 2,526명의 공직자가 관리부실로 파면, 감봉, 견책, 직위 해제 등의 징계를 받았다. 이런 노력이 있어 그린벨트는 오늘날 '세계적으로 성공한 자연환경보전 사례의 하나'로 꼽히고 있고 박정희 대통령은 '후세에 찬란한 자연유산을 물려준 지도자'로 평가받고 있다.

박 대통령 생존 시 꿈쩍 않던 그린벨트 정책은 1980년대 후반 이후 위기를 맞았다. 도시 용지 부족현상이 심각해지고 땅 소유주들의 집단적인 반발을 어떻게든 무마해야 했기 때문이다. 그린벨트에 대대적으로 손질이 가해진 것은 김대중 정부 때였다. 1997년 "그린벨트를 환경적으로 평가해 해제 여부를 결정하겠다"고 한 선거공약에 따라 김대중은 대통령에 당선된 후 그린벨트 제도개선을 최우선 이행과제로 검토했다.

그 결과 2000년 1월 '개발제한구역의 지정 및 관리에 관한 특별법'이 제정되어 경기 안산, 시흥시의 시화산업단지 9.3㎢가 그린벨트에서 가장 먼저 해제되었다. 같은 해 9월 창원산업단지 2.2㎢도 풀리면서 해제가 본격화되었다. 이후 2003년까지 제주, 춘천, 청주, 여수, 김제, 진주, 통영 등

7개 중소도시에 지정되었던 1,103㎢의 개발제한구역이 해제되었다.

김대중 대통령 이후에는 급등하는 수도권 집값 문제를 해결하기 위해 그린벨트를 해제했다. 노무현 정부는 수도권 그린벨트를 풀어 국민임대주택단지를 짓기 시작하고 이명박 정부는 주택 공급 확대를 위해 2009년부터 본격적으로 그린벨트를 해제하고 보금자리주택 지구로 지정했다. 결국 2000년 이후 2012년까지 전체 그린벨트의 4분의 1가량인 1,471㎢가 해제되어 사라졌다.

남진·나훈아 숙명의 라이벌 대결

대한민국의 가요 역사상 그때처럼 꽃을 활짝 피우고 황금시대를 구가했던 시기는 일찍이 없었다.

남진(1945~)의 당초 꿈은 영화배우였다. 그러나 목포고를 졸업하고 한양대 연극영화과에 입학한 그에게 먼저 찾아온 기회는 가수였다. 대학 1학년 때 작곡가 한동훈의 문하로 들어가 2년 동안의 연습을 거쳐 1965년 '서울 플레이보이'로 데뷔했다. 하지만 데뷔 1집은 처참하게 실패했다. 남진은 다시 작곡가 김영광과 손을 잡고 도시적인 미남형의 외모를 무기로 1967년 '울려고 내가 왔나', '사랑하고 있어요' 등 전통 트로트 주법의 노래를 잇달아 히트시키며 스타덤에 올랐다.

지구레코드 전속가수로 스카우트된 뒤에는 작곡가 박춘석의 '가슴 아프게', '너와 나', '우수' 등을 발표해 인기를 이어갔다. 이를 계기로 박춘석·남진 콤비는 최고의 전성기를 구가하며 이미자와 함께 박춘석 사단의 대표 가수로 자리매김했다. 자신의 히트곡인 '울려고 내가 왔나'와 '가슴 아프게'가 동명의 영화로 제작되었을 때는 주연을 맡아 영화배우로도 활약했다. 남진은 이후에도 많은 영화에 출연해 사실상 엔터테이너로 활동했다. 그러던 중 입영 대상자가 되어 연예활동을 자유롭게 보장한다는 말을 듣고 1969년 해병대에 자원입대했다.

그런데 군의 일방적인 결정으로 그해 7월 베트남전에 파병되었다. 발표 때까지도 이 사실을 전혀 모르고 있던 남진도 갑작스러웠지만 팬들도 충격을 받았다. 이후 팬들은 '선데이서울' 등의 주간지를 통해 남진의 군복 입은 사진을 보며 그가 돌아올 날만을 기다렸다.

남진은 이런 팬들의 성화에 힘입어 1970년 9월, 25일간의 특별허가를 얻어 잠시 귀국해 5장의 신규 앨범을 쏟아냈다. 1971년 4월 제대한 남진은 1971년 9월 서울시민회관(현 세종문화회관)에서 리사이틀 공연을 가졌다. 공연에는 우리나라 가요사상 첫 '오빠부대'가 등장하고 암표가 거래되어 제대 후에도 인기가 전혀 식지 않았음을 확인시켜 주었다.

남진이 베트남에 있는 동안 국내 트로트계를 석권한 건 나훈아(1947~)였다. 그는 서라벌고 2학년 때 우연히 동네 음악학원에서 노래 실력을 인정받아 1966년 오아시스레코드를 통해 데뷔했다. 처음 녹음한 4곡 중 '천리길'을 여러 사람이 내는 LP 음반에 끼워넣었는데 의외로 반응이 좋았다.

그러나 '천리길'은 당시 최고의 인기를 구가하던 배호의 노래 '황금의 눈'을 표절했다는 이유로 곧 금지곡으로 묶였다. 오아시스는 미리 녹음해 둔 4곡 중 '사랑은 눈물의 씨앗', '임 그리워', '약속' 등 3곡을 다른 LP 음반에 끼워넣어 1968년 시장에 내놓았다. 반응은 뜨거웠고 나훈아는 서서히 스타로 발돋움했다.

'눈 뜨고는 못 볼 지경, 남진·나훈아의 과열경쟁'

나훈아가 이렇게 승승장구하고 있던 1971년 남진이 제대했다. 나훈아 홀로 독주하고 있을 때 남진의 가세는 국내 무대를 뜨겁게 달아오르게 하는 기폭제 역할을 했다. 두 사람의 일거수 일투족이 비교되면서 팬들도 양쪽으로 갈렸다. '시민회관서 숙명의 대결 1라운드', 1971년 10월 4일자 일간스포츠 기사제목이 말해주듯 두 사람의 경쟁구도는 숙명이었다.

나훈아(왼쪽)와 남진

라이벌 관계가 극명하게 드러난 때는 방송사마다 10대 가수 시상식이 열리던 1971년 말이었다. 시상식마다 양측 팬들의 꽃다발 공세가 멈추지 않았고, 울부짖듯 무대 위로 올라가 남진·나훈아의 품에 뛰어들어 키스 공세를 펼치는 극성팬도 있었다. '눈 뜨고는 못 볼 지경, 남진·나훈아의 과열경쟁'(1972.1.16 주간조선) 같은 제목의 기사가 신문과 잡지에 심심치 않게 등장했다.

두 사람은 서울시민회관에서도 경쟁적으로 리사이틀을 열어 상대를 자극했다. 1971년 9월 시민회관에서의 남진 귀국 리사이틀에는 4만 명의 관객이 들어차고 그해 10월 추석을 맞아 개최한 나훈아 리사이틀에는 3만 2,000명의 관객이 몰렸다. 1971년의 리사이틀은 남진의 판정승이었으나 1972년의 2라운드는 나훈아의 승리였다. 나훈아가 1972년 2월의 리사이틀에서 5만 명의 관객을 끌어모은 것과 달리 남진은 3월의 리사이틀에서 3만 명밖에 끌어모으지 못했기 때문이다.

두 사람 간의 과열경쟁으로 인한 부작용이 없었던 것은 아니지만 그래도 대한민국의 가요 역사상 그때처럼 활짝 꽃을 피우고 황금시대를 구가했던 시기는 일찍이 없었다. 둘의 경쟁은 1971년부터 불어닥친 '포크송 붐'에 대한 트로트 진영의 마지막 방파제 역할을 했다는 점에서도 의미가 컸다.

1972년 남진이 생애 최고 히트곡 '님과 함께'로 전국의 방송가를 달구며 '한국의 엘비스 프레슬리'란 소리를 듣고 있을 때, 나훈아 역시 '물레방아 도는데', '고향역', '녹슬은 기찻길' 등 트로트 노래들을 히트시키며 '트로트 황제'로서의 입지를 다졌다.

이렇게 경쟁구도가 분명하게 형성된 것은 두 사람 간의 대조적인 캐릭터가 결정적으로 작용했다. 정치권에서 김영삼과 김대중이 영·호남으로 서로 라이벌인 상황에서 둘은 목포(남진)와 부산(나훈아)으로 고향이 달랐다. 게다가 남진은 웃음 띤 얼굴에 잘생긴 미남형이었고 나훈아는 소도둑 같은 외모에 거친 인상이었다.

음악적으로는 부단한 연습을 통해 노래를 완성해가는 남진과 달리 나훈아는 악상 설명만 듣고도 이를 소화해낼 줄 아는 타고난 노래꾼이었다. 남진이 세련된 스타일의 춤과 비트 강하고 리듬감 넘치는 노래를 부를 때 나훈아는 소리를 꺾고 비틀며 감정을 집어넣는 창법을 구사했다.

나훈아의 트로트 가창은 한국 트로트 역사에서 혁명적인 것이었다. 그는 일본 엔카가 가지고 있는 섬세하고 유약한 여성적인 발성의 틀에서 벗어나 강인한 남성성을 극적으로 구현하는 대륙적인 울림을 창조했다.

라이벌 관계는 뜨거웠으나 오래가지는 않아

서울시민회관은 두 사람에게 잊을 수 없는 공간이었다. 대규모 리사이틀 장소로도 의미가 컸지만 사건사고로도 인연이 끊이지 않았다. 나훈아는 1972년 6월 4일 시민회관에서 공연을 하고 있던 중 갑자기 무대 위로 올라온 남자가 깨진 병을 휘둘러 얼굴을 72바늘이나 꿰매야 하는 중상을 입었다. 당시 범인은 "인기 연예인의 피를 보고 싶었고 그래서 유명해지고 싶었다"고 범행 동기를 밝혔지만 나훈아의 팬들 중에는 남진이 배후라고 믿는 사람들도 있었다. 이 때문에 남진은 큰 정신적 피해를 보았다.

1972년 12월 2일 시민회관에서 열린 MBC 주최의 '10대 가수 청백전'에서 남진이 가수왕으로 발표되어 박수를 받고 있던 오후 8시 28분 시민회관에서 대형 화재가 발생했다. 남진은 다행히 무사했지만 이 화재로 53

명이 사망하고 76명이 부상했다.

둘은 비슷한 점도 많았다. 유복한 집안에서 태어난 것도 비슷했고 당대의 걸출한 가수나 영화배우와 결혼한 것도 그랬다. 나훈아는 1973년 7살 연상의 김지미와 동거를 시작해 1976년 김지미와 두 번째 결혼을 했다가 1981년 헤어졌다. 남진은 1975년 가수 윤복희와 동거를 시작해 1977년 결혼했다가 1979년 이혼했다.

두 사람의 라이벌 관계는 뜨거웠으나 생각처럼 오래가지는 않았다. 1973년 7월 나훈아가 공군에 입대하고 1976년 7월 제대 후 김지미와 결혼한 뒤 1981년까지 사실상 노래를 부르지 않았기 때문이다. 남진 역시 윤복희와 이혼한 후 오랫동안 미국에서 살았다.

나훈아는 1981년 10월 다시 본격적으로 가수생활을 시작해 '싱어송 라이터'로 변신하는 데 성공했다. '울긴 왜 울어', '잡초', '무시로' 등의 사작곡이 잇달아 히트해 트로트 가수로서 독보적인 위치를 구축했다. 작곡에도 능해 자신의 노래 2,500여 곡 중 800여 곡을 직접 작곡했다.

남진은 나훈아에 대해 이렇게 평했다. "거울 같은 존재다. 나를 바라보고 비교할 수 있는 존재다. 가요사에서 우리 같은 라이벌이 있을 수 있나 싶다. 멋있는 명콤비였다."

양희은 데뷔 음반 '아침 이슬' 발표

청아하면서도 울림이 있는 양희은의 목소리는 동시대 젊은이들의 가슴을 흔들어 놓았다.

1970년 여름, 경기여고를 졸업하고 재수를 하고 있던 양희은(1952~)이 명동 YWCA의 '청개구리홀'에 놀러갔다. 그곳은 당시 젊은이에게는 만남의 장소이자 휴식처였으며 통기타 가수들에게는 노래를 편히 부를 수 있는 포크의 메카였다.

양희은이 친구와 두런두런 이야기를 나누고 있을 때 갑자기 “학교 때 노래를 제일 잘했다는 양희은 씨가 누굽니까?”라는 사회자의 목소리가 들려왔다. 친구가 건넨 쪽지를 보고 사회자가 양희은을 부른 것이지만 사회자의 그 한마디는 신문기자나 방송PD를 꿈꾸던 양희은의 인생을 바꿔 놓았다. 양희은은 엉겁결에 불려나가 두 곡의 팝송을 불렀고, 그 후 노래 잘하는 젊은이로 그 세계에 알려지게 되었다.

양희은이 김민기를 알게 된 것도 청개구리홀을 드나들던 그 무렵이었다. 당시 서울대 미대에 재학 중이던 김민기는 친구와 함께 도깨비 두 마리라는 뜻의 ‘도비두’를 결성해 청개구리홀에서 노래를 부르고 있었다. 김민기는 양희은의 재동초등학교 1년 선배이기도 했다.

양희은은 1971년 서강대 사학과에 입학했으나 편히 공부에만 전념할 처지가 아니었다. 13살 때 아버지를 여의고 홀어머니와 두 여동생의 학비까지 대야 하는 절박한 상황이었다. 그래서 찾아간 곳이 당시 통기타 무대 ‘금수강산’에 출연 중이던 송창식이었다. 송창식은 그 자리에서 황금시간대였던 자신의 공연 시간 중 10분을 양희은에게 내주었고 출연료 선불까지 받아 주었다. 양희은은 얼마 뒤 역시 송창식이 출연하고 있던 명동의 생맥주클럽 ‘오비스 캐빈’에서 정식으로 노래를 부르게 되었고 그렇게 가수의 길로 들어섰다.

1971년 초봄, 양희은은 한 행사장에서 김민기가 부르는 ‘아침 이슬’을 듣게 되었다. 그해 가을 음반을 낼 기회가 생겨 양희은이 김민기에게 ‘아침 이슬’을 취입하고 싶다고 했을 때 김민기는 기꺼이 기타 반주까지 해주었다. 김민기 작사·작곡의 ‘아침 이슬’은 ‘세노야 세노야’ 등 모두 10곡의 노래가 담긴 양희은의 데뷔 음반 ‘아침 이슬’에 실려 1971년 9월에 발매되었다. ‘아침 이슬’은 1개월 뒤 출반된 ‘친구’, ‘저 부는 바람’, ‘꽃 피우는 아이' 등이 수록된 김민기의 1집 음반에 도 수록되었다.

양희은(1952~)

'아침 이슬'은 처음부터 인기가 있지는 않았다. 양희은의 초기 노래 중 가장 인기가 많았던 곡은 1971년 말에 발매된 '71년 폭송 힛트모임 1집'에 수록된 '이루어질 수 없는 사랑'(김정신 작곡)이었다. 이 음반에 수록된 양희은의 곡은 '나뭇잎이 떨어져서'와 번안곡 '일곱 송이의 수선화' 등 3곡이었는데 청아하면서도 울림이 있는 양희은의 목소리는 동시대 젊은이들의 가슴을 흔들어 놓았다. 게다가 청바지 차림에 통기타를 든 선머슴애 같은 모습도 젊은이들의 눈길을 사로잡았다.

1972년 봄, 김민기가 서울대 문리대 신입생 환영회에서 '우리 승리하리라', '해방가', '꽃 피우는 아이'를 불렀다가 이튿날 새벽 동대문경찰서에 연행되고 이 때문에 수개월 전 발매된 김민기의 1집 음반도 모두 압수당하는 요주의 인물로 찍히면서 '아침 이슬'도 덩달아 요주의 곡으로 분류되었다.

이후 '아침 이슬'은 서서히 대학가로 퍼져 참여와 저항의 대표곡이 되었다. '아침 이슬'이 대학가의 운동가요로 불린 것은 이처럼 김민기라는 존재 때문이었다. 그렇더라도 노래를 낭랑한 목소리로 전달해준 양희은이 없었더라면 '아침 이슬'이 운동가요를 뛰어넘어 국민가요가 될 수 없었음은 자명하다.

김민기가 요시찰 인물이 되자 양희은도 김민기의 소재를 묻는 경찰들의 괴롭힘을 받았다. 학생들이 '아침 이슬'을 부르며 결속을 다지고 새로운 희망을 다짐할수록 김민기와 양희은은 그들의 의지와 상관없이 참여와 저항의 상징이 되었다.

포크 음악계에 대표적인 '우먼 파워'

양희은의 20대는 등록금과 생활비를 벌어야 하는 고단한 일상의 연속이었다. 그에게 노래는 저항이 아니라 돈을 벌어야 하는 절박함이었다. 양희은은 1972년 김민기의 '작은 연못'과 '아름다운 것들', 한대수의 '행복의 나라' 등을 발표해 통기타와 청바지로 대변되는 포크 음악의 중심에 서게 되었다.

1974년 김민기가 군에 입대하자 양희은의 음악 파트너는 이주원으로 바뀌었지만 양희은의 당당하고 결연함을 잃지 않는 노래 행진은 계속되었다. 이주원의 곡 '내 님의 사랑은', '네 꿈을 펼쳐라', '들길 따라서', '한 사람' 등이 연이어 대중의 사랑을 받았다.

'아침 이슬'은 1975년 12월 송창식의 '왜불러', '고래사냥' 등과 함께 금지곡으로 선정되었다. 가사와 곡이 시기적으로 부적절하다는 게 이유였다. 그러나 '아침 이슬'은 방송에서만 금지되었을 뿐 대학축제나 '오비스 캐빈' 같은 곳에서는 얼마든지 부를 수 있었다.

당시 남자 가수들이 장악하고 있던 한국의 포크 음악계에 양희은은 대표적인 '우먼 파워'였다. 그 영향력과 대중적 흡수력은 미국의 포크 여가수 조앤 바에즈와 비교해도 뒤지지 않았다. 양희은은 7년 반 만에 지각 졸업했다. 학비를 벌기 위해 노래를 부르느라 공부를 제대로 할 수 없어 두 번의 휴학과 자퇴, 재입학을 거쳤기 때문이다.

1978년 양희은은 김민기가 군대 시절 작곡한 '늙은 군인의 노래', '상록수', '천리길', '밤뱃놀이' 등을 수록한 음반을 냈다. 작곡자는 분명 김민기였는데도 그의 이름으로는 공연윤리위원회의 심의를 통과할 수 없을 것 같아 제3자의 이름을 빌려 썼다. 그런데도 음반은 곧 판매금지가 되었다. 그럴수록 '아침 이슬'을 비롯 '상록수'와 '늙은 군인의 노래'는 전국의 대학가에 메아리쳤다.

1980년대 들어서도 양희은은 김희갑의 곡 '하얀 목련', 하덕규의 '한계령', 이병우의 '사랑 그 쓸쓸함에 대하여' 등을 부르며 여전히 한 시대를 풍미했다. '아침 이슬'과 '상록수' 등은 1987년 6·29선언이 있고 몇 달 뒤 해금되었다.

김종필 국무총리 취임

잡초 같은 생명력으로 고비 때마다 부활하는 우리 정치사에 보기 드문 노회한 정객이었다.

김종필(1926~)의 정치 인생을 상징하는 단어는 '2인자'와 '풍운아'다. 1960년대 이후 우리나라 현대 정치사 곳곳에 흔적을 남긴 그의 정치 역정은 영광과 좌절의 연속이었다. 그는 밟아도 죽지 않고 끈질기게 살아나는 잡초 같은 생명력으로 고비 때마다 부활하는 우리 정치사에 보기 드문 노회한 정객이었다.

그러나 1980년대부터 함께 당대를 풍미했던 '3김 시대'의 또 다른 주역인 김영삼, 김대중과 달리 자신만의 시대를 열지는 못했다. 이런 결과를 예견이라도 하듯 김종필은 육군 대위 시절 "국가와 민족의 텃밭에 뿌려지는 비가 되겠다"는 결심으로 '운정'이란 아호를 스스로 작명했다. 김종필은 정치 외적으로도 재주가 많았다. 책을 많이 읽어 인문적 교양이 풍부하고 글과 서예와 그림은 수준급이었으며 다양한 악기도 능숙하게 다뤘다.

김종필은 충남 부여의 부농 집안에서 태어났다. 초등학교 때부터 책읽기를 좋아했던 그는 공주중학에 진학해서도 이와나미 문고판 책들을 늘 호주머니에 넣고 다녔다. 1944년 3월 공주중학(5년제)을 졸업하고 일본으로 건너가 주오대(中央大) 예과에 입학했으나 강제징병을 우려한 아버지가 귀국을 종용해 몇 개월 만에 귀국했다.

대전사범학교를 졸업하고 1945년 4월 충남 보령군에서 보통학교 교사로 활동하다가 해방 후 공부를 더 해야겠다는 생각으로 1946년 3월 서울대 사범대에 입학했다. 3학년이 끝나갈 무렵이던 1948년 2월 국방경비대원 모집광고를 보고 사병으로 자원 입대했으나 고된 훈련, 옥수수밥, 몽둥이 세례에 질려 10일 만에 탈영했다.

이후 자학감에 빠져 있다가 다시 군에 입대해 사병으로 복무하던 중 1948년 12월 육사 8기생으로 재입대했다. 김종필은 5개월간의 단기교육을 받고 1949년 5월 졸업과 함께 소위로 임관했다.

5·16쿠데타의 기획자로 깊숙이 참가해

김종필을 박정희와 운명적으로 맺어준 곳은 처음 배속된 육군 정보국 전투정보과였다. 당시 박정희는 여순 14연대 반란사건 이후의 숙군 과정에서 남로당 관련 사실이 밝혀져 무기징역 선고를 받았다가 육군 정보국 백선엽 대령 등의 선처로 전투정보과에서 문관으로 근무하고 있었다. 김종필은 이것이 인연이 되어 대위 시절이던 1952년 2월 박정희의 조카인 박영옥과 결혼, 조카사위와 처삼촌의 관계로 발전했다.

김종필 중령은 4·19 후인 1960년 5월 육사 8기 동기생들과 함께 정군(整軍)을 요구하는 연판장을 상부에 제출하려다 발각되어 국가반란음모 혐의로 구속되었다가 얼마 후 풀려났다. 1961년 2월 초에도 1960년 9월의 '16인 하극상 사건'의 배후 주모자로 지목되어 구속되었다가 수일 만에 풀려났다. 김종필은 곧 자진 예편했다.

김종필은 박정희가 주도한 5·16쿠데타에 기획자로 깊숙이 참가했다. 자칭 혁명공약은 물론 혁명 후의 군사정부 체계와 사업, 민정이양 스케줄, 그리고 정치개혁·사회개혁·군부개혁 등의 계획서가 모두 그의 머리에서 나왔다.

5·16의 성공 후 김종필은 중앙정보부장이 되어 군사정부의 두 번째 실력자로 부상했다. 그러나 민주공화당 창당과정에서 발생한 혁명 주체 세력 간의 반목에 발목이 잡히고, 창당자금 마련을 위해 꾸민 '4대 의혹 사건'의 당사자로 지목되어 여론으로부터 혹독한 비판을 받았다. 결국 1963년 1월 9일 중앙정보부장을 사임한 뒤 "자의반 타의반"이라는 유명한 말을 남기고 1963년 2월, 8개월간의 1차 외유에 나섰다.

1963년 10월 박정희가 대통령에 당선된 뒤 귀국한 그는 그해 12월 고향인 충남 부여에서 제6대 국회의원에 당선되고 뒤이어 공화당 당 의장으로 복귀했으나 1년도 되지 않아 또다시 외유를 떠나야 했다. 일본과의 대일청구권 협상과 관련 김종필·오히라 메모 소식이 전해지자 여론이 들끓고 급기야 6·3사태로 번지면서 1964년 6월 2차 외유를 떠난 것이다.

6개월 만의 외유에서 돌아온 그는 1967년 7월 총선에서 제7대 국회의원에 당선되었다. 그러나 얄궂은 운명의 여신은 그를 놓아주지 않았다. 1968년 김종필 계열 인사들이 중심이 된 국민복지회에서 박정희의 3선 개헌에 반대하고 김종필 대안론을 들고 나온 괴문서가 발견된 것이다. 이후 김종필은 3선 개헌을 주도하는 박 대통령 측근 세력들로부터 정치활동과 발언을 철저히 봉쇄당했다.

결국 김종필은 1968년 5월 30일 아무 말도 하지 않은 채 모든 공직에서 사퇴했다. 의원직까지 내놓은 그는 전국 각지를 돌아다니며 그림을 그리고 문인들을 만나 비정치적인 일과로 소일했다. 그러다가 결국에는 조카사위라는 끊을 수 없는 인연을 어쩌지 못해 3선 개헌 찬성으로 돌아섰다.

조카사위 인연 끊지 못해 3선 개헌 찬성

개헌 국민투표 때는 전국을 돌며 개헌의 필요성을 역설하고 충성을 맹세해 1971년 6월 3일 풍운아 생활 10년 만에 국무총리로 기용되었다. 김종필은 1975년 12월까지 4년 6개월간 재임했으나 김형욱·이후락으로 이어지는 중앙정보부장의 전횡에 눌려 주요 국정에서는 소외되었다.

김종필은 1979년 박 대통령이 시해되는 10·26사건이 터지자 1979년 11월 공화당 총재직을 맡아 김영삼, 김대중과 함께 대선 출마를 준비했다. 그러나 1980년 5·17비상계엄 조치 때 부정축재자로 몰려 46일간 보안사 서빙고분실에 갇히는 수모를 겪었다. 그가 정치규제법에서 풀려난 건 미국에 체류 중이던 1985년 3월이었다.

1986년 2월 귀국한 김종필은 1987년 10월 신민주공화당을 창당하고 대통령 선거에 출마했으나 노태우, 김영삼, 김대중과 벌인 4파전에서 8%대의 낮은 지지율을 얻어 4위로 낙선했다. 그러나 1988년 총선에서 35석을 차지해 원내교섭단체를 구성하고 1990년 2월 노태우의 민정당, 김영삼의 통일민주당과 3당 합당을 결행해 민자당 창당에 참여했다.

이후 1992년 12월 대통령 선거에서 보수층과 충청도 표를 유도해 김영삼을 14대 대통령으로 당선시키는 데 공을 세웠다. 그러나 김영삼 정부로부터 잇따른 수모 끝에 1995년 3월 민자당을 탈당하고 자민련을 창당했다. 자신의 생애 4번째 창당이 된 자민련의 깃발을 올리면서 그는 내각제 구현을 필생의 과제로 내세웠다.

1997년 12월 대선 때는 김대중과 함께 이른바 DJP 연합을 이뤄 승리함으로써 DJP 공동정권에서 제2인자의 지분을 누렸다. 1998년 3월부터 2000년 1월까지 국무총리로 활동했다. 2000년 5월, 74세의 나이에도 불구하고 국회의원에 당선되어 활동하다가 2004년 4월 자민련의 총선 패배에 책임을 지고 정계은퇴를 선언했다. 이로써 길게는 1970년대부터 짧게는 1987년 대선 이후 한국 정치를 지배해온 '3김 시대'도 막을 내렸다. 김종필의 9선 기록은 김영삼 전 대통령, 박준규 전 국회의장과 함께 최다선으로 기록되어 있다.

판사 집단 사표 낸 '사법 파동'

사법권 수호를 위한 판사들의 몸부림은 되레 사법부의 정권 예속으로 귀결되었다.

1971년 여름을 뜨겁게 달구었던 이른바 '사법 파동'은 일련의 사법부 판결을 불쾌하게 여긴 박정희 정부의 무분별과 오판에서 비롯되었다. 그런데도 사법권 수호를 위한 판사들의 몸부림은 되레 사법부의 정권 예속으로 귀결되었다.

박정희 정부의 심기를 먼저 건드린 것은 '현역 군인이 직무 수행 중 사고로 다치거나 순직할 경우 국가는 손해배상 책임을 지지 않는다'는 국가배상법 제2조 1항이 "위헌"이라는 대법원 판결(1971.6.22)이었다. 정부의 눈에 대법원의 위헌 판결은 베트남전에서 사상자가 속출하고 있는 당시 상황에서 국가에 큰 부담이 될 게 뻔해 보였다. 게다가 대법원이 "위헌 판결을 대법관 과반수로 하지 않고 3분의 2 이상의 찬성으로 하게 되어 있는 것도 위헌"이라고 판결해 정부를 격앙시켰다.

1971년 6월 29일 서울형사지법 양헌 부장판사가 신민당사에서 총선 거부를 주장하며 농성을 벌이다 구속된 10여 명의 대학생에게 무죄를 선고한 것도, 7월 16일 서울지법 목요상 판사가 '다리'지 필화사건 관련자 전원에게 무죄 판결을 내린 것도 박정희 정권을 자극했다.

'다리'지 필화사건은 그해 4월 27일에 있을 대통령 선거가 2개월 앞으로 다가온 1971년 2월 12일, 검찰이 문학평론가 임중빈과 그의 글을 게재한 월간 '다리'지 편집인 겸 주간 윤형두, 발행인 윤재식을 반공법 위반 혐의로 구속하면서 불거졌다. '다리'지는 '사상계' 폐간 직후인 1970년 9월 창간되어 온갖 시련을 겪으면서도 발행부수가 6만 부나 될 정도로 인기가 높았던 종합 시사지였다.

그런데 정부를 단지 비판하기만 한 글을, 더구나 1970년 11월호에 실린 글을 3개월이나 지난 뒤에 반공법 위반을 적용해 구속한 것은 누가 보아도 정치공작의 냄새가 짙었다. '다리'지의 실제 소유주 김상현은 김대중 대통령 후보의 측근이었고, 윤재식은 김대중의 공보비서였으며, 윤형두는 김대중의 선거용 책자를 간행하는 범우사의 사주였다.

첫 표적은 이범렬·최공웅 판사

이처럼 박 정권의 심기를 불편하게 하는 사법부의 판결이 잇따르자 사법부를 길들여야 한다는 강경론자들의 목소리가 정권 내에서 터져나왔다. 첫 표적은 서울형사지법 이범렬 부장판사와 최공웅 배석판사였다. 이 부장판사는 1971년 1월부터 7월까지 1심에서 유죄가 선고된 19건(22명)에 대해 무죄판결을 하고, 또 반공법 위반사건 5건을 무죄 또는 일부 무죄로 판결해 검찰과 정권에 '미운 털'이 박힌 이른바 '소신 판사'였다.

서울지검이 이·최 두 판사와 이남영 참여서기에게 뇌물수수 혐의를 적용해 구속영장을 신청한 것은 1971년 7월 28일 0시 40분이었다. 이들에게 적용된 혐의 사실은 7월 2일부터 4일까지 국가보안법 위반사건의 증인심문을 위해 제주도에 갔을 때 피고인의 변호인으로부터 항공료, 숙박비, 술값 등 9만 7,000원 상당의 향응을 받았다는 것이다. 변호사에게 향응접대를 받은 건 분명 잘못이지만 출장비가 책정되지 않은 당시에 형사사건에서 검증을 신청한 변호인 측이 비용을 대는 것은 오랜 관행이었다.

검찰의 구속영장 청구에 대해 손진곤 당직판사는 선배 법관의 구속영장을 심리할 수 없다고 회피했다. 유태흥 수석부장판사는 5시간의 기록검토 끝에 증거 인멸의 우려가 없다며 영장을 기각했다. 이와는 별개로 법원은 판사에 대한 전례 없는 영장청구에 경악했다. 서울형사지법 판사 41명 중 37명이 "검찰의 영장 청구는 법원이 시국사건에서 무죄 판결을 잇따라 선고한 데 대한 보복조치"라며 7월 28일 항의 사표를 썼다.

이처럼 민감한 상황인데도 검찰은 7월 29일 새벽 2시 32분 영장을 재신청하는 강공책을 썼다가 기각당했다. 검찰이 계속 강경하게 나오자 서울민사지방법원의 판사 44명도 집단사표를 제출하고 형사지법의 판사들과 함께 '사법권 수호 건의문'을 발표했다.

건의문에는 ▲반공법·국가보안법 사건에서 검찰과 견해를 달리한 법관을 용공분자로 취급하여 협박하고 신원조사를 했다 ▲판사실에 도청장치를 했다 ▲무죄 선고가 나면 법관이 부정한 재판을 한 듯 비난하면서 예금통장을 조사했다 ▲판사들을 미행·사찰하고 함정수사까지 했다는 등 7개항의 사법침해 사례들이 적시되었다.

"가르마 같은 외길 따라 종신하려 했는데…"

법관들의 사표 행렬은 전국으로 번져 서울고법, 대구고법, 부산지법, 전주지법 등 전국 415명의 판사 가운데 나중에 사표를 제출한 판사를 포함해 총 153명이 사표를 제출하기에 이르렀다. 동정사표라기보다 외부 압력에 시달려온 그동안의 불만이 한꺼번에 폭발한 것이다. 검찰은 서울 사법서사회가 수수료 일부를 서울 민사지법 등기소에 정기적으로 상납한 혐의가 있다면서 일제 수사에 착수하는 것으로 맞불을 놓았다.

사건이 국회로까지 비화되자 박 대통령은 사건을 확대하지 말도록 지시했다. 신직수 법무장관과 이봉성 검찰총장이 8월 1일 민복기 대법원장 집을 찾아가 수사 백지화 등 수습방안을 제시해 '사법 파동'이 수그러들기를 기대했으나 판사들은 사법권 침해의 재발방지 보장이 없다며 8월 9일 법무장관을 비롯해 검찰 관계자 6명의 인책사퇴를 요구했다.

그러자 이번에는 검찰이 반발했다. 8월 10일 서울지검 검사들은 "이범렬 부장판사에 대한 사건을 백지화했는데도 판사들이 검찰 관계자들의 인책을 요구하는 것은 사법이 검찰권을 침해하는 것"이라고 주장하며 반발했다. 이런 와중에 부산지법 판사 12명이 8월 10일 또다시 사표를 제출해 소강상태를 보이고 있던 '사법 파동'이 재연될 조짐을 보였다. 하지만 8월 27일 대법원장의 설득으로 판사들이 사표 제출을 철회함으로써 '사법 파동'은 일단락되었다.

'사법 파동'은 이렇게 양측의 타협으로 종결되었지만 사법부에는 지울 수 없는 상처를 남겼다. 이범렬 부장판사는 "가르마 같은 외길을 따라 종신하려 했다"던 뜻을 꺾고 8월 28일 법복을 벗었다. 홍성우·최공웅 판사 역시 10월에 판사직을 그만두었다. 파동 당시 사법권 수호운동의 주역을 맡았던 서울형사지법 송명관 원장은 대전지법원장으로 좌천되었다가 사표를 제출했고, 양헌·목요상 판사도 1년 뒤 쫓겨났다.

이듬해 선포된 유신체제는 아예 명시적으로 사법부를 정권의 하부기관으로 종속시켰다. 사법부의 위헌법률심사권을 박탈했고 1973년 3월의 법관 재임용에선 국가배상법 위헌에 찬성했던 9명의 대법관을 탈락시키는 등 모두 48명의 법관을 무더기로 쫓아냈다. 이후 사법부에는 '권력의 시녀'라는 낙인이 찍혔다.

광주대단지(성남시) 조성과 주민 난동

서울시장이 오지 않자 비까지 맞아가며 기다리던 5만여 주민들은 분노를 토해냈다.

서울에 난립한 무허가 판자촌을 철거하고 철거민들은 300만 평이나 되는 경기도 광주군 중부면 일대로 이주시켜 10만 가구 55만 명을 수용하는 인공도시를 만든다는 계획이 발표된 것은 1968년 5월 7일자 건설부 고시를 통해서였다. 우리나라 최초의 신도시 '성남시'를 탄생시킨 광주대단지 조성사업의 시작이었다.

택지는 1가구(세대)당 20~40평씩 분양하고, 분양 택지는 정착 후 적당한 시기에 입주자에게 매도하며, 주택건축은 입주자 자비로 건립하되 서울시에서 주택건립비의 일부를 보조한다는 고시에 따라 서울시가 토지를 매입하고 택지를 조성했다. 이렇게 해서 1971년 8월까지 192만 평이 매입되고 160만 평의 택지가 조성되었다.

1969년 9월 서울시내 철도연변 무허가건물 철거민 3,301가구가 광주대단지에 처음 입주한 것을 시작으로 1971년 8월까지 2만 2,000가구 16만여 명의 철거민이 광주대단지로 이주했다. 그러나 서울시의 성급한 '선입주 후건설' 정책으로 사람이 살 만한 여건이 제대로 구비되지 않아 주거환경은 극도로 열악했다. 철거민들은 당장 주택을 지을 돈이 없어 황무지나 다름없는 땅에 천막이나 움막을 치고 살아야 했고 아침 저녁으로 그들의 주요 생활공간인 서울을 다녀오려면 시간이 너무 많이 걸렸다. 시내요금의 2배나 되는 버스요금도 큰 부담이었다. 당시 서울~광주대단지 간에는 천호동까지 연결된 폭 6~7m의 국도 하나뿐이었다.

그래도 철거입주민들로부터 입주증을 사 내 집을 마련하려는 영세민이 늘어나면서 입주증 전매가 극성을 부렸다. 많은 복덕방이 현지에 천막을 쳐놓고 입주증 매매행위를 부추기는 바람에 입주증 값은 하루가 다르게 치솟았다. 입주증을 수십 장이나 매점하는 자도 있었다.

게다가 입주증을 판 철거입주민이 다시 서울로 돌아가 무허가건물을 짓는 경우가 늘어나면서 자칫 광주대단지 조성사업이 허사로 끝날 수도 있었다. 이를 우려한 서울시가 1970년 7월 13일자 서울시 공고로 입주증 전매 금지조치를 내리고서야 입주증 값은 제자리를 찾았다.

더 큰 문제는 1971년 전반기에 치러진 두 번의 선거였다. 4월 27일의 대통령 선거와 5월 25일의 국회의원 선거 기간 입후보자들이 광주대단지를 마치 지상의 낙원으로 만들 것처럼 공약을 남발하며 현지 주민에게 헛

바람을 잔뜩 불어넣었던 것이다. 선거 후 언제 그랬냐는 듯 갑자기 활기가 식고 찬바람이 부는 가운데 서울시가 입주자들과 분양지 매매계약을 강행했다.

철거민 입주분양자에게는 평당 2,000원을 2년 거치 3년간 상환하도록 하고, 전매 입주자에게는 평당 8,000~1만 6,000원을 일시불로 완불하도록 했다. 이게 화근이었다. 이미 70%가량이 철거입주민으로부터 전매 입주자에게 팔려나갔으니 주민의 동요와 반발은 불을 보듯 뻔했다. 높은 불하가격과 일시불 상환에 전매 입주자들이 술렁거리는 것을 아는지 모르는지 경기도까지 나서 가옥취득세를 부과해 주민의 부아를 돋우었다.

개발독재 시절의 어두운 단면

주민들은 1971년 7월 19일 '분양지 불하가격 시정위원회'를 구성해 '불하가격을 평당 1,500원 이하로 인하하고 10년간 연부상환토록 할 것', '향후 5년간 각종 세금을 면제해줄 것' 등을 요구했다. 서울시가 냉담한 반응을 보이는 가운데 경기도가 기어코 가옥취득세 납부고지서를 배부하자 주민들의 분노가 극에 달했다. 시정위원회는 투쟁위원회로 명칭을 바꾸고 '100원에 매수한 땅 1만 원에 팔지 마라', '살인적인 불하가격 결사 반대한다' 등의 전단지를 단지 내에 살포하며 투쟁의 지를 불태웠다.

차량을 불태우며 정부의 이주정책에 항의하는 주민들

사태를 해결하기 위해 양택식 서울시장이 1971년 8월 10일에 단지를 방문한다는 소식이 알려지자 주민들은 시장이 방문한 자리에서 궐기대회를 열기로 하고 새벽부터 대회 참가를 독려했다. 그러나 약속 시간인 11시를 넘겨도 시장이 오지 않자 비까지 맞으며 기다리던 5만여 주민은 "속았다", "우리를 사람 취급 않는다"며 분노를 토해냈다.

서울시장이 현지에 도착한 것은 흥분한 군중이 난동을 시작한 뒤였다. 11시 30분 인근에 도착한 서울시장이 투쟁위 대표들에게 "가능한 한 요구조건을 들어주겠으니 난동을 중지시켜 줄 것"을 당부하고 대표자들도 이에 합의함으로써 해결의 실마리가 보이는 듯했다. 그러나 대표자들이 합의내용을 가지고 주민들에게 달려갔을 때는 이미 난동이 저지할 수 없는 단계로까지 달아오른 뒤였다.

난동자들은 광주대단지 사업소로 몰려가 닥치는 대로 파괴하고 문서를 불태웠다. 성남파출소 유리창도 모조리 부숴지고 파출소 앞의 백차도 불에 탔다. 버스와 트럭을 탈취한 주민들로 단지는 무법천지를 이뤘고, 소방차와 경찰도 감히 접근하지 못할 정도로 난동이 극심했다.

그러기를 6시간. 오후 5시쯤 서울시가 주민들의 요구조건을 수락할 것이라는 사실이 알려지면서 난동자들이 뿔뿔히 흩어지고 공포 분위기가 가라앉았다. 이튿날 내무부가 광주대단지를 '성남시'로 승격시키겠다는 발표와 함께 사태는 일단락되었으나 자칫하면 대규모 폭동으로 비화할 뻔했던 개발독재 시절의 어두운 단면이었다.

실미도 특수부대원 난동

훈련병들은 북한 주석궁 침투를 위해 독도법과 폭파기술 등을 익히고, 체포되면 죽는 것을 당연하게 받아들였다.

작전명 '오소리'를 수행할 부대의 정식 명칭은 공군 2325부대 소속 209파견대였다. 1968년 4월에 창설되었다고 해서 편의상 '684부대'로 불린 이 특수부대는 1968년 1월 북한 무장공비 31명이 청와대를 습격하려 했던 1·21사태가 계기가 되어 창설되었다. 분노한 박정희 대통령이 보복조치로 특수부대 창설을 명령하자 김형욱 중앙정보부장이 명을 따랐다. 훈련은 공군이 맡았고, 훈련 장소는 인천에서 20km 떨어진 실미도였다. 경범죄자에게는 잔여형을 면제해 준다는 조건으로, 가난하거나 주소지가 불분명한 사람에게는 거금의 포상금을 준다고 하여 훈련병을 그러모았다. 사관후보생에 준하는 월급을 주고, 배불리 먹여주며, 미군부대에 취직시켜 주겠다는 등의 조건도 걸었다. 이렇게 해서 모인 인원은 북한에서 남파한 무장공비와 똑같은 31명이었다. 나이는 20~34살이었고 직업은 권투선수, 편물점 재단사, 입대 대기자, 서커스 단원, 음식점 요리사 출신 등 다양했다.

훈련병들은 북한 주석궁 침투를 위해 독도법, 산악훈련, 폭파기술 등을 익히고 체포되면 죽는 것을 당연하게 받아들였다. 훈련 중 익사, 구타, 자살 등으로 5명이 숨지고 2명이 도주할 정도로 훈련도 혹독했다. 1969년, 대원들은 북한이 코앞에 보이는 백령도에서 평양 침투를 위해 대기하라는 지시를 받고 백령도에서 평양으로 타고 들어갈 기구를 정비하는 등 만반의 태세를 갖췄다. 그런데 한 달 뒤 갑자기 "실미도로 복귀하라"는 지시가 떨어졌다. 대원들은 다시 지옥훈련을 받으며 침투할 날만을 기다렸으나 작전명령이 떨어지지 않았다. 대우도 예전 같지 않아 쌀밥은 보리밥으로, 고깃국은 단무지 국으로 변해갔다. 봉급도 끊겼다. 그사이 중앙정보부장은 김형욱과 김계원을 거쳐 이후락으로 바뀌었고 남북 대치국면도 화해 분위기로 빠르게 변해가고 있었다. 결국 실미도 특수부대의 존재가치도 사라져 그들은 철저히 버려진 신세로 전락했다.

684부대원들이 들고 일어서 실미도에 피비린내가 진동한 것은 1971년 8월 23일 새벽 6시였다. 24명의 기간요원 중 화장실 분뇨통에 숨거나 애인 면회차 외박을 나갔던 소대장 등 6명만이 살았을 뿐, 18명이 현장에서 사살되거나 익사했다. 특수부대원도 2명이 죽었다.

탈출에 성공한 22명은 낮 12시 10분쯤 무의도에서 민간어선을 빼어타고 3년 4개월 만에 실미도를 빠져나와 인천 독부리 해안 근처에 상륙했다. 그리고 청와대로 가기 위해 인천 송도에서 버스를 탈취했다. 그들이 서울로 진입하던 중 그들을 가로막은 군경과 교전이 벌어져 인천 조고개에서 2명이 죽었다. 6명의 민간인과 2명의 경찰도 이들의 총에 희생되었다. 서울은 발칵 뒤집혔고 시민들 얼굴에는 공포가 가득했다.

특수부대원들은 서울 대방동에까지 이르렀으나 버스가 유한양행 앞 가로수에 받혀 멈춰 서자 죽음을 선택했다. 수류탄 자폭으로 16명이 현장에서 죽었다. 부상한 4명은 가족들에게 알리지도 않은 채 비공개 재판을 받고 1972년 3월 서울 오류동의 군부대에서 극비리에 총살되었다. 그리고 다음달 '7·4남북공동성명'의 초안을 만들기 위해 이후락 중정 부장이 평양을 방문했다. 남북 대치가 첨예했던 1970년대의 자화상이었다.

'닉슨 쇼크'…금·달러 태환정지 선언

27년간 세계 경제를 지탱해온 '브레턴우즈 체제'의 금·달러 본위제와 고정환율제를 붕괴시켰다.

세계 최초로 금본위제를 채택한 나라는 1819년의 영국이다. 금본위제는 중앙은행이 금을 보유하고 있으면서 금을 해당 국가의 화폐로 바꿔주는 제도다. 19세기 말까지 독일, 프랑스, 미국 등이 영국을 따라 금본위제를 채택했지만 당시만 해도 영국이 세계 무역의 60%를 차지하고 런던 금융시장이 세계 금융시장의 절반을 소화하고 있어 영국의 파운드화가 사실상 금을 대체하는 대표적 수단으로 인정을 받았다.

그러나 20세기 들어 1차대전이 일어나고 각국이 전쟁비용을 마련하느라 돈을 너무 많이 찍어대면서 각국의 통화는 물론 파운드화까지 가치가 떨어져 금본위제를 유지하는 데 무리가 따랐다. 결국 영국은 1914년 금본위제 포기를 선언하고 급기야 1931년 "파운드화를 가져와도 바꿔줄 금이 없다"며 금 지급 불가를 선언했다. 미국도 대공황기인 1933년 금본위제를 폐지했다.

그렇다고 금을 화폐로 사용할 수는 없어 2차대전 말 각국은 새로운 국제통화제도를 모색했다. 피폐된 경제를 부흥시키고 교역을 확대하는 게 1차 목적이었다. 이를 위해 1944년 7월 1일부터 22일까지 연합국 44개국 대표들이 미국 뉴햄프셔주 브레턴우즈에서 머리를 맞댄 결과 'IMF(국제통화기금)'와 'IBRD(국제부흥개발은행)' 창설이 결정되었다.

또한 당시 세계 금의 74%를 보유하고 있는 미국의 달러를 세계의 중심통화로 삼고, 각국의 통화를 달러에 고정시키는 '고정환율제'를 채택하기로 했다. 금 1온스(28.3495g)를 35달러로 고정하고 그 외의 다른 나라 통화를 달러에 고정시키기로 한 것이다. 이른바 금·달러 본위 체제를 의미하는 '브레턴우즈 체제'의 탄생이었다. 이로써 파운드의 시대는 가고 달러의 시대가 도래했다.

이후 달러의 위상은 국제무역거래나 대외채무에 대비한 준비통화로서 크게 강화되었고, 미국 경제는 풍부한 달러를 기반으로 국제 무역을 좌지우지했다. 세계 경제도 덩달아 호황을 구가했다. 문제는 미국이 국내통화이면서 동시에 유일한 국제통화였던 달러를 마구 찍어댄 데 있었다. 달러는 국내 투자는 물론 공산화를 막기 위한 개도국 지원과 베트남전 군사비로 펑펑 쓰였다. 미국의 인플레를 막기 위해 세계 각지에서 싼 물건을 구입할 때도 달러가 사용되었다.

전에 없던 '스태그플레이션' 현상 나타나

결국 달러를 너무 많이 찍는 바람에 호황기가 끝난 1960년대 후반부터 문제가 불거졌다. 이후 미국에는 성장은 더딘데 실업이 늘고 물가가 오르는 '스태그플레이션'이라는 새로운 현상이 나타났다. 흑자에서 적자로 곤두박질친 무역수지도 주요 원인이었다.

국제수지 적자를 줄이려면 수입을 줄이고 수출을 늘려야 하는데 그러려면 달러화 가치를 낮추고 금 가격을 올려야 한다. 하지만 그럴 경우 달러화의 위신이 떨어질 것이라고 생각한 미국은 국제수지 흑자국인 일본과 독일 등에 통화를 절상토록 압력을 가했다. 두 나라가 별다른 반응을 보이지 않자 세계 각국은 올 것이 왔다고 생각하고 달러를 시장에 쏟아냈다.

1971년 4~6월 사이에 140억 달러가 시장에 나와 달러가 폭락하고 금값이 요동을 쳤다. 영국은 30억 달러를 금으로 바꿔달라고 미국에 정식으로 요구했다. 그러자 적자 누적에 달러 유출과 금 준비고의 감소로까지 이어져 더 이상 견딜 수 없게 된 미국은 달러와 금의 연결고리를 떼어놓을 수밖에 없었고, 결국 기축통화인 달러화를 마치 실 끊어진 연처럼 세계 외환시장에 던져버렸다.

1971년 8월 15일, 닉슨 미 대통령이 "달러화의 금태환(金兌換) 정지"를 선언해 세계를 걷잡을 수 없는 혼란에 빠뜨린 것은 이런 이유 때문이었다. 브레턴우즈 체제에서 달러 가치는 금 1온스당 35달러로 고정되어 있어 미국 중앙은행은 35달러를 가져오면 금 1온스와 바꿔줘야 하는데 갑작스럽게 "달러를 더 이상 금으로 바꿔줄 수 없다"고 한 것이다.

닉슨의 선언은 타국의 통화 특히 무역흑자가 정착되기 시작한 일본의 엔화와 서독 마르크화의 통화절상을 노리고, 브레턴우즈 체제의 고정환율제를 변동환율제로 바꾸려는 포석이었다. 결국 '닉슨 쇼크'로 인해 1944년부터 27년간 세계 경제를 지탱해온 브레턴우즈 체제의 금·달러

본위제와 이에 근거한 고정환율제도는 붕괴되었다.

세계를 향한 미국의 선전포고

달러를 순식간에 '그림 딱지'로 만들어버린 닉슨의 긴급 경제조처는 결국 세계를 향한 선전포고였지만 어느 나라도 감히 미국에 항의하지 못하고 대책 마련에 부심했다. 그래서 출범한 것이 '스미스소니언 체제'다. 이 체제는 1971년 12월 18일 선진 10개국 재무장관이 미국 워싱턴의 스미스소니언 박물관에 모여 격렬한 논의 끝에 새로운 국제통화조정협정에 서명한 데서 출발한다.

과도체제이긴 하지만 협정에 따라 미국은 달러를 다시 금으로 바꿔주는 대신 금값을 올리기로 했고, 다른 국가들은 달러 가치의 하락을 용인했다. 이로써 금에 대한 달러의 평가가 금 1온스당 35달러에서 38달러로 7.895% 절하되어 주요국 통화가 달러화에 대해 절상되고, 환율변동 폭도 상하 각 2.25%로 확대되었다. 그런데도 미국이 1973년 3월, 달러를 금으로 바꿔준다는 약속을 또다시 파기함으로써 30년 가까이 유지된 금·달러 본위제는 완전히 폐기되었다.

1976년 1월 자메이카의 수도 킹스턴에서 개최된 IMF 제5차 잠정위원회에서 환율제도의 선택재량권을 각국에 부여하기로 결정한 것은 이미 폐기된 브레턴우즈 체제에 대한 확인사살이었다. 이후 미국, 영국, 프랑스 등 주요국 사이에서 환율조정이 일어나 주요국들은 환율을 시장의 가격 형성 메커니즘에 맡기는 변동환율제를 채택했다.

1973년과 1979년 두 차례 발생한 오일 쇼크로 달러 가치는 더 떨어졌고 금값은 상대적으로 치솟았다. 온스당 가격은 35달러에서 최고 800달러까지 치솟았다. 그 후 미국이 강력한 긴축정책을 펴면서 금리를 두 자리 수준으로 끌어올리자 세계의 자금은 미국으로 다시 집중했다. 그러나 엄청난 무역수지 적자와 재정적자(이른바 쌍둥이 적자)가 좀처럼 해결되지 않아 달러는 다시 매력을 잃기 시작했고 금값은 다시 온스당 450달러까지 폭등했다.

그러자 1985년 9월 22일 미국, 독일, 프랑스, 일본, 영국 등 G5(선진 5개국) 재무장관과 중앙은행 총재들이 뉴욕 플라자호텔에 모여 미국의 경상수지 적자 개선을 위해 일본의 엔화와 독일 마르크화의 평가절상(달러가치 하락)을 유도하는 데 합의했다. 이른바 '플라자 합의'다.

'펜타곤 페이퍼' 보도와 베트남전 실상

평생을 감옥에서 보낼 각오로 뉴욕타임스에 복사본을 전달했다.

"1964년 8월 북베트남의 어뢰정이 미국 구축함을 먼저 공격해 베트남전쟁이 촉발된 것으로 알고 있었는데 이게 사실이 아니라니…." 또한 "미국이 이에 대한 보복으로 북베트남에 대량의 폭탄을 떨어뜨린 것으로 알고 있는데 사실은 오래전부터 계획된 것이었다니…."

1971년 6월 13일자 뉴욕타임스를 펼쳐 든 미국인들은 놀라움을 감출 수 없었다. 1945년부터 1968년까지 23년간 역대 미국 대통령들의 기만과 속임수의 실상을 그대로 까발린 이날 기사의 1면 제목은 '펜타곤 페이퍼로 본 미국의 군사 개입 확대과정 30년'이었다.

기사는 오랫동안 비밀의 장막에 갇혀 있던 전혀 새로운 사실을 미국인들에게 알려주었다. 아이젠하워 대통령은 베트남 내전의 개입에 반대하는 군 상층부의 경고를 무시했고, 케네디 대통령은 1963년 11월 남베트남 고 딘 디엠 정권의 전복을 승인했으며, 존슨 대통령은 1964년 8월 통킹만 폭격을 결정하기 전 예상되는 대량의 민간인 사상자에 관한 보고를 무시했다는 것이다.

모두 6면에 걸쳐 보도된 이 엄청난 고발은 대니얼 엘스버그(1931~)라는 군사전문가의 고뇌와 용기의 산물이었다. 하버드대를 졸업한 해병대 장교 출신의 엘스버그는 '위험, 불분명 그리고 결정'이라는 독특한 박사학위 논문을 계기로 1959년 국방부와 밀접한 관계가 있는 랜드연구소의 전쟁 분석가를 거쳐 백악관의 자문역할을 했다. 1964년에는 1961년부터 7년 동안 베트남전쟁을 지휘한 로버트 맥나마라 국방장관을 보좌하고 1965년부터 2년간은 베트남 현지에서 전쟁 전문가로서 안목을 쌓았다.

1967년 그는 맥나마라 국방장관의 요청으로 1945년부터 1968년까지 베트남에서 행해진 미국의 의사결정에 관한 1급 비밀을 한데 모아 맥나마라 보고서 이른바 '펜타곤 보고서'를 만드는 작업에 관여했다. 맥나마라가 자신의 생각과는 다르게 진행되는 전쟁에 의문을 품고 1967년 6월 베트남 전쟁사를 재검토하는 프로젝트에 엘스버그를 합류시킨 것이다.

"당신이 교도소에 가는 게 어떤가"

프로젝트에 투입된 수십 명의 군인과 역사학자들이 산더미 같은 정부문서와 2년여 동안 씨름한 끝에 '펜타곤 보고서'를 완성하기는 했으나 아직 완전하지는 않았다. 백악관과 CIA 서류가 거의 포함되어 있지 않아 미국이 왜 진흙탕에 빠졌는지에 대한 결정적인 이유가 해명되지 않았기 때문이다. 그러나 보고서를 작성하는 과정에서 매파에서 비둘기파로 변신한 엘스버그는 보고서를 세상에 공표해 이미 늪이 되어버린 전쟁을 끝내는 데 기여해야겠다고 결심했다.

보고서가 완성된 1969년 가을, 엘스버그는 47권 7,100쪽에 달하는 방대한 보고서를 밖으로 빼내 복사를 준비했다. 만약을 위해 여러 부를 복사하려니 복사비가 많이 필요해 부인의 동의가 필요했다. 엘스버그가 전체 내용

중 1964년 통킹만 폭격 부분을 부인에게 보여주며 동의를 구했을 때 부인은 눈물을 흘리며 "인류애에 대한 고문"이라며 남편의 거사를 지원했다.

대니얼 엘스버그(1931~)

엘스버그는 친구가 경영하는 LA의 한 광고대행사에서 밤새도록 복사한 뒤, 복사본 1부를 풀브라이트 상원의원과 조지 맥거번 상원의원에게 각각 전달했다. 그러나 풀브라이트는 위법행위를 피할 생각으로 직접 공개하지 않고 당시 국방장관에게 비밀보고서의 의회 제출을 요청하는 편지를 몇 차례 쓰다가 중단했다. 맥거번은 "나는 의원으로 중요한 일을 하니까 당신이 교도소에 가는 게 어떤가"라며 미적미적한 반응을 보였다.

그러던 중 1970년 4월 말 미국이 캄보디아까지 침공하자 엘스버그는 더 이상 미국의 젊은이들을 죽음의 구렁텅이로 몰아넣어서는 안 된다는 생각에 평생을 감옥에서 보낼 각오로 1971년 3월 뉴욕타임스의 닐 시한 기자에게 복사본을 전달했다. 뉴욕타임스 사주인 아서 슐츠버거는 몇 주간이나 게재 여부를 놓고 고민을 계속했다. 법률고문을 비롯 편집간부들과 가진 회의에서는 창업 이래 가장 격렬한 논쟁이 연이어 벌어졌다.

편집국장 등 고위 간부들은 발행인에게 기밀문서를 기사화하도록 강력히 요청하고 기자들은 모두 감옥에 가더라도 기사를 써야 한다고 주장했다. 결국 기사화를 결정한 뉴욕타임스는 이 건을 '프로젝트 X'로 명명하고 보도 준비에 착수했다. 닐 시한 등 취재팀 4명은 힐튼호텔에 경비까지 세운 비밀취재본부를 차려 3개월간 보고서를 검토하고 분석했다.

내부 폭로자 시대 연 기념비적 사건

폭로 기사는 1971년 6월 13일의 첫날 보도에 이어 10회에 걸쳐 연재될 예정이었다. 그러자 닉슨 행정부가 "미국 국방상의 이익에 심각한 손해를 끼쳤다"며 보도금지 가처분 신청을 냈고 법원이 3회분 기사가 실린 후 신청을 받아들여 연재는 중단되었다. 시리즈가 중단되자 이번에는 엘스버그로부터 4,000쪽 분량의 보고서를 입수한 워싱턴포스트가 6월 17일 기사화했다.

보도에 앞서 워싱턴포스트도 고민이 많았다. 법률고문들은 대법원 판결이 날 때까지 보도를 유보하자고 했으나 편집국장 브래들리와 베테랑 기자였던 프리츠 비비 등은 보도해야 한다고 강력히 주장했다. 이 사안은 워싱턴포스트의 존폐가 걸려 있다 해도 과언이 아닐 만큼 민감한 문제였다. 만약 대법원이 이 보도행위를 간첩법 위반으로 판결할 경우 각종 악영향과 더불어 수억 달러의 손해를 보게 될 TV 방송국 허가 갱신 취소, 주가 폭락 등의 문제가 간단치 않았기 때문이었다. 이런 상황에서도 사주인 캐서린은 용기를 내 "go ahead(발행하라)" 지시를 내렸다.

전국적으로 많은 신문이 진실보도 억압에 항의하면서 국가안보에 무해하다는 정당성과 논리를 앞세워 닉슨에 도전하는 가운데 재판은 속전속결로 진행되었다. 재판 결과에 따라 엘스버그는 문서오용 및 절도죄 등 12가지 중죄를 저지른 혐의로 115년형을 선고받을 수도 있었다.

닉슨과 측근은 '배관과'라는 별칭이 붙은 특별 부서를 설치해 엘스버그의 집을 도청하고 병원치료 기록을 빼내는 등 그를 인격적으로 파멸시키기 위한 공작을 폈다. 하지만 '배관공'들은 엘스버그를 곤란하게 할 어떤 의료기록도 찾아내지 못했다. 문제는 의료기록을 찾고 못 찾고가 아니었다. 이러한 범법행위로 무감각해진 닉슨 정부의 도덕성이 1년 뒤 정적의 선거자료를 찾아 워터게이트 빌딩의 민주당 전국위원회 사무실에 침입하는 이른바 '워터게이트 사건'을 일으키는 데 아무런 고민 없이 작용했기 때문이다.

이런 보이지 않는 움직임 속에 1971년 6월 30일 미 연방대법원의 역사적인 판결이 있었다. 6대 3으로 대법원이 언론자유의 손을 들어준 것이다. 이는 국가 기밀이란 이유로 수정헌법 1조에 보장된 '언론의 자유'를 억압할 수 없다는 판례를 남긴 역사적 판결이 되었다. '펜티곤 페이퍼'는 내부 폭로자 시대를 연 기념비적인 사건으로 기록되었다.

중국의 유엔 가입과 대만의 유엔 축출

패배를 예상한 대만 대표는 투표가 시작되기도 전에 유엔 탈퇴를 선언하고 총총히 대회장을 떠났다.

중화민주주의인민공화국이 수립(1949.10)된 이듬해부터 매년 중국의 유엔 가입이 시도되었으나 번번이 미국에 가로막혀 실현되지 못했다. 덕분에 대만은 유엔에서의 자기 위치를 온전하게 유지했다. 1950년 대만을 유엔에서 축출하자는 '소련안'과 중국을 유엔에 가입시키자는 '인도안'이 별개로 유엔에 상정되었으나 두 안 모두 미국의 방해로 성사되지 못했다. 첫 실패 후에도 중국의 유엔 가입안은 매년 총회에 상정되었고 결과는 늘 마찬가지였다.

1961년 알바니아를 비롯 10여 개국이 중국의 유엔 가입과 대만의 유엔 축출이 동시에 이뤄지도록 하는 이른바 '알바니아안'을 유엔에 상정했다. 미국은 전과 같은 대처로는 중국의 유엔 가입을 저지할 수 없다고 판단해 중국의 유엔 가입을 "유엔 회원국 3분의 2 이상의 의결을 얻어야 한다"는 '중요사항'으로 지정해 유엔 총회에서 통과시켰다.

'중요사항' 지정은 진입장벽을 과반수 의결에서 3분의 2 이상의 의결로 높인 맞불작전이었으나 이것이 효력을 유지하려면 매년 총회의 의결을 거쳐야 했다. 미국의 집요한 방해로 좀처럼 성사될 것 같지 않던 중국의 유엔 가입이 새로운 국면을 맞은 것은 1970년대 들어서였다.

미국 측의 '중요사항' 지정안이 66대 52로 여전히 찬성표가 많긴 했지만 '알바니아안'도 사상 처음으로 51대 49로 다수 지지표를 얻은 것이다. 아직 3분의 2 의결에는 미치지 못했지만 과반수의 의결이 주는 상징성은 컸다. 게다가 1971년 들어 중국 외교사에 중대 변화가 생겼다. 그해 4월 미국의 탁구 대표단이 중국을 방문하고, 6월 10일 닉슨 대통령이 대중국 금수조치를 해제함으로써 미·중 간에 화해 무드가 새롭게 조성되기 시작한 것이다.

여기에 6월 11일 리비아가 대만과의 우호관계를 청산하고 중국을 승인한다고 발표함으로써 대만 63개국, 중국 62개국이던 수교국가 수가 하루만에 역전되는 일까지 벌어졌다. 미국도 중국과의 화해를 선택한 마당에 굳이 중국의 유엔 가입을 적극적으로 막을 생각이 없었다.

문제는 대만의 축출이었다. 미국은 그동안의 관계를 생각해 최소한의 저지 노력을 보여주어야 했다. 그래서 생각해낸 것이 "대만을 유엔에서 축출하려면 3분의 2 이상의 의결이 필요하다"는 이른바 '역중요사항 지정안'이었다. 물론 유엔의 총회를 거쳐야 했다. 이런 제반의 문제를 결정할 유엔 총회가 열린 것은 1971년 10월 25일이었다.

'알바니아안'과 '역중요사항 지정안' 중 어느 것을 먼저 표결에 붙일 것인가를 정하는 표결에서 유엔 총회는 미국의 손을 들어주었다. 단지 순서를 정한 표결이었으나 미국은 마치 본경기에서 이기기라도 한듯 고무된 표정이었다. 그러나 정작 중요한 '역중요사항 지정안'은 찬성 55, 반대 59, 기권 15, 불참 2로 부결되었다.

미국은 이중 플레이 펼쳐

다음 순서인 '알바니아안' 의결에 앞서 미국의 조지 부시 유엔 대표는 알바니아 결의안을 중국 가입과 대만 축출로 분리표결하자고 마지막 안간힘을 썼으나 절차상 합당치 않다는 말리크 총회 의장의 거부로 무산되었다. 그러자 패배를 예상한 대만 대표는 투표가 시작되기도 전에 유엔 탈퇴를 선언하고 총총히 대회장을 떠났다.

알바니아안은 찬성 76, 반대 35, 기권 17표로 회원국 3분의 2 이상의 찬성을 얻어 통과되었다. 중국이 시도한 지 22년 만에 유엔에 가입하게 된 것이다. 알바니아안이 가결된 순간 회의장에는 책상을 두드리는 소리와 함성으로 가득 찼고 심지어 춤을 추는 사람들도 있었다.

한국으로서는 우리를 지지해준 대만이 축출되고 적성국인 중국이 상임이사국으로 선출되었기 때문에 심각하게 우려할 상황이었지만 미국으로서는 굳이 패배랄 것도 없었다. 표결이 진행되고 있는 순간에도 키신저 특사가 북경을 방문하고 있다는 사실에서 알 수 있듯 미국은 이중정책을 썼기 때문이다.

서방 측으로서는 미국이 실리를 좇는 마당에 중국의 유엔 가입을 반대할 명분도 이유도 없었다. 오히려 이미 강대국으로 성장하고 있는 중국과의 친교가 더 절실했다. 이처럼 미국은 이중 플레이를 펼쳐놓고도 막상 자신의 뜻이 먹히지 않자 버클리 상원의원은 "유엔 예산의 3분의 2나 부담하는 미국의 안이 거부된 것에 배신감을 느낀다"며 "유엔 종말의 시작"이라고 했고, 실제로 미국은 32%였던 유엔 분담금을 25%로 삭감했다.

중국의 유엔 가입이 확정된 그날 대만 국기는 유엔본부 앞 게양대에서 끌어내려졌다. 중국의 유엔 대표단은 처음 참석한 11월 15일의 총회 연설에서 미국을 신랄하게 비난하며 한국에 관한 유엔의 모든 결의를 무효화시키고 언커크(유엔한국통일부흥위원회)를 해체해야 한다는 북한의 주장을 대변하며 기세를 올렸다. 우려한 대로 불똥이 우리나라로 튄 것이다.

제3차 인도·파키스탄 전쟁과 방글라데시 독립

인도·파키스탄 간에는 지금도 소규모 분쟁이 빈발하지만 전면전은 피해가는 중이다.

인도와 파키스탄 간에 지금까지 끊이지 않고 있는 카슈미르 분쟁의 시작은 인도가 1947년 8월 영국으로부터 독립할 당시로 거슬러 올라간다. 당시 영국령 인도는 종교에 따라 인도와 파키스탄으로 분리·독립했다. 문제는 두 나라 틈바구니에 있는 북부의 카슈미르 지역이었다.

당시 카슈미르 지역 주민 200만 명의 70%는 파키스탄으로의 편입을 바라는 무슬림이었던 데 반해 토후왕 마흐라자 하리 싱을 포함한 30%가량의 지배층과 힌두교도들은 인도 쪽으로의 편입을 원했다. 게다가 카슈미르의 민족지도자이며 무슬림인 셰이크 압둘라조차 1947년 10월 한 무슬림 집회에서 카슈미르의 인도 병합을 호소해 카슈미르는 인도령으로 병합될 처지에 놓이고 말았다.

파키스탄은 카슈미르가 인도로 병합될지 모른다는 우려감에 1947년 10월 22일 북서부의 파탄족 무장세력을 주축으로 한 파키스탄 병력을 카슈미르 내부로 침투시켰다. 이를 전면적 공격으로 받아들인 카슈미르 토후왕 마흐라자 하리 싱은 10월 24일 카슈미르의 인도 병합을 선언하며 인도에 파병을 요청했다. 인도의 네루 총리는 10월 28일 군대를 카슈미르로 보내 파키스탄군의 공격을 저지하도록 했다. 이렇게 시작된 전쟁이 제1차 인도·파키스탄 전쟁이다.

유엔 안보리는 1948년 1월 '유엔 인도·파키스탄 위원회'를 구성하고 8월 13일 "양측은 즉각 휴전하고, 군대를 철수시키며, 카슈미르의 정치적 장래를 카슈미르인 스스로의 결정에 맡긴다"는 중재안을 내놓았다. 인도는 찬성했으나 파키스탄은 반대했다. 그래도 유엔의 계속된 노력으로 1949년 1월 1일, 양국은 휴전에 합의하고 7월 27일 '카라치 협정'에 따라 휴전선을 획정해 경계선으로 삼았다.

인도령(63%)과 파키스탄령(37%)의 영토로 분리한 통제선을 경계로, 북서부의 파키스탄령은 '아자드(자유) 카슈미르'로, 남동부의 인도령은 '잠무 카슈미르'로 불렸다. 이후 카슈미르를 둘러싼 정치적 이해관계가 맞물리면서 파키스탄은 중국·미국과 우호관계를 맺고, 인도는 소련과 긴밀한 관계를 맺어 서로 상대를 견제했다.

카슈미르

동·서 파키스탄 언어·문화·인종 달라

제2차 인도·파키스탄 전쟁은 1965년에 일어났다. 발단은 1965년 4월 인도 서부 구자라트주의 파키스탄 국경에 위치한 랜이라는 불모지대에서 벌어진 전투였다. 이 지역은 사실상 쓸모없는 반사막지대여서 국경조차 제대로 획정되지 않았으나 석유가 많이 매장된 것으로 알려지면서 소규모 충돌이 잦다가 결국 대규모 전투로 발전한 것이다.

1965년 6월 30일 양측의 병력 철수 등을 규정한 휴전협정이 성립되었으나 양측 모두 불만이었다. 이런 와중에 인도령 잠무 카슈미르에서 활동하고 있는 잠무 카슈미르 해방전선 등의 무슬림이 8월 5일 무장봉기해 1965년 9월 6일 제2차 인도·파키스탄 전쟁으로 발전했다. 9월 23일 유엔의 중재로 휴전이 성립되고 소련의 중재로 1966년 1월 10일 타슈켄트에서 휴전협정을 체결함으로써 양측은 1949년 획정된 경계선 복귀로 합의하고 전쟁은 종결되었다.

파키스탄의 아유브 칸 대통령은 제2차 인도·파키스탄 전쟁 패배의 책임을 지고 1969년 3월 물러났다. 후임 대통령으로 취임한 야히야 칸 군 참모총장은 헌법을 개정하고 1970년 12월 7일 독립 23년 만에 인구비례에 의한 첫 총선을 실시했다. 당시 파키스탄은 인도를 사이에 두고 동·서 파키스탄으로 분리되어 있었다.

양측은 종교만 같을 뿐 언어와 문화, 인종은 달랐다. 땅 면적은 서파키스탄이 넓었으나 인구는 동파키스탄이 많았다. 그런데도 언어는 동파키스탄의 벵골어가 아닌 서파키스탄의 우르두어가 공식 언어로 채택되었고 수도 역시 서파키스탄에 있었다. 군대와 공무원도 서파키스탄 출신이 다수를 차지했다. 동파키스탄 주민들은 이 같은 차별에 대해 분노하며 독립을 꿈꿨다.

이런 시기에 치러진 총선에서 유리한 쪽은 당연히 인구가 많은 동파키스탄이었다. 총 313명의 의원을 선출하는 선거 결과, 동파키스탄에 기반을 둔 셰이크 무지부르 라만 당수가 이끄는 아와미연맹이 동파키스탄에 할당된 169석 가운데 167석을 차지해 다수당이 되었다. 당초 재집권할 것으로 예상되었던 서파키스탄에 기반을 둔 부토의 파키스탄 인민당은 83석에 그쳤다.

선거 승리로 아와미연맹의 라만이 총리 후보 제1순위에 올랐으나 야히야 칸 대통령은 이를 받아들이는 것이 싫어 1971년 3월 1일 내각을 해산하고 의회 개원을 무기한 연기시켰다. 동파키스탄 주민들이 이에 반발하며 대대적으로 봉기한 가운데 라만은 3월 26일 동파키스탄의 독립을 선포했다. 그러자 파키스탄 정부는 군대를 동원해 아와미연맹을 불법화하고 무지부르 라만을 체포해 서파키스탄으로 압송했다.

“파키스탄 문제는 인도의 문제”라며 개입

동파키스탄에서는 모든 벵골인의 궐기를 촉구하는 ‘해방군대’가 결성되고 파키스탄 정부군을 상대로 한 무력항전이 전개되었다. 전투가 시작되자 동파키스탄의 피난민이 혼란을 피해 하루에도 수만 명씩 국경을 넘어 인도로 피신했다.

파키스탄과 앙숙이었던 인도는 3월 31일 동파키스탄의 독립을 돕기로 하고 해방군대를 본격적으로 지원하기 시작했다. 아와미연맹 지도부는 1971년 4월 17일 인도와 가까운 동파키스탄의 한 소도시에서 라만을 대통령으로 하는 ‘방글라데시(벵골 국가) 인민공화국’ 임시정부를 선포했다.

인도로 넘어오는 동파키스탄 피난민의 수가 1,000만 명에 달하자 인도의 인디라 간디 총리는 “파키스탄 문제는 인도의 문제이기도 하다”며 개입의 불가피성을 역설했다. 과거 두 차례나 전쟁을 치렀던 파키스탄을 동서로 분리함으로써 협공에 대한 위협으로부터 벗어날 수 있다는 계산도 깔려 있었다.

1971년 11월 21일 동파키스탄의 해방군대가 동파키스탄의 수도 다카 서남부 제소르를 공격해 들어가자 야히야 칸 파키스탄 대통령은 11월 23일 파키스탄 전역에 비상사태를 선포하고 12월 3일 “인도가 동파키스탄의 국경을 침공했다”며 인도의 서북부 군사시설들을 공격하기 시작했다. 인도는 기다렸다는 듯 12월 4일 동파키스탄으로 쳐들어갔다. 제2차 인도·파키스탄 전쟁 이래 6년 만에 또다시 제3차 전쟁이 시작된 것이다.

인도·파키스탄·방글라데시

1971년 12월 16일 인도가 동파키

스탄의 수도 다카를 함락하고 파키스탄 정부군이 항복함으로써 동파키스탄은 비로소 독립에 성공했다. 인도와 파키스탄 양측은 카슈미르에서도 휴전을 선언해 지금의 통제선을 확정지었다. 1972년 1월 12일, 구속되었다 풀려난 라만이 초대 총리에 취임하고 동파키스탄은 1972년 7월 2일 인도와 파키스탄 간의 '심라협정'에 따라 비로소 방글라데시가 되었다.

인도와 파키스탄 간에는 지금도 소규모 분쟁이 빈발하고 있지만 두 나라 모두 핵무기를 보유하고 있어 전면전은 피해가고 있다. 오늘날 카슈미르는 인도, 파키스탄, 중국 등 3국과 국경선을 맞대고 있으며 인구는 인도령 900만, 파키스탄령 300만이고 면적은 인도령 10만 1,000㎢, 파키스탄령 7만 8,000㎢, 중국 점령지역 4만㎢ 등으로 나뉘어 있다.

이소룡 영화 '당산대형' 개봉

홍콩 영화계를 일거에 평정하고 아시아 젊은 청춘들의 우상으로 급부상했다.

1970년대 초까지 홍콩 영화는 변방에 지나지 않았다. 제작기술이 낙후한데다 스타 부재까지 겹쳐 외팔이 검객으로 유명한 '왕우'만이 홀로 고군분투했다. 그때 한 사내가 혜성처럼 나타나 홍콩 영화계를 일거에 평정하더니 곧 아시아 젊은 청춘들의 우상으로 급부상했다. 이소룡(1940~1973)의 전설은 그렇게 시작되었다.

이소룡의 사실상 데뷔작인 '당산대형'이 1971년 10월 3일 홍콩에서 개봉되었을 때, 젊은이들은 충격에 빠졌다. 현란한 발놀림과 신기에 가까운 액션으로 적들을 쓰러뜨리는 장면은 전율이었고, 준수한 외모에 군살 하나 없는 근육질 몸매는 경이였다.

태국의 얼음공장을 배경으로 비열한 음모와 맞서 싸우는 화교 노동자

청년의 복수극을 그린 '당산대형'은 그때까지 홍콩의 박스오피스 기록을 모두 갈아치우고 곧 아시아의 극장들을 접수하다시피 하며 최고의 흥행 성적을 기록했다.

이소룡은 홍콩의 경극 배우였던 아비지가 미국에서 공연 중일 때 샌프란시스코에서 태어났다. 어머니는 중국·독일 혼혈이었다. 이소룡(본명 이진번)은 생후 2개월 때 샌프란시스코에서 중국 영화 '금문녀'에 여자 아기로 출연하는 것으로 영화 인생을 시작했다. 생후 3개월째인 1941년 부모 품에 안겨 홍콩으로 돌아와 18세까지 홍콩에서 자랐다. 홍콩에서 아역배우로 출연한 영화가 23편이나 될 정도로 영화는 어려서부터 이소룡 인생의 일부였다.

이소룡이라는 예명을 처음 사용한 영화는 '인지초'(1951)였으며 첫 주연을 맡은 영화는 청소년 시절 마지막 영화이자 홍콩 최초의 컬러영화 '인해고홍'(1958)이었다. 아역배우로 활동하던 이소룡이 전설적 무술가 엽문에게 쿵후의 일종인 영춘권을 배우기 시작한 것은 14살 때이던 1954년이었다. 이후 싸움을 좋아해 퇴학과 편입을 반복하면서도 1958년 홍콩의 고교 복싱 챔피언에 오르고 댄스대회의 '차차차' 부문 홍콩 챔피언이 되었다.

이소룡은 1959년 4월 100달러만 들고 혈혈단신 미국으로 건너갔다. 영춘권을 배운 후 싸움과 말썽이 잦은데다 폭력배들과도 싸워 신변이 위태로워지자 부모가 미국 시민권이 있는 이소룡을 미국으로 보낸 것이다. 이소룡은 시애틀에서 고교를 졸업한 후 1961년 3월 워싱턴 주립대 철학과에 입학했다. 1962년 4월에는 시애틀 차이나타운에 무술도장을 개관했다.

혜성처럼 나타나 홍콩 영화계 평정

당시 이소룡은 전통적인 쿵후가 지나치게 형식에 집착한다고 생각했다. 그래서 실용적이고 공격적인 체계를 만들기 위해 여러 다른 무술을

이소룡(1940~1973)

비교 검토한 뒤 장점만을 골라내는 작업에 몰두했다. 그 결과, 상대방의 공격을 간단한 동작으로 미리 저지한다는 의미의 '절권도'를 창안했다. 이소룡은 절권도라는 이름 대신 '그것'으로 지칭했다. 전통이나 유파에 구애받지 않고 만든 절권도가 또다시 하나의 전통이나 유파로 인식되는 것을 경계한 까닭이었다.

이소룡은 1964년 5월 대학을 중퇴하고 그해 8월 캘리포니아주 롱비치에서 열린 국제 가라테 선수권대회에 초청을 받아 그 유명한 '1인치 펀치'를 비롯해 자신이 개발한 신기술을 선보여 관심을 끌었다. 대학 때 만난 캐나다 여성 린다 에머리와 8월에 결혼했다.

이소룡의 쿵후 실력은 금세 할리우드의 눈길을 끌었다. ABC방송의 액션 드라마 '그린 호네트'(1966~1967)에서 악당과 싸우는 주인공을 돕는 일본인 조수 가토로 출연해 미국인에게 자신의 존재를 알렸다. 다만 항상 검은 마스크를 쓰고 출연해 얼굴은 알리지 못했다. 1967년 LA에 문을 연 도장에서는 스티브 매퀸, 제임스 코번 등 할리우드 스타들에게 무술을 가르쳤으며 1969년에는 1년 동안 자신의 무술 철학을 정리했다. 이 원고는 그의 사후에 '절권도'라는 제목으로 출간되었다.

1969년 이소룡이 유일하게 출연한 극장용 미국 영화 '말로이'에 주연으로 등장하고 ABC의 액션 드라마 '롱스트리트'(1971~1972)에서도 주인공에게 무술을 가르치는 중국인 골동품 상인으로 등장하는 등 미국에서 나름대로 이름이 알려지자 홍콩 영화사 골든하베스트의 대표 레이먼 초가 그에게 출연을 제안했다. 전설의 시작 '당산대형'이었다.

두 번째 작품 '정무문'(1972.3)은 반일감정과 민족의식을 중요한 소재로 삼아 더욱 인기를 끌었다. 정무문의 주인공 첸이 사부를 살해한 간악한 일본 홍백파 무리를 향해 쌍절곤 하나만 들고 혈혈단신 쳐들어가 박살내는 장면에 중국인은 물론 한국과 미국 관객까지 열광했다.

이 영화에서 이소룡은 호쾌한 액션뿐만 아니라 자신의 트레이드 마크가 된 "아뵤~" 하는 특유의 괴조음 소리를 내고 엄지손가락으로 콧잔등을 치면서 상대방을 뚫어지게 응시하기도 하며 때로는 쌍절곤을 휘둘렀다. 가라테 고수 척 노리스가 등장해 이탈리아에서 이소룡과 대결하는 것으로 유명한 이소룡의 첫 각본·감독 작품인 '맹룡과강'(1972.12)까지 흥행에 성공했으나 기실 이소룡의 영화는 단순하고 조잡했다. 스토리도 평이하고 평면적이었다.

그런데도 인기가 하늘을 찌른 것은 완벽하고 예술적이기까지 한 이소룡의 몸이 화면을 가득 채우고, 기괴한 소리를 내며 가볍고 현란한 몸동작으로 상대의 얼굴과 가슴에 가하는 호쾌한 액션으로 젊은 청춘들의 넋을 빼앗았기 때문이다. 그것은 이소룡이 아니면 누구도 표현해낼 수 없는 최고의 경지였다.

그의 죽음은 그대로 전설

이소룡은 4번째 무술영화 '용쟁호투' 촬영을 끝내고 5번째 영화 '사망유희' 촬영에 들어갔다. '용쟁호투'는 이소룡 사후인 1973년 7월 26일 홍콩에서 개봉되었으나 '사망유희'는 마약 복용, 행방불명, 총격사건 등으로 촬영이 중단과 속개를 거듭하는 파행의 연속이었다.

그러던 중 1973년 7월 20일 늦은 밤, 이소룡은 한 여배우의 아파트에서 쓰러져 숨을 거두었다. 공식 발표는 전부터 앓아온 뇌 관련 질환과 연관이 있고 사망 당일 복용한 진통제에 대한 과민반응이 직접적 원인인 것으로 추정된다는 것이었으나 죽음을 둘러싼 각종 설과 음모론으로 의혹은 좀처럼 가라앉지 않았다.

유작인 '사망유희'는 5년이 지난 1978년 3월 23일 홍콩에서 개봉되었다. 영화는 이소룡이 생전에 촬영했던 몇몇 장면(15분 분량)에 한국인 대역 김태정이 출연한 장면 등을 짜깁기해 만든 까닭에 흥행면에서는 참패했다. 하지만 219cm나 되는 미 프로농구선수 카림 압둘 자바를 비롯 필리핀 무술가 댄 이노산토, 한국 합기도 고수 지한재 등 여러 고수와의 대결 장면이 들어있고, 무엇보다 이소룡의 트레이드 마크인 노란색 운동복이 등장했다는 점에서 의미를 찾는 팬들이 많다.

이소룡의 죽음은 그대로 전설이 되었다. 외국 영화 '킬 빌'에서 여주인공 우마 서먼이 이소룡의 노란색 트레이닝복을 입고 적과 싸우는 장면, 한국 영화 '말죽거리 잔혹사'에서 주인공 권상우가 절권도를 휘두르는 장면은 각각 쿠엔틴 타란티노 감독과 유하 감독이 이소룡에 바치는 오마주였다. 개그맨 이경규도 제2의 이소룡이 되고픈 젊은날의 소망을 '복수혈전'에 담았다.

홍콩 무술영화의 2세대를 이끈 홍금보와 성룡은 '용쟁호투'에서 이소룡에게 신나게 맞는 엑스트라로 출연해 무술영화의 진수를 배웠고, 코믹액션 스타 주성치는 이소룡을 보고 액션배우가 되기로 결심했다. 서양 영화 '토요일밤의 열기'나 '부기 나이트'에 등장하는 주인공의 방에는 이소룡의 브로마이드가 걸렸다. 이소룡, 그는 동서양을 막론한 젊은 청춘들의 우상이자 영웅이었다.

로이드 웨버 '지저스 크라이스트 슈퍼스타' 초연

기존 뮤지컬의 틀을 완전히 깨고 록음악과 뮤지컬을 조화시킨 '지저스'를 본 관객들의 반응은 뜨거웠다.

앤드루 로이드 웨버(1948~)는 '20세기의 모차르트'로 불리는 최고 뮤지컬 작곡가다. 미국 태생의 스티븐 손드하임이 '뮤지컬 마니아의 우상'이라면 웨버는 '대중의 영웅'이었다. 웨버는 또한 1980년대부터 21세기 초반까지 세계 뮤지컬계를 쥐락펴락한 부동의 파워 1위였다. 그의 뮤지컬들은 상업적 흥행은 물론 완성도 면에서도 그의 등장 이전과 확연히 선을 그었다.

영국 태생의 웨버가 미국 브로드웨이에 처음 상륙한 것은 23세였던 1971년이었다. 장차 명콤비가 될 팀 라이스(1944~)가 가사를 붙이고 자신이 곡을 만든 록뮤지컬 '지저스 크라이스트 슈퍼스타'를 1971년 10월 14일 뉴욕의 마크 헬링어 극장 무대에 올린 것이다. 예수 생애 마지막 7일간의 행적을 연극적으로 재구성한 '지저스…'를 통해 웨버는 자유와 평화의 갈구와 기존 세대에 대한 부정이라는 록음악 정신을 분명하게 보여주었다.

기존 뮤지컬의 틀을 완전히 깨고 록음악과 뮤지컬을 절묘하게 조화시킨 '지저스…'를 본 관객의 첫 반응은 감탄과 놀라움이었다. '지저스…'는 23살의 웨버를 단번에 주목받는 신인으로 올려놓았다. 예수의 이야기를 담은 극에 록음악을 사용한 사실에 분노한 사람들이 없진 않았으나 "스트라빈스키의 고전 음악 탈피에 비하면 아무것도 아니다"라는 웨버의 응수로 오래가지 않았다.

웨버는 영국 켄싱턴의 음악가 집안에서 태어났다. 아버지는 로열 음대 교수, 어머니는 피아노 교사였으며 동생인 줄리언 로이드 웨버는 세계적인 첼로 연주자였다. 웨버 역시 어릴 때부터 바이올린, 피아노, 호른 등을 배웠고, 7살 때 작곡을 하는 천재성을 보였다.

웨버는 옥스퍼드대에서 역사학을 전공하다가 진로를 바꾸어 아버지가 재직하고 있는 로열 음대로 편입해 클래식 음악을 전공했다. 그가 작곡한 첫 작품은 음악극이었다. 비록 무대에 올려지지는 않았지만 17세였던 1965년 절친한 친구였던 팀 라이스의 가사에 곡을 붙여 음악극 '우리들의 유사함'을 만들었다.

세계 뮤지컬계를 쥐락펴락해

1968년 작곡한 15분 분량의 어린이 합창곡 '요셉과 놀라운 색동옷'은 한 잡지로부터 호평을 받아 웨스트민스터 센트럴홀에서 공연되었다. '요셉…'으로 자신감을 얻은 웨버와 라이스는 회사를 설립해 1969년 '지저스…' 싱글 앨범을 발표하고 1971년 뮤지컬 '지저스…'를 세상에 내놓았다.

'지저스…'의 성공에 이어 1976년 라이스와 한 팀을 이뤄 제작한 '에비타'도 공전의 히트를 기록했다. '에비타'는 토니상에서 작품, 작곡, 작사, 감독 등 7개 부문 상을 휩쓸고 뉴욕비평가협회 특별상을 차지했다. 이후에도 웨버는 '캣츠'(1981), '레퀴엠'(1985), '오페라의 유령'(1986) 등 작곡하는 뮤지컬마다 이른바 대박을 터뜨렸다.

팀 라이스와의 제휴는 '오페라의 유령'에서 또다시 위력을 발휘했다. '오페라의 유령'은 1986년 10월 9일 런던의 허 머제스티스 극장에서 초연하고 1988년 1월 26일 미국의 브로드웨이 머제스틱 극장에서도 개막되었다. 이후 런던의 웨스트엔드에서는 2010년 10월 23일 1만 회 공연을 기록함으로써 '레 미제라블'에 이어 역대 2위를 기록했다. '레 미제라블'과 '오페라의 유령' 모두 2012년 12월 현재에도 계속 공연중이기 때문에 어느 것이 최종 승자가 될지는 아무도 알 수 없다.

미국의 브로드웨이에서는 2006년 1월 9일 7,486번째 공연을 함으로써 그동안 '캣츠'가 보유하고 있던 브로드웨이 최장 공연기록 7,485회를 넘어서는 대기록을 세웠다. 이 과정에서 2011년 현재 전 세계 150개 도시 공연, 1억 명 관람, 50억 달러 매출을 기록했으며 롱런 신화는 2012년 12월 현재까지도 계속되고 있다.

로이드 웨버(1948~)

웨버의 사업 수완은 20대이던 1977년에 설립한 RUC(Really Useful Company · 정말로 쓸모 있는 회사)를 통해 발휘되었다. 이후 그는 런던의 RUC 사무실에 앉아 전 세계 수천 명의 직원을 관리하며 음반 프로듀싱, 할리우드 영화화까지 총지휘하고 있다. 9개 극장을 소유한 그의 재산은 2010년 현재 6억 파운드(약 1조 200억 원)로 추산되고 있다. 자신의 성공에 대해서는 "그냥 그렇게 되어버렸다. 나는 그냥 내 일에 몰두했을 뿐이다"라고 말했다.

"나는 그냥 내 일에 몰두했을 뿐"

웨버의 뮤지컬은 한두 곡의 메가 히트곡을 담아내는 것으로 유명하다. '캣츠'의 '메모리'를 비롯해 '지저스…'에선 막달라 마리아가 부르는 '어떻게 그를 사랑하나요'와 유다가 부르는 '슈퍼 스타', 그리고 '에비타'에선 에바 페론의 노래 '아르헨티나여 울지 말아요'가 대표곡이다. '오페라의 유령'에서는 '밤의 노래'와 '그대에게서 바라는 것은 오직 사랑뿐' 등이 인기를 끌었다.

웨버는 또한 뮤지컬의 노래들을 무대가 아닌 앨범으로 먼저 세상에 내놓는 '콘셉트 앨범' 전략을 구사하는 것으로 유명하다. 본공연에 앞서 유명 가수나 성악가를 이용해 뮤지컬의 주요한 멜로디가 담긴 노래들을 감상용 앨범으로 선보이는 것이다.

웨버의 노래를 불러 스타가 된 사람도 한둘이 아니다. '에비타'의 '아르헨티나여 울지 말아요'를 부른 줄리 코빙턴, '캣츠'의 메모리를 부른 일레인 페이지가 대표적이다. 두 번째 부인 세라 브라이트먼도 그중의 한 명이었다. 1981년 웨버는 자신의 작품 '캣츠'에 오디션을 보러온 무명의 세라 브라이트먼을 보고 첫눈에 반해 1984년 부부의 연을 맺었다.

브라이트먼은 '오페라의 유령'에도 크리스틴 역으로 출연했다. 그러나 둘의 결혼은 1990년 막을 내렸고, 브라이트먼은 뮤지컬계를 떠나 솔로 가수로 데뷔해 성공했다.

웨버의 음악은 '오페라의 유령'으로 최절정기를 맞은 후 쇠퇴기에 접어들었다는 평가를 받고 있다. '사랑의 이모저모'(1989), '선셋대로'(1993), '휘슬 다운 더 윈드'(1997), '뷰티풀 게임'(2000), '우먼 인 화이트'(2004) 등을 연이어 발표했지만 전작과 달리 모두 흥행에 실패했기 때문이다.

그린피스 발족

세계 곳곳의 핵실험이나 환경파괴 현장에 나타나 골리앗들을 상대로 싸우고 또 싸웠다.

'그린피스'의 역사는 녹색의 지구와 평화를 위해 죽음까지 불사하는 영웅들의 모험과 투쟁의 역사다. 그들은 세계 구석구석 핵실험이나 환경파괴 현장에 나타나 골리앗들을 상대로 싸우고 또 싸웠다. 프랑스 정부의 대기권 핵실험 금지선언(1975), 유럽연합의 바다표범 가죽 수입금지 결정(1982), 핵폐기물의 해양투기금지조약(1983), 고래잡이 잠정중단(1985), 미국 네바다지역 핵실험 금지(1986), 유엔의 저인망 어업 금지결정(1989) 등은 그들이 피와 땀으로 성취한 투쟁의 산물이다.

1971년 미국이 자국령인 알류샨 열도의 암치카 섬 지하에서 2차 핵실험을 하겠다고 발표했다. 그러자 어빙 스토, 짐 볼런, 패트릭 무어 등 수 명의 평화운동가들이 캐나다 밴쿠버에 모여 '해일을 일으키지 말라 위원회(Don't Make a Wave Committe)'를 결성했다. 핵실험을 저지하는 게 목적이있다. 그들은 소형 어선을 빌려 '그린피스'라고 적힌 녹색깃발을 배에 걸었다. 그린피스호는 2차 핵실험이 임박한 1971년 9월 15일 12명을 태우고 밴쿠버 항을 출항했다. 그러나 그린피스호는 궂은 날씨 때문에 핵실험 현장까지는 가지 못하고 되돌아왔다.

핵실험도 그들이 없는 동안 주요 도시에서 벌어진 반핵시위로 인해 11월로 연기되었다. 그들은 11월에도 핵실험 지역으로 다시 접근을 시도했다. 하지만 이번에는 북태평양의 거센 파도 때문에 다가가지 못하고 먼발치에서 핵실험을 지켜보아야 했다. 이후 '해일을 일으키지 말라 위원회'는 '그린피스'로 명칭을 바꾸었다.

'그린피스'가 세계적으로 널리 알려지게 된 것은 프랑스의 핵실험 반대운동을 통해서였다. 그린피스는 남태평양 프랑스령 폴리네시아의 무루로아 환초에서 프랑스의 핵실험을 저지하려 했으나 자금이 부족해 뉴질랜드에서 1만 1,000km나 떨어진 환초까지 대원들을 싣고 갈 선박을 구하지 못했다.

'레인보 워리어호' 폭발로 1명 목숨 잃어

그때 등장한 구세주가 데이비드 맥타가트(1932~2001)였다. 맥타가트는 캐나다에서 태어나 30대 중반에 미국 샌프란시스코의 한 개발회사에서 부사장으로 근무하는 등 촉망받는 사업가였으나 1969년 회사에서 가스폭발 사고를 겪은 뒤 뉴질랜드로 이주해 반은퇴자의 삶을 살고 있었다.

맥타가트는 자신의 요트 '베가호'에 그린피스 대원들을 태우고 1972년 6월 무루로아 환초의 제한구역 안으로 진입을 시도했다. 핵실험 저지를 위해 악착같이 방사성 낙진 위험구역 안으로 들어가려는 베가호와, 이를

첫 출항에 나서는 그린피스호 멤버들(1971.9.15, 밴쿠버)

밀어내려는 프랑스 함정 사이의 실랑이는 20일 이상 계속되었다. 이 과정에서 크게 부서진 베가호가 항구로 돌아오는 동안 무루로아에서는 거대한 버섯구름이 솟아올랐다.

맥타가트는 1973년 8월 핵실험을 재개하려는 무루로아를 향해 재차 돌진을 시도했다. 베가호가 무루로아 목적지에 도착하자 이번에도 프랑스 함정의 격렬한 저지작전이 전개되었다. 베가호에 올라탄 프랑스 군인들의 무자비한 진압으로 맥타가트와 그린피스 대원들은 피투성이가 되었다.

다음날 프랑스 해군은 "맥타가트가 수병들을 바다에 떠밀다가 중심을 잃으면서 눈을 다쳤다"고 발표했다. 그러나 한 여성 대원이 구타 장면을 찍은 필름을 몸속에 숨겼다가 나중에 이를 언론에 공개하면서 프랑스의 발표가 거짓임이 드러났다. 결국 프랑스는 거센 여론에 몰려 1975년 대기권 핵실험을 금지하고 지하 핵실험만을 실시하겠다며 한 걸음 물러났다.

프랑스와의 전쟁은 1985년 7월 10일 프랑스의 정보기관이 뉴질랜드의 오클랜드 항에 정박 중이던 그린피스의 '레인보 워리어호'를 폭파시킴으로써 절정에 달했다. 일본의 히로시마 원폭투하 40주년을 맞아 1985년 8월 6일 무루로아 환초 일대를 시위항해할 예정이던 레인보 워리어호의 폭발은 그린피스 사진사 1명의 목숨을 앗아갔다. 다행히 2개월 만에 공작의 전모가 밝혀져 프랑스의 국방장관이 사임하고 미테랑 대통령은 사임 위기에 몰렸다.

구사하는 전술은 늘 기발했으나 그런 만큼 위험해

그린피스는 고래잡이 반대에도 집요했다. 그들은 주로 포경선의 작살총과 고래 사이를 고무보트로 가로막는 전술을 사용했다. 1975년 '그린피스 1호'가 소련의 포경선들을 발견했을 때도 그랬다. 그들이 고속 고무보트를 타고 고래잡이를 방해하자 포경선 선원들은 그린피스 대원들의 머리 바로 위로 고래를 향해 작살을 쏘아댔다. 이때 촬영된 필름은 세계의 공분을 자아냈다.

이처럼 죽음을 불사한 활동에 힘입어 그린피스는 1970년대 10년 동안 급속한 성장을 했다. 그러나 중심 본부가 없고 지역별로 활동한 탓에 캐나다, 미국, 유럽의 지부들 사이에 갈등이 생겼다. 원조 격인 밴쿠버 그린피스는 재정적으로 어려워지자 '그린피스'라는 이름의 우선 사용권을 주장하며 재정이 넉넉한 샌프란시스코 그린피스를 상표등록법 위반 혐의로 소송을 제기했다. 맥타가트는 유럽의 그린피스가 캐나다 그린피스의 빚을 모두 갚아주고 통합된 단일 국제조직으로 새롭게 태어날 것을 중재했다. 그 결과 1979년 10월 14일 네덜란드 암스테르담에 '그린피스 인터내셔널'이 공식 출범하고 맥타가트는 초대 의장 겸 사무총장을 맡았다.

그린피스가 구사하는 전술은 늘 기발했지만 그런 만큼 위험했다. 포경업을 방해하기 위해 포경선에 몰래 숨어들어가 고래 작살에 자신의 몸을 쇠고리로 묶는가 하면 강의 다리 밑에 설치된 화학공장 비밀 폐수 배출구에서 샘플을 채취하기 위해 다른 대원들이 로프에 몸을 묶고서 강 위에 인간커튼을 만들어 공장 측의 방해공작을 저지했다. 방독면과 보호복 차림으로 폐수배출구를 몸으로 직접 막기도 하고 소련 핵잠수함에 핵 경고 깃발을 꽂기 위해 30m의 닻줄에 매달린 때도 있었다.

그린피스라고 해서 비판이 없지는 않았다. 핵폭탄의 밀매가능성을 입증하기 위해 1991년 옛 소련군으로부터 핵탄두를 사들이려고 했다는 사실이 1998년에 알려져 지나친 모험주의라는 지적을 받았다. 1993년에는 그린피스의 비밀은행 계좌에 들어 있는 500만 달러가 상업적 포경을 금지하는 국제포경위원회를 구성하기 위해 카리브해 연안국들의 관리를 매수하기 위한 돈이었다는 사실이 밝혀져 비판을 받기도 했다. 그렇다고 '지구와 평화를 지키는 진정한 파수꾼'의 위상이 손상되지는 않았다.

존 롤스 '정의론' 출간

평생의 관심사는 합리적인 사고를 하는 사람들이 공정한 입장에서 수락하는 정의의 원칙을 수립하는 것이었다.

존 롤스(1921~2002)는 20세기 미국 철학계의 거목이다. 분석철학이 풍미하던 20세기 철학계에서 사회철학과 윤리학을 되살린 철학자로도 명성이 높았으며, 평생 '정의'라는 한 우물만을 파, '단일 주제의 철학자'로 불린다.

롤스는 미국 볼티모어에서 태어나 1950년 프린스턴대에서 박사학위를 받고 코넬대와 MIT대를 거쳐 1962년 하버드대 철학과 교수로 부임했다. 이후 40년 이상 철학을 연구하고 가르쳐 20세기 미국 철학사에 '롤스주의'라는 철학적 지위를 안착시켰다. 그의 평생 관심사는 합리적인 사고를 하는 모든 사람이 공정한 입장에서 수락할 수 있는 '정의의 원칙'을 수립하는 것이었다. 1971년 발간된 대표 저작 '정의론'은 그의 관심사가 오랜 탐구 끝에 이뤄진 결실로, 출간 후 20세기를 대표하는 인문사회과학의 고전 반열에 올랐다. 롤스는 책에서 "정의는 철학적 진리나 종교적 신념이 아닌 사회적 합의의 대상"이라는 독창적 이론을 제시해 20세기 사회철학의 기반을 닦은 존 로크와 토머스 홉스 등에 버금가는 입지를 확보했다.

롤스 '정의론'의 초점은 '자유'와 '평등'이라는 인류의 고전적인 숙제를 어떻게 동시에 풀어내느냐에 맞춰져 있다. 롤스는 이 이율배반적 주제를 하나로 통합하기 위해 자유주의의 틀 속에 사회주의적 요구를 끌어안는 방식으로 해법을 찾았다. 일반적으로 자유주의의 근간은, 사람들은 모두 자기 능력과 노력에 따라 대가를 얻고 그 대가를 누려야 한다는 것이다.

그런데 여기에는 뛰어난 능력이나 환경을 타고나지 못한 사람들을 보호할 수 없다는 맹점이 있다. 그래서 비판자들은 자유주의가 좋은 유전 형질과 배경을 타고난 사람에게만 자유를 보장하는 불평등한 사상이라고 쏘아붙인다. 그렇다고 모든 인간을 평등하게 대우한다면 그 자체가 불평등일 수 있다. 열심히 노력한 사람이나 그렇지 않은 사람이나 똑같이 평등한 대가를 얻는다면 그것 역시 불평등하기 때문이다.

평생 '정의'라는 한 우물 파

롤스는 이 부조화를 풀고 '정의'를 세우기 위해 두 가지 원칙을 제시했다. 제1원칙은 '평등한 자유'의 원칙이다. 이는 모두가 기본적 자유를 누릴 권리를 가져야 한다는 원칙이다. '기본적 자유'란 사상·양심·언론·집회의 자유, 보통선거의 자유, 공직을 맡고 재산을 소유할 자유 등을 가리킨다. 롤스는 그러나 '자본주의적 시장의 자유'라 할 생산재의 사유, 생산물의 점유, 소유물의 상속·증여의 자유 등은 '기본적 자유'에서 제외했다. 현실의 경험을 통해 결정해야 할 정치·사회적 문제로 보았기 때문이다. 여기에 롤스 자유주의의 특징이 있다.

제2원칙은 두 부분으로 나뉜다. 첫 번째는 '차등의 원칙'이다. 사회의 혜택을 가장 적게 받는 사람에게 가장 많은 혜택이 돌아갈 수 있도록 사회·경제적 불균등 분배를 정당화해야 한다는 것이다. 두 번째는 모든 사람에게 '공정한 기회의 균등'을 제공하는 것으로, 유사한 능력과 소질을 지닌 사람이라면 누구나 그들이 태어난 사회적 지위와 무관하게 유사한

존 롤스(1921~2002)

삶의 기회를 보장받아야 한다는 것이다. 이렇게 볼 때 제1원칙은 평등한 시민의 기본적 자유를 희생해선 안 된다는 자유주의적 핵심을 나타내며, 제2원칙은 자유주의적 자유가 사회적으로 불리한 처지에 놓인 사람을 돕도록 하는 사회주의적 성향을 띠는 평등지향적인 면을 대변한다.

롤스는 이처럼 사회 구성원 각자의 자유를 인정하면서도 동시에 사회적 약자를 위한 '정의론'을 수립해 "자유주의적 이념과 사회주의적 이념을 가장 체계적으로 통합했다"는 평가를 받았다. 롤스는 또한 '정의가 무엇인가'라는 물음에 대해 직접 답하기보다는 공정한 절차에 의해 합의된 것이면 정의로운 것이라는 소위 '공정한 정의관'을 내세웠다. 이는 사회적으로 소외되어 가장 미약한 수혜를 얻을 수밖에 없는 사람에게 '공정한 기회를 주는 시스템'을 만들어야 한다는 것을 의미한다.

마이클 샌들도 롤스의 '정의론' 물려받아

롤스는 또한 정의의 원칙을 도출하기 위해 공정성을 보증해 줄 전제들의 집합으로 '원초적 상태'라는 개념을 제시했다. '원초적 상태'는 공적 문제 또는 정의의 원칙을 끌어내기 위한 합의의 장치로, 그 핵심적 특징은 '무지의 베일'이다. 이것은 특정한 정책의 선택을 둘러싸고 관련 이해 당사자들이 어떠한 대안이 자신에게 유리하고 불리한지를 모른다는 가상적 장치다.

롤스는 '무지의 베일'이 쳐진 상태에서는 자신의 능력, 재산, 신분 등의 사회적 조건을 알 수 없기 때문에 사람들은 자신의 선택이 어떤 계층에 특별히 유리하거나 불리한지를 몰라 조화로운 사회계약을 체결할 것이라고 보았다. 따라서 '무지의 베일'이 가정된 원초 상태하에서 합의되는 일련의 법칙이 정의의 원칙이 되어야 한다고 주장한다.

롤스의 사회정의 원칙에는 '우선성'이 적용된다. 평등한 자유의 원칙이 최우선이고 다음이 기회균등의 원칙, 마지막이 차등의 원칙이다. 상위의 원칙이 충족되지 않으면 다음 순위의 원칙을 적용할 수 없다. 따라서 평등한 자유의 원칙이 충족되지 않으면 기회균등의 원칙을 적용할 수 없게 되는 것이다. 즉 기본적 자유를 평등하게 나눠 가져야 한다는 '정의의 원칙'을 기반으로 하되 '장애인고용법'처럼 최소 수혜자의 처지를 개선시키는 한도 내에서 약자를 우대하기 위한 '차등의 원칙'을 가미해야 한다는 것이다.

롤스의 '정의론'은 이후 정의를 연구하는 미국의 모든 학자에게 영향을 미쳐 학자들은 롤스를 닮거나 비판하면서 성장했다. 2010년 우리나라에서 선풍적 인기를 끌었던 '정의란 무엇인가'의 저자 마이클 샌들 역시 롤스의 '정의론'을 물려받았다.

롤스는 특유의 성실함 때문에 학생들 사이에서 일찍이 '하버드의 성인'으로 불렸다. 그의 정의론 강의는 1,000명이 넘는 수강생이 운집하는 인기 강좌로 유명했다. 전 세계 학술지에서 특정 학자나 그의 저서가 인용되는 빈도를 조사해 통계화한 '인용총람'에도 거의 해마다 미셸 푸코, 위르겐 하버마스와 함께 그의 이름이 올라 있다.

1972년

이후락의 비밀 방북과 7·4남북공동성명
'10월 유신' 선포와 박정희 대통령 취임
_ *북한 주석제 채택과 김일성 유일지도체제*
통일벼 첫 전국 재배와 허문회
8·3긴급경제명령 발표
'직지심체요절' 세계 최고(最古) 금속활자본 판명
고우영 만화 '임꺽정' 일간스포츠에 연재
윤이상 오페라 '심청' 뮌헨 올림픽 개막 기념 초연
김수근 설계 '공간 사옥' 준공
최인호 소설 '별들의 고향' 조선일보 연재
정창화 감독 영화 '죽음의 다섯 손가락' 개봉
헨리 키신저 극비 방중과 닉슨·주은래 회담
워터게이트 사건과 닉슨 대통령 사임
_ *'딥 스로트'와 우드스타인 기자*
아랍 게릴라 '검은 9월단' 뮌헨 올림픽 테러
제1회 유엔 인간환경회의 개막
로마클럽 '성장의 한계' 출간
글로리아 스타이넘 '미즈(Ms)' 창간
미·소 전략무기제한협정(SALT-1) 조인
미국, 오키나와 일본에 반환
말런 브랜도와 영화 '대부' 개봉

이후락의 비밀 방북과 7·4남북공동성명

결과적으로 유신체제(남한)와 김일성 1인 독재체제(북한)만 공고히 해 준 꼴이 되었다.

20여 년간 적대적 관계였던 미국과 중국이 이른바 '핑퐁 외교'를 통해 화해의 축배를 들었던 1972년, 한반도에도 데탕트(긴장 완화) 바람이 불었다. 미국과 중국 사이의 밀사가 키신저였다면 남북 간의 밀사는 이후락 중앙정보부장이었다. 이후락이 정홍진 중정 북한국장과 경호원, 의사 1명씩을 대동하고 비밀리에 평양을 방문한 것은 1972년 5월 2일이었다. 정홍진은 그해 3월의 방북에 이어 두 번째였다.

이후락의 방북에 앞서 먼저 길을 튼 것은 대한적십자사였다. 최두선 대한적십자사 총재가 이산가족 찾기 남북회담을 제의하는 것으로 북한의 의중을 떠본 것은 1971년 8월 12일이었다. 북측이 적극적인 호응을 보여 이뤄진 남북적십자사 제1차 예비회담은 9월 20일 판문점에서 열렸다. 남북 적십자사의 공식적인 수석대표는 따로 있었으나 막후에서 실질적으로 회담을 끌고간 주역은 정홍진 중정 국장과 김덕현 북한 노동당 책임지도원이었다.

수차례의 적십자 회담에도 불구하고 좀처럼 해결의 실마리가 풀리지 않자 정홍진이 김덕현에게 비밀접촉을 요청했다. 몇 차례의 비밀접촉 후 정홍진은 3월 28일, 김덕현은 4월 19일 비밀리에 각각 평양과 서울을 방문했다. 이후락의 평양 방문을 앞둔 사전 조율이 목적이었다.

이런 과정을 거쳐 마련된 5월 2일의 방북에 앞서 이후락은 만일에 대비해 청산가리를 챙겼다. 도착 첫날 이후락은 김일성의 동생이자 노동당 조직지도부장인 김영주와 회담했다. 이튿날에도 김영주와 만나 남북공동성명 작

이후락(왼쪽)과 김일성

성을 추진했으나 도무지 진전이 없었다. 하루 뒤면 빈손으로 돌아와야 하는 이후락이 둘째 날 잠자리에 들었을 때 갑자기 북한 측 인사가 이후락을 깨우고는 어디론가 데리고 갔다.

차가 닿은 곳은 김일성의 만수대 집무실이었다. 5월 4일 새벽 1시 10분쯤, 김일성이 이후락 일행을 반갑게 맞았고, 회담은 1시간 20분 동안 진행되었다. 김일성은 그날 점심에도 이후락 일행을 초대해 두 번째 만났다. 김일성은 "과거는 과거고 다시는 남침하지 않겠다"며 6·25 전쟁이 남침이었음을 시인했다. 청와대를 습격하려 했던 1968년의 1·21 사태는 "자신이 한 짓이 아니다"라며 박 대통령에게 미안하다는 제스처를 보였다.

김일성과 이후락은 두 차례 면담을 통해 7·4남북공동성명의 뼈대가 된 자주, 평화, 민족적 대단결의 통일원칙 등을 합의했다. 이후락은 5월 5일 서울로 돌아왔다. 박성철 제2부수상도 박 대통령의 의지를 확인하기 위해 5월 29일 서울 땅을 밟았다.

해석상 가장 논란을 빚은 것은 '자주'의 원칙

극비 상호방문으로 최소한의 신뢰를 쌓았다고 판단한 남북한은 마침내 1972년 7월 4일, 이후락과 박성철이 각각 서울과 평양에서 '7·4남북공동성명'을 동시에 발표했다. 이후락은 기자회견을 하면서 그동안 우리 정부가 줄곧 사용해오던 '북괴' 대신 '북한'이란 용어를 사용해 북한을 배려했다. 공동성명문도 남한이나 북한 대신 서울과 평양으로 발표되었다.

7개항으로 구성된 남북공동성명의 1항에서는 외세에 의존하지 않는 자주, 무력행사에 의존하지 않는 평화, 민족적 대단결을 도모하는 조국통일 3대 원칙이 특별히 강조되었다. 4항과 5항에서는 남북적십자 회담의 성사를 위한 협조와 상설 직통전화 설치를 명문화했고, 6항에서는 남북교류와 군사적 충돌을 막는 협의체로 '남북조절위'를 구성하기로 했다.

공동성명 발표 후 남북한 모두 마치 금방이라도 통일이 될 것처럼 분위기가 고조되었으나 성명 문안에 대한 의견 차가 심해 좀처럼 다음 단계로 넘어가지 못했다. 해석상 가장 논란을 빚은 대목은 조국통일 3대 원칙 가운데 '자주'의 원칙이었다. 남측은 이를 '외부 간섭 없는 자주적 의사'로 해석한 반면, 북한은 이를 주한미군 철수와 결부지었다. 마치 이를 예상이라도 한듯 박 대통령은 이후락으로부터 방북 보고를 받은 후, 이후락이 서울과 상의도 하지 않고 조국통일 3대 원칙을 덥석 받아들인 것을 못마땅해했다.

그래도 남북조절위와 남북적십자 회담 등을 성사시키기 위한 노력은 여러 갈래로 진행되었다. 먼저 시작된 것은 1972년 8월 30일 평양에서 열린 제1차 남북적십자 회담이었다. 회담은 이후 서울과 평양을 오가며 제2차 회담(9.13)에서부터 제7차 회담(1973.7.10)까지 진행되었으나 1973년 8월 28일 북측의 일방적인 '대화 중단' 선언으로 1985년 제8차 서울 본회담이 열리기까지 12년 동안 중단되었다.

남북은 또한 1972년 11월 30일 이후락과 김영주를 위원장으로 하는 남북조절위 첫 회담을 서울에서 개최한 것을 비롯 평양(1973.3.14)과 서울(6.12)에서 총 세 차례 열었으나 남북조절위 기능을 우선적으로 활성화시키려 한 우리측 입장과 달리 북측이 군축과 미군 철수가 먼저 이뤄져야 한다고 주장하는 바람에 남북조절위 역시 합의를 끌어내지는 못했다.

북한이 대화 중단 구실로 삼은 것은, 남북 유엔 동시가입 문제를 거론한 박 대통령의 1973년의 '6·23선언'과 8월 8일에 있었던 '김대중 납치사건'이었다. 곧 통일이라도 될 것 같은 들뜬 분위기 속에서 남쪽은 1972년의 10월 유신체제를 출범시키고 북쪽은 김일성의 1인 독재체제를 강화한 사회주의 헌법을 채택(1972.12)함으로써 남북공동성명은 결국 양측의 체제만 공고히 해준 꼴이 되었다. 물론 대화 중단의 1차 원인은 북한에 있었다.

'10월 유신' 선포와 박정희 대통령 취임

탄압과 인권유린의 시대였으나 추진력과 역동성을 지닌 '개발독재의 시대'이기도 했다.

1972년 10월 17일, 박정희 대통령이 선포한 비상계엄에 따라 오후 7시를 기해 국회가 해산되고 정당·정치활동이 금지되었다. 정지된 헌법 기능은 비상국무회의로 넘겨졌다. 10여 개월 동안 비밀리에 추진해온 '10월 유신'이 마침내 그 모습을 드러낸 것이다. 대학에는 휴교령이 내려졌고, 언론·출판은 사전검열을 받았다. 국정감사 역시 1988년 부활될 때까지 16년 동안 동면에 들어갔다. 평소 박정희 정권에 밉보이거나 강성으로 찍힌 10여 명의 국회의원도 중앙정보부와 보안사령부 등에서 발가벗긴 채 물고문, 전기고문, 통닭구이 등을 당했다.

이날의 특별선언은 10월 27일의 국무회의에서 '10월 유신'으로 공식 명명되었다. '유신'의 어원에 대해서는 일본의 메이지 유신을 벤치마킹했다는 주장이 있는가 하면 '시경'과 '서경'의 유신에서 따왔다는 시각이 있는 등 정확한 내용은 알려져 있지 않다.

'풍년사업'으로 명명된 유신공작은 1년 전인 1971년 12월 6일 박 대통령의 돌연한 국가비상사태 선언으로 막을 열었다. 체제 강화를 꾀한다는 명분을 내세웠지만 갑작스럽게 발표된 탓에 헌법적 근거가 빈약하다는 지적이 제기되었다. 그러자 공화당이 법적인 근거를 갖추고 비상사태시 국민을 광범위하게 통제할 수 있는 '국가보위에 관한 특별조치법'(보위법)을 12월 27일 단독으로 통과시켰다. 대통령에게 비상대권을 부여한 보위법의 날치기 통과는 10월 유신으로 건너가기 위한 징검다리이자 예행연습이었다.

풍년사업은 1972년 5월 이후락 중정부장이 평양을 다녀와 박 대통령을 만난 자리에서 본격적으로 싹이 텄다. 박 대통령은 내부 결속을 강화할 수 있는 체제 정비의 필요성을 이후락에게 은연중 내비쳤고, 박 대통령의 의중 파악에 누구보다 능란한 이후락은 대통령 입맛에 맞는 유신안을 준비했다. 3선 개헌에 이어 또다시 개헌하기가 쉽지 않을 뿐 아니라 1971년 대통령 선거에서 김대중에 고전하고 남북대화 재개로 명분이 생겼다는 것 등이 두 사람 간에 오고간 이심전심이었다.

100억 달러 수출, 마이카 시대 대대적으로 선전

곧 이후락의 지시로 프랑스, 스페인, 대만 등지의 헌법들을 참조한, 입법·사법·행정 3권이 박정희 대통령 1인에게 집중되는 권력구조가 성안되었다. 풍년사업 추진상황이 매주 박정희, 이후락, 김정렴 비서실장의 3인 회의에 넘겨지면 3인 회의는 내용을 보완해 중앙정보부로 내려보냈다. 8월쯤 마스터플랜이 마무리된 뒤에는 신직수 법무장관과 김치열 중정 차장이 투입되어 새 헌법의 구체적인 골격을 짰다.

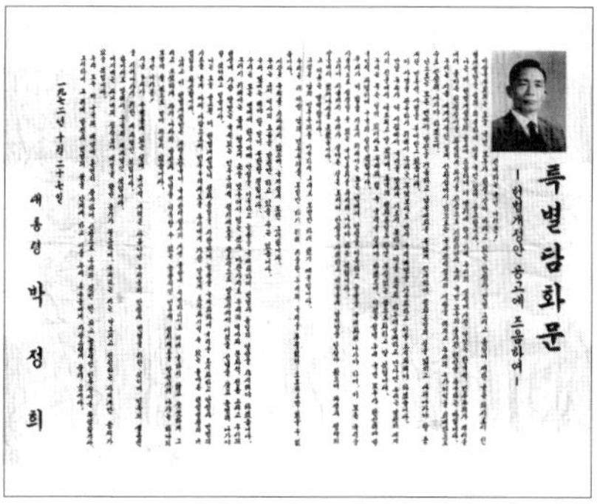
특별담화문
-헌법개정안 공고에 즈음하여-

대통령 박정희

10월 유신 특별담화문(1972.10.27)

유신을 선포하기 전, 내용을 사전에 전달받은 미국과 일본이 각각 닉슨 대통령과 다나카 총리의 중국 방문을 유신 선포의 한 이유로 든 것을 선언문에서 빼달라고 요구하는 바람에 10월 유신은 국제정세의 변화에 따른 국가안보의 중요성을 설명하지 못하는 불구 선언이 되고 말았다.

이런 과정을 거쳐 사실상 대통령 종신제를 기조로 하는 헌법 개정안이 발표된 것은 1972년 10월 27일이었다. 정부는 100억 달러 수출, 1,000달러 소득, 마이카 시대를 대대적으로 선전하며 유신헌법 지지를 호소했다. 공포 분위기까지 더해져 유신헌법은 11월 21일의 국민투표에서 91.9%의 투표율과 91.5%의 찬성률로 통과되었다.

새 헌법은 대통령을 통일주체국민회의라는 새로운 기구에서 간접선거로 선출하도록 규정하고 임기는 6년, 연임 제한은 폐지했다. 이른바 '통대의원'들은 읍·면·동에서 새마을 지도자, 예비군 중대장 등 미리 낙점받은 친여 인사들이었다. 대통령은 국회를 해산할 수 있으나 국회는 대통령을 탄핵할 수 없도록 해 대통령의 권한을 대폭 강화했다.

민주주의 원칙을 원천 부정하는 전형적인 독재 시스템

국회의원 선출은 임기 6년에 전국 73개 지역구에서 1구 2인을 뽑는 중선거구제로 바뀌었고 통일주체국민회의가 국회의원 정족수의 3분의 1에 해당하는 73명의 의원(유신정우회)을 일괄 선출하게 해 대통령이 사실상 국회의 3분의 2 이상을 장악하도록 했다. 사법부도 대통령이 대법원장과 법관들을 직접 임명하고 재임명제를 두어 옴짝달싹 못하게 했다. 이는 민주주의 원칙을 원천 부정하는 전형적인 독재 시스템이었다.

통일주체국민회의 대의원 선거는 12월 13일 비상계엄을 해제한 후 12월 15일 실시되었다. 박 대통령은 12월 23일 이 통일주체국민회의 대의원 2,359명 중 2,357명(99.9%)의 지지를 얻어 임기 6년의 대통령에 당선되고 12월 27일 서울 장충체육관에서 제8대 대통령에 취임했다. 유신헌법도 같은 날 중앙청에서 공포됨으로써 1인 체제의 뿌리가 내려진 '10월 유신'이 마침내 완성되었다.

10월 유신 시대는 정권 반대자들에 대한 가혹한 탄압과 인권유린의 시대였으나 다른 한편으로는 강압에 의한 추진력과 역동성을 지닌 '개발독재의 시대'이기도 했다. 오늘날 한국의 중공업은 모두 이 개발독재에 의해 만들어지고 다져졌다. 제철, 전자, 자동차, 조선, 석유화학 등도 모두 그 시대의 산물이었다. 가난을 상징하는 보릿고개도 그 시대에 사라졌고 남쪽의 1인당 GNP가 북쪽을 능가한 것도 그 시대였다. 개발독재를 발판으로 삼은 '한강의 기적'이 이 땅에 뿌리를 내리기 시작한 것이다.

북한 주석제 채택과 김일성 유일지도체제

1972년은 남북한 양쪽에서 1인 지배체제가 확고하게 뿌리내린 해였다. 특히 12월 27일과 28일에는 남한의 '유신(維新)'과 북한의 '유일(唯一)'이 연이어 태어났다. 남한에서는 유신헌법 공포와 함께 제4공화국이 출범했고, 북한에서는 주석제를 골자로 한 새로운 사회주의 헌법이 채택되었다.

남북한 양쪽이 상호 묵인하에 절대 권력구조를 완성하는 데 사용한 지렛대는 7·4남북공동성명이었다. 박정희와 김일성은 공동성명 발표로 분위기를 한껏 고조시킨 뒤 '유신'과 '유일'이라는 기만적인 쌍둥이를 잉태했다. '적과의 동침'을 통해 자신들의 실리를 챙긴 것이다. 박정희는 유신체제를 통해 영구집권을 꾀했고, 김일성은 유일체제를 완성해 아들 김정일로의 권력 승계를 본격화했다. 유신체제가 조국의 평화적 통일과 한국적 민주주의 토착화를 명분으로 내세웠다면 유일사상의 골격을 이룬 주석제는 조국통일과 사회주의의 완전한 승리를 기치로 내걸었다.

1972년 12월 28일 북한 최고인민회의가 1948년에 제정된 구 헌법을 폐기하고 새로운 사회주의 헌법을 대의원 전원의 찬성으로 채택함으로써 북한은 광복 이후 줄곧 유지해온 내각제 형태의 수상제 대신 절대권력을 행사할 수 있는 국가주석제를 새롭게 출범시켰다. 이로써 김일성은 당 최고직책인 당 총서기직을 보유한 채 국가 주석까지 겸직함으로써 당·정 1인체제를 더욱 강화시켰다.

북한이 주석제를 골간으로 하는 새로운 국가권력 구조를 탄생시킬 수 있었던 것은 광복 이후 수차례의 권력투쟁에서 승리를 쟁취해온 김일성의 자신감이 반영된 결과였다. 김일성은 1950년대 초 남로당계 숙청을 시작으로 1956년 '8월 종파사건', 1967년 갑산파 제거 등으로 이어지는 일련의 권력투쟁을 통해 사실상 모든 권력을 장악했다. 여기에 당과 정부의 모든 권력을 자신에게 집중할 수 있는 국가 주석직까지 거머쥠으로써 명실상부한 김일성 유일지도체제를 확고히 했다.

주석제는 그의 아들 김정일의 후계 체제를 출범시키기 위한 사전 정지 작업의 일환이기도 했다. 주석직 채택을 기점으로 김일성의 관심이 1972년 이전의 과제였던 사회주의 혁명의 완성에서 혁명의 지속성 확보라는 문제로 옮아갔기 때문이다. 따라서 광복 후 1972년까지가 권력 장악과 그 공고화를 위한 투쟁기였다면 후반기는 후계자 김정일의 권력기반 강화를 위한 투쟁기였다.

김일성은 1970년 제5차 당대회에서 아들 김정일을 '지도자'로 지명해 권력 승계를 공식화한 뒤 치밀하고도 지속적으로 김정일의 권력을 확대해 나갔다. 김일성은 미·중 관계 개선, 중·일 접근, 남북대화 등 일련의 국내외 정세 변화와 그로부터 예상되는 외풍에 능동적으로 대처한다는 명분을 내세워 자신의 절대권력을 구축한 뒤 이를 바탕으로 김정일 후계 체제에 본격적으로 시동을 걸었다.

통일벼 첫 전국 재배와 허문회

우리 민족이 먹는 문제를 해결한 것은 단군 이래 처음 경험하는 역사적인 사건이었다.

우리 민족에게 먹거리 부족은 피눈물이었다. 적어도 1960년대까지는 그랬다. 춘궁기인 보릿고개 때만 되면 많은 사람이 풀뿌리나 나무껍질로 연명해야 했고, 미국의 잉여식량 무상원조로 배고픔을 달래야 했다. 이런 상황에서 식량 자급을 해결하지 않고서는 경제성장도, 국가안보도 사상누각일 수밖에 없다는 게 당시 박정희 대통령의 인식이었다.

식량자급을 하려면 품종 개량이 급선무였으나 당시의 국내 농업기술로는 엄두가 나지 않았다. 따라서 품종 개량 못지않게 중요한 것이 식량 절약이었다. 식량 절약의 첫 시도는 1967년부터 시작된 혼·분식 권장정책이었다. 1968년 음식점의 25% 혼식이 의무화되었고, 1969년부터는 매주 수·토요일 11~17시 쌀을 원료로 한 음식판매가 금지되었다.

1970년부터는 전국적인 쥐잡기 운동을 벌여 한 톨의 쌀이라도 아끼려고 몸부림을 쳤다. 쥐잡기가 정부 주도로 시작된 것은 1950년대 중반이었지만 군사작전을 방불케 할 만큼 조직적이고 거국적으로 시행된 것은 1970년 들어서였다. 1970년대 초 통계에 따르면 1억 마리의 쥐들이 축내는 양곡은 연간 32만 톤에 달했다.

1970년 1월 26일 벌인 제1차 쥐잡기운동에서 '4,300만 마리를 잡아 106만 6천 석의 양곡 손실 방지 효과를 올렸다'는 당시 대통령에게 보고된 내용이 사실이라면 가히 놀랄 만한 성과였다. 1970년 5월 15일의 제2차 쥐잡기운동은 7,200만 마리의 쥐를 박멸해 182만 석의 양곡 손실을 막겠다는 것을 목표로 삼았다.

우리나라의 식량 자급자족을 위한 녹색혁명은 1960년 미국의 록펠러·포드 재단이 필리핀 농과대 구내에 설립한 국제미작연구소(IRRI)에서 싹이 텄다. 서울대 농대 교수인 허문회(1927~2010)가 국제미작연구소에서 연구할 기회를 얻은 것은 1964년 7월이었다. 그의 꿈은 한국의 기후와 토양에 맞는 기적의 쌀을 만들어내는 것이었다.

"외국쌀 사 먹는 처지에 밥맛 따지게 됐어?"

허문회는 1965년 11월 내냉성이 강하고 미질이 좋은 일본의 '유카라'와 미질이 푸석푸석하지만 수확량이 좋은 대만 재래종 'TN1'을 교배(IR568)했다가 '잡종 불임'이라는 실패를 경험하긴 했지만 교배 연구에는 나름의 자신이 있었다.

허문회는 1966년 3월 자신이 교배한 'IR568'과 국제미작연구소의 'IR8'을 교배했다. IR8은 국제미작연구소가 처음 교배에 성공한 다수확 품종 볍씨였다. 허문회는 그해 6월 20여 개체의 3계 잡종 종자(F1, 1대 종자)를 얻는 데 성공했다. 이 종자에는 IRRI의 667번째 교배라는 뜻으로 'IR667'이라는 교배번호가 부여되었다.

일반적으로 쌀은 자포니카계(일본계)와 인디카계(인도계)로 구분된다. 일본의 '유카라'는 자포니카계, 대만의 'TN1'은 인디카계이고 'IR667'은 자포니카계와 인디카계의 잡종이지만 인디카계로 분류되었다. 자포니카계는 차지고 밥맛이 좋은 대신 수확량이 적은 반면 안남미라 불리는 인디카계는 푸석푸석해 밥맛이 없는 대신 수확량이 많은 것이 장점이었다.

허문회(1927~2010)

허문회는 1966년 7월 귀국했으나 1969년까지 필리핀을 오가며 'IR667'의 실험재배를 반복한 끝에 1969년 여름, 종자가 우수한 6계통(수원 213호~218호)의 F7을 선발했다. 특히 1970년 여름

IR667-98-1-2(F9)가 최고의 다수확 품종인 것으로 입증된 후에는 1971년 초 '통일벼' 품종으로 정식 인정을 받았다. 당시 언론은 통일벼를 '기적의 볍씨'라며 크게 보도했으나 한국인 입맛에는 맞지 않는다는 지적도 많았다.

그러나 1971년 2월 5일 청와대에서 열린 통일쌀밥 품평회에서 박정희 대통령이 '색깔-좋음', '차진 정도-보통', '밥맛-좋음'이라고 평가하고, "비싼 돈 주고 외국쌀 사 먹는 처지에 밥맛 따지게 됐어?"라고 일갈하자 맛이 없다는 불만은 잠잠해졌다. 박 대통령의 한마디는 통일벼를 통해 한국의 녹색혁명을 이루자는 돌격신호와 다름없었다.

1971년 전국 550개소 2,750ha에 처음 통일벼가 심어지고 재래종보다 훨씬 많은 1단보(10ha)당 평균 500.9kg이 출수되어 다수확의 가능성이 확인되자 정부는 이듬해 더 많은 지역에 통일벼를 심었다.

1972년은 쌀 자급 달성에 초석을 다진 우리나라 벼농사에 일대 전환점이 된 역사적인 해였다. 미질 불량을 이유로 농민들이 반신반의하고 있을 때 일선 공무원들의 적극적인 독려와 강제 덕에 전국 5,174 농가 18만 7,471ha에서 통일벼가 재배되는 성과를 거뒀다. 수확 전에는 한발(6~7월), 수해 및 저온(8~9월), 우박(9월) 등의 자연재해가 겹쳐 수확량이 좋지 않을 것이라는 예측보도가 잇따랐으나 막상 추수를 마치자 통일벼는 1단보(10ha)당 평균 386kg을 수확해 재래종의 321kg에 비해 20% 이상 증수하는 기록을 세웠다.

'주곡 자립'의 문 활짝 열어

이처럼 다수확 품종이라는 사실이 확인되었는데도 농민들은 자연재해 때문에 당초 예상보다 작황이 기대에 미치지 못하자 "정부의 강제와 권유로 통일벼를 심었으니 피해를 보상하라"고 요구했다. 이 때문에 '기적의 볍씨'에 대한 기대감이 크게 훼손되어 통일벼에 대한 전망이 불투명했다.

하지만 박 대통령이 "1년 더 심어보고 그때 가서 재평가하자"고 결론을 내린 덕에 통일벼는 1973년에도 전국적으로 재배되었다. 다만 재배면적은 1972년보다 35% 줄어든 12만 1,179ha로 축소되었다. 다행히 1973년엔 1단보당 481kg을 생산해 재래종(350kg)보다 훨씬 많은 수확량을 기록했다.

1974년 역시 통일벼 재배지역(18만 900ha)에서 대풍을 기록한 덕에 쌀 수확량은 3,086만 섬을 넘어서 우리나라 역사상 처음으로 3,000만 섬을 돌파하는 신기록을 세웠다. 유신, 밀양23호, 수원264호, 노풍 등 신품종들이 잇따라 개발·보급되면서 1975년엔 22%의 면적에서 단보당 평균 503kg을 생산하고 3,242만 섬을 기록해 마침내 쌀 자급의 원년을 기록했다. 1976년엔 44%의 면적에서 3,596만 섬을 거두어 단군 이래 최고 수확량을 기록하고 1977년엔 4,170만 섬을 넘어 사상 처음으로 4,000만 섬을 돌파하는 신기록을 세웠다. 우리 민족이 먹는 문제를 해결한 것은 단군 이래 처음 경험하는 역사적인 사건이었다.

넘쳐나는 통일벼 덕분에 14년 만에 쌀막걸리가 허용(1977.12.8)되고, 우리나라 역사상 처음으로 인도네시아에 쌀 48만 6,000섬을 빌려주기까지 했다. 8·15해방 후 수없이 겪어왔던 미곡 부족과 쌀 파동을 근본적으로 해결하고 비로소 '주곡 자립'의 문을 활짝 연 것이다.

이후 수년간 도열병과 냉해 등으로 작황이 좋지 않을 때도 있었지만 그래도 재고는 국가재정에 부담을 줄 정도로 계속 늘어났다. 더구나 밥맛이 떨어지는 통일벼의 단점을 보완하고 수확량까지 좋은 품종이 잇달아 개발되면서 1990년엔 장려품종에서 제외되었다. 1992년부터는 정부가 수매를 중단하면서 역사 속으로 사라졌다. 20년 동안 주곡자급 달성이라는 막중한 임무를 다하고 명예롭게 퇴진한 것이다.

8·3긴급경제명령 발표

자유시장 경제에서는 있을 수도 없고 있어서도 안 되는 전무후무한 초법적 조치였다.

혁명기에나 있을 법한 충격적인 '사채(私債) 동결조치'가 발표된 것은 1972년 8월 2일 밤 11시 40분이었다. 흔히 '8·3긴급경제조치'로 불리는 '경제의 안정과 성장에 관한 긴급명령'(대통령 긴급명령 제15호)이 8월 3일 0시부로 발동된 것이다. 기업들이 진 빚을 동결해주는, 즉 기업들에게 돈을 빌려준 사채업자의 돈 받을 권리를 일정기간 박탈하고 이율도 대폭 낮춰주는 이 긴급조치는 한마디로 자유시장 경제에서는 있을 수도 없고 있어서도 안 되는 전무후무한 초법적 조치였다.

긴급명령 내용은 이랬다. 기업들은 회사가 보유하고 있는 모든 사채를 8월 9일까지 신고하고, 신고된 사채는 3년 거치 5년 분할상환 조건으로 상환하되 이율은 월 1.35%(연리 16.2%)로 낮춰주며, 정부가 2,000억 원의 특별금융채권을 발행해 기업이 은행에서 빌린 단기 고리 대출금 중 30%를 연리 8%, 3년 거치 5년 분할상환으로 대체해 준다는 것이다.

사실상 사채업자들로부터 소득을 빼앗아 기업으로 넘겨주겠다는 것과 다를 바 없으니 기업들은 당연히 쾌재를 불렀다. 임원들이 만세삼창을 부른 기업이 있는가 하면 자축 파티를 연 기업도 있었다. 반면 사채업자들에게는 마른 하늘에서 내려친 날벼락이었다.

박정희 대통령은 대체 무슨 이유로 이런 초법적인 결정을 하게 된 것일까? 1971년 6월 11일 박 대통령과 전경련 회장단의 면담이 있었다. 이 자리에서 김용완 전경련 회장이 "기업들의 사채 이자 부담이 커 갈수록 부실기업이 늘어날 수밖에 없다"며 특단의 대책을 요청했다.

실제로 기업들의 경영여건이 급격히 악화되었다는 하소연은 엄살이 아니었다. 과거 도입한 외국 차관의 원리금 상환 시기가 도래한데다 수출

촉진을 위해 실시한 18%의 대폭적인 환율인상 조치가 기업들의 원리금 부담을 가중시키고 있었다.

지하경제 번창 사실 드러나

결국 기업들은 은행의 단기자금이나 사채에 의존하게 되고 이 때문에 가중되는 금융 부담을 이기지 못해 부실의 늪에 빠져들었다. 당시 사채의 가중 평균금리는 월 3.84%로, 연리로 따지면 46%가 넘는 고금리였다. 점차 기업들의 부도가 급증하고 물가는 뛰었으며 경제성장률은 내리막길을 걸었다. 1969년 13.8%에 달했던 경제성장률은 7.6%(1970), 8.8%(1971), 5.7%(1972)로 떨어졌다. 수출증가율도 1968년 42%에서 34%(1969), 28%(1970)로 하락했다.

박 대통령은 김용완 전경련 회장을 면담한 후, 사정을 알아보고 대책을 마련하라고 지시했다. 비밀작업 끝에 발표일로 예정된 D데이는 1972년 1월 15일이었다. 그러나 8·3긴급경제명령과 무관한 '국가보위에 관한 특별법' 제정을 놓고 여야의 극한 대립으로 정국이 요동을 치면서 발표가 연기되었다. 그래서 다시 잡힌 D데이가 1972년 8월 3일이었다.

8·3조치 발표에 의거해 8월 9일까지 사채를 신고받은 결과 사채업자의 채권 규모는 총 20만 9,896건에 3,555억 원이었다. 기업들의 채무 규모는 3만 9,676건에 3,450억 원으로 집계되었다. 이는 1971년 말 총통화의 31.9%에 상당하는 엄청난 규모로, 정부가 예상했던 1,800억 원을 훨씬 상회했다. 그만큼 지하경제가 번창했다는 방증이기도 했다.

은행 앞에 공고된 8·3경제조치

채권자만 있고 채무자가 없는 신고는 동결에서 제외해 공식 사채총액은 3,450억 원이었으나 신고 마지막 날 정부가 30만 원 미만의 사채는 동결을 해제하는 등 300만 원 미만의 사채(전체 사채건수의 89.7%, 전체 사채금액의 32%)에 대해서는 어느 정도의 구제책을 마련해주어 실제 동결액수는 확정한 사채총액의 68%였다. 그런데 신고 접수 후 신고 사채의 3분의 1에 가까운 1,137억 원이 자기 기업에 사채놀이를 한 기업주의 돈인 것으로 드러나 박 대통령을 대로케 했다. 기업주들의 탐욕에 배신감을 느낀 것이다.

평가는 지금까지도 극단으로 엇갈려

8·3조치의 여파는 바로 나타났다. 그동안 줄을 잇던 기업들의 부도사태가 진정되고, 수출도 1972년 하반기부터는 증가세로 돌아섰다. 금융위기감도 잦아들었고 경제성장률도 뛰어올랐다. 정부는 8·3조치 후 기업공개를 유도했다. 기업공개로 재무구조 개선 및 부의 사회 환원을 통해 사회 전반의 형평성을 기해야 한다는 게 이유였다.

이에 따라 1973년 1월 기업공개촉진법을 제정하고, 박 대통령이 기업공개를 강력히 촉구하는 5·29특별조치를 지시했다. 그런데도 재벌들은 미온적이었다. 정부의 압박에도 불구하고, 5·29조치 후 15개월이 지나도록 전체 공개 대상 522개 업체 가운데 25개만이 기업을 공개해 재벌의 탐욕을 또다시 드러냈다.

8·3조치에 대한 평가는 정상궤도를 이탈한 파격적인 조치였던 만큼 지금까지도 극단으로 엇갈리고 있다. 비판론자들은 채권자(국민)의 재산을 빼앗아 기업들에게 나눠주었다는 점에서 '폭력적 관치경제'의 전형이라고 말한다. 국가권력이 개인 간의 사적 계약을 일방적으로 파기했다는 점에서 자유시장경제의 둑을 무너뜨렸다는 비판도 제기되었다.

사채를 많이 쓴 기업에 더 많은 혜택이 돌아가고 사채를 덜 쓴 건실한 기업에는 혜택이 덜 가는 결과를 초래함으로써 전형적인 '모럴 해저드(도덕적 해이)'를 촉발했다는 지적도 적지 않았다. 8·3조치가 한국경제를 재벌 중심으로 편성해 한국경제를 병들게 한 정경유착의 뿌리라고 주장하는 사람들도 있다.

반면 긍정론자들은 8·3조치 덕에 고금리 등 우리나라 산업의 구조적인 애로 요인이 근원적으로 해결됨으로써 1970년대의 지속적인 성장기반을 마련할 수 있었다는 점을 강조한다. 1972년 7월부터 이듬해 6월까지 수출 실적이 전년 동기 대비 75.6%, 1973년 상반기는 전년 동기보다 91%의 높은 증가율을 기록하고 1973년 상반기 경상수지가 전년 동기의 적자에서 1억 2,400만 달러의 흑자로 반전한 사실을 근거로 내세운다.

찬반 양론 속에서도 결과적으로 8·3조치가 1973년 1월에 발표된 중화학공업 육성정책과 함께 오늘날 한국경제의 성장 기조를 마련했다는 점에서는 일치된 견해를 보이고 있다.

'직지심체요절' 세계 최고(最古) 금속활자본 판명

인류에 끼친 영향면에서는 구텐베르크와 비교될 수 없다는 점은 인정해야 한다.

1955년 프랑스로 유학을 떠난 박병선(1929~2011)이 소르본대에서 석·박사학위를 받고 근무를 시작한 곳은 파리 국립도서관이었다. 1967년 어느 날 박병선은 도서관 내 동양문헌실에서 표지에 한자로 '直旨(직지)'라고 쓰인 작은 책(가로 17cm, 세로 24.6cm) 한 권을 발견했다. 표지에는 누군가 프랑스어로 갈겨 쓴 '1377년 인쇄된 세계에서 가장 오래된 금속활자본'이라는 글이 적혀 있었다.

그것만으로는 직지가 세계 최고(最古)의 금속 활자본이라는 사실을 믿을 수 없었던 박병선이 주목한 것은 책의 맨 뒷장 간기에 적힌 '선광칠년정사칠월일 청주목외흥덕사 주자인시(宣光七年丁巳七月日 淸州牧外興德寺 鑄字印施)'라는 글귀였다. 해석을 하면 '우왕 3년(1377)에 청주목 교외의 흥덕사에서 주조된 금속활자로 찍은 책'이라는 뜻이었다. 만약 글이 사실이라면 세계 최고의 금속활자본으로 인정받고 있는, 구텐베르크가 1450년대에 간행한 '42행 성서'보다 70여 년이나 앞서 인쇄되었다는 애기가 된다.

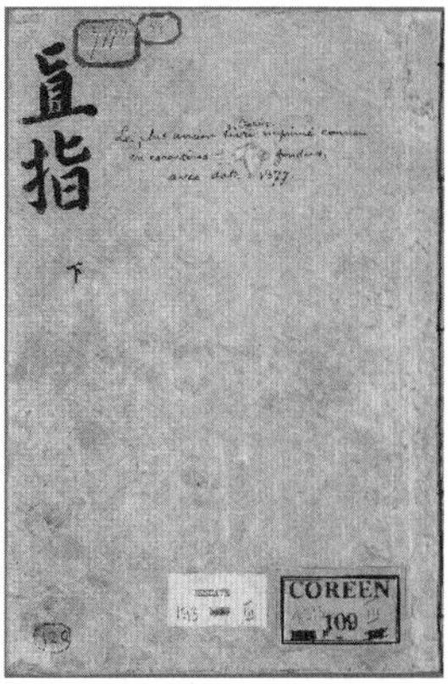

직지심체요절

사실 1901년 프랑스 외교관 모리스 쿠랑이 펴낸 '한국 서지'에도 '1377년 청주 흥덕사에서 금속활자로 인쇄. 이것이 사실이라면 지금까지의 어떤 금속활자본보다 빠른 것'이라고 직지가 소개되어 있기 때문에 직지가 실물로 존재할 가능성은 높았다. 다만 그것이 어디에 있는지를 몰랐던 것인데 박병선이 직지의 소재를 찾아낸 것이다.

박병선의 정밀한 고증 끝에 진본으로 확인된 직지의 정식 명칭은 '백운화상초록 불조직지심체요절(白雲和尙抄錄 佛祖直指心體要節)'이다. 호가 백운인 고려 말 경한 선사가 1372년 역대 불조(佛祖)들의 법어와 설법 등에서 선(禪)의 요체를 깨닫는 데 필요한 내용을 뽑아 상하 2권으로 엮은 책을, 경한 선사가 입적한 후인 1377년 7월 비구니 묘덕 스님과 경한 선사의 제자인 석찬과 달잠 등이 힘을 합쳐 흥덕사에서 금속활자로 찍어낸 것이다. 이를 줄여서 '직지심체요절', '직지심체', '직지' 등으로 부를 수는 있지만 '직지심경'이라는 약칭은 잘못된 표현이다. '경(經)'은 불교경전을 뜻하는데 '직지'는 불경이 아니기 때문이다. 2001년 9월 유네스코 세계기록

유산에 등재될 때는 '불조직지심체요절'로 기록되었다.

책의 중심 주제는 '직지심'으로 '직지인심 견성성불(直指人心 見性成佛)'이라는 선종의 불도를 깨닫는 명구에서 따온 것이다. '참선을 통하여 사람의 마음을 바르게 볼 때 그 마음의 심성이 곧 부처의 마음임을 깨닫게 된다'는 뜻이다.

그런데 우리나라에 있어야 할 직지가 무슨 이유로 멀리 프랑스 파리까지 간 것일까? 해답의 열쇠는 1886년 한불수호통상조약이 체결된 후 부임한 빅토르 콜랭 드 플랑시 초대 주한 대리공사가 쥐고 있었다. 동양 문화에 관심이 많았던 그는 조선 부임 후 공사관 앞에 고서를 산다는 방을 써 붙일 정도로 책 수집에 열중했다.

프랑스도 '세계 최고 금속 활자본' 인정

이런 과정을 거쳐 직지가 플랑시의 손에 들어가 프랑스로 넘어간 것으로 보이지만 언제 어디서 구했는지는 확실치 않다. 다만 플랑시가 직지를 입수한 뒤 표지에 '1377년 인쇄된 세계에서 가장 오래된 금속활자본'이라고 펜으로 기록한 것으로 미루어 그는 직지의 가치를 이미 알고 있었던 것으로 보인다.

이후 직지는 1907년 플랑시에 의해 프랑스로 건너가 1911년 고서 경매를 거쳐 당대의 부유한 보석상이자 고서 수집가인 앙리 베베르의 수중에 들어갔다가 1943년 수집가가 숨지자 그의 유언에 따라 1952년 프랑스 국립도서관에 기증되었다. 현재는 도서번호 109번, 기증번호 9,832번을 단 채 동양문헌실에 보관되어 있다.

직지 상하권 중 하권만 발견되고 첫 장은 결락된 상태였지만 하권 마지막 장에 시기를 유추할 수 있는 '선광칠년(宣光七年)…'이 명기되어 있다는 점에서 하권 발견이 차라리 다행이었다. 더 다행인 것은 직지를 인쇄하고

1년 뒤 우왕 4년(1378) 6월에 직지 금속활자본과 똑같은 목판본 상하 양권이 경기 여주의 취암사에서 간행되어 지금도 국내 세 곳에 보관되어 있다는 사실이다. 덕분에 직지의 전체 내용을 알 수 있게 되었다.

직지의 고증이 끝나자 프랑스 국립도서관 측은 1972년 5월부터 10월까지 파리에서 열린 유네스코 주최 '책의 역사전'에 직지를 전시하면서 세계 최고 금속활자본이라고 발표했다. 세계가 놀라는 가운데 우리나라 전문가들도 파리로 달려가 실물을 보고 돌아왔다. 그리고 그해 12월 박병선 박사가 가져온 영인본을 감정한 끝에 한국서지학회가 12월 28일 금속활자본임을 최종 확인함으로써 우리는 세계 최고의 금속활자를 만든 문화국가임을 자부할 수 있었다.

직지가 구텐베르크보다 70여 년 먼저 인쇄되었다는 점에서 세계 최고인 것은 분명하지만 인류에 끼친 영향 면에서는 구텐베르크와 비교될 수 없다는 점은 인정해야 한다. 직지 하권의 인쇄면수가 39장(78쪽)에 불과하고 목판활자가 섞여 인쇄되었으며 인쇄부수도 극히 제한적이었던 것에 비해, 1452~1456년 완성된 구텐베르크의 '42행 성서'는 인쇄면수가 1,280면이나 되고 발행부수도 약 200부(그중 30부는 양피지)에 달하는데다 현재도 48부가 세계 주요 박물관에 소장되어 있기 때문이다.

무엇보다 중요한 사실은 구텐베르크의 활판인쇄술이 개발된 후 반세기도 안 되어 유럽 20여 개 도시에서 약 3만 5,000종의 책이 찍혀 나와 가히 지식의 대량보급 시대를 열었다는 점이다.

'직지심체요절'을 인쇄한 흥덕사의 위치가 어디인지는 1985년 청주시 흥덕구 운천동 택지개발 중에 확인되었다. 운천동 866번지 흙 속에서 '서원부 흥덕사'라고 새겨진 쇠북과 '황룡십년 흥덕사'라고 새겨진 큰 그릇 뚜껑이 나온 것이다. 2001년에는 유네스코 세계기록유산에 직지를 등재함으로써 그 가치를 세계적으로 공인받았다.

고우영 만화 '임꺽정' 일간스포츠에 연재

신문 지면의 반 이상을 차지하는 파격적인 시도로 신문 연재만화의 새로운 지평을 열었다.

고우영(1938~2005)은 한국 만화의 독자층을 어린이에서 어른으로 끌어올린 성인만화의 개척자였다. 만화는 무엇보다도 재미있어야 한다는 지론에 따라 근엄한 고전을 번득이는 유머와 해학으로 재해석해 냄으로써 독자에게 카타르시스를 선물한 우리 시대의 진정한 이야기꾼이었다. 등장인물마다 부여한 독특한 캐릭터와 감각적이고 튀는 용어는 젊은 층의 입맛을 정확히 충족시키면서 고우영의 만화가 1970~80년대 하나의 문화현상으로까지 자리 잡게 하는 결정적 요인이 되었다. 그는 만화를 통해 가정과 학교가 알려주지 않은 성을 노골적이지만 추하지 않게, 익살스럽지만 천하지 않게 가르친 강호의 스승이자 인생의 선배였다.

고우영은 중국의 만주 심양 근처에서 태어나 광복 후 부모의 고향인 평양으로 돌아왔다. 하지만 아버지가 일제시대 경찰 고위직에 있었기 때문에 더 이상 평양에 살지 못하고 1946년 부모의 손을 잡고 월남했다. 학창 시절에 이미 만화를 전문가 수준으로 그린 두 형의 영향을 받아 만화에 심취했던 그가 피란지 부산에서 미키마우스를 본떠 그린 16쪽짜리 단행본 '쥐돌이'를 세상에 내놓은 것은 중학생 때인 1953년이었다.

고우영이 만화를 평생의 업으로 삼게 된 것은 갑작스럽게 닥친 가정의 불행 때문이었다. 아버지가 룸펜으로 소일하는 동안 실질적인 가장이었던 어머니가 1958년 위암으로 세상을 떠나고, 6개월 뒤 서울대 미대를 졸업한 두 형 모두 심장마비로 거의 동시에 어머니를 따라가는 바람에 사실상 집안 경제를 책임져야 하는 절박한 상황에서 만화를 호구지책으로 삼은 것이다.

고우영이 '추동성'이라는 필명으로 둘째 형(일영)이 생전에 만화잡지에 연재하던 명랑만화 '짱구박사'를 이어받아 그리기 시작한 것은 1958년이었다. 어머니와 두 형의 갑작스러운 죽음으로 인해 그는 '짱구박사'의 유명 만화가가 되기도 했지만 중학생 동생이 셋이나 되는 상황에서 순전히 가족을 부양해야 했기 때문에 3년 동안 병역 기피자로 세상을 등지기도 했다.

고우영(1938~2005)

수호지의 '무대'는 가장 빼어난 캐릭터

1972년 1월 1일은 한국 만화사의 한 획을 그은 날이다. 그날부터 1973년 2월 말까지 고우영의 만화 '임꺽정'이 일간스포츠에 연재되었기 때문이다. 신문만화라고 하면 4컷짜리 시사만화나 만평이 전부였던 시절에 관례를 깨고 신문 지면의 반 이상을 차지하는 파격적인 모습을 선보이며 신문 연재만화의 새 지평을 연 '임꺽정'에 독자들은 폭발적으로 반응했다.

이후 고우영은 자신만의 유머와 해학으로 재해석한 '수호지', '삼국지', '초한지', '서유기', '열국지', '일지매' 등의 고전을 18년 동안 신문에 연재하며 한국 성인만화 시장을 쥐락펴락했다.

1973년 3월부터 일간스포츠에 연재된 '수호지'의 등장인물 '무대'는 한국 만화에서 가장 빼어난 캐릭터로 꼽힌다. 당시 대학가에는 리본으로 묶은 머리, 삐져나온 앞니에 단춧구멍만 한 눈을 하고서 요부 반금련과 어울리지 않는 커플을 이룬 주인공 무대를 사랑하는 '무대 클럽'이 생길 정도였다.

그러나 당국이 '수호지'가 체제를 전복하려는 불온한 내용이라고 시비를 걸어오는 바람에 고우영은 한동안 원고 수정을 거듭하다 1974년 271회를 끝으로 붓을 꺾었다. '임꺽정'과 '수호지'의 인기는 1971년 2만 부에 불과했던 일간스포츠의 신문부수를 4년 후 30만 부로 늘어나게 하는 데 절대적으로 기여했다는 평을 듣고 있다. 1975년 12월부터 1년 동안 연재된 '일지매'는 100% 고우영의 창작이다. 그가 아는 거라곤 시대 배경이 병자호란 직전이라는 사실 하나뿐이었는데도 거기에 살을 붙여 '일지매'를 완성하는 놀라운 상상력을 과시했다. 1978년부터 연재된 '삼국지'에서는 원본 삼국지의 근엄한 영웅 유비 대신 촐싹거리는 유비를 등장시켜 영웅의 권위를 부수고 우리의 사고를 개방시켰다.

고우영의 만화는 익살맞은 비틀기, 걸쭉한 입담, 능청스러운 외설 등을 통해 고전 속 인간 군상을 독특하게 각색해내는 인물 해석에서 특히 빛이 났다. 고우영 자신은 '일지매'와 '십팔사략'을 가장 애착이 가는 작품으로 꼽는다. '일지매'는 100% 창작이라는 이유로, 1998년 11월 전 10권이 완간된 '십팔사략'은 시간에 쫓겨 아무렇게나 그릴 수밖에 없는 신문 연재를 하지 않고 처음부터 단행본으로 기획했다는 이유에서다.

고우영은 성인 연재만화를 대표 장르로 하면서도 청소년 만화 작업 역시 게을리하지 않았다. 1975년 '소년'지에 연재된 무술가 최배달의 일대기인 '대야망'도 그중의 하나다. 고우영은 글솜씨가 탁월했다. 만화 속 촌철살인의 대사들은 그의 문학적 재주에서 비롯된 것이다. 그의 발자취는 창작만화 작업 외에도 평소 그가 여행한 명소들을 중심으로 엮은 기행문 서적, 도서 삽화 작업 등 다방면에 남아 있다.

고우영은 취미가 다양했다. 한국여행인클럽 회장을 지낼 정도로 여행에도 일가견이 있었으며 암벽 등반, 스킨스쿠버, 권투, 낚시, 골프 등에도 능했다. 자신의 만화 '가루지기전'을 영화로 만들 때는 직접 메가폰을 잡기도 했다. 지금은 사라지고 없는 고우영이 남긴 최대의 업적을 꼽으라면 단연 독자에게 제공한 만화의 즐거움이다.

윤이상 오페라 '심청' 뮌헨 올림픽 개막 기념 초연

서양의 평론가들은 "동양의 신비한 정신세계를 심오한 음향과 정밀한 설계로써 표현해냈다"고 격찬했다.

1972년 8월 1일 밤, 200여 명의 한국인을 포함해 세계적인 음악가와 음악평론가 등 2,200여 명의 청중이 독일의 뮌헨 국립극장으로 모여들었다. 뮌헨 올림픽 문화행사의 하나로 초연되는 윤이상(1917~1995) 작곡의 오페라 '심청'을 관람하려는 청중이었다. 이윽고 막이 오르고 장구와 징 등 한국의 전통 악기가 각각의 소리를 내는 가운데 서양의 배우들이 한국의 고유 의상과 몸가짐으로 열연을 시작했다.

2막 4장의 공연이 끝난 후 서양의 평론가들은 "동양의 신비한 정신세계를 심오한 음향과 정밀한 설계로써 표현해냈다"고 격찬했다. 그런데도 우리나라에서는 독일 초연 후 27년이 지난 1999년 5월 22일에서야 예술의 전당에서 초연되었다. 늦어진 이유는 1967년의 이른바 '동백림 사건' 때문이었다.

윤이상은 경남 산청군 지리산 자락에서 태어나 4살 때 경남 통영으로 이사해 그곳에서 보통학교를 마쳤다. 서울로 올라와 학교를 다니면서 음악이론과 화성학을 배우고, 1935년 일본으로 건너가 오사카음악학교에서 2년간 작곡과 첼로를 전공했다. 해방 후에는 통영여고와 부산사범학교의 교사로 지내면서 통영 내 초·중·고의 교가 대부분을 작곡해 주었다.

윤이상이 39살의 늦깎이로 유학길에 오른 것은 1956년이었다. 파리의 고등음악원을 거쳐 1년 뒤 베를린음대로 옮긴 그는 1959년 쇤베르크의 12음계 기법에 한국의 정악 색채를 담은 '일곱 악기를 위한 음악'을 발표해 주목을 받았다. 덕분에 현대 음악계의 선두 그룹인 존 케이지, 피에르 블레 등과 교유하며 현대음악계의 중심으로 진입할 수 있었다.

전문가들은 윤이상이 각광을 받았던 이유로 윤이상 이전에 유럽에서

윤이상(1917~1995)

동양적인 소재로 작곡한 동양인이 없었고, 현대음악 가운데서도 특히 오페라 분야가 매너리즘에 빠져 있을 때 동양을 배경으로 한 오페라를 내놓음으로써 침체기를 겪고 있는 유럽의 오페라에 새로운 돌파구를 마련한 점을 들었다.

'예악', '낙양' 등 일련의 작품을 발표하며 유럽에서 입지를 넓혀가던 윤이상은 1963년 북한을 방문한 것이 드러나 1967년 독일에서 우리 정보 요원들에게 비밀리에 체포되어 국내로 압송되었다. 이른바 '동백림 사건'에 연루된 것이다. 윤이상이 1심 무기징역, 2심 15년형을 거쳐 최종심에서 징역 10년을 선고받자 지휘자 카라얀 등 세계적인 음악가들 161명이 한국 정부에 석방 탄원서를 보냈다.

'동백림 사건' 후 급속히 북한 쪽으로 기울어

윤이상은 1년 8개월 동안 감옥과 병원에 수감되어 있다가 1969년 2월 형집행정지로 풀려나 서독으로 돌아갔다. 감옥에 있던 1968년 2월 자신의 말대로 "인간으로서 도저히 용납할 수 없는 분노의 사건"을 겪으면서도 오페라 '나비의 꿈'을 완성해 주위 사람들을 놀라게 했다.

윤이상은 1971년 독일로 귀화한 뒤 급속히 북한 쪽으로 기울어 기회가 닿을 때마다 북한을 방문했다. 우리 정보기관에 따르면 1963년부터 1991년 10월까지 17차례나 입북하는 등 1995년 사망할 때까지 수십 차례 북한을 오갔다.

북한은 1979년 '윤이상 음악연구소'를 세우고 '윤이상 관현악단'을 창단하는 것으로 윤이상의 친북 활동에 화답했다. 1992년에는 윤이상을 모델로 삼아 해외에서 친북 활동을 하는 사람들을 주인공으로 내세워 북한 체제를 홍보하는 영화 '민족과 운명'을 만들었다. 조선로동당출판사가 2000년 간행한 김일성 교시집 '재서독 교포 윤이상 일행과 한 담화' 등에 따르면 김일성은 윤이상을 '조국 통일을 실현하기 위하여 활동하는 애국지사'로 격찬했다.

윤이상은 1980년 광주의 참상을 그린 교향시 '광주여 영원히!'를 작곡해 1981년 5월 독일 쾰른에서 초연했다. 1987년 3월에는 민족의 통일을 그리며 절절한 호소와 충정을 담은 45분짜리 칸타타 '나의 땅, 나의 민족이여'를 작곡해 1987년 10월 5일 북한에서 초연했다.

'나의 땅…'은 군사독재 정권에 박해받던 시인 김남주, 문익환, 고은, 백기완 등의 민족시 11편을 골라 4개의 주제로 나눠 민족의 아픔과 통일에 대한 염원을 담은 곡이다. 1994년 민주화운동 과정에서 분신한 사람들의 넋을 추도한 교향시 '화염에 휩싸인 천사와 에필로그'를 작곡한 것까지 포함해 1995년 사망할 때까지 150여 곡을 작곡했다.

한국의 서양음악사에서 처음 국제적으로 이름 떨쳐

유럽 음악계의 한 평론가는 윤이상을 두고 "동양의 사상과 음악기법을 서양음악 어법과 결합시켜 완벽하게 표현한 최초의 작곡가"라고 평가했다. '20세기의 중요 작곡가 56인', '유럽에 현존하는 5대 작곡가', '20세기 100년간을 통틀어 가장 중요한 작곡가 30인의 한 사람'이라는 찬사도 유럽에서 쏟아졌다.

1994년 김영삼 정부 시절 한국에서 열린 윤이상 음악축제에 초청받아 귀국할 기회가 있었으나 "앞으로 정치활동을 절대 하지 않겠다"는 우리 정부의 각서 요구를 받아들일 수 없다며 귀국을 포기했다. 윤이상은 결국 이 일로 실의에 빠졌고 곧 병석에 누웠다가 1968년 이후 조국 땅을 한 번도 밟지 못한 채 1995년 11월 3일 베를린에서 영면했다.

음악적으로는 한국 현대음악의 문을 연 선구자이자 한국 서양음악 100년사에서 처음 국제적으로 평가받고 이름을 떨친 인물이었으나 사상적으로는 남쪽보다 북쪽에 치우친 행적을 보였다.

2012년에는 월북했다가 혼자 탈출한 오길남 가족의 입북에 관여했다는 논란에 휩싸였다. 오길남에 따르면, 오길남은 독일 유학 15년 만에 경제학 박사학위를 받은 1985년 윤이상과 송두율 등으로부터 "북에 가서 경제발전에 힘을 쏟아달라"는 권유를 받고 그해 12월 부인과 두 딸을 데리고 입북했다.

'구국의 소리' 대남방송 요원으로 일하다가 1986년 11월 유럽의 남한 유학생 2명을 유인해 데려오라는 지령을 받고 홀로 덴마크로 갔다가 코펜하겐 공항에서 극적으로 탈출했다. 그런 자신에게 1987년 4월 만난 윤이상이 "재입북하지 않으면 북한에 남아 있는 처자식이 무사하지 못할 것"이라고 협박했다는 것이다.

오길남은 독일에서 가족 송환 운동을 펼치다 실패하자 1992년 5월 자수해 귀국했다. 오길남의 이런 주장에 대해 윤이상의 딸은 자신의 부친이 오길남에게 월북을 권유했다는 증거가 없는데도 권유한 것처럼 주장해 사자(死者)의 명예를 훼손했다며 오길남을 검찰에 고소했다.

김수근 설계 '공간 사옥' 준공

그 시대의 내로라하는 문화·예술분야 인사들의 사랑방 구실을 했다.

김수근(1931~1986)은 건축가이자 한국 문화의 정체성을 찾기 위해 부단히 노력한 문화예술인이었다. 그는 "건축에도 개념이나 철학이 있어야 한다"며 한국적 전통을 현대에 어떻게 드러낼 것인지를 강박관념처럼 의식하며 살았다.

서울의 부유한 사업가 집안에서 태어난 김수근은 경기중 2학년이던 1945년 가을, 덕수궁에 놀러갔다가 우연히 미군 헌병 하사관을 만났다. 김수근은 미국의 어느 대학 건축과에 재학 중 입대한 그 미군을 통해 알게 된 '건축가'라는 직업에 매력을 느꼈다.

김수근은 1950년 서울대 공대 건축과에 입학했다. 그해 6·25전쟁이 터져 부산에서 대학을 다니긴 했으나 전쟁통에 수업이 제대로 진행될 리 없었다. 건축과 2학년이던 1951년 4월 어느 날 김수근은 건축 공부를 위해 일본으로 가는 밀항선을 타고 도쿄로 흘러들어갔다. 무일푼의 김수근은 한동안 밑바닥 생활을 하다가 가정교사를 하며 1958년 도쿄예술대 건축과를 졸업하고 2년 후 도쿄대 대학원 건축과 석사학위를 취득했다.

대학 3학년 때 일본인 여성과 결혼을 한 김수근이 고국으로 돌아온 것은 도일 9년만인 1960년 봄이었다. 밀항자가 도쿄대의 석사가 되고, 게다가 서울 남산에 신축할 예정이던 국회의사당의 설계 공모에 당당히 당선되어 돌아왔으니 그야말로 금의환향이었다. 그러나 국회의사당 신축계획은 자유당정권의 붕괴와 5·16군사쿠데타로 백지화되었다.

김수근은 귀국 직후 자신의 타임 스케줄을 짰다. 일선에서 활동할 수 있는 기간을 40년(1960~2000)으로 잡아 40년을 전반과 후반으로 이등분하고 이를 다시 4년씩 쪼갰다. 또한 각 4년을 연월일까지 세분해 자신이 앞으로 해야 할 일들을 그래프와 점 등의 도표로 세밀히 기록했다.

김수근은 1960년 11월 '김수근 건축연구소'를 설립하고 워커힐 힐탑바(1961)와 자유센터(1963) 등을 시작으로 건축활동을 활발하게 펼쳤다. 자유센터는 사실상 김수근의 건축시대를 연 개막작으로, 우리나라 근대 건축사에서 처음으로 콘크리트를 그대로 노출시킨 이른바 '노출 콘크리트

기법'의 효시로 꼽힌다.

'노출 콘크리트 기법' 당대 풍미해

김수근의 건축철학이 화려하게 꽃을 피운 곳은 1966년 11월 창간한 건축전문지 '공간'이었다. 김수근은 장차 종합예술지로 변모할 '공간'지를 통해 건축 영역에만 한정하지 않고 문화운동을 조율하는 지휘자로서의 역량을 과시했다. 김수근을 거론할 때 가장 먼저 떠오르는, 이른바 '공간 시대'의 문을 연 것으로 평가되는 서울 원서동의 '공간 사옥'이 완공된 것은 1972년 4월이었다.

'공간 사옥'은 이후 직원뿐 아니라 그 시대의 내로라하는 문화·예술분야 인사들의 사랑방 구실을 했다. 1972년 개관한 미술관 '공간 화랑' 역시 문화예술인들의 단골 장소가 되었다. 1977년 4월 '공간 사옥' 증축과 함께 개관한 소극장 '공간 사랑'은 우리나라에 소극장 운동을 처음 활성화시킨 곳으로 의미가 각별하다. '공간 사랑'에서는 김덕수의 사물놀이패가 데뷔하고 공옥진의 1인 창무극이 열리는 등 문화예술의 탈출구 역할을 했다.

'공간 사옥', '공간 화랑', '공간 사랑'이 건축과 미술, 음악, 무용 등 복합 문화콤플렉스로 그 시대의 문화예술을 선도하자 1977년 5월 30일자 타임지는 르네상스 때 많은 예술가를 후원한 이탈리아 메디치가의 수장 로렌초 메디치에 비유해 "서울의 로렌초 메디치 김수근"이라는 기사를 실었다.

'공간'의 건물들에는 토착 재료인 전돌이 사용되었다. 전돌은 우리나라 고궁 건축에서 흔히 볼 수 있는 검은 벽돌로, 그동안 서양건축 재료의 수입으로 자취를 감췄다가 근 100년 만에 다시 쓰이게 된 것이다. 방문을 없애 문을 열거나 노크할 필요가 없도록 건물을 지었는데도 감춰야 할 곳은 다 감춰져 있는 교묘한 공간배치도 눈길을 끌었다. 얼핏 지하 2층 지상 5층으로 보이지만 지표면에서 높낮이로 측정해보면 무려 22층의 층수로 구성되어 있는 것도 화제를 모았다.

김수근은 콘크리트와 철골구조가 드러나는 역동적 조형미가 돋보이는 '노출 콘크리트 기법'으로 1960~1970년대를 풍미했다. 대표적인 건축물로는 정동 경향신문 사옥(1967), 타워호텔(1967), 세운상가 건물(1967), 한국일보 사옥(1968), 문예진흥원 문예회관(1977), 샘터 사옥(1977), 잠실올림픽주경기장(1976~1984), 마산 양덕성당(1979), 경동교회(1981), 불광동성당(1985) 등 200여 점이 있다.

김수근(1931~1986)

이처럼 각광을 받은 그였지만 빛이 강하면 음영도 짙게 마련이듯 그에게도 짙은 그림자가 드리워진 때가 있었다. 그가 동네북처럼 두들겨 맞은 대표적인 예는 부여박물관(1967)이다. 박물관 모습이 마치 일본 신사의 도리이를 연상시킨다며 문화계와 언론계로부터 온갖 비난이 쏟아진 것이다. 그는 "일본 식민지 문화 오염세대의 일본에 대한 콤플렉스일 뿐"이라며 항변했으나 곤혹을 피할 수는 없었다.

김원, 류춘수, 민현식, 이종호, 승효상 등 뛰어난 건축가들을 대거 배출한 것도 결코 빠뜨릴 수 없는 그의 대표적 업적 가운데 하나다.

최인호 소설 '별들의 고향' 조선일보 연재

"왜 착한 경아를 비참하게 그리느냐"는 등 전화와 편지가 쇄도했다.

최인호(1945~)는 서울 태생의 해방둥이이자 첫 한글 세대다. 그가 문단에 이름을 올린 것은 단편 '벽구멍으로'가 1963년 한국일보

최인호(1945~)

신춘문예에 당선작 없이 가작 입선한 서울고 2학년 때였다. 그러나 활자화되기도 전에 한국일보에 일어난 불로 원고가 모두 타버리는 바람에 소설은 한 줌의 재가 되고 말았다. 이런 이유로 최인호는 1967년 연세대 영문과에 재학 중 조선일보 신춘문예에 당선된 '견습 환자'를 자신의 등단 작품으로 여긴다. 최인호는 이후 '타인의 방'과 '술꾼' 같은 문제작으로 촉망받는 신예작가 대접을 받았다.

그가 소설 '별들의 고향'을 조선일보에 연재하기 시작한 것은 1972년 9월 5일이었다. 당초 제목은 '별들의 무덤'이었으나 "조간신문에 '무덤'이라는 단어가 좋지 않다"는 조선일보의 요청을 받아들여 '별들의 고향'으로 제목을 바꾸었다. 1973년 9월 9일 314회로 연재가 끝난 '별들의 고향' 주인공 경아의 스물여섯 인생은 이랬다.

강원도 산골에서 태어나 초등학교 때 서울로 이사를 왔다. 고3 때 아버지가 고혈압으로 쓰러져 대학을 그만두고 무역회사에 취직했다. 6살 위의 남자를 만나 첫사랑을 나눴으나 곧 버림을 받고 낙태수술을 받았다. 다시 17살 연상의 홀아비를 만나 잠시 결혼의 단꿈을 맛보기도 했으나, 결국 자신의 과거와 홀아비의 결벽증으로 또다시 홀로 되었다.

이후 경아는 눈만 뜨면 술을 마셨고 핸드백에는 언제나 신경안정제가 들어 있었다. 술집 작부의 모습으로 마지막 남자 김문오와 하룻밤을 보낸 어느 겨울날, 수면제 과다복용으로 눈 쌓인 골목길에서 세상과 작별하는 것으로 소설은 끝이 난다.

독자들의 반응은 뜨거웠다. "어떻게 여자의 속마음을 그렇게 속속들이 아느냐", "왜 착한 경아를 비참하게 그리느냐"는 등 전화와 편지가 조선일보에 쇄도했다. 최인호는 무교동의 술집에서 "경아가 가엾다"며 샐러리맨들이 술을 건배하는 것을 직접 목격하기도 했다. 소설은 1973년 가을 단행본으로 출간되었고, 100만 부 이상이 팔려 문학의 상업적 가능성을 보여주었다.

소설·영화·음반이 동반 히트한 최초의 작품

고교 동기생인 이장호 감독이 만든 동명의 영화는 1974년 4월 26일 서울 국도극장에서 개봉되었다. 105일 동안 46만 명을 끌어들여 소설에 이어 '대박'을 터뜨렸다. 영화가 상영되는 동안 김문오(신성일 분)의 대사 "오랜만에 누워 보는군"과 경아(안인숙 분)의 "꼭 껴안아 주세요"는 당대 최고의 유행어가 되었다.

술집의 많은 여성이 이름을 '경아'로 바꾸는 해프닝이 선국적으로 벌어졌고 영화 앨범도 불티나게 팔렸다. 윤시내가 부른 주제곡 '난 열아홉 살이에요'가 큰 인기를 끌었고, 이장희가 부른 '나 그대에게 모두 드리리', '한 잔의 추억', '휘파람을 부세요' 등 거의 전곡이 히트곡 반열에 올랐다. 이로써 '별들의 고향'은 소설, 영화, 음반이 동반 히트한 최초의 작품이 되었다.

'별들의 고향'이 사회적 이슈로 급부상하고 작가에게는 "신세대 문학의 기수"라는 찬사가 쏟아졌으나 최인호는 '별들의 고향'이 왠지 자신의 인생에 업이 될 것 같은 불길한 예감에 빠졌다. 훗날 "산업화를 본격적으로 겪기 시작한 한국 사회에서 도시적 감수성의 문학이 본격적으로 출현했음을 알리는 신호탄"이라는 평가를 받긴 했어도 '별들의 고향'이 연재될 당시는 유신 치하였다. 따라서 그 엄혹한 시대에 '별들의 고향'의 성공은 자칫 민중의 저항의식을 갉아먹는 독소로 인식될 수 있었다. 최인호의 예감대로 소설은 "호스티스와 상업적인 문학의 전형"이라는 공격을 받았다.

최인호에게도 “퇴폐적 청년문화의 괴수”라는 집중포화가 가해졌다.

최인호는 생래적으로 개인주의적 자유주의자였다. 조직, 규율, 권위주의가 싫었고, 체제냐 반체제냐를 강요당하는 것도 싫었다. 최인호는 작가의 의도를 외면한 채 소설 전체를 퇴폐와 상업주의로 몰아붙이는 것을 참을 수 없었다. 자신이 호스티스 문학의 선도 작가로 매도당하는 것은 더더욱 받아들일 수 없었다.

소설 ‘가족’은 국내 최장기 연재물

최인호는 문단과 거리를 두고 영화 쪽에 발을 담갔다. 다행히 그의 소설들은 도시적 감수성이 짙어 영화와 궁합이 잘 맞았다. 최인호의 소설을 원작으로 한 ‘어제 내린 비’(1975), ‘도시의 사냥꾼’(1979), ‘병태와 영자’(1979), ‘고래사냥’(1984), ‘깊고 푸른 밤’(1985), ‘겨울 나그네’(1986) 등의 영화들이 속속 상영되었다. 최인호 자신이 감독한 영화 ‘걷지 말고 뛰어라’(1976)도 국도극장에서 상영되었다.

10년쯤 영화에 빠져 있던 최인호가 본격적으로 역사소설에 관심을 갖게 된 것은 1980년대 중반이었다. 백제왕국의 영광을 복원한 ‘잃어버린 왕국’(1986), 고구려 광개토대왕과 장수왕의 위업을 그린 ‘왕도의 비밀’(1995), 아랑과 도미의 비극적인 사랑 이야기 ‘몽유도원도’(1996), 19세기 조선 거상 임상옥을 재현해 낸 ‘상도’(2000), 장보고의 일대기를 그린 ‘해신’(2003), 가야를 다룬 ‘제4의 제국’(2006) 등이 연이어 발표되었고 한결같이 베스트셀러가 되었다. 경허 스님을 주인공으로 삼아 한국 불교의 맥을 짚은 ‘길 없는 길’(1993)과 유교의 숲을 탐사한 ‘유림’(2007, 6권 완간)도 그의 가슴과 머리와 손을 거쳤다.

아내와 딸, 아들을 실명으로 등장시켜 생활 속에서 느끼고 깨달은 짧은 이야기를 소설과 에세이의 융합 형식으로 쓴 ‘가족’도 한국 문학사의 한 페이지를 장식한 대표작이다. '가족'은 1975년 9월호부터 '샘터'지에 연재를 시작해 2009년 10월호(402호)를 마지막으로 중단할 때까지 34년 4개월 동안 연재되었다. '국내 최장기 연재'로 문학사에 기록되어 있다.

정창화 감독 영화 '죽음의 다섯 손가락' 개봉

아시아 영화로는 처음으로 전미 박스오피스 1위를 차지해 미국의 영화 관계자들을 놀라게 했다.

정창화(1928~) 감독은 한국 액션영화의 대부이자 해외에 진출한 한국 영화감독 1호다. 21세기 들어 세계 주요 영화제가 그의 영화 회고전을 열 정도로 세계 영화계에서도 인정을 받고 있다. 그런데도 그의 이름은 국내에서 낯설다. 가장 정력적으로 활동하던 10여 년을 홍콩에서 보내고 1978년 국내로 돌아와서는 감독이 아니라 제작자로만 활동했기 때문이다.

정창화는 서울에서 태어나 부친의 뜻에 따라 경기공립상업학교를 졸업했다. 하지만 상업보다는 예술에 더 마음이 끌려 서울음악학교에 다시 입학했다. 2학년 때이던 1946년 최인규 감독의 '자유만세'를 보고 최 감독의 문하생으로 들어갔다. 당시 한국 영화계의 대부나 다름없는 최 감독의 문하에는 홍성기가 조감독으로 활동하고 있었다. 신상옥도 1948년 연출부로 들어와 홍성기, 정창화, 신상옥 등은 1940년대 후반 최인규 사단의 핵심 멤버로 활동했다.

1950년 정창화는 '유혹의 거리' 촬영을 끝내고 녹음을 준비하고 있었다. 그 와중에 갑자기 터진 6·25전쟁으로 집이 전소되는 바람에 집에 보관하고 있던 원판 필름 전부를 소실했다. 데뷔작 '유혹의 거리'는 이렇게 빛도 보지 못한 채 사라지고 말았다.

정창화(1928~)

정창화는 전쟁 중 부모까지 해상사고로 잃었다. 부모가 남긴 유산으로 다시 영화 촬영에 들어가 완성한 영화가 '최후의 유혹'이다. 영화는 1953년 부산 부민관에서 개봉되었으나 흥행에는 참패했다.

정창화의 영화 인생에 가장 큰 영향을 끼친 영화는 조지 스티븐슨 감독의 '셰인'(1953)이다. '셰인'은 미국 서부극 역사의 한 획을 긋는 수작으로, 정창화로 하여금 액션영화에 눈을 뜨게 해주었다. 정창화는 '햇빛 쏟아지는 벌판'(1960)과 '지평선'(1961)으로 액션영화의 시작을 알렸다.

임권택, 강대진, 유현목도 그의 조연출 출신

그 무렵 정창화 주변으로 문하생들이 모여들었다. 임권택은 정창화 밑에서 4년간 소품을 담당하고 조연출 생활을 하다가 26살이던 1962년 영화 '두만강아 잘 있거라'로 데뷔했다. 강대진 역시 정창화의 조감독으로 있다가 '박서방'(1960), '마부'(1961) 등 서민적이고 서정적인 영화를 연출했다. 유현목 감독도 정창화의 조연출로 출발했으며 '영웅본색'과 '첩혈쌍웅'으로 유명한 중국의 오우삼 감독 역시 정창화가 홍콩에서 활동할 때 그의 연출부를 통해 데뷔했다.

정창화는 1966년 한국과 홍콩의 합작 영화 '순간은 영원히'를 촬영했다. 총격전으로 아수라장이 되는 홍콩 시내의 번화가 모습을 촬영할 때는 현실감을 살리기 위해 주연 배우들을 풀어놓은 뒤 몰래카메라식으로 영화를 촬영했다. 당시 홍콩 최대 영화사인 쇼브라더스의 사장 란란쇼는 이 장면을 눈여겨본 뒤 거액을 주고 정창화를 스카우트했다.

정창화는 1967년 12월 홍콩으로 건너가 쇼브라더스에서 첫 작품 '천면마녀'를 촬영했다. '천면마녀'는 1969년 홍콩에서 개봉되어 격찬을 받았고, 홍콩 영화 최초로 영국 등 유럽에 수출되었다. 영화는 쇼브라더스 소속 감독들의 액션영화 교재로도 쓰였다.

정창화는 이렇게 액션영화 장르에서 탄탄한 입지를 굳혔지만 어느 날 밑천을 드러냈다는 생각이 들자 역발상으로 중국인들이 가장 자신 있어 하는 무협 장르에 도전했다. '여협 매인두'(1970)를 비롯 '아랑곡'(1970) 등 무협 장르에서도 연거푸 히트함으로써 한국 감독은 무협 영화를 성공시킬 수 없을 것이라는 편견을 일거에 불식시켰다.

정창화는 쇼브라더스에서 제작 총지휘를 맡았던 레이먼 초가 '골든 하베스트'라는 새 영화사를 설립하자 1971년 그곳으로 소속사를 옮겼다. '골든 하베스트'는 이소룡을 끌어들여 대성공을 거두고 '취권'으로 유명한 성룡을 전속배우로 기용해 연이어 흥행을 성공시켰다. 정창화는 1973년 이소룡과 차기 작품을 논의했으나 이소룡의 요절로 성사되지는 못했다.

'동양의 서부극'으로 불려

정창화는 '골든 하베스트' 첫 작품으로 1971년 한국·홍콩 합작 영화 '흑야괴객'을 완성하고 1972년 회심의 야심작을 내놓았다. 그것은 1972년 5월 26일 홍콩에서 개봉한 '죽음의 다섯 손가락'이었다. 그가 처음 붙인 제목은 '철장'이었으나 홍콩에서는 '천하 제일권'으로, 영국에서는 '킹 복서'라는 이름으로 개봉되었다.

'죽음의 다섯 손가락'은 미국에서 개봉될 때 제목이다. 한국에서는 신상옥 감독이 한중 합작품 '철인'이라는 타이틀로 극장에 걸었는데 검열을 통과하기 위해 재편집을 했기 때문에 정창화는 '철인'을 자신의 작품으로 인정하지 않고 있다.

'죽음의 다섯 손가락'은 1973년 3월 21일 미 전역에서 개봉되어 아시아 영화로는 처음으로 전미 박스오피스 1위를 차지해 미국의 영화 관계자들을 놀라게 했다. 미국에서는 그 무렵 히트작인 '포세이돈 어드벤처', '사운드 오브 뮤직' 등과 경쟁을 벌였는데도 흥행에서 앞서나가 센세이션을 불러일으켰다. 미국의 한 영화평론가는 이 영화를 '이스턴 웨스턴(동양 서부극)'이라고 명명하면서 앞으로 이런 무협 영화가 '마카로니 웨스턴'을 능가할 것으로 내다보았다.

오늘날 세계 최대의 영화 데이터베이스 사이트 'IMDB'는 이 영화를 '미국 쿵후 영화 열기에 불을 지핀 작품'으로 평가하고 있다. 훗날 영화 '킬 빌'(2003)을 통해 '죽음의 다섯 손가락'에 대해 존경심을 표시했던 쿠엔틴 타란티노 감독은 이 영화를 '내 인생의 영화 베스트 10'에 꼽았다. 타란티노는 '죽음의 다섯 손가락'에서 음악을 비롯 여러 장면을 빌려다 썼다.

정창화는 10여 년 동안 홍콩에서 작품 11편을 만들어 대부분을 성공시킨 뒤 한국 정부의 요청을 받아들여 1977년 화려한 홍콩 생활을 접고 귀국했다. 1978년 영화사 '화풍흥업'을 설립했으나 한국 영화의 벽은 생각보다 거칠고 단단했다. 한국에서 총 29편을 제작했으나 단 한 편도 성공시키지 못하자 1996년 모든 것을 접고 미국으로 이민을 떠났다.

한동안 영화를 잊고 살았으나 언젠가부터 국내는 물론 세계 영화계가 그의 존재를 다시 조명하면서 새롭게 부각되었다. 2003년 10월 부산영화제가 정창화 회고전을 열고, 2004년 7월 파리 시네마 국제영화제에도 '죽음의 다섯 손가락' 등 5편이 초청되었다.

2004년 12월에는 홍콩 필름아카이브에서도 회고전을 열고 2005년 7월에는 칸 영화제 클래식 부문에 선정 초대되어 명실공히 '영화의 고전'으로 인정받게 되었다. 정창화는 2010년 시작된 LA 한국국제영화제 집행위원장을 맡아 영화제 정착에 마지막 불꽃을 태우고 있다.

헨리 키신저 극비 방중과 닉슨·주은래 회담

정상회담은 중국이 '죽의 장막'을 걷어 젖히고 국제무대 복귀를 알리는 신호탄이었다.

중국 공산당의 중화민주주의 인민공화국 수립(1949.10) 이래 미국은 무역금지 등의 경제봉쇄정책으로 중국을 국제사회에서 고립시키는 외교정책을 펼쳤다. 중국 역시 미국을 '흉포한 적'으로 간주하는 등 양국 간에는 긴장상태가 끊이질 않았다.

그러나 1969년 초 닉슨 행정부가 출범하고부터, 베트남전 수렁에서 빠져나와야 한다는 미국의 입장과 1969년 소련과의 진보도 충돌 사건 후 소련을 견제할 새로운 카드가 필요했던 중국의 입장이 맞아떨어지면서 물밑 대화가 오가는 등 분주한 움직임을 보였다.

'중국 정부 ↔ 파키스탄 내 중국 대사관 ↔ 파키스탄 정부 ↔ 미국 내 파키스탄 대사관 ↔ 미국 정부'로 이어지는 루트를 통해 밀서가 오고 간 끝에 1970년 12월 "대만의 군 철수 문제를 논의하기 위한 닉슨 대통령의 특사를 환영한다"는 중국 측의 의지가 미국 측에 전달되고서야 물밑 작업은 급물살을 탔다.

경직된 정치 문제를 논의하기에 앞서 민간 차원의 준비운동이 필요하다는 건 외교 원칙의 상식이었다. 1971년 3월 15일 미국이 그동안 금지해온 미국인의 중국 여행을 해제함으로써 관계 개선을 위한 미국 측의 적극적 의지를 중국 측에 알렸다.

나아가 3월 말부터 일본 나고야에서 열리고 있는 제31회 세계탁구선수권대회에 출전한 미국 대표팀을 중국에 파견하고 싶다는 뜻도 중국에 전달했다. 중국이 이를 받아들이고 1971년 4월 10일 미국 탁구 대표팀 15명이 중국을 방문함으로써 양국 간 정치적 메시지를 실어나를 레일이 깔리기 시작했다.

미국의 탁구팀은 22년 만에 중국 대륙을 공식 방문한 최초의 미국인이었다. 국교도 없고, 서로 적대해온 미국의 탁구팀이 중국을 방문한다는 발표가 있고서야 국제 외교가는 미·중 간에 중요한 변화가 수면 아래에서 숨가쁘게 진행되고 있음을 눈치채기 시작했다.

흥미로운 사실은 당시 미국 대표팀 주장선수가 이달준이라는 한국인이었는데, 그는 중국의 정치 선전에 이용될지 모른다며 중국행을 포기하는 바람에 역사의 목격자가 될 기회를 아깝게 놓쳤다. 4월 13일 1만 8,000여 명의 관중이 지켜보는 가운데 치러진 탁구 경기에서 미국의 남녀팀은 각각 5대 3, 5대 4로 중국팀에 패했다.

그것은 완벽한 잠행극

미국은 '핑퐁 외교'의 성공에 뒤이어 6월 10일 20년 넘게 지속되어온 대중국 무역금지 조치를 해제함으로써 본격적인 화해 시대를 준비했다. 마지막 정지 작업은 닉슨 미 대통령의 특별보좌관 헨리 키신저의 몫이었다. 키신저는 7월 3일부터 베트남과 태국을 방문하고 7월 8일 인도를 거쳐 파키스탄으로 들어갔다. 공식적이고 공개적인 일정이었다.

그러나 7월 9일 오전 갑자기 "키신저 보좌관이 복통을 일으켜 그날 밤 계획되었던 파키스탄 대통령과의 공식 만찬회를 취소한다"며 "파키스탄의 수도 라발핀디에서 90km 떨어진 산속 휴양지 나티아갈리에서 휴양할 계획"이라는 짤막한 성명이 발표된 뒤 키신저의 모습이 자취를 감췄다.

휴양지에는 키신저가 미국에서 타고 온 전용기가 대기 중이었고 키신저가 탄 듯한 전용차가 경찰의 호위를 받으며 거리를 누비는 모습이 목격되었다. 그러나 그것은 완벽한 잠행극이었다. 키신저는 그날 오전에 이미 북경행 비행기에 몸을 싣고 중국 하늘을 날고 있었다. 오후 1시경 북경에 도착한 키신저는 49시간 동안 그곳에 머물며 20시간에 걸친 주은래와의 회담을 통해 닉슨 대통령의 중국 방문에 따른 의견을 조율했다.

모택동(왼쪽)과 키신저

3일 뒤 다시 파키스탄으로 돌아온 키신저는 아무일도 없었다는 듯 다음 목적지인 파리로 향했다. 키신저의 방중 사실이 알려진 것은 7월 15일 밤, 닉슨이 TV 생중계를 통해 "주은래의 초청을 받았다"며 "다가오는 세대의 평화를 위해 1972년 5월 이전까지 북경을 방문하겠다"는 깜짝 발표를 한 뒤였다.

그리고 1972년 2월 21일 세계가 주목하는 가운데 닉슨 미 대통령이 2만 5,000km를 날아가 북경에 역사적인 첫발을 내디뎠다. 중국으로서는 23년 동안 설치해 놓았던 '죽의 장막'을 걷어 젖히고 국제무대 복귀를 알리는 신호탄이었다.

닉슨은 북경 중남해에서 모택동과 1시간 정도 만나긴 했으나 모택동이 너무 노쇠한 탓에 협상은 주로 주은래와 진행했다. 그 결과가 2월 27일에 발표된 '상해 공동선언'이었다.

영토와 주권의 상호존중, 상호불가침, 내정불간섭, 평등호혜, 평화공존 등 5원칙을 천명하고 장차 모든 미군과 군사시설을 대만에서 철수시킨다는 것이 선언의 골자였다. 관계 정상화를 기념해 중국은 판다 한 쌍을, 미국은 사향소를 전달했다. 미·중 간의 정상회담에도 불구하고 두 나라의 수교는 바로 이뤄지지 않았다. 6년이 지난 1978년 12월 미국과 대만의 국교 단절이 있고서야 이듬해 1월 1일 중국과 공식 수교했다.

워터게이트 사건과 닉슨 대통령 사임

닉슨을 "중국을 처음 방문한 대통령"이 아니라 "재임 중 물러난 첫 대통령"으로 기억하고 있다.

미국 공화당의 리처드 닉슨(1913~1994) 대통령이 11월에 치러질 선거를 앞두고 재선 고지를 향해 전력투구하고 있던 1972년 6월 17일 새벽, 5명의 괴한이 워싱턴에 있는 워터게이트 빌딩의 민주당 전국위원회 본부에 침입했다가 경찰에 체포되었다. 경찰 조사 결과 이들은 3주 전 침입했을 때 설치한 도청 장치가 작동하지 않아 다시 도청 장치를 설치하기 위해 재침입한 것으로 밝혀졌다.

범인들의 면면도 예사롭지 않았다. 전 CIA 요원으로 닉슨 재선위에서 보안을 담당하고 있는 제임스 매코드를 비롯 3명의 쿠바인 등 5명 모두 CIA와 관련되어 있었다. 며칠 후에는 FBI 요원으로 닉슨 재선위에서 활동하고 있는 고든 리디와 CIA 요원이면서 한때 백악관에 근무했던 하워드 헌트도 현장에 함께 있었던 것으로 드러나 백악관이 연루된 것 아니냐는 의혹이 제기되었다.

그러나 백악관 대변인은 "삼류 절도 사건이라 논평하지 않겠다"며 의혹을 애써 무시했다. 닉슨 대통령도 "백악관은 이 사건과 아무 관계가 없다"며 연루 사실을 부인했다. 7명의 사건 관련자들도 백악관과 무관하다며 버텼다.

워싱턴포스트지가 '딥 스로트'(정보제공자)의 도움을 받아 의혹을 연이어 보도하고 조지 맥거번 민주당 대통령 후보가 사건을 정치적으로 이슈화했지만 결정적인 증거와 증언이 나오지 않아 닉슨은 그해 11월 압도적인 표차로 당선되었다. 그러나 재선 후 워싱턴포스트는 물론 뉴욕타임스와 로스앤젤레스타임스 등까지 경쟁적으로 보도에 올인하면서 의혹이 가라앉기는커녕 증폭되었다.

미 상원이 1973년 2월 워터게이트 특별조사위를 발족시킨 가운데 사건을 맡은 담당 판사가 "전 법무장관이자 닉슨 재선위 위원장인 존 미첼과 닉슨의 수석 보좌관 밥 핼더맨, 백악관 법률고문 존 딘 등이 사건에 가담하고 백악관이 연루 사실을 은폐하려 했다"고 폭로한 범인 매코드의 편지를 공개하면서 파문이 일파만파로 확대되었다.

의회·여론으로부터 뭇매질 쏟아져

백악관의 연루가 사실로 드러나자 닉슨은 4월 30일 수석보좌관 밥 핼더맨과 법률고문 존 딘, 법무장관 클라인딘스트 등을 해고하는 도마뱀의 꼬리 자르기를 시도했다. 그리고 그날 밤 특별방송을 통해 "사건에 대한 최종 책임은 백악관에 있으며 모든 책임은 자신이 떠맡겠다"고 발표했다. 그러면서도 "나는 사전 계획이나 은폐 음모에는 가담하지 않았다"고 강변했다. 그러나 해임된 존 딘이 "닉슨도 사건 은폐에 가담했다"고 폭로한 기사가 5월 7일자 뉴스위크지에 보도되면서 닉슨에 대한 국민의 불신이 극에 달했다.

상원 특별조사위 청문회가 시작된 가운데 닉슨은 악화일로를 걷고 있는 여론을 무마하기 위해 5월 19일 아치볼드 콕스 하버드법대 교수를 특별검사로 임명했다. 그러나 7월 16일 상원 특별조사위 청문회에서 버터필드 전 백악관 보좌관이 "대통령 집무실에서 이뤄지는 모든 대화와 전화 통화 내용은 자동적으로 녹음된다"고 폭로해 녹음 테이프의 존재를 세상에 알리면서 닉슨은 더욱 궁지에 몰렸다. 상원 특별조사위와 콕스 특별검사가 7월 23일 녹음 테이프를 증거자료로 요청했으나 닉슨은 국가안보를 이유로 거부하더니 10월 20일에는 리처드슨 법무장관으로 하여금 콕스 특별검사를 해임하도록 했다. 법무장관과 차관보가 이를 거부하며 사임하자 닉슨은 새로운 법무장관을 임명해 기어코 콕스 특별검사를 해임

리처드 닉슨(1913~1994)

하는 이른바 '토요일 밤의 학살'을 단행했다.

탄핵이 거론될 정도로 여론의 비난이 빗발치자 닉슨은 더 이상 버티지 못하고 1973년 12월 자신의 육성이 담긴 테이프와 속기록을 제출했다. 그러나 영장에 명시된 9개의 테이프 중 7개만 제출하고 결정적인 순간의 18분 30초를 제출하지 않아 의회와 여론으로부터 다시 뭇매질이 쏟아졌다. 1974년으로 해가 바뀌면서 워터게이트 사건도 중대 국면으로 접어들었다. 대배심이 3월 1일 미첼 전 법무장관, 핼더맨 전 수석보좌관 등 닉슨의 전 고위보좌관 7명을 정식 기소하고 뒤이어 닉슨이 사건 은폐 활동에 가담했음을 입증하는 비밀보고서를 연방지법 판사 앞으로 제출한 것이다.

괜한 꼼수로 자기 꾀에 넘어진 꼴

닉슨을 향한 공세는 전방위로 진행되었다. 1974년 7월 24일 대법원이 만장일치로 녹음 테이프 64개를 제출하도록 판결하고 7월 27일에는 하원 법사위가 대통령 탄핵소추건의안 제1항(사법방해)을 가결함으로써 닉슨을 의회의 탄핵 심판대에 올려놓았다. 7월 29일과 30일에는 제2항(직권남용)과 제3항(의회모독)도 가결해 사실상 탄핵안을 통과시켰다.

그런 상황에서도 닉슨은 상하원 본회의 마지막 표결에서 탄핵안이 부결될 수도 있다는 실낱같은 희망을 포기하지 않았다. 하지만 닉슨이 제출한 테이프 내용이 8월 5일에 공개될 것으로 알려지자, 닉슨은 테이프 공개에 앞서 "나는 사건 은폐 공작을 사전에 알았으며 FBI 등에 도청 수사 제한 명령을 내렸다"고 시인했다. 그리고 8월 8일 밤 TV로 생중계된 마지막 연설을 통해 대통령직 사임을 발표했다.

미 역사상 현직 대통령으로는 처음이었다. 부통령으로 대통령직을 승계한 제럴드 포드가 9월 8일 사면을 내려 처벌은 받지 않았으나 이후 미국 역사는 닉슨을 "중국을 처음 방문한 대통령"이 아니라 "재임 중 물러난 첫 대통령"으로 기억하고 있다.

닉슨은 캘리포니아주 요바린다에서 태어나 하버드대에 입학할 정도로 머리가 뛰어난 학생이었으나 집안이 어려워 캘리포니아주 휘티어대를 졸업하고 듀크대에서 법학을 전공했다. 1946년 하원의원으로 당선된 뒤에는 비미활동위원회 위원으로 활동하며 소련의 스파이로 알려진 앨저 히스를 몰아세우는 등 대표적인 반공 투사로 우파의 주목을 끌었다.

1950년 상원의원으로 당선되고 1952년 부통령이 될 때까지는 순조로운 정치 경력을 이어갔다. 하지만 다소 음울하고 무미건조한 이미지 때문에 1960년의 대통령 선거에서 존 F. 케네디에게 분루를 삼켰고 1962년 캘리포니아 주지사 선거에서도 낙선했다. 그러나 결국 재기에 성공, 1968년 제37대 대통령에 당선되었다.

부통령과 대통령 시절 그는 세계사에 남을 몇몇 중요한 정치적 업적을 남겼다. 경제에서도 적지 않은 성과를 거뒀으나 평소 콤플렉스와 피해의식이 지나쳐 월등히 앞서간 1972년의 대통령 선거에서 괜한 꼼수를 부리다가 자기 꾀에 넘어진 꼴이 되고 말았다.

'딥 스로트'와 우드스타인 기자

워터게이트 도청사건이 발생한 1972년 6월 17일 아침, 워싱턴포스트지의 신참 기자 밥 우드워드와 입사 6년차 칼 번스타인에게 취재 지시가 떨어졌다. 장차 미국 언론사의 한 획을 그을 '우드스타인' 기자의 탄생이었다. 범인 제임스 매코드의 수첩에서 우연히 CIA 요원이면서 한때 백악관에 근무했던 하워드 헌트의 이름을 발견한 것이 활약의 시작이었다. 이 사실은 6월 20일자 워싱턴포스트에 보도되었다.

우드워드는 2년 전부터 친분을 쌓아온 FBI 부국장 마크 펠트에게 하워드 헌트에 대해 확인을 요청했다. 우드워드는 해군 중위로 복무하고 있던 2년 전, 문서를 전달하기 위해 찾아간 백악관 대기실에서 역시 면담 순서를 기다리고 있던 마크 펠트를 처음 알게 되었다. 이후 워싱턴포스트에 입사한 우드워드가 결정적인 순간에 마크 펠트에게 중요 정보를 요청한 것이다.

마크 펠트는 "헌트가 주요한 용의자"라고 은밀히 알려주었을 뿐만 아니라, 이후에도 우드스타인이 취재한 각종 정보의 신빙성을 확인해 주었다. 그가 알려준 정보는 당시 포르노 영화 제목에서 따온 '딥 스로트(Deep Throat · 정보제공자)'란 이름으로 워싱턴포스트의 지면을 장식했다.

정보를 주고받는 과정에서 펠트가 전화 통화를 싫어하고 신분 노출을 꺼렸기 때문에 양측은 극도의 보안을 유지했다. 우드워드가 자신의 집 베란다에 빨간 깃발을 꽂은 화분을 옮겨놓는 것으로 만나자는 신호를 보내면 둘은 새벽 2시쯤 미리 정한 주차장 건물에서 비밀리에 만났다.

"너무 약해. 더 강하게 밀어붙여!"

7명의 범인이 기소된 다음날(1972.9.16) 우드워드는 약속을 깨고 딥 스로트에게 위험한 전화 연락을 했다. 신경질을 내던 그는 예정 기사를 읽어주자 "너무 약해. 더 강하게 밀어붙여!"라고 조언해 주었다. 그리고 이틀 뒤 워싱턴포스트 1면 톱에는 우드워드의 기념비적인 기사가 실렸다. "닉슨 재선위원회의 자금 5만 달러 이상이 도청에 쓰였다"는 보도였다. 펠트의 제보를 바탕으로 '닉슨 재선위원회'의 자금이 도청에 쓰였다는 사실이 밝혀진 것이다. 단순 절도 사건에서 대통령의 음모로 발전하는 순간이었다.

당시 '딥 스로트'의 정체를 정확히 알고 있던 사람은 펠트 자신과 우드워드, 번스타인, 브래들리 편집국장 등 4명뿐이었다. 이들은 발행인이자 사주인 캐서린 그레이엄 여사가 물었을 때도 입을 다물 만큼 철저하게 비밀을 유지했다.

'딥 스로트'의 존재는 33년이 지난 2005년 5월에야 세상에 알려졌다. 워싱턴포스트지가 "딥 스로트는 당시 FBI 부국장이던 마크 펠트"라는 월간지 '배니티 페어'의 보도를 확인하는 기사를 5월 31일자 인터넷판에 띄운 것이다.

펠트가 비밀정보를 알려준 이유에 대해 우드워드는 이렇게 추론했다. 48년간 FBI 국장을 지냈던 에드거 후버 국장이 워터게이트 사건이 터지기 전인 5월 1일 죽어 펠트는 자신이 후버 국장의 후계자가 될 것으로 기대했으나 닉슨이 그 자리에 다른 법무부 차관보를 임명한 것에 앙심을 품었을 가능성을 가장 큰 동기로 분석했다. 정확한 동기가 무엇이든 워싱턴포스트는 펠트의 제보와 확인을 거치면서 워터게이트 정국을 주도했다.

워싱턴포스트에 압력이 없을 리 없었다. TV방송권을 빼앗겠다고 위협하고 재정적으로 몰락시키겠다는 압력 탓에 주가가 폭락하기도 했으나 편집국장 브래들리의 용기와 사주 캐서린 그레이엄의 결단력은 압력과 회유를 막아내는 데 결정적인 방패 역할을 해주었다. 캐서린은 "우리는 이제 물살의 중심에 서 있기 때문에 다시 돌아갈 수 없다"며 브래들리와 기자들을 격려했다. 또 방송국 허가권 갱신도 포기할 수 있다며 강경하게 밀고 나갔다.

우드워드는 당시 닉슨의 선거본부장이자 나중에 법무장관이 된 존 미첼로부터 "보도하면 캐서린의 젖가슴을 큰 세탁기에 넣고 짜버리겠다"는 협박과 욕설까지 들어야 했다. 나중에 워터게이트 보도로 퓰리처상을 탄

우드워드는 캐서린에게 10달러짜리 빨래 짜는 건조기를 선물했고, 캐서린은 그것을 자기 사무실에 전시해 두었다.

아랍 게릴라 '검은 9월단' 뮌헨 올림픽 테러

서독인들의 기대와는 달리 스포츠 역사상 최악의 대회가 되고 말았다.

1972년 8월 26일, 역대 올림픽 사상 최대 규모인 121개국 7,134명의 선수가 참가한 제20회 하계올림픽이 서독의 뮌헨에서 개막되었다. 서독은 1936년 베를린 올림픽 이후 36년 만에 치러지는 올림픽을 통해 '라인강의 기적'을 세계에 과시하고 분단국의 평화로운 공존을 부각시킨다는 목표하에 '행복한 경기'를 대회 모토로 삼았다.

그러나 개막 열흘 만인 9월 5일 새벽 5시, 검은 복면을 한 '검은 9월단' 소속 8명의 게릴라가 이스라엘 선수단 숙소에 침입하면서 서독인들의 기대와는 달리 스포츠 역사상 최악의 대회가 되고 말았다. 화해와 축제의 장이어야 할 올림픽이 죽음과 공포의 무대로 돌변한 것이다. '검은 9월단'은 1971년 9월 요르단 정부군의 토벌 작전으로 큰 타격을 받은 팔레스타인 게릴라들이 그해 11월 요르단의 탈 총리를 보복암살하면서 자신들을 그렇게 부른 데서 유래한다.

'검은 9월단'은 이스라엘 선수단 숙소에 난입하는 과정에서 선수 1명과 코치 1명을 살해하고 10명의 이스라엘 선수를 인질로 삼았으나 인질 중 1명은 맞은편 한국선수단 숙소로 피신해 다행히 죽음은 면했다. 게릴라들은 인질들을 태우고 아랍국까지 갈 비행기를 준비할 것, 이스라엘에 수감 중인 234명의 팔레스타인 정치범을 석방할 것 등을 요구하며 낮 12시까지 요구가 관철되지 않으면 1시간마다 2명씩 살해하겠다고 경고했다. 게릴라들의 요구 조건을 놓고 서독과 이스라엘이 대책을 논의했으나 이스라엘 측이 테러리스트들의 요구를 하나도 들어줄 수 없다며 자국 군대 투입을 주장해 논의는 무산되고 작전은 서독 정부 단독으로 전개되었다.

서독 정부가 "몸값을 주겠다"며 게릴라들을 설득했으나 게릴라들은 "이집트의 카이로까지 이송해 주겠다"는 제안만을 받아들여 2대의 헬리콥터를 타고 그날 밤 11시경 뮌헨 인근의 공군기지로 이동했다. 그들은 그곳에서 서독 정부가 제공한 루프트한자 여객기를 타고 이집트로 떠날 계획이었다.

헬리콥터가 공군 기지에 착륙하자 4명의 테러범이 헬리콥터 밖으로 나왔다. 2명은 인근에 있는 여객기를 살피러 가고 2명은 헬기 문 앞에서 조종사를 앞세운 채 서 있었다. 헬기 안에는 4명의 게릴라가 밧줄로 얽어놓은 9명의 인질에게 총구를 겨눈 채 밖의 상황을 예의 주시하고 있었다. 잠시 후 여객기 안을 살피던 2명의 테러범이 비행기 안에 조종사가 없는 것을 알고 "속았다"며 황급히 헬기 쪽으로 돌아가고 있을 때 갑자기 요란한 총성이 밤하늘을 갈랐다. 그들 2명과 헬기 문 밖에 나와 있던 인질범 2명을 포함한 4명 중 2명이 즉사하고 1명이 부상했다. 1명은 무사했다.

증오는 증오를 낳고 피는 피를 불러

경찰은 헬기 밖의 4명을 사살하면 헬기 안의 4명이 항복할 것으로 쉽게 생각했으나 그것은 오판이었다. 이어진 게릴라들의 응사로 공항의 서치라이트가 깨지고 경찰 1명이 숨졌다. 헬기는 게릴라가 던진 수류탄으로 파괴되었다. 헬기 안에 있던 9명의 인질은 밧줄에 묶인 채 죽었다. 이 총격전으로 8명의 게릴라 중 5명이 사살되었고 헬기 조종사 1명도 희생되었다. 총 사망자는 18명으로 집계되었다.

테러 사건으로 모든 경기가 34시간 연기되는 올림픽 사상 초유의 사태가 벌어졌다. 이튿날 올림픽 스타디움에서 숨진 이스라엘 선수들의 장례식이 거행되었으나 소련과 아랍 선수단은 참가하지 않았다. 이스라엘 선수단은 나머지 경기를 중단한 채 동료들의 주검을 안고 모두 귀국했다.

그러나 그것은 끝이 아니라 시작이었다. 증오는 증오를 낳았고 피는 피를 불렀다. 올림픽이 아직 진행되고 있던 9월 8일 이스라엘의 전투기가 시리아와 레바논의 게릴라 기지를 폭격해 30여 명의 사망자 등 100여 명의 민간인과 게릴라를 살상한 것이다.

올림픽은 9월 11일 폐막되었다. 한국은 유도 미들급의 재일교포 오승립 선수가 유일하게 은메달을 따 종합성적 33위를 기록했다. 북한은 올림픽에 처음 참가했는데도 사격에서 리호준이 금메달을 차지해 종합 순위 22위를 차지했다. 소련이 금메달 50개로 우승하고 미국, 동독, 서독, 일본이 그 뒤를 이었다.

올림픽이 끝나자 이스라엘 정보기관인 모사드 비밀특공대의 보복이 본격적으로 시작되었다. 10월 중순부터 이듬해 6월까지 유럽과 중동 각지에서 20여 명의 PLO(팔레스타인 해방 기구) 간부와 '검은 9월단' 소속 테러범들이 차례로 살해되었다. 모사드의 마지막 목표는 뮌헨 테러를 기획하고 지휘한 것으로 알려진 알리 하산 살라메였다.

암살단은 1973년 7월 21일 노르웨이 릴레함메르의 버스정류장에서 살라메를 저격했다. 그러나 죽은 사람은 살라메가 아니라 그와 인상이 비슷한 노르웨이 국적의 모로코인이었다. 6명의 암살단은 노르웨이 경찰에 체포되었으나 모사드의 현장 지휘자는 이스라엘로 도주했다. 살라메는 그 후 여러 차례 대형 테러사건을 기획·지휘하다가 1979년 1월 22일 모사드가 차량에 설치한 폭탄 폭발로 베이루트에서 살해되었다. 살라메의 죽음으로 '신의 분노' 작전은 종결되었다.

제1회 유엔 인간환경회의 개막

지역문제로 치부되던 공해를 국제적인 문제로 부상시켰다는 점에서 환경문제 사상 신기원이었다.

1972년 6월 5일, 당시로서는 아주 생소한 국제회의가 스웨덴 스톡홀름에서 열렸다. 1968년 5월 스웨덴의 유엔 대사가 제창하고 그 해 12월 유엔총회가 결의한 제1회 '유엔 인간환경회의'가 첫 제창 후 4년 만에 열린 것이다.

스웨덴이 회의를 처음 제안하고 또 개최국까지 자원한 것은 자국의 산업으로 인한 오염보다 외국에서 발생해 자국에 영향을 미치고 있는 오염문제가 더 심각하다는 인식에서 비롯되었다. 특히 산성비가 두통거리였는데, 영국과 독일 등 중유럽의 공장 굴뚝에서 토해내는 물질이 국경을 넘어 비와 함께 자국의 삼림과 호수에 뿌려지고 있었다.

20세기 들어 특히 2차대전 후 인류는 기술과 산업 발전에 온갖 힘을 기울였고 세계 도처에는 대규모 공장들이 들어섰다. 도시는 팽창하고 자원들은 고갈되었으며 환경은 파괴되었다. 유럽에서는 한파가 맹위를 펼치고 그린란드에서는 100년 만의 최저 온도를 기록하는 등 이상기온의 징후가 곳곳에서 감지되었다.

이 불길한 자연현상의 원인이 환경문제라는 것을 깨달은 세계 114국 1,500여 명이 지혜를 모으기 위해 한곳에 모인 대회가 유엔 인간환경회의였다. 스톡홀름 회의는 그때까지 지역문제로 치부되던 공해를 국제적인 문제로 격상시켰다는 점에서 환경문제 사상 신기원이었다.

그러나 막상 회의가 개막되었을 때 회의장 앞은 반전론자, 공해·오염 피해자들, 고래 남획 근절을 요구하는 시위대 등으로 시작부터 어수선했다. 참석자들은 '오직 하나뿐인 지구(Only one earth)'라는 주제 아래 6월 16일까지 12일간 회의를 열었으나 회의 벽두부터 동서 양 진영 간의 정치적 입장 차이와 남북 간의 빈부 격차 문제로 난항을 거듭했다.

특히 최초의 국제 환경선언문인 '인간환경선언'의 채택을 앞두고는 첨예한 대립을 보였다. 중국은 미국이 베트남전에서 자행한 잔학상을 선언에 포함시키자고 했고 개발도상 국가들은 아프리카의 식민지 문제, 남아공·미국의 인종차별 문제, 팔레스타인 난민 문제 등을 포함시키자고 주장했다.

'오직 하나뿐인 지구'가 주제

환경에 대한 개념조차도 선·후진국이 달랐다. 선진국 입장에서는 각종 공해와 환경파괴 현상이 환경문제였지만 브라질이나 인도 등 개도국 입장에서는 폭발적인 인구 증가와 만성적인 식량 부족, 가뭄과 홍수, 주택난 등이 환경문제였다. 인도 수상 인디라 간디는 "촌락과 빈민가에 살고 있는 제3세계 사람 대부분은 삶 자체가 근원부터 오염되어 있는데 어떻게 그들에게 하천과 대기를 깨끗이 하라고 말할 수 있겠는가?"라며 제3세계 국가들을 대변했다.

결국 선진국들은 절대 다수를 차지하는 개도국의 요구에 밀려 선진국 위주의 환경 개념을 선·후진국 공통의 것으로 확대하고 각국 환경정책의 열쇠가 환경 정화에만 있는 것이 아니라 개도국의 현재 및 미래의 개발 잠재력 진흥을 도모하는 데 있다는 것을 인정했다.

선언에도 환경의 보호·개선·개발은 서로 모순되는 것이 아니라는 점을 분명히 했다. 15차례의 공식회의와 수많은 비공식 회의 끝에 참석자들은 마지막 날 전문과 26개 항목의 원칙을 담은 '인간환경선언'을 박수로 채택했다. 회의는 또한 최초의 환경관련 국제기구 '유엔환경계획(UNEP)'을 설치하고 활동기금으로 1억 달러를 마련한다는 데도 뜻을 모았다.

중국과 프랑스가 반대하는 가운데 대다수 국가가 핵실험계획을 전면

폐기할 것을 요구한 공동결의안을 통과시키고 멸종 위기에 놓여있는 고래를 앞으로 10년간 포획하지 말자는 권고안도 나왔다. 일본과 세네갈의 제의에 따라 '세계 환경의 날'이 6월 5일로 지정되었다. 1년에 단 하루만이라도 지구와 환경문제를 생각하자는 뜻이었다.

로마클럽 '성장의 한계' 출간

"29일째 되는 날 연못의 반이 수련으로 덮였다. 아직 반이 남았다고 태연할 것인가?"

1972년은 인류의 환경의식에 획기적인 전환을 가져온 해였다. 로마클럽이 환경보고서 '성장의 한계'를 출간해 인류의 무분별한 산업화가 가져온 지구 자원의 고갈을 경고한 것도 1972년이었고, 스톡홀름 유엔 인간환경회의에서 "더 이상의 환경 파괴는 인류의 파멸을 초래할 것"이라며 '인간환경선언'을 채택한 것도 1972년이었다. 유엔이 6월 5일을 '세계 환경의 날'로 선포한 것 역시 같은 해였다.

'성장의 한계' 보고서를 발표한 '로마클럽'은 이탈리아 기업가 아우렐리오 페체이가 제안하고 이 취지에 공감한 유럽의 경제학자, 과학자, 기업인 등 세계 25개국 70여 명이 1968년 4월 로마에서 처음 모인 데서 유래한다.

로마클럽은 1970년 6월 스위스 베른에서 열린 제1회 총회에서 인류의 위기에 관한 프로젝트 수행을 결정하고 1971년 7월 미국 MIT대의 데니스 메도스 교수 등에 프로젝트 수행을 의뢰함으로써 '성장의 한계'가 세상에 나올 수 있는 발판을 마련해 주었다.

프로젝트는 인류가 직면하게 될 위기의 제반요인과 그 상호작용을 전반적으로 파악할 수 있는 분석모형을 작성함으로써 장래의 위기적 양상

'성장의 한계' 보고서 초판본

에 대한 전망과 위기를 피하기 위한 방안 모색을 주목적으로 삼았다. 메도스 교수 등 4명은 인구 증가, 공업 산출, 식량 생산, 환경 오염, 자원 고갈이라는 5가지 요소를 설정한 뒤 1900년부터 1970년까지의 자료를 이용하여 계수를 도출하고 이 비율로 계속 증가한다는 가정 아래 2100년까지의 추세를 컴퓨터로 예측하는 분석을 수행했다.

이런 연구의 결과로 1972년 출간된 '성장의 한계'는 "인구는 기하급수적으로 증가하는 데 비해 자원은 감소하고 있어 멀지 않은 장래에 인류가 쓸 수 있는 자원의 양은 인구 성장을 지탱해 줄 수 없을 지경에 이를 것"이라는 사실을 인류에 경고했다. 무한히 상승할 것으로 믿어온 세계 경제성장의 그래프가 마침내는 자원 고갈로 하강할 수밖에 없다는 일종의 '종말론적' 미래상을 예고한 것이다.

세계 경제가 전례없는 고도성장을 구가하던 시기에 나온 '성장의 한계'는 많은 논란을 불러일으켰다. 비판자들은 먼저 이 보고서가 자원 위기의 실상을 과장하고 위기를 극복해 가는 인간의 능력을 과소평가했다고 지적했다.

또한 연구를 발주한 로마클럽이 서구 산업자본가와 다국적기업의 이해관계를 대변하는 이익집단에 불과하다는 지적과 함께, 보고서가 인류 전체의 위기를 지나치게 강조함으로써 선진국과 후진국의 자원 이용 불균형을 희석시켜 불평등한 경제관계를 유지하려 한다는 비판도 제기되었다.

'지속가능한 발전' 용어 처음 등장

그럼에도 '성장의 한계' 보고서는 환경보호와 세계경제의 지속적인 발전 가능성과 관련하여 국제 사회에 큰 반향을 일으켰다. 특히 '성장의 한계' 발표를 전후하여 일어난 세계환경회의와 석유위기 등은 보고서에 대한 신뢰도를 더욱 높여주었다. 이런 관심에 힘입어 '성장의 한계'는 37개국 언어로 번역되어 총 1,200만 부가 판매되는 세계적인 베스트셀러가 되었다.

보고서에서 가장 유명한 대목이 수련에 관한 일화다. "연못에 수련이 자라고 있다. 수련이 하루에 갑절로 늘어나는데 29일째 되는 날 연못의 반이 수련으로 덮였다. 아직 반이 남았다고 태연할 것인가? 연못이 완전히 수련에 점령되는 날은 바로 다음 날이다."

'성장의 한계'에 처음 수록되어 지금도 자주 언급되는 것 중의 하나가 '지속가능한 발전'이라는 용어다. 이 개념은 1987년 브룬틀란 위원회가 유엔에 제출한 '우리의 공통된 미래'라는 보고서에서 '지속가능한 발전이란 인류사회의 지속적 발전을 위한 개념으로서 미래 세대가 자신들의 필요를 충족할 수 있는 능력을 저해하지 않으면서 현재 세대의 필요를 충족시키는 발전'으로 정의되었다.

할렘 브룬틀란은 1981년 노르웨이 사상 최초의 여성 총리와 최연소 총리에 올라 국제사회에 두각을 나타난 인물로, 유엔 사무총장의 위촉을 받아 1983년부터 '환경과 개발에 관한 세계위원회' 즉 '브룬틀란 위원회'를 이끌었다.

로마클럽은 '성장의 한계' 이후에도 연례회의와 보고서 발간을 통해 인류의 미래에 대한 관심을 꾸준히 발전시켜 왔다. 1973년 석유 위기 때는 '잘츠부르크 선언'을 발표하고, 1974년에는 선진국과 후진국 간의 경제적 격차를 의미하는 남북문제를 처음으로 본격 제기했다.

또한 '전환점에 선 인류', '세계 질서 재편', '인류의 지향점', '낭비의 시대를 넘어서' 등의 보고서를 통해 '성장의 한계'가 제기한 문제의식을 더욱 심화시켰다. 1992년에는 '성장의 한계' 보고서를 낸 연구자들이 동일한 주제를 재조명해 '한계를 넘어서'라는 책을 내놓았다.

인류의 현재는 과거 '성장의 한계'가 경고한 것과는 분명 다르게 전개되고 있다. 이를 반영하듯 미국의 격월간지 '포린 폴러시' 2002년 11·12월호는 20세기를 맞아 역사의 뒤안길로 사라져간 '20세기 아이디어들'을 소개할 때 '성장의 한계'를 포함시켰다.

'성장의 한계'대로라면 이미 고갈되었어야 할 금, 은, 구리, 석유 등 천연자원들이 여전히 남아 있고, '성장의 한계'가 기술적 진보와 인간의 적응능력을 과소평가했다는 이유에서다. 그럼에도 '성장의 한계'는 무분별한 개발시대에 인류의 미래를 걱정하는 경고등으로서의 역할을 충실히 했다는 평가다.

글로리아 스타이넘 '미즈(Ms)' 창간

'미즈' 제목은, 여자만 기혼과 미혼으로 구분하는 관행에 대한 항의의 표시였다.

글로리아 스타이넘(1934~)은 '에스콰이어', '글래머' 등의 잡지에 글을 쓰던 평범한 자유기고가였다. 그런 그가 갑자기 언론의 스포트라이트를 받게 된 것은 1963년 플레이보이 클럽의 '바니걸'로 위장 취업해 겪은 경험을 '쇼'라는 잡지에 르포기사로 게재하고부터였다.

기사는 착취와 매춘의 유혹에 시달리는 바니걸의 실상을 낱낱이 폭로한 것으로도 파문을 불러일으켰지만 기사를 쓴 기자가 젊고 아름다운 금발의 백인여성이란 사실로도 대중의 눈길을 사로잡았다.

남성들의 싸구려 호기심을 충족시켰다는 지적과 함께 실제로 바니걸 출신 아니냐는 오해와 비아냥거림이 없진 않았지만 그래도 1966년 뉴욕 타임스가 "지금 뉴욕의 모든 남성들이 제일 만나고 싶어하는 여성"이라고 소개할 만큼 스타이넘은 곧 유명인사가 되었다.

스타이넘은 미국 오하이오주의 털리도에서 태어나 10살 때 부모의 이혼 후 심각한 우울증에 빠져 있는 어머니를 돌보며 소녀 가장처럼 자랐다. 10대 때 생활비를 벌기 위해 나이트클럽에서 탭댄스를 추고 미인경연대회에 나가기도 했다. 그러면서도 학업에 뛰어난 성적을 보여 장학금을 받고 명문 여자대학인 스미스 칼리지에 입학했다.

대학시절 부유하고 매력적인 청년과 사랑에 빠져 약혼까지 했지만 결혼이 싫어 1956년 대학을 1등으로 졸업하고도 바로 인도행을 선택했다. 그 무렵 약혼자와의 원치 않는 임신을 한 상태였으나 불법으로 임신중절 수술을 하고 인도로 떠나 간디 사상에 심취했다.

스타이넘이 여성운동가로 변신하게 된 것은 1968년 11월 급진 여성운동가 모임인 '레드 스타킹스'를 취재한 것이 계기가 되었다. 낙태 불법화로 고통받고 있는 여성들의 증언과 절규를 들으면서 비로소 자신이 얼마나 여성의 권리에 무지했는지를 깨닫게 된 것이다.

그 자신도 과거 낙태한 경험이 있어 낙태가 불법인 그 시대에 낙태 여성들이 얼마나 큰 고통과 죄의식에 사로잡혀 있는지를 누구보다 잘 알고 있었다. '레드 스타킹스'에서 낙태 사실을 떳떳하게 말하는 여성들을 만났을 때는 자신의 말마따나 "눈부시게 환한 백열등"을 보는 듯했다.

이제 그가 해야 할 일과 가야 할 길이 분명해졌다. 1969년 '뉴욕'지에 '흑인 민권운동 이후의 여성해방'을 실은 것을 계기로 스타이넘은 페미니스트 전사로 변신했다. 스타이넘은 여성이 직면한 문제를 정면에서 다루고 여성해방운동을 전면에 내건 '미즈(Ms)' 잡지 창간을 준비했다. 당시에는 남성 잡지인 '뉴요커'를 의식해 남성과 여성이 함께 읽을 수 있는 잡지를 만들자는 취지로 창간된 '뉴욕'이라는 잡지가 있었다.

'페미니즘 운동은 못생긴 여자들이나 한다'는 편견 깨뜨려

'미즈' 창간 준비호는 1971년 12월 20일자 뉴욕지의 부록으로 소개되었다. 평소 4만 부가 팔리던 뉴욕지는 창간 준비호 덕에 12만 부가 팔렸다. '미즈(Ms)'는 1972년 1월 창간되었다. 그러나 스타이넘은 판매에 자신이 없어 1972년 1월호가 아니라 1972년 봄호로 첫 호를 냈다가 1972년 7월호부터 월간지로 정기 발간했다.

제목을 '미즈'로 붙인 것은, 남자는 모두 '미스터(Mr)'라고 부르면서도 여자만 기혼, 미혼으로 나눠 '미스(Miss)', '미시즈(Mrs)'로 구분하는 무의식적 관행에 대한 항의의 표시였다.

'미즈'는 그때까지 요리와 패션을 중심으로 한 카탈로그식 여성지와는 분명히 달랐다. 창간호에서 스타이넘은 자신의 과거 낙태 경험을 공개하며 출산의 자유와 선택의 자유를 주장했다. '미즈'는 5년 만에 50만 부나 발간되고 1980년대엔 75만 부로 늘어나는 등 돌풍을 일으켰다.

스타이넘은 '미즈'의 편집장으로 있는 15년 동안 '미즈'를 통해 여성이 처해 있는 다양한 현실에 대한 인식을 촉구하고, 어려움에 처한 여성들을 도와주었다. 그녀의 호소 덕분에 페미니즘 운동이 크게 부각되기는 했지만 기존의 여성단체들은 그녀가 자신들의 주장을 그대로 대변하지 않는 것에 불만을 토로했다.

급진적인 여성단체 '레드 스타킹스'는 그녀가 CIA에 매수되어 여권운동을 희석하려 한다고 매도하는가 하면 '미즈'가 중산층 여성들을 위한 호화스럽고 겉만 번지르르한 잡지라고 비판했다. 그래도 '미즈'는 대중성을 확보하는 데 성공했고, '우먼 리브'(여성해방운동)를 상징하는 대표 잡지가 되었다. 꼭 '미즈' 때문만은 아니었지만 미국은 1973년 여성들의 낙태 즉 인공임신중절을 합법화했다.

스타이넘은 빼어난 미인이었다. 이 때문에 '페미니즘 운동은 못생긴 여자들이나 한다'는 편견이 보기좋게 깨졌고, 예쁘지 않은 다른 페미니스트들보다 더 언론의 주목을 끌었다. 실제로 그의 미모는 '미즈'의 성공에 크게 도움이 되었다. 그녀 역시 어떻게 해야 사람들의 주목을 끄는지를 잘 알고 있었다. 그러나 이런 미모로 인해 남성들로부터는 선입견에 시달려야 했고 베티 프리단 등 다른 페미니스트들로부터는 "미모를 무기로 여성운동을 독식하려는 스타 페미니스트"라는 질시와 공격을 받았다.

글로리아 스타이넘(1934~)

스타이넘은 이런 비난에도 아랑곳하지 않고 늘 긴 생머리와 짧은 미니스커트, 큰 테의 선글라스 등으로 모델 수준의 외모를 과시하며 여성운동에 매진했다. 이런 활동에 힘입어 1983년 월간지 하퍼스 바자가 선정한 '미국에서 가장 영향력 있는 10명의 여성 중 한 명'으로 이름을 올리고 1999년 ABC방송이 뽑은 '20세기를 빛낸 여성 100명'에 선정되었다.

상원의원, 출판사 사장 등 많은 남자들과도 염문을 뿌렸으나 "결혼은 관계를 파괴하는 제도"라며 결혼을 하지는 않았다. 역설적이게도 평소 가정을 평화롭게 유지해야 한다고 주장해온 베티 프리단은 54살 때 이혼한 반면 결혼을 노예계약처럼 여겼던 스타이넘은 2000년 66살에 결혼해 화제가 되었다.

미·소 전략무기제한협정(SALT-1) 조인

핵무기 감축의 이정표가 되었다는 점에서 역사적 의미가 컸지만 실효성이 의문시되었다.

1963년 7월에 체결된 '부분핵실험금지조약(PTBT)'은 미국과 소련에서 시작된 핵무기 개발이 영국과 프랑스 등을 거쳐 점차 전 세계로 확산되는 것을 우려한 미·영·소 3개국의 합의로 이뤄진 조약이다.

1968년 7월에는 유엔의 중재로 '핵무기확산금지조약(NPT)'도 성사되었다. PTBT는 대기권, 수중, 우주공간에서의 실험을 금지했다는 점에서, NPT는 43개국으로부터 핵무기를 개발하지 않겠다는 약속을 받아냈다는 점에서 나름대로 성과가 있었다.

그러나 PTBT는 지하에서의 핵실험을 그대로 허용해 낙진의 위험을 최소화하는 데 그쳤다는 이유로, NPT는 다른 나라는 핵무기를 개발하지 못하게 하면서 이미 핵무기를 보유한 강대국들의 기득권은 그대로 보장하려 한다는 이유로 후발 핵개발국가들로부터 비난과 저항을 받았다.

미소 양국은 한 걸음 더 나아가 무제한적 군비 경쟁에 따른 긴장을 완화하고 핵전쟁 발발 위험성과 경제적 부담을 해소하기 위해 머리를 맞댔다. 1960년대 초까지는 미국이 구소련에 비해 압도적인 핵 우위를 유지했으나 1962년의 쿠바 미사일 사건을 계기로 구소련도 핵무기 개발에 박차를 가하면서 1960년대 말경에는 미소 간의 격차가 크게 줄어들었다.

이 같은 사정을 반영해 시작된 미소 간의 핵무기 감축 회담은 1969년 11월 17일 핀란드 헬싱키에서 처음 만난 이래 2년 6개월 동안 434회의 만남으로 이어졌다. 이런 과정을 거쳐 1972년 5월 26일 닉슨 미 대통령과 브레즈네프 소련 공산당 서기장이 모스크바에서 서명한 것이 '전략무기제한협정(SALT-1)'이다.

'탄도탄 요격미사일(ABM) 제한 협정', '공격용 전략무기 제한 협정', '미소 전략무기 제한 협정'으로 구성된 'SALT-1'의 주요 내용은 다음과 같다. ▲ABM 발사 기지를 수도권 150km 이내에 1개소로 축소하고, 발사대와 ABM은 각각 100기를 초과하지 않는다 ▲1972년 7월 이후 대륙간 탄도미사일(ICBM) 발사대를 추가 건설하지 않으며 ICBM은 현재의 수준(미국 1,054기, 소련 1,618기)으로 동결한다 ▲잠수함 발사 미사일(SLBM)과 미사일 발사 잠수함을 미국은 710기·44척, 소련은 950기·66척 이하로 제한한다.

"실직적으로는 무가치한 협정" 비판도 제기돼

이처럼 'SALT-1'은 핵무기 감축의 이정표가 되었다는 점에서 역사적 의미가 컸다. 그러나 정작 중요한 현장 감시 규정이 없고 유럽에 주둔하고 있는 미국의 전략 폭격기와 서구를 겨냥하고 있는 소련의 중거리 미사일에 대한 언급이 없어 실효성이 의문시되었다.

특히 허용된 수의 미사일에 장착할 수 있는 핵탄두의 수를 제한하지 않고, 재래식 무기 개선 경쟁에 눈을 감아버려 "실질적으로는 무가치한 협정"이라는 비판도 제기되었다. 따라서 협정의 실효성을 담보하기 위한 추가 논의가 필요해졌고 1972년부터 'SALT-2'를 위한 2차 회담이 7년간 이어졌다.

1979년 6월 18일 카터 미 대통령과 브레즈네프 소련 서기장이 서명한 'SALT-2' 협정에 따라 ICBM·SLBM 등의 미사일과 전략폭격기 등 핵무기 운반체제는 2,250개로 감축하고 새로운 공격용 전략무기 개발은 금지하기로 했으나 미국의 대소 강경론자들이 "이행 감시의 어려움으로 미국의 안보만 위태롭게 한다"고 비판하면서 미국 내 비준이 순탄치 않았다.

게다가 1979년 12월 소련이 아프가니스탄을 침공해 미국 내 강경론자들의 목소리는 커진 반면 카터의 입지는 좁아졌다. 결국 비준이 물 건너갔다고 판단한 카터가 비준 심의를 유보함으로써 1985년 12월 31일까지를 비준 유효기간으로 했던 'SALT-2'는 정식 발효도 보지 못하고 창고 속에 처박혔다.

1981년 1월에 취임한 레이건 대통령은 전략무기의 양적 동결을 원칙으로 한 SALT 방식을 거부하고 대폭적인 삭감을 추구하는 정책을 썼다. 그래서 1982년 6월부터 새롭게 교섭을 시작한 것이 '전략무기감축협정(START)'이었다. 종래의 'SALT'가 소극적인 제한교섭이었던 것에 비해 'START'는 적극적인 감축협상이라는 점에서 한 단계 더 발전한 군축안이었다.

세계는 여전히 불안감을 감추지 못해

레이건 정부는 먼저 대륙간 탄도미사일(ICBM)과 잠수함 발사 미사일(SLBM)의 탄두 수를 각각 5,000개로 제한할 것을 제안했다. 양측은 팽팽한 신경전을 벌이며 밀고 당기기를 반복한 끝에 1991년 7월 31일 조지 부시 대통령과 미하일 고르바초프 대통령의 최종 서명으로 협정을 마무리지었다.

미·소가 보유하고 있는 ICBM 등 장거리 핵무기를 향후 7년에 걸쳐 7,000여 기 폐기하고 양국의 핵전력을 각각 30%, 38% 감축한다는 협상 결과는 전략 핵무기의 보유 제한이 아니라 실질적인 감축이라는 점에서 군축 사상 획기적인 일로 평가되었다.

START는 소련의 붕괴로 한때 무산되는 듯했으나 1992년 5월 러시아, 우크라이나, 카자흐스탄, 벨라루스 등 4개 핵 보유국이 START 이행을 위한 의정서에 서명함으로써 START의 정상 이행을 뒷받침했다.

1993년 1월 3일에는 부시 대통령과 러시아의 보리스 옐친 대통령이 'START-2'에 서명해 양국의 ICBM과 SLBM 등 전략 핵무기를 3분의 2까지 감축하고, 다탄두 지상발사 핵미사일을 모두 폐기하기로 했다. 미 의회(1996.1)와 러시아 의회(2000.4)의 비준 동의를 거침으로써 양국 보유 핵탄두 숫자는 그전의 절반 수준인 3,250~3,500기로 줄어들었다.

이처럼 획기적인 협정인데도 불구하고 세계는 여전히 불안감을 감추지 못하고 있다. 냉전 종식과 함께 핵무기가 전 세계적으로 확산되고 있고, 생화학 무기의 불법화가 비밀리에 이뤄지고 있는 것을 막지 못하면 핵 감축의 의미가 그만큼 반감될 수밖에 없다는 현실적 이유 때문이다. 또한 두 나라가 히로시마에 투하된 원폭의 30만 배에 해당하는 파괴력을 가진 핵무기를 보유하는 것이 과연 필요한가라는 의문도 여전히 남아 있다.

미국, 오키나와 일본에 반환

일본 각지에서 오키나와를 오가는 국제선은 국내선이 되었다.

오키나와는 수백년 동안 '류큐(琉球) 왕국'으로 불리며 한국, 중국, 일본, 동남아를 연결해 온 해상무역의 중심지였다. 자체 군대는 없어도 무역과 외교를 이용해 독립을 유지했다. 1609년 일본의 1차 침략 후에도 1년에 두 번 중국에 조공을 바쳐 해상무역권을 유지했고, 일본에는 중국 몰래 정치적인 예를 갖췄다. 류큐는 이런 식의 세력균형을 이용한 외교와 해상무역으로 정치경제적 안정을 꾀했다.

역사적으로는 우리와도 밀접한 관계를 유지했다. 조선왕조실록 온라인 검색 사이트에서 '유구국'이라는 키워드로 검색하면 국역 기준 367건이 나온다. 그중 하나를 예로 들면 "유구국 중산왕이 신하라고 칭하면서 예물을 바치고 포로 8명을 송환하다"(1392년 윤 12월 28일 태조실록)라는 기록이 있다.

일본은 1609년부터 류큐가 자국의 속국이었다고 주장하지만 류큐가 1854년 미국, 1855년 프랑스와 독립국가로 조약을 맺었다는 점에서 설득력이 약하다. 그러나 19세기 후반 일본이 메이지 유신을 단행하고 중국이 열강들의 놀이터가 되면서 류큐의 이런 외교 정책도 한계에 달해 결국 1879년 4월 4일 일본의 침략을 받아 소리 없이 사라졌다.

류큐는 일본의 오키나와현으로 정식 편입되었지만 1,000km나 떨어진 일본 본토로부터는 언제나 달면 삼키고 쓰면 뱉어버리는 그렇고 그런 존재 취급을 받았다. 태평양전쟁 종전을 앞둔 1945년 4월 1일부터 3개월 동안 벌어진 '오키나와 전투'는 버려진 섬의 위상을 단적으로 일깨워준 대표적인 사례였다.

이 전투에서 미군은 1만 5,000명, 일본 본토의 정규군은 6만 6,000명이 목숨을 잃었으나 오키나와 현지에서는 이보다 훨씬 더 많은 방위대 2만 8,000명과 오키나와 주민 15만 명이 희생되었다. 이처럼 많은 주민이 죽음으로 내몰린 것은 미군의 본토 진격을 하루라도 늦추기 위해 오키나와 주민을 총알받이로 내세운 일본 군부의 '옥쇄작전' 때문이었다.

패전 후에도 일본은 오키나와를 미국과의 흥정 대상으로 삼아 오키나와 주민들로부터 반발을 샀다. 일본은 오키나와의 전략적 가치에 주목한 미국이 1949년부터 오키나와에 미군 기지를 건설할 때도 눈감아주었다. 1951년 9월 미일안보조약을 체결할 때 역시 일본 본토는 미 군정에서 벗어나 독립하는 대신 오키나와는 미국의 신탁통치 상태 그대로 두게 함으로써 결과적으로 오키나와를 방치하는 태도를 취했다.

이후 오키나와 주민은 본토 여행을 하려면 여권과 비슷한 신분증명서를 지참해야 했다. 그걸 들고 여행지 출입국 심사관에게 제출하면 '일본국으로의 귀국을 증명함'이라는 스탬프를 찍어주고, 돌아갈 때에는 거꾸로 '출국을 증명함'이라는 스탬프를 찍었다.

달면 삼키고 쓰면 뱉어버리는 존재

1952년 미일안보조약의 발효 후 미군은 오키나와에서 이미 수용하고 있는 토지를 소유자와의 계약 없이도 단독으로 사용할 수 있는 권리를 확보했다. 1953년 4월엔 토지수용령을 발동해 토지를 강제 수용했다. 이런 식으로 일본의 묵인하에 미군이 수용한 토지만 오키나와 땅의 13%를 넘었다. 게다가 1955년 9월 미군 병사가 6세 어린이를 폭행 살해하는 등 미군 범죄까지 계속되면서 주민들의 분노가 층층이 쌓였다.

1960년대 들어 베트남에 대한 미국의 군사개입이 본격화했을 때는 오키나와에서 B-52 폭격기가 베트남으로 발진하고 오키나와 주둔 미 해병대가 베트남전에 파병되는 등 오키나와는 미 군사력의 견고한 보루 역할을 했다. 그러자 베트남 반전운동과 맞물려 오키나와 주민들의 조국 복귀 운동이 더욱 거세게 전개되었다.

1964년 11월에 발족한 사토 에이사쿠 내각은 오키나와 문제를 더 이상 방치할 수 없다고 판단해 미국에 오키나와의 반환을 요구했다. 1965년 8월엔 사토 총리가 전후 현역 총리로는 처음으로 오키나와를 방문해 "오키나와의 조국 복귀가 실현되지 않는 한 전후문제가 해결되었다고 볼 수 없다"며 강한 의지를 보였다.

오키나와 반환 문서를 교환하는
애그뉴 미 부통령과 사토 일본 총리(1972.5.15)

베트남전 개입으로 후유증을 앓고 있는 미국 역시 오키나와 문제를 마냥 외면할 수 없어 오키나와를 일본에 돌려주되 오키나와 기지는 그대로 존속시키고 일본에는 새로운 역할을 부담시켜 대아시아 정책을 재정비하는 방향으로 목표를 수정했다.

1968년 11월 19일엔 베트남 폭격을 위해 오키나와의 가데나 기지에서 발진한 B-52 폭격기가 핵무기 저장소 부근에 추락·폭발하는 사고가 일어나 주민들을 경악시켰다. 다행히 핵무기가 폭발하지는 않았지만 주민들은 엄청난 충격에 휩싸였다.

1969년 2월 5만 5,000여 명의 주민이 가데나 기지 앞에서 항의하는 등 점차 강도를 높여나가자 미국은 오키나와 주민의 조국 복귀 요구나 일본의 국민감정을 무시하고는 오키나와 기지 사용마저 문제가 될 것을 우려해 반환 협상 테이블에 앉았다.

주민의 악감정 사라지지 않아

오키나와 반환협정은 1971년 6월 17일에 조인되고 중의원(1971.11.24)과 참의원(12.22)을 통과해 확정되었다. 그리고 1972년 5월 15일 0시, 사이렌과 기적소리가 일본 오키나와 전역에 울려퍼졌다. 27년간의 미국 통치에서 벗어나 '오키나와현'으로 새롭게 출발하는 것을 자축하는 감격의 소리였다.

그러나 진보진영은 핵과 미군 기지 없는 전면 반환을 요구하며 계속 반발했다. 그럼에도 반환은 그대로 진행되어 일본 각지에서 오키나와를 오가는 국제선은 국내선이 되고, 미국식으로 우측에서 달리던 차량은 일본식에 따라 좌측으로 달렸다.

그래도 본토에 대한 오키나와 주민의 악감정이 사라지지는 않았다. 1975년 7월 17일 오키나와를 방문한 아키히토 황태자 부부가 위령탑에 참배할 때는 2명의 오키나와 청년이 화염병을 투척하고 '황태자 오키나와 방문 저지' 벽보가 곳곳에 나붙었으며 일장기 히노마루가 불에 태워지거나 하수구에 처박혔다. 1999년 11월에 오키나와 출신의 가수 아무로 나

미에가 천황 즉위 10주년 기념 피로연에서 일본의 국가인 기미가요를 부르지 않은 것도 일본 정부에 대한 무언의 항의였다.

2007년에는 고등학교 일본사 교과서에 실릴 오키나와 전투 관련 내용 중 집단자결과 관련해 군의 명령 및 강제가 있었다는 기술을 문부과학성이 검정의견을 붙여 변경하자 오키나와현 전체에서 반대운동이 일어나 결국 11만 명이 넘게 참여하는 현민 대회가 오키나와 본섬과 낙도에서 개최되는 상황이 벌어졌다.

결국 교과서 왜곡 시도는 좌절되었지만 일본 정부는 교과서에서 불편한 내용을 삭제하기 위해 호시탐탐 기회를 엿보고 있는 중이다. 최근 들어서는 중국이 오키나와를 일본으로부터 독립시켜 친중국화하려는 속셈을 드러내고 있어 중일 간의 새로운 갈등을 예고하고 있다.

말런 브랜도와 영화 '대부' 개봉

낮고 쉰 목소리에 강한 카리스마를 담아 선명하기 이를 데 없는 캐릭터를 창조했다.

말런 브랜도(1924~2004)는 잘생기지 않은 얼굴에 인상적인 매부리코와 성난 눈빛만을 갖고 있는데도 영화마다 주연을 꿰차 '영화 속 남자 주인공은 미남이어야 한다'는 할리우드의 속설을 깨뜨린 성격파 배우였다. 미국 네브래스카주 오마하에서 태어난 그는 미네소타주 육군사관학교를 중퇴하고 1943년 뉴욕으로 가 배우 조련사로 유명한 스텔라 애들러의 지도를 받았다.

1947년 12월 초연된 연극 '욕망이라는 이름의 전차'에서는 주인공으로 열연해 강한 이미지를 각인시켰다. 그 무렵 브랜도는 엘리아 카잔이 1947년 뉴욕에 문을 연 '액터스 스튜디오'에서 '메소드 연기법'을 익혀 내면 연기를 심화시켰다. '메소드 연기법'은 기계적으로 정해진 배역을 연기하는 것이 아니라 정신과 육체를 배역에 완전히 몰입시키는 연기법이다.

브랜도는 1950년 프레드 진네만 감독의 '더 맨'으로 은막에 데뷔하고 1951년 영화 '욕망이라는 이름의 전차'에서 천부적인 모방술과 상상력으로 할리우드 관계자들의 주목을 끌었다. 엘리아 카잔이 연출한 영화 '욕망…'에서 선보인, 무심한 듯 웅얼거리는 말투와 강렬한 눈빛의 '브랜도식' 연기는 이후 많은 추종자를 낳았다. 브랜도는 '혁명의 자파타'(1952)로 칸영화제 남우주연상을 수상하고 '위험한 질주'(1953)로는 젊음의 상징으로 부각되었다.

그에게 아카데미 남우주연상을 처음 안겨준 엘리야 카잔 감독의 영화 '워터 프론트'(1954)에서는 타락한 조합 간부들을 고발하는 부두 노동자 역을 맡아 '메소드 연기'의 진수를 보여주었다. 그러나 1962년 '바운티호의 반란' 이후 긴 슬럼프에 빠지면서 브랜도는 점차 잊힌 배우로 전락했다. 근 10년 동안 영화계와 팬들에게 치이고 밟히는 쓰라린 경험을 하던 그에게 부활의 발판을 마련해준 것은 프랜시스 포드 코폴라(1939~) 감독의 영화 '대부'(1972)였다.

역대 최고 흥행수입 기록 깨뜨려

기회는 쉽게 주어지지 않았다. 영화 제작사인 패러마운트사가 브랜도의 캐스팅을 반대하는 바람에 영화 출연이 금방 성사되지 않았던 것이다. 다행히 영화사가 점찍은 올리비에가 와병 중이고 코폴라 감독이 브랜도를 강력히 추천한 덕에 희망이 보였다. 영화사는 마지못해 허락하면서도 몇 가지 조건을 달았다. 출연료는 5만 달러밖에 줄 수 없고 스크린 테스트라는 명목으로 오디션을 받아야 한다는 것이다. 대스타였던 브랜도는 이런 굴욕을 속으로 삭이며 조건을 받아들였다.

영화 촬영 후 얼마 지나지 않아 이번에는 코폴라가 곤경에 처했다. 영화사가 초반 촬영분이 마음에 들지 않는다며 코폴라를 해고하고 엘리아 카잔을 대타 감독으로 세우려 한 것이다. 이번에는 브랜도가 반대하고 나섰다. 코폴라를 해고하면 자신도 하차하겠다고 으름장을 놓은 것이다.

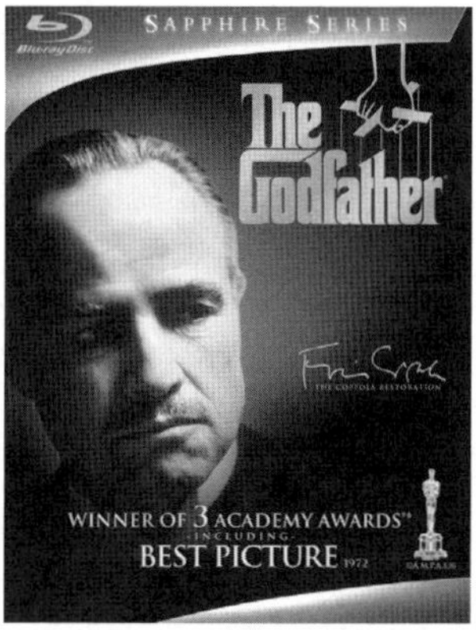

말런 브랜도(1924~2004)

1972년 3월 15일 개봉한 영화에서 브랜도는 마피아의 두목 돈 비토 코를레오네 역을 맡아 낮고 쉰 목소리에 강한 카리스마를 담아 선명하기 이를 데 없는 캐릭터를 창조했다. 영화가 '바람과 함께 사라지다'(1939)의 역대 최고 흥행 수입 기록을 33년 만에 깨뜨리고 미국에서만 8,600여만 달러, 해외시장에서도 1억 5,000만 달러의 흥행 기록을 세운 덕에 코폴라는 상업적 성공과 명성을 얻었다. 영화는 아카데미상에도 11개 부문에 노미네이트되었다. 하지만 작품상과 남우주연상 등 3개 부문만 차지해 상복과는 인연이 없었다.

"연기는 공허하고 쓸데없는 직업"

1973년 3월 27일 열린 아카데미상 시상식에서 남우주연상 수상자로 발표된 말런 브랜도는 시상식에 나오지 않았다. 대신 인디언 출신 여배우 새친 리틀페더를 보내 할리우드의 아메리카 원주민 묘사 방식을 비판하는 장문의 연설을 하게 해 시상식을 떠들썩하게 만들었다.

'대부'는 이후 영화 사상 최고의 작품을 꼽는 대중적 설문조사에서 늘 1위 혹은 2위를 차지해 불멸의 명성을 이어갔고 말런 브랜도는 1999년 타임지에 의해 '20세기 최고 배우'로 선정되었다.

'대부2' 역시 코폴라 감독의 연출로 1974년 12월에 개봉되었다. 코폴라가 '대부' 때 받았던 6만 달러의 연출료는 '대부2'에서 무려 100만 달러로 치솟아 영화 사상 최고액을 기록했다. 반면 브랜도는 2편에서 엄청나게 많은 출연료를 요구했다가 영화사가 받아들이지 않아 로버트 드 니로에게 돈 비토 코를레오네 역을 양보해야 했다.

아카데미상 6개 부문을 석권한 '대부2'에서는 브랜도 대신 알 파치노와 로버트 드 니로가 빛을 발했다. 마리아 푸조(각본), 코폴라(감독), 알 파치노(주연)가 3각 편대를 이룬 '대부3'은 1990년 12월 개봉했다. '대부2'와 '대부3'에서 인연을 맺지 못한 브랜도는 '지옥의 묵시록'(1979)에서 또다시 코폴라 감독과 호흡을 맞췄다. 조셉 콘래드의 소설 '암흑의 핵심'(1899)의 소재를 베트남전쟁으로 바꾼 영화에서 브랜도는 커츠 대령으로 출연해 예의 섬뜩한 연기를 펼쳤다.

브랜도는 이처럼 영화에서 최고 배우로 군림했지만 할리우드를 경멸하고 "연기는 공허하고 쓸데없는 직업"이라며 노출을 꺼렸다. 가정사도 어두웠다. 세 번의 결혼과 이혼으로 최소한 11명의 자식을 둔 것으로 알려진 그는 백인 여성들은 멀리하고 유색 여성들과 결혼하거나 사귀는 괴팍성을 보였다. 3명의 부인은 인도, 멕시코, 타히티섬 출신이었으며 교제한 여성들은 필리핀, 일본 출신의 여성들이었다.

1990년 5월에는 그의 아들 크리스천이 브랜도의 집에서 이복 여동생 체옌의 남자친구를 총으로 살해해 10년형을 선고받았고 5년 뒤에는 25살의 체옌마저 후유증으로 자살해 브랜도에게 지울 수 없는 상처를 남겼다. 사생활을 유난히 중시했던 까닭에 사망 원인까지 변호사에게 공개하지 말 것을 주문한 뒤 2004년 7월 1일 다시는 돌아올 수 없는 먼 길을 떠났다.

1973년

박정희 대통령 중화학공업 육성 선언
박태준과 포항종합제철 준공
치산녹화 10개년 계획
중동 건설 붐과 삼환기업
소양강댐 준공
중앙정보부 김대중 납치
최종길 서울대 법대 교수 고문사
이에리사와 세계탁구선수권대회 우승
천마총 발굴과 천마도 출토
조용기 목사와 여의도 순복음교회 완공
고교 평준화 시행
미국의 베트남전 패배와 철수
_ 파리평화협정
살바도르 아옌데 쿠데타군에 저항하다 자살
제4차 중동전
제1차 오일 쇼크
_ 한국의 오일 쇼크
제이콥 브로노프스키 '인간의 등정' 방송

박정희 대통령 중화학공업 육성 선언

'경제적 목적'과 '군사적 목적'을 동시에 달성하기 위한 승부수였다.

1970년대 들어 한국 경제는 일대 전환이 필요했다. 정부의 강력한 수출 드라이브 정책에 힘입어 경제성장률은 목표치를 초과했지만 경제체질은 여전히 허약했고 수출 내용은 빈약했다. 수출품목이라야 가발이나 농산품 등 노동집약적 상품들이 고작이었다. 더구나 말레이시아, 태국 등 후발 개도국들이 저가의 경공업 제품으로 턱밑까지 추격해 오고 있어 그동안 우리 경제를 지탱해온 경공업 주도 전략에도 빨간불이 켜졌다.

경공업에서 중후장대형 중화학공업으로 산업 체질을 전환해야 했으나 막대한 자금이 소요되는데다 투자자금의 회수기간이 길어 쉽게 결정을 내리지 못했다. 국내 기업들도 이 같은 대규모 장기투자를 감내할 만한 기초체력을 갖추지 못하고 있었다. 그나마 다행인 것은 1972년 8월의 8·3 사채동결 조치 이후 기업들의 재무구조가 개선되어 대기업들이 자금과 체력을 비축할 수 있었다는 점이다.

당시 한반도를 둘러싼 국제환경의 변화도 중화학공업을 더 이상 미루면 안 된다는 사실을 경고하고 있었다. 1970년 2월에 닉슨 독트린이 발표되고 그해 7월 실제로 주한 미군 가운데 일부가 철수하면서 발등에 불이 떨어진 상황이었다. 결국 중화학공업 육성은 산업구조 고도화라는 '경제적 목적'과 방위산업 육성이라는 '군사적 목적', 이 두 마리 토끼를 잡기 위한 정권 차원의 승부수였다.

또 하나 중요한 것은 추진방식이었다. 방위산업을 국가 주도로 할 것인지 민간 주도로 할 것인지를 두고 논란이 벌어졌다. 경제기획원 등 경제

부처와 청와대 비서실은 민간 주도를 선호한 반면 국방부는 국가 주도를 주장했다. 박 대통령은 "방위산업을 공기업 형태로 육성하면 수요가 포화 상태에 이를 경우 기업의 존립과 생존을 위해 자칫 전쟁 불가피론을 유발할 위험성이 있다"며 민간 주도의 손을 들어주었다.

경제 도약을 담보한 역사적인 분수령

박 대통령이 연두 기자회견을 통해 '중화학공업화 선언'을 발표한 것은 1973년 1월 12일이었다. 박 대통령은 선언에서 6개의 전략산업(철강, 전자, 석유화학, 조선, 기계, 비철금속)을 선정·육성하겠다는 계획을 발표하면서 1972년 '10월 유신' 때 제시한 '1980년대 초 수출 100억 달러, 1인당 국민소득 1,000달러'라는 캐치프레이즈를 다시 한번 강조했다.

이후 개별산업육성법이 제정되고 중화학공업추진위원회가 설치되었다. 1973년 5월에는 실무진으로 구성된 중화학공업추진기획단(단장 오원철 청와대 경제2수석)이 발족되었다. 그러나 IBRD(세계은행)와 IMF(국제통화기금)가 "한국은 저임금의 이점을 살려 노동집약적인 경공업 제품이나 만들어야지 자본이 많이 들고 고도의 기술을 요하는 제철이나 자동차공업에 손을 대서는 안 된다"며 강하게 반대했다.

이 때문에 중화학공업 프로젝트에 소요될 거액의 장기저리 자금을 외국에서 조달하는 것은 현실적으로 어려워졌다. 어쩔 수 없이 내자에 눈을 돌려야 했던 박정희 정부는 1973년 12월 국민투자기금법을 제정해 국내 가용자금이 중화학공업 육성에 쓰이도록 '국민투자기금'을 설립했다. 국민의 광범위한 저축과 참여를 바탕으로 중화학공업 육성에 필요한 자금을 공개적으로 조달하겠다는 취지였다. '기금'은 금융기관별로 예금의 일정 범위 내에서 출연하도록 했다.

1973년 12월에는 산업기지개발촉진법을 제정해 중화학공업 육성의 전

초기지 역할을 수행할 '산업기지개발공사'를 신설했다. 산업기지개발공사는 1974년 4월부터 1979년까지 창원, 여천, 온산, 안정, 구미, 포항, 북평, 아산 등에 8개 산업단지를 건설하는 데 기여했다.

재벌의 경제력 집중 가속화돼

단지 조성에 따라 철강 분야에서는 포항제철이 2~4기 설비 확장을 통해 규모를 늘렸으며 비철금속 분야에서는 온산공업단지에 아연제련소와 구리제련소가 건설되었다. 석유화학 분야에서는 여천에 제2석유화학단지가 건설되었고 조선 분야에서는 현대 울산조선소와 대우 옥포조선소 등이 건설되었다. 기계공업 분야에서는 창원에 대규모 기계단지가 조성되었고 전자 분야에서는 구미 단지가 건설되었다.

14개 주요 산업엔 내국세를 감면해 주었고 중화학공업 제품을 수출하여 생긴 소득에는 소득세와 법인세를 50% 감면하는 파격적인 조치를 취했다. 이처럼 업종별 산업단지 건설, 국민투자기금 조성 등 정부의 적극적인 육성 시책에 힘입어 경공업 우위의 산업구조는 점차 중화학공업 우위로 바뀌어갔다. 그러나 추진 과정에서 적지 않은 부작용이 양산되었다. 경쟁과 효율은 도외시되고 자원 집중과 과보호로 환율과 금리 등이 왜곡되었으며 저축률이 하락했다. 재벌기업의 경제력 집중이 가속화되었고 독과점 폐해가 심각했다.

그럼에도 중화학공업 육성은 우리의 산업구조를 고도화하고 국제 경쟁력을 높였다는 점에서 우리 경제의 질적 도약을 담보한 역사적인 분수령이었다. 오늘날 반도체, 휴대폰, 자동차, 유조선 등 최첨단 제품을 자랑하며 세계 10대 경제대국으로 급부상한 것도 '중화학공업 육성 정책'의 결과였다. 또 육성과정에서 잘 교육된 우수한 기술인력이 대거 양산되어 우리나라의 기술 수준을 한 단계 끌어올리는 첨병 역할을 할 수 있었던 점도 빼놓을 수 없는 성과였다. 1980년대 민주화조차 중화학공업이 뒷받침된 경제성장과 이로 인한 경제안정이 없었다면 불가능했을 것이라는 주장도 있다.

박태준과 포항종합제철 준공

밝은 오렌지색 섬광이 치솟는가 싶더니 용암처럼 시뻘건 쇳물이 힘차게 흘러나오기 시작했다.

우리나라에서 종합제철사업의 꿈이 처음 펼쳐진 것은 1950년대의 자유당 말엽이었다. 1958년 8월 상공부가 연산 20만 톤 규모의 종합제철공장 건설계획을 발표했으나 외자 조달에 실패해 결국 포기해야 했다. 5·16 후에도 군사혁명 정부가 제1차 경제개발 5개년 계획을 수립하면서 제철소 건립을 구상했으나 또다시 꿈에 그치고 말았다. 그래도 박정희는 꿈을 포기하지 않았다. 결국 제철소 건립은 1966년 1월 박정희 대통령이 방미 길에 미국 제철공업의 본고장 피츠버그를 둘러보면서 구체화되었다.

정부는 제철소 건립에 필요한 외자를 마련하기 위해 1966년 12월 미국의 피츠버그에서 한국의 종합제철소 건설을 위한 국제 차관단회의를 마련했다. 회의 끝에 미국, 독일 등 4개국 7개 회사(1년 뒤 프랑스의 1개 회사가 추가되어 5개국 8개 회사)를 중심으로 '대한국제제철차관단(KISA)'이 발족되었다. KISA는 현금 차관 대신 종합제철 건설에 필요한 설비를 차관 형식으로 제공하기 위한 기구였다. 정부는 1967년 4월 KISA와 가협정을 체결하고 1967년 10월 3일 경북 포항시 영일만 대송면에서 '종합제철공업단지 기공식'을 열었다. 종합제철공장 건설추진위원장으로는 박태준(1927~2011) 대한중석 사장을 1967년 11월 임명했다.

박태준은 경남 동래군에서 태어나 6살이던 1933년 아버지가 일하고 있는 일본으로 건너가 성장했다. 1945년 와세다대 기계공학과에 입학했다가 해방 후인 1946년 2학년을 마치고 중퇴한 후 귀국했다. 1948년 7월 육사 6기로 군문에 입문해 당시 육사 중대장으로 근무하고 있던 박정희와 첫 인연을 맺었다.

인연은 계속 이어졌다. 박정희 소장은 1960년 1월 부산의 군수기지사령관으로 부임할 때 박태준을 인사참모로 발탁했다. 다만 1961년 5·16 군사쿠데타를 일으킬 때는 박태준을 쿠데타에 가담시키지 않았다. 쿠데타가 실패할 경우 그의 가족을 책임져줄 사람이 필요하다는 계산이었다.

"나는 고속도로를 감독할 거야. 자네는 제철소를 맡아"

5·16 후 박태준은 박정희 최고회의 의장의 비서실장과 최고회의 위원을 거쳐 1963년 소장으로 예편하고 1964년 12월 대한중석 사장으로 부임했다. 박 대통령은 일본 철강업계를 둘러본 박태준으로부터 1965년 6월 보고를 받는 자리에서 "나는 고속도로를 직접 감독할 거야. 자네는 제철소를 맡아"라고 말했다. 박태준은 만성적자에 시달리던 대한중석을 2년 만에 흑자로 바꿔 놓을 정도로 경영에도 수완이 있었다.

공장건설추진위원장으로 발탁된 박태준은 1967년 말, 박 대통령에게 종이 한 장을 내밀었다. 낙하산 인사를 배제한 전폭적 인사권과 공사 발주 및 설비 구매의 전권을 자신에게 부여하고, 중상모략 시 해명 기회 등을 요구하는 메모였다. 박 대통령이 서명한 이른바 '종이 마패'가 박태준 손에 쥐어졌다.

박태준은 1968년 3월 20일 포항종합제철의 창립총회에서 초대 사장으로 선임되었다. 하지만 그때까지도 회사 이름만 존재할 뿐 무엇하나 확정된 것이 없었다. 곧 매서운 바닷바람이 몰아치는 영일만 언덕 위에 목조

박태준(1927~2011)

2층 건물이 들어섰다. 2차대전 때 사막의 여우로 불린 롬멜 장군의 지휘력을 빗대 '롬멜하우스'로 불리게 될 건설본부였다. 이 건물과 백사장은 장차 한국 산업화의 산실이 되었다.

1968년 6월부터 시작된 부지조성공사 때만 해도 모든 게 순조로워 보였다. 그러나 1969년 2월 초, 돌연 미국과 서독의 차관 기피설이 나돌았다. KISA가 차관을 끌어들이기 위해 타당성 조사를 의뢰한 IBRD(세계은행)와 EXIM(미 수출입은행)이 "한국은 아직 내자를 동원할 역량이 없고 기술 축적도 없어 시기 상조"라는 결론을 낸 게 결정적인 이유였다. KISA는 결국 뒤로 나자빠졌다.

박태준은 1년여를 씨름하다가 KISA와 마지막 담판을 짓기 위해 1969년 2월 미국으로 건너갔다. 하지만 그가 얻어낸 성과는 없었고 결론은 KISA의 불참이었다. 박태준은 머리를 식힐 겸 하와이로 날아갔다. 그때 한 아이디어가 뇌리를 스쳤다. 기술 제휴선을 일본으로 바꾸고 대일청구권 자금을 전용한다는 이른바 '하와이 구상'이었다.

'우향우 정신'은 영일만에 빠져 죽을 수 있다는 각오

박태준은 서울로 돌아와 박 대통령으로부터 재가를 받고 일본 측의 의향을 타진했다. 일본은 한국의 농업 개발에 10년간 균등하게 투자하기로 한 청구권 자금을 제철소 건립으로 전용하고 조기 인출하는 건 곤란하다는 반응을 보였다. 그러나 우리 측의 끈질긴 설득 끝에 1969년 8월 26일, 국교정상화 이후 세 번째로 열린 도쿄의 한일각료회담에서 '하와이 구상'에 합의해 주었다.

9월 17일 일본 측 조사단이 정밀조사를 위해 내한하고 뒤이어 IBRD 조사단도 재평가를 위해 한국을 방문했다. IBRD의 역할은 우리가 일본에 내민 우리 측 어음에 보증을 서주는 것이었다. 따라서 IBRD의 조사 결과 역시 일본 측의 조사만큼이나 중요했다.

한국 측의 집요한 설득에 IBRD 조사단은 '한국의 종합제철 건설에 대한 경제적·기술적 타당성'을 인정하는 보고서를 썼다. 그 결과 1969년 12월 3일 한일 양국 대표가 포항제철 건설 자금조달을 위한 기본조약에 서명할 수 있었다. 3년 동안 7,370만 달러의 대일청구권자금(유상 4,290만 달러, 무상 3,080만 달러) 및 일본수출입은행 상업차관 5,000만 달러 등 총 1억 2,370만 달러를 제공한다는 내용이었다.

1970년 4월 1일, 마침내 '영일만의 기적'을 이룩하기 위한 첫 삽질이 시작되었다. 한국 최초의 일관제철소 기공식이었다. 이날의 발파 폭발음은 한국이 농업국가에서 공업국가로 전환하고 있음을 대내외에 알리는 팡파르였다. 자금 때문에 수년간을 허송세월한 탓에 공기 단축을 해야 하는 박태준의 집념은 무서웠다. 그는 공사 기일을 맞추지 못하면 모두 오른쪽 영일만에 빠져 죽는다는 이른바 '우향우 정신'을 강조하며 모래바람 현장을 진두지휘했다. 박 대통령은 준공 때까지 총 13차례나 포항 현지를 방문해 직접 눈으로 현장을 보고 직원들을 격려했다.

"중국에는 박태준과 같은 인물이 없지 않습니까"

그러기를 3년 3개월여. 1973년 6월 9일 오전, 박태준 사장과 직원들이 이른 아침부터 긴장된 표정으로 고로(용광로) 아래 출선구를 뚫어져라 쳐다보았다. 전날 박태준이 태양열로 채화한 원화(元火)로 점화로에 불을 지핀 지 21시간이 지난 이날 오전 7시 반, 이윽고 출선구가 열리면서 밝은 오렌지색 섬광이 몇 미터쯤 치솟는가 싶더니 용암처럼 시뻘건 쇳물이 힘차게 흘러나왔다.

마침내 우리 손으로 만든 우리나라 최초의 일관제철소 고로에서 쇳물이 생산되기 시작한 것이다. 경부고속도로 건설 비용의 3배나 되는 엄청난 금액이 들어가 단일사업으로는 단군 이래 가장 큰 대역사였다. 조강 생산 능력 103만 톤 규모의 포항종합제철소 1기 준공식은 1개월이 지난 7월 3일 오후 2시 박정희 대통령이 참석한 가운데 진행되었다.

포항제철은 준공 첫해에 40여 억 원의 흑자를 기록했다. 이후 세계적인 석유 파동과 정치 격변의 소용돌이 속에서도 수십 년 연속 흑자 경영이라는 세계 철강업계 초유의 기록을 시현했다. 박태준에 대한 찬사가 전 세계에서 끊이지 않았다.

1968년 IBRD 조사팀의 일원으로 방한해 당시 한국의 종합제철사업 계획에 대해 부정적인 보고서를 냈던 IBRD의 한 조사원은 1988년 방한했을 때 "당시의 우리 판단은 모든 점에서 타당했으나 단 한 가지 박태준의 존재를 간과한 것이 유일한 잘못이었다"라고 술회했다.

1978년 8월 일본을 방문한 등소평이 일본의 신일본제철 회장에게 "중국에도 포철과 같은 제철소를 건설할 수 있게 도와달라"고 했을 때 신일본제철 회장이 "중국에는 박태준과 같은 인물이 없지 않습니까"라고 답한 것은 유명한 일화다.

세계 철강업계는 한때 박태준을 가리켜 '미러클 메이커'라고 지칭하며 포철의 성공 사례를 케이스 스터디로 연구했다. 1991년 11월 일본 미쓰비시 종합연구소의 보고서와 1992년 5월 하버드대 경영대학원과 서울대가 공동으로 만든 보고서 역시 박태준의 탁월한 리더십을 포철 성공의 가장 중요한 요인으로 꼽았다.

치산녹화 10개년 계획

'도벌'이 5대 사회악에 포함된 것은 산림 황폐가 그만큼 심각했다는 것을 반영한 것이다.

5·16쿠데타 세력은 그들의 혁명공약에서 5대 사회악을 밀수, 마약, 도벌, 깡패, 사이비기자로 규정했다. '도벌(盜伐)'이 5대 사회악에 포함되었다는 것은 당시의 산림 황폐가 그만큼 심각했다는 것을 반영한 것이다. 군사혁명 정부는 1961년 12월과 1962년 1월 각각 산림법과 사방사업법을 제정·공포하는 것으로 치산녹화 사업에 시동을 걸었다.

1963년 2월에는 국토녹화 촉진을 위한 임시조치법까지 공포했으나 농촌의 연료가 해결되지 않은 상황에서는 실효를 거둘 수 없었다. 밥을 지어 먹고 혹독한 겨울을 이겨낼 땔감조차 없는 현실이 해결되지 않는 한 산림녹화는 구호에 불과했던 것이다.

국민에게 최소한의 연료를 확보해주지 않고서는 생계형 도·남벌을 막을 수 없다고 판단한 박 대통령은 연료림 단기조성 계획(1965~1967)을 우선적으로 시행토록 했다. 연료림 단기조성 계획과 함께 많은 예산이 편성된 것은 민둥산에 나무를 심는 치산녹화 사업이었다.

정부는 이를 위해 1967년 1월 1일 산림청을 출범시켰다. 산림청은 인구밀도가 높은 서울을 비롯한 경인지구에 땔감 나무의 반입을 금지하는 강경책을 도입하는 한편 수도권 가구에 무연탄 보급을 확대하는 정책을 폈다. 또한 농촌 지역의 아궁이를 개량해 최소량의 나무를 때서 밥을 짓고 방을 덥힐 수 있게 하는 방안도 추진했다.

정부는 1967년 연료림 조성과 더불어 화전 정리사업과 사방공사 계획을 병행했다. 1967년에만 묘목 14억 4,300만 본을 36만 4,000ha에 식재했다. 수종은 아까시나무 40%, 리기다소나무 40%, 기타 수종 20%였다.

1967년 12월 19일에는 지리산을 제1호 국립공원으로 지정하고 1968년을 다목적 산림개발의 해로 선포해 포플러, 밤나무, 살구나무 등의 묘목을 농촌에 기증했으며 1971년에는 그린벨트를 발표했다. 조림 및 녹화사업에는 부수적으로 아궁이 개량, 마을 도로 정비, 부락 청소 등의 농촌생활 개선작업도 뒤따랐다. 이는 부락민의 협동심을 키워주는 계기가 되어 곧 시작된 새마을운동의 기반을 조성해 주었다.

손수익은 한국 산림녹화의 전설

박 대통령은 1973년 1월 12일 연두 기자회견에서 치산녹화 10개년 계획 의지를 밝히고 4일 뒤에는 손수익 경기지사를 산림청장으로 임명했다. 손수익은 1차 치산녹화 10개년 계획을 위해 태어난 사람답게 1973년 1월부터 1978년 9월까지 5년 8개월간 산림청장을 지냈다.

그는 부임하자마자 산림녹화에 뛰어들고 10개년 계획이 완성되자마자 물러남으로써 한국 산림녹화의 전설이 되었다. 박 대통령은 1973년 3월 3일 정부조직법을 공포해 산림청을 내무부로 이관했다. 이로써 산림정책은 내무부 행정력의 강력한 지원을 받게 되었다.

김현옥 내무장관이 3월 16일 전국 각 도지사, 시장, 군수, 경찰서장 등을 내무부로 불러모아 첫째도 산, 둘째도 산을 강조했다. 이날부터 치산녹화사업은 새마을운동과 똑같이 내무부 공무원의 총동원이 가능해졌다.

강원도 춘천의 한 민둥산 모습

치산녹화사업이 유신 과업으로 격상되면서 산림청장도 비상국무회의나 새마을 국무회의에 배석하게 되었다. 예산 문제 등 관계 부처와의 협조도 원활해졌다.

내무부는 절대녹화, 절대보호

라는 치산녹화 10년 계획을 짰다. ▲향후 10년간 총 100만ha에 21억 본을 조림한다(당시 남한의 총 산림 면적은 665만ha) ▲조기 녹화를 위해 속성수와 장기수 비율은 7대 3으로 하고 국민식수 편의를 위해 잣나무, 낙엽송, 삼나무, 이태리포플러, 은수원사시나무, 오동나무, 아까시나무 등 10대 수종을 표준화한다 ▲마을 주민의 소득에 보탬을 주면서 협동심을 배양하기 위해 은사시나무, 이태리포플러 등 양묘를 전량 마을 주민들이 협동해 생산한다 ▲주민에게 소득이 돌아가도록 하는 마을 양묘를 도입한다 ▲절대보호지에 산불이 발생, 100ha 이상의 임야가 불타면 시장이나 군수를 면직한다 등이었다.

산림녹화에 성공한 유일한 개발도상국

제1차 치산녹화 10개년 계획이 확정되자 전국 각 도에는 산림국이, 각 시·군에는 산림과가 신설되었다. 1973년 봄에 심은 나무는 전국의 산림 11만ha에 걸쳐 2억 9,700만 그루나 되었다. 봄 가뭄이 심해 전문가들도 나무 심는 것이 무모하다고 했지만 그대로 강행되었다.

치산녹화사업의 성공 사례는 세계 각국에 알려졌다. 세계은행에서 차관으로 돈을 빌려 나무를 심는다는 사실이 세계적 뉴스거리로 등장하자 1977년 봄 미국의 CBS 방송이 세계은행 차관이 실제로 녹화사업에 제대로 쓰이고 있는지 아니면 정부 차원의 비리가 있는지를 캐려고 한국을 방문해 전국을 취재했다. 하지만 취재진은 자신의 의심이 잘못되었음을 알게 되어 당초 계획과 달리 긍정적으로 보도했다.

이 보도가 나온 뒤 유엔의 세계식량농업기구에서 한국의 치산녹화 현장을 시찰하고 1982년에는 보고서를 통해 한국은 2차대전 이후 산림녹화에 성공한 유일한 개발도상국이라고 극찬했다. 동남아 국가에서도 시찰단이 내한했다.

1973년 시작된 치산녹화 10개년 계획은 6년 만인 1978년 완료되었다. 그동안 108만ha에 나무를 심고 420만ha의 육림을 조성했으며 4만 2,000ha의 사방사업을 마무리했다. 30억 그루의 양묘도 생산하고 조림했다. 제1차 치산녹화 10개년 사업에는 전국 3만 4,000여 단위마을 전체가 참여했다.

중동 건설 붐과 삼환기업

삼환의 중동 진출 후, 국내 건설업체들이 속속 중동으로 진출했다.

우리 건설업체가 처음 해외로 진출한 것은 전쟁이 한창이던 1960년대의 베트남과 동남아시아였다. 베트남전이 끝난 1970년대 초반에는 유가 급등 덕에 막대한 오일달러를 벌어들여 도로, 병원, 항만 등 인프라 공사를 쏟아내고 있는 중동 지역을 집중적으로 개척했다.

그러나 당시 중동 지역에는 우리 공관이 한 곳도 없어 건설업체 홀로 시장을 개척해야 했다. 그런 불리한 여건하에서도 중동 땅에 먼저 깃발을 꽂은 건설업체가 있었으니 삼환기업이었다. 설립자 최종환(1925~2012)은 황소걸음으로 건설 외길을 걸어간 우리나라 건설업의 개척자였다. 그는 남이 만들어놓은 길을 가기보다 새 길을 뚫어 저돌적으로 밀고 나가는 뚝심의 경영자였다.

최종환이 장차 삼환그룹의 효시가 될 삼환기업공사를 설립한 것은 21살이던 1946년 3월 15일이었다. '삼환'은 맏형인 명환과 둘째형인 영환과 힘을 합쳐 만들었다는 뜻이다.

설립 초기 삼환은 주로 주한 미군에서 수주한 공사를 바탕으로 사업의 기틀을 마련했다. 1960년대부터는 남산 자유센터(1964), 조선호텔(1969),

삼일빌딩(1970), 국립극장(1973), 프라자호텔(1976), 태평로 삼성빌딩(1976), 신라호텔(1978), 광주박물관(1978), 포항제철 공장(1971~1981) 등을 지으며 사세를 확장했다. 경부고속도로를 비롯 호남, 영동, 남해, 동해고속도로 등 각종 토목 공사에도 삼환의 흔적이 고스란히 배어 있다.

최종환(1925~2012)

삼환은 관급 공사를 거의 하지 않는 것으로 유명했다. 정부 발주 공사를 둘러싼 정치권력과의 정경유착이 최종환의 생리에 맞지 않았기 때문이다. 삼환은 국내보다 해외에서 더 두각을 나타내고 진가를 발휘했다. 국내 건설이 걸음마 단계에 있던 1959년, 최종환이 해외 건설시장을 살피기 위해 3개월 동안 세계를 둘러본 일은 건설업계의 유명한 일화로 남아 있다. 그 여행은 국내 건설업의 해외 진출을 개척한 전환점으로 우리나라 토목건설사(史)에 기록되어 있다.

삼환은 1966년 4월 국내 건설업체 최초로 베트남의 사이공과 일본 도쿄에 지사를 설치했다. 1972년부터는 사우디아라비아가 발주하는 공사에 세 차례나 입찰을 시도했다. 하지만 모두 실패해 세계 시장의 높은 벽을 실감해야 했다. 다행히 1973년 6월 사우디의 카이바~알울라 간 고속도로 7공구(175km)를 수주하는 데 성공, 네 번째 도전 만에 한국 건설업체로서는 처음으로 중동에 진출하는 쾌거를 이뤄냈다.

그러나 기쁨도 잠시뿐, 우리나라와 교역도 없는 국가의 사막 지대 공사에 그것도 담보가 없는 회사에 지급보증을 서줄 국내 은행이 없었다. 최종환은 은행장을 찾아가 "인간 최종환을 믿어달라"며 호소한 끝에 지급보증을 받아냈다. 이때부터 최종환에게는 '인간 담보물'이라는 별칭이 따라 다녔다. 하지만 중동 땅에서 처음 이뤄진 공사는 500만 달러의 적자를 냈다.

사막의 밤하늘 수놓은 횃불은 장관

삼환은 첫 번째 수주 성공에 이어 1974년 사우디 제1의 도시 제다시를 현대화하는 제다시 미화 공사를 2,427만 달러에 수주하는 데도 성공했다. 당시 제다시 측은 회교도들의 메카 순례 기간에 맞추어 공사를 앞당겨달라고 삼환에 요청했다. 마침 현장에 있던 최종환이 1인 3교대 철야작업을 지시했으나 전기 시설이 부족해 수천 개의 솜방망이에 불을 켜놓고 공사를 강행했다. 사막의 밤하늘을 수놓은 횃불은 그야말로 장관이었다.

어느 날 이 사실을 알게 된 파이살 국왕은 "저렇게 성실한 사람들에게 더 많은 공사를 주라"고 특별 지시를 했다. 덕분에 삼환은 6,500만 달러 규모의 제다시 미화 2차 공사를 수의 계약으로 따내는 행운을 얻었다.

이후 삼환은 사우디의 펜타곤으로 불리는 2억 4,000만 달러 규모의 사우디 방위사령부(1976~1980)를 비롯 사우디 최고층 건물(27층)인 사우디 국립상업은행 본점(1978~1984), 사우디 왕궁 및 왕자궁(1978~1981) 등을 수주하며 승승장구했다.

1980년대 들어서도 삼환의 해외 진출은 멈추지 않았다. 1978년 미수교국이던 예멘에 진출한 것을 계기로 1984년 북예멘 마리브 유전 개발에 참여했고 요르단, 파푸아뉴기니, 방글라데시, 사할린 등 지역과 국가의 구분 없이 사업성이 있는 곳이면 어디든 달려갔다. 1985년에는 3,400만 달러 규모의 알래스카 교도소 공사를 수주해 우리나라 건설업체 중 최초로 미국 시장에 진출하는 쾌거를 이뤄냈다.

삼환이 중동에 길을 트자 그동안 베트남과 동남아시아를 중심으로 해외 건설에 경험을 쌓아오던 국내 건설업체들도 1970년대 중반부터 속속 중동으로 진출했다. 우리 건설업체들은 베트남에서 닦은 경험과 기술, 인력, 장비들을 중동 땅에 쏟아부었다. 당시 우리 경제는 외환 보유고가 바닥이 난데다 오일 쇼크로 힘든 시기를 보내고 있었다. 정부는 이 시련기를 벗어나기 위해 국내 업체들의 중동 진출을 총력 지원했다.

1974년 남광토건, 신한기공에 이어 1975년 대림산업, 신원개발이 중동에 진출했고 1975년 10월에는 현대건설이 그때까지 국내 건설업체가 수주한 해외공사로는 최대 규모인 1억 4,460만 달러짜리 바레인 수리조선소 건설공사를 수주하는 등 중동 곳곳에 한국의 깃발이 펄럭였다.

1976년 2월에는 현대건설이 단일 공사로는 세계 최대로 일컬어지던 사우디의 주베일 산업지역 신항 건설공사를 9억 3,000만 달러에 수주하는 데 성공함으로써 세계 건설업계를 놀라게 했다.

해외건설 수주액 최고기록 매년 갈아치워

중동건설 붐 덕에 해외 건설 연간 수주액은 1976년 25억 달러, 1978년 81억 달러를 기록했다. 1981년에는 세계 33개국에서 136억 달러의 실적을 기록해 미국에 이어 세계 2위의 해외 건설 강국으로 부상했다. 1983년엔 동아건설이 36억 달러의 리비아 대수로 1단계 공사를 수주하는 데 성공, 기네스북에 오르고 해외 건설의 한 획을 그었다.

그러나 계속될 것만 같던 중동 붐은 1984년을 기점으로 내리막길을 걸었다. 1984년 101억 달러, 1985년 47억 달러로 줄어들더니 급기야 서울올림픽이 열렸던 1988년엔 16억 달러로 급감해 1992년까지 침체기가 이어졌다. 유가 하락으로 오일달러가 줄어든 중동 국가들이 건설투자를 줄인 것이 결정적인 원인이었지만 한국 건설업체들의 기술적인 한계도 일부 작용했다.

후유증이 심각했다. 악성 미수금이 늘어나면서 일부 업체는 도산 또는 은행관리에 들어갔고 증권시장에서는 사고뭉치 취급을 받았으며 건설업체에 대한 이미지도 바닥으로 곤두박질쳤다. 1992년부터 1997년까지 잠시 회복되는가 싶었으나 1998년부터 2003년까지 다시 침체기를 맞았다.

그러다가 2004년부터 다시 중흥기를 맞아 2005년 108억 달러를 시작으로 2006년 164억 달러, 2007년 398억 달러, 2008년 476억 달러, 2009년 491억 달러, 2010년 715억 달러를 기록하는 등 연일 해외건설 수주액 최고기록을 갈아치웠다. 2011년 들어 잠시 주춤하긴 했으나 그래도 591억 달러를 기록했다.

이렇게 쌓인 해외 건설공사 누적 수주액은 2012년 6월 현재 5,000억 달러를 넘겼다. 지역별로는 중동 3,019억 달러, 아시아 1,479억 달러, 중남미 165억 달러, 아프리카 164억 달러 등이다.

소양강댐 준공

다목적댐의 맏형답게 지금도 최고의 위용을 자랑하며 묵묵히 한강의 물길을 조절해주고 있다.

소양강은 오대산 부근에서 발원해 남으로 흐르다가 강원도 춘천시 북쪽에서 북한강과 합류한 뒤 한강으로 흐르는 총길이 156.8km의 강이다. 이 소양강에 한강의 고질적인 홍수를 해결하고 부족한 용수와 전력을 확보하기 위해 만들어진 것이 소양강 다목적댐이다. 그때까지 우리는 다목점댐을 설계한 경험이 없어 설계와 기술은 세계 굴지의 댐 전문회사 일본공영이 맡고 시공은 현대건설이 담당했다.

현대건설은 그때까지만 해도 댐에 대한 기술 축적이 전무해 일본공영의 설계대로 따라 하는 수밖에 없었다. 당시 우리는 제철소가 없어 철근은 일본에 의존해야 했고 시멘트는 태부족이었다. 이런 상황에서 막대한 철근과 시멘트가 소요되는 중력댐 방식으로 소양강댐을 짓게 되면 무리가 따를 수밖에 없다는 사실을 현대건설의 정주영은 잘 알고 있었다. 정주영은 우리나라에 지천으로 널려 있는 자갈과 무진장한 모래에 주목했다. 해외 사례도 조사해 보니 2차대전 이후 100m가 넘는 대규모 댐은 대개 '사력댐'으로 만드는 것이 세계적인 추세였다. 이집트의 아스완댐도 사력댐이었고, 입찰 과정에서 알게 된 태국의 파솜댐도 사력댐이었다.

소양강댐 전경

정주영은 중앙에는 점토로, 주변에는 자갈과 모래로 다지고 돌을 쌓는 사력댐으로 소양강댐을 만드는 것이 콘크리트 중력댐으로 만드는 것보다 훨씬 경제적이라고 판단해 건설부에 사력댐 방식을 제시했다.

댐에 관한 경험이 전무한 회사가 그것도 초등학교 졸업이 학력의 전부인 정주영이 이미 확정된 방식을 바꾸자고 제안하자 건설부가 펄쩍 뛰었다. 일본공영은 어처구니없어했다. 결국 현대건설은 건설부, 수자원공사, 일본공영, 현대건설 4자 연석회의에서 온갖 수모를 당했다. 사력댐은 이렇게 제대로 된 검토조차 없이 물 건너가는 듯했다.

사력댐안(案) 제시했다가 온갖 수모 당해

건설부는 혹시라도 나중에 정주영이 박정희 대통령을 만나 사력댐을 주장할 것에 대비해 미리 박 대통령에게 정주영의 '사력댐안(案)'을 보고했다. 건설부는 "사력댐을 만들면 비용은 줄어도 몇 년이나 걸리는 공사 중간에 큰 홍수라도 나면 춘천은 물론 서울까지 물에 잠긴다"고 보고를 했기 때문에 박 대통령도 정주영의 사력댐안을 무시할 것으로 예상했다. 그러나 박 대통령의 반응은 예상과 달랐다.

포병장교 출신답게 "콘크리트댐으로 했다가 댐 완공 후 북한에서 댐을 폭격이라도 하면 그때는 끝나는 것 아니냐"라고 물으면서 "사력댐은 폭격을 맞아도 한번 들썩하고 조금 파일 뿐 파괴될 걱정이 없으니 사력댐이 더 유리하다"는 반응을 보인 것이다.

소양강댐은 이런 우여곡절을 거쳐 중력댐에서 사력댐으로 바뀌었다. 일본공영 구보타 회장도 "당신의 식견에 존경을 표한다"며 젊은 정주영 사장에게 고개를 숙였다. 일제시대 때 수풍댐을 만들어 댐에 관한 한 세계 최고의 베테랑이 한국에서만 알려진 정주영의 탁견에 손을 든 것이다.

1967년 4월 15일 기공해 6년 반 동안의 난공사 끝에 당시로는 세계 4위, 동양 최대의 소양강댐이 준공된 것은 1973년 10월 15일이었다. 예산은 사력댐으로 바꾼 덕에 30%가 절감되었다. 또한 소양강댐을 만들며 축적한 기술은 한국의 해외 건설 진출의 밑거름이 되었다.

소양강댐의 높이(123m)는 북한의 수풍댐은 물론 서울의 3·1빌딩보다 높았다. 총저수량(29억 톤)은 화천, 춘천, 의암, 청평댐 등 당시 한강수계 5개 댐 저수용량의 거의 2배에 가까웠다. 당시 한국의 총수력 발전용량(62만kw)의 3분의 1에 해당하는 20만kw의 발전용량은 준공 후 바로 불어닥친 '오일 쇼크' 때 제대로 진가를 발휘했다.

공사 규모가 컸던 만큼 공사 중 37명이나 숨지고 춘성군, 양양군, 인제군 등의 수몰지역에서 3,000여 가구 1만 8,000명의 주민이 정든 고향을 떠나야 했다. 국내에서는 한 번도 검증된 적이 없는 사력댐이었던 터라 1984년 8월의 대홍수 때 댐 관계자들이 붕괴 위험을 걱정하며 밤잠을 설치긴 했어도 결국 사력댐이 대홍수를 견뎌낼 수 있다는 사실이 확인됨으로써 소양강댐에 대한 의구심도 사라졌다.

소양강댐은 지금도 우리나라 다목적댐의 맏형으로 최고의 위용을 자랑하며 묵묵히 한강의 물길을 조절해주고 있다.

중앙정보부 김대중 납치

납치 목적이 살해인지 강제 귀국인지 여부는 여전히 논란에 휩싸여 있다.

1972년 10월 17일 박정희 대통령이 비상계엄을 선포했을 때, 야당의 유력 정치인이던 김대중은 다른 일로 일본에 머물고 있었다. 졸지에 망명객이 된 김대중은 야당 의원들까지 고문을 당한다는 사실을 알고, 귀국을 포기한 채 해외에서 반유신 민주화운동을 벌였다. 1973년 7월 미국 워싱턴에서 '한민통'(한국민주회복통일촉진국민회의) 발기인 대회를 열고, 같은 달 일본으로 돌아가 한민통 일본본부 결성을 추진했다.

박 대통령은 귀국하지 않고 일본과 미국을 오가며 반유신 활동을 펼치는 김대중을 '사대주의'라며 비난했다. 김대중을 귀국시키려고 다각도로 손을 썼으나 뜻대로 되지 않았다. 그 시기에 벌어진 게 김대중 납치였다.

이후락 중앙정보부장이 처음 김대중 납치를 지시했을 때, 중정 해외담당 차장보인 이철희와 일본 현지의 중정 책임자인 주일 공사 김재권(본명 김기완)은 사안의 심각성을 감안해 반대하는 입장을 취했다. 하지만 "내가 책임지겠다"는 이후락의 말을 믿고 곧 납치를 추진했다. 일본 현지에서는 해외공작단장 윤진원과 중정 소속의 주일 한국 대사관의 1등서기관 김동운 등 여러 명이 동원되었다.

김대중이 양일동 전 의원이 머물고 있는 도쿄의 그랜드 팔레스호텔 2212호실을 방문한 것은 1973년 8월 8일 정오 무렵이었고, 선약이 있다며 객실을 나선 것은 오후 1시 15분쯤이었다. 김대중과 양일동 두 사람이 엘리베이터 쪽으로 발걸음을 몇 발짝 옮기는 순간, 2210호실과 2215호실에서 5명의 건장한 중정 요원들이 뛰쳐나와 김대중을 2210호실로 끌고 들어갔다.

잠시 후 그들은 엘리베이터를 통해 김대중을 지하 주차장으로 끌고가

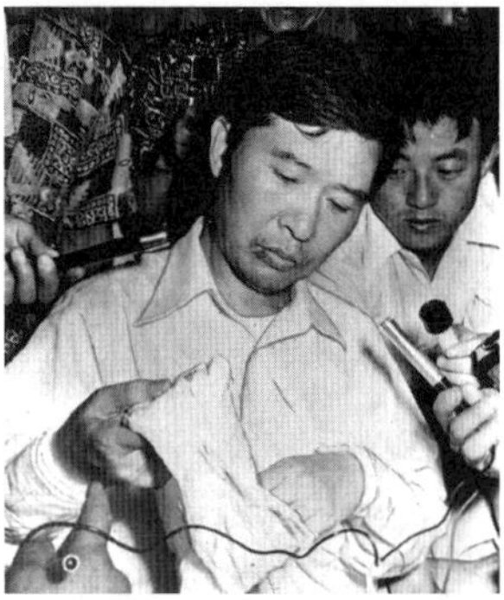
동교동 자택으로 돌아온 김대중

쏜살같이 호텔을 빠져나갔다. 그들은 베테랑 요원이었는데도 선명한 지문은 물론 권총 탄창과 대형 륙색, 마취제가 든 영양제 병 등 수많은 물건을 객실에 남겨놓는 치명적인 실수를 했다. 그중에는 북한 담배도 있어 중정이 김대중의 납치를 북한의 소행으로 덮어씌우려 했다는 추측을 낳기도 했다.

목적이 살해인지 강제 귀국인지는 여전히 논란

중정 요원들은 도쿄를 빠져나와 공작선이 대기 중인 오사카에서 김대중을 작은 배에 싣고 1시간 정도 먼바다로 나가 그곳에 정박 중인 큰 배에 실었다. 화물선으로 위장한 중앙정보부의 특수공작선 '용금호'였다. 용금호는 8월 9일 빠르게 부산을 향해 항진했다. 온몸을 단단히 묶인 김대중의 입에는 재갈이 물렸고, 몸에는 50kg의 물체가 달렸다. 자신을 바다에 수장할지 모른다는 공포감이 김대중을 엄습했다.

한편 납치 당일 일본으로부터 김대중의 납치 사실을 전해들은 필립 하비브 주한 미 대사는 이튿날 박 대통령에게 "중앙정보부의 소행인 것을 알고 있으니 김대중을 풀어주라"고 요청했다. "풀어주라"는 박 대통령의 지시가 용금호로 전달된 가운데 8월 10일 밤 용금호가 부산외항에 도착했다.

배에서 하루를 보낸 뒤 11일 밤 서울 모처의 중앙정보부 안가로 옮겨진 김대중이 서울 동교동 자택의 초인종을 누른 것은 8월 13일 밤 10시 20분쯤이었다. 입술 오른쪽은 부르텄고 다리에는 타박상을 입었다.

북한은 납치 사실을 구실로 삼아 "이후락 같은 깡패와는 더 이상 대화할 수 없다"며 1972년의 7·4남북공동성명 후 이어지던 남북대화를 일방적으로 중단했다. 일본 정부는 "명백한 주권 침해"라며 한일 각료회의를 연기했고 일본 경찰은 벌건 대낮에 도쿄 치안이 유린당했다며 강경한 반응을 보였다. 일본 경찰은 호텔 현장에서 범인 중 한 명인 김동운 서기관의 지문을 채취하고 범행에 사용된 차량이 요코하마 한국 영사관 소유임을 밝혀내 관련자 출두를 요구했다. 그러나 한국 정부는 관련 사실을 완강히 부인했다.

양국 간의 갈등은 박 대통령이 사건 발생 석 달 만인 11월 2일 김종필 총리에게 친서를 들려 보내 일본에 사과함으로써 봉합되었다. 일본도 이 사건이 확대되는 것을 원치 않아 김동운 개인의 범행으로 일단락되었다.

김대중의 납치는 지금까지도 몇 가지 사실이 논란에 휩싸여 있다. 납치 목적이 살해인지 강제 귀국인지, 혹은 박정희 대통령의 지시인지 이후락 중정 부장의 단독 범행인지 여부다. 김대중은 한 번은 호텔에서 또 한 번은 용금호에서 두 번 죽을 고비를 넘겼다고 주장했다. 하지만 중앙정보부와 용금호 선원들은 납치가 목적이었다고 반박했다.

과거사위도 명확한 결론 못 내려

김대중은 또한 박 대통령이 "김대중을 해치워버려"라고 지시했다는 얘기를 이후락 중앙정보부장으로부터 전해 들었다는 최영근 전 의원의 말을 근거로 박 대통령의 사주에 의한 것이라고 주장했다.

그러나 박 대통령의 측근들은 납치 사실을 보고받았을 때의 박 대통령의 첫 반응과 납치를 저지른 이후락에 대해 여러 차례 불만을 토로한 적이 있다는 것을 근거로 박 대통령의 사전 지시나 인지 가능성은 희박하다고 반박한다. 당시 박 대통령의 신임을 잃어 위기에 몰려 있던 이후락의 과잉충성이 일을 저질렀을 가능성이 높다는 것이다. 다만 사건을 은폐하는 데 박 대통령이 사후에 관여한 사실은 양측 모두 인정하고 있다.

의혹은 또 있다. "구출용 비행기가 용금호에 접근했기 때문에 극적으로 살았다"는 김대중의 주장과 "비행기를 본 적이 없다"고 증언하는 선원들 간의 상반된 주장이 그것이다. 이 의혹은 2007년 10월 국가정보원 과거사위원회의 발표에 의해 일부 해소되었다. 과거사위 조사는 이철희 당시 중정 차장보 등 10여 명의 면담 조사와 1만 2,000쪽에 이르는 국정원의 내부 문서 검토를 거쳐 사건 발생 34년 만에 나온 정부 차원의 첫 공식 조사결과였다.

이철희 차장보는 과거사위에서 이후락 당시 중정 부장의 지시에 의해 납치가 이뤄졌다고 진술했다. 다만 당시 외교적으로 문제가 생길 수도 있다며 반대하는 자신에게 이후락이 "데려오기만 하면 그 후 책임은 내가 진다. 나는 뭐 하고 싶어서 하는 줄 알아"라고 말했다고 진술함으로써 박대통령의 직접 지시 가능성을 열어두었다. 박 대통령은 김대중 납치사건과 무관하다면서도 납치범들을 처벌하지 않아 의혹을 해소하지 못했다.

과거사위는 논란이 되어 온 김대중 수장 위협과 비행기 출현 사실에 대해서는 구체적으로 확인된 게 없다고 발표했다. "배에 감금된 채 재갈이 물리고 손발을 결박당한 피해자로서는 수장을 위한 준비행위로 인식하고 위기감을 갖는 것은 당연하지만 직접적으로 갑판 위에서 바다로 던지려는 시도는 없었다"며 "미국이나 일본이 김대중을 구출하기 위해 비행기를 보냈다는 자료도 없다"고 설명했다.

과거사위는 또 납치가 살해를 위한 것인지 단순 납치였는지에 대해서도 명확한 결론을 내리지 못한 채 조사를 종결지었다.

최종길 서울대 법대 교수 고문사

중앙정보부의 발표와 행적은 동생이 보기에 모든 게 의혹투성이였다.

서울대 법대 최종길(1931~1973) 교수가 "간첩사건과 관련해 참고인으로 진술할 게 있다"는 중앙정보부의 호출을 받고 당시 중앙정보부에 근무하고 있던 동생 최종선과 함께 자진출두한 것은 1973년 10월 16일이었다. 그로부터 8일이 지난 10월 25일, "유럽 거점 간첩단으로 체포되어 수사를 받던 최종길 교수가 동베를린에 갔다온 사실이 밝혀지자 19일 새벽 1시 30분경 중정 남산분청 7층에서 화장실 창문을 통해 투신자살했다"는 중앙정보부의 발표가 있었다.

중앙정보부의 압력이 있었는지 당시 언론은 최 교수의 죽음은 간략히 보도하고 '유럽 거점 간첩단' 적발사실만 대대적으로 보도했다. 중정은 '유럽 거점 간첩단' 사건과 관련, 유럽 유학이나 출장을 다녀온 학자와 공무원 등 54명이 유럽에서 북한 공작원과 연계해 간첩활동을 벌였다며 3명을 구속하고 17명을 불구속 입건했다고 발표했다.

동생 최종선은 형의 죽음에 강한 의문을 품었지만 감히 발설하지 못하고 세브란스병원 정신병동에 1주일간 입원해 먼 훗날의 공개를 염두에 두고 중정 내부에서 보고 들은 내용을 토대로 형의 죽음에 관한 기록을 남겼다. 최종선이 보기에 중정의 발표와 행적은 모든 게 의혹투성이였다.

사고 이후 시체를 현장에 두지 않고 급히 국립과학수사연구소로 옮긴 점, 가족·변호인·의사의 검시 참여를 불허한 점, 한 장뿐인 사체 사진이 투신 자살(뒷머리가 깨지고 양쪽 손발이 부러졌다는 정보부 발표)을 전혀 입증하지 못한 점 등도 의문스러웠지만 무엇보다 162cm의 작고 뚱뚱한 형이 수사관들을 6m 거리에 둔 채 굳게 닫힌 가로 1m, 세로 1.5m 크기의 화장실 창문을 열고 뛰어내리는데 2명의 중정 요원이 형을 제지하지 못했다는 중정의 발표를 도무지 납득할 수가 없었다.

동생은 강한 의문을 품었지만 발설하지 못해

최종선은 몰래 형의 추락 장소를 살폈으나 핏자국은 물론 이것을 씻어 낸 흔적도 발견할 수 없었다. 최종선은 중정이 형을 데리고 간 이유도 진짜 간첩 행위를 해서라기보다 다른 이유 때문이라고 추정했다.

1973년 8월의 이른바 '김대중 납치사건'을 계기로 조용하던 대학가에서 반유신 시위가 잇따르고 있을 때, 경찰이 교내로 진입해 시위학생들을 구타하고 강의실까지 들어가 학생들을 연행해 가자 이를 보다 못한 최 교수가 교수회의에서 "경찰의 무도한 행위에 대해 정의를 가르치는 스승으로서 모른 체하면 안 된다"며 "서울대 총장이 대통령의 사과를 받아와야 한다"는 등의 발언을 한 것이 당국의 미움을 샀다는 것이다.

당시 도널드 그레그 CIA 서울지부장이 박종규 청와대 경호실장을 만나 "한국 중정은 북한과 맞서는 일보다는 국내 야당 인사를 압살하는 데 더욱 주력하고 있으니 함께 일할 수 없다"고 항의했다는 사실도 세월이 한참 흐른 뒤에 알려졌다.

1974년 12월 명동성당에서 천주교 정의구현전국사제단이 주최한 '최종길 교수와 떠난 모든 형제를 위한 추모 미사'가 열렸을 때 최종선은 사제단에게 자신의 수기를 넘겨주었다. 그러나 당시 분위기상 수기를 공개할 수는 없었다.

최종길(1931~1973)

십수 년이 지난 1988년 10월, 사제단이 최 교수 사인 진상규명을 위한 고발장을 제출했으나 검찰은 "최 교수가 타살되었다는 주장도, 자살했다는 증거도 찾지 못했다"며 기각했다. 다만 간첩 혐의에 대해선 '구체적인 증거가 없다'며 인정하지 않았다.

'가혹 행위를 못 이겨 사망한 사실이 인정된다'

다시 시간이 흘렀다. 2002년 5월 대통령 직속 의문사진상규명위원회는 최 교수가 고문을 받은 흔적이 있다는 법의학자들의 소견 등을 근거로 "최 교수가 중정 요원의 고문에 의해 타살되었을 가능성이 크다"고 판정했다. 유족은 국가를 상대로 67억 원의 손해배상 청구소송을 제기했다.

전직 중정 공작과장은 법정에서 "당시 최 교수는 혹독한 고문 끝에 사망했으며 자살이라는 중정 발표는 모두 거짓"이라고 증언해 사건의 실체에 한 발짝 더 가까이 다가가는 듯했다. 그러나 1심 재판부는 "소송이 제기된 2002년 5월부터 시효기간인 5년을 거꾸로 계산해 1997년 5월 이전에 소송을 낼 수 있었는데도 그렇게 하지 않아 시효가 지났다"며 2004년 7월 유족의 청구를 기각했다.

유족들은 항소했고 서울고법은 2006년 1월 "국가는 15억 5,000만 원을 배상하라"고 강제조정 결정을 내렸다. 그러나 유족의 조정결정 거부로 재판이 속개되었고 2006년 2월 서울고법이 "중앙정보부의 가혹행위를 못 이겨 최 교수가 사망한 사실이 인정된다"며 "국가가 불법행위에 대한 책임을 지고 유족에게 18억 4,800만 원을 배상하라"고 판결했다.

서울고법은 또한 "(청구권을 행사할 수 없는)'객관적 장애'의 사유가 있는데도 국가가 소멸시효를 주장하며 '왜 권리를 행사하지 않았는가'라고 원고들에게 책임을 전가하는 것은 '신의 성실 원칙'에 어긋난다"며 1심 판결을 뒤집은 이유를 설명했다. 2심 판결은 국가가 저지른 불법행위에 대해서는 소멸시효를 적용할 수 없다는 점에서 의미가 컸다. 2006년 3월 법무부의 대법원 상고 포기로 항소심 판결이 확정됨으로써 최종길 교수의 의문사는 명백한 고문사로 역사에 기록되었다.

이에리사와 세계탁구선수권대회 우승

'에리사'는 그가 태어나기 2년 전(1952) 즉위한 영국 여왕 엘리자베스에서 딴 이름이다.

현역 시절 이에리사(1954~)는 여자 선수라고는 믿기지 않을 만큼 강력한 드라이브를 구사했다. 주 무기는 '루프 드라이브'였다. 공의 아랫면에 라켓을 마찰시키며 휘감아 올리면 스핀에 걸린 공이 공중에서 잠깐 포물선을 그리다가 역회전이 풀리는 순간 쏜살같이 상대 코트에 내리꽂히는 변칙 타법이다.

상대가 라켓을 갖다 대도 반동이 너무 커 감당이 안 된다. 루프 드라이브를 구사하려면 다리, 허리, 어깨, 손목이 한순간에 같이 움직여 줘야 힘이 실리는데 이에리사는 타고난 강한 어깨 덕에 하루 700개씩 '루프 드라이브'를 때리며 훈련했다.

이에리사는 충남 보령에서 태어나 초등학교 3학년 때 처음 라켓을 잡았다. '에리사'는 그가 태어나기 2년 전(1952) 즉위한 영국 여왕 엘리자베스에서 딴 이름이다. 충남 홍성여중에서 탁구선수로 활동하던 이에리사가 전국적인 선수로 이름을 날리기 시작한 것은 중학교 3학년 때 서울 문영여중으로 전학한 후였다.

1969년 5월 전국학생종별대회에서 개인전을 석권한 데 이어 11월의 전국종합선수권대회에서 실업팀 언니들을 모두 제치고 처음으로 국내 정상에 오른 게 문영여중 3학년 때였다. 1969년 중3의 어린 나이로 국가대표가 된 이에리사는 그해부터 1975년까지 전국종합선수권대회를 7연패하며 한국 여자탁구를 자신의 독무대로 만들었다. 이 기록은 지금도 깨지지 않고 있다.

1970년 탁구명문 서울여상으로 진학한 그는 그해 4월 일본 나고야에서 열린 제10회 아시아탁구선수권대회에 출전, 주니어부 개인전 단식을 휩

쓰고 단체전 우승을 이끌었다. 고교 2년생이던 1971년 역시 나고야에서 열린 세계탁구선수권대회에도 출전했으나 지구촌의 내로라하는 고수들을 상대하기에는 아직 역부족이었는지 개인전 예선에서 탈락하는 아픔을 맛봤다.

현역시절의 이에리사

대신 한국은 단체전 3위를 차지해 결코 호락호락한 상대가 아니라는 것을 보여주었다.

이에리사는 1972년 11월 스칸디나비아오픈에 출전, 고3 나이로 개인전 단식에 이어 박미라와 한 조를 이룬 복식까지 평정해 세계 무대에 비로소 자신감을 가졌다.

구기 종목 출전 사상 첫 세계 제패

이에리사는 1973년 4월 5일 유고슬라비아 사라예보에서 개막된 제32회 세계탁구선수권대회에 참가했다. 4단식 1복식으로 진행되는 여자 단체전에서 한국은 이에리사와 정현숙을 단식에, 이에리사와 박미라 조를 복식으로 내보냈다.

2개 조로 나뉘어 풀리그를 벌여 각 조 1, 2위를 차지한 4개 팀이 결승리그에 진출하는 예선 리그에서 한국은 B조에 속했다. 한국은 예선에서 루마니아, 서독, 스웨덴, 프랑스, 유고슬라비아를 잇달아 격파하며 5연승을 질주했다. 그것도 그냥 5연승이 아니라 단 한 경기도 내주지 않았던 완벽한 5연승이었다.

4월 7일의 예선 마지막 상대는 세계 최강 중국이었다. 한국은 결승 리그 진출이 이미 확정되었지만 우승을 하려면 중국을 반드시 이겨야 했다.

예선 리그에서 겨룬 팀은 결승 리그에서 다시 싸우지 않고 예선 리그 성적을 그대로 반영하는 대회 규정 때문이었다.

이에리사와 정현숙이 두 단식에서 먼저 승리해 기선을 잡았으나 복식의 이에리사와 박미라 조가 패배해 불안한 모습을 보였다. 그러나 네 번째 단식에서 이에리사가 또 승리해 중국전을 3대 1 승리로 장식했다. 세계탁구선수권대회에서 한국이 중국을 격파한 것은 1958년 도르트문트 대회 이후 15년 만이었다.

예선전에서 6전 6승으로 수위를 차지한 한국은 결선 리그 첫 상대인 헝가리를 3대 1로 가볍게 물리쳤다. 마지막 결승전 상대는 전 대회 여자 단체전 챔피언 일본이었다. 일본과는 2년 전 열린 일본 나고야대회에서 2대 3으로 패해 아쉽게 3위에 그쳤었다.

4월 9일의 첫 단식에는 이에리사가 '루프 드라이브'로 완승을 거뒀다. 두 번째 단식에서 정현숙이 일본에 졌으나 이에리사·박미라 조의 복식과 4번째 단식의 이에리사가 상대 선수를 완파함으로써 우리나라는 3대 1로 여자 단체전 우승을 거머쥐었다.

1948년 대한민국 정부 수립 후 구기 종목 출전 사상 첫 세계 제패였고, 손기정의 마라톤(1936 베를린올림픽), 장창선의 레슬링(1966 세계선수권)에 이은 세계대회 세 번째 금메달이었다.

전국에 탁구 열풍 불어

우승이 확정되는 순간, 임원과 선수 할 것 없이 서로 부둥켜 끌어안았다. 7,000여 명의 관중 속에 파묻혀 가슴 졸이며 경기를 지켜본 21명의 교포는 감격의 눈물을 흘렸다. 그러나 스피커에서는 애국가가 울려나오지 않았다. 그때까지 한 번도 우승해본 적이 없기 때문에 애국가 테이프를 미처 준비하지 못한 것이다.

단체전에 이어 개인전을 앞두고 현지 언론은 대회 전체를 통틀어 가장 눈부신 활약을 한 이에리사에게 주목했다. 이에리사는 단식에서 19전 전승을 기록, 전체 선수 중 한 번도 패하지 않은 유일한 선수였다. 그러나 이에리사도 "이겨야 한다"는 중압감을 감당하지 못해 개인전 4회전에서 아쉽게 탈락했다. 정현숙까지 준준결승에서 탈락한 가운데 그나마 박미라가 개인전 3위에 올라 단체전 우승국의 체면을 살려주었다.

그해 12월 세계탁구연맹은 이에리사를 세계 랭킹 2위로 꼽았다. 박미라는 5위, 정현숙은 8위에 랭크되었다. 이에리사, 정현숙, 박미라는 스포츠 선수로는 처음으로 국민훈장 최고훈장인 무궁화장을 받았다. 이에리사는 1975년 캘커타 세계선수권대회에서는 단체전 준우승을 이끌고 1976년 서독오픈에서는 개인전 우승을 차지했다.

'사라예보의 영광' 이후 전국 도처에 탁구장이 속속 개장되고 탁구대가 불티나게 팔리는 등 탁구 열풍이 불었다. 그러나 이후 한국 탁구는 1987년 제39회 뉴델리 세계탁구선수권대회에서 양영자·현정화 복식조가 금메달을 따낼 때까지 세계대회 노메달의 수모를 당했다.

한동안 지도자의 길을 걷던 이에리사는 2005년 3월 여성으로는 처음 태릉선수촌장에 부임하고 2012년부터는 국회의원으로 활동 중이다. 우리나라 최초의 여성 IOC 위원이 되는 게 그의 꿈이다.

천마총 발굴과 천마도 출토

그때까지 고구려 벽화는 많이 발굴되었지만 고대 신라의 회화 작품은 처음이었다.

1971년 6월 박정희 대통령이 포항제철의 고로화입식 참석차 포항을 방문했다가 경주를 찾았다. 평소 경주에 관심이 많던 박 대통령은 신라 천년고도를 이렇게 방치해서는 안 되겠다는 생각에 경주관광 개발계획을 지시했다. 이런 계기로 마련된 청사진에는 신라 최대의 무덤 98호분(황남대총)을 발굴 조사하고 내부를 공개해 관광자원으로 만든다는 계획안이 포함되었다.

그러나 높이가 25m에 하부 길이가 120m나 되는, 경주에서 가장 규모가 큰 쌍분을 발굴하기에는 당시 발굴단의 경험이 짧았다. 예비지식을 얻고 경험도 축적할 겸 시험 발굴로 삼은 것이 인근의 155호 고분이었다. 외형이 많이 파괴된데다 높이 12.7m에 하부 길이가 47m여서 시험 발굴용으로는 제격이었다.

1973년 4월부터 고분 정상을 파내려가던 발굴단은 기대하지도 않았던 의외의 사실에 흥분을 감추지 못했다. 아직 누구의 손에도 도굴의 화를 입지 않은 그야말로 처녀분이었기 때문이다. 박 대통령도 7월 3일 직접 현장을 찾아가 관심을 보였다. 유물들은 고분의 적석층을 파헤치고 유물층을 파기 시작한 7월 11일부터 쏟아져 나왔다. 이날 출토된 귀고리, 긴 칼, 토기 등을 시작으로 7월 15일까지 금제관식, 금제과대, 금제귀고리 등 300여 점이 출토되어 발굴단은 물론 전 국민을 흥분시켰다.

그해 여름은 유난히도 가물고 더워 발굴에는 더할 나위 없이 좋은 날씨였지만 "왕릉을 파헤쳐 큰 가뭄이 든 것"이라는 흉흉한 소문이 도는 바람에 일부 주민이 현장으로 몰려와 시위를 벌이기도 했다. 하지만 곧 그곳에서 유물 대박이 터질 것이라고 예상한 사람은 아무도 없었다.

발굴단을 가장 흥분시킨 것은 7월 26일 피장자가 머리에 쓴 채로 발견된 높이 32.5㎝의 순금제 신라금관이었다. 신라금관으로는 7번째였으나 광복 후로는 처음이었다. 하늘이 노했을까? 27일 밤, 금관을 수습하던 발굴단원이 마지막 사진 촬영을 마치고 유물상자에 금관을 옮겨 넣기 위해 금관의 한쪽 끝을 조심스럽게 들어올릴 때쯤, 갑자기 별이 총총하던 하늘에서 빗방울이 떨어졌다. 한동안 요란하던 장대비는 금관을 유물상자에 옮기고 나서야 언제 그랬냐는 듯 그쳤다.

천마도

8월 23일 발굴단이 피장자의 머리맡에 놓인 궤짝을 여는 순간, 발굴단의 눈을 의심하게 하는 유물 한 점이 눈에 띄었다. 피장자가 저승에 가서 쓸 수 있도록 그릇에서 마구까지 각종 부장품이 정연하게 안치되어 있는 궤짝에서, 죽은 이가 천마를 타고 하늘에 오르기를 기원하는 마음으로 넣어 둔 '천마도(天馬圖)'가 발견된 것이다.

말(馬)이 아니라 기린(麒麟) 가능성 높아

말 탄 사람에게 흙이 튀지 않도록 말 안장 양 옆에 늘어뜨린 배가리개 즉 장니(障泥)에 그려진 그림은 두 폭이 포개어 겹쳐진 채 있었다. 장니는 자작나무 껍질로 만들어진 가로 75cm, 세로 53cm, 두께 0.6cm의 직사각형 모양이었다. 포개진 두 폭 중 한 폭은 거의 완벽한 형태로 출토되었으나 나머지 한 폭은 훼손된 상태였다.

김정기 당시 발굴단장은 "말로 표현할 수 없을 정도로 귀중하다"며 "고구려 벽화에 못지않은 유일무이의 역사적 민족유산"이라며 기쁨을 감추지 못했다. 실제로 그때까지 고구려 벽화는 많이 발굴되었지만 고대 신라의 회화 작품으로는 처음 나온 기념비적인 유물이었다.

무덤의 주인을 밝힐 만한 자료가 발견되지 않자 문화재위원회는 1974년 9월 제155호 고분에 '천마총'이라는 이름을 붙여주었다. 그러자 경주 김씨 측에서 들고 일어났다. 경주에 있는 신라시대의 모든 무덤은 필시 김씨 성을 가진 임금의 무덤이 분명한데, 말의 무덤인 것처럼 '천마총'이라고 이름지은 것은 부당하다는 항변이었다.

그래도 천마총 이름이 바뀌지 않자 1981년 980여 명이 천마총 이름을 바꿔달라며 국회에 청원을 했다. 국회가 문화재위원들을 불러 재심의했으나 "무덤의 주인공이 왕임을 확정할 수 있는 유물이 출토되지 않았다"는 문화재위원회 측의 의견을 받아들여 "그냥 천마총으로 하는 것이 타당하다"는 결정을 내렸다.

1997년에는 "그림 속 동물의 정수리에 반달 모양의 뿔이 우뚝 솟은 것으로 보인다"며 말이 아니라는 주장이 제기되었다. 2009년 국립중앙박물관이 공개한 천마도의 적외선 사진에 육안으로 볼 수 없던 동물의 형상이 생생하게 드러나 동아시아 문화권에서 가장 상서로운 동물로 간주되고 있는 상상의 동물 '기린'일 가능성이 높아졌다.

1973년 9월 말까지의 발굴 결과 천마총에서만 장신구류 8,766점, 무기류 1,234점, 마구류 504점, 그릇류 226점 등 모두 1만 1,500여 점이 출토되었다. 천마총에서 출토된 천마도와 금관, 금제과대 및 요패 등은 현재 국보로 지정되어 있다.

조용기 목사와 여의도 순복음교회 완공

당시 여의도는 육지와 연결된 다리조차 없는 황폐한 섬이었는데도 이전을 강행했다.

여의도 순복음교회는 단일 교회 기준 세계 최대 규모다. 대성전이 2만 명을 동시에 수용하고 15개의 부속성전에서도 2만 명이 대형 비디오를 보면서 예배를 볼 수 있어 자그마치 4만 명이 한꺼번에 예배를 볼 수 있다. 재적 교인 수는 75만 명이 넘는다.

아시아는 물론 유럽, 북미, 오세아니아, 아프리카 등 해외에도 그물처럼 촘촘한 조직을 갖고 있어 세계적으로도 유명하다. 여의도 순복음교회의 이런 경이적인 성장을 이야기할 때 빼놓을 수 없는 것이 조용기(1936~) 목사의 설교와 교회 운영 능력이다.

독일의 라인하르트 본케 목사, 미국의 베니 힌 목사와 더불어 세계 3대 부흥강사로 꼽히는 조용기 목사는 1936년 경남 울주군에서 태어났다. 그가 기독교를 처음 접한 것은 부산공고 2학년 때 앓기 시작한 폐결핵으로 학교를 중단하고 요양할 때였다. 조용기는 요양 중 독학으로 부족한 공부를 메웠다. 각종 문학서와 철학서를 독파한 것은 물론 한자도 5,000자를 혼자서 뗐다. 영어 공부도 열심히 해 미국인 선교사의 통역을 맡을 정도로 실력이 출중했다.

조용기는 1956년 9월 입학한 서울의 '하나님의 성회' 순복음신학교에서 본격적으로 신학을 공부했다. 훗날 선교의 동반자가 될 21세 연상의 최자실 집사도 같은 신학교 학생이었다. 조용기는 1958년 3월 신학교를 졸업하고 1958년 5월 18일 최자실 전도사와 함께 서울 은평구 대조동에 있는 최 전도사의 집 거실에서 교회 창립 예배를 보았다. 참석자는 조용기를 비롯 최자실과 그의 세 자녀, 그리고 밭일을 하다가 비를 피하려고 온 할머니가 전부였다.

점차 신도 수가 늘어나자 1959년 봄 근처에 천막교회를 세웠다. 조용기 전도사가 폐병 환자, 중풍 환자들의 병을 기도로 낫게 했다는 소문이 퍼지면서 교인이 급증했다. 1961년 9월 천막교회가 주관한 천막 대부흥성회가 서대문 사거리 공터에서 열렸을 때 서울 전역에서 몰려든 사람들로 대성황을 이뤘다. 부흥성회 중 조용기와 최자실은 서대문에 교회를 개척할 것을 결심했고, 교회는 10월 15일 부흥회가 열린 장소에 세워졌다.

단일 교회 기준 세계 최대 규모

조용기(1936~)

조용기는 1962년 4월 26일 목사 안수를 받았다. 서대문 개척교회는 조용기 목사의 신유(신의 힘으로 병이 낫는 것) 능력에 힘입어 1964년에는 교인 수가 3,000여 명으로 급증했다. 교인은 가난하고 아픈 사람들이 대부분이었다. 1964년 4월 조용기는 미국 '하나님의 성회' 교단 50주년 기념식 참석차 첫 해외 선교여행을 떠났다. 이후 그는 2008년 일선에서 은퇴할 때까지 70여 개국에서 380여 차례의 대형 집회를 인도했다.

조용기는 1965년 3월 최자실 목사의 딸 김성혜와 결혼, 교회 안팎의 정통성과 주도권을 쥐게 되었다. 서대문교회의 교인 수가 1만 명으로 늘어나자 조용기는 여의도로 이전을 준비했다. 당시 여의도는 육지와 연결된 다리 하나 없는 황폐한 섬이었는데도 조용기는 여의도 이전을 추진했다.

세계 최대 규모의 교회 공사는 1969년 4월에 시작되어 1973년 8월에 끝이 났다. 첫 예배는 8월 19일에 드리고 9월 23일에는 1만 8,000여 명이 참석한 가운데 여의도성전의 헌당 예배를 봉헌함으로써 여의도 시대의 문을 열었다.

조용기 목사는 책도 많이 써 수십 권의 저서가 세계 각국에서 판매되고 있다. 그중에서도 1979년 미국에서 영어로 출판되고 1996년 한국어로 번역된 '4차원의 세계'는 수십 개국 언어로 번역되어 지금까지 수백만 부가 팔린 장기 베스트셀러로 기록되고 있다.

조용기 목사는 1981년 이단 논쟁에 휩싸였다. 평소 제사는 부모 공경이지 우상숭배가 아니라고 말한 것과 신의 힘으로 병을 낫게 하는 신유 등이 공격의 빌미가 된 것이다. 다행히 이단이 아니라는 교단의 결정에 따라 조용기 목사는 다시 쾌속 순항할 수 있었고 교회는 비약적으로 발전했다. 1979년 10만 명, 1981년 20만 명, 1984년 40만 명, 1985년 50만 명, 1990년 60만 명, 1992년 70만 명을 돌파하더니 교회설립 50주년이 되는 2008년에는 76만 명으로 성장했다.

이처럼 비약적인 성장을 하는 과정에서 조용기 목사와 여의도 순복음교회는 "교회에 가보면 정신이 하나도 없고 기도하는 것이 마치 광신자 같다", "너무 빠른 성장으로 신학이 체계적으로 자리를 잡지 못해 신앙은 있으나 신학은 없다"는 등 질시와 비판을 받았다. 심지어 핵심 요직을 가족끼리 차지하고 있다는 비판도 많았다. 여의도 순복음교회가 설립한 국민일보를 장남과 차남이 연이어 경영하고 교회 부속 대학인 한세대는 부인 김성혜가 총장을 맡고 있는 것을 겨냥한 말이다.

조용기 목사는 2008년 5월 일선에서 은퇴하고 원로목사로 활동하고 있으나 국민일보 경영권을 둘러싸고 가족끼리 일어난 분쟁으로 지금도 분란이 계속되고 있다.

고교 평준화 시행

1969년 서울을 시작으로 1971년부터는 전국의 모든 중학교에서 입시제가 폐지되었다.

1950년대 중반에 시작된 베이비붐은 1960년대 들어 초등학생 숫자를 급증시켰다. '콩나물 교실', '입시 지옥'이라는 말이 등장한 것도 그 무렵이었다. 자연히 중학교에 진학하려는 학생이 크게 늘어났으나 학교수가 충족되지 못해 입학 경쟁이 치열했다. 초등학생 성장발육에 지장을 줄 정도로 일류 중학에 대한 지나친 집착도 문제였지만 툭하면 터져 나오는 볼썽사나운 입시부정과 파동도 간단치 않았다. 1965년의 '무즙 파동'과 1968년의 '창칼 파동'이 대표적인 예였다.

학생 선발이 재판에 의존하는 경우까지 생기자 입시의 국가관리안(案)이 논의되었다. 그래서 나온 것이 1968년 7월 15일에 발표된 중학교 무시험 추첨제였는데 "1969년도부터 중학교 입학을 무시험 추첨제로 바꾼다"는 게 골자였다. '7·15 어린이 해방'이라고 불렸던 발표에 따라 1969년 서울을 시작으로 1970년 부산, 대구, 광주, 대전, 인천, 전주, 1971년부터는 전국의 모든 중학교에서 입시제가 폐지되었다. 서울은 1969년 2월 5일부터 이틀간 무시험 추첨을 실시했다.

5일(남)과 6일(여), 학군별로 일제히 실시된 추첨은 학생들이 추첨기(일명 뺑뺑이)를 오른쪽으로 두 번, 왼쪽으로 한 번 돌려 번호가 적힌 추첨알이 떨어지면 관리요원이 번호를 확인하는 방식으로 진행되었다. 추첨에 따라 서울시내 초등학교 졸업생의 90% 정도인 9만여 명의 학생들이 140개교에 배정되었다.

세칭 일류 중학도 단계적으로 폐지한다는 발표에 따라 경기·서울·경복·경기여중·이화여중 등 5개교는 1969년부터, 용산·경동·수도여중·창덕여중 등 5개교는 1970년도부터, 보성·중앙·숙명여중·진명여중 등 4개교는 1971년부터 신입생을 뽑지 않았다.

입시 철폐안이 입시경쟁으로 인한 심리적 부담과 사교육비 부담으로 고민하던 학생과 학부모들로부터 적극적인 지지와 환영을 받았다 하더라도 막상 시행하고 보니 학생 간의 엄청난 실력 차와 교원·교실 부족, 소속감 결여 등 부작용도 만만치 않았다. 그래도 교육 기회의 실질적 확대, 아동의 정상적 발육의 촉진, 초등학교 단계에서의 과열 과외 해소 등의 긍정적인 요소가 공감대를 이뤄 오늘날까지 큰 무리 없이 운영되고 있다.

평준화 해체 주장은 정권 바뀔 때마다 단골 메뉴

중학생 증가는 다시 고등학교 진학을 위한 입시경쟁을 치열하게 만들었다. 인문계고 지원자의 40%만이 고교에 진학하는 문제점을 비롯 과외 망국론, 입시지옥, 중3병 등의 문제가 수시로 신문지상에 오르내렸다. 그러자 정부가 1973년 2월 28일 획기적인 고교입시제도 개선안을 발표했다.

고교의 전형시기를 전후기로 나눈 뒤 전국적으로 실시하는 연합고사를 거쳐 전기인 실업계 고교는 종전대로 학교별로 뽑고, 후기인 인문계 고교는 학군제를 채택해 추첨으로 학교를 배정한다는 내용이었다. 서울의 경우 공동학군 1개, 일반학군 5개로 나눠 학생들이 원하는 지역에서 추첨으로 선발되도록 했다.

그러나 사립고까지 평준화에 포함시켜 논란이 있었고, 명문고 출신 인사들의 반발도 적지 않았다. 특히 1975년 가을 이화여고에서 학업 능력이 떨어지는 22명의 학생을 자퇴 형식으로 퇴교시킨 것을 계기로 논란이 가열되었다.

폐지하자는 측은 학습 지진아 양산, 평균 학력 저하, 사학의 운영난 등을 들었다. 정부 보조금이 적은 사학에 배정된 학생의 부모들은 학생 실력의 평준화에 앞서 시설의 평준화와 교사의 평준화가 이뤄지지 않았다며 불만을 터뜨렸다.

중학교 배정용 추첨기계(일명 뺑뺑이)를 돌려 추첨하고 있는 모습

당시 서울의 139개 학교 중 사립은 113개이고 부산은 55개교 중 36개일 정도로 사학의 비중이 높았는데도 초기에

는 미처 열악한 사학까지 신경을 쓰지 못했던 것이다.

고교평준화는 1974년 서울과 부산에서 처음 시행된 것을 시작으로 이듬해 대구·인천·광주로, 1979년에는 대전·전주·수원·청주·춘천·마산·제주 등 7개시로, 1980년에는 성남·원주·목포 등 8개시로 점차 평준화 지역이 확대되었다. 평준화 지역이 가장 크게 확대되었던 1983년을 기준하면, 학교 비율로는 전체의 38.8%, 학생 비율로는 57.9%가 평준화의 적용을 받았다.

그러나 우수 학생을 하향 평준화시킨다는 비판이 끊이지 않자 1990년 정부가 외국어고 신설, 과학고 확충 등 고교의 다양화와 특성화를 추진하는 대책을 내놓았다. 그래도 평준화를 근본적으로 반대하는 측은 끊임없이 문제를 제기하고, 1999년부터 다시 불붙기 시작한 평준화 해체 주장은 정권이 바뀔 때마다 단골 메뉴로 등장하고 있다.

평준화 폐지 측은 평준화 정책이 학력의 하향 평준화를 불러와 미래의 우수 인재 확보와 국가경쟁력 제고에 장애가 되고 있다고 주장한다. 학생의 학교 선택권 제한도 평준화의 문제점으로 지적되고 있다. 반면 평준화의 존속을 주장하는 측은 대안 없이 해체만 고집하는 것은 무책임할 뿐만 아니라 사교육을 부추기는 결과를 낳는다며 어린 학생을 다시 입시지옥으로 몰아넣자는 것이냐고 반문한다.

미국의 베트남전 패배와 철수

미 정부의 빗나간 자부심은 결국 아무것도 해결하지 못하고 수백만 베트남인의 목숨만 앗아갔다.

미국의 베트남전 패배는 정부가 전쟁을 정당화하고 승리를 자신한 데서 온 오판의 결과다. 미 정부는 베트남을 시작으로 동남아시아 전체가 공산화될 것을 우려하며 필요에 따라 사실을 과장하거나 축소해 발표했고, 미국인들은 정부의 발표를 곧이 곧대로 믿으며 정부의 결정에 힘을 실어주었다. "자유 세계의 수호자가 되겠노라"는 미 정부의 빗나간 자부심은 결국 아무것도 해결하지 못하고 수백만 베트남인의 목숨만 앗아가고 말았다.

소련의 팽창정책에 맞서야 했던 미·소 냉전기라고 해서, 도미노 이론이 신주처럼 받들어지던 시대였다고 해서 전쟁이 정당화될 수는 없다. 베트남인들은 100년간의 프랑스 식민 지배를 이겨낸 자존심 강한 국민답게 미국이라는 초강대국에 맞서 항거했으나 '이데올로기'라는 이름으로 가해오는 미국의 무력에 초토화를 피할 수 없었다.

미국과 베트남이 처음부터 사이가 나빴던 것은 아니었다. 1945년 9월 베트남민주공화국의 독립식 때 외국 대표 중 유일하게 미국 대표가 축하 연설을 하고 호찌민 역시 미국에 원조를 구할 만큼 양국은 서로에게 필요한 존재였다.

그러나 1949년 모택동의 공산당이 중국을 장악하고 1950년 한국에서 6·25가 발발하면서 자칫 동남아까지 소련의 수중에 떨어질지 모른다는 불안감이 미 정부의 판단을 흐리게 했다.

구체적인 목표나 결정적인 참전의 계기 없이 시작한 모험은 결국 미국을 수렁 속으로 빠뜨려 5만 7,000명의 자국 젊은이를 불귀의 객으로 만들었으며 5명의 대통령은 자국의 무력만을 믿고 방향 감각을 잃은 채 베트남전에 쓸려갔다.

전쟁은 1964년 8월 미국이 북베트남의 통킹만을 폭격하고 1965년 3월 최초의 전투부대인 미 해병여단이 베트남의 다낭에 상륙하면서 본격적으로 시작되었다. 미국인들은 연일 발표되는 승전보에 승리를 낙관했다. 그러나 1968년 1월의 '케산 전투'와 '테트(구정) 공세'를 계기로 여론은 돌변했고, 미국은 황망하게 철수 수순을 밟아야 했다.

1968년 11월의 대통령 선거를 앞두고 닉슨 공화당 후보는 "명예로운 평화협상을 추구한다", "정찰비행을 방어하기 위한 필수적인 공습 외에는 북베트남에 대한 공군과 해군의 폭격을 일체 중지한다"고 발표함으로써 철수 분위기에 불을 붙였다.

닉슨은 '베트남의 탈미국화'와 '명예로운 평화 정착'을 선거운동의 쟁점으로 삼아 대통령에 당선된 뒤 "1969년 한 해 동안 54만 명의 미군을 단계적으로 철수하겠다"고 발표했다. 이를 두고 일각에서는 "반전운동과 철수 발표는 북베트남 사람들에게 더 버티라고 도와준 꼴이 되었다"는 불만의 소리가 터져나왔다.

"베트남에서 죽는 마지막 미군이 되지 말자"

전쟁이 종전 분위기로 기울기 시작하자 장병들 사이에도 많은 변화가 일어났다. 징병제도를 피하는 방법을 상담하는 카운슬링 센터가 생겨나고 공개적으로 징병 용지를 불태우는 장면도 어렵지 않게 목격되었다. 결국 종전 후까지 25만 명이 징병을 거부하고 100만 명이 징병제도를 위반해 2만 5,000명이 기소되고 3,250명이 감옥에 들어갔다.

참전 용사들도 국민이 차가운 시선과 무관심으로 반응하자 전역과 동시에 소외감을 느끼기 시작했다. 일부에서는 그들을 살인자 취급했고 또래 대학생들은 면전에서 분노를 표시했다. 조국의 이중적인 태도에 분노를 느낀 용사들은 자신의 복장과 훈장 등을 공개적으로 불태우고 반전 대열에 동참했다.

미국 내 반전 무드가 베트남에 속속 전해지면서 현지에서 군인들의 탈영을 도와주는 외곽 단체까지 생겨나 문전성시를 이뤘다. 병사 중에는 작전에 실패한 장교를 상대로 현상금을 거는 사병도 있었다. "베트남에서 죽는 마지막 미군이 되지 말자"는 슬로건이 병사들 사이에 유행했다.

부상당한 미군

병사들은 전투를 피하지 않았으나 찾아다니며 싸우지는 않았다. 살아서 돌아가는 것만이 그들의 당면과제였다. 병사들은 민간인들이 파리에서 평화협상을 하는 동안 승리가 목적도 아닌 전쟁에서 죽어야 한다는 것이 불만이었다.

병사들의 피해가 급증한 것은 미군들의 단계적 철수가 시작된 1969년이었다. 매월 평균 전사자가 800명, 부상자가 6,000명씩 속출했다. 부대 내 안전사고도 급증했다. 1969년부터 1970년 사이 수류탄 사고가 790회나 발생하여 83명의 장교가 목숨을 잃었다.

50만 명의 대군이 각 기지에서 할 일 없이 지내거나 막연한 전투를 기다리면서 귀국 날짜만 꼽는 것은 침몰하는 거대한 전함을 대책 없이 지켜보는 것과 다를 바 없었다. 마약이 극성을 부렸고 장교들까지 살해되었다. 1971년 전투 중 부상으로 입원한 환자가 5,000명 미만이었으나 마약 남용으로 치료받은 환자의 수는 이보다 4배가 많은 2만 명에 달했다.

닉슨은 호찌민에게 편지를 보내 미국의 키신저와 북베트남의 레 둑 토를 통해 평화협상을 진행하자고 제안해 놓고도 확전 가능성을 염두에 두고 있었다. 확전이 평화협상을 유리하게 끌고 가는 가장 효과적인 방법이라고 본 것이다.

그러던 중 1972년 3월 30일 12만 명의 북베트남 정규군이 17도선 군사분계선을 넘어 춘계 대공세를 감행했다. 미국은 기다렸다는 듯 북베트남에 유례없는 대규모 폭격을 가했다. 북베트남을 하루라도 빨리 협상 테이블로 끌어들이기 위한 확전 전술이었다.

길게는 28년 짧게는 10년 전쟁 막 내려

그 무렵 미·소 혹은 미·중 간에 데탕트 바람이 불었다. 1972년 2월 닉슨이 북경을 방문했고, 소련과는 1972년 5월 정상회담을 했다. 베트남 주변 강대국들과 화해 무드로 돌아선 것이다. 데탕트 분위기가 무르익자 베트남에서 시작될 도미노 현상에 대해서도 우려하는 분위기가 미국 내에서 슬그머니 자취를 감췄다.

1972년 그동안 추진해오던 북베트남과의 회담 내용이 공개되자 닉슨은 그제야 미국의 평화회담 조건을 공식적으로 발표했다. '평화협상안이 체결된 날로부터 6개월 이내에 모든 미군은 철수하고 유엔 국제 감시단의 감독하에 선거를 실시한다'는 내용이었다.

키신저와 레 둑 토는 휴전을 논의하기 위해 1972년 10월 8일 파리에서 만났다. 레 둑 토는 미군의 완전 철수와 포로교환의 대가로 즉각적인 휴전을 제안했다. 협상에서 북베트남은 15만 명의 병력이 남베트남 내 현재 위치 또는 국경 근처에 잔류해도 좋다는 양보를 얻어낸 반면 미국은 아무것도 얻지 못했다.

북베트남과 미국이 합의한 조건은 사실 1969년에도 수용할 수 있었던 내용이었다. 그러나 당시 미국은 더 나은 협상조건을 기다리며 협상을 완결짓지 않았다. 결국 아무것도 추가로 얻지 못한 채 몇 년 전 협상 내용과 똑같은 결론을 내는 바람에 애꿎은 베트남인과 군인들만 죽어나갔다.

북베트남이 미국에 준 선물이라고 해야 티우를 남베트남의 대통령으로 인정한 것뿐이었다. 북베트남 입장에서 티우는 내버려두어도 어차피 1~2년 후에 사라질 운명이었다. 미국은 휴전회담 서명에 앞서 티우 대통령의 양해를 구하려 했으나 티우가 반대하는 바람에 협상은 무산되었다.

미국과 북베트남도 99% 합의해 놓고 국제 휴전감시기구의 설치 규모 및 기능에 관한 이견으로 협상을 타결짓지 못했다. 미국은 크리스마스 대폭격으로 마지막 압박을 가했다. 1972년 12월 18일 시작된 대폭격은 11일 동안 밤낮없이 진행되었다. B52 폭격기 26대가 추락하고 36명의 조종사가 전사하고 33명이 포로가 될 정도의 대규모 폭격이었다.

정말 불필요한 대규모 폭격이 있고서야 양측은 1973년 1월 27일 파리에서 평화협정안에 조인했다. 2개월 뒤인 3월 29일 2,501명의 미 해병대가 19기의 수송기에 실려 마지막으로 베트남 땅을 떠남으로써 길게는 28년 짧게는 10년에 걸친 베트남전쟁이 막을 내렸다. 그러나 남·북 베트남인들은 2년간 동족끼리 총부리를 더 겨눠야 했고 이로 인해 또다시 많은 양민이 목숨을 잃어야 했다.

파리평화협정 1968년 5월 10일 미국과 북베트남 대표가 베트남전의 휴전을 논의하는 가운데 그해 11월 닉슨이 대통령에 당선되면서 미국의 베트남 철수가 가시화되었다.

1969년 1월 취임한 닉슨은 "1969년 7월부터 단계적으로 철수하며 '베트남화 정책'을 추구하겠다"고 발표했다. '베트남화 정책'이란 베트남전을 베트남에 맡기고 미국은 뒤에서 군수 지원만 하다가 점차적으로 철수한다는 감축계획이었다.

그 무렵 미국은 직·간접 전비를 합쳐 연간 495억 달러(1968), 508억 달러(1969)를 베트남전에 퍼붓고 주베트남 미군도 54만 명에 이를 정도로 군사개입이 절정을 이루고 있었다.

북베트남은 공세를 취하면서도 한편으로는 협상 제스처를 취했다. 미군과의 정면 대결에서는 승리할 수 없다고 판단하고 미군의 베트남 철수를 당면한 최대 목표로 삼은 것이다. 마침 미국 내 반전 여론과 정치상황도 북베트남에는 유리하게 전개되고 있었다. 미국의 언론들이 연일 반복 보도하고 있는 베트남전의 비참한 전투장면은 결과적으로 북베트남의 뜻대로 맞춰준 셈이 되었다.

북베트남이 북폭과 경제봉쇄로 피폐해져 전쟁수행 능력을 상실했기 때문에 평화회담에 나선 것이라는 것을 미국 역시 잘 알고 있었지만 그렇다고 해서 수렁에서 빠져나오는 데 급급한 미국으로서도 어찌해볼 도리가 없었다. 남베트남은 자주국방의 의지도 없이 미군만 바라보고 있었다. 정권이 부패와 분열을 거듭하고 있어 미국이 지원을 한다 해도 사실상 밑 빠진 독에 물 붓기나 마찬가지였다.

파리평화협정은 이 같은 배경하에서 1973년 1월 27일 체결되었다. 말이 평화회담이지 사실상 미국이 전쟁에서 발을 빼기 위한 명분 갖추기용 만남이었다. 미 국무장관, 남·북 베트남 외무장관, 베트콩(남베트남 해방전선) 등 4명의 대표가 조약에 서명했으나 각국의 입장에 따라 얼굴 표정이 달랐다.

미국과 북베트남, 그리고 베트콩 대표는 미소를 지은 반면 남베트남 대표는 침통한 표정이었다. 혈맹이던 미국과 남베트남의 표정이 조약 체결과 함께 희비로 갈라진 것이다. 양측은 북위 17도 군사분계선을 두 나라가 통일될 때까지 분계선으로 남겨두고, 60일 안에 미군이 철수하며 포로를 상호 석방하기로 합의했다.

표범무늬 휴전

북베트남은 미국이 합의를 서두르는 것을 지렛대 삼아 "증원만 하지 않으면 베트남에 이미 침투해 있는 북베트남군 15만 명은 철수하지 않아도 된다"는 양해를 받아내 베트남 44개 성 가운데 12개 성에 그대로 주둔할 수 있게 되었다. 이 때문에 성의 곳곳에 표범의 반점처럼 공산군 점령지가 남아 있다고 해서 '표범무늬 휴전'이라는 표현이 나왔다.

미국은 더욱 확실한 휴전을 담보하기 위해 휴전감시위원단에 캐나다·이란·헝가리·폴란드 4개국을 서명에 참여시키고 4개국 250명으로 구성된 휴전감시위원단이 하노이·사이공·휴전선 일대를 감시하게 했다. 북베트남에서는 인질 형식으로 외무차관이 150명의 고문단과 함께 사이공에 체류했다. 미국과 베트남은 이것도 믿지 못해 영국·소련·프랑스·중국 등 4개국 외무장관도 서명에 참여시켰다. 결과적으로 파리휴전협정은 4+4+4=12개국이 담보한 값비싼 서명문서였다.

미국은 남베트남과 방위조약을 체결하면서, 지상군을 지원하고 만일 북베트남이나 베트콩이 휴전협정을 파기하면 즉각 해·공군력을 동원해 북폭을 재개하겠다고 약속했다. 미군이 철수하면서 미군이 보유하던 각종 최신 무기를 남베트남에 양도해 그 무렵의 베트남 공군력은 세계 4위를 기록할 정도로 막강했다.

이처럼 철저한 장치를 마련했기 때문에 미국은 적어도 휴전 체제가 10년은 지속될 것으로 예상했다. 베트남 역시 북베트남보다 경제력과 군사력이 앞서 있고 북베트남이 오랜 기간의 전쟁으로 피폐한 상태였기 때문에 사태를 낙관했다.

휴전을 성사시킨 공로로 미 대통령 보좌관 키신저와 북베트남 대표 레 둑 토에게 그해 노벨평화상이 주어졌으나 레 둑 토는 "아직 평화가 오지 않았다"며 수상을 거부했다.

베트남의 주요 도시

살바도르 아옌데 쿠데타군에 저항하다 자살

자유선거로 선출된 세계 최초의 마르크스주의자 대통령이 탄생했다.

살바도르 아옌데(1908~1973) 칠레 대통령이 체 게바라와 호찌민의 사진을 흔들며 열광적으로 환호하는 군중 앞에서 대통령에 취임한 것은 1970년 11월 3일이었다. 이로써 자유선거로 선출된 세계 최초의 마르크스주의자 대통령이 탄생했다.

아옌데는 칠레 발파라이소에서 태어나 칠레 의과대 시절 마르크스주의자가 되어 1933년 사회당 창당에 참여하고 1937년 사회당 하원의원으로 정계에 발을 들여놓았다. 보건사회부 장관(1938~1942)과 네 차례의 상원의원(1945~1970)을 거쳐 국회의장까지 지냈으나 대통령 선거에는 세 차례(1952, 1958, 1964) 출마해 모두 낙선했다.

4번째 출마한 1970년 9월 4일의 대통령 선거에는 보수 정당들이 분열로 인해 단일 후보를 내지 못한 가운데 사회당과 공산당 등 좌익 정당을 주축으로 한 6개 정당 연합인 '인민연합'의 통일후보로 출마해 1위로 당선되었다.

하지만 과반수에 미달하는 36.2%밖에 득표하지 못했고, 2위(34.9%)와는 1.3%의 차이밖에 나지 않았다. 칠레 헌법은 과반수를 얻지 못할 경우 상하 양원 합동회의에서 1위와 2위 중 당선자를 결정하도록 되어 있었다. 우익과 미국이 아옌데를 결사 반대했으나 아옌데는 집권 기독교민주당의 지지를 끌어내 당선을 확정지었다.

1970년 11월 아옌데 정부가 출범했을 무렵, 칠레는 뿌리 깊은 귀족계급이 경작지 전체의 5분의 4를 장악하고 있었고 거대한 광산은 외국 자본의 손에 쥐어져 있었다. 특히 방대한 매장량을 자랑하는 구리광산 산업은 미국 회사들이 장악하고 있었다.

아옌데는 취임 후 1년 반 동안 이른바 '칠레식 사회주의'로 일컬어지는 일련의 사회개혁을 추진했다. 기층 민중을 위한 급진적인 개혁을 추진하고 구리광산을 비롯 주요 산업을 국유화했다. 농업협동조합을 건설하기 위해 대단위 농지도 접수했다. 소득 재분배를 위해 최저임금은 큰 폭으로 인상하고 물가는 동결했다. 빈민에게는 우유와 의약품을 무료 제공하고 농업노동자조합 결성, 노동자의 권리 보장, 농지개혁 등을 추진했다.

살바도르 아옌데(1908~1973)

아옌데의 개혁 정책들은 상당한 성과를 거두는 듯했다. 하지만 그의 정책이 서서히 한계를 드러내자 노동자들이 급진적인 개혁을 요구하며 공장 점거를 일삼았다. 점점 더 급진적인 것을 요구하는 노동자들과의 대립은 끊임없는 파업으로 이어졌다. '자본가 파업'으로 불리는 1972년 10월 트럭업자들의 파업은 전국의 물자 수송을 중단시켜 일대 혼란을 불러일으켰다.

"칠레의 운명을 믿습니다. 칠레여 영원하라!"

국유화에 따른 생산성 저하가 식량과 연료 부족으로 이어진 가운데 야당도 사사건건 대통령의 발목을 잡았다. 무엇보다 정권이 안정되지 않은 상황에서 미국 기업들이 소유하고 있는 구리광산의 국유화는 결정적인 패착이었다. 구리광산 국유화는 칠레 사회주의 정부를 불안한 시선으로 바라보던 미국에 간섭의 빌미를 주었다.

미국은 공작을 추진했다. 그것은 칠레 경제를 위기에 빠뜨린 뒤 군부를 사주해 쿠데타를 일으키는 것이었다. 미국은 칠레에 대한 세계은행 차관을 차단하고 칠레가 필요로 하는 각종 산업장비와 의약품 등 주요 기간물자가 칠레에 수출되지 못하도록 막았다. 여기에 칠레 수출 총액의 80%를 차지하는 구리의 국제시장 교란을 목적으로 미국이 비축한 구리도 국제시장에 내놓았다. 이 때문에 구리 가격은 절반으로 떨어졌고 경제 지표들은 급속히 나빠졌다.

인플레율은 1972년 말 160%로 치솟았고 1973년 상반기에만 300%를 기록했다. 내란을 방불케 하는 정치·사회·경제 전반에 걸친 혼란은 아옌데가 이미 손을 쓸 수 없는 단계로까지 악화되었다.

1973년 3월의 총선에서 아옌데의 좌익 여당이 우익 야당에 비해 현저한 열세를 보이자 아옌데가 승부수를 던졌다. 자신에 대한 신임을 묻는 국민투표를 실시해 그 결과에 따라 국회를 해산하고 총선을 실시함으로써 자신에게 불리한 정국을 돌파하겠다는 정면승부였다. 국민투표는 1973년 9월 11일 거행될 예정이었다. 그러나 그날 새벽, 육군 참모총장 피노체트를 비롯 육·해·공군 참모총장과 경찰국장 등이 쿠데타를 일으켜 선거는 치러지지 못했다.

쿠데타 세력은 칠레 전역을 장악한 뒤 군사혁명위원회를 구성하고 피노체트 육군 최고사령관을 의장으로 선출했다. 쿠데타 세력은 대통령이 투항하면 신변을 보장하고 해외로 보내주겠다고 제안했다. 아옌데는 단호히 거절한 뒤 오전 8시 30분 아직 점령되지 않은 유일한 국영방송 라디오를 통해 마지막 대국민 메시지를 남겼다. "국민 여러분! 이것이 제가 여러분에게 하는 마지막 연설이 될 것입니다… 본인은 칠레의 운명을 믿습니다.… 칠레여 영원하라!"

사회주의도 함께 종말 고해

아옌데는 피델 카스트로가 선물한 기관총을 집어들고 마지막 항전을 준비했다. 대통령 관저인 모네다궁을 지키던 경호대와 그의 딸들에게는 모두 투항하도록 했다. 정오가 되자 쿠데타군의 전투기가 모네다궁 북쪽에 폭탄을 떨어뜨렸다. 뒤이어 지상군이 탱크를 앞세워 모네다궁으로 진격해 들어갔다. 곧 궁이 화염과 연기에 휩싸였고 쿠데타군이 대통령궁 안으로 진입했다.

오후 2시경 상황이 종료되었을 때 "아옌데가 자살했다"는 군의 발표가 나왔다. 자살인지 타살인지는 확인할 수 없었으나 한 사진기자는 아옌데가 사무실 소파 위에 죽은 채 누워 있었고 바닥 융단은 피로 물들어 있었다고 전했다. 아옌데의 죽음으로 세계 사회주의 운동에 새로운 길을 열 것으로 좌익 지식인들 사이에 기대를 모았던 사회주의도 함께 종말을 고했다.

그로부터 38년이 지난 2011년 5월 칠레 법의학연구소가 사인에 대한 조사 보고서를 통해 "쿠데타가 진행되던 중 아옌데 스스로 목숨을 끊은 것으로 판단된다"며 자살로 결론을 내렸다. 그가 자신의 턱에 AK47 소총을 발사해 자살했다는 것이다. 오늘날 아옌데의 공과에 대한 평가는 양극단으로 갈리고 있다. 사상 최초로 선거를 통해 집권한 합법적인 사회주의 정권이 각종 어려움 속에서도 끝까지 민주적인 절차를 지켰으나 국내외 반대세력의 음모에 희생되었다는 시각이 있는가 하면, 이상과 현실의 괴리가 너무 크고 사회주의 정권의 무능을 드러냈다는 반대 시각도 있다.

실패의 원인에 대해서는 무모한 사회주의 정책으로 칠레 경제를 파탄으로 몰고 가 쿠데타를 불렀다는 주장과 칠레의 중산층이 자신의 정책을 지지할 것이라는 근거 없는 희망에 빠진 것이 문제라는 주장이 혼재되어 있다. 다만 분명한 것은 뒤이어 등장한 피노체트 군사정권이 17년 동안 철권을 휘두르는 과정에서 2만 7,000명이 고문과 옥살이를 하고, 3,200명이 피살되거나 실종되었으며 50만 명이 해외로 망명했다는 것이다.

심지어 군부독재에 저항하는 반정부 인사들의 어린 아이들 수백 수천 명을 납치해 아이들의 부모를 살해하거나 고문한 군인·경찰의 가정 등에 강제로 입양시키는 인륜 파괴의 극한을 보여주기까지 했다. 갓난아이들은 친부모가 누구인지 모른 채 군인·경찰 등의 집안에서 성장하다가 피노체트 정권이 물러난 뒤에야 이 사실을 알게 되었다. 전 세계는 이 반인륜 만행을 '더러운 전쟁'이라고 불렀다.

제4차 중동전

전쟁은 18일 만에 끝이 났으나 곧 오일 쇼크가 몰아쳐 세계는 깊은 시름에 빠져들었다.

1967년의 '6일 전쟁' 때 시나이 반도와 골란고원을 이스라엘에 빼앗긴 이집트와 시리아에게 영토가 회복되지 않는 한 다음 전쟁은 필연적이었다. 끊임없이 이어지는 양측의 소모적인 보복전으로 특히 이집트가 큰 피해를 보았지만 이스라엘도 고통스럽기는 마찬가지였다.

결국 미 국무장관의 중재로 1970년 8월 8일부터 90일간의 정전협정이 맺어졌다. 바로 그 시기에, 그동안 설욕을 준비하던 이집트의 나세르가 심장마비로 9월 28일 죽고, 사다트가 권력을 차지했다.

사다트가 "이스라엘이 점령지로부터 철수하지 않으면 전쟁도 불사하겠다"고 수차례 엄포를 놓았으나 이스라엘은 긴장하기는커녕 오히려 무시하는 태도를 보였다. 평화협상과 외교적 노력으로 실지를 되찾으려던 사다트는 결국 이스라엘의 무반응에 전쟁을 선택했다. 그의 권위에 도전하려는 국내 세력과 아랍 세계에서의 우월적 지위 확보를 위해서도 전쟁은 불가피했다.

사다트는 와신상담하며 1967년의 '6일 전쟁' 때 드러난 이스라엘의 막

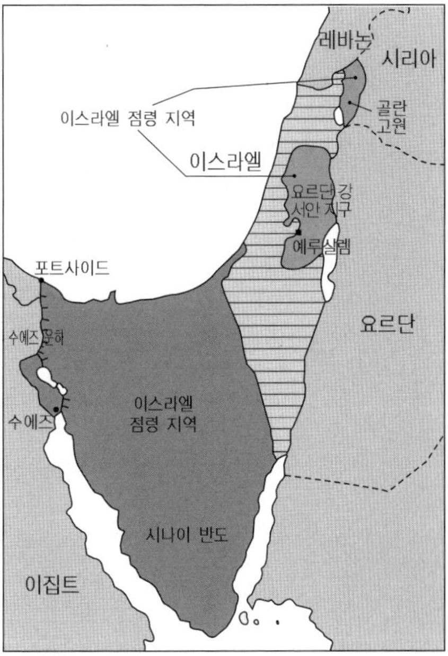

제4차 중동전 후 영토 구성

강한 공군력을 무력화하기 위해 요소요소에 지대공 미사일을 설치하는 등 방공체제를 강화했다. 훈련도 쉴 새 없이 반복했다.

이스라엘도 수에즈 운하 동쪽에 견고한 방어선 '바레브 라인'을 세워 이집트의 진격에 대비했다. '바레브 라인'은 기갑차량이 통과하기 어렵도록 모랫둑을 6m 높이로 쌓은 이스라엘식 마지노선이었다. 이스라엘은 시리아 쪽 골란고원에도 방어를 강화하긴 했으나 아랍 측의 전쟁 준비와 점증하는 위협에 대해서는 이집트 측에 비해 상대적으로 소홀했다. '6일 전쟁'의 대승리 후 과신과 교만 그리고 아랍군에 대한 멸시에 사로잡혀 있었기 때문이다.

전략개념도 시나이 반도와 골란고원을 차지했다는 안도감에 국제사회에서 더 이상 침략자라는 비난을 듣고 싶지 않아 공세방어에서 수세반격으로 바꾸었다.

이스라엘은 한동안 고전하다 전세 역전시켜

아랍 측은 실지 회복을 위해 몇 가지 원칙을 세웠다. 이집트·시리아의 양면 작전을 적절하게 구사하고, 아랍 측에 유리한 전쟁방식 즉 이스라엘에 유리한 단기 결전을 피하고 지연전을 펼친다는 것이었다. 이집트와 시리아는 공격 개시일을 1973년 10월 6일로 잡았다. 이날은 623년 무함마드가 메카에 진입해 승리하고 이슬람을 펼치기 시작한 역사적인 날이었지만 이스라엘에도 가장 성스러운 명절인 '욤 키푸르'(대속죄일)였다.

유대인들이 금식을 하며 한 해 동안 저지른 잘못을 회개하고 하나님께 용서를 구하는 가장 경건하게 생각하는 안식일이었기 때문에 모든 노동이 금지되어 관공서는 물론 대부분의 상점이 문을 닫았고 대중교통도 운행하지 않았다. 이집트와 시리아는 바로 이 점을 노려 결전일로 택했다.

이집트·시리아군을 합친 군사력은 군인·전차·항공기에서 이스라엘의 거의 2배에 가까웠다. 그러나 공군 조종사들의 전투력만은 이스라엘과 비교가 되지 않아 지대공 미사일로 대처했다. 공격이 있기 전, 이스라엘 첩보기관 모사드가 아랍 측의 심상치 않은 움직임을 보고했으나 정부는 안일한 준비로 대응했다.

아랍 측의 일제 공격은 1973년 10월 6일 오후 2시 5분에 시작되었다. 이집트군이 간단히 수에즈 운하를 도하하고, 시리아군 역시 골란고원 방어선을 손쉽게 뚫으면서 기습은 성공하는 듯했다. 이집트 공병대는 초고압력 펌프를 운하에 띄워 모래 제방인 '바레브 라인'을 무너뜨리고 부교를 건설해 운하 건너편으로 밀고 들어갔다.

이스라엘의 공군기가 반격에 나섰으나 이집트의 지대공 미사일도 만만치 않았다. 이스라엘에 대한 직접적인 위협은 골란고원에서 다가왔다. 이집트 쪽 수에즈 전선은 사막으로 이뤄진 150마일의 시나이 반도가 방패가 되었으나 골란고원은 이스라엘 심장부에 근접해 있었기 때문이다. 전쟁이 일어나자 이스라엘은 먼저 골란고원을 신속히 안정시킨 후 시나이 전선으로 돌아간다는 전략을 세웠다. 이집트군에 비해 시리아군이 상대적으로 약하다는 점도 고려되었다.

한동안 고전하던 이스라엘은 10일부터 본격적으로 반격에 나서 다음날 전세를 역전시켰다. 골란고원의 이스라엘군은 휴전선을 넘어 시리아로 진격했고, 16일에는 이집트 쪽의 수에즈 운하를 역도하하는 데 성공해 전세를 뒤집었다. 전쟁은 10월 24일 휴전협정 체결로 끝났으나 곧 오일 쇼크가 몰아쳐 세계는 깊은 시름에 빠져들었다.

제1차 오일 쇼크

석유 메이저들이 쥐고 있던 원유가 결정 주도권을 아랍 산유국이 빼앗아가는 중대한 변화였다.

중동 지역에서 이상 기운이 감지된 것은 1973년 9월 초였다. 리비아가 9월 1일 자국 내 외국 메이저 석유회사들의 주식 51%를 국유화하고 9월 3일 원유 가격을 배럴당 6달러로 2배 이상 올린다고 발표한 것이다. 그러자 중동 최대 산유국인 사우디의 파이살 국왕도 9월 3일 "미국이 이스라엘 편중 정책과 이스라엘에 대한 무제한 원조 제공을 중단하지 않을 경우 원유 생산을 줄이는 결과를 초래할지 모른다"며 미국에 경고했다.

9월 16일에는 석유수출국기구(OPEC)의 11개국 석유 장관들이 오스트리아 빈에서 회담을 열고, 그동안 원유 기본가격을 규정해온 '테헤란 협정'을 무시하고 원유 가격을 대폭 인상하기 위해 10월 8일부터 서방 메이저 석유회사들과 가격 인상 협상을 벌이겠다고 발표했다.

산유국과 서방의 메이저 석유회사들이 1971년에 체결한 '테헤란 협정'은 원유 가격의 연간 인상율 2.5%에 세계의 예상 인플레율 4~5%를 합해 6.5~7.5%만의 연간 인상을 규정하고 있어 산유국 입장에서는 일종의 족쇄나 다름없었다. 11개국 석유 장관들은 또한 리비아의 석유 국유화 조치를 지지한다며 서방 세계가 이를 받아들이지 않는다면 집단 행동에 돌입하겠다고 으름장을 놓았다.

이집트와 시리아가 10월 6일 이스라엘을 공격해 시작된 제4차 중동전

주유소까지 승용차를 밀고 가는 미국의 한 운전자

발발 이틀 후인 10월 8일 이란, 이라크, 사우디아라비아, 쿠웨이트, 아부다비, 카타르 등 걸프만(페르시아만) 연안 6개 산유국과 메이저 석유회사 대표들이 만나 원유 가격 협상을 시작했다.

그러나 협상은 며칠 만에 결렬되었다. 과거에는 협상 결렬이 종결이나 연기를 의미했으나 이번의 경우는 달랐다. 10월 16일 쿠웨이트에서 회동한 페르시아만 연안 6개 산유국 대표들이 원유 가격을 배럴당 3.02달러에서 3.65달러로 17% 인상한다고 일방적으로 발표한 것이다. 이는 메이저 석유회사와 합의를 거쳐야 했던 그동안의 관례를 깨고 일방적으로 발표했다는 점에서 전대미문의 사건이었다.

한번 불붙은 원유가 인상 러시 꺼질 줄 몰라

10월 17일에는 아랍석유수출국기구(OAPEC) 가맹 10개국이 "이스라엘이 아랍 점령지에서 철수할 때까지 9월로 소급하여 매월 5%씩 원유를 감산하고 1975년 5월부터는 원유 생산을 완전 중단한다"고 경고했다. 이는 그동안 선진국과 석유 메이저들이 쥐고 있던 원유가 결정 주도권을 아랍 산유국이 빼앗아가는 중대한 변화였다.

그런데도 닉슨 대통령은 고립 상태에 있던 이스라엘에 220만 달러를 원조하겠다고 10월 19일 발표했다. 미국의 이 같은 조치는 아랍권의 대미 감정을 더욱 악화시켰다. 10월 24일 아랍과 이스라엘 간의 휴전이 성립되었으나 소리 없는 전쟁인 자원전의 파고는 전 세계를 뒤덮을 기세로 높아져가고 있었다.

한번 불붙은 원유가 인상 러시는 꺼질 줄 몰랐다. 페르시아만 6대 산유국들은 11월 1일 원유가를 다시 배럴당 5.179달러로 인상하기로 합의했다. 아랍 최대 산유국인 사우디는 11월 3일 세계 각국을 우호국, 비우호국, 기타 비우호국의 3등급으로 분류해 원유를 차등 공급하겠다고 발표했다. 사우디의 3등급 분류 기준은 전적으로 이스라엘과의 친소 정도에 따른 것으로 비우호국에는 원유 수출을 전면 중단하는 조치를 단행했다.

이스라엘, 미국, 남아공, 남예멘, 캐나다, 포르투갈, 네덜란드, 카리브 제국은 '비우호국'으로 분류되어 원유를 공급받지 못한 반면 프랑스, 영국, 스페인, 터키, 레바논, 말레이시아, 파키스탄, 인도, 튀니지, 이집트, 브라질 등은 '우호국'으로 분류되어 9월 수준대로 원유를 공급받았다.

EC(영국, 프랑스, 네덜란드 제외)와 일본, 한국, 필리핀, 태국 등은 '기타 비우호국'으로 분류되어 5~20% 감량 공급국으로 지정되었다. 이후 수출 금지국과 감량공급국에 포함된 국가들은 초긴장 상태에 들어갔고 사우디의 움직임에 촉각을 세우며 전전긍긍해야 했다.

석유 소비국의 생사여탈권 산유국이 장악

11월 6일 OAPEC의 10개국 각료 회의가 9월 대비 원유 생산량의 30% 감산을 결정함으로써 세계를 또다시 충격에 빠뜨리자 서방 국가들은 아랍의 이슬람 민족주의와 자원 민족주의가 세계사 전면으로 등장하고 있는 엄연한 현실을 받아들여야 했다.

EC 9개국은 미국의 노골적인 반대에도 불구하고 11월 18일 아랍 지지를 발표했다. 11월 22일 일본까지 '아랍 코스(팔레스타인의 해방과 독립 인정 및 이스라엘 불인정)' 지지 성명을 발표하자 필리핀, 태국 등 기타 비우호국으로 묶였던 국가들도 잇달아 친아랍 정책을 선언했다. 우리나라는 미국의 눈치를 살피다가 12월 15일 아랍 지지 선언을 발표했다.

그래도 OPEC는 12월 23일 '사우디아라비아산 경질 석유'의 고시 가격을 1974년 1월을 기해 배럴당 5.119달러에서 11.651달러로 128% 인상한다고 발표함으로써 '석유 무기화'의 고삐를 더욱 조여나갔다. 3개월 만에 원유 가격을 4배나 올려 석유 소비국의 생사여탈권이 산유국 손에 달려 있음을 분명히 확인시켜준 아랍국들의 원유가 인상에 세계는 속수무책이었다.

각국의 위기대처 방식은 필사적이었다. 영국은 비상사태를 선언해 회사·공장에 대한 전력공급을 주 3일로 제한하고, 상점·사무실의 전등이나 난방용은 전기를 사용하지 못하게 했으며 TV는 밤 10시까지만 방송하도록 했다. 네덜란드는 허가증 없이는 일요일에 차를 몰 수 없도록 하고 미국은 자동차 제한속도를 80km로 낮추고 휘발유 배급전표제를 시행했다.

다행히 1974년 3월 17일 OAPEC 회의가 미국에 대한 석유금수를 해제하고 아랍에 대한 우호·비우호국 분류를 폐기함으로써 산유국의 석유 무기화는 일단락되고 제1차 오일 쇼크는 막을 내렸다. 하지만 세계는 한동안 석유파동이 몰고온 후유증에 시달려야 했다. 전 세계의 석유 소비국들은 1974년부터 오일 쇼크의 영향을 구체적으로 받기 시작해 세계 평균 경제성장률은 1974년 1.6%, 1975년 0.3%로 급격하게 떨어졌다.

한국의 오일 쇼크

오일 쇼크가 전 세계를 강타하기 10개월 전, 박정희 대통령은 1973년 1월 연두 기자회견을 통해 중화학공업을 적극 추진하겠다는 이른바 중화학공업화 육성 선언을 발표했다. 중화학공업을 추진하려면 그만큼의 많은 석유가 필요했다. 그런데 에너지 수요가 많은 중화학공업으로 전환되는 시점에 오일 쇼크가 발생했으니 우리에겐 큰 충격이 아닐 수 없었다.

우리나라는 1973년 연초부터 석유값을 17.5%나 인상한 터여서 10

월 16일의 원유가 인상까지 포함하면 1년 새 42.7%나 급등했다. 정부는 1973년 11월 8일 에너지 소비절약 1단계 조치를 발표했다. 난방유류 5% 절감, 걷기운동, 대낮 소등 생활화, 광고 네온사인 규제, 목욕탕 신규 허가 억제, 관광·레저 여행 제한 등의 대책이었다. 11월 29일에는 TV 평일 아침 방송을 중단하고 국영기업과 관공서의 전구 3분의 1을 빼기로 했으며 12월 1일에는 일반 유흥업소의 영업시간을 밤10시로 제한했다.

외교적으로는 사우디 주재 한국 대사를 통해 한국에 대한 '기타 비우호국'(감량 공급국) 지정 조치를 취소해 줄 것을 요구했다. 하지만 사우디의 반응은 분명하고 단호했다. "한국이 '아랍 코스'(팔레스타인의 해방과 독립 인정 및 이스라엘 불인정)의 입장을 지지해야 감량 공급국 대상에서 제외해 주겠다"는 것이었다.

우리 정부는 막대한 차관을 빌려준 미국의 눈치를 살피느라 이러지도 저러지도 못하다가 미국 측에 의견을 타진했다. 그러나 미국으로부터는 아무런 반응이 없었다. 외무부는 재외 공관장에 "정부의 공식 발표가 있기 전까지 중동 사태에 관련해서는 어떤 논평도 하지 말라"는 방침을 전달한 채 공식 입장 발표를 계속 미뤘다.

물가폭등을 비롯 3중고 몰고 와

그러는 동안 미국의 노골적인 반대에도 불구하고 EC 9개국(11.18)과 일본(11.22) 등 '기타 비우호국'으로 묶였던 국가들이 잇달아 아랍 지지를 선언했다. 더욱 초조해진 우리 정부는 미국의 반응을 더 이상 기다릴 수 없다고 판단해 11월 말 중대한 결정을 내렸다.

미국 측으로부터 답변이 없는 것을 '미국의 묵시적인 허용'으로 해석하고 12월 11일 최규하 대통령 외교담당 특별보좌관을 특사로 하는 정부 사절단을 사우디와 쿠웨이트에 급파했다. 특사단이 현지에 머물고 있던

주유소 앞에 장사진을 치고 있는 사람들

12월 15일 정부가 중동 사태에 관한 공식 입장을 발표했다. 아랍을 지지한다는 선언이었다.

사우디는 이후 자세를 누그러뜨렸다. 12월 17일 우리 특사단이 사우디의 파이살 국왕을 면담한 자리에서 국왕은 "필요한 만큼 다 가지고 가도 좋다"며 일거에 문제를 해결해 주었다. 파이살 국왕의 한마디로 한국은 감량 공급국인 '기타 비우호국'에서 해제되어 '우호국'으로 바뀌었다. 특사단은 쿠웨이트 정부로부터도 긍정적인 답변을 듣고 귀국했다.

그래도 마음을 놓을 수 없어 정부는 1974년 1월 14일 국민생활의 안정을 위한 긴급조치 3호를 발동해 국가 경제에 미칠 충격을 최소화하는 데 만전을 기했다. 2월 1일에는 유류값 평균 82%, 전기값 30%, 해운요금 최고 109%, 항공요금 60% 인상이라는 충격적인 발표가 이어졌다.

오일 쇼크는 경기 침체 및 경제성장 둔화로 이어져 1974년의 도매물가를 전년 대비 44.6%나 올려 놓았다. 6·25전쟁 후 최대치였다. 경상수지 적자는 3억 880만 달러(1973)에서 20억 2,270만 달러(1974)로 증가했으며 물가상승률은 3.5%(1973)에서 24.8%(1974)로 수직상승했다. 그런데도 한국은 오일 쇼크를 비교적 잘 극복한 나라로 평가받고 있다.

위기를 기회로 바꾸는 역발상 시도

전체적으로 물가 상승과 국제수지 악화, 경기 침체 및 경제성장 둔화

그리고 전반적인 세계 경제의 침체국면 속에서도 눈부신 경제성장률을 기록했다. 1973년의 경제성장률 14.9%(세계 6.5%)에 비해 떨어지긴 했지만 1974년과 1975년의 경제성장률은 여전히 높은 8.0%(세계 1.6%), 7.1%(세계 0.3%)나 되었고, 수출도 1973년의 98.6% 증가에 비해서는 많이 떨어졌지만 꽤 높은 38.3% 성장을 기록했다. 1974년의 국민총생산(GDP) 실질증가율도 일본 −2%, 미국 −0.6%, 영국 −1.8%, 프랑스 3%인 데 비해 한국은 7.1%나 되었다.

오일 쇼크로 내핍이 강조되고 혼란을 겪긴 했지만 수치상으로 총체적 난국까지는 아니었다. 오히려 오일 쇼크를 겪으며 그때까지 경제성장 속도가 비슷하던 태국, 말레이시아 등 동남아국가를 추월하는 계기가 되었다. 한국은 이 시점에서 위기를 기회로 바꾸는 과감한 역발상을 했다. 중동에 석유값으로 낸 돈을 다시 찾아오자는 것이었다. 이후 베트남에서 철수한 한국 기업들은 대거 중동으로 진출했다.

2차 오일 쇼크는 1978년 12월 이란의 이슬람 혁명을 계기로 일어났다. 세계 석유 공급의 15%를 점하던 이란이 전면적인 석유수출 금지 조치를 취하고, 석유 업자들의 매점매석과 투기성 시장조작까지 횡행하면서 국제 석유시장은 급격히 혼란에 빠져들었다.

1978년 당시 배럴당 12달러 70센트였던 유가는 20달러를 돌파했다. 1980년 8월 이란·이라크 전쟁이 일어나기 한 달 전에는 30달러 벽이 깨졌고 사우디가 석유 무기화를 선언한 1981년 1월에는 두바이유가 39달러의 정점에 도달했다. 1981년 10월 34달러 선에서 단일화되었으나 1978년을 기준으로 하면 무려 168%나 오른 것이다.

선진국들의 충격은 1차 쇼크 때보다 작았지만 한국 경제는 반대였다. 대내적으로 1979년의 10·26사태와 1980년의 정치 혼란까지 겹치면서 1980년의 실질성장률은 경제개발 이후 처음으로 마이너스(−2.1%)를 기록했다. GNP 성장률은 −5.7%였다. 도매물가 상승률은 무려 44.2%에 달했고 실업률도 5%를 넘어섰다. 1981년 성장률이 6%대로 높아졌지만 기술적 반등 수준이었을 뿐 물가는 여전히 20%를 웃돌았다. 2차 오일 쇼크는 꼬박 2년간 한국 경제에 치명적인 타격을 주었다.

제이콥 브로노프스키 '인간의 등정' 방송

과학자라기보다는 문명사가, 문명사가라기보다는 '인류의 철학자'에 가깝다.

영국의 BBC 방송이 '인간의 등정(The Ascent of Man)'이라는 제목의 다큐멘터리를 방송한 것은 1973년이었다. 1971년 7월부터 1972년 12월까지 촬영하고 1973년 5월 5일부터 7월 28일까지 방송한 '인간의 등정'은 과학을 소재로 했는데도 시청자로부터 크게 인기를 끌어 영국의 방송사(史)에는 기념비적 사건으로 기록되어 있다.

'The Ascent of Man'이라는 제목은 다윈의 저서 'The Descent of Man(인간의 유래)'를 빗댄 것으로 인간이 상상력과 이성, 정서적 예민함과 강인성으로 환경을 변화시켜온 문화적 진화의 상승과정을 표현한 것이다. 또한 다윈의 제목이 생물학적 인간의 근원을 밝히면서 겸손한 인간의 면모를 제시한 것이라면, 이 제목은 문화적 인간의 역사를 설파해서 인간의 성공을 자축한다는 뜻이 담겨 있기도 하다.

진행자가 인류 문명사와 관련된 세계 각 지역을 돌아다니면서 해설하는 형식으로 진행된 총 13부작 '인간의 등정'은 원시인류에서 출발해 석기, 청동기, 철기 등 각 문명의 진화과정과 근대 과학을 거쳐 원자물리학, 유전공학, 컴퓨터공학, 인간두뇌 연구 등 최신 과학까지 다뤘다.

방송 내용과 함께 시청자의 눈길을 사로잡은 것은 작은 키에 투박한 안경을 쓰고, 눈썹이 유난히 짙은 진행자였다. 그는 과학과 철학을 넘나들며 폭넓고 수준 높은 강연 솜씨로 과학 비평과 대중화에 크게 기여한 제이콥 브로노프스키(1908~1974)였다. 그는 1960년대 초에 이미 BBC의 '인사이트'라는 과학 프로그램에 출연해 수학, 물리학, 인간지능 등에 대한 뛰어난 해설로 널리 알려져 있는 유명 인사였다.

제이콥 브로노프스키(1908~1974)

브로노프스키는 폴란드에서 태어나 12살이던 1920년 영국으로 귀화했다. 케임브리지대에서 수학을 전공하고 1933년 기하학으로 같은 대학에서 박사학위를 받은 뒤 헐(Hull)대에서 강의를 시작했다. 이처럼 그의 시작은 수학자였으나 거기에 머물지 않고 물리학과 생물학 등 자연과학 전반으로 관심 영역을 확장했다. 철학자, 시인, 극작가로도 활동해 '20세기 르네상스인', '석학 중의 석학'으로 불렸다.

과학과 예술, 과학과 인문학의 소통·대화가 관심사

인문학과 예술 등에도 조예가 깊었던 그가 주로 관심을 둔 것은 과학과 예술, 과학과 인문학 사이의 접맥과 소통과 대화였다. 이 순수 수학자가 역사와 인간, 그리고 예술에 매달린 데는 그럴 만한 계기가 있었다. 1945년 일본 나가사키에 투하되었던 원자폭탄의 위력을 조사하는 방문단의 일행으로 나가사키를 시찰할 때 목격한 처참한 문명 파괴가 그의 삶을 바꿔놓은 것이다.

이후 그는 2차대전 때부터 해온 군사 연구를 그만두고 과학과 윤리, 생명 연구에 몰두했다. 1964년에는 생물학과 인간학의 통합적 연구를 목표로 세운 미국 샌디에이고 솔크 생물과학연구소 창립 멤버로 참여했다. 그

과정에서 '과학의 상식'(1951), '과학과 인간의 가치'(1956), '인간의 정체성'(1965) 등의 저서를 냈다.

그의 철학적 성찰이 종합 표현된 '인간의 등정'은 BBC에서 방송된 그해 같은 이름의 책으로 출간되었다. 한국에서는 '인간 등정의 발자취'라는 제목으로 번역되었다. '인간의 등정'은 과학사이지만 책에서 의미하는 과학은 자연과학의 영역을 초월해 예술, 문학, 종교, 기술, 건축, 조각 등 인간의 문화적 진화 일반까지 포괄한 개념이다.

자연을 이해하고 그것에 적응하며 그것을 지배한 인간 능력의 도저한 발달의 역사를 담고 있는 이 책의 가장 큰 장점은 방대한 지식과 사례를 하나하나 치밀하게 꿰고 엮어가면서 필요할 때마다 저자가 문명비평가, 과학해설자, 미술사학자로서의 역할을 충실히 하고 있다는 것이다. 그래서 그는 과학자라기보다는 문명사가, 문명사가라기보다는 '인류의 철학자'에 가깝다.

그가 말하는 '인간의 등정'이란 인간에게 내재되어 있는 잠재적인 상상력의 실현을 의미한다. 좁게는 과학기술의 발전, 넓게는 인간 문화의 발전은 그 같은 상상력의 구체화였다. 그는 인류의 생존을 위협하거나 가로막고 있는 장애물은 물론 자연, 우주, 생명의 신비 등을 하나의 거대한 봉우리로 보았다. 처음에는 도저히 넘을 수 없을 것 같던 그 봉우리들도 인간의 무한한 상상력과 이성, 불굴의 정신으로 결국에는 극복되고 말았다는 것을 알려주었다.

그의 여정은 아프리카 적도 남쪽의 타웅이라는 지역에서 시작되었다. 문명의 발상지로 추정되는 이곳에서 발견된 어린이 유골은 인간의 기원을 찾아낸 출발점이었다. 이후 불의 발견과 잡종 밀의 개량이 가져온 농업혁명을 거쳐 마추픽추와 유럽의 고딕성당, 연금술과 원자론, 코페르니쿠스와 갈릴레이, 뉴턴과 아인슈타인, 산업혁명, 다윈, 핵물리학 등을 더

들어 나갔다.

브로노프스키는 책의 내용 말고도 유려한 문학적 비유, 신비로울 만큼 유연하고 유기적으로 서로 관계를 맺고 있는 관념과 지식들의 체계만으로도 독자들을 매료시켰다.

1974년

긴급조치 1호 선포… '긴조 시대' 개막
민청학련 사건
인혁당 재건위 관련자 8명 사형 집행
리영희 '전환시대의 논리' 출간
동아일보 자유언론실천선언과 광고 탄압
  _ *동아투위·조선투위*
육영수 여사 피격
서울 지하철 1호선 개통
현대조선소 26만 톤급 대형유조선 국내 첫 진수
황석영 '객지' 출간과 '장길산' 한국일보 연재
김정호 '이름 모를 소녀' 데뷔 음반 발매
프리드리히 하이에크 노벨경제학상 수상
  _ *신자유주의*
무하마드 알리 세계 헤비급 챔피언 두 번째 쟁취
행크 에런 미 프로야구 최다 홈런 기록 경신
키프로스 군부 쿠데타와 터키군 주둔
도널드 조핸슨 '루시' 화석 발견
  _ *아르디, 밀레니엄맨, 투마이*
알렉산드르 솔제니친 소련에서 추방

긴급조치 1호 선포… '긴조 시대' 개막

"술 마시고 노래하고 춤을 춰봐도 가슴에는 하나 가득 슬픔뿐"이던 세상이었다.

1974년 1월 8일 오후 5시를 기해 박정희 대통령이 긴급조치 1호를 선포했다. 이로써 1970년대 중후반 한국의 정치·사회·문화 전반에 짙은 그림자를 드리웠던 이른바 '긴조 시대'가 개막되었다. ▲대한민국의 헌법을 부정·반대·왜곡 또는 비방하는 일체의 행위를 금한다 ▲유언비어를 날조·유포하는 일체의 행위를 금한다 ▲이 조치에 위반한 자와 이 조치를 비방한 자는 법관의 영장 없이 체포·구속·압수·수색하며 15년 이하의 징역에 처한다는 내용이었다. 정부는 긴급조치 1호 위반자를 처리하기 위해 비상군법회의를 설치한다는 내용의 긴급조치 2호도 함께 선포했다.

긴급조치는 유신헌법 철폐운동을 봉쇄하기 위해 내려진 굴종과 침묵의 강요였다. 첫 위반자는 장준하와 백기완이었다. 두 사람은 1974년 1월 15일 긴급조치 위반 혐의로 구속되어 2월 1일 각각 15년형을 선고받았다. 김지하는 긴급조치 1호의 선포에 맞춰 쓴 '1974년 1월'이라는 시에서 "1974년 1월을 죽음이라 부르자"고 했다.

정부는 강압적인 긴급조치 1호로 학생과 재야 인사의 저항 의지가 꺾일 것으로 예상했다. 그러나 1974년 3월 신학기를 맞아 학원가는 다시 술렁거렸고, 정부는 실체 불명의 '민청학련(전국민주청년학생총연맹)'을 내세워 학생운동의 일망타진을 노렸다. 4월 3일에도 긴급조치 4호를 발동해 전국에서 1,000여 명의 학생을 잡아들였다.

긴급조치 4호의 주요 내용은 '민청학련과 이에 관련되는 단체를 조직하거나 또는 이에 가입하거나, 그 구성원과 회합 또는 통신 기타 방법으로 연락하거나, 그 구성원의 잠복·회합·연락 그 밖의 활동을 위하여 장소·물건·금품 기타의 편의를 제공하거나, 기타 방법으로 단체나 구성원의 활동에 직접 또는 간접으로 관여하는 일체의 행위를 금한다'는 것으로 이 조치를 위반하거나 비방한 자는 '사형, 무기 또는 5년 이하의 유기징역에 처한다'는 것이다.

1호와 4호는 그해 8월 15일 육영수 여사가 저격당하는 사건이 일어났을 때 박 대통령이 국민총화가 다져졌다는 이유를 들어 선포한 긴급조치 5호(8.23)로 해제되었다. 1호와 4호 위반으로 구속된 인사는 200명이 넘었다. 이들 중 반공법 위반을 제외한 대부분은 1975년 2월 15일 석방되었다.

평범한 국민도 긴급조치의 올가미로부터 자유롭지 못해

1호와 4호가 유신헌법에 대한 도전을 차단할 목적으로 만들어진 것이라면, 1월 14일에 선포한 '국민생활 안정을 위한 대통령 긴급조치 제3호'는 1973년 10월의 오일 쇼크가 야기한 경기불황과 경제난국을 극복하기 위해 서민 대중의 생활 안정을 꾀하고 고소득층의 양보를 요구한 조치였다. 3호는 주요 내용이 법으로 반영되어 1974년 12월 31일부로 해제되었다.

1호와 4호의 해제로 7개월 동안 사라졌던 긴급조치가 다시 부활한 것은 1975년 봄이었다. 새 학기 개학에 맞춰 고려대를 비롯한 학원가에서 격렬한 반정부 시위가 다시 시작되자 1975년 4월 8일 긴급조치 7호를 선포해 고려대에 휴교령을 명하고 군대를 진주시킨 것이다.

그래도 학원 시위와 개헌 주장이 끊이질 않자 1975년 5월 13일 그동안의 긴급조치를 집대성한 '국가안전과 공공질서 수호를 위한 대통령 긴급조치 9호'를 발표했다. 베트남의 공산화(4.30)에 충격을 받은 박 대통령이 안보를 이유로 고삐를 더욱 조인 것이다.

조선일보 속보판에 적힌 긴급조치 1호 내용을 읽고 있는 시민들

9호는 유언비어의 날조와 유포, 헌법의 개폐 주장, 학생들의 정치집회와 시위 심지어 긴급조치 비방까지 철저히 금지했지만 형량이 현실화되었을 뿐 주요 내용에서는 1호, 4호와 큰 차이가 없었다. 형량은 1년 이상의 유기징역으로 하며 재판도 일반 법정에서 하는 것으로 했다.

군사재판에 회부하고 형량도 사형, 무기 등 극형에 처한 1호, 4호에 비해서는 상당히 축소된 모습이었다. 그러나 처벌이 현실화되었다는 것은 긴급한 것이 아닌 일상적인 것에까지 법망이 넓어졌다는 것을 의미했다. 그것은 긴급조치의 일상화였다.

긴급조치 위반으로 처벌받은 사람들의 상당수는 학생이었지만 자영업자, 회사원, 농부 등 평범한 국민 역시 긴급조치의 올가미로부터 자유롭지 못했다. 지금 잣대로 보면 아무렇지도 않은 일들이 '긴조 시대'에는 중죄로 둔갑하는 일이 허다했다. 주점의 취객, 손금을 봐주던 점술가, 다방의 손님, 학생을 가르치던 교사도 의도했든 의도하지 않았든 유신과 박 대통령에 대해 푸념이나 비판을 하다가 여지없이 철창 신세를 졌다.

사법부 역시 '긴급조치의 시녀' 비난 들어

언론은 물론 모든 사회적 언로가 이처럼 꽉 막히다 보니 온갖 유언비어가 난무했다. 이 때문에 무심결에 사실을 확인할 수 없는 소문을 옮기던 민초들이 유언비어 날조로 또 처벌받아야 하는 악순환이 되풀이되었다.

긴급조치가 활개를 치는 동안 사법부 역시 '긴급조치의 시녀'라는 비난을 들으며 암흑기를 맞았다. 일부 유신 판사들은 자신의 영달만을 위해 판결을 내렸다. '속전속결'과 '정찰제'가 당시 판결의 특징이었다. 선고 형량이 검찰의 구형량과 일치하는 경우가 많았으며 판결 내용 역시 기소 내용과 별반 차이가 없었다.

잇따른 긴급조치의 발동과 학생들의 구속은 학생운동의 역량을 소진시켰다. 해체된 학생회 대신 임명제의 학도호국단이 들어섰고, 완전무장한 전투경찰이 교내에 상주했다. 학생들 사이에 허무주의가 팽배해지면서 대학가는 기나긴 침묵으로 빠져들었다.

당시 대학가에서 가장 많이 불린 노래는 송창식의 '고래사냥'이었다. 노래 가사대로 "술 마시고 노래하고 춤을 춰봐도 가슴에는 하나 가득 슬픔뿐"이었다. 울분은 화장실 벽에 뒷골목 담벼락에 쏟아냈다. 맞고 갇히고 술을 퍼마시기를 5년 11개월. 마침내 박 대통령이 죽고 1979년 12월 7일 최규하 대통령이 "8일 0시를 기해 긴급조치를 해제한다"고 발표함으로써 1970년대의 '괴물' 긴급조치도 이 땅에서 사라졌다. 그동안 589건이 적발되어 1,050명이 구속되었다.

2007년 1월 31일 '진실과 화해를 위한 과거사정리 위원회(과거사위)'가 공개한 긴급조치 위반사건 분석에 따르면 긴급조치에 대한 전체 재판건수 1,412건 가운데 91%가 긴급조치 9호 위반이었다.

유형별로는 대통령과 유신체제를 비판한 행위가 282건(48%)으로 가장 많았고 학생운동 사례가 191건(32%)이었으며 재야·정치운동 사례가 85건(14.5%)이었다. 과거사위는 당시 긴급조치에 입각해 판결을 내린 판사의 실명을 공개했다.

▶ 긴급조치 내용

	선포일	해제일	주요 내용
1호	1974. 1. 8	1974. 8. 23	유신헌법 개정·폐지의 주장·청원 금지
2호	1974. 1. 8		비상군법회의 설치
3호	1974. 1. 14	1974. 12. 31	국민생활 안정을 위한 재정경제상 조치
4호	1974. 4. 3	1974. 8. 23	민청학련 관련자 처벌
5호	1974. 8. 23		긴급조치 1호·4호 해제
6호	1974. 12. 31		긴급조치 3호 해제
7호	1975. 4. 8	1975. 5. 13	고려대 휴교령, 교내 시위 금지
8호	1975. 5. 13		긴급조치 7호 해제
9호	1975. 5. 13	1979. 12. 7	유언비어 날조·유포 금지, 헌법 부정·반대·왜곡·비방 금지

민청학련 사건

일체의 반유신 활동을 일거에 뿌리 뽑으려 했으나 증거가 빈약했다.

1973년 10월 2일 오전 11시, 서울대 문리대 학생들이 유신 이후 처음으로 "유신 반대!", "독재 타도!"를 외쳤다. 유신 이후 침묵만을 강요받다 1년여 만에 무기력과 좌절감을 떨쳐버리고 감행한 유신 반대시위였다. 숫자로도 1964년 6·3계엄령 이후 최대였다. 학생들의 구호 소리가 교내 곳곳에 메아리친 후 학생들은 곧 경찰에 굴비 엮이듯 끌려갔다. 180명이 연행되어 20명이 구속, 56명이 구류 29일 처분을 받았다. 구속 학생을 포함한 23명이 제명되고 구류처분을 받은 학생들은 무기정학 처분을 받았다. 시위에 적극 가담한 학생 18명은 자퇴 처리되었다.

시위는 동맹휴학과 시험 거부로 맞선 서울대의 각 단과대와 전국의 각 대학으로도 확대되긴 했으나 오래가지는 못했다. 12월 7일, 17명의 구속·구류 학생이 석방되고 제명·자퇴 처리된 41명과 무기정학 처분을 받은 56명의 처벌이 백지화되면서 '10·2시위'가 촉발시킨 1973년 말의 학생시위는 그렇게 막을 내렸다.

그러나 12월 24일 윤보선, 백낙준, 유진오, 이희승, 김수환, 이병린, 한경직, 김재준, 함석헌, 장준하, 백기완 등 30명의 각계 인사들의 발기로 시작한 '개헌 청원 백만인 서명운동'이 요원의 불길처럼 번져가고, 이에 맞서 박정희 대통령이 1974년 1월 8일 긴급조치 1호와 2호를 선포하면서 억압과 폭력, 저항과 투옥의 시대가 엄습했다. '긴급조치'만으로 이미 타오르기 시작한 유신 철폐운동을 잠재우지는 못했다.

서울대의 유인태, 서중석, 이철, 나병식 등은 전국 각 대학의 동시 다발 시위를 구상했다. 전체투쟁 총괄, 서울대 각 단과대 담당, 서울 시내 각 대학 담당, 지방 소재 대학 및 여자대학 담당, 기독교계 학생단체 담당, 사회인 및 재야 담당, 인쇄 담당 등 나름대로 역할분담을 했다.

D데이는 4월 3일로 정해졌다. D데이 2~3일 전, 지도부는 전국 학생들의 폭넓은 참여를 과시하고 학생들 사이의 강한 연대감을 유도하기 위해 유인물에 가공의 단체명을 끼워넣었다. 고민 끝에 정해진 명칭은 '전국민주청년학생총연맹(민청학련)'이었다. 하지만 임시방편으로 지어진 이름이라 유인물 기획과 제작에 직접 관여한 소수의 사람을 제외하고는 누구도 민청학련의 존재를 알지 못했다.

각 대학 간 연결이 거의 완료되었을 즈음, 정보 당국 역시 신학기 개학 후 있을 대규모 학생 시위에 촉각을 곤두세우고 있었다. 학생들과 정보 당국의 긴장은 D데이를 향해 팽팽히 부풀었다. 학생들은 D데이를 총궐기의 날로 삼았고 정보 당국은 운동권 일망타진의 날로 잡았다. 조그만 꼬투리라도 잡히면 그것을 확대·포장한다는 게 당국의 계획이었다.

고문까지 동원한 조사 결과치고는 증거 빈약해

신학기가 되었을 때 먼저 치고 나간 것은 한신대와 경북대 학생들이었다. 뒤이어 서강대 학생들이 가두 진출을 시도했던 3월 28일 밤, 지도부의 동향을 이미 파악하고 있던 정보 당국이 일제 검거령을 내려 서중석 등 주모자급 학생들을 검거하기 시작했다.

이를 눈치챈 이철과 유인태 등이 잠적하면서 4월 3일 D데이가 제대로 치러질지 반신반의하는 분위기였다. 당국은 검거 학생들의 진술을 토대로 그림을 대충 그려놓고 그 그림에 무엇을 끼워넣을 것인가를 구상했다.

4월 3일 오전 11시 서울대, 성균관대, 이화여대, 고려대 등에서 일제히 데모가 시작되었으나 이미 사복 경찰이 학교에 진을 치고 있는 상황에서 시위는 성공하지 못했다. 학생들은 "유신 철폐" 등의 구호를 외치다 전원 연행되었다. 유신체제에 타격을 입히겠다는 민청학련 주모자들의 구상은 이렇게 허탈하게 끝나고 말았지만 사건은 이것으로 끝이 아니었다. 그날 밤 10시를 기해 박정희 대통령의 특별담화와 함께 긴급조치 4호가 선포된 것이다.

다시 대대적인 검거 선풍이 불었다. 민청학련의 주역들에게는 거액의 현상금이 붙었다. 간첩의 현상금이 30만 원이던 시절 이철, 유인태, 강구철 등 3인에 대해서는 처음 50만 원이던 현상금이 곧 200만 원으로 뛰었고 고등학생 복장을 하고 도망 다니던 이철에게는 현상금이 다시 300만 원으로 뛰어올랐다. 전국투쟁 현장책임을 맡았던 이철이 4월 24일 고교생 복장으로 길거리에서 체포되자 신직수 중앙정보부장이 4월 25일 사건의 전모를 발표했다.

중정 부장은 "민청학련의 배후에 공산단체인 인혁당과 조총련계 일본공산당, 국내 좌파 혁신계가 복합적으로 관련되어 있다"면서 조사 대상자 240명 가운데 일본인 2명을 포함 60여 명의 명단을 발표했다. 차제에 일체의 반유신 활동을 공산주의자의 책동에 의한 불순활동으로 몰아 일거에 뿌리 뽑겠다는 계산이었으나 고문까지 동원한 조사 결과치고는 증거가 빈약했다.

5월 27일 비상군법회의 검찰부가 "민청학련이 주동이 된 국가 변란 기도 사건의 주모자급 253명 중 1차로 54명을 구속·기소했다"는 수사결과를 발표했다. 검찰 발표에 따르면 인민혁명당(인혁당)은 국가 변란을 기도하기 위해 강령과 규약을 채택한 지하정당이었고, 민청학련은 이 인혁당과 조총련의 조종을 받는 대규모 지하조직이었다.

사형·무기 운운한 것치고는 싱겁게 끝나

재판은 민청학련과 인혁당 관련자들을 분리해 사상 유례없이 빠른 속도로 진행되었다. 인혁당 관련자들은 1964년의 인혁당 사건과 구분하기 위해 '인혁당 재건위'로 불렸다.

비상보통군법회의(1심)는 7월 11일 인혁당 재건위 관련자 21명에 대해 7명 사형, 8명 무기징역, 6명 20년형을 선고했다. 7월 13일에는 민청학련 관련자 32명에 대해 여정남·이철·유인태 등 7명에게는 사형을, 나머지 관련자들에게는 징역 15~20년의 중형을 선고했다.

1심 재판 중 강신옥 변호사의 변론 내용이 문제가 되어 변호사까지 구속되는 전대미문의 일까지 벌어졌다. 강 변호사는 7월 9일 변론 도중 "법은 정치의 시녀이며 권력의 시녀다. 검찰이 애국학생들에게 사형과 무기를 구형하는 것은 사법살인 행위"라는 요지의 변론을 했다가 7월 15일 긴급조치 위반 및 법정모욕죄로 구속되었다. 그는 1심과 2심에서 징역 10년 자격정지 10년을 선고받고 감옥에서 상고심을 준비하던 중 1975년 2월 15일 구속집행정지로 풀려났다.

1974년 9월 7일 비상고등군법회의(2심)는 1심에서 사형을 선고받은 7명의 인혁당 재건위 관련자에 대해서는 그대로 사형을 선고했으나 민청학련으로 사형선고를 받은 7명에 대해서는 여정남을 제외하고 모두 무기징역 이하로 감형했다.

민청학련 관련자는 1975년 2월 12일 유신헌법에 대한 찬반 국민투표가 찬성으로 나타난 것에 대해 안도한 박 대통령의 특별조치로 2월 15일 대부분 석방되었다. 유인태와 이현배 등은 학생 신분이 아니었다는 이유로 이후 몇 년 더 감옥에 있어야 했지만 사형·무기 운운했던 것치고는 싱겁게 끝난 셈이다. 그러나 사형을 선고받은 인혁당 재건위 관련자 7명과 민청학련 관련자 1명 등 8명은 1975년 4월 8일 대법원의 상고 기각이 있은 지 20시간 만인 4월 9일 새벽에 갑작스럽게 처형되었다.

인혁당 재건위 관련자 8명 사형 집행

사형 확정 후 20시간 만에 가족도 모르게 서울구치소에서 사형되고 시신은 화장장으로 보내졌다.

'인혁당 재건위' 사건은 1964년의 인혁당 사건으로 거슬러 올라간다. 1964년 8월 14일 김형욱 중앙정보부장이 "북괴 지령을 받아 국가 변란을 기도한 대규모 지하조직 인민혁명당(인혁당)을 적발했다"고 발표한 것이 인혁당 사건의 시작이었다. 그런데 당시 중앙정보부로부터 47명의 피의자와 조사자료를 넘겨받아 18일간 수사를 벌인 서울지검 공안부 검사들이 "북한의 지령을 받고 불온단체를 조직했다는 혐의가 하나도 없다"며 기소장에 서명을 하지 않는 일이 벌어졌다.

결국 사건은 공안부에서 형사부로 넘어가 구속 마감일인 9월 5일 밤이 되어서야 형사3부장의 서명으로 26명이 국가보안법 위반 혐의로 기소되고 21명이 불기소 처리되었다. 그런 가운데 한국인권옹호협회가 전기고문과 물고문 등 고문 사실을 9월 12일 세상에 폭로하는 등 조작설과 고문설이 연속적으로 터져나오자 검찰은 수사라인을 서울지검에서 서울고검

대법원의 확정판결 직후 재판 결과에 항의하는 가족들

으로 교체했다.

서울고검은 9월 16일 14명을 석방하고 도예종, 박현채, 이재문, 임창순 등 12명의 공소장을 최고 사형까지 처할 수 있는 국가보안법에서 최고 7년형인 반공법으로 변경해 초기 수사에 문제가 많았음을 우회적으로 드러냈다. 게다가 1심 법원이 1965년 1월 20일 도예종에게 3년, 추가기소된 양춘우에게 2년형을 선고했을 뿐 나머지 11명의 피고에게는 무죄를 선고함으로써 검찰의 기소에 무리가 있었음을 또다시 확인시켜 주었다. 비밀서클을 조직한 사실은 인정하나 인혁당 강령을 알고 있었다는 사실은 인정할 수 없다는 게 무죄 이유였다.

그러나 서울고법은 5월 29일 원심을 파기하고 13명 전원에게 유죄 판결을 내려 도예종에게는 징역 3년, 박현채 등 5명에게는 징역 1년, 나머지 7명에게는 집행유예를 선고했다. 서울고법은 "인민혁명당의 존재는 인정할 수 없다"면서도 "혁신계 정당의 모체로 조직한 서클의 조직 확대, 강령 등을 논의한 것은 인정된다"며 유죄를 선고했다. 대법원도 9월 21일 상고 기각으로 2심 형량을 확정함으로써 인혁당 사건은 사실인 것으로 일단락되었다.

국제법학자협회 '사법 암흑의 날'로 선포

그런데 10년이 지난 1974년 중앙정보부가 인혁당을 민청학련 사건의 배후로 지목하면서 '인혁당 재건위' 사건이 불거졌다. '인혁당 재건위' 관련자들은 과거 인혁당처럼 일정 수준의 조직을 갖고 있었던 것은 사실이나 당명은 물론 강령과 규약이 없다고 주장했다. 더구나 도예종을 제외한 나머지 사람들은 10년 전 인혁당 사건과 무관한 사람들이었다.

그런데도 중앙정보부가 1974년 5월 민청학련 사건을 발표하며 "배후에 과거 공산계 불법단체인 인혁당 등이 복합적으로 작용했다"고 발표해 '인혁당 재건위'라는 딱지가 붙여졌다. 당국이 인혁당을 문제 삼은 근거는 세 가지였다. 북한으로부터 지령을 받았고, 간첩과 접촉했으며, 북한의 공작금으로 활동했다는 것이다.

1974년 7월 11일 비상보통군법회의 재판부는 인혁당 재건위 관련자 21명 중 서도원, 도예종 등 7명에게는 사형, 8명에게는 무기징역, 나머지 6명에게는 징역 20년을 선고했다. 9월 7일 비상고등군법회의는 1심에서 사형 선고를 받은 7명의 항소를 기각해 사형을 확정했다. 반면 민청학련 사건 관련자들은 1심에서 사형 선고를 받은 7명 중 6명이 2심에서는 무기징역 이하로 감형되었다.

1975년 2월 15일 대통령 특별조치에 의해 민청학련 관련자 상당수는 형집행정지로 석방되었으나 인혁당 재건위 관련자들만은 감옥에서 나오지 못했다. 대법원은 2심에서 사형 선고를 받은 인혁당 재건위 관련자 7명과 민청학련 관련자 1명의 상고를 1975년 4월 8일 기각했다. 이로써 8명은 사형이 확정되었다.

그로부터 20시간이 지난 4월 9일 새벽 도예종, 여정남, 서도원, 송상진, 우홍선, 하재완, 김용원, 이수병 등 8명은 가족도 모르게 서울구치소에서 죽음을 맞았다. 게다가 시신은 가족에게도 인계되지 않은 채 화장장으로 보내졌다.

그들의 죽음에 국제법학자협회는 4월 9일을 '사법 암흑의 날'로 선포하며 유신 정권의 폭력성을 규탄했다. 가족들은 어디에 하소연도 하지 못하고 억울한 죽음을 가슴에 안은 채 살아야 했다.

"1차 인혁당 사건은 실재했던 사실"

2002년 9월 의문사진상규명위가 "인혁당 재건위 사건은 당시 중앙정보부의 조작극"이라며 "참혹한 고문으로 허위진술이 강요되고, 공판 기록조차 의도적으로 조작되고 누락되었다"고 발표했다. 국가정보원 과거사건 진실 규명을 통한 발전위원회(과거사위) 역시 2005년 12월, "1·2차 인혁당 사건과 민청학련 사건은 정권 차원의 조작과 기획"이라며 "인혁당이란 명칭은 구성원 사이에서 불리는 여러 명칭 중 하나였고 강령과 규약은 논의된 적도 채택된 적도 없었다"고 발표함으로써 가족들은 뒤늦게나마 신원할 수 있었다. 재심을 받아들인 사법부 역시 2007년 1월 8명의 죽음에 대해 무죄를 선고해 8명은 32년이 지나서야 지하에서 명예를 회복할 수 있었다.

그런데 2010년 6월, "1차 인혁당 사건 역시 정권 차원의 조작과 기획이었다"는 국가정보원 과거사위의 발표를 정면으로 뒤집는 새로운 증언이 나와 논란이 벌어졌다. 박범진 전 의원이 자신의 저서 '박정희 시대를 회고한다'에서 제1차 인혁당 사건의 인민혁명당이 국가 변란을 목적으로 실제로 활동한 지하당이었다고 증언한 것이다. 물론 박범진 전 의원의 주장은 '인혁당 재건위'가 아니라 '1차 인혁당'에 한정된다.

그는 서울대 정치학과 4학년에 재학 중이던 1963년 봄 자신도 인혁당에 입당했다며 인혁당은 (중앙정보부의)조작이 아니라고 주장했다. 그는 "나를 포함해 5명의 서울대생이 입당할 때 문서로 된 당의 강령과 규약이라는 것을 직접 보았고 북한산에 올라가 오른손을 들고 입당 선서를 한 뒤 인혁당원으로 활동했다"며 "제1차 인혁당 사건은 실재했던 사건이었는데도 수사기관이 (물증을 확보하지 못하는 등)객관화하는 데 실패해서 조작사건처럼 되었다"고 설명했다.

그는 1차 인혁당 사건 관련자 중 일부는 통일혁명당(통혁당·1968)과 남조선민족해방전선(남민전·1976)에도 참여했다고 증언했는데 이것은 실제 사실로 확인되고 있다.

리영희 '전환시대의 논리' 출간

유신 교육으로 인한 냉전적 사고의 중독에서 벗어나는 지적 해방의 단비를 맛보았다.

1974년 6월 5일 리영희(1929~2010)의 '전환시대의 논리'(전논)가 창작과비평사에서 출판되었다. '전논'은 리영희가 1970년부터 틈틈이 '창작과 비평', '문학과 지성', '정경연구' 등에 기고했던 동북아시아 정세에 관한 글을 모은 평론집이었다.

'전논'에서 가장 충격적이었던 것은 중국의 과거와 현재를 다룬 '중국 외교의 이론과 실제'(2부)였다. 당시는 '죽의 장막'에 가려져 중국의 모택동과 문화대혁명의 실체가 제대로 알려지지 않을 때였다. 또한 중국은 북한의 동맹국이자 우리의 적대국으로 치부되던 때였다.

이처럼 민감한 시기에 "중국은 악"이라는 도식을 깨고 각종 자료를 근거로 중국의 모택동과 문화대혁명을 미화하는 저자의 주장에 대해 대학생과 젊은 지식인들은 충격에 빠졌다.

리영희(1929~2010)

리영희는 책에서 한 서방 평자의 말이라며 "레닌은 최초의 사회주의 혁명은 했으나 공업화는 못 했다. 스탈린은 공업화는 했으나 인간 혁명은 못 했다. 모택동은 공업화와 인간 혁명을 동시에 하고 있다"고 모택동을 극찬했다. 문화대혁명에 대해서도 "문화혁명이라는 급격하고 웅장한 변화가 이루어지고 있다"며 "레닌과 스탈린을 뛰어넘은 위대한 사회주의 사상가로서 인간의 평등사회에 대한 꿈을 실현하는 올바른 노선이 문화대혁명으로 나타나고 있다"고 주장했다.

전 6부 중 제4부 '미군 감축과 한·일 안보관계의 전망'에 포함된 '베트남전쟁'도 충격적이기는 마찬가지였다. 공산국가인 북베트남의 침략과 이에 대한 남베트남 자유 세계의 대응이라는 기존의 냉전 논리를 치밀한 재구성으로 뿌리째 흔들어놓은 것이다. 리영희는 미국의 통킹만 북폭과 미국의 사전 계획으로 인한 전면전 확대 등 그때까지 국내에는 잘 알려져 있지 않은 베트남전의 또 다른 얼굴을 소개하는 데 주저하지 않았다.

교과서로 배운 상식과 가치 가차 없이 부정돼

이처럼 냉전논리를 깨부수려 한 '전환시대의 논리'에 대해 젊은 지식인과 대학생들은 "마치 오랜 시간 어두운 동굴 속에 갇혀 있다가 갑자기 밖으로 나와 강렬한 빛을 보게 될 때의 눈부심과 전율 같은 것을 느꼈다", "진실로만 알고 있던 상식이 허구로 무너지는 괴로움을 맛보았다", "유신교육으로 인한 냉전적 사고의 중독에서 벗어나는 지적 해방의 단비를 맛보았다"며 환호했다. '전논'은 매년 초 대학 신입생들에게 '시각 교정용'으로 소개되었고, 신입생들은 교과서로 배운 군사정권의 상식과 가치들을 가차 없이 부정했다.

리영희는 평북 운산에서 태어나 서울공고의 전신인 경성공립보통학교(1946)와 한국해양대(1950)를 졸업했다. 6·25 발발과 함께 7년간 통역장교로 근무하다 1957년 합동통신 외신부에 둥지를 튼 뒤에는 통신사 일을 하면서 틈틈이 1959~1961년 워싱턴포스트지의 통신원(4·19혁명 전까지는 익명)으로 활동했다. 그 덕분에 이승만 독재정권 치하의 한국 실정은 워싱턴포스트를 통해 미국인에게 사실대로 전달되었다.

1961년 쿠데타로 집권한 박정희 국가재건최고회의 의장의 첫 미국 방문 때는 수행기자로 갔다가 도중에 본국으로 조기 소환되었다. 다른 언론사들이 박정희-케네디 회담에서 미국이 군사·경제 원조를 하고 쿠데타에 대한 정치적 승인도 해주기로 했다는 '박정희 외교의 대성과'를 선전한 것과 달리 리영희는 케네디 쪽이 조속한 민정 이양과 군의 원대 복귀, 조속한 한일 국교 정상화, 베트남 사태 협력 등을 촉구했다는 내용을 타전했기 때문이다.

1964년 조선일보로 자리를 옮긴 리영희는 그해 11월 21일자에 '남북한이 유엔에 동시 가입하는 안건을 아시아·아프리카 외상회의에서 검토 중'이라는 기사를 썼다가 다음날 선우휘 편집국장과 함께 '국가기밀을 누설한 이적행위'(반공법 위반) 혐의로 구속되는 첫 필화사건을 겪었다. 조선일보는 6만여 부를 압수당했다. 12월에 선우휘는 무혐의 불기소처분을 받았고 리영희는 불구속기소 상태에서 재판을 받아 1965년 7월 징역 6월에 집행유예 1년을 선고받았다.

1969년 다시 합동통신으로 돌아간 그는 1971년 10월 19일 위수령에 반대하는 '64인 지식인 선언'에 동참했다가 해직되어 1972년 한양대로 적을 옮겼다. 한양대에서도 1976년 제1차 교수 재임용법으로 교수직에서 강제 해직되었으며 1977년 8월 편역서 '8억인과의 대화'를 펴냈다가 출간 두 달 만에 판매금지 조치를 당했다. 1977년 10월에는 '전환시대의 논리'의 속편 격인 '우상과 이성'을 출간해 냉전 반공 이데올로기라는 우상에 대한 이성적 해체를 시도했다.

문화대혁명에 대한 일부 오류 인정

리영희는 1977년 11월 "해외 공산집단을 고무 찬양했다"는 반공법 위반으로 기소되어 1978년 5월 징역 2년에 자격정지 2년을 선고받았다. 1980년 1월 풀려나 3월 한양대에 복직했으나 5월에 다시 '광주 소요 배후 조종자'로 구속되었다가 2개월 뒤 석방되었다. 1984년 1월에도 국가보안법 위반 혐의로 구속되어 2개월을 살다 나왔다. 리영희는 1980년대 중반까지 총 9번 체포, 5번 기소, 1,012일에 걸친 영어의 시간을 보냈다.

1980년대 말까지 '바이블'처럼 숭배되던 '전논'이 새로운 비판에 직면한 것은 역설적이게도 '전논'이 그토록 바라던 민주주의가 이 땅에 꽃을 피우고부터였다. 1990년대 들어 공산주의가 몰락하고 '죽의 장막'이 베일을 벗으면서 '전논'이 주장했던 각종 사실들에서 여러 오류들이 발견되었기 때문이었다.

사실이 잘못되었으니 해석에도 무리가 있었다. '전논'의 세례를 받고 성장한 이른바 386세대들이 1970~1980년대의 잣대로 21세기를 재단하려 하자 비판세력들은 386세대의 '사상적 원조' 리영희를 표적으로 삼았다. 특히 모택동의 개인 숭배와 문화대혁명을 미화한 것에 대해 집중적인 비판이 가해졌다.

리영희는 1989년 화갑기념 논문집에 실린 대담을 비롯 여러 저서에서 자신의 오류를 시인했다. '새는 좌우의 날개로 난다'(1994)에서는 "(도덕주의적 인간과 사회의 실현)가능성을 어느 정도 믿고자 하고 믿기도 했던 나는 비과학적인 이상주의자(또는 심하게 말해서 몽상병환자)였던가"라고 자책했으며 회고록 '대화'(2005)에서는 한정된 정보밖에 접할 수 없었던 당시 상황에서 문화대혁명 서술에 일부 오류가 있음을 인정했다.

그러나 리영희를 따르는 사람들은 "모든 정보가 공개된 현재적 관점에서 책을 비판하기보다는 엄혹했던 시절에 그런 책을 낼 수 있었던 저자의 용기와 그런 책을 필요로 했던 당대의 요구 등을 인정해야 한다"며 "전논이 젊은이들을 각성시켜 이 땅에 자유와 민주가 꽃을 피우는 데 크게 기여했다는 점을 받아들여야 한다"고 주장했다.

동아일보 자유언론실천선언과 광고 탄압

"배운 대로 실행 못하는 부끄러움을 이렇게 광고하나이다"

1974년 들어 유신 정권의 언론 통제가 극에 달했다. 기관원들은 신문사 편집국에 상주했고 기사마다 간섭이 가해졌다. 기자들은 걸핏하면 남산 중앙정보부로 끌려갔다. 기자라면 누구나 자괴감을 느끼던 그 시기, 언론 자유를 수호하기 위한 저항의 몸짓이 시작되었다. 조직적인 봉화를 처음 지핀 것은 동아일보 기자들이었다.

1974년 10월 24일 오전 9시15분, 동아일보 편집국 기자를 비롯 방송국 기자·프로듀서 등 180여 명이 긴장된 표정으로 3층 편집국에 모였다. 전날 송건호 편집국장을 비롯 간부사원 3명이 서울대 농대생들의 유신 반대시위를 보도했다는 이유로 중앙정보부에 끌려가 조사를 받은 것에 항의하는 자리였다.

한 기자가 "우리 사회가 처한 미증유의 난국을 극복할 수 있는 길이 언론의 자유로운 활동에 있음을 선언한다"는 내용의 '자유언론실천선언문'

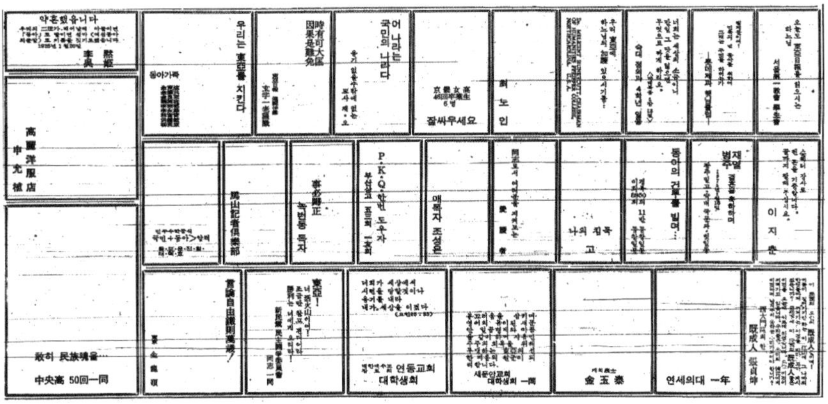

동아일보의 백지 광고란을 가득 채운 독자들의 격려 광고(1975.1.20, 5면)

을 읽어 내려갔다. 뒤이어 모든 기자들이 신문·방송·잡지에 대한 외부 간섭 배제, 기관원의 출입 거부, 언론인의 불법 연행 거부 및 불법 연행 시 연행자가 귀사할 때까지 퇴근하지 않는다는 3개 항을 행동강령으로 채택했다.

이 소식은 곧바로 다른 신문사에 전해졌다. 10월 22일에 한국일보 사장과 편집국장을 연행한 것에 항의하며 이틀째 철야농성을 하고 있던 130명의 한국일보 기자들은 10월 24일 저녁 7시 30분, 사장과 편집국장의 연행 사실이 자사 신문에 보도될 때까지 제작을 거부하기로 결의했다.

조선일보 기자들도 24일 오후 9시 20분 긴급 기자총회를 열어 '언론자유 회복을 위한 선언문'을 채택한 뒤 철야농성에 돌입했다. 이렇게 기사에 대한 외부압력 배제와 사실보도를 다짐하는 선언문을 채택한 신문·방송·통신사는 전국적으로 31곳이나 되었다.

광고 탄압은 세계사에 유례가 없는 일

유신 정권이 먼저 손을 본 곳은 동아일보였다. 방식은 고사 작전이었다. 중앙정보부는 동아일보 광고주들을 남산 중정 본부로 불러 동아일보와 관련된 매체에 광고를 주지 않겠다는 서약서와 보안각서에 서명을 받아냈다. 그해 12월 20일부터 시작된 광고 해약 사태는 12월 24일 동아일보 광고 수입의 절반 이상을 점하던 8개 광고주가 일시에 광고 계약을 철회하면서 본격화했다.

크리스마스인 12월 25일에도 영화 광고가 일제히 끊기더니 급기야 12월 26일 일부 광고면을 공란으로 내보내는 '백지광고 사태'가 벌어졌다. 그날자 신문 전체 8면 가운데 4면과 5면의 하단 광고란은 텅 비어 있었다. 세계사에 유례가 없는 동아일보 광고 탄압은 이렇게 시작되었다.

1975년 들어 광고 탄압은 더욱 극심해져 동아일보와 동아방송의 광고는 90% 이상이 떨어져 나갔다. 광고해약 사태가 줄어들기는커녕 더욱 늘어나자 동아일보는 12월 30일자 1면에 검은 띠를 두른 광고국장 이름의 호소문을 냈다. 개인, 정당, 사회단체의 의견광고와 협찬광고를 구한다는 내용이었다.

그 호소문 아래 광고란에는 조선일보 회장을 지낸 원로 언론인 홍종인의 글 '언론 자유와 기업의 자유'가 실렸다. 신문 광고 강제 해약을 질타하는 첫 개인광고였고 그 혹독했던 겨울을 이겨내라고 민초들이 보낸 격려광고의 신호탄이었다.

평소 광고의 98%까지 떨어져 나가는 상황에서 1975년 신년호 1면을 장식한 천주교 정의구현 전국사제단의 호소문도 위기에 몰린 동아일보에는 큰 힘이 되었다. 1월 8일부터 4면에 고정적으로 실리던 일반인의 격려광고가 사흘 만에 5개 면으로 늘어날 정도로 각계에서 격려가 답지했다.

1월 1일 22건의 광고를 필두로 1월 31일까지 한 달간 무려 2,257건의 격려광고가 쏟아졌다. 격려광고는 5,069건으로 최고를 기록한 2월을 포함해 격려광고가 끊긴 5월 중순까지 1만 352건에 달했다. 격려광고는 5월 13일 선포된 긴급조치 9호 이후 끊겼다.

광고 재개 후에는 내부 격랑에 휩싸여

"뭐라고 가르칠까"(여고 교사), "배운 대로 실행 못하는 부끄러움을 이렇게 광고하나이다"(서울법대 23회 동기생), "안타까운 마음으로 이 여백을 삽니다"(밥집아줌마), "동아여! 이제부터다"(재수생), "동아일보 배달원임을 영광으로 생각합니다"(배달원), "나는 조용히 미치고 있다"(경북대 교수). "가만히 보고만 있을 수 없어서"(시인), "나는 저주한다. 비겁한 탄압자, 굴복한 광고주"(상인) 등 돼지저금통을 들고온 어린아이에서부터 멀리 시골에서 올라온 할아버지에 이르기까지 불의와 부정을 규탄하는 독자들의 마음은 한결같았다. 그것은 정권에 굴하지 말고 언론의 길을 가라는 민초들의 요구였다. 세계 언론들도 광고 탄압 사실을 상세히 보도하며 비판의 목소리를 높였다.

문제는 악화일로를 치닫는 동아일보의 경영 상태였다. 회사는 결국 경영 악화에 따른 경비 절감을 이유로 3개 부서 폐지와 함께 1975년 3월 8일 28명의 기자와 직원을 전격 해임했다. 기자들은 이에 항의했고 이 과정에서 무더기 해고 사태가 벌어졌다. 3월 8일부터 5월 1일까지 모두 7차례에 걸쳐 49명이 해임되고 84명이 무기정직 처분을 받는 등 모두 133명이 회사를 떠나야 했다. 무기정직도 곧 해임으로 바뀌었다.

그런 가운데 유신 정부는 "정부에 사과하는 내용의 사설이나 성명을 실으면 광고 탄압을 풀겠다"고 은밀히 타협을 종용했고 동아일보는 7월 15일 밤 "긴급조치 9호를 준수한다"는 내용을 보도하는 선에서 타협안을 받아들였다.

광고 게재는 7월 16일 재개되었다. 이로써 7개월 동안 동아일보를 옥죄었던 광고 탄압은 가까스로 막을 내렸다. 그러나 동아일보 내부는 이미 격랑에 휩싸여 있었다. 기자들의 무더기 해고사태를 부른 이른바 '동아사태'였다.

동아투위 조선투위 1975년 3월 12일 오전 9시, 동아일보 편집국에서 긴급 기자 총회가 열렸다. 3월 8일 28명의 동료를 해고한 사측에 대해 편집국, 방송국, 출판국 기자들이 항의하는 총회였다. 기자들은 해고 동료들의 복직과 주필 퇴진을 요구하며 신문·방송의 제작 거부를 결의한 뒤 3층 편집국에서 농성에 돌입했다. 20여 명은 지하 2층 공무국으로 내려가 윤전기 등 제작시설을 점거했다. 방송국 기자들은 방송 주 조정실로 들어가 문을 잠갔다.

이 때문에 12일자 신문(석간)은 조간인 조선일보 인쇄시설을 빌려 밤늦게 제작되었고 13일, 15일, 16일자는 각각 한국일보와 신아일보 신세를 졌다. 지면도 8면에서 4면으로 축소되었으며 방송은 오류동 송신소에 스튜디오를 차려 진행했다.

동아일보 사측은 3월 16일부터 사내 직원들과 시내 보급소 직원 및 가판원 등 200명을 동원해 3월 17일 새벽 3시부터 6시 사이에 편집국과 공무국에서 농성 중인 기자들을 끌어냈다. 이로써 제작 거부 농성은 5일 만에 끝났다. 강제해산 다음날인 3월 18일 회사에서 쫓겨난 150여 명의 해직기자와 사원은 신문회관에 모여 '동아자유언론수호투쟁위원회(동아투위)'를 결성했다. 유신의 강압정치가 엉뚱하게 동아일보 내부의 갈등으로 불똥이 튄 것이다.

조선투위 결성의 계기는 이른바 '3·6사태'가 제공했다. 1974년 12월 16일, 다음날자 신문(조간) 4면에 '허점을 보이지 말자'는 전재구 유정회 의원의 기고문이 실린다는 사실을 알게 된 백기범, 신홍범 두 기자가 편집국장에 항의한 것이 '3·6사태'의 발단이었다.

두 기자는 "기고문이 유신 체제의 불가피성을 간접적으로 옹호하는 내용"이라며 "기고를 빼지 않으면 똑같은 양의 반대 의견을 실어야 한다"며 편집국장에게 항의했다. 편집국장은 "신문은 국장의 책임하에 만드는 것"이라며 두 기자의 의견을 수용하지 않았다.

결국 편집국장과 두 기자 간에 고성이 오가는 등 불미스러운 일이 벌어졌다. 포상징계위는 두 번에 걸쳐 시말서를 제출하라고 명령했지만 두 기자가 시말서 제출을 거부하자 결국 세 번째 포상징계위에서 두 기자의 파면 결정이 내려졌다.

편집국 동료 기자들은 "파면은 지나치다"며 복직 요구운동을 펼쳤다. 12월 19일 기자들이 총회를 열어 농성에 돌입했으나 "개전의 정을 보이면 3개월 만에 복직시키겠다"는 편집부국장의 말을 듣고 농성을 풀었다. 3개월이 지난 1975년 3월 6일 조선일보 기자들은 두 기자의 복직이 이뤄지지 않는 것을 문제 삼아 오후 2시부터 신문 제작을 거부하고 편집국에서 농성을 시작했다.

'조선투위' 활동 마감하고 '동아투위'는 활동 중

회사의 농성 해제 요구에도 불구하고 기자들이 계속 제작을 거부하자 회사는 3월 7일부로 5명을 파면하고 3월 10일 임시집행부 5명까지 파면 조치했다. 기자들이 계속 신문 제작을 거부하는 가운데 회사는 3월 11일 4명을 또 파면하고 37명의 기자에 대해 무기정직 처분을 내렸다.

그날 저녁 기자들은 6일 만에 농성을 풀었지만 제작 거부운동은 계속했다. 3월 21일, 그때까지 제작 참여를 거부해온 70여 명의 기자들은 '조선일보 자유언론수호투쟁위원회(조선투위)'를 결성하고 징계 백지화를 요구했다.

조선일보 사장은 "두 기자가 사무실이나 자택으로 언제든 한 번만 찾아오면 두 기자를 포함한 모든 기자의 징계를 백지화하겠다"고 기자단 대표와 합의했다. 그러나 두 기자는 "회사의 사과가 선행되어야 한다"며 합의안을 거부했다. 3월 28일과 29일 이틀 동안 열린 제작 거부 기자총회에서는 복귀론과 투쟁론이 팽팽히 맞섰으나 각자의 자유로운 판단에 맡긴다는 결정에 따라 결국 끝까지 투쟁론을 주장한 기자들과 징계가 풀리지 않은 기자 등 32명은 회사로 복귀하지 않았다.

회사를 떠난 기자들은 1975년 7월 조선일보를 상대로 법원에 해고무효확인 소송을 냈으나 법원은 1심, 2심, 3심 모두 원고 측의 요구를 기각했다. 조선투위는 1995년 3월 6일 활동을 마감하고 동아투위는 현재도 활동 중이다.

육영수 여사 피격

이후 박 대통령은 더 예민해지고 의심이 많아졌으며 술에 의지하는 일이 더 잦아졌다.

재일교포 문세광이 미리 빌려놓은 검정색 포드 승용차를 타고 8·15광복 29주년 기념식이 열릴 예정인 국립극장을 향해 조선호텔을 출발한 것은 1974년 8월 15일 오전 8시쯤이었다. 9일 전 요시이 유키오란 이름의 위조여권으로 국내에 입국한 그는 기념식 입장 허가증인 '비표'가 없었는데도 별다른 제지 없이 식장 근처까지 다가갈 수 있었다. 식장 입구에서 한 차례 검문을 받긴 했으나 일본어를 사용하며 귀빈 행세를 해 무사히 식장에 들어가 10시 3분경 B열 214호 좌석에 자리를 잡았다.

10시 20분부터 경축사를 읽기 시작한 박정희 대통령이 10시 23분쯤, "통일은 반드시 평화적인 방법으로 이뤄져야 한다는 것을…"이라는 대목을 읽고 있을 때 문세광이 앉은 채로 리볼버 권총(스미스 앤드 웨슨 38구경)을 뽑다가 방아쇠를 잘못 건드리는 바람에 총알이 자신의 왼쪽 허벅지를 관통했다. 그런데도 식장 안 사람들 중 어느 누구도 스피커 소리에 묻힌 총소리를 듣지 못했다.

문세광은 곧바로 자리에서 일어나 불편한 다리를 끌고 통로를 따라 연단으로 접근하며 박 대통령을 향해 두 번째 총알을 발사했다. 총알은 연설대 왼쪽에 맞았다. 박 대통령은 순간적으로 연단 아래로 몸을 숨겼고, 문세광은 연단 쪽으로 더욱 가까이 다가가며 두 발을 더 쏘았다. 세 번째는 불발이었고, 네 번째 총알은 박 대통령의 부인 육영수 여사의 머리 오른쪽에 맞았다. 기념식 참석자의 발에 걸려 넘어지며 쏜 마지막 다섯 번째 총알은 연단 뒤쪽에 걸려 있던 태극기에 박혔다. 불과 5~6초 만에 벌어진 일이었다. 육 여사는 오른쪽으로 몸이 완전히 기울어 귀빈석 의자에 기댄 채 쓰러졌고 누군가 육 여사를 안아 일으켰다.

육영수(1925~1974)

좌석 앞쪽에 앉아 있던 경찰들이 문세광의 머리를 권총 손잡이로 내려친 뒤 이중삼중으로 덮치고 대통령 경호원들이 문세광을 향해 대응 사격을 하는 동안 관중석에서 여학생들의 비명소리가 터져나왔다. 합창단석에 앉아 있던 한 여학생이 경호원이 잘못 쏜 총탄을 맞고 숨진 것이다. 극장은 아수라장이었으나 박 대통령은 끝까지 경축사를 마무리했다. 육 여사는 서울대병원으로 응급 후송되어 5시간 40분에 걸친 대수술을 받았으나 오후 7시 끝내 숨을 거뒀다.

법정에 선 문세광은 자신의 범행을 부인하지 않았다. 1심(10.19)과 2심(11.20), 3심(12.7)에서도 모두 사형이 선고되어 12월 20일 서울구치소에서 처형되었다. 문세광은 옥중에서 "이 글을 육영수 여사와 죽은 여학생에게 바칩니다"라고 시작되는 180쪽 분량의 서신을 쓰고 사형 전에는 "육영수 여사에게 사죄한다"는 말을 남기는 등 많은 참회의 기록을 남겼다.

마지막으로는 "나는 바보였습니다. 박 대통령께 진정으로 미안하다는 말을 전해주시기 바랍니다. 육 여사와 죽은 여학생의 명복을 저승에 가서도 빌겠습니다"라는 유언을 녹음으로 남기고 형장에서 죽음을 맞았다.

저격사건은 권력구도에 큰 영향 끼쳐

육영수 여사 저격사건은 한일 관계를 1965년 국교 정상화 이후 최악의 상태로 몰아갔다. 1년 전 '김대중 납치사건'으로 한일 간에 조성되었던 긴장도 폭발 직전에 이르렀다. 박정희 정권은 문세광과 관련한 법적·도의적 책임을 일본에 추궁함으로써 김대중 납치사건으로 인한 궁지에서 벗어날 수 있었다.

양국의 수사결과는 많은 부분에서 달랐다. 한국 측 수사결과에 따르면 문세광이 조총련에 포섭되어 박 대통령 저격을 결심한 것은 1973년 9월이었다. 11월 오사카 조총련 간부였던 공범 김호룡에게 공작금 50만 엔을 받고 1974년 5월 오사카에 정박 중인 만경봉호에서 사상 교육과 암살 지령을 받았다.

오사카의 한 파출소에서 권총 2자루와 실탄 10발을 훔치고, 고교 친구였던 일본인 여성의 남편 명의로 위장용 여권과 한국 비자도 준비했다. 8월 6일 문세광은 트랜지스터 라디오에 권총을 숨기고 김포공항으로 입국했는데도 공항 엑스레이 검색대를 무사 통과했다.

한국이 "조총련과 북한의 사주에 의한 것"이라고 수사결과를 발표한 것과 달리 일본은 "남한 혁명을 위한 망상에 사로잡힌 소영웅주의자의 단독범행"으로 규정했다. 이 과정에서 한일 양국의 갈등은 극단으로 치달았다. 한국은 구한 말 명성황후 시해사건까지 들먹이며 일본을 압박했다. 이참에 조총련의 반한활동을 봉쇄해야 한다는 계산이었다.

그러나 한일 두 나라는 결국 정략적인 타협을 선택했다. 미국도 한일 관계가 더 이상 악화되어서는 안 된다는 입장을 취했다. 문세광의 사형 집행 후, 일본은 바로 사건수사본부를 해체했다. 김대중 납치사건에 대한 수사도 한일 양쪽에서 흐지부지되었다.

그러나 저격사건은 박 대통령을 정점으로 한 국내의 권력구도에 큰 영향을 끼쳤다. '피스톨 박'으로 불리며 무소불위의 권력을 휘둘렀던 박종규 경호실장이 8월 21일 물러나고 후임 경호실장에 과격한 성격의 차지철이 기용되었다.

이때부터 권력의 추는 급격히 차지철 쪽으로 기울었고, 차지철은 누구의 견제도 받지 않는 제2인자가 되었다. 2년 뒤 중앙정보부장이 된 김재규와 갈등을 빚으면서 박 대통령을 죽음으로 내몬 1979년의 10·26사태도 이때 예고된 셈이었다. 박 대통령의 사생활도 균형과 절제를 잃어갔다. 전보다 더 예민해지고 의심이 많아졌으며 여성 편력이 심해졌다. 술에 의지하는 일도 점점 많아졌다.

서울 지하철 1호선 개통

국가로는 세계 22번째, 아시아 4번째이고 도시로는 세계 49번째였다.

우리나라 지하철 시대는 1974년 8월 15일 오전 11시 10분, 청량리역을 출발한 첫 열차 108호가 지하 철로를 이용해 서울역을 향해 질주함으로써 막이 올랐다. 이로써 한국은 국가로는 세계 22번째, 아시아에서는 일본·중국·북한에 이어 4번째로 지하철을 보유한 나라가 되었으며 도시로는 세계 49번째 지하철을 가진 도시로 이름을 올렸다.

개통 당시 종로선으로 불렸던 1호선의 개통 역수는 9곳이었고 기본 구간 요금은 30원이었다. 지하 15m 땅속을 달리는 지하철 1호선은 서울역에서부터 청량리까지 7.8㎞를 18분 만에 주파했다. 당시 기술력으로는 획기적인 일이었다.

1호선 공사는 1971년 4월 12일 시청 앞 광장에서 열린 착공식 이래 4차례에 걸친 철근 파동과 오일 쇼크로 인해 많은 어려움을 겪었으나 3년 4개월 만에 완공했다. 같은 길이의 일본 오사카 5호선 공사가 5년이 걸린 것과 비교하면 확실히 빠른 공사였으나 이는 1970년대 우리 사회를 관통했던 불도저식 공사 마인드의 산물이기도 했다.

공사비는 일본으로부터 빌려온 차관 94억 원을 포함해 총 330억 원이 들어갔다. km당 30억 원의 공사비는 앞서 개통된 런던(52억 원), 도쿄(89억 원)보다 적었다. 더구나 기술력이 떨어지는 당시의 공사로는 드물게 공사 도중 한 명도 죽지 않아 안전에서도 성공적이라는 평가를 받았다. 지하철이 개통한 날 경인(서울~인천), 경수(서울~수원), 청량리~성북 간 등 총 98.6km의 수도권 전철망도 함께 개통되어 수도권의 발전을 가속화시켰다.

서울지하철 종로선 개통식(1974.8.15)

첫 지하열차는 분단의 상처까지 안고 달려

이런 대역사에도 불구하고 이날 11시 거행된 개통식 참석자들의 얼굴에는 비통한 표정이 역력했다. 개통식 바로 전 육영수 여사가 8·15광복 29주년 기념식이 열리던 국립극장에서 재일동포 문세광의 총탄에 쓰러져 박정희 대통령이 참석하지 못했기 때문이다. 따라서 첫 지하열차는 분단의 상처까지 안고 달려야 했다. 밤낮으로 지하철 건설에 온 힘을 바쳐 '두더지 시장'으로 불린 양택식 서울시장도 곧 비운의 주인공이 되었다. 육여사 피살사건의 책임을 물어 9월 2일자로 해임되었기 때문이다.

개통 다음날부터 지하철을 타기 시작한 일반 승객은 깨끗한 역사에 감탄사를 터뜨렸다. 가족과 함께 도시락을 꺼내 먹는 진풍경도 곳곳에서 목격되었으며 시골에서 올라온 사람들에게는 남산과 함께 첫 번째 관광코스로 인기가 높았다.

세월의 변화와 함께 지하철도 많은 화제를 뿌려 1980년 후반에는 혼잡한 출퇴근 승객을 지하철 속으로 기막히게 구겨넣는 '푸시맨'이 등장하고, 1982년 12월 문을 연 강남역은 냉방이 잘되어 당시 대학생들의 '땅팅'(땅밑에서 하는 미팅) 장소로 인기를 누렸다. 2012년 12월 현재 서울에는 9개 노선의 지하철이 운행되고 있다. 이 가운데 1~4호선은 서울메트로가,

5~8호선은 서울도시철도가, 도시철도 사상 첫 민자 유치 사업으로 지어진 9호선은 서울메트로 9호선이 관리하고 있다.

▶ 서울 지하철 현황

호선	착공	준공	출발~도착역	거리(km)	관리회사
1호선	1971. 4. 12	1974. 8. 15	서울역 ~ 청량리	7.8	서울메트로
2호선	1978. 3. 9	1984. 5. 22	성수 ~ 성수	60.2	
3호선	1980. 2. 29	1985. 10. 18	지축 ~ 오금	38.2	
4호선	1980. 2. 29	1985. 10. 18	당고개 ~ 남태령	31.7	
5호선	1990. 6. 27	1996. 12. 30	방화 ~ 상일동·마천	52.3	서울도시철도
6호선	1994. 1. 8	2001. 3. 9	응암 ~ 봉화산	35.1	
7호선	1990. 12. 28	2000. 8. 1	장암 ~ 온수	46.9	
8호선	1990. 12. 29	1999. 7. 2	암사 ~ 모란	17.7	
9호선 1단계	2007. 2	2009. 7. 24	개화 ~ 신논현	25.5	서울메트로 9호선

현대조선 26만 톤급 대형 유조선 국내 첫 진수

황량한 모래사장 사진 1장과 빌린 26만 톤짜리 유조선 도면 1장이 전부였다.

정주영(1915~2001)이 조선소의 꿈을 키운 것은 1966년 일본의 조선소를 시찰한 뒤였다. 하지만 당시 국가의 여력이나 현대의 형편상 조선소 건설은 단지 꿈에 불과했다. 그러던 중 조선업이 제철, 종합기계, 석유화학 등과 함께 2차 경제개발 5개년 계획의 국책사업으로 선정되면서 정주영의 꿈도 현실로 한 걸음 더 다가갔다.

문제는 자금이었다. 미국과 일본에 차관을 요청했으나 돈을 빌려주는 곳이 없었다. 우리나라가 그때까지 건조한 선박은 대한조선공사의 1만 7,000톤급이 최대이고 세계 시장 점유율이 1%에도 미치지 못했기 때문이다. 하지만 정주영은 포기하지 않고 1970년 3월 조선사업부를 설치하고 부지 선정 등 기초작업부터 시작하며 미래에 대비했다. 그동안 각종 산업 플랜트 건설을 하면서 축적한 기술과 우수한 기술자들이 많았기 때문에 정주영의 마음속에는 자신감이 넘쳤다.

정주영은 아직 돈을 마련하지 못하고도 1971년 9월 영국의 선박 컨설턴트 회사인 A&P 애플도어사(社), 스코트 리스고 조선소와 기술협조 계약을 맺었다. 내친김에 애플도어사 롱바톰 회장에게 영국의 은행으로부터 자금을 빌릴 방법을 물었다. 하지만 그는 "한국의 상환 능력과 잠재력으로 볼 때 힘들겠다"며 고개를 저었다. 그렇다고 물러날 정주영이 아니었다. 거북선이 그려져 있는 500원짜리 지폐를 보여주며 "우리는 16세기에 이런 철갑선을 만들어 일본을 혼낸 민족"이라고 자신감을 보였다.

정주영의 지극 정성에 롱바톰은 '큰 배를 건조할 능력이 있는 회사'라고 쓴 추천서를 영국의 버클레이즈 은행에 보내주었다. 버클레이즈 은행은 한국에서 현대가 건설한 화력발전소, 비료공장, 시멘트공장들을 직접 확인하고 돌아가 선박 건조가 가능한 회사라고 결론을 내렸다.

그러나 이것으로 끝이 아니었다. 영국 수출신용보증국의 승인이 있어야 돈을 빌려줄 수 있다며 마지막 조건을 제시했다. 수출신용보증국은 배를 살 사람이 있다는 확실한 증명을 내놓지 못하면 차관을 승인해줄 수 없다며 난색을 표했다. 조선소를 착공도 하지 않았는데 배를 살 사람을 찾으라니, 차관을 포기하라는 거나 다름없었다.

현대중공업이 처음 건조한 26만 톤급 애틀랜틱 배런호 명명식 (1974.6.28)

당시 정주영이 갖고 있는 것이라곤 조선소 부지로 예정된 울산 미포만의 황량한 모래사장 사진 1장과 영국 스코트 리스고 조선소에서 빌린 26만 톤짜리 유조선 도면 1장이 전부였다. 난감해하고 있던 어느 날 롱바톰 회장이 소개해준 한 선박 브로커를 통해 그리스 해운업의 큰손 조지 리바노스 선주가 값싼 VLCC(대형 유조선)를 물색하고 있다는 사실을 알게 되었다.

리바노스는 자신을 찾아온 정주영에게 일방적인 조건을 제시했다. 당시 국제 선가와 비교해 16%나 싼 가격, 2년 6개월 후 인도, 계약 불이행 시 원리금 전액에 이자까지 얹어주어야 하는 참으로 불리하기 짝이 없는 조건이었다. 그러나 당시 정주영은 찬물 더운물을 가릴 계제가 아니었다. 서둘러 26만 톤급 대형 유조선 2척을 건조하는 것에 합의하고 1970년 12월 계약금을 받아 한국은행에 입금했다.

세계 조선소 사상 전무후무한 일

정주영은 1972년 3월 23일 현대조선소 기공식을 연 뒤 방파제를 쌓고 바다를 준설하고 안벽을 만들었다. 1년 뒤인 1973년 3월과 8월에는 26만 톤급 유조선 1호선과 2호선 건조에 착수했다. 26만 톤은 길이 345m, 폭 52m, 높이 27m나 되는 어마어마한 규모였다. 이렇게 한쪽에서는 대형 조선소를 건립하고 다른 쪽에서는 26만 톤급의 유조선 2척을 건조하는, 도대체 상식적으로 말도 안 되는 작업이 동시에 진행되었다. 경험 없이 시작한 일이라 시행착오 투성이였다. 리바노스 선주도 수시로 사양을 바꿔 선박 건조에 갖가지 어려움을 안겨주었다.

26만 톤급의 유조선 1호가 마침내 진수식을 거행한 것은 1974년 2월 15일이었다. 6월 28일에는 박정희 대통령이 참석한 가운데 26만 톤급의 1호, 2호의 명명식과 현대중공업 울산조선소 준공식을 함께 거행했다. 이날 명명된 1호 이름은 '애틀랜틱 배런', 2호 이름은 '애틀랜틱 배러니스'였다. 대형 조선소 건립과 동시에 26만 톤급 유조선 2척의 명명식까지 거행한 것은 세계 조선사상 전무후무한 일이었다.

그러나 이게 끝이 아니었다. 이후 석 달간 정밀점검을 한 뒤 해상 시운전에 성공해야 배를 선주에게 인도할 수 있었기 때문이다. 시운전 때도 갖가지 문제가 터져 나왔다. 게다가 선주까지 현대조선의 기술을 신뢰하지 못해 확신이 들 때까지 수차례 시험을 요구했다. 심지어 시간을 끌어 계약 위반까지 끌고 갈 생각으로 지연작전을 쓰기도 했다. 하지만 현대조선은 각종 어려움 속에서도 시운전에 성공하고 11월 28일 공해상에서 애틀랜틱 배런호를 선주에게 인도하는 데 성공했다.

현대중공업은 이후 성장에 성장을 거듭, 현대조선 기공 후 40년 만인 2012년 3월 마침내 1억GT(총톤수)를 달성하고 49개국 285개 선주사에 총 1,805척을 인도하는 대기록을 수립했다. 선박 인도 1억GT 기록은 2011년 전 세계 선박 건조량인 1억 40만 돈과 비슷하고 전 세계 선박 발주량인 5,130만 톤의 2배에 달한다. 전 세계 조선소 중 이 같은 기록을 세운 곳은 현대중공업이 유일하다. 리바노스는 정주영과의 첫 인연을 계기로 이후에도 계속 현대중공업에 선박을 발주하고 명명식 때마다 가족들과 함께 참석해 우의를 이어갔다.

오늘날 세계의 바다는 사실상 '메이드 인 코리아'가 지배하고 있다고 해도 과언이 아니다. 2012년 현재 세계 10대 조선소 중 무려 1위부터 7위까지를 한국 기업들이 싹쓸이하고 있다. 특히 현대중공업은 세계 1위, 계열사인 현대미포조선과 현대삼호중공업도 7위 안에 포함되어 있다. 그런 점에서 울산조선소 건설은 세계 조선업계의 판도를 바꾼 신호탄이자 조선 한국을 이루게 한 세기적 용기이자 결단이었다.

황석영 '객지' 출간과 '장길산' 한국일보 연재

'객지'는 1970년대 사회의식화의 교과서로 자리매김했다.

황석영(1943~)은 풍운아다. 그의 말대로 만주에서 '난민'으로 태어나 늘 '경계' 위를 걷고 걸핏하면 '이동'하는 유목의 삶을 살았다. 수년마다 큰 변화를 겪은 그의 이력을 알고 있는 한 지인이 "다큐멘터리로 만들면 동아시아 현대사가 되겠다"고 할 정도로 그의 삶은 변화무쌍했다.

황석영은 1943년 만주 장춘에서 태어났다. 해방 후 외가가 있던 평양에 머물다 1949년 38선을 넘어 서울 영등포에 정착했다. 7살에 6·25전쟁을 겪고 경복고 시절이던 1961년 전국 고교문예 현상공모에 당선되는 등 일찍부터 문재를 날렸다. 경복고 3학년 때이던 1962년 학교를 중퇴하고 방랑하다가 단편소설 '입석 부근'으로 그해 사상계 신인문학상을 타면서 문단에 이름을 올렸다.

전국을 떠도는 방랑은 1964년 숭실대 철학과에 입학해서도 멈추지 않았다. 공장의 견습공과 공사판의 막노동꾼, 때로는 사찰의 행자 생활을 하며 훗날 소설의 자산이 될 밑바닥을 하나 둘 체험했다. 그 사이 자살도 두 번이나 시도했다.

1966년 해병대에 입대하고 이듬해 참전한 베트남전에서는 생사의 갈림길을 오가는 극한의 체험을 했다. 베트남전에서의 경험은 1970년 조선일보 신춘문예 소설부문에 당선된 '탑'과 2년 뒤에 발표한 '낙타누깔'(1972), 그리고 '무기의 그늘'(1부 1985, 2부 1988) 등에 투영되었다.

황석영은 조선일보 신춘문예에 소설이 당선된 1970년 희곡 부문에서도 '환영의 돛'이 가작으로 당선되어 신진작가로서의 기대를 한몸에 받았다. 황수영이라는 본명 대신 황석영이라는 필명을 처음 사용한 것도 조선일보 신춘문예 때였다.

황석영은 1970년 동국대 철학과 3학년을 중퇴하고 1971년 산업화의 그늘에 가려져 있는 노동문제와 노동쟁의를 다룬 중편소설 '객지'를 발표해 호평을 받았다. '객지'는 "참여적 리얼리즘의 기념비적 작품", "민중문학의 새 장", "1970년대 소설사의 출발"이라는 극찬을 받으며 문학 안팎에 걸쳐 지대한 영향을 미쳤다.

"다큐멘터리로 만들면 동아시아 현대사가 되겠다"

1974년은 황석영 문학이 본격적으로 발화한 해였다. 1974년 3월, '입석 부근', '객지', '낙타누깔'을 비롯 분단문제를 건드린 '한씨 연대기', 부랑노무자의 귀향길을 작품화한 '삼포 가는 길' 등 12편의 중·단편을 모은 첫 창작집 '객지'를 출간함으로써 1970년대 리얼리즘의 대표작가로 부상하고 '객지'는 1970년대 사회의식화의 교과서로 자리매김했다.

'객지'도 '객지'였지만 황석영을 대형 작가로 키운 것은 '장길산'이었다. 구월산의 의적 장길산의 일대기를 축으로 당시 지배층과 사회 모순에 맞서는 민중의 모습을 담은 '장길산'은 1974년 7월 11일 한국일보에 첫선을 보인 뒤 장장 10년 동안 연재되다가 1984년 7월 5일 2,092회로 대단원의 막을 내렸다. 1984년 현암사에서 출간된 단행본과 1995년 창비사에서 낸 개정판을 포함해 지금까지 팔려나간 부수만 300만~400만 부에 이른다.

'장길산'을 연재하던 1976년 황석영은 민중의 삶을 체험하기 위해 전남 해남으로 내려가 광주와 제주 등지에서 현장문화운동을 병행했다. 1980년 5월 광주에서 겪은 광주항쟁의 경험은 1985년 5월 '죽음을 넘어 시대의 어둠을 넘어'로 기록되어 세상에 알려졌다. 황석영은 1985년 서울로 올라와 소설가를 겸한 반정부 운동가로 본격 변신했다.

당시 황석영의 모습은 소설가보다 운동가에 가까웠다. 1987년 9월 창립된 민족문학작가회의 이사와, 기존의 예총에 맞서 1988년 11월 창립

황석영(1943~)

된 민족예술인총연합(민예총) 주비위원장을 역임했다. 1988년 4월 베트남전의 모순된 도덕성을 그린 '무기의 그늘' 2부를 완성하고 1989년 2월 '무기의 그늘' 일어판 출판기념회에 참석차 도일했다가 일본에서 3월 20일 입북을 감행함으로써 문학계를 발칵 뒤집어놓았다. "소영웅주의"라는 비난에서부터 "분단시대 작가로서의 용감한 행동" 등의 찬사에 이르기까지 찬반의 평가가 줄을 이었다.

황석영은 북한에서 1개월을 머문 뒤 1989년 4월 24일 북한에서 나와 북경과 도쿄에서 머물다 5월 19일 서독을 정치 망명지로 선택했다. 1991년 11월 미국으로 망명지를 옮길 때까지 황석영은 수차례 북한에 드나들며 김일성의 환대를 받았다.

이렇게 유럽과 미국에서 5년을 지내는 난민 생활을 하다 보니 황석영은 국내에서 글이 쓰고 싶어졌다. 1993년 4월 27일 귀국한 그를 기다리고 있는 것은 감옥이었다. 감옥은 또 다른 투쟁터였다. 5년 동안 18번이나 단식투쟁을 하느라 이가 11개나 빠졌다.

1980년대의 '편향'으로부터 자유로운 사람

1998년 3월 13일의 석방은 황석영이 10년 만에 다시 남한 땅의 작가로 돌아왔다는 것을 의미했다. 황석영은 오랫동안 작품을 쓰지 못한 것을 벌충이라도 하듯 왕성하게 장편소설들을 쏟아냈다. 5년 동안 감옥에서 공글리고 삭힌 각종 이야기들을 쏟아냈다. 1999년 동아일보에 연재되고 2000년 출간한 '오래된 정원'은 13년 만에 나온 소설이었다.

'손님'(2001)과 '심청'(2003)을 펴냄으로써 감옥에서 공언하던 이른바 '동아시아 3부작'을 마무리한 황석영이 새롭게 손을 댄 것은 '삼국지'였다. 감옥에서부터 번역해 온 삼국지 전 10권을 2003년 창비사에서 출간해 이문열과 장정일이 선점하고 있던 삼국지 시장에 뛰어들어 돌풍을 일으켰다.

2002년에는 전국 대학의 국문과·문예창작과 교수 및 평론가 109명을 대상으로 한 설문조사에서 "20세기 한국문학사 최고의 소설가"로 꼽히는 영예의 주인공이 되었다. 2007년 탈북소녀 '바리'가 영국에 정착하기까지의 여정을 그린 장편소설 '바리데기'를 펴내고 2008년 7번째 장편인 자전적 성장소설 '개밥바라기별'을 출간했다. 그러는 사이 황석영의 세계관에도 조금씩 변화가 생겼다. 그것은 이미 예고된 것이었다.

2000년 황석영은 한 신문과의 인터뷰에서 이렇게 말했다. "1970~80년대 사회적 분위기는 서정성을 개인적인 감상 따위로 치부하는 경향이 있었고 나 또한 그런 압박감을 느꼈다. 그러나 북한에도 가보고 징역도 살면서 이념에서 자유로워지고 어떤 편향에서 벗어남으로써 마음을 비우고 충분히 개인적인 느낌을 풀어나갈 수 있게 되었다."

이후 황석영이 사안에 따라 이명박 정부를 인정하는 태도를 취하자 진보진영은 "코미디", "기억력이 금붕어 수준" 등의 비난을 쏟아냈다. 하지만 황석영은 이미 1980년대의 '편향'으로부터 자유로운 사람이었다.

김정호 '이름 모를 소녀' 데뷔 음반 발매

그의 목소리는 시청자들의 가슴을 후벼 파며 폭발적인 반응을 이끌어냈다.

1970년대 우리의 포크음악은 통기타의 순수주의에 매몰되어 대중적인 가요 양식을 폄훼하고 영미권 음악에 지나치게 추종하는 양상을 보였다. 김정호(1952~1985)는 그들과 달리 한국적 포크음악을 추구했고, 한국적 향취는 그의 음악을 기존의 포크음악과 차별화시켰다.

전남 광주에서 태어난 김정호의 음악적 재능은 외탁 덕이었다. 외할아버지 박동실은 서편제의 큰 줄기이자 창작 판소리의 창시자로 일컬어지는 월북 소리꾼이고, 어머니는 명창 김소희와 함께 활동했던 창의 명인이었다.

김정호는 초등학교 2학년 때 가족을 따라 서울로 올라와 대동상고를 졸업한 후 방랑생활을 시작했다. 기타 하나를 메고 집을 나와 종로의 낙원상가 주변을 배회하고, 때로는 노숙자 같은 고단한 생활을 했다. 미 8군 무대에서 기타리스트로 활동할 만큼 기타에도 일가견이 있었으나 특히 재능이 많은 분야는 작곡이었다.

어머니 덕분에 일찌감치 익힌 판소리를 바탕으로 김정호는 5음계만을 사용하여 심금을 울리고 폐부를 찌르는 노래를 만들었다. 1972년 어니언스가 크게 히트시킨 '작은 새', '사랑의 진실', '저 별과 달은' 등도 김정호가 작사·작곡한 노래였다.

김정호는 1973년 TBC 패티김 스페셜 프로그램에 조용필과 함께 게스트로 출연해 자작곡인 '이름 모를 소녀'를 불러 가수로 데뷔했다. 백순진과 함께 '4월과 5월'로 활동하던 김태풍이 개인 사정으로 듀오 활동을 못하게 되자 '4월과 5월'의 새 멤버로도 잠시 활동했다. 그가 '4월과 5월'의 일원으로 TV에 처음 등장한 것은 1973년 12월이었다.

김정호(1952~1985)

'4월과 5월'은 간간이 TV에 출연하는 한편 미 8군 무대나 명동의 '오비스 캐빈'에서 활동했다. 그러나 듀오 기간은 짧았다. 어니언스의 '작은 새' 등이 김정호의 노래라는 사실이 알려지면서 그의 작곡과 노래 능력을 탐내는 레코드사들이 가만 놔두지 않았기 때문이다. 결국 김정호는 1974년 3월 '4월과 5월'에서 탈퇴하고 유니버설과 솔로 가수 계약을 맺었다.

김정호가 작사·작곡하고 노래까지 부른 '이름 모를 소녀' 제목의 음반이 세상에 나온 것은 1974년 5월이었다. 이 데뷔 앨범에는 '버들잎 따다가 연못 위에 띄워놓고 쓸쓸히 바라보는'으로 시작하는 노래 '이름 모를 소녀'를 비롯 '사랑의 진실', '잊으리라', '저 별과 달을' 등 애끓는 창법과 한국적 정서가 녹아 있는 10곡의 노래가 수록되었다.

통기타를 멘 채 지그시 눈을 감고 꿈꾸듯이 노래하는 모습, 달빛같이 창백한 얼굴, 여기에 단조에서 오는 처연함과 애수를 느끼게 하는 그의 목소리는 시청자들의 가슴을 후벼 파며 폭발적인 반응을 끌어냈다.

숨쉬기조차 힘든데도 피 쏟아내며 녹음

그의 노래들은 TV와 라디오의 가요순위 프로그램에서 연일 1위를 차지하고 김정호라는 이름 석 자를 팬들의 가슴에 새겨놓았다. 김정호는 1975년 10월 '작은 새', '꽃잎' 등이 수록된 2집 앨범을 발표하며 인기를 이어갔으나 1975년 12월부터 휘몰아친 '대마초 파동'으로 무기한 출연정지를 받고 갑자기 대중 앞에서 사라졌다.

1979년 12월 족쇄에서 풀리자 김정호는 그동안 작사·작곡한 노래들을 다시 발산했다. '하얀 나비' 등이 수록된 3집 앨범(1980.3), '달님', '기도' 등이 수록된 4집 앨범(1981) 등을 연이어 발표하고 가끔은 TV에도 얼굴을 비췄다. 그러나 그런 생활도 오래가지 못했다. 폐결핵 때문이었다. 이 때문에 한동안 '행방불명설', '잠적설'이 나돌았다.

김정호는 "노래를 다시 부르면 죽을지도 모른다"는 의사의 경고에도 다시 5번째 음반을 준비했다. 노래를 부르지 못하면 되레 숨이 멎을 것 같던 김정호는 숨쉬기조차 힘든데도 피를 쏟아내며 녹음했다. 한 곡을 녹음하는 데도 수십 번씩 끊어 편집해야 했다. 5번째이자 유작 앨범인 'LIFE'는 장장 8개월 동안의 녹음 끝에 1983년 11월 발표되었다.

앨범 수록곡 중 '간다 간다 나를 두고 떠나간다'라는 절규가 담긴 '님'은 그가 남긴 유언이었다. 김정호가 대중에게 마지막 모습을 보인 것은 1985년 8월이었다. TV에 출연한 그는 "어린 딸을 위해 아빠도 유명한 가수였다는 것을 보여주고자 출연했다"고 밝혔다. 그리고 1985년 11월 29일 서울대병원에서 죽음을 맞았다. 당시 인기 라디오 프로그램이었던 이종환의 '밤의 디스크쇼'는 33년 8개월의 짧은 생애를 마친 그를 위해 며칠 동안 추모 방송을 내보냈다.

김정호는 죽어서도 행복한 가수였다. 우리 가요 역사상 유일하게 네 번이나 추모 공연을 헌사받았기 때문이다. 1986년 5월의 첫 추모공연에는 송창식(잊으리라), 김현식(님), 이정선(세월·그것은 바람) 등 18명의 동료, 선후배가 참여해 그가 남긴 주옥같은 노래들을 불렀다.

이 공연은 추모 앨범으로 발매되었고 가요사상 최초의 헌정 앨범이 되었다. 이후에도 2003년, 2006년, 2008년 각각 추모 공연이 꾸며졌고 그때마다 앨범이 헌정되었다. '하얀 나비'의 가사처럼 '때가 되면 다시 피듯' 그의 노래는 여전히 대중의 가슴에서 피어나고 있다.

프리드리히 하이에크 노벨경제학상 수상

세계 각국이 스태그플레이션을 겪은 것은 케인스의 신통력이 힘을 잃고 있다는 방증이었다.

1974년 10월 9일 발표된 노벨경제학상은 군나르 뮈르달(1898~1987)과 프리드리히 폰 하이에크(1899~1992) 두 사람에게 돌아갔다. 당시 케인스주의자였던 뮈르달은 '개발경제학의 아버지', '스웨덴 사회주의의 대표적 명사'로 추앙받고 있었던 반면 하이에크는 '주류 경제학의 한낱 비판자', '자유주의의 고독한 전도사'라는 수식에서 알 수 있듯 뮈르달에 비해 위상이 한참 낮았다.

그런데도 하이에크가 반세기 전의 연구로 새삼스럽게 노벨경제학상을 수상한 것은 1929년 대공황 이래 세계 경제교과서로 군림해오던 케인스의 신통력이 1970년대 들어 세계 각국이 스태그플레이션을 겪으면서 그 힘을 잃고 있다는 방증이었다.

또한 지난 수십 년간 케인스주의에 눌려 기세를 펴지 못하던 자유주의 경제 시대가 마침내 음지에서 양지로 올라선 대역전극이기도 했다. 세상은 이 새로운 흐름을 '신자유주의'로 명명했다.

하이에크는 오스트리아 빈에서 태어났다. 1차대전 후 전쟁의 폐허로부터 신세계를 갈구했던 다른 젊은이들처럼 그 역시 사회주의에서 해답을 구했다. 그러나 1918년 자유주의를 철저하게 옹호하는 '오스트리아학파'의 거물들이 포진하고 있는 빈대학에 입학하면서 삶의 역정에 큰 변화가 일어났다. 하이에크가 사회주의를 버리고 자유주의자가 되는 데 결정적으로 영향을 미친 것은 루트비히 폰 미제스 교수였다.

하이에크는 빈대에서 법학박사(1921)와 경제학박사(1923)를 취득한 후 한동안 미국에서 경제학 연구를 하고 돌아와 모교의 강사로 부임했다. 영국의 런던경제대로 적을 옮긴 것은 대공황이 한창이던 1931년이었다. 당시 런던경제대와 케임브리지대의 경제학자들 사이에는 1900년대 초부터 시작된 각종 논쟁이 한창 진행 중이었다. 런던경제대가 하이에크를 초청한 이유도 존 메이너드 케인스(1883~1946)를 비롯 케임브리지대 경제학자들과의 논쟁에 힘을 보태달라는 것이었다.

치열했던 1930년대 공방의 승리자는 케인스

하이에크와 케인스 사이의 불꽃 튀는 논쟁은 케인스의 '화폐론'(1930)과 하이에크의 '가격과 생산'(1931)을 양측이 서로 비판하면서 본격적으로 점화되었다. 두 당사자는 물론 당대의 기라성 같은 경제학자들까지 대거 나서 반론과 재반론의 치열한 공방을 전개했지만 당대의 승리자는 케인스였다.

특히 케인스가 1936년 그 유명한 '고용, 이자 및 화폐에 관한 일반이론'을 발표하고, 주요 국가들이 대공황 후 케인스의 처방을 채택함으로써 승부는 분명하게 갈렸다. 케인스에게는 위기에 빠진 자본주의를 구원했다는 찬사가 쏟아졌고, 이 평가가 지속되는 동안 하이에크의 입지는 좁아질 수밖에 없었다.

그렇다고 두 사람이 앙숙관계는 아니었다. 하이에크는 16살 연상의 케인스를 '영웅'으로 존경하고, 케인스는 하이에크를 여러모로 배려해 주었다. 제2차 세계대전이 발발했을 때 하이에크를 위해 케임브리지대에 연구실을 마련해준 것도, 하이에크를 영국의 학술원 회원으로 추천한 것도 케인스였을 정도로 둘의 관계는 우호적이었다. 특히 공산주의 이념에 반대하고 자본주의 체제를 옹호한다는 점에서는 사실상 동지였다.

프리드리히 하이에크(1899~1992)

다만 학문적인 견해에서만 달랐는데 특히 대공황의 원인과 처방에서 차이가 컸다. 침체의 원인을 케인스는 '과소투자 과소소비'로 본 반면, 하이에크는 '과잉투자 과잉소비'로 진단했다. 처방에서도 케인스는 정부가 적극적인 재정정책을 통해 신속하게 문제를 해결할 것을 제안한 반면 하이에크는 시간이 걸리더라도 시장의 조정능력을 신뢰해야 한다는 생각을 견지했다.

하지만 세계가 케인스의 처방을 따르고 결과적으로 자본주의가 대공황의 위기에서 빠져나오자 하이에크는 설 자리를 잃게 되었다. 이후 하이에크는 1944년 '노예의 길'이라는 소책자를 출판해 경제학자라기보다는 철학자와 사상가의 면모를 드러냈다.

"모든 계획은 전체주의로 귀결된다"

이 책에서 하이에크는 "모든 계획은 전체주의로 귀결된다"며 파시즘과 사회주의를 비판했다. 사회주의 계획경제는 중앙집권적 계획 그 자체만으로도 독재가 필연적이며 개인의 자유를 보장하는 최후의 보루를 허물어뜨린다고 본 것이다.

국가가 할 일은 사유재산과 경쟁원리를 보호하는 데 그쳐야 한다는 것이 그의 지론이었다. 그는 '시장의 자생적 질서'를 위협하거나 부정하는 모든 이념을 인류를 '노예의 길'로 이끄는 악이라고 보았다. 그러나 '노예의 길'은 일시적으로 영국 언론의 헤드라인을 장식했을 뿐 사회주의가 지식인 사회에 깊숙이 뿌리내리고 있는 유럽에서는 '도발적'이라는 평가 이상의 환영을 받지 못했다.

1950년 하이에크는 자유주의 경제학의 본산인 미국 시카고대로 자리를 옮겨 12년 동안 '시카고학파'의 창시자나 다름없는 밀턴 프리드먼(1912~2006)과 자유주의 사상을 전파하는 데 고군분투했다. 그러나 하이에크든 시카고학파든 케인스 경제학이 득세하는 한 주류 경제학에서 밀려난 이방인 신세일 수밖에 없었다.

그러던 중 1970년대 오일쇼크와 이에 따른 스태그플레이션을 겪으면서 신자유주의자들의 주장이 설득력을 얻기 시작했고 이후 미국, 영국 등의 현실 경제정책에 실제로 접목되면서 20세기 후반기의 주류 경제학으로 각광을 받았다. 프리드먼은 1976년 노벨경제학상을 수상했다. 하이에크(1974)와 프리드먼(1976)의 노벨상 수상은 신자유주의 시대의 도래를 알리는 신호탄이었다. 이후 세계는 신자유주의 시대를 구가했다. 특히 영국의 대처 수상과 미국의 레이건 대통령은 신자유주의의 옹호자이자 실천자였다.

말년의 하이에크를 가장 기쁘게 한 것은 사회주의가 붕괴할 수밖에 없다는 자신의 예언이 적중하는 것을 살아서 지켜본 것이다. 오늘날 하이에크에 대해서는 두 가지 시각이 병존한다. 보수 계열로부터는 '자유시장경제의 옹호자'로 환영받는 반면 좌파 내지 진보세력으로부터는 '시장 근본주의', '시장 맹신주의'로 비판을 받고 있다.

신자유주의

자유주의의 본격적인 등장은 대공황이 한 고비를 넘긴 1930년대 말로 거슬러 올라간다. 1938년 8월 30일 프랑스 철학자 루이 루지에 주도로 프리드리히 폰 하이에크, 루트비히 폰 미제스, 마이클 폴라니, 레몽 아롱, 자크 뤼에프, 월터 리프먼, 빌헬름 뢰프케 등 유럽과 미국의 경제학자, 철학자, 정치학자, 언론인 26명이 파리에서 결성한 '월터 리프먼 콜로크'가 자유주의를 태동시킨 산실이었다.

하지만 당시는 많은 국가가 대공황을 전후한 경제 혼란의 책임을 시장경제에 돌리고, 해결 방안으로 계획경제를 지향했기 때문에 자유주의는 곧 수세에 몰렸다. 더구나 2차대전까지 발발해 제대로 목소리를 내기도 전에 자유주의는 활동이 중단되었다.

2차대전 후에도 자유주의 지식인들의 설 자리는 좁았다. 동유럽에는 '철의 장막'이 쳐지고 서유럽에서는 영국의 노동당 정부와 같은 사회주의적 복지정부가 기대를 받고 있었다. 이런 분위기에서 자유주의가 고사될

지도 모른다는 생각에 자유주의자들은 관심사가 비슷한 학자들의 국제적인 모임을 발족시켰다.

그래서 마련된 모임이 1947년 부활절에 스위스 제네바 호숫가의 작은 산 몽펠르랭에서 10개국 39명의 자유주의자가 모여 결성한 '몽펠르랭 학회'다. 모임에는 하이에크를 비롯 미제스, 라이어넬 로빈스, 밀턴 프리드먼, 칼 포퍼, 조지 스티글러 등 당대의 자유주의자들이 대거 참가했다.

그들은 열흘 동안 개인의 자유와 재산을 기반으로 하는 경제 질서를 확립하기 위한 전략을 논의했다. 또한 동유럽에서 벌어지고 있는 공산주의의 확산과 반(半)사회주의적인 서구 복지국가의 확산에 대해서도 불신을 표명했다.

조지프 슘페터는 "'산 위의 경제학자'의 모험이 부질없는 일이 될 것"이라며 비웃었지만 이 학회 참석자 중 훗날 하이에크(1974)와 프리드먼(1976)을 비롯 8명이나 노벨경제학상을 받았다는 점에서 슘페터의 예측은 빗나갔다.

시장에 비해 능력 떨어지는 정부 개입 최소화해야

하이에크의 노벨상 수상과 함께 시작된 신자유주의의 대표적 실천자는 마거릿 대처 영국 총리와 로널드 레이건 미국 대통령이다. 대처는 강력한 리더십으로 고질병인 영국병을 1980년대에 고쳤다는 평가를 받았으며, 레이건은 규제 완화와 시장경제 정책을 과감히 추진해 저성장과 고인플레이션으로 몸살을 앓던 미국 경제를 구출해 유례없는 장기호황의 발판을 마련했다는 평가를 받았다.

오늘날 신자유주의 옹호론자들은 신자유주의 이념이 "개인의 자유가 경제의 기반이 되어야 한다"는 인식을 확산시켜 시장에 비해 '능력이 떨어질 수밖에 없는' 정부의 개입을 최소화한 것에 높은 점수를 매긴다.

그러나 비판론자들은 신자유주의가 미국의 세계적 패권을 정당화하고 빈곤과 실업 등 모든 사회악을 야기하는 이데올로기라고 목소리를 높이고 있다. 특히 제3세계의 특수성을 무시하고 시장 개방과 경제적 자유화를 일괄적으로 강요함으로써 문제를 키웠다고 주장한다.

최근에는 2007년 6월 미국의 서브 프라임 모기지(비우량 주택담보대출) 사태가 야기한 2008년 미국발 금융위기가 세계 경제를 패닉에 빠뜨리면서 시장의 자율과 작은 정부를 지향하는 신자유주의 정책이 마침내 한계에 봉착했다는 목소리에 힘이 실리고 있다.

시카고학파의 반대편에 선 신케인스 경제학파의 대표 주자인 폴 크루그먼 교수가 2008년 노벨경제학상을 차지한 것도 시대 변화에 대한 상징으로 해석되고 있다. 오늘날 인류는 신자유주의의 황혼 속에 위태롭게 서 있고, 세계 경제는 근본적인 전환을 겪을 것이란 비관론이 빠르게 확산되고 있다. 더불어 신자유주의를 대체할 새로운 시스템을 찾는 데 세계 지성이 골몰하고 있다.

무하마드 알리 세계 헤비급 챔피언 두 번째 쟁취

'영원한 헤비급 1위 선수', '20세기 최고의 스포츠인'으로 선정되었다.

1964년 2월 25일, 세계 헤비급 챔피언을 가리는 빅매치가 미국에서 열렸다. 챔피언은 세계권투협회(WBA)와 세계권투평의회(WBC)의 세계 헤비급 통합챔피언인 소니 리스튼(1932~1970)이었고, 도전자는 22살의 캐시어스 클레이(1942~)였다.

경기 전 클레이는 특유의 독설과 입담을 과시하며 "나비처럼 날아서 벌처럼 쏘겠다"고 호언장담했다. 하지만 리스튼은 가공할 돌펀치의 소유자였다. 특히 레프트 잽은 그야말로 살인무기였다. 관중은 클레이의 일방적 패배를 예상했다.

그러나 관중의 예상은 보기 좋게 빗나갔다. 1라운드 종이 울리자 클레이는 특유의 경쾌한 발놀림과 빠른 펀치로 리스튼을 괴롭혔고, 결국 리스튼은 7회 공이 울려도 링 가운데로 나서지 못해 클레이에게 TKO승을 안겨주었다. 새로운 세계 헤비급 챔피언이 탄생한 것이다.

캐시어스 클레이는 미국 켄터키주 루이빌에서 태어났다. 아마추어 권투 선수로 승승장구하며 1960년 로마올림픽 라이트헤비급 대표로 출전해 금메달을 목에 걸었다. 금의환향했으나 백인식당에서 조롱과 모욕을 당하며 쫓겨나는 경험을 했다. 분을 참지 못해 금메달을 오하이오 강물에 던져버리고 프로로 전향했다. 이슬람 단체인 '이슬람 국가 운동'에 가입한 것도 그 무렵이었다.

클레이는 1960년 10월 지역 경찰관과의 프로 데뷔전에서 6회 판정승을 거뒀다. 이후 그는 경기 때마다 쉴 새 없이 떠들었고 경기를 앞두고는 늘 상대방을 언제 KO시킬 것인지를 예고했다. 백인들에게 이런 클레이는 허풍쟁이에다 멋 모르고 날뛰는 '못된 검둥이'로 비쳤다.

1964년 2월 마침내 리스튼을 쓰러뜨려 세계 헤비급 챔피언에 오른 그는 다음날 "알라만이 유일한 신"이라며 '이슬람 국가 운동' 소속임을 당당히 밝혔다. 예상대로 백인들이 경악했다. 당시 '이슬람 국가 운동'은 흑백분리를 주장하는 반미단체로 간주되고 있었고, 최고지도자 엘리야 무하마드는 백인들의 적으로 인식되고 있었다. 엘리야는 1964년 3월 6일 클레이에게 무하마드 알리라는 이름을 지어주었다.

1965년 5월 25일 리스튼과의 재경기에서 알리는 1회에 리스튼을 쓰러뜨린 후 "일어나라 늙은 곰아!"라고 소리쳤다. 알리는 1967년까지 9차례의 방어전을 성공적으로 치르며 타고난 복서임을 과시했다.

무하마드 알리(1942~)

"나비처럼 날아서 벌처럼 쏘겠다"

그러나 '사각의 링'이 아닌 또 다른 싸움이 그를 기다리고 있었다. 베트남전이 한창이던 1967년 4월 징집영장이 날아든 것이다. 알리가 징병 소집을 거부하자 언론은 맹비난을 퍼부었고, 전국 각지에서는 증오의 편지와 협박 전화가 빗발쳤다. 결국 법정에 서게 된 그는 1심에서 징역 5년과 1만 달러의 벌금형을 선고받았다. 알리는 항소했다.

재판 이상으로 그를 괴롭힌 것은 챔피언직 박탈과 선수 자격 정지였다. 1967년 3월의 경기를 마지막으로 시합을 하려 해도 할 수 없었고 해외에서 경기를 하려 해도 비자가 나오지 않았다. 곤경에 처한 알리는 미국의 유명 대학을 다니며 젊은 학생을 상대로 반전과 인종 차별에 대해 강연 활동을 벌였다. 군대 징집 거부로 반전 평화주의의 상징이 된 그를 링으로 불러들인 것은 영웅 부재로 흥행이 신통치 않았던 미국의 복싱계였다.

1970년 10월 26일 치러진 첫 경기에서, 3년 반이라는 공백에도 불구하고 녹슬지 않은 알리의 몸놀림과 주먹은 상대 선수를 3회에 고꾸라뜨렸다. 알리의 화려한 부활을 예고하는 듯했지만 이미 알리의 나이는 20대 끝 무렵이었다. 1971년 3월 8일, 29살의 나이로 헤비급 챔피언 조 프레이저에게 도전했으나 판정패했다. 프로데뷔 후 첫 패배였다.

그런데 예상치 않은 상황이 벌어졌다. 조 프레이저와 경기를 치르기 전까지 알리는 미국 백인 주류사회의 공적 1호였다. 하지만 경기가 끝난 뒤, 더구나 프레이저에게 패한 뒤 상황이 바뀌었다. 때려도 때려도 넘어지지 않으려는 그의 자존심과 투혼, 그리고 멋진 복싱 스타일이 그에게 등을 돌린 백인들을 돌아앉게 한 것이다.

알리는 1971년 6월 28일 미 연방대법원으로부터 징집 거부에 대해 무죄 판결을 받고 압수당한 여권을 돌려받았다. 이후 알리는 해외 원정을 시작해 연전연승했다. 알리는 프레이저와 1974년 1월 재경기를 벌여 판정승했다. 당시 프레이저는 1973년 1월 포먼에게 2회 KO로 패해 챔피언은 아니었다.

세 번째 세계 헤비급 챔피언에 오른 최초의 선수

알리는 챔피언 포먼에게 도전장을 내밀었다. 그 당시 포먼은 KO율 92.7%(40승 37KO승)를 자랑하던 '무패의 철권'이었다. '세기의 대결'은 1974년 10월 30일 흑인 노예들의 고향인 아프리카 자이르(현 콩고민주공화국)의 수도 킨샤사에서 열렸다. 7회까지 포먼은 특유의 쇠망치 같은 펀치로 알리를 몰아붙였다. 알리는 로프에 기대 포먼의 주먹을 막아내기에 급급했고, 간혹 잽을 날려 포먼의 공격을 견제만 했다.

그러나 이는 포먼의 힘을 빼려는 알리의 두뇌 플레이였다. 알리는 경기 내내 무섭게 맞으면서도 쉴 새 없이 떠벌렸다. "이 정도 주먹은 계집애 거야. 이거밖에 안 돼? 응? 진짜 이게 다야?" 마침내 다가온 8라운드. 힘이 빠진 포먼이 잠시 주춤하는 사이 전광석화 같은 알리의 연타가 작렬했다. 쓰러진 포먼은 심판이 10을 셀 때까지 일어나지 못했다. 8회 KO승, 두 번째 세계 헤비급 챔피언 등극이었다.

알리는 1978년 2월 레온 스핑크스에게 챔피언 벨트를 빼앗겼다가 7개월 후 다시 스핑크스에 설욕전을 펼쳐 타이틀을 재탈환함으로써 세 번째 세계 헤비급 챔피언에 오른 최초의 선수가 되었다. 1979년 은퇴를 선언했다가 1980년 래리 홈스, 1981년 트레버 버빅과 재기전을 펼쳤으나 모두 패배해 자신의 시대가 지나고 있음을 실감해야 했다.

종합 전적 61전 56승(37KO승) 5패를 기록한 그는 젊어서 너무 많이 맞은 탓인지 1984년 뇌세포 손상으로 인한 근육마비로 지금까지 파킨슨병에 시달리고 있다. 그러나 그는 진정한 영웅으로 추앙받고 있다. 1987년 권투잡지 '링 매거진'에 의해 '영원한 헤비급 1위 선수'로 선정되고 1999년 영국 BBC 방송에 의해 '20세기 최고의 스포츠인'으로 선정되었다. 1996년 애틀랜타 올림픽 때는 초점 없는 시선, 쉴 새 없이 떨리는 손, 비틀거리는 발걸음으로 성화를 점화해 세계인의 가슴을 뭉클하게 했다.

행크 에런 미 프로야구 최다 홈런 기록 경신

베이브 루스의 홈런 기록에 근접할수록 백인들의 야유와 멸시가 쏟아지고 협박장이 쇄도했다.

1974년 4월 8일, 미 프로야구 애틀랜타 브레이브스의 강타자 행크 에런(1934~)이 두 번째 타석에 나선 것은 4회초였다. 주자는 1루에 있었고 상대 투수는 LA다저스의 앨 다우닝이었다. 나흘 전인 4월 4일, 베이브 루스가 1935년 수립한 714홈런과 같은 기록을 이미 달성한 터라 경기장에는 새로운 기록이 수립되는 세기의 순간을 놓치지 않으려는, 브레이브스 역사상 가장 많은 5만 3,775명의 관중이 숨을 죽인 채 행크 에런을 주시했다.

원 스트라이크에 이어 두 번째 공이 날아들었을 때 에런은 힘차게 배트를 휘둘렀다. 공은 멀리 왼쪽 담장을 넘어 117m 지점에 떨어졌다. 미 프로야구 사상 최다 홈런인 715홈런이 달성되는 순간, 관중석에서는 우레와 같은 환호성이 터져나왔다. 에런은 "신에게 감사한다"는 짤막한 소감으로 기쁨을 대신했다.

행크 에런이 직업적인 야구를 시작한 첫 무대는 흑인들끼리 경기를 펼치는 '니그로 리그'였다. 몸은 '니그로 리그'에 있었지만 마음은 1947년 흑인 최초로 메이저리거가 된 재키 로빈슨처럼 자신도 피부색과 상관없이 메이저리거가 될 수 있다는 희망에 불타고 있었다. 꿈은 1952년 밀워키 브레이브스(현 애틀랜타 브레이브스)에 입단함으로써 현실이 되었다. 1953년 트리플A를 거쳐 1954년 4월 13일 메이저리그에 데뷔한 그는 4월 23일 마침내 첫 홈런을 터뜨려 홈런왕으로서의 첫발을 내디뎠다. 1955년 첫 올스타에 뽑히고 1956년 0.328의 타율로 첫 개인 타이틀인 타격왕을 차지해 자신의 전성시대를 예고했다.

행크 에런(1934~)

1957년에는 홈런왕(44홈런)과 타점왕(132타점)에 올라 내셔널리그 MVP에 뽑히는 영예를 안았다. 그해 말, 뉴욕 양키스와의 월드시리즈에서도 0.393의 타율에 3홈런 7타점의 맹활약을 펼쳐 밀워키 브레이브스에 사상 첫 월드시리즈 우승을 안겨주었고 자신도 생애 유일의 월드시리즈 우승을 만끽했다.

에런은 베이브 루스처럼 폭발적인 파워는 없었지만 꾸준하고 성실한 자세로 차근차근 홈런 수를 쌓아나갔다. 1969년 7월 537개로 홈런 부문 역대 3위에 오르고 1970년에는 3,000안타를 돌파해 미 메이저리그 사상 최초로 3,000안타와 500홈런을 동시에 기록한 선수가 되었다.

비난과 협박받으며 이뤄내 의미 더 커

에런이 베이브 루스의 714홈런 기록에 근접해 갈수록 백인들의 야유와 멸시가 쏟아졌다. 에런과 가족을 해치겠다는 협박장이 쇄도하고, 애틀랜타의 한 지역신문이 에런의 사망자 약력 기사를 준비할 정도로 분위기가 험악했다.

베이브 루스의 홈런 기록이 깨진 뒤에도 에런의 기록을 폄훼하는 악평이 줄을 이었다. "베이브 루스가 투수를 하지 않았거나 행크 에런만큼 타석에 들어설 수 있었다면 더 많은 홈런을 기록할 수 있었다"는 것이다. 실제로 베이브 루스는 11.8 타수마다 홈런을 쳐댔고 행크 에런은 16.4 타수에 하나꼴이었다.

격려와 성원도 많았다. 루스의 미망인은 인종차별주의자들을 맹비난하며 "남편은 에런의 기록 도전을 열광적으로 성원하고 있을 것"이라고 공개적으로 에런을 지지했다. 에런은 715홈런 후에도 홈런 행진을 계속하다가 그해 10월 5일 733홈런을 마지막으로 브레이브스를 떠나 밀워키 브루어스로 이적했다.

에런의 홈런은 1975년에도 계속 이어졌으나 1976년 7월 20일 755호를 마지막으로 그해 10월 은퇴함으로써 23년에 걸친 대장정에 마침표를 찍었다. 타율(0.305), 안타(3,771), 득점(2,174), 타점(2,297), 장타(1,477), 총루타수(6,856), 17년 연속 150안타 등 그가 남긴 기록들은 지금까지도 전 부문 상위에 랭크되어 있는 호기록들이다. 이 모든 기록들이 환호와 찬사 속에서가 아니라 비난과 협박을 받으며 이뤄냈다는 점에서 더 의미가 컸다.

에런은 겸손하고 조용하며 묵묵히 최선을 다한 선수였다. 스트라이크 아웃을 당하면 조용히 벤치로 물러나 담배를 꺼내 물었고, 심판 판정에 항의하지도 않았다. 715홈런을 쳤을 때는 "사람들이 베이브 루스를 잊지 않기 바란다. 단지 내 기록도 기억해 주기를 바랄 뿐"이라며 겸손함을 보였다.

23시즌 동안 골든 글러브를 세 번 수상하고 올스타에는 스물한 번 뽑혔다. 브레이브스와 브루어스는 에런의 번호 '44번'을 영구 결번시켰다. 1982년 명예의 전당에 헌액되고 1999년 타격 전 부문에 걸쳐 최고의 활약을 펼친 선수에게 주는 '행크에런상'이 제정되었다.

에런의 755홈런 기록은 1977년 9월 3일 일본의 왕정치가 756홈런을 터뜨리고 2007년 8월 8일 미국의 배리 본즈가 역시 756홈런을 터뜨려 일본과 미국 양쪽에서 기록이 깨졌으나 미국인들은 왕정치의 기록이 일본의 작은 구장에서 반발력이 뛰어난 압축배트를 사용해 수립한 기록이라는 이유로 인정하지 않고 있다. 배리 본즈의 기록도 근육강화제인 스테로이드에 의존했다는 논란 때문에 시큰둥한 분위기다.

키프로스 군부 쿠데타와 터키군 주둔

군부가 친그리스 군사정권을 세우자 터키가 이슬람교도 보호 명목으로 북부 지역을 장악했다.

지중해 동남쪽에 위치한 키프로스는, 거리상으로는 터키에 가까워도 주변의 섬 대부분을 그리스가 영유하고 있어 영해상으로는 그리스에 가깝다. 역사적으로는 그리스, 이집트, 페르시아, 로마, 오스만 투르크, 영국 등 지중해를 장악했던 여러 세력들로부터 번갈아 지배를 받으면서도 다수 주민은 늘 그리스계 민족이었다.

그런데도 터키와의 분쟁이 끊이지 않는 것은 1571년부터 시작된 오스만 투르크의 키프로스 지배 때문이다. 오스만 투르크가 지배하는 동안 키프로스로 이주한 터키인들은 키프로스 전체 인구의 18%나 될 정도로 많았다. 이게 분쟁의 씨앗이었다.

쇠퇴하는 오스만 투르크를 대신해 키프로스를 지배한 것은 영국이었다. 영국은 1878년 오스만 제국과 임차협정을 체결해 키프로스의 지배권을 넘겨받았다. 1차대전 후에는 로잔조약(1923)에 따라 패전국인 터키로부터 키프로스의 주권을 넘겨받아 보호국으로 삼았다. 그러나 영국은 1930년대 들어 그리스계 주민들이 키프로스의 그리스 복귀를 노리는 '에

키프로스

노시스 운동'을 벌여 골머리를 앓았다.

2차대전 후에도 영국의 키프로스 지배에 변함이 없자 키프로스의 반영(反英) 운동이 폭력적 양상으로 전개되었다. 이런 상황에서 터키계는 자칫 키프로스가 그리스로 넘어갈지도 모른다는 우려감에 키프로스의 분할을 주장하고 나섰다.

이처럼 섬을 둘러싼 그리스와 터키의 대립으로 양국 간의 감정이 점점 격화되자 영국과 미국이 중재에 나섰다. 두 나라가 우려한 것은 그리스와 터키 모두 속해 있는 반공 군사동맹의 분열이었다. 그래서 1959년 2월 영국, 그리스, 터키, 키프로스 대표가 만나 권력 분점을 전제로 한 '키프로스 독립협정'을 체결했다. 협정에 따라 대통령은 그리스계, 부통령은 터키계에서 선출하고 내각과 의회는 그리스계와 터키계가 7대 3의 비율로 구성하는 헌법이 마련되었다.

터키계는 북부 지역의 분리와 자치 요구

헌법에 따라 1960년 8월 16일 그리스계 마카리오스 대주교를 초대 대통령으로 하는 독립국가 '키프로스 공화국'이 탄생했다. 그러나 1963년 마카리오스 대통령이 터키계 주민의 권리 제한을 노린 헌법 개정을 추진하고, 터키계가 강력히 반발하면서 키프로스에는 또다시 긴장이 고조되었다. 결국 키프로스에 살고 있는 그리스계와 터키계가 무력 충돌하고, 그리스와 터키의 본토 군대가 키프로스로 투입되는 내전 양상으로까지 발전했다.

그리스와 터키, 영국은 다시 머리를 맞댔다. 그 결과 1963년 12월 유혈 충돌을 중단하기로 합의하고 1964년 유엔 평화유지군의 키프로스 주둔을 허용했다. 그러나 한 지붕 두 가족의 근본적인 불화가 해결되지 않는 한 평화는 요원했다. 그리스계 주민은 계속 그리스와의 통합을 도모한 반면 터키계 주민은 키프로스 북부 지역의 분리와 자치를 요구했다.

잠복해 있던 갈등이 폭발한 것은 1974년이었다. 7월 15일 키프로스 내 그리스계 군부가 쿠데타를 일으켜 마카리오스 대통령을 축출하고 친그리스 군사정권을 세운 것이 발단이었다. 터키는 이슬람교도를 보호한다는 명분 아래 4만 명의 군대를 파견해 북부지역을 장악했다.

쿠데타는 유엔과 유럽 각국의 반대로 1주일 만에 실패로 끝이 났으나 터키군은 키프로스를 떠나지 않고 그대로 눌러앉았다. 그리스, 터키, 영국 3국이 터키군 철수를 놓고 협상을 벌였으나 터키가 터키계 주민의 자치를 전제로 한 '키프로스 연방국가' 창설을 고집해 결렬되었다.

터키는 한술 더 떠 1975년 '그린 라인'(남북 분리선) 북부의 상당 지역을 장악한 뒤 '터키계 키프로스 연방'을 선포했다. 18%에 불과한 터키계 주민들이 키프로스 땅의 34%를 차지한 가운데 2만 명의 터키계 주민은 '그린 라인' 북쪽으로, 20만 명의 그리스계 주민은 남쪽으로 쫓겨갔다. 이후에도 터키 본토로부터 이주한 16만 명이 북키프로스에 정착했다.

1974년부터 수십 년째 분단 국가

1983년 유엔이 그리스계의 요청을 받아 터키군의 철수를 요청하는 결의안을 채택했으나 터키계는 오히려 1983년 11월 '북키프로스 터키 공화국'을 수립하며 거부의 뜻을 분명히 했다. 유엔은 이후에도 그리스계 주민의 귀향을 허용하고 터키 군대의 키프로스 철수를 촉구하는 결의안을 75차례나 통과시켰다. 그래도 터키는 점령을 포기하지 않았다.

터키군의 철수를 주장하는 그리스계와 '키프로스 연방'을 주장하는 터키계가 좀처럼 화합점을 찾지 못하자 2002년 유엔 사무총장이 '유럽연합 동시 가입 허용'을 조건으로 스위스식 연방국가 통일방안을 제시했다. 중앙정부는 국방과 외교를 관장하되 남북의 각 주정부가 자치권을 유지한다는 느슨한 형태의 연방제였다.

하지만 2004년 3월의 국민투표에서, 북부 터키계가 국제적 고립을 탈피하고 통일 후 경제개발 효과 등을 기대하며 찬성표를 던진 것과 달리 그리스계 주민이 반대해 연방안은 무산되었다. 연방안을 부결시킨 남부 그리스계에 각종 비난이 쏟아졌으나 그래도 유럽연합은 당초 약속대로 남부 그리스계로 구성된 '키프로스 공화국'의 유럽연합 가입(2004.5)을 허용했다.

그러면서도 오매불망 유럽연합 가입만을 바라보고 있는 터키에는 "계속 북키프로스를 지지한다면 유럽연합 가입을 허용하지 않겠다"고 통보함으로써 터키의 키프로스 간섭에 압력을 가하고 있다.

현재 남부 그리스계 주민으로 구성된 '키프로스 공화국'은 국제사회로부터 인정받는 독립국이고, 법적으로도 섬 전체 영토의 관할권을 지닌 반면 터키계 북키프로스는 국제적으로 인정받지 못하고 있다.

도널드 조핸슨 '루시' 화석 발견

인류의 직접적인 조상은 아니지만 인류의 특질을 지닌 최고(最古) 원인(猿人)으로 밝혀졌다.

1969년 프랑스의 젊은 지질학자 모리스 타이에브가 에티오피아의 하다르 계곡에서 코끼리뼈와 코뿔소·돼지의 화석 등을 발견했다. 하다르 계곡은 타이에브가 고대 호수에 대한 증거를 찾기 위해 에티오피아의 아와시 계곡을 뒤지다가 계곡 북동쪽 끝에서 발견한 계곡이다.

코끼리뼈들을 파리로 가져가 연대를 측정해 보니 300만 년이나 된 오래된 화석이었다. 그때까지 발견된 '호미니드' 화석 중 300만 년 전 것은 없었기 때문에 타이에브는 혹시나 하는 마음에 미국의 고생물학자 도널드 조핸슨에게 도움을 청했다. 호미니드는 현생인류 즉 '호모 사피엔스'의 직접적 조상은 아니지만 인간의 특징을 많이 지닌 수백만 년 전의 초기 원인(猿人)을 말한다.

조핸슨은 1972년 4월 타이에브와 함께 하다르 계곡으로 들어가 1973년 10월 그곳에서 넓적다리뼈의 아래쪽 끝 부분을 발견했다. 그 옆에서 발견된 무릎관절에서 나온 둥근관절돌기 조각을 맞춰보니 완벽하게 들어맞았다. 조핸슨은 그 뼈가 원숭이의 무릎뼈일 것이라고 추정은 하면서도 혹시 원인의 뼈일지도 모른다는 생각에 그 지역의 한 무덤에서 사람의 넓적다리뼈를 파내 비교해 보았다.

넓적다리뼈가 같은 모양임을 확인한 그는 그 넓적다리뼈를 가지고 미국의 한 생물인류학자를 찾아갔다. 그 학자는 뼈의 주인공은 호미니드이고 키는 107cm 정도로 침팬지보다 가벼운 암컷이며 직립보행을 했음을 알려주었다. 연대 측정 결과 300만~350만 년 전의 것으로 확인되었다.

그 순간 조핸슨의 머릿속에 새로운 의문이 생겼다. 이 넓적다리뼈로 걸었던 호미니드는 인간의 직계조상과 직접적으로 관련이 있는 '호모'였을까 아니면 남아프리카·케냐·탄자니아 등지에서 발견된, 인간의 혈통이라고 하기에는 뭔가 거리가 있으면서도 인간에 가까운 원인인 '오스트랄로피테쿠스'였을까 하는 의문이었다. 나중에 밝혀지지만 이 뼈대의 주인공은 '호모'가 아니라 '오스트랄로피테쿠스'였다.

도널드 조핸슨(1943~)

'루시'는 비틀스의 노래에서 따온 이름

1974년 11월 조핸슨 탐사대는 또다시 아와시 계곡에서 팔뼈 부분, 작은 머리뼈의 뒷부분, 넓적다리뼈 부분, 등뼈, 골반뼈 부분, 갈비뼈들을 발견하는 개가를 올렸다. 놀라운 것은 이 모든 뼈대들이 한 사람의 몸에서 나왔다는 사실이었다. 그 개체가 발견된 지층을 칼륨·아르곤 연대측정법으로 측정해 보니 330만 년 전 것으로 확인되었다.

이후 계속된 작업을 통해 몇백 개의 뼛조각이 추가로 나왔다. 이렇게 발견한 뼈는 사람의 뼈 가운데 20~40%나 되었다. 이처럼 많은 원시 개체의 뼈대가 발견된 적은 그때까지 없었다. 사자(死者)가 평온하게 죽음을 맞았기 때문인지 뼈대 상태도 좋았다. 평화롭게 죽고 모래와 진흙에 덮인 뒤 퇴적하는 흙더미에 짓눌려 화석으로 변했다가 330만 년이 지나 폭우에 쓸려 땅 위로 드러난 것이다.

화석의 두뇌는 작았지만 직립보행을 한 것으로 확인되었다. 골반으로 보아 뼈의 주인공은 여성이었고 팔이 긴 것으로 보아 나무타기를 잘했을 것으로 추정되었다. 키는 120cm로 작았으며 사랑니가 다 자라고 닳은 흔적으로 보아 성인임을 알 수 있었다. 척추가 변형된 것은 관절염이나 다른 뼈질환을 앓았을 것으로 추정하게 했다.

조핸슨 탐사대는 어느 날 발굴 캠프에서 밤새도록 맥주를 마셨다. 마침 그때 카세트 테이프에서 떠나간 소녀에 대한 그리움을 표현한 비틀스의 '다이아몬드와 함께 있는 하늘의 루시(lucy in the sky with diamonds)'가 들려왔다. 순간 330만 년 전 여성의 이름은 '루시'로 지어졌다.

이후에도 그곳에서 뼈는 계속 발견되었고 모두 모아보니 적어도 13명은 되는 집단의 뼈임을 알 수 있었다. 나중에 '최초의 가족'으로 불린 그들 역시 루시와 같은 종임이 밝혀짐으로써 '오스트랄로피테쿠스 아파렌시스'라는 학명을 얻게 되었다.

2000년에는 에티오피아 디키아 지역에서 발견된 3살짜리 여자 아기도 루시와 같은 종으로 확인되어 '셀람'이란 이름이 붙여졌다. 셀람 유골은 보존상태가 거의 완벽한 두개골과 윗몸통, 팔다리 주요 부위 등을 토대로 2006년 복원되었다.

루시는 1992년 '아르디피테쿠스 라미두스' 즉 '아르디'라는 고대원인 유골이 발견되어 440만 년 전에도 인간에 가까운 원인이 존재했음이 드러날 때까지 20년 동안 인류의 특질을 지닌 최초의 원인(猿人)으로 받아들여졌다. 그 20년 동안 세계의 모든 교재에는 루시가 모든 인류의 조상으로 기록되었다.

아르디, 밀레니엄맨, 투마이

1974년 발견된 '루시'는 인류의 직접적인 조상은 아니다. 하지만 루시는 당시까지 발견된 호미니드 중 인류의 특질을 지닌 최고(最古)의 원인(猿人)이라는 점과 역대 어느 호미니드 화석보다 가장 많은 뼈가 발견되었다는 점에서 최고의 가치를 인정받고 있다. 루시는 발견 후 근 20년 동안 '최초의 이브' 자리를 지켰으며, 세계의 모든 교재에 인류의 조상으로 등재되었다.

1992년 12월 팀 화이트(미국)와 스와 겐(일본) 등으로 구성된 탐사대가 에티오피아 아라미스에서 원숭이가 포함된 동물 화석 몇 개를 찾아냈다. 그곳은 루시가 발견된 아와시 계곡에서 불과 70여 킬로미터 떨어진 곳으로, 퇴적층의 연대가 400만 년도 더 된 곳이었다. 탐사대는 그곳에서 또다시 몇 개의 이빨, 팔뼈 하나, 머리 뼈 일부, 턱뼈를 찾아냈다. 그들은 그것이 호미니드임을 직감으로 알아차렸다.

탐사대는 아주 원시적인 젖니어금니를 통해 그 화석이 루시의 종인 '오스트랄로피테쿠스 아파렌시스'보다 더 오래되고 더 원시적인 종에 속한다는 사실을 알게 되었다. 탐사대는 1993년 12월 그곳에서 한 개체의 이빨 10개를 더 발견했다. 1년 전부터 발견된 화석을 모두 모아보니 아래턱, 이빨, 왼쪽 팔뼈 등 모두 17조각이나 되었다. 정밀조사 결과, 화석은 침팬지도 아니고 아파렌시스(루시)도 아닌 새로운 종이라는 사실이 확인되었다.

화이트는 이 화석을 인류의 조상과 유인원 사이에 존재하는 '잃어버린 고리'로 추정했다. 440만 년이나 된 화석에는 '오스트랄로피테쿠스 라미두스'라는 학명이 부여되고 나무 위가 아닌 땅 위에 사는 유인원이라는 뜻으로 '아르디피테쿠스'(약칭 아르디)라는 별명이 붙여졌다. 루시보다 더 오래된 최초의 호미니드 발견 사실은 1994년 9월 '네이처'지에 소개되었다.

아르디는 원시적인 젖니어금니와 직립보행의 증거가 될 수 있는 특징을 갖추고 있어 유인원과 사람의 특징을 모두 지닌 것으로 발표되었다. 손은 멸종된 원숭이와 비슷하지만 강한 어금니와 유연한 손가락은 물건을 세게 쥘 수 있었다. 아르디의 발견은 인류와 침팬지의 공통 조상에서 갈라져 나온 인류가 초기에 어떻게 진화했는지를 보여주는 타임 캡슐 같은 존재로 학계에서 인정받았다.

호미니드 발견 때마다 '잃어버린 고리' 주장

아르디의 모습은 47명의 과학자가 십수 년 동안 복원작업을 벌인 끝에 2009년 10월 과학잡지인 '사이언스'에 공개되었다. 아르디는 어금니가 완전한 것으로 미루어 다 자란 성인 여성이었다. 키는 120cm, 몸무게는 54kg 정도였다. 팔은 길고 다리는 짧았으며 직립보행을 했다. 아르디는 이처럼 루시를 '최초의 호미니드' 자리에서 쫓아냈으나 아르디 역시 2000

년 '밀레니엄맨'이 발견됨에 따라 최초의 권좌를 지키지 못하고 물러났다.

밀레니엄맨은 영국의 지질학자 마틴 픽퍼드와 프랑스의 고생물학자 브리지트 세뉘에 의해 2000년 11월 케냐의 투겐 구릉지에서 발견되었다. 화석은 턱뼈 파편과 위팔뼈 그리고 직립보행의 증거인 왼쪽 넓적다리뼈의 윗부분 등 13개나 되었다.

그 화석들이 발견된 곳은 연대가 565만 년으로 추정되는 현무암층 밑이었다. 따라서 화석의 연대는 약 600만 년 전으로 추정되었다. 그때까지 발견된 인류 가족들 가운데 가장 오래된 개체의 화석이 발견된 것이다. 학명은 '오로린 투게넨시스'로 붙여졌다.

밀레니엄맨이 차지하고 있던 '최초의 호미니드' 자리를 빼앗은 것은 2001년 발견된 '투마이'였다. 원형이 거의 보존된 두개골과 아래턱, 치아 화석 등으로 구성된 투마이는 2001년 프랑스의 지질학자 미셸 브뤼네의 탐사대에 의해 차드 북부 주라브 사막에서 발견되었다. 이빨과 머리뼈에서 인간다운 특징이 나타났으며 직립보행의 흔적이 있었다. 그들은 화석의 머리뼈가 600만 년보다 더 이전에 살았던 호미니드라는 사실을 알고는 차드 대통령에게 작명을 요청했다. 그래서 붙여진 별명이 투마이였다.

투마이의 발견 사실은 2002년 7월 '알려진 최초의 호미니드'라는 제목의 기사로 네이처지에 소개되었다. 학명은 '사헬란트 로푸스 차덴시스'로 지어졌다. 화석을 발견한 미셸 브뤼네는 투마이의 두개골 용량과 몸의 크기는 침팬지와 유사하고 송곳니가 짧고 무딘 것으로 추정된다면서 인간과 침팬지의 진화과정에서 그때까지 발견되지 않아 공백으로 남아 있던 '잃어버린 고리'임에 틀림없다고 역설했다. 또한 투마이는 인간과 침팬지의 특징을 동시에 갖고 있는 공동조상으로 봐야 하며 여기에서부터 인간과 침팬지로 분화되었을 것이라고 주장했다.

알렉산드르 솔제니친 소련에서 추방

반체제 인사에서 슬라브 민족 옹호자로 변신한 후 비판을 받았다.

알렉산드르 솔제니친(1918~2008)의 중편소설 '이반 데니소비치의 하루'가 문예지 '노비 미르' 1962년 11월호에 실렸을 때 소련 사회는 큰 충격에 빠졌다. 그동안 공공연한 비밀로 치부되던 스탈린 시대 강제수용소의 실태가 처음으로 적나라하게 드러났기 때문이다.

'이반…'은 스탈린 시대 강제노동 수용소에서 한 수인이 겪는 틀에 박힌 일상과 물질적 궁핍을 묘사한 작품으로, 솔제니친 자신의 경험에 바탕을 두고 있다. '노비 미르'는 초판 9만 6,000부가 매진되어 두 차례에 걸쳐 85만 부를 추가로 인쇄했으나 역시 머지않아 동이 났다.

당시 공산당 서기장 흐루시초프와 소련 공산당이 갈채를 아끼지 않았고, 당 기관지 프라우다가 "우리의 눈을 똑바로 응시하는 진실"이라며 힘을 실어준 데서 알 수 있듯 '이반…'의 출판은 솔제니친 혼자서 결단할 수 있는 문제가 아니었다. 때는 바야흐로 '모스크바의 봄'이었다. 따라서 솔제니친의 소설 출판도 1956년 흐루시초프의 스탈린 격하 발언이 몰고 온 해빙 무드의 산물이었다.

솔제니친은 '이반…' 이후에도 1963년 '마뜨료나의 집', '크레체토프카 역에서 생긴 일', '공공을 위해서는' 등을 연이어 발표해 작가로서의 입지를 확고히 했다. 그러나 해빙의 시대는 오래가지 않았다. 2년 뒤인 1964년 흐루시초프가 실각하고 브레즈네프가 등장하면서 새로운 빙하기가 소련을 엄습한 것이다. 소련은 다시금 이념의 끈을 조이기 시작했고 솔제니친은 다시 흐루시초프 이전의 반체제 작가로 몰렸다.

솔제니친이 처음 반체제 작가로 낙인찍힌 것은 1945년 친구에게 보낸 편지에 스탈린을 비판한 내용이 있다는 이유에서였다. 솔제니친은 시베리아의 강제수용소에서 8년 동안 혹독한 시절을 보내고, 풀려난 뒤에도 다시 3년간 강제 추방당하는 고통을 겪었다. 그러다가 1956년 해빙의 시대 덕에 복권도 되고, '이반…'도 세상에 나올 수 있었다.

알렉산드르 솔제니친(1918~2008)

솔제니친은 브레즈네프 등장 후 다시 반체제 작가로 몰려 소련에서는 더 이상 작품을 출판할 수 없게 되자 '암병동'(1967), '연옥 속에서'(1968), '1914년 8월'(1971) 등을 해외에서 출판했다. 또한 작품 활동과는 별개로 1967년 5월 소련 작가대회 참석자들에게 '검열 폐지'를 호소하는 편지를 보내고 1969년 1월 작가동맹으로부터 제명당하는 등 확실히 반체제 작가의 길을 걸었다. 이런 그에게 1970년 노벨문학상이 주어졌다. 그러나 소련 정부가 그의 귀국을 허락하지 않을 것을 걱정해 시상식에는 참석하지 않았다.

"내가 죽으면 그것은 KGB의 장난일 것"

1972년 연초부터 반체제 작가들에 대한 검거가 잇따르는 가운데 1973년 3월 사하로프 박사가 KGB로부터 조사를 받는 등 점차 반체제 인사들에 대한 탄압의 강도가 높아졌다. 이런 상황에서도 솔제니친은 1973년 8월 29일자 르몽드와의 인터뷰를 통해 "내가 죽으면 그것은 KGB의 장난일 것"이라는 센세이셔널한 발언으로 세계의 주목을 끌었다.

르몽드의 보도가 있던 그날, 솔제니친의 미발표 작품 '수용소 군도' 원고의 일부를 보관하고 있던 지인이 KGB의 조사를 받고 집으로 돌아가 자살하는 일이 벌어졌다. '수용소 군도' 제1권은 1973년 12월 28일 파리에서 출판되었다. 12월 29일부터는 뉴욕타임스에 연재되기 시작해 세계적인 베스트셀러가 되었다.

1974년 1월 타스통신과 프라우다지 등이 '수용소 군도'를 비판하는 가운데 소련 정부가 세 차례나 소환 명령을 내렸지만 솔제니친은 끝내 불응했다. 그러자 소련 정부가 소비에트연방법 제64조 '조국에 대한 배반'을 적용, 국가반역죄로 체포해 1974년 2월 12일 소련 시민권을 박탈했다. 그리고 이튿날 해외 추방령을 내려 서독으로 추방했다.

이후 솔제니친은 미국에서 망명생활을 하다가 20년 만인 1994년 5월 27일 조국으로 돌아갔다. 그러나 솔제니친은 예전의 반체제 작가가 아니었다. 위대한 슬라브 민족 옹호자로 탈바꿈해 있었다. 솔제니친은 러시아에 민주주의를 가져온 고르바초프와 옐친 두 전직 대통령은 강력히 비난하면서도 푸틴에 대해서만은 "용의주도함과 결단력을 갖춘 탁월한 지도자"로 높이 평가했다. '슬라브 민족주의'를 우선하는 솔제니친으로서는 당연한 평가였다.

반유대주의적인 글도, 체첸 분리주의자와 관련된 사형제도 부활 주장도, 푸틴 옹호도 모두 위대한 러시아의 회복을 꾀하는 그의 사고에서 비롯된 것이다. 솔제니친이 민족주의적 관점으로 경도되자 함께 반체제 운동을 했던 한 동료 작가는 "지금의 솔제니친은 인종 차별과 전체주의를 신봉하는 열린 사회의 적"이라고 혹독하게 비판했다. 인권 자유를 위해 투쟁했던 그가 배타적인 슬라브주의를 옹호하는 비겁한 지식인으로 타락했다는 것이다.

1975년

이호왕 '유행성 출혈열' 병원체 발견
장준하 의문의 실족사
대중가요 금지곡 양산과 대마초 파동
베트남전 종전
_ *한국대사관 사이공 철수*
빌 게이츠 마이크로소프트 설립
미국의 '아폴로'와 소련의 '소유즈' 도킹 성공
스페인 후안 카를로스 1세 즉위
에드워드 윌슨 '사회생물학' 출간
프리초프 카프라 '물리학의 도' 출간

이호왕 '유행성 출혈열' 병원체 발견

갑자기 세포핵 주위를 둘러싸고 있는 무수한 황금빛 바이러스 무리가 눈에 띄었다.

1976년 4월 30일자 조선일보 사회면에 '유행성 출혈열 병원·면역체 규명'이라는 제목의 기사가 크게 실렸다. 세계 예방의학계와 미생물학계가 반세기 동안 매달렸으나 아무도 풀지 못한 괴질의 정체를 한국인 의학자가 마침내 밝혀냈다는 기사였다. 화제의 주인공은 이호왕(1928~) 박사였다.

그는 함경남도 신흥에서 태어나 함흥의과대(5년제)에서 의학도의 길을 걷다가 1950년 6·25전쟁 발발 후 월남했다. 서울대 의과대를 졸업하고 동 대학원에서 미생물학을 전공한 뒤에는 미국 미네소타대로 유학을 떠나 1959년 '일본 뇌염 바이러스의 원숭이에서의 면역기전'이라는 제목의 논문으로 박사학위를 받았다. 1960년 서울대 의과대 교수로 부임한 후에도 일본 뇌염에 관한 연구를 계속해 뇌염을 예방·퇴치하는 데 크게 기여했다.

이호왕이 뇌염에 이어 다음 연구과제로 삼은 것은 유행성 출혈열이라는 원인 모를 괴질이었다. 유행성 출혈열은 세계 전 지역에 퍼져 있는 질병으로, 학계에 처음 보고된 곳은 1913년 러시아 블라디보스토크였다. 이것이 집단으로 발병한 것은 1940년이었다. 당시 소련·만주 국경에서 대치하고 있던 일본군과 소련군 양 진영에서 수천 명이 한꺼번에 발병해 수백 명의 목숨이 희생된 것이다. 1951년 여름에는 6·25가 한창이던 철의 삼각지에 주둔한 미군에게 집단적으로 발병해 수년 동안 총 2,000여 명이 감염되고 800여 명이 목숨을 잃었다.

유엔군사령부는 급히 출혈열 연구센터를 설치하고 미국에서 200여 명의 학자들을 불러들였다. 그중에는 1976년 노벨생리의학상을 공동 수상할 대니얼 가이듀섹과 바루크 블럼버그, 1954년 노벨의학상 수상자인 존 엔더스도 있었다. 다양한 연구자들이 1965년까지 15년 동안 한국에 상주하며 4,000만 달러라는 엄청난 연구비를 쏟아부었지만 정체는커녕 병원체조차 밝혀내지 못했다. 미국은 결국 연구소의 문을 닫았으나 그래도 미련을 버리지 못해 1968년까지 일본 주둔 의학연구소에 연구진을 머물게 해 서울을 왕래하며 출혈열에 대한 연구를 관장케 했다.

이호왕은 미 육군성으로부터 연구비를 지원받아 1969년 여름부터 연구원들과 함께 휴전선 일대를 누비며 등줄쥐, 갈밭쥐 등의 들쥐와 두더지, 살쾡이 등을 닥치는 대로 채집했다. 당시 미군의 연구결과는 병원체 바이러스의 숙주가 들쥐일 것이라는 기존의 실증 위에서 한 걸음도 더 나아가지 못했다. 연구가 진행되는 동안 농민과 군인들에게서는 여전히 매년 2,000~3,000명의 환자가 발생하고 연구원 중에도 3명이 사경을 해매기도 했다.

연구팀은 장기에서 병원체를 분리하기 위해 해마다 숙주로 추정되는 수백 마리의 들쥐를 해부하고 조직배양을 시도했으나 실패의 연속이었다. 연구가 답보상태에 빠져 있던 1972년 이호왕은 서울대를 떠나 전폭적인 지원을 약속한 고려대로 자리를 옮겼다. 지속적으로 이호왕의 연구를 지원해 오던 미군 당국은 마냥 기다릴 수 없어 1976년 봄을 최종 시한으로 통보했다.

평생 두 개의 바이러스 발견은 기적에 가까워

초조해하던 이호왕에게 기적 같은 일이 일어난 것은 1975년 연말이었다. 어느 날 자신을 "미국 국립보건원에서 10년간 출혈열을 연구해온 학자"라고 소개한 사람으로부터 소책자 한 권이 배달되었는데 책에는 "출혈열 병원체는 곰팡이이며 들쥐의 폐장에서 발견된다"는 가설이 적혀 있었다.

이호왕(1928~)

이호왕은 믿기지 않았지만 그동안 수많은 학자가 들쥐의 장기를 해부하고 실험할 때, 출혈열로 이상이 생긴 다른 장기와 달리 폐 부분만은 멀쩡해 실험대상에서 제외해온 사실이 마음에 걸렸다.

이호왕은 이평우 조교에게 등줄쥐의 폐 조직을 검사해 보라고 지시했다. 그런데 거짓말 같은 일이 일어났다. 등줄쥐의 폐 조직을 형광현미경으로 관찰하고 있을 때, 갑자기 밤하늘을 수놓은 은하수처럼 세포핵 주위를 둘러싸고 있는 무수한 황금빛 바이러스 무리가 눈에 띄는 것이었다. 1975년 12월 20일이었다. 마침내 출혈열 병원체가 베일을 벗고 정체를 드러내는 순간이었다.

이호왕은 처음 환자가 발생하고 등줄쥐가 채집된 한탄강에서 이름을 따 병원체 이름을 '한탄 바이러스'라고 명명했다. 자신의 호도 '한탄'으로 지었다. 그러나 이 첫 발견은 겨우 단서를 잡은 것일 뿐 반드시 성공을 보장하는 것은 아니었다. 이호왕 연구팀은 1976년 봄까지 등줄쥐 3,000마리를 검사해 그중 6마리의 폐에서 특이한 바이러스를 발견했다. 이 사실이 1976년 4월 말 도하 각 신문에 보도된 것이다.

이후 3~4년 동안 이호왕 연구팀의 연구 결과를 인정하게 된 전 세계의 학계는 연구를 입증하는 논문들을 쏟아냈다. 이호왕은 1980년 집쥐도 출혈열의 숙주임을 밝혀내 평생 하나의 바이러스를 발견하는 것도 기적에 가까운데 둘이나 밝혀내는 행운의 주인공이 되었다. 이 병원체는 '서울

바이러스'로 명명되었다. 병명은 한동안 '한국형 출혈열', '유행성 출혈열'로 불리다가 1982년 WHO에 의해 '신증후군출혈열'로 공식 통일되었다.

이호왕은 1978년 유행성 출혈열의 진단방법을 완성한 뒤 1980년부터 녹십자사와 공동으로 예방주사 연구에 착수했다. 1990년 마침내 개발을 완료한 이호왕과 녹십자는 국내는 물론 미국, 일본, 유럽에 특허를 출원한 뒤 1990년 9월 20일 국립보건안전원의 국가검정을 끝내고 9월 21일 '한타박스'라는 이름의 백신으로 전국 의료계에 공급하기 시작했다.

이로써 이호왕은 유행성 출혈열의 바이러스 발견, 진단방법과 백신 개발까지 이 병의 퇴치에 필요한 일련의 과정을 모두 혼자 수행한 인물이 되었다. 의약개발사에서 바이러스를 발견한 사람이 면역체까지 발견한 경우가 극히 드문데 이호왕이 이를 해낸 것이다. 이호왕에게는 한동안 '한국의 노벨의학상 후보 제1호'라는 수식어가 따라다녔으나 그 시절 노벨상 수상을 뒷받침하기에는 우리의 국력이 너무 부족했다.

장준하 의문의 실족사

의문투성이의 죽음이었지만 뚜렷한 증거가 발견되지 않아 사실상 영구 미제 사건이 되고 말았다.

장준하(1918~1975)의 57년 삶은 한국 현대사의 격랑 속에서 불의와 정면으로 맞서 싸운 참지식인의 전범이었다. 장준하는 평북 정주에서 태어나 평양의 숭실중학과 선천의 신성학교를 졸업하고, 1940년 일본 도요(東洋)대 철학과 예과를 거쳐 1941년 일본신학교에 입학했다. 그러던 중 학도병으로 징집되어 1944년 1월 중국 서주에 주둔하던 일본 관동군에 배속되었다.

하지만 장준하는 7월 7일 부대를 탈출해 7월 9일 중국 유격대 부대에 도착했다. 그곳에는 4개월 전 먼저 탈출한 김준엽이 있었다. 장준하와 김준엽 등 5명의 일행은 7월 28일 장정 길에 올라 그해 9월 10일 안휘성 임천에 도착, 그곳의 중국군관학교 한국광복군 간부훈련반에서 3개월간 군사교육을 받았다.

이후 장준하와 김준엽 등 수십 명은 7개월 동안 장장 6,000리(2,400km)나 되는 먼 거리를 횡단하고, '제비도 넘지 못한다'는 험난한 파촉령을 넘어 1945년 1월 31일 마침내 대한민국 임시정부가 있는 중경에 도착했다. 이 모든 고통이 못난 조상 때문이라고 생각한 장준하는 이후 '못난 조상이 되지 말자'를 평생의 신조로 삼았다. 그의 결심은 훗날 잡지 '사상계'를 창간할 때도 모토가 되었고, 사후에는 묘비명의 문구가 되었다.

장준하는 4월 29일 서안의 광복군 제2지대에 배속되어 3개월간 중국 내 미국 전략첩보대(OSS)에서 국내 침투를 목적으로 한 특수훈련을 받고 국내 잠입을 기다렸다. 하지만 8월 20일로 예정된 국내 진공작전은 8월 15일 일본의 갑작스런 패망으로 물거품이 되고 말았다.

장준하는 김준엽, 이범석 등과 함께 미군기를 타고 8월 18일 여의도비행장에 도착했으나 아직 무장을 풀지 않은 일본군의 귀국 불허에 가로막혀 중국으로 돌아갔다. 11월 23일 김구 주석 등 임정요인들을 따라 미군기 편으로 다시 귀국한 뒤에는 한동안 김구의 비서로 있다가 이범석이 조직한 민족청년단에서 간부로 활동했다. 당시 민족청년단은 확실한 극우단체였고 장준하 역시 극우적 사고로 무장했다.

장준하는 한때 김구를 수행했지만, 이승만과 김구가 대한민국 단독정부 수립과 남북협상으로 갈라질 때는 명백하게 이승만 편에 섰다. 6·25 전쟁 때는 문교부 산하 국민사상연구원에서 미국의 후원을 받아 공산주의와의 사상전을 전개했고, 1952년 9월 국민사상연구원이 피란지 부산에서 창간한 월간지 '사상'의 발간에 참여했다. '사상'이 4호(12월)를 끝으로 종간하자 장준하는 '사상'을 인수하고 이름을 바꿔 1953년 4월 월간종합지 '사상계'를 창간했다.

우국충정의 광복군 대위 자부심 잊지 않아

그는 '사상계'를 반독재 투쟁의 이론적 기지로 삼았다. 1958년 8월호에는 함석헌의 '생각하는 백성이라야 산다'를 실었다가 필화사건을 겪었고, 1959년 2월호에는 '무엇을 말하랴, 민권을 짓밟는 횡포를 보고'라는 제목으로 언론사상 초유의 '백지 권두언'을 실었다.

그의 반독재 투쟁은 반공의 테두리를 벗어나지 않았다. 1960년 4·19 후 학생과 혁신계에 여러 통일단체가 만들어지고 중립화통일 등 다양한 통일 방안이 제시될 때에는 1960년 12월호 권두언에서 "국가 형태야 어찌되든지 덮어놓고 통일하고 보자는 일부의 환상적 논리"를 비판하면서 "여하한 형태의 중립주의도 용납될 수 없다"며 강력한 반공 입장을 드러냈다.

1961년 5·16쿠데타에 대해서도 호의적인 반응을 보였다. 1961년 6월호의 무기명 권두언 '5·16혁명과 민족의 진로'에서는 5·16을 "부패와 무능과 무질서와 공산주의의 책동을 타파하고 국가의 진로를 바로잡으려는 민족주의적 군사혁명"으로 높이 평가했다. 하지만 박정희에 대한 장준하의 태도는 서서히 경멸과 멸시로 바뀌었다. 박정희가 일본군 중위였을 때 자신은 우국충정의 광복군 대위였다는 자부심을 잊지 않았고, 박정희가 갖은 폭력으로 자신을 괴롭힐 때는 박정희의 인격을 업신여겼다.

장준하(1918~1975)

1966년 10월 대구의 한 연설에서는 박 대통령이 사카린 밀수사건의 주범이라며 '밀수 왕초'라고 공격하고, 1967년 4월의 선거 유세에서는 베트남전 파병을 문제 삼아 박 대통령을 가리켜 '매혈자'라고 불렀다. 이로 인해 그해 5월 국가원수모독죄 혐의로 구속되었으나 6월 총선에서 옥중 당선에 성공, 3개월 만에 풀려났다.

구속되기 전인 1967년 초 장준하는 야당 대통령 후보 단일화를 위해 막후에서 윤보선, 백낙준, 이범석, 유진오 4자회담을 주선해 통합야당인 '신민당' 태동에 일조했다. 국회의원으로 활동할 때는 의정단상에서, 1971년 총선에서 낙선한 뒤에는 재야인사로 박 대통령의 독재정치에 맞섰다.

1973년 12월 24일에는 함석헌, 백낙준, 김수환, 백기완, 유진오 등과 함께 '민주 회복을 위한 100만 인 서명운동'에 주도적으로 참여했다가 결국 1974년 1월 백기완과 함께 긴급조치 1호를 위반한 첫 구속자가 되었다. 장준하는 15년형을 선고받았으나 1974년 12월 건강 악화에 따른 형 집행정지로 출감했다.

의문사진상규명위도 '진상규명 불능' 판정

장준하에게 죽음의 그림자가 드리운 것은 1년도 채 지나지 않아서였다. 1975년 8월 17일 오후 1시 20분쯤 경기 포천군 이동면의 약사봉(489m)에서 하산하던 중 벼랑 아래서 주검으로 발견된 것이다.

시신을 검시한 의사는 오른쪽 귀 뒷부분에 가로 세로 5cm의 상처를 근거로 소견서에 '우측 후두부 함몰 골절'을 사망 원인으로 기록했다. 수사당국은 "사인(死因)은 등반 중 추락에 의한 뇌진탕"이라고 발표했다. 시신은 부검 없이 서둘러 매장되었고, 검찰은 유일한 목격자의 진술에 따라 단순변사로 처리했다.

그러나 ▲일반적인 방법으로는 사고지점에 접근조차 불가능하고 ▲경사가 70도에다 높이가 14m나 되는 벼랑에서 떨어졌는데도 주검에 외상이 거의 없고 ▲추락 당시 쓰고 있던 안경이나 등에 멘 배낭 속의 보온병이 멀쩡하고 ▲당시 수사당국이 현장검증을 생략한 점 등을 들어 단순 실족사가 아닌 정치적 암살이라는 주장이 제기되었다.

하지만 장준하의 죽음은 한동안 공론화되지 못했다. 그러다가 1993년 김영삼 대통령의 문민정부 출범 후 SBS의 고발 프로그램 '그것이 알고 싶다'에서 "명백한 타살 사건"이라며 문제를 제기하고 야당(민주당)도 '사인규명 진상조사위원회'를 꾸려 공론화했으나 결정적인 증거를 찾지 못해 의혹에 그쳤다.

노무현 정부 때인 2004년에도 의문사진상규명위원회가 조사에 나섰으나 "초동수사가 제대로 이뤄지지 않았고 변사기록마저 폐기되었다"고 지적은 하면서도 역시 의문투성이의 죽음을 뒷받침할 만한 뚜렷한 증거를 발견하지 못해 '진상규명 불능'이란 판정을 내렸다.

2012년 8월 유골을 이장하는 과정에서 유골에 대한 검시가 이뤄졌을 때는 6~7cm 크기의 원형으로 파인 상흔이 뚜렷하고 상처난 부위가 여러 조각으로 깨져 깊이 1cm가량 안쪽으로 함몰된 상태인 것이 확인되었다. 또한 추락사 당시 확인하지 못한 '오른쪽 골반 골절'도 발견되었다. 그러자 타살을 주장하는 측이 이것이야말로 명백한 타살증거라고 또다시 주장했다.

하지만 이번에도 유골 검사를 한 서울대 법의학연구소가 소견서에서 "머리뼈 골절은 둔체에 의한 손상이나 가격에 의한 것인지, 넘어지거나 추락하면서 부딪혀 생긴 것인지 판단할 수 없다"고 해 사실상 영구 미제 사건이 될 가능성이 높아졌다. 장준하의 죽음을 정치적으로 해석해 타살로 단정하는 것에 반대하는 목소리도 있다. 장준하가 협심증을 앓고 있어서 순간적으로 추락했을 수도 있다는 것이다.

대중가요 금지곡 양산과 대마초 파동

도도한 기세로 진군하던 통기타와 록밴드의 울림은 대마초 파동으로 일거에 멈춰 섰다.

1975년 6월 5일 문화공보부가 발표한 '공연활동 정화방안'이 신호탄이었다. 행동대로 나선 것은 한국예술문화윤리위원회(예륜)였다. 예륜은 6월 21일 김추자의 '거짓말이야', 이미자의 '기러기 아빠', 패티김의 '무정한 밤배' 등 43곡을 금지곡으로 묶더니 7월 12일에도 신중현 작곡의 '미인', '바람', '이건 너무 하잖아요' 등과 이장희 작곡·노래의 '한잔의 추억', '그건 너', '나는 열아홉이예요' 등 45곡에 족쇄를 채웠다.

수난은 여기서 멈추지 않았다. 12월 9일 한국방송윤리위원회(방륜)가 정미조의 '불꽃', 송창식의 '왜 불러', '고래사냥', 양희은의 '아침 이슬' 등 7곡을 방송금지한 것이다. 이로써 막 꽃을 피우기 시작한 한국의 포크 음악계는 제대로 꽃을 피우기도 전에 시들어야 하는 운명에 놓였다.

1975년은 포크와 록음악이 파란을 일으킨 해였다. '신중현과 엽전들'의 '미인', 검은 나비의 '당신은 몰라', 송창식의 '왜 불러' 등이 젊은 이들을 사로잡으며 앨범 판매에서도 대박을 기록하고 있었고, 한국의 포크 음악계도 서양음악의 단순 번안을 넘어서 만개를 앞두고 있었다. 바로 이 같은 시기에 시작된 금지곡 양산은 1975년 12월에 몰아친 '대마초 파동'과 맞물려 우리의 포크 음악계를 질식시키거나 초토화시켰다.

대중歌謠 43曲 금지

藝倫, 1차로 千3百92曲심사

「거짓말이야」등 퇴폐內容들어

당시 신문에 보도된
금지곡(43곡) 리스트

금지곡은 1975년이 처음은 아니었다. 1965년 3월 방륜이 '진주라 천리길' 등 월북 작사·

작곡가들의 노래 74곡을 방송금지하고, 9월에도 방송국 음악 담당자들이 '추풍령', '임아' 등 6곡을 방송하지 않기로 결정해 금지곡 역사의 첫 페이지를 장식했다. 1964년 발표되자마자 전 국민의 사랑을 받은 '동백 아가씨'가 '왜색'이라는 이유로 금지된 것도 1965년이었다.

훗날 이미자가 강변하듯 '동백 아가씨'처럼 억울한 금지곡도 있었지만 당시의 금지 사유는 대개 표절, 퇴폐, 왜색, 월북작가 등 비교적 그럴 만한 이유가 있었다.

이와 달리 1975년의 금지곡들은 모호한 기준이 적용되거나 당시의 정치·사회적인 상황에 휩쓸린 예가 적지 않았다. 바로 이 점 때문에 오늘날까지도 해당 가수들은 팬들의 동정을 사고 있다.

1975년의 금지곡 지정으로 가장 큰 피해를 입은 사람은 1974년까지 이미 4곡이 금지된 상태에서 1975년 한 해 동안만 17곡을 금지당한 작곡가 겸 가수 신중현이었다.

정부 발표에 따르면 1965년부터 1987년까지 금지곡으로 지정된 곡은 방송금지 839곡, 공연금지 382곡이었다. 전부는 아니지만 이 곡들이 해금된 것은 1987년이었다. 1987년 8월 한국공연윤리위원회가 186곡의 공연금지곡을 해제하고 한국방송심의위원회도 500곡의 방송금지곡을 해제함으로써 대중의 곁으로 되돌아올 수 있었다.

이렇게 많은 가수들이 한꺼번에 무대에서 쫓겨난 건 처음

금지곡의 잇따른 발표로 가요계가 어수선하던 1975년 12월 4일, 각 일간지 사회면에는 평소 문화면에서나 보아왔던 낯익은 얼굴과 이름이 큼지막하게 실렸다. '가수 윤형주, 이장희, 이종용 3명이 대마초를 피운 혐의로 12월 3일 구속되었다'는 내용의 기사였다. 그러나 이것은 시작에 불과했다. 12월 5일 김추자, 신중현이 습관성의약품관리법위반 혐의로 구속되고, 12월 6일엔 정훈희, 장현, 손학래, 임창제, 박인수, 김정호 등이 수배되었다는 기사가 실렸다. 한국 대중음악 흐름의 맥을 끊은 사건으로 기록된 '대마초 파동'이 시작된 것이다.

잡혀간 가수들은 다른 대마초 흡연자의 이름을 대라는 물고문 등을 참지 못하고 다른 가수의 이름을 대야 했다. 이수미, 김세환, 이태원, 박광수, 이현 등이 또 붙들려 들어갔다. 1976년 1월 29일 문화공보부 발표에 따르면 1월 20일까지 붙잡힌 대마초 관련 가수, 배우, 연주자 등 연예인은 모두 54명이었다.

이 가운데 윤형주, 이종용, 이장희, 신중현, 김추자 등 20명이 구속되고 장현, 이현 등 11명은 불구속, 정훈희, 이수미, 임희숙 등 10명은 훈방된 것으로 발표되었다. 직업별로는 가수 23명, 배우 3명, 코미디언 2명, 악사 26명 등이었다. 이장희, 김추자, 임창제 등은 벌금형을, 신중현, 윤형주, 박광수 등은 집행유예를 선고받고 수개월 후 풀려났지만 박정희 정권이 유지되는 동안은 금지된 노래를 부를 수도 없었고 방송에 출연할 수도 없었다. 한국의 가요사상 이렇게 많은 가수들이 한꺼번에 무대에서 쫓겨난 것은 처음이었다.

당시는 엄혹했던 유신정권 시절이라 대놓고 말은 못했지만 가수들도 할 말이 많았다. 당시 미 8군 무대에서 노래를 부르거나 연주를 했던 가수들은 소위 '해피 스모크'로 불렸던 대마초를 어렵지 않게 구할 수 있었다. 대마초가 마약이라고 생각하지도 않았다. 1970년에 제정된 습관성의약품관리법에 대마초가 포함된 것도 몰랐고 실제 단속도 없었다. 그런데 이것이 새삼 문제가 되어 굴비 꿰듯 쇠고랑을 찬 것이다.

수개월 후 대마초 파동의 큰 물결은 지나간 듯했으나 쓰나미로 변한 대마초가 1~2년 동안 더 가요계를 휩쓸고 다녔다. 1976년 김도향에 이어 1977년 하남석, 이동원, 채은옥, 조용필 등도 수년 전에 피운 대마초 흡연을 이유로 철창 신세를 졌다.

록과 포크로 대변되던 당시 청년음악의 열매와 가지는 물론 밑둥치까지 자른 이 '문화적 벌목'으로 대중음악계는 대마초 파동 이전과 이후로 뚜렷이 나뉘었다. 도도한 기세로 진군하던 통기타와 록밴드의 울림은 대마초 파동으로 일거에 멈춰섰고, 대신 트로트, 스탠더드 팝 등 복고가 되살아났다. 송대관은 '해뜰날'로 오랜 무명의 설움을 씻었고, 최헌의 '오동잎', 김훈의 '나를 두고 아리랑' 등이 대중의 사랑을 받기 시작했다.

베트남전 종전

보는 이에 따라 감회가 달랐다. 베트남이 망했다는 사람, 통일되었다는 사람 등 제각각이었다.

1973년 1월의 파리평화협정 후 미군이 철수하고 없어도 베트남 정부 내에서는 별다른 위기감이 느껴지지 않았다. 미군이 남기고 간 최신식 무기와 58만 명의 베트남 병력, 여기에 미국과의 방위조약이 시퍼렇게 살아 있어 식량과 물자 부족에 시달리는 북베트남(월맹)이 남침하리라고는 아무도 예상하지 못했다.

북베트남군이 도발하면 조약에 따라 미군이 즉각 개입해 폭격을 재개할 것이고 미국의 북베트남 경제 원조도 중단될 것이며 월등한 베트남군의 기동력과 화력으로 그들의 공세에 맞설 수 있다고 믿고 있었다. 그러나 대다수 베트남인이 느끼지 못했을 뿐 당시 베트남은 밑둥부터 뿌리째 흔들리고 있었다.

베트남의 정치권은 1975년 9월의 대통령 선거를 앞두고 극심한 혼란상을 보이며 끊임없이 분열, 반목, 대립하고 있었고 승려와 학생, 반전운동가와 인권운동가 등은 연일 티우 정권 타도를 외치며 혼란을 부채질하고 있었다. 그들 가운데는 티우 정권의 부정부패와 사리사욕을 참지 못하고 정의감에 길거리로 나온 사람들도 많았지만 베트남 공산당의 사주를 받은 골수 공산주의자들도 적지 않았다. 뇌물, 마약, 매춘, 도박도 전염병처럼 전국을 휩쓸었다.

더욱 심각한 문제는 군대 내 부정부패였다. 58만 명의 군인 중 10만여 명이 뇌물로 비공식 장기휴가를 떠나거나 부유층 자제들은 형식적으로 입대만 하고 바로 외국으로 유학을 떠났다. 이름만 있고 실체가 없는 군인들을 가리켜 '유령 군인', '꽃군인'이라고 불렀다.

이처럼 베트남이 혼란에 빠져 있는 동안 북베트남은 기회만을 엿보고 있었다. 북베트남은 미국의 반응을 시험해볼 겸 1차 목표로 사이공 북방의 한 성을 점령했으나 베트남군의 반격은커녕 미국의 그 어떤 군사적 반응도 없었다. 미국은 북베트남이 파리평화협정을 위반했다고 비난만 할 뿐 철군 당시 남베트남에 약속했던 군사적 지원은 하지 않았다.

미국의 불개입을 확신한 북베트남은 1975년 2월 참모총장 반 티엔 둥 장군과 파리평화조약 당시 북베트남의 협상 당사자인 레 둑 토를 비밀리에 남베트남 중부지역으로 파견해 현지에서 전투를 지휘하도록 했다. 수만 명의 북베트남군도 군사분계선을 피해 라오스·캄보디아 국경과 접해 있는 '호찌민 루트'를 따라 베트남 영내로 잠입했다.

특히 둥 장군의 잠행은 훗날 전설이 되었다. 북베트남의 하노이에서는 둥 장군의 이름으로 계속 메시지가 발신되었고, 하노이 사령부 앞에는 매일 아침 둥 장군의 승용차가 멈춰서는 등 마치 둥 장군이 하노이에 있는 것처럼 꾸며댄 기만전술에 하노이 주재 외국 정보원들은 연일 엉터리 보고서를 본국으로 타전했다.

아무도 눈치채지 못하는 동안 둥 장군은 중부 고원의 반메투오트시(市) 부근 밀림지대에서 북베트남군을 지휘했다. 당시 베트남은 북베트남군이 북위 17도선에 있는 군사분계선을 넘어 공격해 올 것으로 예상하고 북쪽 해안 도시 다낭에 병력을 집결시키고 있었다.

북베트남군은 1975년 3월 10일 오전 2시를 기해 바로 사이공 진격이 가능한 전략 요충지 반메투오트시를 공격해 곧 점령했다. 춘계 대공세였다. 뒤이어 북상해 중부 지역의 남베트남군을 포위하자 티우 대통령은 3월 15일 중부 고원지대를 포기했다. 이 때문에 베트남 영토의 절반이 고스란히 북베트남군으로 넘어갔다.

북베트남군은 여세를 몰아 3월 26일 중부 최대의 거점도시 다낭을 점령하고, 3월 31일에는 세 번째 큰 도시 퀴논까지 함락했다. 이 과정에서 베트남군의 절반이 도주하거나 포로가 되었다. 이를 지켜본 전략가들은 미국의 무모한 1973년 철수를 "역사상 가장 무책임한 행동, 파렴치한 작태"라고 비난했으나 이미 엎질러진 물이었다.

망했다는 사람, 하나가 되었다는 사람이 혼재

4월부터 해안가 주요 거점들을 하나 둘 잠식해 들어간 북베남군은 최종 목적지 사이공으로 모든 병력을 집결시켰다. 18개 사단이 하루 50km씩 강행군하며 사이공으로 접근해 가고 있던 4월 19일 사이공 주재 미 대사관에 본국으로부터 "2주일 안에 철수하라"는 명령이 떨어졌다. 그날 사이공 근처의 가장 큰 공군기지가 4일 동안 집중 포격을 당한 끝에 북베트남군의 수중에 떨어졌다.

4월 21일 이미 모든 재산을 해외로 빼돌린 티우 대통령이 사임을 발표했다. 춘계 대공세가 시작된 지 40여 일 만에 남베트남 대부분의 성이 함락되거나 포위되어 사이공만 고도로 남았다. 당시 사이공에는 10만 명의 베트남군이 있었으나 가동 병력은 고작 3만 명뿐이었고, 그나마 전의도 상실한 상태였다.

사이공 함락은 시간 문제였다. 그런데도 북베트남군은 미국인이 철수할 때까지 공격을 미뤘다. 자칫 미국이 다시 대규모 폭격을 가해올 빌미를 주지 않기 위해서였다. 어차피 끝장난 전쟁에 굳이 미국을 다시 불러들일 필요가 없었다. 북베트남군이 사이공 근교에 펼쳐진 방어선을 무너뜨리자 각국의 대사관들도 철수를 시작했다.

베트남의 주요 도시

티우의 뒤를 이어 두옹 반 민 장군이 대통령에 취임한 4월 28일 아침, 북베트남군이 사이공 빈민가에 몇 발의 로켓포를 발사했다. 철수를 서두르라는 경고의 메시지였다. 북베트남군은 어느덧 1시간 만에 사이공에 닿을 수 있는 지점까지 다가와 있었다. "24시간 내에 항복하라"는 방송이 사이공으로 전해지는 순간 사이공은 무법천지로 빠져들었다.

미국이 수십 척의 전함을 먼 바다에 배치해 철수를 지원하는 가운데 사이공의 주요 건물 옥상에서는 헬리콥터 60여 대가 쉴 새 없이 사람들을 전함으로 실어날랐다. 4월 30일 오전 4시 30분 마틴 미 대사가 떠나고 7시 53분에는 11명의 미 해병대원이 대사관의 성조기를 챙기고 마지막으로 베트남을 떠났다.

북베트남군은 아무런 저항 없이 사이공에 입성했다. 정오경 탱크 1대가 대통령궁을 밀치고 들어가더니 1명의 병사가 발코니로 뛰어올라가 남베트남 임시혁명정부의 깃발을 게양했다. 보는 이에 따라 감회가 달랐다.

망했다는 사람, 하나가 되었다는 사람이 혼재했다.

미국이 참전했던 가장 긴 전쟁인데도 전쟁이라고 부르기를 꺼려했던 미국에게도 베트남전쟁은 비극이었다. 손익계산서는 처참했다. 1,400억 달러(당시 금 1온스가 36달러, 원유 1배럴이 2달러)에 달하는 전비에 5만 7,000명의 젊은이가 이국 땅에서 숨져갔다.

한국대사관 사이공 철수 1975년 3월 북베트남군이 베트남에 대해 총공세를 시작하면서 베트남 전역은 무법천지로 돌변했다. 주베트남 한국대사관도 철수를 준비했다. 대사관 측은 4월 26일 한국에서 파견한 2척의 LST함에 교민들을 실려보낸 뒤 추이를 살피다가 상황이 급박해지자 전원 철수를 결정했다.

4월 28일, 국기를 내리고 통신기기와 비밀서류를 소각했다. 그런데 100여 명의 교민이 빠져나간 뒤 탄손누트 공항이 갑자기 폐쇄되었다. 이 때문에 남아 있는 교민들은 미군 헬기에 의존할 수밖에 없었다. 4월 29일, 교민들이 미 대사관 후문 헬기장으로 몰려갔으나 미 대사관은 이미 몰려든 3,000여 명의 각국 난민들로 북새통을 이루고 있었다.

다행히 미군 헬기가 오후 4시부터 난민들을 부지런히 실어나른 덕에 상당수의 우리 교민도 사이공을 빠져나올 수 있었다. 교민 탈출을 위해 미국 측과 만반의 준비를 다 갖췄다고 판단한 김영관 대사 일행은 오후 6시쯤, 헬기를 타고 미 대사관을 떠났다.

마침내 운명의 날 4월 30일이 밝았다. 밤샘한 일부 교민이 새벽 무렵 헬기로 미 대사관을 벗어나고 마지막 남은 9명의 공관원과 165명의 교민이 가슴을 졸이며 차례를 기다렸다. 그러나 이륙하는 헬기만 보일 뿐 착륙하는 헬기는 보이지 않았다. 미군 헬기는 더 이상 돌아오지 않았고 유일한 생명선도 끊어졌다. 일부 교민은 인근 항구로 가 돈을 주고 배를 빌려 베트남을 탈출했다. 나머지 교민들은 베트남에 갇혔다.

다행히 1년 안에 교민 대부분은 조국으로 돌아왔다. 하지만 이들의 철수를 도왔던 이대용 공사, 서병호·안희완 영사 세 사람은 현지 감옥에서 5년 동안 지옥 같은 날들을 보내야 했다. 북베트남군 심문관들로부터 "북한으로 가겠다는 망명각서를 쓰라"고 수차례 회유와 협박을 받았으나 그때마다 이대용 공사는 "북한으로 압송될 경우 손목 동맥을 끊어 자살하겠다"며 버텼다. 그런 고통을 당하고서야 1980년 4월 12일 마침내 그리던 조국 땅을 밟았다.

빌 게이츠 마이크로소프트 설립

운영체제(OS) 시장에서 빌 게이츠는 강자들을 하나씩 꺾으면서 MS를 세계 최고 기업으로 성장시켰다.

빌 게이츠(1955~)의 신화가 시작된 것은 1974년 12월이었다. 당시 하버드대에 재학 중이던 게이츠는 12월 어느 날 고교 2년 선배 폴 앨런과 함께 하버드 스퀘어를 산책하다가 우연히 신문 가판대에 놓인 '포퓰러 일렉트로닉스'지 1975년 1월호를 보게 되었다. 두 사람의 눈길을 사로잡은 것은 표지에 큼지막하게 소개된 세계 최초의 개인용 컴퓨터 '알테어 8800'의 사진이었다. 빌 게이츠는 "잡지를 읽는 순간 우리가 무엇을 해야 할지 분명해졌다"고 훗날 회고했다.

미국 워싱턴주 시애틀의 부유한 집안에서 태어난 빌 게이츠가 컴퓨터를 처음 접한 것은 시애틀의 사립학교 레이크사이드 스쿨에서였다. 폴 앨런도 고교 때 컴퓨터를 처음 접했다. 두 사람은 이후 컴퓨터에 빠졌고 이런저런 프로그램을 짜 학생 신분으로는 적지 않은 돈을 벌었다. 빌 게이츠는 고교를 휴학하고 앨런은 워싱턴주립대를 중퇴하면서까지 컴퓨터에

빌 게이츠(1955~)

매달렸다. 빌 게이츠는 1973년 가을 하버드대에 진학하고 앨런은 보스턴 근교의 하니웰사에 시스템 엔지니어로 취직했다.

빌 게이츠는 아버지의 뜻에 따라 법대에 진학했지만 법률 공부는 뒷전이었고 컴퓨터에만 정신이 팔려 있었다. 그러던 중 잡지를 통해 우연히 '알테어 8800'을 알게 된 것이다. 두 사람은 미츠(MITS)사가 인텔의 8080칩을 내장해 만든 이 최초의 8비트 PC에 아직 컴퓨터 언어 프로그램이 개발되어 있지 않다는 사실을 알고 8주 만에 알테어용 언어 '베이직'을 완성해 3,000달러를 받고 미츠에 팔았다.

자신감이 생긴 두 사람은 회사 창업을 구상했다. 빌 게이츠는 하버드대를 중퇴하고 1975년 4월 4일 폴 앨런과 함께 뉴멕시코주 앨버커키에서 작고 부드럽다는 의미의 '마이크로소프트(MS)'를 창업했다. 미츠는 알테어 8800의 인기가 식으면서 경쟁력을 잃어 1976년 타사에 매각되었지만 베이직만은 점차 업계 표준으로 자리잡아 게이츠와 앨런의 명성을 높여 주었다.

그 무렵 PC 운영체제(OS)의 절대 강자는 디지털리서치사의 게리 킬달이 만든 'CP/M'이었다. CP/M은 1970년대 후반 사실상 OS의 표준으로 대접받으면서 당대를 풍미했다. 1977년에 발표된 '애플2'도 고유의 운영체제를 자랑하며 무주공산이나 다름없던 PC업계의 정상을 넘보고 있었다.

이런 틈바구니 속에서 빌 게이츠에게 인생 최고의 기회가 찾아온 것은 1980년 7월이었다. 대형컴퓨터 시장의 80%를 장악하고 있던 '컴퓨터 업계의 공룡' IBM이 PC산업에 뛰어들면서 MS사를 OS 제공업체로 선택한 것이다. 사실 IBM으로부터 먼저 제안을 받은 회사는 디지털리서치였다.

그러나 IBM과 디지털리서치 간의 제휴조건이 맞지 않으면서 운명의 여신은 빌 게이츠를 향해 미소를 지었다.

'독점'보다는 '표준'을 장악하려 한 세기적 판단

빌 게이츠는 운영체제를 개발하려 했으나 시간이 촉박했다. 그래서 주목한 것이 시애틀컴퓨터의 팀 패터슨이 CP/M의 안내서를 보고 6주 만에 만든 아주 가벼운 운영체제 'Q-DOS'였다. MS는 5만 달러를 주고 Q-DOS의 모든 권리를 사들여 이것을 기초로 'PC-DOS'(MS-DOS의 전신)를 개발한 뒤 IBM에 넘겨주었다.

MS는 OS의 기술은 IBM에 공여하되 소유권은 넘겨주지 않는 전략을 취했다. 즉 IBM PC가 아닌 다른 컴퓨터에서도 호환이 가능한 오픈(개방형) 시스템을 고집한 것인데 이는 장차 개인용 PC가 세상을 장악할 것을 예상하고 '독점'보다는 '표준'을 장악하려 한 세기적 판단이었다.

반면 IBM은 대형컴퓨터 분야에서 난공불락의 요새를 구축했다고 과신한 나머지 빌 게이츠의 계산을 간파하지 못했다. 기술력이 좋은 것은 알고 있었지만 직원 수 15명에 불과한 MS가 설마 자신을 잡아먹을 '아기 사자'라는 사실을 전혀 눈치채지 못한 것이다.

누구도 미래가 어떻게 전개될지 모르는 상황에서 IBM은 1981년 8월 12일 인텔의 16비트 칩인 8088에 MS가 개발한 PC-DOS를 장착해 만든 IBM 최초의 개인용 컴퓨터를 발표했다. IBM PC는 공전의 히트를 쳤고, MS도 덩달아 높은 수익을 챙겼다. 1980년대 중반 들어 PC 수요가 폭발하고 세계 유수의 컴퓨터 회사들도 MS-DOS를 장착한 IBM 호환기종을 IBM PC보다 저렴한 가격으로 판매하면서 MS-DOS는 연평균 40%의 쾌속 성장을 이어갔다.

MS가 MS-DOS로 비록 뜨기는 했지만 IBM에는 여러 하청 업체 중 하나일 뿐이었다. 그래서 IBM은 MS를 얕잡아보고 MS가 독식하고 있는 운영체제 시장을 빼앗기 위해 새로운 운영체제 'OS/2'의 개발을 시작했다. 반면 빌 게이츠는 IBM의 눈 밖에 날 것을 우려해 OS/2 개발에는 참여하면서도 DOS의 후속작인 윈도를 독자적으로 개발했다. IBM의 몸집이 워낙 크다 보니 OS/2의 개발은 더딘 반면 윈도 개발은 빠르게 진행되었다.

빌 게이츠는 프로그램 창이 여럿 뜨고 마우스로 창과 창을 오가는 애플의 매킨토시에서도 신선한 충격을 받았지만 결정적으로는 PC용 운영체제 중에서 가장 먼저 GUI(그래픽 유저 인터페이스)를 사용한 비지코프사 '비지온'에서 아이디어를 땄다. 1985년 11월 윈도 1.0이 발표되었을 때 애플은 "윈도가 매킨토시를 베꼈다"고 공격했고 MS는 "창조적 모방"이라고 맞섰다.

'컴퓨터 업계의 불량배' 악평도 적지 않아

애플과 MS가 틀어진 가운데 1987년 IBM이 마침내 OS/2의 모습을 드러냈다. MS도 1990년 5월 GUI를 특징으로 하는 윈도3.0을 내놓았다. 그때를 기점으로 컴퓨터 시장의 주도권은 하드웨어에서 소프트웨어 쪽으로 넘어갔으며, PC에 관한 한 IBM과 MS의 주종관계는 사실상 뒤바뀌어 있었다. 1995년 출시된 윈도95 이후 승부는 사실상 끝이 났고 MS는 명실상부한 PC 운영체제의 대표주자가 되었다.

MS의 성공은 일차적으로 기술의 우수성과 IBM의 오판에 기인한 것이지만, 그에 못지않게 미래를 예측하는 본능적인 감각과 승부 근성으로 경쟁업체를 무자비하게 공략한 게이츠의 사업 수완이 큰 몫을 했다. 이 때문에 빌 게이츠에게는 "80대의 안목과 10대의 정열을 가진 사람"이라는 찬사와 더불어 "컴퓨터 업계의 불량배"라는 악평도 적지 않았다.

가장 부정적인 인상을 심어준 것은 웹브라우저 '넷스케이프 내비게이터'를 쫓아낸 일이다. MS는 윈도95를 내놓고 2개월 뒤인 1995년 10월 자사의 웹브라우저인 익스플로러를 내놓았다. MS는 윈도95에 익스플로러를 끼워팔면서 협력업체에는 넷스케이프를 쓰지 말도록 압력을 가했다.

이 공격으로 1996년 12월 86%였던 넷스케이프의 시장 점유율은 하향곡선을 그렸고, 익스플로러는 1998년 2월 마침내 넷스케이프를 제치고 선두로 올라섰다. 넷스케이프는 1998년 11월 AOL에 인수되면서 화려했던 행진을 마감했고 빌 게이츠는 IBM과의 전쟁에 이어 다시 한번 승리의 기쁨을 맛보게 되었다.

운영체제 시장에서 벌인 CP/M과의 싸움, 컴퓨터 왕국인 IBM과의 승부 그리고 넷스케이프와의 힘 겨루기에서 빌 게이츠는 이들 강자들을 하나씩 꺾으면서 MS를 세계 최고 기업으로 성장시켰다. 대신 감수해야 했던 것은 MS는 '악의 제국', 빌 게이츠는 그 '수괴'라는 오명이었다.

정보제국을 구축한다는 비난과 정보 독점을 우려한 미 정부의 견제에도 불구하고 빌 게이츠는 '정보산업계의 칭기즈칸'이라는 별명답게 사업을 확장해 1995년부터 2007년까지 '포브스'가 선정한 '세계에서 가장 부유한 인물' 리스트 최상단에 연속 이름을 올렸다.

빌 게이츠는 반독점 소송이 한창이던 2000년 1월 친구인 스티브 발머에게 CEO 자리를 넘겨주고 주로 자문 역할을 하다가 2008년 6월, 33년간 이끌어오던 MS를 떠났다. 이후 빌 게이츠의 삶은 전과는 사뭇 달랐다. 2000년 자신과 부인 이름을 따 설립한 '빌&멀린다 게이츠 재단'을 기반으로 세계 최대 자선사업가로 활동하고 있다.

미국의 '아폴로'와 소련의 '소유즈' 도킹 성공

44시간 동안 공동생활을 하고 양국 국기와 기념메달 등을 교환하며 영원한 우정을 약속했다.

1965년 3월 18일 소련의 보스호트 2호가 우주로 발사되었다. 26시간 동안 지구를 17번 회전한 2인승 보스호트 2호가 소련 상공을 두 번째 통과할 때 우주비행사 알렉세이 레오노프가 우주선에서 빠져나와 우주공간에서 10분간 유영함으로써 그는 세계 최초로 우주를 유영한 우주인이 되었다. 전 세계는 4.6m 길이의 밧줄로 자신을 우주선에 연결한 채 강력한 태양열로부터 보호하기 위해 특별장비를 갖춘 우주복을 입고 우주 유영을 하는 레오노프를 TV로 지켜보며 열광했다.

그 무렵 미국의 우주비행사들도 우주 유영 훈련에 열중하고 있었다. 미국은 우주 유영이 충분히 가능한 상태였지만 안전 위주의 정책 때문에 결국 우주 유영 최초 기록을 소련에 넘겨주어야 했다.

6월 3일 미국도 우주비행사 에드워드 화이트와 제임스 맥디비트를 태운 2인승 제미니 4호를 발사했다. 화이트는 미국 최초로 21분간 우주를 유영을 하는 기쁨을 맛보았다. 소련의 레오노프 소령보다 3개월 늦긴 했으나 1965년 4월 발사된 통신위성 얼리버드 덕분에 지구에서는 더욱 많은 사람이 생생하게 이 광경을 TV로 시청했다.

역사적인 우주 유영을 마친 그에게 통제센터로부터 "제미니 4호로 돌아가라"는 지시가 떨어졌을 때 "인생에서 가장 슬픈 순간"이라고 털어놓은 화이트의 푸념은 얼리버드 통신위성을 통해 전 세계에 생생하게 전달되었다. 화이트는 지구에 무사히 돌아왔으나 18개월 후 아폴로 1호 발사 훈련 도중 사망했다.

'제미니 프로젝트'의 임무는 '머큐리 프로젝트'가 끝나고 아폴로호의 첫 비행이 시작되기까지의 공백 기간인 2년 동안 달 착륙에 필요한 여러 난제를 해결하는 것이었다. 그중 가장 중요한 임무가 아폴로의 달 착륙을 위해 우주선의 랑데부와 도킹을 성공시키는 일이었다.

도킹은 우주에서 두 우주선을 결합하는 기술이고 랑데부는 도킹을 위해 두 우주선의 상대속도를 0으로 일치시켜 두 우주선이 도킹할 수 있도록 위치와 방향을 맞추는 기술이다. 랑데부와 도킹이 이루어진다면 거대한 로켓이 천체에 직접 이·착륙할 필요가 없고 궤도상에서 연료를 공급하는 것이 가능해지기 때문에 반드시 확보해야 할 필수기술이다.

랑데부·도킹 기술은 미국이 앞서

미·소 양국은 랑데부와 도킹에서도 경쟁을 벌였으나 이 분야에서만큼은 미국이 앞섰다. 미국의 첫 랑데부 실험은 아틀라스 로켓 상단에 아제나 로켓을 붙여 발사한 후 이것을 제미니 6호의 랑데부 대상으로 삼는 것이었다. 그러나 아틀라스 로켓에 실려 날아올라간 아제나가 로켓과 분리되자마자 폭발해버려 결국 우주에서 아제나와 결합하려던 제미니 6호의 발사는 취소되었고, 비행은 무기한 연기되었다. 그러다가 해결책으로 나온 것이 유인 우주선인 제미니 7호와 6A호를 연속으로 발사해 처음 발사된 것을 랑데부 대상으로 삼도록 하자는 안이었다.

랑데부는 1965년 12월 15일 미국 우주선 제미니 6A호가, 11일 전인 12월 4일 먼저 발사되어 지구 위를 돌고 있는 제미니 7호를 쫓으면서 시작되었다. 6A호가 발사되었을 때 7호는 지구로부터 근거리 160km, 원거리 328km의 타원궤도를 돌며 320km 떨어진 지점을 지나고 있었다. 랑데부는 두 우주선이 시속 2만 8,136km 속도로 궤도를 선회하고 있을 때 태평양 마리아나 군도 위 약 297km 상공에서 이뤄졌다.

오후 8시 34분, 마침내 두 우주선이 상대 우주선을 옆에서 바라볼 수 있게 되었고 이후 6시간 동안 0.3~90m의 간격을 유지한 채 지구를 2바퀴 돌았다. 제미니 6A호는 랑데부 시도가 성공했다는 점을 확인한 뒤 지구로 개선했고, 7호는 3일 동안 더 우주에 머물러 330시간의 우주 체재 기록을 세웠다.

이로써 인간의 우주 탐험은 또 하나의 벽을 넘게 되었고, 미국은 스푸트니크(최초 인공위성)와 유리 가가린(최초 우주비행사)에 밀려 한껏 구겨진 자존심을 회복할 수 있었다.

1966년 3월 16일, 닐 암스트롱과 데이비드 스콧을 태운 미국의 2인승 우주선 제미니 8호가 41분 전에 발사되어 지구궤도를 돌던 무인위성 아제나 로케트에 세계 최초로 도킹하는 데 성공함으로써 미국의 달착륙 프로젝트는 속도를 더했다. 당초 제미니 8호에 부여된 임무는 두 가지였다. 하나는 도킹이었고 다른 하나는 우주 유영이었다.

도킹을 위해 제미니 8호와 아제나의 거리가 46m까지 접근하는 데 5시간 43분이 소요되었다. 36분 후 지상 통제센터에서 "도킹하라"는 명령이 떨어졌고, 뒤이어 암스트롱이 "도킹했다. 순조로웠다. 진동조차 전혀 느끼지 못했다"고 응답했다. 그러나 시간이 갈수록 흔들림이 심해져 두 비행사는 위험을 피해 도킹을 해제했다. 이 때문에 스콧의 우주 유영은 취소되었다.

제미니 6A호·7호의 랑데부 성공에 이은 제미니 8호의 도킹 성공은 미국이 소련의 우주 기술을 앞지르는 분수령이 되었고 우주 개발에도 새로운 전기가 되었다. 1963년부터 1966년까지 총 12회 발사된 '제미니 프로젝트'에는 모두 16명의 비행사가 동원되고 11억 달러가 소요되었다.

미·소 우주 라이벌 간의 도킹이 계획된 것은 1972년 5월 닉슨이 소련을 방문했을 때였다. 양국 정상은 우주에서 사고가 났을 때 서로 구조 활동이 필요하다는 이유로 도킹 프로젝트를 성사시켰지만 상대국의 로켓기술을 파악하기 위한 속셈도 깔려 있었다. 프로젝트 합의 후 번호가 없는 아폴로(미국)와 소유즈19호(소련)가 도킹 기종으로 결정되었다. 미국은 토머스 스태퍼드 선장과 도널드 슬레이턴, 밴스 브랜드를, 소련은 알렉세이 레오노프 선장과 발레리 쿠바소프를 비행사로 선발했다.

소련의 레오노프는 1965년 세계 최초로 우주 유영을 했던 비행사이고 미국의 스태퍼드 선장은 같은 해 제미니 6A로 세계 최초의 랑데부를 성공시킨 베테랑 비행사였다. 스태퍼드는 도킹을 위한 우주 비행에 앞서 소련 측 레오노프와 계급을 맞추기 위해 준장으로 승진했다.

대서양 상공에서 도킹에 성공

두 선장은 매일 전용 핫라인을 통해 대화를 나누며 친밀감을 쌓았다. 도킹 후 스태퍼드는 러시아어로, 레오노프는 영어로 말해야 했기 때문에 각각 1,000시간 동안 상대국의 언어를 익혔고, 양국에서 각각 8회씩 총 16회 만났다.

발사에 앞서 미국과 소련 모두 긴장했다. 소련은 14년 역사의 우주 비행에서 발사일과 발사시간을 사전 공개한 것은 그때가 처음이기 때문이었고, 미국은 발사 1주일 전부터 매일 밤 천둥번개가 몰아쳐 자칫 발사를 연기해야 할지도 모른다는 우려 때문이었다. 누가 먼저 발사할 것인가를 두고 논란이 있었으나 결국 소련이 먼저 발사하기로 합의해 소유즈 19호는 아폴로호보다 7시간 30분 먼저 발사되었다.

미국의 토머스 스태퍼드(위)와 소련의 알렉세이 레오노프

도킹에 앞서 아폴로는 소유즈보다 55km 아래쪽 궤도를 돌면서 거리를 좁히고 44시간 동안 도킹을 준비했다. 아폴로보

다 기동성이 떨어지고 덩치가 작은 소유즈는 대기 자세를 취했고, 아폴로는 도킹에 필요한 궤도와 속도를 유지하며 도킹을 준비했다. 그리고 마침내 1975년 7월 17일 16시 19분(UTC · 세계시), 아폴로호와 소유즈 19호가 포르투갈로부터 1,000km 떨어진 대서양 상공에서 도킹에 성공했다.

도킹 3시간 후, 스태퍼드가 아폴로 해치를 열고 유영하며 소유즈로 옮겨 탔다. 사상 최초로 양국의 비행사가 우주에서 악수를 교환했을 때 두 우주선은 영국을 지나 프랑스 상공을 지나고 있었다.

양국 비행사들은 44시간 동안 공동생활을 하고 양국 국기와 기념메달 등을 교환하며 영원한 우정을 약속했다. 양국 비행사들이 4차례나 상대국 우주선에 옮겨타 활동하는 모습은 전 세계에 TV로 생중계되었다. 7월 19일 15시 26분(세계시) 두 번째 도킹까지 성공시킨 뒤 소유즈는 6일에 걸친 비행을 끝내고 카자흐스탄에 착륙했고, 아폴로는 궤도 위에서 3일간 더 머물며 빙산을 관찰하고 지질판에 의한 지진 발생이라는 새로운 학설을 검증하는 등의 연구과제를 수행하다 지구로 귀환했다. 총 도킹 시간은 1일 23시간 7분 3초였다.

스페인 후안 카를로스 1세 즉위

신질서 확립을 자신에게 주어진 역사적 책무로 인식했다.

36년 동안 스페인을 철권통치해 온 프란시스코 프랑코(1892~1975)가 죽고 이틀이 지난 1975년 11월 22일, 후안 카를로스 1세(1938~)가 스페인의 국왕으로 즉위했다. 국민은 왕정이 무너진 지 44년 만에 부활한 새 국왕의 등장을 반기면서도 한편으로는 불안한 기색을 떨치지 못했다. 37세의 젊은 국왕이 프랑코가 촘촘하게 쳐놓은 구질서를 들어내고 신질서를 세울 의지와 용기가 있는지를 확신할 수 없었기 때문이다.

구질서를 수호하려는 친프랑코 세력이 여전히 요직을 차지하고 있고, 카를로스의 즉위도 프랑코의 절대적인 신임과 지원으로 이루어졌다는 점에서 카를로스 1세가 어떤 노선을 추구할지가 불분명했던 것이다. 프랑코 체제를 유지할 것인지 아니면 자유화·민주화의 길을 선택할 것인지, 바야흐로 스페인 앞에는 갈림길이 놓여있었다.

후안 카를로스 1세(1938~)

이런 상황에서 카를로스는 곧 전개될 정파 간의 정치적 소용돌이를 무난하게 해결하고 국가에 새로운 활기를 불어넣어줄 신질서 확립을 자신에게 주어진 역사적 책무로 인식했다.

1931년 스페인의 왕정이 무너지고 제2공화정이 들어섰을 때 카를로스 1세의 할아버지이자 무너진 왕정의 마지막 왕이었던 알폰소 13세는 프랑스로 망명했다. 그가 로마로 거처를 옮겨 그곳에서 복권운동을 펼치는 동안 프랑코는 스페인 내전(1936~1939)의 승자가 되어 1인 지배체제를 확고히 했다. 내전 후 프랑코는 알폰소 13세를 복위시키려 했으나 국왕은 고국으로 돌아가지 않고 로마에서 생을 마쳤다.

1938년 로마에서 태어난 카를로스가 스페인 땅을 밟은 것은 10세 때인 1948년이었다. 카를로스의 일과는 후계교육을 시키려는 프랑코의 각본대로 진행되었고, 결혼도 프랑코의 뜻에 따랐다. 1969년 7월에는 프랑코에 의해 사후의 공식 후계자로 지명되었다.

1975년 프랑코 사후 왕위에 오르게 된 카를로스는 프랑코 밑에서 마지막 총리를 지낸 아리아스 나바로에게 새 정부를 구성하도록 했다. 그러나 나바로 내각이 좌우의 화합은커녕 오히려 대립만 증폭시켜 카를로스는 1976년 7월 젊고 능력 있는 민주중도연합의 아돌포 수아레스를 총리로 임명했다.

수아레스는 41년 만에 치러진 1977년 6월의 총선에서 승리하고, 국민의 압도적인 지지를 바탕으로 1978년 신헌법을 통과시켜 새 술을 새 부대에 담을 준비를 했다. 수아레스는 정치범 석방, 공안 재판부 폐지, 바스크·카탈루냐 지방의 부분적 자치 허용 등의 조치를 취하며 점진적으로 민주화를 추진했다. 공산당까지 합법화해 좌우공존을 가능케 하는 화합의 장을 마련했다.

"내 시체를 넘고 가라"

스페인에 민주주의가 착근될 무렵, 카를로스에게도 시련이 닥쳤다. 1981년 2월 23일 오후5시, 자동소총으로 무장한 300여 명의 경찰과 민병이 국회로 난입해 각료와 340여 명의 의원을 인질로 삼고 의사당을 점거한 것이다.

비슷한 시각, 일군의 장군들과 장교들이 카를로스 국왕을 찾아가 "바스크 분리주의자들의 테러와 지방분권주의 및 정쟁 등이 스페인의 안보와 독립을 위협한다"며 "국왕이 국회의사당으로 가 보수 장군을 수반으로 한 군사평의회 구성에 지지성명을 발표해달라"고 요청했다.

그러나 국왕은 왕궁을 찾아온 쿠데타 세력들에게 "내 시체를 넘고 가라"고 일갈하며 그들의 계획에 동참할 뜻이 없음을 분명히 했다. 그리고 새벽 1시, 군복 차림으로 TV에 나타나 "폭력으로 민주과정을 방해하려는 자들의 행위와 태도를 용납할 수 없다"며 단호한 입장을 밝힘으로써 기세등등하던 군부 쿠데타는 풍선처럼 터져버렸다. 출동했던 군인들은 부대로 복귀했고 주요 군 장성들은 카를로스에게 충성을 다짐했다.

중대 고비를 넘긴 카를로스가 민주화와 자유화에 박차를 가한 결과, 1982년 10월의 총선에서는 스페인의 전통적 좌익정당인 사회노동당이 승리했다. 1936년 프랑코의 쿠데타가 있기 전 정권을 잡았던 사회주의자들이 46년 만에 다시 정권을 잡은 것이다. 사회노동당은 당헌에서 마르크스주의를 삭제하는 등의 변화를 추구해 4회 연속 집권했다. 집권 기간 유럽연합과 나토에 가입하고 1992년에는 바르셀로나 올림픽도 치렀다.

1996년 국민당이, 2004년 사회노동당이 번갈아 승리함으로써 우에서 좌로, 다시 좌에서 우로 오가는 절차적 민주주의도 완성되었다. 더불어 오랜 독재체제가 낳은 병폐도 민주주의 속으로 녹아들면서 마르크스주의도 프랑코주의도 모두 역사의 유물이 되었다. 좌우 양당의 정치노선은 달랐지만 실용주의적이고 40대의 젊고 유능한 총리가 주도했다는 점에서는 같았다. 이 모두가 든든히 뒤를 받쳐준 카를로스의 탕평정책이 있었기에 가능한 일이었다.

에드워드 윌슨 '사회생물학' 출간

모든 동물의 사회적 행동 대부분은 각 개체에 내장된 유전자들에 의해 통제된다고 설명했다.

에드워드 윌슨(1929~)은 개미에 관한 연구만으로도 일가를 이룬 생물학자다. 여기에 '사회생물학'이라는 새 학문분야를 개척하고, 생물학과 사회과학을 침윤시키는 통찰력으로 진화의 새 장을 연 '생물학의 거두'다.

윌슨은 미국 앨라배마주 버밍햄에서 태어나 아버지의 잦은 전근으로 고교 때까지 16개의 학교를 전전했다. 이로 인해 늘 새로운 환경에 적응해야 했는데 형제까지 없어 자연스럽게 자연을 벗삼게 되었다. 7살에는 낚시를 하다가 물고기 지느러미에 눈이 찔려 오른쪽 시력을 잃었다. 앨라배마대에서 개미에 관한 연구로 생물학 학·석사 과정을 마치고, 1955년 하버드대에서 박사학위를 취득했으며 1956년 하버드대 동물학과 교수로 부임했다.

그가 사회생물학이라는 용어를 처음 사용한 것은 '곤충사회'(1971)라는 책에서였다. 그가 말하는 사회생물학은 인간을 포함한 동물의 행동이 종의 유전적 구성에 의해 불가항력적으로 결정된다는 이론이다. 사회생물학 이론을 체계적으로 정리한 그의 명저는 1975년 '사회생물학-새로운 종합'이라는 이름으로 출간되었다.

윌슨은 무려 2,000개가 넘는 참고문헌과 50만 단어 이상을 사용한 방대한 분량의 이 책에서 새, 사자, 원숭이, 유인원, 인간 등의 번식행동, 서열행동, 협동행동 등을 개체나 집단이 아닌 유전자의 관점에서 분석했다. 그는 인간을 포함해 모든 동물에게서 나타나는 사회적 행동의 대부분은 각 개체에 내장된 유전자들에 의해서 통제된다고 설명했다.

동물들의 이타적 행위에 대해서도 새로운 관점에서 접근했다. 그는 이타적 행위들이 사실상 서로 밀접한 혈연관계를 맺고 있는 동물 집단 속에서만 나타난다는 점에 주목했다. 그리고 비록 자신은 죽지만 결과적으로 자신과 동일한 유전자를 공유하는 다른 개체들에게 더 많은 생존의 기회를 부여한다는 점을 간파했다.

예를 들어 침팬지들은 사냥에서 획득한 먹이를 집단 내의 다른 침팬지들에게 나누어주고, 새는 적의 출현을 처음 발견하면 경고음을 발산해 다른 새들을 보호하는 대신 자신은 희생의 제물이 된다는 것이다.

그는 이런 사실들을 통해 동물의 이타적인 행동조차 오랜 진화의 과정에서 그들의 유전자 속에 각인된 본능적 행동이라고 분석했다. 이는 결국 후손에게 더 많은 자신의 유전자를 전달하기 위한 고도의 전략적 행위라는 것이다. 인간이라고 해서 사회생물학이 제시하는 이론에서 결코 자유로울 수 없다는 그의 주장은 인간 본성에 대한 논쟁을 유발했다.

인간의 도덕적 행동도 유전적 이기심을 충족시키는 행위

윌슨은 1978년 '인간 본성에 대하여'를 출판해 또다시 주목을 끌었다. '인간 본성에 대하여'에서는 사랑, 윤리, 자기희생, 종교 등 인간만이 갖고 있을 법한 특성조차 인류의 진화사를 통해 어떤 방식으로든 번식을 도왔기 때문에 오늘날까지 우리 속에 남아있다는 주장을 폈다. 따라서 인간의 도덕적 행동이란 것도 휴머니즘적 원칙이나 감정과는 아무 상관이 없는 유전적 이기심을 충족시키는 행위라는 것이다.

윌슨의 사회생물학 이론에 따르면, 사람들은 비록 자유 의지를 갖고 자신의 행동을 결정하는 선택을 행사하지만 이런 결정에 관계하는 심리적 발달의 경로는 비록 우리 자신이 아무리 다른 길로 들어서려고 발버둥을 쳐도 우리 몸속에 깃든 유전자들에 의해 어떤 일정한 방향을 지향할 수밖에 없게 된다.

인간 본성에 대한 윌슨의 이런 관점은 1970년대의 시대조류에서 볼 때 대단히 예외적인 관점이었다. 서구사회에서는 20세기 내내 결정론과 환경론 간에 논쟁이 끊이지 않고 있다가 1970년대에는 환경론이 승리를 거둔 것처럼 보였기 때문이다. 인간의 본성을 동물 본성의 연속선상에서 보려는 그의 시도는 본능보다는 학습 혹은 환경을 중시했던 좌파 계열의 지식인들에게 하나의 도발이었다.

에드워드 윌슨(1929~)

하버드대의 동료 교수이면서 신좌파계열인 스티븐 제이 굴드와 리처드 르원틴 등은 인종주의와 나치즘까지 결부시켜 윌슨의 사회생물학이 근거도 없고 정치적으로도 위험하다고 비판했다. 1978년 2월의 미국과학진흥협회 회의장에서는 국제인종차별 반대 회원들이 그에게 물세례를 가하기도 했다.

'인간 본성에 대하여'는 윌슨에게 첫 퓰리처상을 안겨주었다. 윌슨은 1990년에 '개미들'로 두 번째 퓰리처상을 받았다. 문학이나 인문학이 아닌 생물학을 전공하는 과학자가 두 번이나 퓰리처상을 받은 것은 극히 이례적이었다. 1990년에는 스웨덴 과학아카데미가 노벨과학상에서 제외된 분야를 배려하여 시상하는 '크라포르드상'을 받고, 1995년에는 '타임'지가 선정한 20세기 미국 최고의 지식인 25인 중 한 사람으로 선정되었다.

우리나라의 최재천 교수는 "오로지 윌슨 교수의 문하생이 되고자" 1983년 하버드대 대학원 석사과정으로 들어간 그의 후계자다.

프리초프 카프라 '물리학의 도' 출간

현대 물리학의 세계관과 동양적 신비주의 세계관 사이의 유사성을 탐구했다.

19세기 말까지 근대 물리학은 기계론적 세계관이 지배했다. 주관을 철저히 배제한 객관주의가 신봉되고 모든 것이 정량화되었다. 절대공간, 절대시간, 인과율 등 물리학의 주요 개념들도 이 시기에 정립되었다. 그러나 20세기 들어 아인슈타인의 상대성이론과 하이젠베르크의 불확정성 원리의 출현으로 오랫동안 군림해오던 뉴턴의 고전역학에 금이 가기 시작했다.

세계관의 이런 변화를 발판으로 1960년대에 태동한 것이 '신과학 운동'

이다. '신과학'이란 뉴턴식 고전물리학의 인과론적 · 기계론적 결정론으로 세계를 설명하는 대신 우주를 하나의 전체(시스템)로 보고 분석하자는 새로운 패러다임이다. 지구를 하나의 거대한 생명체로 보는 제임스 러브록의 '가이아 이론', 일리야 프리고진의 '복잡성의 과학' 등이 대표적인 신과학의 이론들이다.

프리초프 카프라(1939~)

그중에서도 프리초프 카프라(1939~)는 1970년대 신과학운동의 기수였다. 그는 오스트리아 빈에서 태어나 1966년 빈대에서 물리학 박사학위를 받고 파리와 런던의 몇몇 대학을 거쳐 미국 캘리포니아주립 버클리대의 교수로 부임했다. 그가 신과학운동의 대표주자로 부상한 것은 1975년 '물리학의 도'라는 제목의 책을 영국 런던에서 출간하고부터였다.

카프라는 책의 집필 동기를 서문에서 이렇게 밝히고 있다. "어느 늦여름 오후, 나는 해변에 앉아 파도가 일렁이는 것을 바라보며 내 숨결의 리듬을 느끼고 있었다. … 한 사람의 물리학도로서 나는 주위의 모든 것이 진동하는 분자와 원자로 되어 있으며 그것들은 부단한 상호작용을 거듭하는 입자들로 구성되어 있다는 것을 알고 있었다. 그런데 그 해변에서 그래프나 도표, 수리론을 통해 존재하던 것들이 돌연 싱싱한 생기를 띠게 된 것이다. 수많은 입자들이 창조와 파괴의 율동적인 맥박을 되풀이하며 외계로부터 쏟아져 내려오는 에너지의 폭포를 보았던 것이다."

현대 물리학의 돌파구를 동양사상에서 찾아

카프라는 책에서 현대 물리학의 세계관과 명상·직관을 동력으로 하는 동양적 신비주의 세계관 사이의 유사성을 탐구했다. 그가 보기에 세상을 잘 조립된 하나의 기계처럼 여겼던 뉴턴적 세계관은 아인슈타인의 상대성이론과 하이젠베르크의 불확정성 원리 등 현대물리학의 대발견을 설명해내지 못했다. 그는 데카르트나 뉴턴의 기계론적 세계관에 바탕을 두고 발전한 서양문명이 동양의 직관보다 우수하다는 편견을 불식시키는 한편 막다른 골목에 이른 현대 물리학의 돌파구를 힌두교, 불교, 도교 등 동양의 사상에서 찾았다.

현대 물리학의 이론체계가 이미 고대 동양사상에 점철되어 있다는 카프라의 주장은 서양인은 물론 동양인에게도 큰 충격을 던져주었고, 책은 전 세계 50여 개국에서 100만 부 이상 판매되며 돌풍을 일으켰다.

국내에서도 1979년 3월 '현대물리학과 동양사상'이라는 제목으로 번역되어 6만 부나 팔리며 논쟁거리를 던져주었다. 그동안 고리타분한 유물 정도로 여겨왔던 고대 동양사상에 대해 새로운 관심을 불러일으키고, 서양사상이나 과학에 주눅이 들었던 동양사상이 비록 서양인의 손에 의해서지만 새로운 대접을 받게 된 것이다.

카프라의 사상은 더욱 심화되었다. 특히 '생명의 그늘'(1996)에서는 초기 물리학에 대한 관심을 훌쩍 뛰어넘어 물리, 생물, 생태, 심리학, 인지과학, 복잡성의 과학, 시스템과학, 철학, 종교 등 광범위한 지식을 총동원해 생명의 본질을 파헤쳤다.

생물체의 경우 세포의 성분이 단백질, 아미노산, 핵산 등으로 구성되어 있다는 사실을 밝힌다고 생명의 본질이 드러나는 게 아니라며 이들이 어떤 양태로 상호작용을 하고 어떤 네트워크를 꾸리고 있는가도 함께 밝혀내야만 생명의 본질을 이해할 수 있다고 강조했다.

또한 카프라는 "세계는 근본적으로 상호연결되어 있고 상호의존적인 현상들의 연결망"이라며 데카르트·뉴턴식 패러다임의 '인간중심주의'를 버리고 '심층생태주의'로 인식과 가치를 이전하라고 설파했다.

그런데 이후 하나의 틀로 설명할 수 없는 상당히 다양한 분야까지 신과학 운동임을 자칭하면서 신과학 운동 전체가 불신을 받는 사태가 벌어졌다. 심령 현상의 연구, 기(氣) 에너지의 이용 등 기존의 과학계로서는 선뜻 받아들이기 힘든 신비주의적인 경향들까지 신과학운동이라는 이름으로 포장되고 여기에 텔레파시, 수맥 찾기, 공중 날기, 눈 없이 책 읽기 등까지 신과학 운동임을 자처하는 바람에 주류 과학계로부터 황당하기 그지없는 '사이비과학'이라는 비판이 제기된 것이다.

1976년

현대자동차 국내 최초 고유모델 '포니' 생산
현대건설 사우디 주베일 신항 건설공사 수주
_ *파타니~나라티왓 고속도로 공사*
코리아 게이트
_ *박동선*
양정모 대한민국 건국 후 첫 올림픽 금메달
이청준 '당신들의 천국' 출간
판문점 도끼 만행
피아니스트 백건우와 영화배우 윤정희 결혼
_ *백건우·윤정희 납치 미수*
주은래의 죽음, 1차 천안문 사태, 4인방 체포
모택동 사망
이스라엘 특공대 엔테베 기습작전 성공
남아공의 소웨토 봉기
리처드 도킨스 '이기적 유전자' 출간
에리히 프롬 '소유냐 존재냐' 출간
나디아 코마네치 올림픽 체조 10점 만점 연기
다나카 가쿠에이 '록히드 사건'으로 구속

현대자동차 국내 최초 고유모델 '포니' 생산

원천기술, 내장 설계, 주요 부품 제작 기술 모두 외국에서 들여왔다.

한국 자동차산업의 본격적인 출발은 1955년 8월에 출시된 '시발' 자동차로 거슬러 올라간다. '첫 출발'이라는 의미로 이름 붙여진 '시발(始發)' 자동차는 수공업으로 만들어졌기 때문에 본격적인 자동차산업의 태동으로 보기는 어렵다. 그래도 순수 국내 인력이 직접 조립한 자동차였다는 점에서 그리고 8년간 생산된 3,000여 대가 길거리를 질주했다는 점에서 의미가 없지는 않다.

1962년 8월부터 생산을 시작해 '시발'차의 문을 닫게 할 정도로 2년 동안 상종가를 쳤던 '새나라' 자동차는 근대적 생산라인을 갖춘 대규모 조립공장에서 만들어졌다는 점에서 우리나라 자동차산업에 중요한 획을 그었다는 평가를 받고 있다. 그러나 '새나라' 자동차 역시 일본 닛산의 '블루버드' 승용차를 사실상 완제품이나 다름없는 반제품 상태로 들여와 조립했기 때문에 순수 국산 자동차와는 거리가 멀었다.

이후에도 국산 자동차 개발 노력은 거의 없이 외국업체와의 기술제휴에 의한 생산방식으로 진행되었다. 신진자동차는 1966년부터 도요타의 '코로나'를, 아세아자동차는 1970년부터 '피아트124'를 조립·생산했다. 1967년 12월에 설립된 현대자동차도 1968년 11월 포드자동차의 '코티나'를 조립·생산하기 시작해 국내 소형승용차 시장은 3파전으로 전개되었다. 당시 국내 자동차 시장은 연간 2만 대에 불과했다. 따라서 현대자동차의 정주영 회장이 독자 개발을 모색한 것은 내수보다는 수출을 위한 포석이었다.

토리노 국제자동차박람회에 출품된 포니 자동차

현대자동차는 신차 생산을 위해 1970년 5월 포드자동차와 합작 계약을 체결했지만 포드자동차가 합작공장 설립을 차일피일 미루는 바람에 포드와의 합작회사 설립은 1973년 1월 결국 무산되었다.

현대는 국내 최초로 고유모델을 개발하는 쪽으로 방향을 틀었다. 그러나 고유모델을 개발하려면 엄청난 자금이 드는데다 5만 대를 팔아야 겨우 본전이기 때문에 사내외에서 고유모델 개발을 반대하는 목소리가 적지 않았다. 그렇다고 뜻을 굽힐 정주영 회장이 아니었다.

원천기술 문제는 1973년 9월 엔진을 비롯 주요 부품을 들여오기로 일본의 미쓰비시와 기술협조 계약을 체결하는 것으로 풀었다. 외형과 내장 설계에 관해서는 당시 세계 자동차 디자인계를 주도하던 이탈리아의 이탈디자인사와 계약을 맺고, 엑셀러레이터와 트랜스미션 등 주요 부품 제작 기술은 영국으로부터 들여왔다.

세계에서 16번째, 아시아에서 2번째 자동차 고유모델

현대는 1974년 7월 연간 생산능력 5만 6,000대 규모의 자동차공장을 울산에 착공한 뒤 프로토타입으로 제작한 차에 '포니'라는 이름을 붙여 1974년 10월 제55회 토리노 국제자동차박람회에 출품했다. 독자적인 설계기술은 아니었지만 '포니'는 우리나라를 세계에서 16번째, 아시아에서 일본에 이어 2번째 자동차 고유모델을 가진 자동차 생산국으로 만들었다.

1975년 12월 1일 마침내 자동차공장이 준공됨으로써 우리나라는 고유모델 차를 생산하는 자동차 생산국으로 발돋움했다. 현대는 1976년 1월부터 울산시 현대자동차 제1공장에서 본격 생산에 들어가 2월 29일 한국자동차의 첫 고유모델 '포니'를 처음 출고했다. 가격은 각각 227만 원(자가용), 204만 원(영업용)이었다. 서울 흑석동의 기와집(82.6㎡) 한 채 가격이 250~350만 원일 때였다.

당시는 기아의 '브리사'가 시장 점유율 55.5%를 차지하며 절대 강자로 군림하고 있었으나 '포니'의 등장으로 '브리사'의 아성은 1년을 조금 넘기다 무너졌다. 브리사는 일본 마쓰다의 '패밀리아' 보디를 기초로 국산 엔진을 얹어 1974년 10월부터 국내 최초의 일관공정 시스템을 통해 생산을 시작했다. 국산화율은 개발 초기의 포니보다도 높았다.

'포니'는 1976년 한 해 동안 국내에서 1만 726대(점유율 43.6%)를 판매해 소형승용차 시장에서 부동의 1위를 차지하고, 1982년 '포니2'로 진화하는 등의 변신을 거쳐 1990년 1월까지 명맥을 유지했다. 1987년 8월 전국에 등록된 77만 5,900대의 자동차 가운데 50%나 되는 37만 6,000대가 포니 계열(포니1, 2, 왜건)의 자동차인 것으로 조사되어 최전성기를 구가했다.

1987년 미국 전체 수입 소형차 판매 1위

포니는 출시 수개월 만에 해외로도 수출되었다. 1976년 6월 에콰도르에 6대를 수출한 것을 시작으로 1976년 한 해 동안 4개국에 1,019대를 팔아 257만 달러의 수출실적을 올렸다.

포니가 세계 최대인 미국 시장에 처음 상륙한 것은 1986년 2월이었다. 자동차 값은 4,995달러였다. 포니는 1986년 16만 8,000대, 1987년 26만 3,000대를 미국에서 팔아 1987년 미국 전체 수입 소형차 판매 1위를 기록할 정도로 돌풍을 일으키며 한국차의 경쟁력을 세계에 과시했다. 하지만 낮은 품질과 서비스 등으로 점차 미국 소비자의 신뢰를 잃으면서 하향

곡선을 그렸다. 이후 포니는 세계 자동차시장에서 조롱을 받았다. 정비망을 구축하지 못하고 품질관리도 엉망이기 때문이었다. 이 때문에 세계 자동차업계의 대형화가 세계적인 흐름으로 인식되고 있을 때는 위기론에 시달리기도 했다.

현대자동차는 글로벌 경쟁력은 없었지만 국내에서는 여전히 선두주자였다. 그랜저(1986), 쏘나타(1988), 엘란트라·스쿠프(1990), 쏘나타2(1993), 엑센트(1994), 아반떼(1995), 아토스(1997) 등을 연이어 생산하고 1991년 한국 최초로 알파엔진을 독자 개발했으며 1996년 남양종합기술연구소를 준공했다.

현대차가 글로벌 시장에서 기존의 이미지를 뒤집는 기반을 마련한 것은 1998년 12월 기아차를 인수하고 나서였다. 기아차와 현대차를 합쳐 연매출이 20조나 되어 규모의 경제가 실현된 것이다. 글로벌 기업으로 도약하는 결정적 전기가 된 것은 1998년 12월 3일 정몽구의 현대·기아자동차 회장 취임이었다.

정 회장은 취임하자마자 품질경영을 경영철학의 전면으로 내세웠다. 취임 직후 서울 본사에 품질상황실을 만들어 24시간 고객 민원을 받게 했다. 품질이 마음에 들지 않으면 생산라인을 중단하거나 신차 출시 일정을 미루면서까지 품질경영을 다그쳤다.

이후 현대·기아차의 성장속도는 눈부셨다. 정 회장이 취임한 1998년에는 143만 대를 팔아 글로벌 12위였으나 이후 210만 대(1999), 257만 대(2000)를 팔아 글로벌 10위에 오르고 377만 대(2005), 464만 대(2009)를 거쳐 2010년에는 575만 대를 판매해 마침내 글로벌 빅5에 진입했다. 2011년에는 659만 대를 팔아 GM, 폴크스바겐, 도요타, 르노-닛산 얼라이언스에 이어 '빅5' 자리를 굳혔다.

현대건설 사우디 주베일 신항 건설공사 수주

토목 부문의 거의 모든 공정과 건축·전기·설비 부문까지 총동원된 초대형 프로젝트였다.

1970년대 초반까지 국내 건설업체는 베트남전 복구공사나 동남아 시장에서 수백만 달러짜리 도로나 건축공사를 따내는 게 고작이었다. 베트남전이 사실상 끝나고 중동이 유가 급등에 따른 오일 달러를 주체하지 못하고 있던 1973년 6월 삼환기업이 중동 진출의 스타트를 끊은 이래 국내 건설업체들이 너도나도 중동으로 뛰어들었다.

현대건설도 관심은 있었으나 울산조선소 건설에 총력을 기울이고 있어 미루다가 1974년 6월 울산조선소 1단계 공사가 마무리될 즈음 중동 진출을 서둘렀다. 국내에서 경험한 미군 공사가 베트남·동남아 진출을 가능하게 했다면, 동남아 진출은 중동 건설시장 진출의 밑바탕이 되었다.

현대건설은 1965년 우리나라 최초의 해외 건설이었던 태국의 파타니~나라티왓을 잇는 고속도로 공사 수주에 성공하고 베트남에서도 준설공사 경험을 쌓아 해외건설에는 어느 정도의 노하우를 갖추고 있었다. 국내에서도 경부고속도로 등 주요 공사를 수행한 바 있어 건설 분야에서는 어느 정도 자신이 넘쳤지만 그때까지의 공사는 주로 고속도로, 항만 준설, 교량 건축 등에 한정되어 있었다. 국제적 대형공사에 도전하면서 현대건설이 기술적·심리적으로 자신감을 갖고 있던 공사는 울산조선소 정도였다.

현대의 중동 건설시장 진출은 1975년 10월 1억 4,460만 달러에 수주한 바레인의 수리조선소 건설공사로부터 본격적으로 이뤄졌다. 세계 유수의 업체와 치열한 경합 끝에 수주한 이 공사는 그때까지 국내 건설업체가 수주한 해외공사로는 최대 규모였다. 사우디 건설시장에 첫발을 내디딘 것은 1975년 11월 2억 달러 이상의 거금을 받고 수주한 주베일 해군기지 해상공사였다.

현대는 여세를 몰아 당시 20세기 최대 공사로 일컬어지고 있던 사우디의 한 대형공사에 눈독을 들였다. 사우디 동부 유전지대인 주베일 산업지역의 신항 건설공사였다. 육상과 해상에 걸친 토목 부문의 거의 모든 공정과 건축·전기·설비 부문까지가 총동원된 초대형 프로젝트였다. 50만 톤급 유조선 4척을 동시에 접안시킬수 있는 해상 터미널 공사는 선진 건설업체들만이 경험을 갖고 있던 난공사였다. 이 초대형 공사를 수주하기 위해 세계적인 건설업체들이 사우디로 몰려들었다.

수주액은 1975년 우리나라 수출 총액의 17%

사우디는 1975년 12월 10개 입찰후보 업체 가운데 먼저 9개 회사를 선정 발표했다. 그야말로 기라성 같은 업체들이었다. 현대건설 등 나머지 업체들은 마지막 남은 1개 입찰후보를 차지하기 위해 촉각을 세웠다.

결과는 불모의 땅 미포만에 세계적 규모의 대단위 조선소인 울산조선소를 건설사상 최단시일에 준공했다는 기록을 내세우며 경험과 활력을 강조한 현대건설의 차지였다. 진짜 경쟁은 내로라하는 10개 업체에 입찰 자격이 주어진 그때부터였다.

현대건설은 1976년 2월 16일의 입찰식에서 전갑원 상무가 회사 대표로 응찰 가격을 써넣었다. 다른 9개 회사가 컨소시엄까지 해가며 15억 달러 정도로 응찰할 때 전 상무는 9억 3,114만 달러를 써냈다. 현대는 8억 7,000만 달러에 응찰하기로 했는데 전 상무가 응찰 가격이 너무 낮다며 회사방침을 어기고 독단적으로 6,000만 달러를 더 써넣은 것이다.

그런데 기적이 일어났다. 현대가 낙찰을 받은 것이다. 게다가 전 상무 덕에 6,000만 달러나 더 받게 된 겹경사였다. 9억 3,000만 달러는 1975년 우리나라 수출 총액 54억 2,000만 달러의 17%, 1976년 우리나라 예산의 22%나 되는 엄청난 금액이었다.

사우디아라비아 주베일 신항

낙찰 후에도 "그 입찰 가격으로는 절대로 공사를 할 수 없다", "한국은 후진국이고 현대의 기술은 유치하다" 등 경쟁업체들의 방해공작은 그치지 않았다. 실제로 그때까지 현대는 OSTT(외항 유조선 정박 시설)를 한 번도 공사한 적이 없었다. 이런 현대가 30m 깊은 바닷속 암반에 너비 30m의 기초공사를 12km나 한다는 것은 누가 보아도 불가능해 보였다. 콘크리트 소요량은 5톤 트럭으로 20만 대분, 철강 자재만도 1만 톤짜리 선박 12척분이 필요했다.

그러나 현대건설에는 정주영이라는 불도저가 있었다. 정주영은 울산조선소에서 제작한 1,600톤급 해상 크레인과 개당 350톤이나 되는 철구조물을 1만 2,000km나 떨어진 주베일까지 바지선으로 운반해 작업을 했다. 철구조물 하나가 가로 18m, 세로 20m, 높이 36m의 웬만한 10층 빌딩 규모였다. 이 엄청난 철구조물을 평균 1개월에 한 번씩 19번이나 그 험한 파도를 뚫고 왕복한 것이다.

1976년 6월에 공사가 시작된 후 공사 선수금 7억 리얄짜리 현금 수표를 외환은행에 입금했을 때 외환은행장이 정주영에게 전화를 걸었다. "정 회장님, 오늘 현대의 입금으로 외환은행은 은행사상 최고의 외환 보유고를 기록하게 되었습니다."

파타니~나라티왓 고속도로 공사 현대건설은 1963년 7월 베트남 사이공에서 최초의 해외 입찰을 시도했으나 경험 부족과 견적 능력 미숙으로 실패했다. 1965년 8월 태국의 교량공사와 비행장 건설공사에도 잇따라 응찰했으나 역시 고배를 마셨다. 1965년 9월의 세 번째 입찰 시도에서 마침내 파타니~나라티왓 고속도로 공사를 수주함으로써 비로소 해외진출에 성공했다. 우리나라 건설업체의 첫 해외 진출이었다.

이 공사 수주는 선진국 건설업체와의 경쟁에서 이긴 것처럼 보이지만 실은 낮은 입찰가 덕분이었다. 공사 규모는 522만 달러. 한화로 14억 7,900만 원이었다. 2차로 98km를 2년 6개월 만에 끝내야 하는 공사지만 현대건설로서는 그때까지 경험하지 못한 대형공사였다.

고속도로 시공 경험이 전무했던 현대건설이 이처럼 대형공사를 수주할 수 있었던 것은 1960년대 초 국내에서 수행한 다수의 미군 비행장 활주로 공사 경험 덕분이었다.

파타니~나라티왓 고속도로 공사를 위해 우리 기술자와 건설역군 250명이 1965년 12월 29일 현지로 떠날 때 KBS가 김포공항에서 생중계를 했다. 그 정도로 당시 국민적 관심과 기대는 컸다.

공사는 1966년 1월 시작되었으나 순조로울 리 없었다. 먼저 일단 수주부터 하고 보자는 최저가 낙찰에 문제가 있었다. 결국 첫 해외공사는 수지 면에서 2억 8,800만 원의 적자가 나 완전 실패했다. 토질, 기후, 현지의 관습 등 자연적·사회적 악조건도 실패의 원인이었지만 주먹구구식 공법과 시방서를 무시한 적당주의 시공 등 전근대적인 사고방식이 가장 큰 원인이었다.

주먹구구식 공사와 이로 인한 빈번한 시행착오는 공기지연과 공사비 초과 투입을 초래했다. 1967년엔 공사 진척도 부진하고 충분한 대우도 주지 못하다 보니 근로자들이 파업을 벌였다. 임금 인상을 요구하는 근로자들이 폭동을 일으켜 사무실을 습격했을 때 목숨을 걸고 금고를 지킨 이가 이명박이었다. 이때 이후 이명박은 근면과 불도저식 추진력으로 출세가도를 달렸다.

적자를 감수하며 성실하게 공사를 마무리해 태국 정부로부터 깊은 신뢰를 받았다는 사실만이 유일한 위안이었다. 이후에도 태국에서 여러 후속공사를 수주·시공했지만 역시 적자를 면치 못했다. 총 62억 2,970만 원의 공사 물량을 소화하고 중동 진출을 위해 태국을 떠날 때까지 현대는 총 4억 4,000여만 원의 적자를 냈다.

그러나 이 비용은 더 많은 공부를 위한 수업료였고, 이때의 시행착오는 현대건설의 성인식이었다. 주먹구구식으로는 결코 세계 무대에서 통할 수 없다는 사실과 글로벌 스탠더드를 깨우친 귀중한 경험이었다. 이후 현대는 국제 시방서 숙지, 전근대적인 사고방식의 혁신, 장비 개념의 혁신, 노무관리 체제의 정비, 대화를 통한 공사 진행 등으로 여러 공사에서 큰 성과를 거뒀다.

태국 공사의 진정한 의의는 흑자의 유무가 아니라 현대건설이 내실 있는 고속도로 시공업체로 성장하고, 장부상은 적자였지만 사업상으로는 흑자였다는 점이었다. 이때의 경험은 머지않아 현대의 성장에 그대로 녹아들어 국내에서는 경부고속도로와 울산조선소, 베트남을 거쳐 진출한 사우디에서는 주베일 신항 공사 등의 굵직한 공사를 수주하며 승승장구하는 밑거름이 되었다.

코리아 게이트

사건 후 워싱턴에서 더욱 명성이 높아졌다.

해방 후부터 1960년대 후반까지 한미관계는 어느 정도 우여곡절과 갈등은 있었으나 기본적으로 협조와 우호의 관계였다. 그러나 1970년대 들어 곳곳에서 파열음이 들리고 균열이 생겼다. 미국은 박정희 정권의 인권 탄압과 독재정치에 실망했고, 한국은 미국이 한국군 현대화를 지원하겠다던 약속을 지키지 않고 1969년의 닉슨독트린 후 오히려 지상군을 철수하기 시작한 것에 불만이 많았다.

박정희 정부는 이런 양국의 갈등이 미국의 대한 방위공약을 약화시킬 것을 우려했다. 그래서 한국에 대한 비판을 누그러뜨리기 위해 직접 미 의회를 상대로 로비공작에 나섰다. 이 과정에서 폭발한 것이 한미관계를 벼랑까지 몰고 간 '코리아 게이트' 이른바 '박동선 사건'이었다.

사건은 1976년 10월의 워싱턴포스트지 기사를 통해 본격적으로 세상에 알려졌다. 워싱턴포스트는 "FBI와 연방대법원이 박동선과 한국계 공작원이 미 의원 20명 이상에게 금품을 제공한 사실을 조사 중"(10.15), "박 대통령의 지시로 박동선과 중앙정보부 등이 90여 명의 전·현직 의원에게 50만~100만 달러의 뇌물 뿌려"(10.24)라고 상세히 보도했다.

'코리아 게이트' 사건으로 검찰청에 출두하면서 기자들의 질문에 답변하는 박동선(1978.1.13)

이 보도가 있기 전에도 워싱턴포스트는 수차례 박동선에 대해 보도했다. 1975년 3월 17일자에서는 조지타운 클럽을 무대로 한 박동선의 사교활동을 큼직한 사진과 함께 소개했고, 7월 27일에는 '박동선은 수수께끼의 한국인'이라는 제하의 기사를 1면에 게재했다. 그럼에도 당시 모든 것이 순조로웠던 박동선은 보도를 묵살했고 이후 1년 동안은 언론도 비교적 잠잠했다.

하지만 1년이 지난 10월 24일자 워싱턴포스트 보도는 미 정보기관의 수사가 이미 상당 부분 진전되어 있음을 알려주었다. 실제로 보도가 있기 전인 1976년 9월 박동선은 법무부에서 조사를 받았다. 그러나 다음 조사가 있기 전인 10월 6일 미국을 빠져나갔다.

워싱턴포스트가 관련 기사를 연속적으로 터뜨리자 뉴욕타임스를 비롯 다른 언론사들도 뒤질세라 기사를 쏟아냈다. 반면 한국의 신문이나 방송은 정부의 보도 통제로 단 한 줄도 보도하지 못했다. 한국 신문은 12월 28일에야 처음 박동선 사건을 보도했다.

청와대 도청한 미국 향해 되레 큰소리쳐

당시 미국 신문들이 초점을 맞춘 것은 두 가지였다. 하나는 국내에서 장기집권하고 있는 박정희 정권이 밖으로까지 손을 내밀어 미국에 부도덕한 손길을 뻗쳤다는 것이고, 또 하나는 미국의 일부 행정부 관리와 의원들이 불법행위를 저질렀다는 것이었다.

한국 정부는 워싱턴포스트의 첫 보도가 있고 11일이 지나서야 "이 사건은 한국 정부와 관계없는 일이며 박동선이 개인사업을 위해 벌인 로비"라고 발표했다. 물론 해외 통신사만을 상대로 한 발표였다.

한국 정부는 전반적으로 수세에 몰려 제대로 방어하지 못하면서도 한 가지 사실에서만은 미국을 향해 큰소리를 쳤다. 도청이었다. 근거는 1976년 10월 27일자 워싱턴포스트에 실린 "한국 정부는 1971년부터 5년 동안 꾸준히 로비를 벌여왔으며 증거는 미 CIA가 청와대를 도청하는 과정에서 밝혀졌다"는 보도 내용이었다.

도청 보도는 두 가지 점에서 미 정부를 곤혹스럽게 했다. 한국 정부의 로비 사실을 증명하려면 도청 자료를 근거로 내세워야 하는데 그랬다가는 미국의 주권 침해 사실을 인정하는 꼴이 된다는 점이 첫 번째였고, 미 법원이 증거로 인정하지 않는 도청 자료만으로는 박동선의 뇌물 제공 사실을 확인할 수 없다는 점이 두 번째였다.

결국 박동선의 직접 증언이 필수적이라는 사실만 확인된 채 도청문제는 수면 아래로 가라앉았다. 그러던 중 11월 24일 예기치 않은 일이 또다시 터져 한국 정부를 곤혹스럽게 했다. 주미 대사관 참사관으로 근무하던 김상근 중앙정보부 요원이 미국으로 망명한 것이다. 김상근이 FBI에 망명 선물로 제보한 것은 이른바 '백설작전'이라는 박정희 정권의 대미 매수 공작 계획이었다.

박동선의 로비활동이 말썽나자 그를 후퇴시키고 그 대신 김한조라는 재미 사업가를 통해 의회, 언론계, 행정부를 상대로 공작활동을 벌인다는 계획이었다. 김한조는 1953년 미국으로 유학을 떠나 아메리칸대에서 경영학 박사학위를 받고 제약회사 말단 사원으로 시작해 화장품 회사를 설립하는 등 미국에서 성공가도를 달린 기업인이었다. 전성기 때는 직원만 8,000명이나 되었다. 그러다가 조국을 위해 '코리아 게이트' 사건에 연루된 것이다.

미 의회는 윤리위원회를 가동했다. 한미관계 조사권을 위임받은 '프레이저 소위'도 1977년 2월 구성되었다. 프레이저 소위는 4년 전 미국으로 망명한 김형욱 전 중앙정보부장 등 37명의 증인을 출석시켜 20여 회의 청문회를 열었다. 청문회의 핵심은 김형욱과 김상근의 증언이었다. 두 사람은 박 대통령의 가슴에 통한의 못질을 했다. 특히 김형욱은 1977년 6월 22일 프레이저 소위의 청문회 증인으로 출석해 김대중 납치 사건을 비롯 박 정권의 비밀들을 낱낱이 쏟아냈다. 박동선도 한국 중앙정보부의 공작원이라고 증언했다.

미 언론은 유신정부의 약점을 헤집는 김형욱의 증언을 토대로 박정희 정권을 부도덕한 집단으로 몰아세웠다. 김상근의 입에서는 "1974년 9월부터 1975년 6월 사이에 재미 사업가 김한조에게 한 번에 30만 달러씩 두 번에 걸쳐 60만 달러를 전달했다"는 증언이 흘러나왔다.

이제 미국의 주요 관심은 누가 얼마의 뇌물을 받았느냐로 쏠렸다. 그것을 파악하려면 박동선의 증언이 필수적이었다. 1977년 9월 미 의회가 박동선은 뇌물제공과 선거자금 불법제공 등 36가지 혐의로, 김한조는 위증과 매수 음모 2가지 혐의로 기소하면서 한국 정부에 박동선의 소환을 적극 요청했다. 한국 정부는 한동안 박동선의 소환을 거부하다가 면책특권을 조건으로 박동선을 윤리위 증인으로 내세우기로 미 의회와 합의했다.

미 의원들이 놀란 것은 박동선의 폭넓은 지인관계

1978년 2월 26일 다시 미국 땅을 밟은 박동선은 2월 28일부터 비공개로 진행된 미 하원 윤리위 증인석에 앉았다. 박동선을 몰아세울 상대는 특별검사 출신의 재워스키 변호사였다. 닉슨 대통령을 워터게이트 사건으로 물러나게 했던 그의 그물에 걸리면 누구라도 당해내지 못한다는 게 세간의 평이었다.

재워스키는 박동선이 한국 정부의 기관요원이고 미 의원들을 매수하기 위해 뇌물을 주었다는 사실을 자백하도록 온갖 질문을 퍼부었다. 박동선은 노련한 화술로 재워스키의 예봉을 피해나갔다. 다만 32명의 전·현직 의원에게 85만 달러 상당의 선물을 제공했다는 사실만은 인정했다. 하지만 그것은 개인 자격으로 준 것이지 한국 정부의 로비 목적으로 준 것은 아니라는 점을 분명히 했다.

4월 3일부터 이틀간 진행된 공개 증언에서 박동선은 위기에 몰리긴 했으나 기지와 익살로 위기를 모면했다. 증언이 계속될수록 의원들을 놀라게 한 것은 박동선의 로비 사실이 아니라 그의 폭넓은 지인관계였다.

미국의 언론, 의회, FBI에 의한 2년에 걸친 조사와 장장 60시간에 걸친 증언은 결국 이렇다 할 결말을 보지 못하고 끝났다. 박동선은 면책특권을 인정받아 무죄가 되었다. 반면 김한조는 1978년 5월, 징역 3년형에 6개월 복역 후 3년간 집행유예 선고를 받고 2심에서 형이 확정되어 1979년 7월부터 11월까지 4개월 반 동안 형무소 생활을 했다.

조사를 받은 미 의원들 가운데 1명의 전직 하원의원만 실형선고를 받았을 뿐 기소된 의원은 없었다. 1978년 10월 13일 하원 윤리위는 3명의 의원에게 '견책'이라는 가벼운 처벌을 내린 뒤 활동을 마감했다. 상원 윤리위는 10월 16일 보고서를 채택하는 것으로 끝을 맺었다. 프레이저 소위는 11월 한미관계를 정리한 450쪽의 최종보고서를 발표해 "박동선 문제와 관련, 어떤 의원도 징계할 근거가 없다"고 결론을 내렸다. 법적·공식적으로는 1979년 8월 16일 워싱턴의 연방지법이 박동선에 대한 36개 항목에 걸친 기소를 기각한다고 발표함으로써 종결되었다.

엄청날 것 같던 박동선 사건이 이처럼 싱겁게 끝난 것은 1차적으로 박동선의 뛰어난 증언 능력 때문이지만 "가급적 안보 분야는 훼손하지 않는 게 좋다"는 양국의 공감대도 크게 작용했다. 그러나 박동선 사건은 한미관계사에서 양국 정부를 가장 많이 또 오랫동안 괴롭힌 사건으로 기록되었다. 미국의 언론이 연일 맹폭을 가하고 의회가 분노하고 행정부가 비판했으니 한국에 대한 미국인의 인식이 좋을 리 없었다. 미 언론의 무책임한 반한 무드 조성 때문에 재미교포들은 한동안 얼굴을 들지 못했다.

그러나 혈맹관계이면서도 서로 상대방을 잘 몰라 갑작스럽게 튕겨져 나온 '코리아 게이트' 후 한미관계는 질적인 변화를 가져왔다. 미국은 한국이 1950~60년대처럼 호락호락하게 미국의 요구를 수용하는 나라가 아니라는 점을 인식하게 되었고, 한국은 미 의회의 무리한 압력과 미 정부의 주한미군 철수 주장에 실망, 미국의 존재 의미를 다시 한번 숙고하게 되는 계기가 되었다.

박동선 박동선(1935~)은 평북 선천의 부유한 집에서 태어나 1952년 17세 때 도미했다. 시애틀에서 고교를 졸업하고 1956년 조지타운대 외교학과에 입학했다. 훤칠한 체구에 미소 띤 얼굴, 거기에 사근사근 속삭이는 나직한 말씨와 몸에 밴 서구풍의 매너를 갖춘 박동선에게 조지타운대 입학은 도랑에서 놀던 물고기가 넓은 호수를 만난 격이었다.

박동선은 '천부적인 사교가'답게 대학 1학년 때 학년의 리더 격인 대의원에 뽑히고 3학년 때는 이 대학 역사상 처음으로 외국인 출신의 총학생회장에 당선되었다. 미국의 수도 한복판에 있는 대학에서 한국인이 학생회장까지 되었다는 것 자체가 놀라운 일이었다. 박동선은 여세를 몰아 워싱턴지역 한국학생회장과 전국유학생연합회장도 차지했다.

1962년 조지타운대를 졸업한 박동선이 주목한 것은 파티였다. 워싱턴에서 파티는 단순히 먹고 마시는 것이 아니라 비즈니스였고 정치였다. 박동선은 워싱턴에 있는 180평의 목조건물을 20만 달러에 사들였다. 겉모양은 청교도적인 서구풍으로 단장을 하고 내부는 왕궁의 거실을 방불케 하는 호화스런 가구들로 꾸몄으며 한국의 골동품과 그림들로 장식했다.

1965년 설립된 '조지타운 클럽'은 1966년 봄, 존슨 대통령의 딸 루시의 결혼식 예행연습 기념파티를 열고부터 더욱 각광을 받았다. 한번 만나면 몇 개월 몇 년 후에도 반드시 기억해내는 박동선의 비상한 기억력과 수완 덕에 조지타운 클럽은 날로 번창했다.

박동선이 매년 네 번 여는 대만찬회는 워싱턴 사교계의 화젯거리였다. 박동선은 그것으로 만족하지 않았다. 조지타운 클럽에 끼지 못하는 외교관들, 지위가 조금 낮은 사람들, 주머니 사정이 좋지 않은 계층을 위해 또 하나의 궁전인 '조지타운 파이너스 클럽'을 세웠다. 조지타운 클럽에 비해 격조는 약간 낮았지만 팝 음악과 디스코를 즐길 수 있었고 자유스럽게 출입할 수 있으며 비싸지 않았기 때문에 개장 석 달 만에 회원이 2,300명이나 되었다.

박동선이 주목한 것은 파티

박동선은 사교클럽을 운영하면서 미국과 미국인의 생리에 대해 더욱 큰 자신감을 얻었다. 벼락같이 국회의원 20~30명을 불러들이는 실력을 과시하는가 하면 전화 한 통으로 할리우드의 미녀 배우들을 비행기로 날아오게 하는 호기를 부리기도 했다.

박동선은 1967년 미국의 쌀 수입 대리권을 따냈다. 박동선이 쌀 수입권을 따낼 수 있었던 것은 미국의 몇몇 지역구 출신 의원과 한국의 실력자가 지원해 준 덕이었다. 당시 쌀을 생산하는 주를 지역구로 둔 미 의원들에게 쌀은 흉년이 나도 걱정 풍년이 나도 걱정인 골칫거리였다. 안정적인 쌀 수출 루트를 확보한다는 것은 그들 의원에게도 반가운 일이었다. 미 의원들은 한국 정부가 오직 박동선을 통해서만 쌀을 수입하도록 보증해 주었다.

한국에서는 김형욱 중앙정보부장이 힘이 되어 주었다. 물론 조건이 있었다. 쌀 독점수입에서 떨어지는 커미션의 일부로 미국이 한국 정부를 지지하게끔 로비활동 자금에 충당한다는 것이었다. 한미관계를 발칵 뒤집어놓은 코리아 게이트의 시발이었다.

박동선은 1969년부터 1976년까지 미국의 쌀장수들로부터 950만 달러의 커미션을 받았다. 박동선도 인정했듯이 수입 가운데 85만 달러가 32명의 전·현직 의원들에게 건네졌다. '코리아 게이트'를 촉발시킨 워싱턴포스트 보도의 핵심은 박동선의 이런 활동이 박 대통령의 지시하에 이뤄졌다는 것이다. '코리아 게이트' 후 박동선은 워싱턴 로비계에서 더욱 명성이 높아졌다. 로비 대상자를 철저히 보호했고 전방위에 걸친 그의 로비 범위와 능력이 확인되었기 때문이다.

양정모 대한민국 건국 후 첫 올림픽 금메달

교포들은 목이 터져라 "양정모"와 "대한민국 만세"를 외쳤다.

제21회 몬트리올 올림픽의 폐막을 하루 앞둔 1976년 7월 31일 밤, 레슬링 자유형 페더급에 출전한 한국의 양정모(1953~)와 몽골의 강호 제베그 오이도프가 밀고 당기는 대접전을 벌였다. 오이도프는 1974년, 1975년 세계선수권대회에서 연거푸 우승해 가장 강력한 우승 후보였다. 하지만 양정모 역시 1974년 아시안게임에서 오이도프를 물리치고 금메달을 따낸 적이 있어 결코 호락호락한 상대가 아니었다.

양정모는 3라운드 한때 8대 6으로 앞서다가 결국 8대 10으로 역전패했다. 그런데도 3라운드 9분의 경기가 모두 끝나는 순간, 오이도프는 고개를 숙인 반면 양정모는 기쁨에 겨워 어쩔 줄 몰라했다. 비록 마지막 경기에서 패하긴 했으나 7차례의 리그전 성적을 종합한 결과 양정모의 벌점이 가장 적고 그 덕분에 금메달이 자기 것이라는 것을 알고 있었기 때문이다.

선수단 개선 환영대회에서 손을 흔드는 양정모(1976.8.3)

당시 레슬링 경기는 본선에 오른 모든 선수가 리그전을 벌여 벌점이 가장 적은 선수가 우승하는 방식으로 치러졌다. 오이도프는 2차전부터 6차전까지 연전연승했으나 1차전에서 미국의 데이비스에게 판정패를 당해 벌점 3점을 안고 양정모와 대결한 반면, 양정모는 데이비스에게까지 폴승을 거두며 6차전까지 승승장구해 무벌점 상태에서 대결에 임했다. 따라서 마지막 7차전에서 양정모가 폴패나 벌점이 많은 판정패를 당하지만 않으면 금메달은 양정모의 차지였다.

그가 따낸 금메달은 1948년 런던 올림픽에 태극기를 앞세우고 처음 출전한 이후 28년 만에 따낸 대한민국 최초의 금메달이었다. 새 금자탑이 세워지는 순간, 체육관에 있던 500여 명의 교포는 목이 터져라 "양정모"와 "대한민국 만세"를 외쳤다. 누가 먼저랄 것도 없이 애국가를 합창하며 눈물을 흘렸다.

한국시간으로 8월 1일 아침, 흑백TV로 경기를 보던 전국의 국민들도 너나 할 것 없이 환호성을 질렀다. 올림픽 출전 사상 첫 애국가가 연주되는 순간, 시상대 위의 양정모는 감격의 눈물을 흘렸다. 당시 조선일보는 "해방 31년 만의 쾌사요, 건국 28년 만의 개가요, 1948년 런던 올림픽 처녀 출전 이래의 숙망의 달성이요, 1936년 손기정 선수가 베를린 올림픽에서 일장기를 달고 마라톤에서 우승한 이후 실로 40년 만에 맛보는 국민적 감격"이라고 사설을 썼다.

한국은 양정모의 금메달 말고도 유도에서 장은경 선수가 은메달 1개를 보태고 복싱과 레슬링 등에서 동메달 4개를 더해 종합 19위를 차지했다. 특히 여자배구가 구기사상 처음으로 동메달을 획득해 국민들로부터 큰 박수갈채를 받았다.

몬트리올 올림픽 이전까지 한국이 따낸 메달은 1948년 런던 올림픽의 동 2개를 비롯, 1952년 헬싱키 올림픽(동2), 1956년 멜버른 올림픽(은1,

동1), 1960년 로마 올림픽(노메달), 1964년 도쿄 올림픽(은2, 동1), 1968년 멕시코시티 올림픽(은1, 동1)을 거쳐 1972년 뮌헨 올림픽에서 따낸 은메달 1개가 전부였다.

이청준 '당신들의 천국' 출간

이청준의 작품 세계는 하나의 거대한 숲이고 사람에 따라 그 숲에 심어진 나무를 볼 뿐이다.

이청준(1939~2008)은 관념적인 현실 해석과 상징적인 표현을 추구하는 작가다. 지적인 글쓰기를 통해 지식인 소설의 경지를 개척하고 주제의식이 뚜렷하며 폭이 넓다는 평가를 받고 있다. 부단하게 이어지는 1970~1980년대의 정치적 질곡, 한으로 대표되는 전통 정서, 예술적 장인의 세계, 분단의 역사와 신화적 상상력 등을 두루 문학적 도전의 대상으로 삼았다.

그러다 보니 문단 안팎에서는 "그의 작품 세계는 하나의 거대한 숲이고 사람에 따라 그 숲에 심어진 나무를 볼 뿐"이라고 평가한다. 일부에서는 "사람들은 이청준의 다양한 문학 세계 안에서 자신의 방식으로 그를 만나고 기억하고 회고할 뿐"이라고 말하기도 한다.

비평계나 국문학계에서 이청준의 문학을 주제로 한 비평과 연구 글이 많이 나오는 것도, 문학을 꿈꾸는 많은 문학도들이 그의 작품을 주요 텍스트로 삼는 것도, 그만큼 이청준의 문학 세계가 다양하고 형이상학적이기 때문이다. 이청준의 작품량은 방대하다. 장편이 14편, 연작소설을 포함한 중·단편이 130여 편에 이르고 동화·산문집까지 포함하면 단행본으로 30권이나 된다.

이청준은 전남 장흥에서 태어났다. 6살 때 세 살 아래 동생을 홍역으로

이청준(1939~2008)

잃으면서 생애 처음 죽음을 접했다. 반 년 뒤에는 26살의 맏형을 결핵으로 떠나 보내고 이듬해 아버지마저 눈을 감으면서 일찌감치 삶의 비애에 눈을 떴다.

여기에 지독한 가난, 6·25전쟁 때 겪은 잔혹한 죽음들은 그의 정신에 큰 영향을 미쳤다. 초등학교 2~3학년 무렵 이청준은 죽은 맏형의 장서와 독후감, 일기를 탐독하면서 어렴풋이 형을 대신해 글을 써야겠다는 생각을 하게 되었다. 그것이 이청준 문학의 출발이었다.

광주일고를 졸업하고 서울대 독문과에 입학한 해가 4·19혁명이 일어난 1960년이었으니 이청준 역시 4·19세대였다. 그러나 그는 동세대 작가들의 문학적 경향과 차별화된 작품 세계를 구축했다. 4·19세대 작가들이 대체로 자신들이 경험한 현실과 이념 문제를 재연하는 데 관심을 기울인 것과 달리 이청준은 형이상학적, 추상적 방법으로 현실을 문학으로 전화했다. 특히 그는 6·25전쟁과 5·18광주항쟁, 산업화와 도시화 과정에서 우리 사회를 그늘지게 한 고통과 폭력의 문제에 깊은 관심을 가졌다.

그는 시대의 아픔을 문학에 담아내면서도 시대상황이라는 구체적 현실을 넘어 한과 예술, 용서와 영혼 등의 정신세계로 끊임없이 문학적 자리를 옮겨갔다. 본격적으로 작품활동을 시작한 것은 1965년 '사상계'에 실린 단편 '퇴원'이 그해 사상계 신인문학상에 당선되고부터였다.

이청준 문학의 핵심은 은유와 상징

이청준의 대표작은 1976년 5월 25일 문학과지성사에서 출간된 '당신들의 천국'이다. 소설은 나환자들의 집단 거주지인 소록도를 무대로 그 섬의 주민인 나환자들의 이야기를 그렸다. 실제로 소록도병원 원장을 지낸 조창원 씨를 모델로 한 소설 속 주인공 조백헌 대령은 소록도병원 원장 취임 후 열의와 진정성을 갖고 원장 업무를 수행한다.

소록도를 나환자들의 천국으로 꾸미기 위해 원생들의 불만과 요구사항을 듣는 건의함 설치, 섬 운영의 결정권을 행사할 환자들의 장로회 조직, 농토를 확보하기 위한 간척공사 등을 진행한다. 하지만 조백헌의 의욕은 일부 환자의 무관심과 냉대에 부닥친다. 그들은 원장의 의도가 아무리 좋고 그 결과물이 아무리 아름답다 해도 자신들이 비판의 자유를 행사하지 못한다면 그것은 가짜 천국이라고 생각한다.

소설 첫머리에 군복 차림으로 부임하는 조백헌이 박정희 국가재건최고회의 의장을 빗댄 것임은 의심의 여지가 없다. 이청준은 "소록도의 원장이 발표하는 포고문이 10월 유신의 포고문과 단어만 바뀌었을 뿐 내용과 구조가 동일하다"며 "소록도 원장이 '섬에 천국을 건설할 것이니 당신들은 조용히 나를 따르라'고 말하는 것은 박정희 시대의 정치적 프로파간다와 동일하다"고 설명했다. 그러면서도 "은유가 너무 강하다 보니 미학적 구도만 남고 정작 독자에게 전하려 했던 메시지가 실종된 것이 아닌가 하는 아쉬움이 남는다"고 털어놓았다.

이처럼 이청준 문학의 핵심은 은유와 상징이다. 자신의 문학이 주로 형이상학적으로 흐른 것에 대해서는 군사독재와 사회의 온갖 모순과 부조리에 대항하고 새로운 가치를 찾기에는 자신이 너무 겁이 많았기 때문에 수면 아래 깊이 잠수하여 메타포(은유)의 기포를 수면 위로 띄워 보내는 방식으로 사회적 책임을 다하려 했다고 말했다. 그러면서도 그는 1980년대 문학을 풍미한 민중주의의 도구적 인간과는 거리를 두었음을 분명히 했다.

이청준은 우리 문학을 대표하는 상이란 상은 모두 받았다. 영화로 만

들어진 작품도 많다. 김수용 감독의 '시발점'(1969), 정진우의 '석화촌'(1972), 김기영의 '이어도'(1977), 이장호의 '낮은 데로 임하소서'(1982)는 물론 임권택 감독의 '서편제'(1993)와 '축제'(1996), '천년학'(2007), 그리고 이창동 감독의 '밀양'(2007) 등 8편이 그의 작품을 원작으로 삼거나 각색한 영화들이다. 특히 '남도 사람'(1976)을 영화화한 '서편제'는 판소리를 비롯 우리 전통음악에 대한 관심을 크게 높이는 계기가 되었다.

판문점 도끼 만행

때로는 강경한 대응이 가장 효과적인 해법이라는 사실을 확인시켜준 사건이었다.

1976년 8월 18일 오전 10시 45분쯤, 판문점 공동경비구역 유엔군 측 제3초소 앞에서 한국인 노무자 5명이 미루나무 가지를 치고 있었다. 현장에는 작업자들을 보호·감독하는 미군 장교 2명과 사병 4명, 한국군 장교 1명과 사병 4명 등 모두 11명의 유엔군 장병이 있었다.

그때 갑자기 2명의 북한군 장교가 10여 명의 북한군과 함께 다가오더니 다짜고짜 "나뭇가지를 치지 말라"며 생트집을 잡았다. 여름철만 되면 무성한 잎이 관측소 시야를 가로막아 온 터라 현장 책임자 아서 보니파스 미군 대위는 북한군의 시비를 무시하고 작업을 강행했다. 보니파스는 3일 후면 1년 기한의 한국 근무를 마치고 미국으로 돌아갈 예정이었다.

잠시 후 북한군 장교의 신호를 받은 30여 명의 북한군이 트럭을 타고 몰려들었다. 손에는 곡괭이와 도끼 등이 들려 있었다. 기세등등해진 북한군 장교가 작업을 중단하라고 다시 요구했으나 보니파스 대위는 여전히 무시하고 작업을 독려했다. 순간 북한군 장교가 "죽여라" 고함을 치면서 보니파스 대위를 쓰러뜨렸다. 그와 동시에 북한군의 곡괭이와 도끼가 어지럽게 춤을 추었다. 순식간에 일어난 일이라 유엔군은 대항할 틈조차 없었다.

판문점 도끼 만행 모습

북한군의 갑작스런 공격에 보니파스 대위와 마크 배럿 중위가 도끼에 맞아 현장에서 즉사하고, 한국군 장교를 포함 나머지 병사 9명도 중경상을 입었다. 북한군은 유엔군 초소까지 부수고는 황급히 북쪽으로 도주했다. 참사 소식을 전해 들은 미국은 긴급회의를 열어 2개 전투비행단을 한국에 급파하고 일본에 있던 항공모함 미드웨이호와 5척의 구축함을 한국 해역에 출동시켰다. 한국군과 주한 미군이 경계태세를 '데프콘 3'으로 높여 비상경계 태세에 돌입하자 북한도 '북풍 1호'를 선포했다. 한반도에 전운이 감돌았다.

"미친개한테는 몽둥이가 필요하다"

미군의 이런 긴박한 움직임과 달리 박정희 대통령의 초기 반응은 냉소적이었다. 1968년 1월에 일어난 북한 공비의 청와대 기습사건과 푸에블로호 사건, 그리고 1969년 4월의 EC-121기 피격사건 때 미국이 보여주었던 실망스러운 모습 때문이었다. 당시 박 대통령은 원산과 청진 폭격을 주장했으나 미국은 무력시위만 할 뿐 아무런 조치를 취하지 않았었다. 도끼 만행 사건 다음날인 8월 19일 박 대통령은 육군 제3사관학교 졸업식에서 "미친개한테는 몽둥이가 필요하다"며 끓어오르는 분노를 드러냈다.

8월 19일 밤 리처드 스틸웰 주한 미군사령관과 유병현 합참본부장이 작전계획을 짰다. 미루나무 절단을 다시 시도하되 북한군이 총격 등 도발행위를 취할 경우 미 제2사단과 한국군이 판문점 군사분계선을 넘어 개성을 점령하고 연백평야까지 진격한다는 계획이었다.

박 대통령과 미 정부가 작전계획을 승인함에 따라 북한군의 태도 여하에 따라 제2의 한국전쟁이 일어날 수도 있는 긴박한 상황이 전개되었다. 작전명은 도끼 하나로 세인트로렌스 강을 파고 미시시피 강에서 로키산맥까지의 나무들을 잘라 대평원을 만들었다는 미국 전설에 나오는 나무꾼의 이름에서 딴 '폴 버니언'이었다.

8월 21일 오전 7시, 64명의 공수부대원과 30명의 경비소대가 곡괭이를 들고 작업을 주시하는 가운데 미 공병대원 16명이 전기톱과 도끼로 미루나무를 베어내기 시작했다. 공수부대원의 방탄조끼 안에는 권총과 수류탄이 숨겨져 있었다.

나무를 절단하는 45분 동안 판문점 주위 상공에는 코브라 공격용 헬기 및 수송용 헬기 수십 대가 선회했다. 더 높은 상공에서는 B-52 전폭기 편대가 필요 시 휴전선 이북의 북한 지역을 공격할 수 있는 만반의 태세를 갖춘 채 감시망을 폈다. 경기도 오산에는 중무장한 F-111 편대가 대기했고, 항공모함 미드웨이호는 동해를 북상하며 북한 해역으로 진입할 태세를 갖췄다. 판문점을 담당하는 군부대에는 그날 새벽에 이미 한 단계 높은 '데프콘 2'가 발령되어 있었다.

나무가 잘려 넘어지는 동안 북한군은 '돌아오지 않는 다리' 북쪽에서 나무가 넘어가는 것을 지켜보았다. 나무가 베어지고 20분 후, 북한 측 대표가 김일성의 친서를 전달하기 위해 미군 측 대표에게 비밀면담을 요청했다. 김일성이 유엔군 사령부에 편지를 쓴 것은 그때가 처음이었다. 유감을 표명한 것이었으나 미국은 사과로 받아들였다.

때로는 힘을 동원한 강경한 대응이 가장 효과적인 해법이라는 사실이 새삼 확인되는 순간이었다. 1953년 휴전 이후 전쟁에 가장 가깝게 다가갔던 1976년의 여름이었다.

피아니스트 백건우와 영화배우 윤정희 결혼

영원한 현역으로 살아가고 있는 두 사람. 누가 늙어감이 추하다고 했는가?

백건우(1946~)의 부모는 음악을 좋아했다. 그가 서울에서 태어날 때 아버지는 음악에 조예가 깊은 영어교사였고 어머니는 피아노를 연주하는 유치원 보모였다. 백건우는 8살 때 '절대 음감'을 지닌 음악적 재주를 인정받고, 10살 때인 1956년 경남콩쿠르에서 1등을 차지해 그 해 서울에서 독주회를 펼쳤다. 12살 때는 국립교향악단과 협연했다.

백건우가 미국 드미트리 미트로폴로스 국제 콩쿠르에 나갈 기회를 얻은 것은 15살 때였다. 주한 미 대사관이 주관한 국내 콩쿠르에서 한국 대표로 선발되자 배재중을 졸업하고 1961년 도미했다. 세계에서 몰려온 실력파들과 경합을 벌여 특별상을 차지하자 그의 재능을 인정한 한 독지가의 도움으로 전액 장학금을 받고 줄리아드 음악학교(1961)와 줄리아드 음대(1965)에 입학했다.

백건우는 25년 후 독지가의 비밀을 알게 되었다. 당시 콩쿠르에서 그가 연습하는 모습을 우연히 지켜본 거장 레너드 번스타인이 콩쿠르 주최 측에 "저 아이를 꼭 도와주라"고 부탁한 것이다.

백건우는 1965년 런던의 나움버그 콩쿠르에서 우승했다. 1969년에는 세계적인 이탈리아 부소니 콩쿠르에서 금상을 수상하고, 미국 레벤트리트 콩쿠르에서 특별상을 받았다. 이처럼 각종 콩쿠르에서 두각을 나타내던 그가 유명세를 타기 시작한 것은 26살이던 1972년이었다.

뉴욕에서 라벨의 피아노 독주곡 전곡을 연주해 유명해지자 뉴욕 카네기홀에서 뉴욕 오케스트라와 협연을 하는 등 저명 연주자와의 협연이 잦아진 것이다. 그러나 백건우는 아직 음악 공부가 덜 되었다는 생각으로 이름을 드러내기보다는 더욱 음악에 몰두하는 생활을 지속했다.

백건우와 윤정희

백건우가 미국에서 활약할 무렵, 전남 광주 태생의 윤정희(1944~)가 1966년 1,200대 1의 경쟁을 뚫고 '청춘극장' 주인공으로 캐스팅되었다. 1967년 1월 1일 국도극장에서 개봉된 '청춘극장'의 상대역은 신성일이었다. 영화는 27만 명의 관객을 동원하며 공전의 히트를 기록했다. 윤정희는 이후 신성일과만 99편의 영화에 출연하는 기이한 인연을 맺었다.

윤정희는 1960~70년대 문희, 남정임과 더불어 국내 영화계의 1세대 트로이카를 형성했다. 데뷔 후 프랑스 파리로 유학을 떠날 때까지 7년 동안 280여 편의 영화에 출연해 '은막의 여왕'이라는 찬사를 들었다. 윤정희는 학구파였다. 우석대 사학과를 졸업하고 1974년 중앙대 대학원에서 한국 최초의 석사 여배우 타이틀을 얻었다.

1972년 뮌헨 올림픽 문화축제 때 한국 영화 '효녀 심청'이 상영되었다. 주연배우인 윤정희는 신상옥 감독과 함께 뮌헨에 갔다. 그런데 뮌헨에서는 유럽에서 활동하고 있는 윤이상의 오페라 '심청'의 세계 초연도 준비되고 있었다. 백건우도 윤이상의 초대를 받아 오페라 '심청'을 보러 갔다. 결국 '심청'이 중매쟁이로 끼어든 두 사람의 만남은 그렇게 시작되었다.

그런데 둘은 서로의 존재를 잘 모르고 있었다. 15살부터 뉴욕에서 살았던 백건우는 한국 영화를 거의 보지 못했고 은막 스타 윤정희 역시 미국에서 활동하던 백건우의 얼굴을 알지 못했다.

영원한 현역

그때의 짧은 만남 후 몇 번의 편지가 오가던 중 백건우가 1974년 파리에 정착했다. 윤정희도 같은 해 인기와 명성을 뒤로한 채 어린 시절부터 꿈꿔온 파리 유학을 감행했다. 두 사람은 파리에서 사랑을 키웠다. 그리고 1976년 3월 14일 파리의 이응로 화백 집에서 조촐하게 결혼식을 올렸다. 그런데 결혼 1년 4개월 만인 1977년 7월 30일 이응로 화백의 부인 박인경이 주도한 납치 미수 사건에 휘말렸다가 가까스로 납북의 고비를 넘기는 불행한 일이 벌어졌다.

백건우가 다시 국내외 음악계의 조명을 받기 시작한 것은 1990년대 들어서였다. 백건우는 프랑스의 3대 음반상 가운데 하나인 디아파종 금상을 1992년과 1993년 연속 수상하고 1993년 '누벨 아카데미 뒤 디스크'에 선정되는 등 유럽의 권위 있는 음반상을 휩쓸었다. 1993년에는 유력 일간지 르 피가로가 선정한 '92 최우수 연주 CD' 두 장 가운데 하나로 선정되었다. 1998년에는 세계 5대 메이저 음반사 중 하나인 BMG의 출반 제의를 받았고 2000년에는 프랑스 정부 예술문화가상 훈장을 받았다.

백건우는 40대 후반 블랙홀처럼 베토벤의 음악에 빠져들어 2005년부터 2007년까지 국내 최초로 베토벤 피아노 소나타 32곡 전곡 연주라는 초대형 프로젝트를 진행했다. 연주는 10장의 CD에 녹음되었다.

윤정희는 파리 3대학에서 12년 동안 영화 관련 학사와 석사과정을 공부하면서도 좋은 작품이 있으면 국내 영화에도 출연했다. 결혼 후 출연한 작품이 20여 편이나 되었다. 그녀는 한때 빛나던 아름다움이 세월의 더께에 가려 버린 여느 배우들과는 달랐다. 50살이던 1994년 '만무방'에 출연해 대종상 여우주연상을 받았으며 2010년에는 66살의 나이로 이창동 감독의 영화 '시'의 주연을 맡아 16년 만에 다시 대종상 여우주연상을 거머쥐었다. 영원한 현역으로 살아가고 있는 백건우와 윤정희. 누가 늙어감이 추하다고 했는가?

백건우·윤정희 납치 미수

1977년 7월 초, 프랑스에서 연주 활동을 하던 백건우는 박인경으로부터 "스위스 취리히에 사는 한 부호가 자신의 집에서 당신 연주를 듣고 싶어한다"는 제의를 받는다. 백건우는 두 달 후 예정된 미국 LA와 서울 연주회 준비로 바빠 일단 거절했으나 "입장이 난처해진다"는 박인경의 권유로 마지못해 승낙했다.

박인경은 프랑스에서 활동 중인 이응로 화백의 두 번째 아내로, 1967년 이응로와 함께 동백림 사건으로 집행유예를 선고받은 사람이다. 백건우는 한 해 전 이응로의 주례로 영화배우 윤정희와 결혼식을 올려 박인경과도 가까웠다.

며칠 후 백건우는 박인경으로부터 부호가 보냈다는 초청장을 건네받았다. 백건우는 윤정희와 5개월된 딸, 그리고 박인경과 함께 1977년 7월 29일 스위스 취리히행 비행기에 탑승했다. 취리히 공항에는 부호의 여비서라는 사람이 기다리고 있었는데, 그녀는 "부호의 양친이 유고슬라비아 자그레브에 있어 연주지를 변경해야 한다"며 취리히~자그레브 간 왕복 항공권을 건네주었다.

백건우·윤정희 부부는 유고가 공산국가라 내심 찜찜했으나 기왕에 약속된 것이라 자그레브행 비행기를 탔다. 자그레브 공항에는 '조선민항'이라고 쓴 북한 항공기가 대기 중이었다.

백건우·윤정희와 박인경이 찾아간 곳은 한적한 시골에 있는 3층집이었다. 마당에 사람이 없고 연주회를 초대한 집 치고는 너무나 조용해 이상하다고 느낀 백건우는 택시 운전사에게 기다려 달라고 말하고 집 안으로 들어갔다. 1층과 2층을 둘러보았으나 인기척이 없었다.

그런데 갑자기 3층에서 한 동양인 남자가 내려왔다. 백건우는 깜짝 놀라 대기시킨 택시에 올라탔다. 동양인이 "웨이트, 웨이트" 하며 다가왔으나 신변의 위협을 느낀 백건우는 택시 문을 잠그고 운전사에게 미국 대사관으로 가 달라고 요청했다.

오후 6시 10분경 자그레브 주재 미국 영사관에 도착한 백건우 일행은 영사관 직원의 안내로 호텔에 투숙했다. 그런데 이튿날 아침 북한 사람으로 보이는 3명이 객실 문 앞에 서성거리는 것을 보고 또 한번 긴장된 순간을 보내야 했다.

백건우 일행이 영사관 직원의 도움을 받아 자그레브 공항을 벗어나 파리 오를리 공항에 도착한 것은 7월 30일 정오쯤이었다. 백건우가 이 사실을 파리 주재 한국대사관에 알리고 대사관이 박인경에게 사실 여부를 확인하려 하자 박인경은 "한국 정부가 제2의 동백림 사건으로 조작할 것 같아서"라는 이유로 대사관의 출두 요구에 응하지 않았다. 백건우·윤정희는 지금까지 박인경에게 의혹의 눈길을 보내고 있고, 박인경은 여전히 자신의 연루 사실을 부인하며 가끔씩 서울 거리를 활보하고 있다.

"독 안에 든 쥐였는데 놓쳤다"

윤정희는 ▲자그레브 공항에 내려 출국 심사대로 걸어나갈 때 갑자기 박인경이 "비행기 속에 스웨터를 놓고 내렸다"며 한참 동안 지체해 다른 승객이 다 나간 뒤 맨 끝으로 공항을 나온 점 ▲유고 자그레브 별장에서 동양인 남자의 제지를 뿌리치고 택시에 올라 탈출할 때 납치라고 직감한 윤정희 부부가 안전한 미국 대사관으로 가자고 한 것과 달리 박인경이 북한의 조선민항기가 착륙해 있는 자그레브 공항으로 가자고 한 점 ▲미국 영사의 도움으로 호텔에서 하룻밤을 묵을 때 박인경이 독방을 사용하겠다고 고집하고, 북한 공작원이 이른 새벽에 객실 문을 두드렸을 때 "청소부가 왔다"며 문을 열어주려고 한 점 등을 들어 박인경을 의심하고 있다.

사건의 실체는 더 이상 파악되지 않은 채 별 진전 없이 세월이 흘렀다. 그러던 중 1996년 김정일의 전처 성혜림의 조카 이한영이 서울에서 펴낸

책 '대동강 로열 패밀리 서울 잠행 14년'에 사건의 전말을 공개해 베일에 가려던 사건의 윤곽이 드러났다. 이한영은 1982년 한국으로 귀순했다가 1997년 자신의 집 앞에서 정체불명의 사람들로부터 총격을 받아 사망했다.

이한영은 책에서 "사건을 총지휘한 인물은 이정룡 연락부 부부장이다. 유고의 자그레브 경찰국장을 3만 달러를 주고 포섭한 뒤 별장 하나를 빌려 외곽은 자그레브 경찰이 지키고, 별장 안에는 공작원들이 숨어 있었다. 공작원 할머니가 집에 들어와 '왔어요'라고 말하면 벽장에 숨어 있던 사람들이 튀어나가 납치하기로 했는데 할머니가 '다들 어디 갔나'라며 말을 잘못하는 바람에 공작원들이 튀어나올 기회를 놓치고 허묵이라는 연락부 과장만 튀어나온 것"이라고 했다. 책에서 말하는 '공작원 할머니'가 박인경이다.

이한영은 납치 공작 실패 후 대외연락부 부부장이 평양으로 복귀하는 길에 성혜림과 언니 성혜랑이 묵고 있던 모스크바 아파트로 찾아와 사실을 실토하면서 "독 안에 든 쥐였는데 놓쳤다"며 애석해했다고 증언했다. 윤정희 납치에 실패한 북한은 6개월 뒤 똑같은 수법으로 영화배우 최은희에게 홍콩 영화 출연을 위해 홍콩으로 초청한다는 초대장을 보내 납치를 성공시켰다. 최은희가 윤정희 납치 실패의 희생양이 된 것이다.

주은래의 죽음, 1차 천안문 사태, 4인방 체포

광장 곳곳에는 선혈이 낭자했다. 몇 명이 죽었는지는 알려지지 않았다.

1976년 1월 8일 주은래 총리가 78세로 세상을 떠났다. 중국인들은 비통함을 참지 못했다. 하지만 일반 국민이 슬퍼하고 통곡하는 것과 달리, 문화대혁명 후 한동안 주춤해 있던 '4인방'은 최대 정적 주은래가 사라진 것을 기뻐하며 반겼다.

모택동의 처 강청, 당 부주석 왕홍문, 정치국 상무위원 장춘교, 정치국원 요문원 네 사람을 지칭하는 '4인방'은 근거지가 상해여서 주로 '상해방'으로 불렸으나 나중에 체포된 후부터는 주로 '4인방'으로 불렸다.

4인방이 보기에 당 부주석 겸 국무원 제1부총리 등소평이 아직 남아 있긴 했으나 등소평 역시 2개월 전부터 모택동으로부터 비판을 받고 있는데다 등소평을 지원해온 주은래마저 사라져 유명무실한 존재에 불과했다. 등소평은 문화대혁명의 혼란 속에서 5년간의 연금과 유배 끝에 1973년 3월 원직으로 복귀했으나 1975년 11월부터 다시 모택동의 비판을 받고 있었다.

이런 와중에 주은래가 죽자, 4인방은 제 세상을 만난 듯 안하무인 격으로 행동했다. 중국인들의 눈에 이런 4인방이 곱게 보이지 않았다. 특히 1월 10일의 장례식장에서 모자를 벗지 않은 채 묵념을 하고, 남들이 애도하고 있을 때 주위를 두리번거리는 강청의 모습이 TV에 비쳤을 때는 한목소리로 강청을 비난했다.

장례식은 등소평이 주관했다. 모택동은 자신의 영원한 2인자가 죽었지만 자신도 병이 깊어 장례식에는 참석하지 못했다. 장례식이 끝나자마자 "등소평을 비판하라"는 4인방의 공세가 다시 맹렬하게 전개되었다. 모택동도 공개적으로 등소평을 비판하고 정치국도 자아비판을 요구하며 등소평을 궁지로 몰아넣었다.

4인방은 그들의 영향력 아래 있는 문회보 기사로 "자본주의 노선을 따르는 주자파(走資派)가 아직도 걸음을 멈추지 않고 있다. 우리는 그들과 싸우지 않으면 안 된다"며 주은래를 부정하고 등소평 등을 압박했다.

반면 국민은 여전히 주은래에 대한 애정을 버리지 않고 4인방을 비난했다. 4인방의 거점인 상해에서 추도회가 열리던 1월 15일 오전 9시 57분에는 주은래의 사망 시각에 맞춰 선박들이 기적을 단속적으로 30분 이상 울리기도 했다. 3월 30일에는 주은래를 애도하고 4인방을 성토하는 수십 명 노동자 명의의 애도시가 천안문 인민영웅기념비에 붙었다. 이를 시작으로 애도사, 표어, 대자보 등이 기념비와 천안문 광장에 나붙었다.

모택동은 1976년 2월 초 비교적 온건한 이미지의 화국봉으로 하여금 주은래의 빈자리를 메우도록 했다. 화국봉은 국무원 총리(대행) 겸 당 제1부주석에 임명됨으로써 단숨에 당과 정부 양쪽에서 서열 제2위의 지도자로 부상했다. 4인방은 화국봉의 기용이 장기적으로 그들의 권력 장악에 유리할 것으로 판단하고 화국봉을 환영했다.

"주은래 총리를 반대하는 자는 모두 타도하라!"

이런 와중에 1976년 4월 4일 중국의 청명절이 다가왔다. 청명절은 중국인들이 몸을 깨끗이 하고 옷을 갈아입은 뒤 망자의 영혼을 추모하고 기념하는 날이다. 일요일이던 그날 천안문 광장은 이른 아침부터 전국 각지에서 몰려든 200만 군중의 열기로 뜨거웠다. 그들은 주은래를 애도하고 '4인방'을 규탄했다.

많은 꽃들로 파묻힌 인민영웅기념비에는 주은래의 거대한 초상화가 놓여있었고, 그 밑에는 "우리는 밤낮으로 경애하는 주 총리를 생각합니다"라고 쓰인 플래카드가 걸려있었다. 군중 사이에서 "주 총리는 영원 불멸!", "주 총리를 반대하는 자는 모두 타도하라!"는 구호도 연이어 터져나왔다. 4인방을 겨냥한 분노의 목소리였다.

밤이 되어 군중이 집으로 돌아간 4월 5일 새벽 1시, 수천 명의 민병과 경찰이 인민영웅기념비를 봉쇄했다. 2,000여 개의 화환은 거두어지고 현장을 지키던 57명은 끌려 갔다. 5일 아침 다시 광장으로 몰려든 군중은 밤새 화환이 사라지고 수십 명이 잡혀갔다는 사실에 격분했다. 수만 명의 군중이 민병과 경찰 지휘부로 쳐들어가 차량과 건물에 불을 질렀다.

밤 9시 반쯤, 갑자기 광장의 조명이 일제히 꺼졌다가 다시 켜졌다. 뒤이어 1만여 명의 민병과 수천 명의 경찰·인민해방군이 일제히 군중 속으로 파고들었다. 군중은 힘 한번 쓰지 못하고 그 자리에 쓰러졌다. 상황이 종료되었을 때 광장 곳곳에는 선혈이 낭자했다. 몇 명이 죽었는지는 알려지지 않았다. 북경에서만 380여 명, 전국 각지에서 1,000명 이상이 체포된 것으로만 전해졌다. 사람들은 그날의 비극을 1989년의 '천안문 사태'와 구별하기 위해 '제1차 천안문 사태'라 부르고 있다.

권력투쟁은 9월 9일 모택동이 죽으면서 새로운 국면을 맞았다. 4인방은 버팀목을 잃은 화국봉을 압박하며 바지저고리를 만들 생각이었으나 화국봉도 호락호락하지 않았다. 4인방이 인민의 지지를 얻지 못하고 있고, 모택동의 후원 외에는 권력 투쟁에 필요한 조직 기반이나 무력적 배경이 허약하다는 사실을 화국봉도 잘 알고 있었다. 게다가 당내에는 문화대혁명 초기 4인방에게 쓰라린 굴욕을 당했던 섭검영이 건재해 있었다.

바야흐로 먹느냐 먹히느냐의 긴박한 상황

섭검영은 공산당 부주석이면서 국방부장까지 겸하고 있던 실세 중의 실세였다. 4인방이 그토록 경계하는 등소평과도 코드가 맞았으며 1920년대 황포군관학교에서 알게 된 주은래의 소개로 공산당에 입당한 주은래의 맹우였다.

화국봉은 비밀리에 섭검영, 이선념 등 군·당 원로들과 반(反)4인방 구도를 형성한 뒤 모택동의 경호를 맡아오던 왕동흥까지 포섭함으로써 무력면에서는 4인방을 능가했다. 4인방도 군 기반이 취약한 걸 알고 그 대책으로 그들의 본거지인 상해에 민병 10만 명의 무장을 서둘렀다.

그러던 어느 날 4인방의 행동을 예의 주시하고 있던 섭검영에게 "4인방에 매수된 인민해방군 장갑부대가 북경으로 돌입할지 모른다"는 급박한 보고가 전달되었다. 바야흐로 먹느냐 먹히느냐의 긴박한 상황이었다. 4인방이 권력 탈취를 위해 최종 수단을 동원하고 있다고 판단한 섭검영은 '선발제인'(先發制人·먼저 공격하면 뭇 사람을 제압할 수 있다)을 주장하며 주저하고 있는 화국봉을 설득했다.

결국 10월 6일 오후 8시가 지난 시간에 강청은 자신의 집에서 체포되었다. 나머지 세 사람도 차례로 검거되어 감옥에 갇혔다. 중국의 운명을 좌우한 역사적 체포극은 불과 1시간 30분 만에 막을 내렸고 역사의 물줄기는 다른 쪽으로 방향을 틀었다. 4인방 지지자들도 회유와 협박으로 무력화되는 가운데 10월 12일 영국의 데일리 텔레그래프가 "모택동 미망인 체포되다"라는 기사를 1면 머리에 실으면서 4인방 체포 사실이 서방세계에 알려졌다.

'당 간부에 대한 박해', '정권 전복', '대중 탄압', '상해 무장계획' 등의 죄목으로 기소된 4인방의 재판은 1980년 11월 20일 시작되었다. 재판을 받는 태도는 각기 달랐다. 왕홍문은 기소 사실을 전면적으로 시인했고 요문원은 사소한 말 한마디까지 신경을 쓰면서도 혐의 사실을 대부분 인정했다. 반면 장춘교는 끝까지 묵비권을 행사했고 강청은 모택동의 노선을 충실히 수행했다며 고집을 꺾지 않았다.

법정의 4인방. 요문원, 강청, 장춘교, 왕홍문(왼쪽부터)

결국 강청과 장춘교에게는 사형(2년 후 무기징역으로 감형), 왕홍문과 요문원에게는 각각 무기징역과 징역 20년이 선고되었다. 사형이 언도되는 순간, 강청은 "혁명 무죄!"라고 외치며 마지막까지 저항했다. 강청은 병으로 보석 중이던 1991년 5월 자살하고, 왕홍문은 1992년 간질환으로 사망했다. 장춘교도 사망했으나 공식 발표는 없었고, 요문원은 1996년 6월 20년의 형기를 마치고 출소했다.

모택동 사망

그의 죽음에 중국인들은 지난 고통도 잊은 채 망연자실하며 오열했다.

모택동(1893~1976)은 젊어서 공산주의를 봉건적 착취구조와 제국주의 열강의 침탈에서 벗어날 수 있는 민족해방투쟁의 이념으로 받아들여 장개석의 국민당군과 일본군을 상대로 처절하게 맞서 싸웠다. 마침내 결실을 본 1949년 중화민주주의 인민공화국 수립 후에는 모든 구질서와 구세계를 비판하고 부정하며 파괴했다.

필요에 따라서는 생사를 같이해온 공산당과 정부의 각종 권위마저도 파괴의 대상으로 삼았다. "낡은 것을 파괴하지 않고서는 새로운 것을 세울 수 없다(불파불립·不破不立)"며 파괴의 가치를 우선시했다.

이런 모택동의 성향은 혁명이나 전쟁을 수행하는 데 있어서는 승리를 담보해 주었으나 국가를 통치하고 관리할 때는 숱한 혼란과 수많은 사람들의 죽음을 불러왔다. 특히 문화대혁명 과정에서 드러난 그의 파괴 욕구와 반항 기질은 중국 사회를 무법천지로 만들었다.

모택동은 중국 호남성 장사 부근의 소농 집안에서 태어났다. 14살 때 결혼을 했으나 2년 후 부인이 자식 없이 죽자 1910년 집을 나와 인근 도시에서 주경야독하며 세계 정세를 깨우쳤다. 1913년 입학한 장사사범학교에서는 그의 인생에 가장 큰 영향을 끼친 스승 양창제의 가르침을 받았고, 1918년 사범학교를 졸업한 뒤에는 북경대 도서관 사서 보조로 근무했다.

모택동은 '신청년' 1918년 10월호에 실린 이대교의 글 '볼셰비즘의 승리'라는 글을 읽고 러시아 혁명과 이후 들어선 혁명적인 새 질서를 알게 되었다. 1919년 10월부터 몇 개월 사이에는 어머니와 양창제, 아버지 세 사람을 한꺼번에 잃는 슬픔을 겪었다.

1921년 7월 중국 공산당이 창당될 때 창당 멤버로 이름을 올리고 1924년 스승 양창제의 딸인 양개혜와 결혼해 3명의 자식을 낳았다. 1927년 4월에 일어난 장개석의 '반공 쿠데타'에 대항해 그해 9월 '추수봉기'를 일으켰으나 실패해 이후 정강산을 전초 기지로 삼아 농민혁명을 꾀했다. 1931년 11월 강서성 서금에 중국 최초의 소비에트를 수립했다가 장개석 군대의 토벌전에 밀려 어려움을 겪었다.

모택동은 정강산에서 하자진을 만나 동거를 시작했다. 하자진은 훗날 세 번째 부인이 된다. 두 번째 아내 양개혜는 수년 동안 장사에 숨어 있다가 국민당군에 잡혀 참수되었다. 모택동과 양개혜 사이의 세 아이 중 막내는 죽고 두 아이는 구조되어 소련 공산당이 모스크바로 데려갔다.

1976년은 역사적 분기점

모택동은 강서성 서금 소비에트에서 한동안 저항했으나 장개석의 계속되는 공격을 견디지 못하고 1934년 10월 대장정이라는 고난의 행군을 시작하고, 대장정 중이던 1935년 1월의 준의회의에서 공산당의 주도권을 장악했다. 대장정이 중국 공산당의 운명을 역전시킨 결정적 모험이었다면, 준의회의는 모택동의 운명을 바꾼 전환점이었다.

1936년 연안에 도착한 모택동과 홍군은 그곳을 거점으로 삼아 힘을 비축했다. 대장정을 완수한 모택동이 분파 투쟁을 종료시키고 당의 지도권을 획득한 시기도 연안시대였다. 1939년 하자진과 이혼하고 상해 출신 여배우 강청과 네 번째 결혼한 곳도 연안이었다. 모택동은 1943년 공산당 중앙위원회 주석과 정치국 의장을 동시에 손에 쥐면서 1인 독주 시대를 열었다.

모택동(1893~1976)

1949년 10월 중화민주주의 인민공화국을 수립할 때까지만 해도 모택동의 삶은 중국에 공산주의를 심기 위한 고통과 성취의 기간이었다. 그러나 중국에 사회주의 국가를 수립한 생애 후반기의 삶은 "모택동 만세"에 탐닉한 기간이었고 대약진운동과 문화대혁명 등으로 중국 인민을 고통 속으로 몰아넣었던 절대권력자의 행패와 횡포의 시기였다.

그는 "알고 있는 것은 말하라. 남김없이 다 말하라", "모든 영역에서 백 가지의 꽃을 피게 해서 백 가지의 사상과 학파가 서로 겨루게 하라"는 '백가쟁명', '백화제방'으로 예술인과 지식인들의 속마음을 드러내게 하고는 비판 세력을 솎아내 제거하는 방식으로 자신의 세력을 구축하고 강화했다.

1959년 8월 모택동에게 직간했다가 바로 실각한 국방부장 팽덕회의 몰락은 중국 사회 전반에 침묵을 불러왔다. 대약진운동의 실패 책임으로부터 벗어나기 위해 시작된 문화대혁명은 중국을 수십 년간 퇴보시켰다. 모택동과 다른 노선을 추구한 유소기는 죽음으로 내몰렸고, 등소평은 5년 동안 연금과 유배 생활을 해야 했다. 대약진운동의 실패는 2,000만 명의 인민을 굶겨죽였고, 문화대혁명의 광란은 수천 수만 명이 홍군에게 맞아 죽도록 했다.

오늘날 문화대혁명은 대약진운동과 함께 모택동 개인숭배가 빚어낸 중국 인민의 최대 비극으로 평가받고 있지만 그래도 모택동은 생전에 국민당의 장개석과 일본인들을 몰아내 나라를 세운 일과 문화대혁명을 일으킨 일을 가장 큰 자랑으로 여겼다. 모택동은 이렇게 절대권력을 행사하다가 1976년 9월 9일 83세로 눈을 감았다. 20세기 중후반의 중국을 쥐락펴락하던 모택동 시대의 종막이었다.

모택동에 앞서 같은 해 1월 '영원한 2인자' 주은래가 죽고 7월에 평생의 혁명동지 주덕마저 생을 마감함으로써 1976년은 중국 현대사를 갈라놓은 중요 분기점이 되었다.

그토록 중국 전역을 혼란과 광란으로 몰아갔던 모택동이었으나 그의 죽음에 중국인들은 지난 고통도 잊은 채 망연자실하며 오열했다. 그가 죽은 지 수십 년이 지난 오늘날까지도 모택동의 초상은 여전히 천안문 광장을 지키고 있고 젊은이들은 모택동의 동상 앞에서 백년가약을 맺고 있다. 지금도 중국의 모든 화폐에 모택동의 초상화만 실려 있을 정도로 모택동은 중국 인민의 과거와 현재와 미래로 군림하고 있다.

이스라엘 특공대 엔테베 기습작전 성공

인질 구출의 전형으로 꼽혀 네 번에 걸쳐 영화화되었다.

에어프랑스 소속 A300 여객기가 이스라엘의 텔아비브를 이륙한 것은 1976년 6월 27일이었다. 여객기는 그리스 아테네 공항에 기착했다가 낮 12시 30분쯤 파리를 향해 다시 이륙했으나 아테네에서 탑승한 팔레스타인 인민해방전선(PFLP) 게릴라 2명과 서독의 적군파 요원 2명 등 4명에 의해 그리스 상공에서 피랍되었다.

여객기에는 256명의 승객과 12명의 승무원 등 모두 268명이 타고 있었다. 납치범들은 여객기를 리비아 벵가지 공항으로 몰고 가 급유를 받고 출혈이 심한 영국 여성 승객 1명을 석방한 뒤 6월 27일 밤 벵가지를 이륙했다. 뒤이어 수단에 기착하려 했으나 수단 정부가 착륙을 불허하자 행선지를 바꿔 6월 28일 아침 아프리카 우간다의 엔테베 공항에 착륙했다. 친팔레스타인 성향의 이디 아민 우간다 대통령은 납치범들을 환영했다.

엔테베에 대기하고 있던 PFLP 게릴라 6명의 합류로 게릴라는 모두 10명으로 늘어났다. 납치범들은 "이스라엘에 수감된 40명의 팔레스타인 게릴라와 유럽 등 각국에 투옥된 게릴라 13명 등 53명을 석방하면 인질들을 풀어주겠다"고 제안했다. 납치범들은 6월 30일 노인과 어린이 등 47명을 먼저 석방하고 이후에도 100여 명의 승객을 석방했다. 100여 명의 나머지 승객은 공항 환승터미널에 수용되었다.

테러사건이 발생하면 통상 협상을 거부하고 강경한 자세를 보이던 이스라엘은 7월 1일 의외로 협상할 뜻이 있다고 발표했다. 물론 내부적으로는 인질 구출을 위한 만반의 군사작전을 준비하고 있었다. 그러나 문제는 한두 가지가 아니었다. 우간다까지는 이스라엘로부터 3,800km나 떨어져 있었고 납치범들은 우간다 아민 대통령의 지원을 받고 있었다.

이스라엘의 군과 정보기관은 납치범과 인질, 공항 구조와 우간다 정부군의 배치상황 등에 대한 정보를 수집한 뒤 특공대를 구성해 인질 구출작전 리허설을 반복적으로 실시했다. 다행히 이스라엘의 건설회사가 과거 엔테베 공항을 설계했기 때문에 공항과 터미널의 도면도 갖고 있었다. 두 번에 걸쳐 석방된 인질들을 통해서는 납치범들의 인상착의와 행동을 파악했다.

이스라엘 정부는 7월 2일 '번개작전'으로 명명된 인질구출 군사작전을 결정한 뒤 공수단장인 댄 숌론 장군을 특공대 총지휘관으로, 요나단 네타

기습작전 루트

냐후(베냐민 네타냐후 전 이스라엘 총리의 친형) 중령을 현장 특공대장으로 임명했다.

번개작전에 동원된 항공기는 이스라엘 공군의 록히드 C-130 허큘리스 수송기 4기와 보잉 707기 2기였다. 수송기와 보잉기는 7월 3일 오후 이스라엘로부터 장장 3,840km나 떨어진 엔테베 공항을 향해 출발했다. 보잉기 1기는 의약품과 30여 명의 의료진을 실은 상태에서 우간다 인근 케냐 나이로비 국제공항에서 대기했다. 또 다른 보잉기는 엔테베 남쪽 빅토리아호 8,000m 상공을 선회하며 특공대와 본국을 연결하는 통신망을 유지했다.

작전 시간은 총 53분

100여 명의 특공대와 무기를 실은 C-130 허큘리스 수송기가 엔테베 공항 활주로에 착륙한 것은 7월 3일 밤12시쯤이었다. 수송기가 활주로에 접근할 수 있었던 것은 엔테베 공항의 관제시설과 조명탑이 낡은데다 특공대가 공항 관제탑과 교신 중 허큘리스기는 납치범을 위한 수송기라고 속였기 때문이다.

수송기가 착륙한 후 특공대원들은 수송기에 싣고 온 검은색 벤츠 리무진 승용차와 랜드로버를 타고 탑승 터미널에 접근했다. 리무진 승용차에는 아민 대통령으로 변장한 요원이 타고 있었다. 경비병들은 아민 대통령이 상황을 불시 점검하러 온 것으로 착각했다.

기습작전은 7월 4일 0시 특공대가 2명의 터미널 경비병을 살해하면서 시작되었다. 공항 전체가 정전되자 수송기에서 조명탄을 쏘아 올려 작전을 측면 지원했다. 특공대원들은 터미널 입구에 있던 납치범 2명도 해치운 뒤 건물 안으로 진입해 히브리어로 "엎드려!"라고 소리치면서 납치범 2명을 사살했다. 터미널 밖에서 망을 보던 2명의 납치범들도 사살되었다.

특공대는 1분 45초 만에 납치범 전원을 제거하고 인질을 구출했지만 공항 옥상에 있던 우간다군의 응전으로 인질을 수송기에 태우는 데는 수십 분의 시간이 걸렸다. 특공대는 미사일과 기관총으로 우간다군을 제압하는 한편 우간다 공군의 추격을 막기 위해 공항에 있던 10여 기의 미그 전투기를 파괴했다.

교전 중 인질 3명과 네타냐후 중령이 사망하고, 우간다 군인 45명이 사살되었다. 작전 시작 전 우간다 병원에 입원해 있던 영국 국적의 한 유대인은 작전 종료 후 우간다군에게 살해되었다.

특공대가 인질들을 수송기에 태워 우간다를 떠날 때까지 걸린 시간은 총 53분이었다. 이스라엘로 돌아온 인질들은 이스라엘인 71명, 프랑스인 21명, 프랑스인 승무원 12명 등 모두 104명이었다.

작전이 끝난 후, 이스라엘 참모총장은 "현장에 있던 10명의 납치범 중 7명은 사살되고 3명은 도망쳤다"며 "사살된 납치범 중에 남녀 독일인 1명씩이 있었다"고 발표했다. 이후 인질 구출의 전형으로 꼽히게 된 엔테베 구출작전은 4번에 걸쳐 영화화되었다.

엔테베 공항 전경

남아공의 소웨토 봉기

9개월간에 걸친 연속 봉기로 575명이 죽은 것으로 발표됐지만 실상은 훨씬 웃돌았다.

남아프리카 공화국(남아공)은 1948년 백인 국민당 정부가 들어선 이래 '아파르트헤이트'(인종차별정책)로 악명이 높았다. 백인과 흑인의 결혼을 금지하고, 모든 국민을 출생 시부터 백인, 흑인, 아시아인, 혼합인종의 4개 범주로 등록하게 함으로써 인종에 따라 거주지역과 공공장소를 분리했다.

1956년에는 유색인종이 중앙정치에 참여하지 못하게 하고 정치·경제·사회적으로 백인의 특권을 유지·강화하는 정책을 취했다. 1959년에는 흑인을 종족별로 분류해 10개 지역의 홈랜드(흑인 자치구)로 나누어 의무적으로 거주하게 하는 등 분리와 차별을 당연시했다.

이런 가운데 1960년 3월 21일, 금광도시로 유명한 작은 도시 샤프빌에서 대규모 시위가 일어났다. 흑인들은 부족명, 출생지, 주소는 물론 고용주의 이름, 사진, 지문까지 기입된 증명서를 의무적으로 소지하도록 한 통행법에 반대하는 시위를 벌였다. 경찰의 발표로 69명의 흑인 시위대가 죽고 186명이 다쳤다. 이른바 '샤프빌 학살'이었다.

경찰의 만행에 대한 항의시위가 흑인지역 각지로 확산되자 국민당 정부가 계엄령을 발동했다. 더불어 1912년과 1958년에 각각 결성된 '아프리카민족회의(ANC)'와 '범아프리카인회의(PAC)'를 불법화하고 2만 명의 흑인을 투옥했다. 그러나 이 조치는 비폭력 저항운동을 벌이던 흑인운동단체를 무장투쟁으로 내모는 결과를 낳았다.

ANC의 청년동맹 의장으로 활약하던 넬슨 만델라도 비폭력투쟁의 한계를 깨닫고 1961년 '민족의 창'이라는 무장조직을 결성해 백인 정부를 상대로 무장투쟁을 벌였다. 만델라는 1962년 8월 정부 전복 죄목으로 체포되어 1964년 종신형을 선고받고 27년간을 감옥에서 보냈다.

한동안 잠잠하던 대규모 시위는 1970년대 들어 흑인 지식층들이 불을 지핀 '흑인 자각운동'을 계기로 또다시 불이 붙었다. 흑인 자각운동의 목적은 백인과 흑인의 문화가 근본적으로 다르기 때문에 분리·발전을 해야 한다는 백인들의 아파르트헤이트 논리가 얼마나 허구적인가를 폭로하고 흑인들 사이에 깊숙이 스며든 열등의식을 배척하는 데 있었다.

아프리칸스어는 차별과 억압의 상징

그런 가운데 1974년 백인 정부가 흑인 중고교생들에게도 아프리칸스어를 가르치도록 강제한 것이 흑인들의 반발을 불렀다. 아프리칸스어는 17세기 남아공에 정착한 네덜란드계 백인이 전파한 언어로, 흑인들에게는 '차별과 억압의 상징'이나 다름없었다.

민족의식에 눈을 뜬 흑인 학생들은 외국어나 다름없는 아프리칸스어 때문에 각종 시험에서 불이익을 받는 것에 분노했다. 평소 쾌적한 환경에서 무료수업을 받아온 백인 학생들과 달리 자신들은 낡고 과밀한 교실에서 무자격 교사로부터 질 낮은 수업을 받아온 것에 대해서도 불만이 쌓여 있던 터였다.

남아프리카 학생기구(SASO)를 중심으로 학생들이 총궐기에 나선 것은 1976년이었다. 6월 16일 오전, 남아공 흑인거주지 소웨토 내에 있는 흑인 학생들이 수백 명씩 무리지어 시내 광장으로 몰려갔다. '지배자의 언어를 거부한다', '아프리칸스를 몰아내자'라는 플래카드를 든 학생도 있었고 흑인찬가를 부르는 학생도 있었다.

오전 10시가 지났을 무렵, 시내 광장은 이미 사방에서 몰려든 10만 명의 학생들로 넘쳐났다. 백인 경찰들이 이들을 막아서면서 곧바로 격렬한 투석전이 전개되었다. 전진하는 시위대와 막아서는 경찰의 거리가 점점 좁혀지고 있을 때, 갑자기 수 발의 총성이 울려퍼졌다. 흑인 저항운동사에서 가장 처참한 사건으로 기록되고 있는 '소웨토 봉기'의 시작을 알리는 총성이었다.

선봉에 선 시위대가 쓰러졌고, 그날에만 최소 6명이 죽고 14명이 부상했다. 성난 흑인들은 거리의 백인들을 습격하고 경찰서와 자동차를 불태웠다. 시위는 이튿날부터 프리토리아, 케이프타운, 더반 등 전국의 대도시로 퍼져나갔다. 첫날 데모에 가담했다가 최초의 희생자가 된 12세 소년 헥터 피터슨과 그 옆에서 오열하는 누나의 사진이 전 세계 신문에 실리면서 세계도 분노의 대열에 동참했다.

리비아, 파키스탄, 스웨덴, 파나마 등 8개국은 유엔에 아파르트헤이트 철폐를 요구하는 결의안을 제출했다. 유엔 안보리는 6월 19일 남아공 정부를 강력히 비난하는 5개 항의 규탄 결의안을 채택했다. 유엔 총회도 11월 9일 유엔 사상 최초로 남아공 정부를 전복하기 위한 무력 사용을 지지하고, 11월 11일 국제적인 경제·외교 봉쇄운동을 벌일 것을 결의하며 남아공 정부를 압박했다. 남아공 정부는 이에 앞서 7월 6일 아프리칸스어 강제 사용을 철회했지만 이미 많은 흑인이 피를 흘린 뒤였다.

8월에도 소웨토에서 대규모 흑인봉기가 일어나 1,000여 명 이상의 사상자가 발생했다. 백인 정부는 9개월간에 걸친 연속 봉기로 575명이 죽은 것으로 공식 발표했지만 실상은 훨씬 웃돌았다. 검거를 피해 지하로 숨어든 학생 지도자들은 비폭력을 버리고 본격적인 무장투쟁을 선택했다. 다행히 소웨토의 비극은 비극으로만 끝나지 않았다. 1991년 아프리카 단결기구(OAU)가 소웨토 학생들이 봉기한 6월 16일을 '아프리카 어린이날'로 지정해 기념하고 있기 때문이다.

리처드 도킨스 '이기적 유전자' 출간

인간을 포함해 모든 동물은 유전자에 의해 창조된 기계다.

결정론과 환경론은 생물학계에서 오랫동안 부딪쳐온 상반된 관점이다. 결정론은 생물체의 모습과 습성 등을 부모로부터 물려받는다는 주장이고, 환경론은 성장 과정에서 주변 환경의 영향을 더 많이 받는다는 주장이다.

결정론을 발전시킨 '유전자 결정론' 또는 '생물학적 결정론'이 등장한 것은 유전학이 본격적으로 발달한 20세기 후반이었다. 그전에도 "생물의 형질 대부분이 유전된다"는 다윈의 진화론이 있었지만 유전의 매개물질이 DNA라는 사실이 알려지면서 비로소 유전자 결정론이 확립되었다.

유전자 결정론이 생물학의 가장 중요한 패러다임으로 자리잡게 된 데는 리처드 도킨스(1941~)의 공이 크다. 도킨스는 2차대전 중 영국 공군에 자원한 아버지의 배속지 케냐 나이로비에서 태어났다. 1962년 옥스퍼드대 생물학과에 진학해 같은 대학원에서 박사학위를 받고 미국 캘리포니아 버클리대 교수를 거쳐 1970년 옥스퍼드대 교수로 부임했다.

1976년 '이기적 유전자'를 발간한 것을 시작으로 '연장된 표현형'(1982), '눈먼 시계공'(1986)의 3부작 시리즈를 완성함으로써 일약 스타 과학자로 부각되었다. 특히 '이기적 유전자'는 생생한 사례와 간결한 문체로 대중으로부터도 큰 관심을 끌었다. '이기적 유전자'가 출간되기 전까지 과학자들은 머리카락, 피부색, 키 등 외모는 유전되지만 사회적 행동은 유전되지 않는다고 생각했다. 그런데 도킨스가 인간의 사회적 행동도 유전자에 의해 좌우된다고 주장하면서 혹평과 찬사가 동시에 쏟아졌다.

도킨스는 '이기적 유전자'에서 자연선택이라는 환경적 압력 속에서 적응하는 진화의 주체를 생물 개체로 이해한 다윈의 생각을 뒤엎고 진화의 진정한 주체는 유전자라고 선언했다. 자연선택이란 생존경쟁에서 환경조건에 적응한 것이 살아남고 그러지 못한 것은 저절로 사라지는 것을 뜻한다.

도킨스는 자기복제하는 유전자가 스스로 살아남기 위해 생물체를 선택하는 것이고, 선택을 잘한 유전자는 생물체와 함께 대를 이어 살아남거나 한층 유연한 적응력을 지닌 새로운 종으로 진화하는 반면 선택을 잘못한 유전자는 생물체와 함께 사멸한다고 주장했다.

따라서 자연선택이란 유전자 차원에서 일어나는 현상이며 생물 개체는 유전자를 실어나르는 운반자에 지나지 않는다. 결국 인간도 유전자의 꼭두각시이고, 모든 동물은 유전자에 의해 창조된 기계이며 미리 정해진 프로그램대로 살면서 자신의 유전자를 후대에 전달하는 임무를 수행하는 로봇일 뿐이다.

인간의 가족 사랑도 이기적 선택

도킨스는 나아가 같은 종의 생물 집단을 하나의 전체로 보고 유전자가 그 안에서 자유롭게 유영한다는 발상을 전개했다. 유전자는 살아남아 번성하기 위해 집단적 차원의 선택을 하는데 가령 죽음을 불사하는 생물 개체의 이타적 행위도 그 자신의 내부에 든 유전자와 동일한 다른 유전자를 살리기 위한 '이기적 선택'인 것이다.

인간의 가족 사랑도 마찬가지다. 유전자가 자기와 비슷한 유전자들을 되도록 많이 남기기 위해 가족 사랑이라는 프로그램을 만들었다는 것이다. 도킨스는 인간을 포함한 생명체는 DNA 또는 유전자에 의해 창조된 기계에 불과하며, 그 기계의 목적은 자신을 창조한 주인인 유전자를 보존하는 것이라고 보았다. 따라서 자기와 비슷한 유전자를 조금이라도 더 많이 지닌 생명체를 도와 유전자를 후세에 남기려는 행동은 바로 유전자의 그런 이기적 습성에서 비롯된 것이다.

리처드 도킨스(1941~)

'이기적 유전자'에서 특히 눈길을 끈 것은 유전의 영역을 인간 문화로까지 확장한 이른바 '밈(Meme)'이론이다. '밈'은 도킨스가 만든 용어로 '모방'이란 뜻이다. 유전자는 하나의 생명체에서 다른 생명체로 복제되지만 밈은 모방을 통해 한 사람의 뇌에서 다른 사람의 뇌로 복제된다. 결과적으로 밈은 유전적인 전달이 아니라 모방이라는 매개물로 전해지는 문화요소이다. 밈은 좁게는 한 사회의 유행이나 문화전승을 가능하게 하고 넓게는 인류의 다양하면서도 매우 다른 문화를 만들어 나가는 원동력이 된다.

'이기적 유전자' 개념은 개체들 사이의 경쟁을 통해 진화가 이루어진다는 전통적 생각을 유전자들 사이의 적극적 경쟁을 강조하는 것으로 대치시켰다는 데 가장 큰 의의가 있다. 그러나 엄밀히 말해 유전자의 관점에서 동물의 행동을 설명하려는 시도들은 이미 10년 전부터 있어 왔다.

다만 당시에는 유전자 중심의 사실과 이론들이 여기저기 흩어져 있고 그런 것들을 종합해 자연과 인간을 이해하는 하나의 틀을 만들어낸 사람은 없었다. 그럴 때 도킨스가 유전자와 관련된 각종 사실과 이론들을 하나로 종합하고 대중화함으로써 유전자 결정론을 심화시킨 것이다.

'이기적 유전자'는 1975년에 출간된 에드워드 윌슨의 '사회생물학'과 더불어 유전자가 생물학적 수준과 사회적 수준에서 어떤 역할을 담당하는지 열띤 논쟁을 불러일으켰다. 인간을 포함한 생물체가 유전자의 명령에 복종하는 로봇에 불과하다는 그의 주장이 인간의 '자유의지'를 근원적으로 부정하고 있기 때문이다. 도킨스와 동년배로, 그의 지적 맞수였던 스티븐 제이 굴드가 도킨스를 맹렬히 공격하는 첨병이었다.

에리히 프롬 '소유냐 존재냐' 출간

불안과 자유의 의미에 천착하고, 사회구조의 변혁과 인간의 심리적 해방을 추구했다.

에리히 프롬(1900~1980)이 저술한 30여 권에 달하는 저서 중 상당수가 우리말로 번역되고 또 워낙에 대중적인 인기가 높다 보니 우리나라에서는 프롬을 통속 사상가 중 한 명으로 이해하는 사람이 많다. 특히 그의 주저 가운데 하나인 '사랑의 기술'은 책 제목 때문에 괜한 오해를 사기도 한다.

하지만 프롬은 프로이트와 마르크스의 영향을 받아 평생 현대인의 불안과 자유의 의미에 천착하고, 현대의 정신적 불안이 개인적인 정신분석요법만으로는 치유가 불가능하다는 시각에서 사회구조의 변혁과 인간의 심리적 해방을 동시에 추구했던 20세기의 주요 사회철학자 중의 한 사람이다.

프롬은 독일 프랑크푸르트의 유대인 가정에서 태어나 프랑크푸르트대와 하이델베르크대에서 철학, 심리학, 사회학을 전공했다. 1922년 하이델베르크대에서 철학 박사학위를 취득하고 1929년 프랑크푸르트학파의 산실인 프랑크푸르트 사회조사연구소의 일원이 되었다.

1932년 사회조사연구소의 기관지 '사회연구' 창간호에 발표한 '분석적 사회심리학의 방법과 과제' 등 여러 편의 논문을 통해 프로이트와 마르크스의 사상을 통합하는 새로운 사회심리학을 제창함으로써 유물론적 사회심리학을 모색한 첫 세대 이론가로 평가받고 있다.

1933년 집권한 히틀러를 피해 미국으로 망명한 뒤로는 프랑크푸르트학파와 일정한 거리를 두었으며 1939년에는 사회조사연구소의 연구원직에서도 물러났다. 이후 미국의 매카시즘에 맞서고 평화운동과 군비 축소에 정열을 쏟으면서도 미국에 대해 애증의 시각을 견지함으로써 1950년대 중반부터 1970년대까지 마르쿠제와 장기간에 걸쳐 논쟁을 벌였다. 마르쿠제는 프롬의 이론적 우경화를 비판하며 '신프로이트 수정주의자'라는 딱지를 붙였고 프롬은 마르쿠제를 가리켜 허무주의자, 유토피아주의자라고 비판했다.

프롬은 '자유로부터의 도피'(1941), '건전한 사회'(1955), '사랑의 기술'(1956), '소유냐 존재냐'(1976) 등 여러 권의 베스트셀러를 낸 다작의 저자다. 그중 가장 널리 읽힌 책 중 하나가 '자유로부터의 도피'(1941)인데 자유의 의미란 무엇인가에 대한 사색이 토대가 되었다.

그는 자유를 갈망하면서도 타인에게 기꺼이 복종하는 개인의 모순된 태도를 이해하려면 삶의 양식에 영향을 끼치는 사회·경제적 구조와 생존 본능을 종합적으로 고려해야 한다고 주장했다. 고대 사회의 인간은 자아의식이 불투명했기 때문에 자연과 사회의 일체감 속에 매여 있고, 중세 암흑시대에는 개인의 자유가 없어 그런 일체감의 관계가 지속되었으나 르네상스기에 접어들어 개인적인 자유가 확대되면서 독립된 개체로서의 책임감, 중세적 일체의식으로부터의 해방 등이 오히려 동요, 무력감, 회의, 고독, 불안 등을 안겨주었다고 진단했다.

인간성 위기 극복의 대안으로 존재양식 강조

근대 산업사회에서의 이런 고립감은 개인으로 하여금 타인에 대한 의존과 복종을 통해 소외를 극복하려는 무의식적 욕망을 낳게 했고 이것이 발전해 파시즘 같은 억압적 사회 질서 안에서 마음의 안정을 찾으려는 충동으로 이어졌다는 것이다. 프롬에 따르면 나치즘이 대두할 수 있는 토양이 마련되고 수많은 군중이 히틀러에게 환호했던 심리상태 역시 현대인의 이런 심리가 반영된 결과다.

'사랑의 기술'(1956)에서는, 인간은 실존적 불안감과 고독을 이겨내기

에리히 프롬(1900~1980)

위해 사랑을 해야 하는데 사랑을 잘하려면 사랑의 본질을 파악하고 이에 걸맞은 훈련을 해야 한다고 설파했다. 이미 고전의 반열에 올라 있는 '소유냐 존재냐'(1976)는 인간의 진정한 행복이 무엇인가를 탐구한 프롬의 주저 가운데 하나다.

현대 사회가 유례없는 물질적 풍요를 구가하는데도 현대인이 결코 행복해하지 않는 이유에 대해 프롬은 상대적 박탈감과 불안에서 원인을 찾았다. 인간은 소유를 추구함으로써 무력감과 고독감에서 벗어날 수 있다고 생각하지만 불행히도 소유에 대한 욕망은 끝이 없으며 이러한 추구는 궁극적으로 인간을 불행하게 만든다는 것이다.

프롬이 대비한 두 실존양식 중 '존재적 실존양식'(존재양식)은 오로지 '지금', '여기'에만 있는 반면 '소유적 실존양식'(소유양식)은 과거, 현재, 미래라는 시간 안에 있으면서 돈, 땅, 명성, 사회적 신분, 자식, 기억 등에 묶여 있다. 소유양식이란 나와 남, 주체와 객체가 서로를 죽어 있는 소유의 대상으로 삼고 물질만능주의와 소비향락주의, 자연 파괴와 전쟁 등 현대사회의 병폐를 확산시키는 파멸의 길이다.

다시 말해 존재양식이란 "무엇을 소유하거나 소유하려고 탐하지 않고 기쁨에 차서 자신의 능력을 생산적으로 사용하고 세계와 하나가 되는 삶의 양식"이고, 소유양식은 경쟁심, 적대감, 두려움이 특징이다. 많이 갖기 위해 경쟁하면서 나보다 많이 가진 자 혹은 덜 가진 자를 미워하고 가진 걸 빼앗길까 두려워한다.

프롬은 인간성의 위기를 넘어서기 위한 대안으로 존재양식을 강조했다. 그 속성은 독립과 자유, 비판적 이성을 토대로 자아와 세계를 최대한 탐구하고 살아 있는 관계로 파악하는 것이다. 존재양식으로 살아가는 대표적인 인물로 석가모니, 예수, 에크하르트 수사, 헤브루 예언자들, 그리고 그의 사상적 스승인 마르크스와 프로이트를 예로 들었다.

프롬은 이런 일련의 저작들을 쉼 없이 발표하면서 1950년부터 1970년대 중반까지는 주로 멕시코와 미국에서, 1974년 이후에는 주로 스위스에서 머물다 1980년 눈을 감았다.

나디아 코마네치 올림픽 체조 10점 만점 연기

여자체조는 여성미를 보여주는 눈요깃거리 스포츠에서 기술이 가미된 예술로 승화되었다.

캐나다 몬트리올 올림픽의 열기가 한창 고조되어 있던 1976년 7월 22일, 153cm·39kg의 가녀린 소녀 나디아 코마네치(1961~)가 2단평행봉에서 자유자재로 현란한 연기를 펼치고 사뿐히 착지했다. 전광판에는 숫자 '1.00'이 찍혔다. 완벽한 경기를 펼친 코마네치의 점수가 '1.00'이라는 사실에 관중석이 술렁거렸다.

그러나 그것은 잠시뿐, '1.00'이 사실은 '10점' 만점이라는 사실이 알려지면서 관중들이 환호하고 박수갈채를 보냈다. 왜 '1.00'로 찍힌 것일까? 주최 측이 '체조 만점'은 사실상 불가능하다고 여겨 전광판의 최대 숫자를 '9.99점'까지만 나오게 해 '10.00'이 찍히지 않은 것이다.

올림픽에서 세계 최초로 10점 만점을 받은 코마네치는 이후에도 6차례나 더 10점 만점 '퍼펙트' 연기를 펼치며 세계를 깜짝 놀라게 했다. 코마네치는 평균대와 개인종합에서도 금메달을 따내 3관왕에 오르고 마루운동과 단체전에서도 각각 동메달과 은메달을 보태 모두 5개의 메달을 목에 걸었다. 만 14세에 불과한 코마네치의 금메달은 역대 올림픽 사상 최연소였다. 이후에는 16세 이상에만 올림픽 출전 자격이 주어졌기 때문에 14세 금메달은 영원히 깨질 수 없는 불멸의 기록이 되었다.

또한 여자체조는 코마네치의 등장을 기점으로 여성미를 보여주는 눈요깃거리 스포츠에서 기술이 가미된 예술로 승화되었다. 미국의 '타임'지는 "인간의 몸을 빌려 지상에 나타난 요정"이라고 극찬했고, 뉴욕타임스는 '탄력이 충만한 바비인형'이라고 칭했다. 잘 웃지 않아 '작은 바윗덩어리', 평균대 위를 자유자재로 날고 2단평행봉에서 절묘한 묘기를 연출한다고 해서 '냉혈 벼룩'이라는 별명도 붙었다.

코마네치는 루마니아에서 태어나 6살 때부터 어린 소녀의 삶을 반납하고 체조인형으로 키워졌다. 그녀를 발탁한 벨라 카롤리는 최고의 코치였지만 훈련 스타일은 훗날 아동 학대라는 비난을 들을 정도로 혹독했다. 코마네치는 9살이 되던 해인 1970년 루마니아 전국 청소년 체조선수권대회에서 처음 우승을 차지했다.

국제 무대에서는 1972년 출전한 공산주의 국가연합 청소년 체조선수권대회에서 3개의 금메달을 따고, 1973·1974년의 같은 대회에서는 전 부문 우승을 차지해 국제적으로 주목을 받기 시작했다. 일반선수 자격으로 참가한 1975년 유럽선수권에서는 4개의 금메달과 1개의 은메달로 1위에 오르고, 체조사상 처음으로 10점 만점을 받아 코마네치의 시대를 예고했다.

체조 부문 20세기 최고 선수

몬트리올 올림픽 성공 후 코마네치는 정치 선전에 이용되었다. 루마니아 정부의 명령을 받아 자의반 타의반으로 벨라 카롤리 코치를 떠나 루마니아의 수도 부쿠레슈티로 갔다. 이후 계속되는 폭식으로 선수 생명이 위태로울 때도 있었으나 재기의 땀을 흘린 끝에 1977년 유럽선수권에서 2개의 금메달, 1978·1979년 세계선수권에서 각각 1개의 금메달, 1979년 유럽선수권에서 3개의 금메달을 획득하며 1인자로 복귀했다. 1980년 모스크바 올림픽에서도 평균대와 마루운동에서 2개의 금메달을 따내고 1981년 유니버시아드 대회에서도 5개의 금메달을 추가하며 승승장구했다.

그러나 1984년 공산권 국가의 불참 선언으로 LA 올림픽 출전이 좌절되자 올림픽을 몇 주 앞두고 은퇴를 선언한 뒤 체조계를 떠났다. 루마니아의 차우세스쿠 독재정권은 코마네치를 '국가의 영웅'이라고 치켜세우면서도 실제로는 그녀의 삶을 감시하고 통제했다. 심지어는 핍박까지 했다. 차우세스쿠 장남과의 염문설까지 퍼뜨려 코마네치를 곤혹스럽게 만들었다.

차우세스쿠 정권과 갈등을 빚던 벨라 카롤리 코치가 미국으로 망명했을 때는 외국으로 가지 못하도록 금족령이 내려지고 핍박과 감시가 더욱 심해져 하루하루가 감옥이었다.

결국 망명을 결심한 그녀는 1989년 11월 추운 겨울밤 루마니아 출신의 미국 시민권자였던 콘스탄틴 패니의 도움으로 국경을 넘어 헝가리와 오스트리아를 거쳐 11월 29일 미국으로 망명했다. 차우세스쿠 정권이 혁명으로 무너지기 20여 일 전이었다.

패니는 코마네치를 돈벌이로 삼았다. 코마네치는 패니가 잡아오는 싸구려 행사에 천박한 화장을 하고 나가야 했으며 그때마다 서툰 영어 때문에 면박을 당하고 오해를 샀다. 그녀에게 동정적이었던 언론도 서서히 그녀를 외면했다. 그녀는 결국 패니와 결별하고 캐나다에 칩거했다.

나디아 코마네치(1961~)

그때 올림픽 금메달 3관왕인 바트 코너가 그녀에게 구원의 동아줄을 내려보냈다. 스포츠 관련 사업을 하고 있던 코너는 코마네치에게 사업파트너를 제안했다. 둘 사이에 애정도 싹터 1996년 4월 루마니아에서 결혼식을 올렸다. 1999년 11월 사마란치 IOC 위원장 등 국제스포츠 지도자 15명은 코마네치를 '체조 부문 20세기 최고 선수'로 선정했다.

다나카 가쿠에이 '록히드 사건'으로 구속

20일 만에 구속에서 풀려나고 재판 중에도 연거푸 5번이나 전국 최고 득표율로 당선되었다.

일본 정계를 전후 최대의 소용돌이로 빠뜨렸던 '록히드 사건'은 1976년 2월 4일, 미 상원 외교위 산하 다국적기업소위원회(일명 처치위원회)에 출석한 록히드사 고위 간부의 증언으로부터 시작된다. 증언에 따르면, 록히드사는 자사의 비행기를 판매하기 위해 일본을 비롯 이탈리아, 터키, 스위스 등에 1,500여만 달러의 뇌물을 뿌렸다. 일본에는 유명 정치 브로커와 수입대리점 마루베니사 등에 700만 달러가 뿌려졌는데 이 가운데 200만 달러가 고위 관료들에게 전달되었다는 것이다. 곧 일본 정계가 발칵 뒤집혔다.

여론은 1년 3개월 전 다나카 가쿠에이(1918~1993) 총리가 금맥 스캔들로 퇴진한 뒤여서 다나카 전 총리에게 의혹의 눈길을 보냈다. 여론은 진상 규명을 요구하는 목소리로 들끓었고, 언론은 집요하게 정부를 추궁했다. 그러나 이런 격앙된 목소리에도 사건 처리는 간단치 않아 보였다. 구조적이고 국제적인 스캔들이라는 점도 문제였지만, 무엇보다 사건의 당사자인 다나카 전 총리가 여전히 권력의 최고 실세라는 점 때문이었다.

다나카는 빈촌 출신에 중학교 졸업이 학력의 전부였는데도 차근차근 단계를 밟아 총리까지 오른 입지전적인 인물이었다. 건설 공사장을 전전하며 자수성가한 그는 1947년 29세 나이로 중의원 의원에 처음 당선되었다. 1957년 우정성 장관으로 최연소 입각하고 대장성 장관과 통산성 장관 등의 요직을 역임했다.

다나카 가쿠에이(1918~1993)

대장성 장관 취임 때는 "나는 무학이고 여러분은 수재들이니 마음껏 일해 달라. 책임은 내가 진다"는 말로 관료들을 감동시켰다. 1972년 봄에는 전국이 고루 잘살기 위해선 인구 25만 명 내외인 신도시를 건설해야 한다는 이른바 '일본 열도 개조론'을 발표해 국민으로부터 박수갈채를 받았다.

1972년 7월, 전후 최연소 총리가 된 다나카는 곧 중국과의 관계를 정상화하고 일본 열도 개조론을 구체화했다. 비천한 신분을 극복하고 일본 열도를 통일한 도요토미 히데요시와 비견되곤 했으나 일본 열도 개조론은 제대로 시행이 되기도 전에 부동산 투기라는 역풍을 맞았다. 게다가 경기 진작을 위해 통화량 공급을 무제한으로 늘린 것과 오일 쇼크까지 겹쳐 상상을 초월한 인플레이션에 시달렸다.

'광란의 물가'로 인기가 곤두박질치는 가운데 설상가상으로 '문예춘추'지 1974년 11월호에 '다나카 가쿠에이 연구 : 그 금맥과 인맥'이란 폭로기사까지 실려 다나카를 사면초가에 빠뜨렸다.

결국 다나카는 1974년 11월 26일 총리에서 물러났다. 그런데도 다나카는 여전히 집권당인 자민당을 쥐락펴락하는 살아 있는 권력으로 군림했다. 이런 그에게 칼끝을 겨눈다는 것은 누구에게나 부담스러운 일이었다. 그래도 언론과 일부 정치인, 검찰은 다나카와 각을 세웠다. 정계에선 '클린 미키'를 내세워 총리가 된 미키 다케오가 다나카와의 전투를 진두지휘했다.

미키 총리는 정계 정화에 착수하는 한편 미국의 포드 대통령에게 친서를 보내 관련 자료를 요청했다. 일본 국회의원들도 진상규명위를 발족시켜 관련 기업 간부들에 대해 증인 소환을 시작했다. 소장 의원 6명도 자민당을 탈당하며 당의 결단을 요구했다.

지금도 일본인들이 가장 좋아하는 정치인

언론도 엄호사격을 해주었지만 그래도 마무리는 검찰의 몫이었다. 검찰총장은 "책임은 내가 진다"며 일선 검찰에게 힘을 실어주었다. 도쿄지검 특수부 주임검사는 "인간 다나카 하나 처리하지 못하느냐"며 검사들의 의분을 자극했다.

결국 1976년 6월 마루베니사의 임원진이 구속되고 7월 27일 다나카까지 구속되었다. 총리 재임 중일 때 록히드사로부터 공작자금 5억 엔을 수차례에 걸쳐 받았다는 게 구속 사유였다. 총리 재임 시절 저지른 범죄로 구속된 것은 전·현직을 막론하고 일본 역사상 다나카가 처음이었다.

사실 록히드 사건은 우연한 계기로 세상에 알려졌다. 1975년 미국 증권거래위가 닉슨 전 대통령의 부정 선거자금 의혹을 캐기 위해 주요 기업들의 해외 계좌를 조사했는데 그 과정에서 록히드사가 조성한 거액의 비자금이 엉뚱하게도 일본 관료들의 계좌로 흘러간 사실이 포착된 것이다. 결과적으로 닉슨을 향한 화살이 다나카를 맞힌 셈이다.

그러나 다나카는 역시 다나카였다. 구속된 지 20일 만에 2억 엔의 보석금으로 석방되었고 자민당을 탈당했으면서도 무소속으로 자민당 내 다나카파 보스로서 총리 이상의 실권을 행사했다. 장기간의 재판 중에도 연거푸 5번이나 그것도 늘 전국 최고 득표율로 당선되는 놀라운 득표력을 자랑했다. 오히라, 스즈키, 나카소네 등의 총리를 사실상 임명하면서 '킹 메이커' 역할도 계속 이어갔다. 미키 총리가 록히드 사건 10개월 만에 총리직을 내놓고, 후임 총리 후쿠다가 단명에 그친 것도 다나카의 영향력이 작용한 결과였다.

하지만 천하의 다나카도 1983년 10월 1심 재판부가 징역 4년에 추징금 5억 엔을 선고하는 순간 몰락을 피할 수는 없었다. 1987년 7월 고등법원이 다나카의 항소를 기각하고 1995년 2월 대법원이 유죄를 확정함으로써 사건은 19년 만에 종결되었다. 그동안 16명의 피소자 중 다나카(1993)를 포함해 13명은 이미 이 세상 사람이 아니어서 김빠진 맥주가 되어 버렸으나 그를 구속한 도쿄지검 특수부는 일본인이 가장 신뢰하는 기관이 되었다.

오늘날 일본인들은 이미 죽고 사라진 다나카를 어떻게 생각하고 있을까? 이를 증언하는 몇몇의 여론조사가 있다. "가장 좋아하는 과거 1,000년 동안의 정치 리더가 누구냐"라는 2000년 아사히신문의 설문조사에서는 20세기 인물 중 유일하게 다나카가 선정되어 전체 4위에 올랐고, "쇼와(1926~1989) 시대를 생각하면 누가 떠오르는가?"라는 2009년 아사히신문의 질문에서도 쇼와 천황을 제외한 1위에 선정될 정도로 다나카는 지금도 현재진행형으로 일본인들의 가슴 속에 살아 있다.

1977년

수출 100억 달러 돌파
이명박 현대건설 사장 승진
홍수환의 '4전 5기' 신화
고상돈 한국 최초 에베레스트 등정
제1회 대학가요제
김창완의 '산울림' 1집 음반 '아니 벌써' 발매
추송웅 모노드라마 '빠알간 피이터의 고백' 초연
최종현의 선경, 폴리에스테르 필름 생산
등소평의 세 번째 복권
서독 적군파 루프트한자 여객기 납치
안와르 엘 사다트 이집트 대통령 이스라엘 방문
알렉스 헤일리 원작 '뿌리' TV 드라마 방송

수출 100억 달러 돌파

노동자·농민의 피와 땀, 기업가·관료의 분발이 없었더라면 불가능한 일이었다.

광복 직후인 1946년 당시 한국의 수출 대상국은 중국과 일본 단 두 나라였다. 연간 수출액은 350만 달러에 불과했다. 미국의 저명한 국제정치 전문지 '포린어페어'지는 1960년 10월호에서 한국에 대해 "실업자는 노동인구의 25%, 1960년 1인당 국민총생산(GNP)은 100달러 이하, 수출은 2,000만 달러, 수입은 2억 달러. 한국의 경제 기적 가능성은 전혀 없다"고 묘사했다.

박정희 소장이 5·16쿠데타를 일으킨 1961년의 수출액은 4,100만 달러였다. 1962년 5,400만 달러, 1963년 8,300만 달러로 수출이 증가하긴 했어도 수출 품목의 대부분은 농산물이거나 광산물이었다. 수출 품목에 조금씩 변화가 생긴 것은 1963년이었다. 일본의 경제성장에 힘입어 한국은 일본의 후방기지로, 보세가공 등에 치중한 산업화를 추진할 수 있었고, 그 결과 1963년 공업제품 수출이 1위(32.4%)로 올라선 것이다. 공업제품이라고 해도 단순 가공품인 합판이 최대 수출품이었을 정도로 기술이 뒷받침된 것은 아니었다.

한국이 "하면 된다"는 자신감을 갖게 된 것은 1964년 11월 30일 돌파한 1억 달러 수출이었다. 정부는 이에 맞춰 그해 12월 5일 제1회 '수출의 날' 기념식을 거행했다. 이듬해부터는 11월 30일을 '수출의 날'로 기념하며 수출 역군들에게 힘을 실어주었다. 1억 달러는 그러나 다른 나라에 비교하면 아직 걸음마 수준이었다. 1964년에 일본은 50억 달러를 넘어섰고 태국은 7억 3,000만 달러, 필리핀은 4억 5,000만 달러를 기록했으며 심지어 북한도 우리보다 앞서 있었다.

박정희 대통령은 수출의 전 과정을 군사작전처럼 진행했다. 1964년 한국무역진흥공사(KOTRA)를 설립하고 1965년 수출진흥위원회(1962.12 발족)를 수출진흥회의로 확대 개편해 수출에 총력을 기울였다. 수출 전선의 총사령관답게 청와대 집무실에 월별 수출 실적을 그래프로 그려놓고 관련 공무원과 기업인들을 수시로 불러 독려했다.

1965년은 한국의 수출정책이 본격적으로 가동된 첫해였다. 그해 신년사에서 '증산 수출 건설'이라는 구호를 내건 박 대통령은 2차대전 직후 영국 총리 처칠이 외친 "수출 아니면 죽음"이라는 극단적인 호소를 인용하며 수출을 강조했다. '수출은 성장의 엔진', '수출만이 살 길'이라는 구호가 등장한 것도 1965년이었다. 농·광산물과 천연물 수출에 이어 주력 수출상품이 된 것은 1963년부터 10년 동안 가장 많이 수출된 합판이었다. 1960년대 후반부터는 가발이 수출 역군 대열에 동참했으며 1970년대 들어서는 어린 여공들의 희생을 발판 삼아 섬유류가 전면에 나섰다.

'전 세계의 시장화', '전 산업의 수출화'

박 대통령은 빠르게 증가하는 수출 결과에 고무되어 1972년 11월 30일 열린 제9회 수출의 날 치사에서 "1980년대 초까지 100억 달러 수출을 달성하겠다"고 호언장담했다. 그해의 수출 실적이 16억 달러였던 점을 감안하면 실로 엄청난 목표였으나 그렇다고 지난 10여 년 동안 급성장한 수출실적에 비추어보면 불가능한 일도 아니었다.

이후 '수출 100억 달러 달성'은 정부의 최우선 과제가 되었다. '수출은 국력의 총화', '전 산업의 수출화', '전 세계의 시장화' 등 수출을 독려하기 위한 각종 캐치 프레이즈가 이어졌다. 수출행정은 금융지원 강화, 서류 절차 간소화, 양산체제 지원 등으로 개편되었다. 은행 대출금리가 25%를 넘나들었지만 수출기업에는 연 6%의 저리가 적용되었다. 수출용 원자재를 수입하는 기업에는 세금을 전액 면제해 주었고 달러를 벌어들인 기업에는 소득세를 최대 80%까지 감면해 주었다. 당시 230여 개나 되는 수출상사는 수출 개척의 첨병이었다. 수출상사들은 1,400개에 달하는 해외지사를 통해 크고 작은 물건들을 수출한 공을 인정받아 금융 특혜를 마음껏 누리며 국내의 땅을 사들이고 빌딩을 세우며 '재벌'로 성장했다.

이런 과정을 거쳐 1977년 12월 22일 그토록 바라던 100억 달러 수출이 마침내 달성되었다. 박 대통령은 이날 서울 장충체육관에서 열린 제14회 수출의 날 기념식에서 "오늘은 우리 역사에 영원히 기록되는 날입니다"라며 감격했다. 박 대통령은 이날 일기에 이렇게 썼다. "정부와 우리 국민의 피땀 어린 노력과 의지와 결정이요 승리다. 서독은 1961년에, 일본과 프랑스는 1967년에, 네덜란드는 1970년에 100억 달러를 돌파했다고 한다. 10억 달러에서 100억 달러가 되는 데 서독은 11년, 일본은 16년이 걸렸지만 한국은 불과 6년이 걸렸다."

수출 100억 달러는 아시아에서는 일본에 이어 두 번째였고 세계적으로는 산유국을 제외하면 세계 17~18위권이었다. 수출 품목도 1973년에 시작된 중화학공업 육성책에 힘입어 공산품의 비중이 90%를 넘어서고 그중에서도 철강, 전자, 선박, 금속, 기계류 등 중화학공업 제품의 비중이 35%를 웃돌았다. 불과 십수 년 만에 농·광산물이 경공업 제품으로, 다시 중후장대형 중화학공업 제품으로 빠르게 변화한 것이다. 수출제일주의를 선언한 1962년 이래 수출신장률은 1960년대 연평균 41.1%,

수출 100억 달러 달성 수출의 날 기념식에 참석한 근로자들(1977.12.22)

1970년대에는 37.5%를 기록해 세계 최고였다. 수출 시장은 1962년부터 1977년까지 33개국에서 133개국으로, 수출 품목은 69개에서 1,200개로 늘어났다. '전 세계의 시장화'였고 '전 산업의 수출화'였다.

이 날이 있기까지 박 대통령의 선택과 집중이 결정적인 역할을 한 것은 분명하지만 기업가·관료들의 분발과 노동자·농민의 피와 땀이 없었더라면 불가능한 일이었다. 공산주의에 대한 방벽을 쌓고 한국을 자본주의 발전의 쇼윈도로 만들려는 미국의 경제적 지원도 빼놓을 수 없는 중요한 요인이었다. 부작용도 적지 않았다. 산업·지역 간 격차가 벌어지고 자원 배분이 왜곡되었으며 저임금의 희생도 눈에 띄게 늘었다. 때로는 빈껍데기 외형경쟁에 치중하다 보니 외화내빈, 속 빈 강정의 측면이 있었고 파이가 모두에게 돌아가지 못하는 어두운 면도 있었다.

가속도가 붙은 수출은 1990년대부터 반도체, 자동차, 휴대전화, 선박 등이 주요 수출품으로 자리 잡으면서 1995년 1,000억 달러를 넘어섰다. 2004년에는 세계 12번째로 2,500억 달러를 돌파한 국가가 되었다. 2006년에는 마침내 세계 11번째로 수출 3,000억 달러, 2008년 4,000억 달러, 2011년 5,000억 달러를 달성한 기적의 나라가 되었다. 2011년의 총 수출액은 5,578억 달러, 수입액은 5,245억 달러로 우리나라는 2011년 12월 5일을 기해 연간 1조 달러의 무역 규모를 달성했다.

이명박 현대건설 사장 승진

한국 기업의 인간 유형 위에 새로운 유형 하나를 창조했다.

이명박(1941~)을 상징하는 키워드는 '일'과 '성공'이다. 야간 상고를 나온 가난한 시골 학생이 학생운동 1세대로 구속을 경험하고 이후 현대건설 사장과 회장, 국회의원과 서울시장을 거쳐 대통령이 된 성공 스토리 때문이다. 그의 인생은 드라마틱하다.

이명박(1941~)

일본 오사카에서 태어난 이명박에게 12월 19일은 각별하다. 출생과 결혼, 대통령에 당선된 날 모두 12월 19일이기 때문이다. 이명박은 1945년 11월 부모를 따라 귀국, 포항에 정착했다. 그는 자서전 '신화는 없다'에서 끼니 거르는 것을 밥 먹듯이 했던 그 시절을 "가난이 굴 껍데기처럼 우리 대가족에 들러붙었다"고 회고했다.

이명박은 중학교 때부터 김밥, 풀빵, 엿, 뻥튀기 등 안 해본 장사가 없었으며 등록금이 없어 학교에서 쫓겨날 때도 많았다. 가난은 몸을 엉망으로 만들었고, 영양실조에 걸려 결석하는 날도 잦았다. 영양실조는 훗날 기관지 확장증으로 발전해 군대조차 갈 수 없었다.

이명박은 포항중 시절 공부를 잘했으나 서울대 상대에 진학한 둘째형 이상득의 뒷바라지를 해야 한다는 어머니의 반대로 고교에 진학하지 못했다. 다행히 전교 1등을 하면 장학금을 준다는 학교를 알게 되어 포항의 동지상고 야간에 입학했다. 3년간의 고교 시절은 고생길이었다. 3년간 내리 전학년 1등을 해 학비는 면제받았으나 낮에는 장사로 돈을 벌어야 했다.

고등학교 3학년이던 1959년 12월, 이명박은 졸업장도 받지 못한 채 가족을 따라 서울로 올라왔다. 이태원 판자촌의 단칸 셋방에서 일과 공부를 병행한 끝에 1961년 고려대 경영학과에 입학했다. 가난은 여전해 이태원 시장에서 매일 새벽 쓰레기를 치우는 일로 학비를 벌었다.

이명박은 1963년 대학 3학년 때 상대 학생회장에 뽑혔다. 1964년 4학년 때는 6·3한일회담 반대운동을 주도하다가 국가내란 선동 죄목으로 구속되었다. 1964년 10월 보석으로 5개월 만에 풀려났으나 그해 12월 징역

2년에 집행유예 3년을 선고받았다.

이명박은 1965년 여름 현대건설에 지원했다. 학생운동 블랙리스트에 이름이 올라 있어 2차 면접 합격이 쉽지 않을 것 같자 박정희 대통령에게 편지를 보내 사회의 진출을 막는 당국의 처사를 강도 높게 비판했다. 며칠 후 민정비서관에게서 연락이 왔고 그 덕인지는 몰라도 1965년 7월 현대건설에 입사했다. 당시 현대건설은 직원 90여 명에 매출액은 9억 원에 불과한 중소기업 수준이었다. 그런데도 1965년 11월 한국 건설업체의 세계 진출 제1호인 태국의 파타니~나라티왓 고속도로 공사를 수주했다.

일을 기다리지 않고 찾아 나서는 스타일

태국의 공사 현장으로 파견된 1년차 경리직원 이명박은 어느 날 현장을 방문한 정주영 사장에게 "공사가 적자가 날 것"이라며 우려를 표명했으나 정주영은 "공사가 잘되고 있다는 보고를 받고 있다"며 일축했다.

그러나 얼마 후 공사는 적자를 넘어서서 파탄의 길로 가고 있음이 드러났다. 이 사실을 알게 된 정주영은 현장으로 날아가 파격적으로 신참사원 이명박에게 공사를 맡겼다. 이명박은 공사 현장에서 처우에 불만을 품은 인부들이 폭도로 변해 금고를 요구했을 때, 목숨을 걸고 금고를 지켜 정주영의 신임을 샀다.

이명박은 일을 기다리지 않고 찾아 나서는 스타일이었다. 이런 정신 자세를 지녔기 때문에 그는 고용자와 피고용자, 일을 시키는 자와 시키는 대로 하는 자로 양분되어 있던 한국 기업의 인간 유형 위에 새로운 유형 하나를 창조해 냈다. 신분은 사원이지만 하는 일이나 정신 자세는 사장과 동일한, 전혀 새로운 인간형이 탄생한 것이다. 정주영은 이런 이명박에게 초고속 승진으로 보상해 주었다. 이명박은 입사 2년도 채 안 된 1967년 1월 대리로 승진하고 5년 만인 1970년 5월(29세)에 이사, 12년 만인 1977

년(36세) 1월에 공동 대표이사 사장에 선임되었다.

이명박의 업무처리 일화는 셀 수 없이 많다. 1980년 신군부가 중공업 중복 투자를 쇄신하겠다며 현대에 자동차를 포기하고 발전설비를 택하라고 압력을 넣었을 때도 이명박은 정주영 회장으로부터 넘겨받은 인감을 끝까지 찍지 않아 무산시킨 적도 있었다. 이명박은 47세이던 1988년 3월 현대건설 회장으로 임명되었다. 인천제철, 현대산업개발, 현대엔지니어링 등의 사장·회장 자리도 겸임했다.

이명박은 1992년 1월 27년간의 현대 생활을 접고 당시 여당인 민주자유당 소속 전국구 의원으로 여의도에 진출했다. 현대를 떠나기 전, 정주영 회장이 자신이 곧 창당할 통일국민당에 합류할 것을 요청했지만 이를 거절하고 민주자유당에 입당했다. 이명박은 1996년 4월 총선에서 정치 1번지 종로에서 국회의원에 당선되었으나 곧 선거법 위반과 범인도피 혐의로 벌금형을 받아 1998년 2월 의원직을 사퇴하고 1998년 11월 미국으로 떠났다.

대통령을 향한 이명박의 꿈은 2002년 6월 서울시장에 당선되면서 한층 더 가까워졌다. 취임 후 그는 2003년 7월 청계고가도로를 완전히 철거하고 복원공사를 벌여 2005년 10월 5.84km의 청계천 물길을 열었다. 빌딩 숲 사이로 흐르는 청계천에 시민들이 발을 담그는 모습은 미 시사주간지 타임지 표지에 등장해 국제적으로 화제가 되었다.

서울시의 교통체계 개편 때도 모든 언론이 교통대란을 이야기하고 공무원들도 흔들렸지만 그만은 끄떡도 하지 않고 밀어붙였다. 결국 교통대란은 없었다. 청계천 복원은 서울시 대중교통체제 개편 작업과 함께 이명박의 리더십과 실천력을 증명하는 단골 소재가 되었다. 2006년 6월 서울시장을 퇴임하고 대통령에 도전, 2007년 12월 19일 마침내 제17대 대통령에 당선되었다.

홍수환의 '4전 5기' 신화

공이 울리자 빗발치는 총탄을 향해 달려나가는 군인 같은 심정으로 카라스키야에게 돌진했다.

1977년 11월 27일, 신설된 WBA 주니어페더급 초대 챔피언 결정전을 치르기 위해 파나마로 날아간 홍수환(1950~)이 파나마시티의 뉴파나마체육관 링 한구석에서 호흡을 가다듬었다. 상대는 '지옥에서 온 악마'라는 별명이 말해주듯 11전 11KO승을 자랑하는 파나마의 신예 복서 헥토르 카라스키야(17세)였다. 당시 파나마는 로베르토 두란 등 3명의 세계 챔피언을 보유한 복싱 강국이었다.

홍수환은 서울 종로구에서 태어나 중앙고 2학년 때 복싱에 입문했다. 세계 정상을 노크할 수 있는 기회가 찾아온 것은 군 일병 시절이던 1974년이었다. WBA 밴텀급 챔피언 아놀드 테일러가 방어전 상대로 세계 랭킹 2위인 홍수환을 지명한 것이다.

홍수환은 결전 장소인 남아공까지의 직행 항공편이 없어 도쿄, 홍콩, 스리랑카 등을 경유하며 비행기를 여섯 번이나 갈아타고 남아공 더반으로 날아갔다. 7월 4일 홍수환은 상대를 4차례나 다운시킨 끝에 15회 판정승을 거둬 새 WBA 밴텀급 챔피언이 되었다. 챔피언에 오른 뒤 나눈 "엄마, 나 챔피언 먹었어", "그래, 대한국민 만세다"라는 모자간의 대화는 지금도 화제가 되고 있을 만큼 감동적이었다.

홍수환은 1974년 12월 1차 방어전에 성공했으나 2차 방어전(1975.3)에서 멕시코의 강타자 알폰소 사모라에게 타이틀을 빼앗기고 재대결(1976.10)에서도 또다시 패해 실의의 나날을 보내야 했다. 이런 홍수환에게 카라스키야와 펼칠 WBA 주니어페더급 초대 챔피언 결정전 기회가 찾아온 것이다.

홍수환은 어느 때보다 승리를 갈망했다. 지난 2년간 겪었던 방황의 아픔을 지워버리고 "홍수환의 시대가 끝났다"는 세간의 비아냥을 한번에 날려버릴 수 있는 절호의 기회였기 때문이다.

홍수환(1950~)

그러나 '지옥에서 온 악마'라는 별명은 괜히 붙은 게 아니었다. 1회 난타전이 끝나고 2회가 시작되자 홍수환은 강펀치가 실린 카라스키야의 무차별 공격을 견디지 못하고 연속적으로 고꾸라졌다. 두 번, 세 번, 거푸 네 번이나 쓰러졌지만 홍수환은 쓰러질 때마다 다시 일어서는 집념을 보였다. 경기가 끝나고 홍수환이 말했듯 네 번째 다운은 사실 슬립다운이라 바로 일어설 수 있었지만 금쪽 같은 8초를 쉬는 시간으로 활용하기 위해 금방 일어서지 않았다.

"엄마, 나 챔피언 먹었어", "그래, 대한국민 만세다"

2회전이 끝난 후 경기장은 마치 파나마가 4번째 챔피언을 보유하기라도 한듯 온통 흥분의 도가니였다. 총기 소지가 가능한 나라였기 때문에 일부 관중은 천장을 향해 총을 쏘며 기뻐했다.

다른 경기였다면 홍수환은 2회에 세 번 넘어졌을 때 이미 패자가 되었어야 했다. 그전까지 WBA의 경기준칙은 "한 회에 한 선수가 세 번 다운되면 무조건 KO패"를 선언하는 '스리 다운제'였지만 무슨 이유였는지 경기 전 카라스키야 측이 "몇 차례 다운되더라도 선수가 싸울 의사만 보이면 경기를 속행하자"고 고집한 덕에 이날의 경기는 몇 번이나 다운되어도 선수가 일어나지 못할 때까지 계속 시합을 하는 '프리 녹다운제'로 진행되었다. 이런 행운 덕에 맞게 된 3회전, 홍수환은 공이 울리자마자 장렬하게 전사하겠다는 마음으로 카라스키야 쪽으로 돌진했다. 홍수환은 훗날

"마치 죽을 것을 알고 있으면서도 빗발치는 총탄을 향해 달려나가는 군인 같은 심정"으로 달려나갔다고 했다.

홍수환은 카라스키야를 로프 쪽으로 몰아 양훅과 어퍼컷으로 혼을 빼놓더니 커버 없이 로프에 기댄 그의 오른쪽 옆구리에 레프트훅을 날렸다. 그리고 비틀거리며 넘어지고 있는 카라스키야의 턱에 회심의 일격을 가했다. 3회 48초. 그것으로 끝이었다. 세계 복싱사에서 유례를 찾기 힘든 '4전 5기'의 신화는 이렇게 탄생했다. 한국 프로복싱 사상 최초의 2체급 석권이었다. 열광하던 2만여 파나마 관중이 침묵하는 가운데 홍수환은 중계반과의 인터뷰에서 예의 입심을 또 한번 과시했다. "어머니, 정말 대한국민 만셉니다."

경기 후 파나마의 복싱 영웅이자 돌주먹 로베르토 두란이 직접 호텔로 찾아와 축하 인사를 건넸다. 두란은 홍수환이 파나마에 도착해 기자회견을 할 때도 홍수환에게 호의를 보인 적이 있어 지금까지도 홍수환은 두란의 호의를 잊지 않고 있다.

홍수환이 4전 5기의 신화를 이룬 그날 한국의 TV는 흥분의 순간을 하룻동안 장장 27회나 방송하며 국민과 함께 기쁨을 나눴다. 홍수환은 1978년 2월 일본 선수를 상대로 1차 방어전에 성공하고 1978년 5월 콜롬비아 선수를 한국으로 불러들여 2차 방어전을 펼쳤으나 12회에 경기를 포기, 챔피언 타이틀을 빼앗겼다. 홍수환의 현역 복서 인생은 그렇게 막을 내렸다.

고상돈 한국 최초 에베레스트 등정

갑자기 등 뒤에서 셰르파의 외침이 들렸다. "거기가 정상이다!"

"여기는 정상, 더 오를 곳이 없다." 1977년 9월 15일 낮 12시 50분, 감격에 찬 고상돈(1948~1979)의 목소리가 무전기를 타고 해발 6,450m에 위치한 본부 베이스캠프로 날아들었다. 하늘 아래 가장 높은 곳 에베레스트가 마침내 한국인에게도 정상의 자리를 허락한 것이다.

산악인으로는 58번째, 국가로는 8번째로 에베레스트 정상에 오르는 영광된 그 순간을 위해, 고상돈과 셰르파 펨바 노르부가 마지막 베이스캠프 C5(8,500m)를 떠나 정상 공격에 나선 시각은 새벽 5시 30분이었다. 바람이 없고 날씨는 쾌청했지만 6일 전 1차 공격조 박상렬 대원이 정상 공격을 시도했다가 악천후와 산소 부족으로 정상을 100m 남겨두고 발걸음을 돌린 적이 있어 고상돈의 어깨는 그 어느 때보다 무거웠다.

박상렬 대원은 7,500m 고지에서도 산소 없이 3일간 버틸 정도로 힘이 넘치고 폐활량이 큰 사내였다. 그러나 산소 공급 없이 8,000m 이상에서 잠을 자면 대부분이 무기력 상태가 된다는 것은 상식인데도 등정 전날 C5에서 산소 공급 없이 잠을 자는 바람에 결국 박 대원은 기력을 잃었고 한국 등반대는 구출작전을 펴느라 힘을 소진해야 했다.

막중한 임무를 지게 된 고상돈은 자칫 한국 산악계의 오랜 숙원이 물거품이 될지도 모른다는 생각을 하며 이를 악문 채 오르고 또 올라 오전 9시 반쯤, 남봉(8,763m)에 올랐다. 마지막 난관은 그의 앞을 가로막고 있는 12m 빙벽 '힐러리 스텝'이었다.

수많은 도전자들이 그곳에서 목숨을 잃었으나 고상돈은 빙벽 틈새에 피켈을 꽂고 한 걸음 한 걸음 빙벽을 올랐다. '힐러리 스텝'을 오른 뒤 무의식적으로 앞만 향해 가고 있을 때 갑자기 등 뒤에서 셰르파의 외침이

들렸다. “거기가 정상이다!” 불현듯 고상돈의 눈에 히말라야 영봉들이 내려다보였다. 마침내 정상에 선 것이다.

한국 산악계의 오랜 숙원 위해 강행군

1971년 네팔 정부에 입산신청서를 낸 한국 원정대에게 “1977년 포스트 몬순기에 입산하라”는 허가통지서가 날아든 것은 1973년 12월이었다. 자금 마련은 물론 대원 모집과 훈련장비 등 어느 하나 제대로 갖춰지지 않은 상황이었으나 김영도 대장은 초인적인 강행군을 하며 1977년의 그날에 대비했다.

1975년과 1976년 두 차례 히말라야 현지에 사전 정찰대를 보내고 지리산 칠선계곡과 설악산 등지를 돌며 훈련에 매진하던 중 1976년 2월 설악산 공룡능선에서 3명의 대원을 눈사태로 잃는 아픔을 겪기도 했다.

마침내 다가온 1977년, 18명의 원정대는 홍콩을 거쳐 방콕까지 13시간, 다시 방콕에서 콜카타와 다카를 거쳐 카트만두로 갔다. 그곳에서도 버스로 4시간을 달렸고 18톤 화물을 운송할 포터 250명과 함께 380km의 심산유곡을 장장 21일 동안 걸어 베이스캠프에 도착했다. 캠프에 짐을 내리고도 정상에 오르기까지 다시 36일이나 걸렸다.

고상돈(1948~1979)

고상돈은 1시간 동안 정상에 머물며 태극기를 꽂고 훈련 중 희생된 3명의 대원 사진과 성경책을 묻었다. 그러나 고상돈의 감격은 2년을 채 넘기지 못했다. 1979년 5월 29일 알래스카 매킨리봉 등정에 성공하고 하산길에 6,000m 지점에서 실족, 600m 빙벽 아래로 추락사한 것이다. 한라산 기슭에서 태어나 산에서 살다 산에서 죽은 31년의 짧은 인생이었다.

제1회 대학가요제

낯선 얼굴, 어설프나 패기 있는 모습, 자유로운 노래는 문화적 충격이었다.

1970년대 초반에 포크와 솔 등으로 한국 대중음악계의 르네상스를 일궈내던 가수들이 1975년의 '대마초 파동'으로 줄줄이 잡혀 들어가 젊은이들의 감성과 지성을 충족시킬 만한 음악이 사라지고 없을 때였다. 1977년 MBC의 한 PD가 "캠퍼스만의 송 페스티벌을 만들자"는 아이디어를 냈고 그것이 실현된 것은 그해 9월 3일이었다. 이름하여 대학가요제였다.

서울 정동 MBC 문화체육관에서 오후 6시 20분부터 2시간 반 동안 진행된 제1회 대학가요제에는 전국 333개 팀 가운데 예선을 통과한 18개 대학 19팀이 출전했다. 서울대 농대 4학년에 재학 중이던 이수만과 한양대 2학년생 명현숙이 진행을 맡아 분위기는 처음부터 끝까지 풋풋하고 신선했다. 프로가 아닌 아마추어 가수들의 낯선 얼굴, 어설프면서도 패기 있는 모습, 여기에 자유롭고 낭만적인 그들만의 노래는 문화적 충격이었다.

제1회 대학가요제의 대상은 '나 어떡해'를 열창한 서울대 농대 5인조 그룹사운드 '샌드 페블즈(6기)'에 돌아갔다. "나 어떡하냐"며 한탄하듯 내지르는 보컬의 절창은 청중과 시청자들에게 강렬한 인상을 심어주었다.

이후 대학가에는 그룹사운드가 우후죽순 생겨났다. '나 어떡해'의 등장과 히트는 그해 12월 발표된 산울림의 1집 '아니 벌써'가 발매와 동시에

제1회 대학가요제에서 대상을 수상한 샌드 페블즈

공전의 히트를 기록한 것과도 밀접한 관계가 있었다. 샌드 페블즈 5기로 '나 어떡해'를 작사·작곡한 김창훈이 산울림의 3형제 중 둘째였기 때문이다. 게다가 산울림의 맏형 김창완도 샌드 페블즈가 소속된 서울대 농대 출신이었다. 인연을 확장하면 사회를 본 이수만도 샌드 페블즈 2기 출신이었다.

사실 산울림은 '무이' 밴드라는 이름으로 그해 대학가요제 서울 예선에서 '문 좀 열어줘'로 1위를 차지했다. 하지만 이미 대학을 졸업한 김창완 때문에 본선에는 출전하지 못하고, 예선 2위 샌드 페블즈가 출전해 대상을 거머쥐었다. 금상은 상명여사대 박선희의 '하늘', 은상은 충남대 이명우가 부른 기성곡 '가시리', 동상은 서울대 트리오가 부른 '젊은 연인들'에 돌아갔다.

1978년의 2회 대학가요제는 경쟁이 가장 치열했던 동시에 가장 많은 스타를 배출한 대회였다. 제2회 무대는 다른 어느 때보다 대학가요제가 지향하는 아마추어리즘을 선명히 보여주었다. 대상은 '밀려오는 파도 소리에'를 부른 부산대 아카펠라 중창단 '썰물'에 돌아가고, 금상은 '돌고 돌아가는 길'을 부른 노사연이 차지했다.

배철수가 포함된 항공대 그룹사운드 '활주로'는 '탈춤'으로 은상을 받았다. 명지대생 심수봉도 '그때 그 사람'이라는 노래로 2회 대회 본선에 진출했으나 입상하지는 못했다. 하지만 심수봉은 '그때 그 사람'으로 이듬해 가요계에 돌풍을 일으켰다.

대학가요제 수상곡은 젊은이들의 필청곡

이후 대학가요제 수상은 벼락 스타로 가는 지름길이 되었고 수상곡은 젊은이들의 필청곡이 되었다. 대학가요제의 인기는 "대학가요제에 나가기 위해서라도 대학은 꼭 가야겠다"고 다짐하는 10대들이 생겨날 만큼 폭발적이었다.

대학생들은 대회를 거듭할 때마다 가요사의 한 페이지를 장식하는 노래들을 계속 분만했다. 1979년 김학래·임철우의 '내가'(대상), 1980년 이범용·한명훈의 '꿈의 대화'(대상), 조하문이 보컬로 참여한 그룹 '마그마'의 '해야'(은상), 1981년 정오차의 '바윗돌'(대상), 1982년 조정희의 '참새와 허수아비'(대상), 1985년 혼성듀엣 '높은음자리'의 '바다에 누워'(대상), 1986년 외국어대 유열의 '지금 그대로의 모습'(대상), 1988년 무한궤도(보컬 신해철)의 '그대에게'(대상) 등이 속속 기성 가요계를 강타했다.

이 가운데 정오차의 '바윗돌'은 5·18광주민주화운동 과정에서 죽은 친구의 영혼을 달래기 위해 만든 노래로 알려지면서 대학가요제 사상 처음으로 금지곡이 되었다.

제1회 대학가요제의 인기가 확인되자 1978년 7월 동양방송(TBC)도 '해변가요제'를 개최해 선풍적인 인기를 끌었다. 해변가요제는 이듬해 '젊은이의 가요제'로 이름을 바꿔 3회까지 이어지다가 1980년 방송통폐합 때 TBC와 함께 사라졌다. 이 가요제도 라이너스의 '연', 로커스트의 '하늘색 꿈', 옥슨의 '불놀이야' 등을 히트시키며 대학가요제의 라이벌로 자리를 굳혔다. MBC는 1979년 라디오 시청자를 위한 '강변가요제'를 하나 더 개최했다. 이 강변가요제가 배출한 불세출의 스타가 1984년 'J에게'로 대상을 차지한 이선희다.

대학가요제는 1990년대 초반부터 서서히 과거의 명성과 영광을 잃기 시작했다. 새롭게 등장한 전문적인 음반기획사가 재능 있는 어린 청소년

들을 발굴해 가수로 키우는 시스템으로 가요계의 흐름이 바뀐 것도 주요 이유였지만 더 큰 이유는 대학생 출연자들의 노래가 점점 구태의연하고 식상해졌다는 데 있었다. 젊은이다운 창의성은 찾아보기 힘들어졌고 기존 가요의 모방에 그쳤다. 갈수록 '대학'은 희미해지고 '가요'만 뚜렷해지는 경향이 두드러졌다. 결국 대학생 스스로 명품 가요제 하나를 걷어찬 것이다.

김창완의 '산울림' 1집 음반 '아니 벌써' 발매

"죽어 있던 음악시장에 활기를 불어넣은 활화산"이었다.

1970년대 후반은 한국 대중음악의 암흑기로 불린다. 10월 유신 등의 시대적 상황과 가수들의 대마초 파동 등으로 음악적 명맥이 사실상 끊어졌기 때문이다. 이런 배경 속에서 어느 날 갑자기 등장한 3형제 보컬그룹 '산울림'은 어느 평론가 말마따나 "죽어 있던 음악시장에 활기를 불어넣은 활화산"이었다. 그들의 존재가 새삼 각별했던 것은 국내는 물론 해외 음악의 영향을 거의 받지 않고 자신들만의 독창적인 음악세계를 구축했다는 점이었다. 여기에 기존의 가요형식을 파괴하고 가요 소비계층의 주류를 성인에서 청소년들로 옮겨놓았다는 것도 빼놓을 수 없다.

'산울림'의 산파는 만형 김창완(1954~)이었다. 그는 서울에서 태어나 초등학교를 5살에 조기입학했다. 1971년 중앙고를 졸업하고 서울대 농대 잠사학과에 입학, 그해 처음 구입한 기타를 독학으로 마스터한 뒤 한 달 만에 '왜 가'라는 노래를 썼다. 그 뒤 '산울림'으로 데뷔할 때까지 100여 곡을 작곡했다. 당시 중학생이던 두 동생 김창훈(1956~)과 김창익(1958~2008)도 형의 어깨너머로 기타를 배워 형제는 음악을 통해 우애를 다졌다.

1975년 둘째 김창훈이 서울대 농대 식품공학과에 합격한 것을 축하한다며 부모님이 일렉트릭 기타와 드럼을 선물로 사 주자 세 형제는 록밴드를 결성했다. 김창완은 리드 기타, 둘째는 베이스 기타, 막내는 드럼을 담당했다. 1977년 막내까지 고려대 기계공학과에 들어가자 세 형제는 그해 8월 열린 제1회 대학가요제에 '무이'라는 그룹명으로 출전했다.

김창완이 작곡한 '문 좀 열어줘'가 예선 1위, 동생 김창훈이 소속된 서울대 농대 보컬그룹 '샌드 페블즈'의 '나 어떡해'가 2위였다. '나 어떡해'는 김창훈의 곡이니 산울림 노래가 예선 1, 2위를 차지한 것이다. 그러나 김창완이 대학 졸업생이라는 사실이 밝혀져 '무이'는 9월 3일 치러진 본선에는 진출하지 못했다. 대신 '샌드 페블즈'가 '나 어떡해'로 그해 대학가요제에서 대상의 영예를 안았다.

3형제는 1977년 말 자신들만의 기념음반을 만들기 위해 돈을 갖고 종로2가 서라벌레코드사를 찾아갔다. 레코드사 사장은 파격적인 이들의 노래를 듣고 난 후 회사 돈으로 음반을 내겠다며 밴드 이름을 '산울림'으로 지어주었다. 이렇게 해서 데뷔 앨범 1집에 수록될 9곡을 녹음했다.

1집 타이틀곡 '아니 벌써'에는 '아니 벌써', '아마 늦은 여름이었을 거야', '골목길', '문 좀 열어줘', '소녀', '불꽃놀이' 등 9곡이 수록되었다. 그런데 노래 가사 대부분이 심의에 걸려 개사를 해야 했다. 어느 여름날 아침의 퇴폐적인 술판을 그린 '아니 벌써'는 심의에서 퇴폐적이라는 판정을 받아 가사를 수정해야 했다. '소녀'의 원래 제목도 불안정한 젊음을 노래하자는 의미의 '늑대'였으나 역시 심의에 걸려 늑대와는 정반대 이미지인 '소녀'라는 제목으로 심의를 통과했다.

음악의 파격과 동적인 에너지에 환호

이런 우여곡절을 거쳐 완성된 데뷔 앨범은 1977년 12월 15일 발표되었고 발매와 함께 청춘들의 마음을 사로잡았다. 젊은이들은 산울림 음악의 파격과 동적인 에너지에 환호하고 신선함에 갈채를 보냈다. 1주일 만에 신문 만화에 '아니 벌써'라는 말이 등장하고 20일 만에 전국적으로 40만 장이 팔려나갔다.

김창완은 훗날 산울림의 의미에 대해 이렇게 자부했다. "당시는 주류였던 팝송이 대단해서 들은 게 아니라 우리 가요에서 들을 게 없어서였다. 산울림은 우리 젊은이들을 팝송의 사정권에서 벗어나게 해준 음악이었다." 김창완이 직접 쓴 노랫말 역시 파격적이었던 사운드만큼이나 사람들을 감탄시켰다.

산울림은 1978년 5월 10일 '어느 날 피었네', '이 기쁨', '내 마음에 주단을 깔고', '나 어떡해', '안개 속에 핀 꽃' 등 10곡을 수록한 2집을 발표하며 인기를 이어나갔다. 1978년 11월 1일에는 '내 마음', '한 마리 새 되어' 등이 수록된 3집과 동요 1집 '개구쟁이'를 발표해 초기 산울림의 대미를 장식했다.

산울림은 이렇게 1978년을 휩쓸었으나 김창훈과 김창익의 군입대로 4~6집은 김창완 솔로 체제로 발표되었다. '오솔길', '창문 너머 어렴풋이 옛 생각이 나겠지요', '빨간 풍선' 등이 그 시기에 발표된 곡들이다.

김창완(1954~)

산울림은 1981년 김창훈과 김창익이 복귀한 7집 '가지 마오'를 발표하고, 1982년과 1983년 각각 8집과 9집을 냈다. 1984년 10집을 발표한 뒤에는 두 동생의 취업으로 인해 실질적으로 김창완 혼자 하는 프로젝트가 되었다.

김창완이 혼자 취입한 11집(1986)과 12집(1991)에 이어 1997년에는 3형제가 잠시 모여 13집이자 마지막이 될 음반을 발표했다. 3형제는 2006년 7월 데뷔 30주년을 기념하는 공연을 펼쳐 그들의 활동을 목말라하던 팬들을 즐겁게 해주었으나 막내 김창익이 2008년 1월 캐나다에서 불의의 사고로 세상을 떠나는 바람에 산울림은 영원히 팬의 곁을 떠나고 말았다. 김창완은 2008년 11월 후배 뮤지션 4명과 함께 5인조로 구성된 김창완밴드를 결성, 첫 앨범 '더 해피스트'를 출반한 뒤 새로운 음악인생을 살고 있다.

김창완은 늘 흐트러진 머리 모양과 얼굴로 인해 '자다가 부스스'라는 별명을 갖고 있다. 그의 트레이드 마크는 천진난만한 표정이고, '털털한 동네 형', '이웃집 아저씨'의 이미지가 강하다. 그러나 아주 태평해 보이는 그의 얼굴 뒤에는 다양한 관심과 열정이 숨어 있다. 가수 이은하를 비롯 그룹 '동물원', '꾸러기들', '노고지리', '로커스트' 등의 프로듀서 역할을 한 것은 물론 탤런트, 영화배우, 방송 DJ, 어린이 프로그램 진행자, 광고 모델 등까지 넘나들며 방송가를 종횡무진하고 있다.

1985년 MBC의 어린이특집극 '바다의 노래'로 드라마와 처음 인연을 맺은 그는 1995년 '연애의 기초'로 명실상부한 탤런트 반열에 올라섰으며 '카이스트', '하얀 거탑' 등 다수의 드라마에 출연했다. 1996년 영화 '정글스토리'에 출연한 것을 계기로 영화에서도 연기력을 뽐내고 있다. 2012년 11월에는 공포영화(닥터)의 주연배우로도 발탁되어 물오른 연기력을 펼쳐보였다. 그가 활동영역을 어디까지 넓힐 것인지는 그 자신도 모른다. 그는 늘 새로운 것에 목말라 한다.

추송웅 모노드라마 '빠알간 피이터의 고백' 초연

"한국 연극의 새로운 시대가 추송웅에 의해 열렸다."

1973년, 추송웅(1941~1985)이 배우생활 10년을 결산해 보았다. 51편 출연에 10만 8,600원이 수입의 전부였다. 그는 자신의 '공연일기'에 "연극은 가난한 자만이 누릴 수 있는 천국"이라는 독백을 적어놓고는 생각에 잠겼다. "연극은 꼭 가난해야 하는가?" 추송웅은 머리를 저었다. "관객이 없는 연극은 연극이 아니다"라고 단정한 추송웅은 곧 연극계에 프로 선언을 했다. "연극인은 가난하다"로 통하던 시절에 자칭 '직업배우 1호'를 자처한 것이다.

그 후 추송웅은 출연 교섭이 있을 때면 자신이 얼마의 금액을 받아야 하는지를 연출자에게 분명히 밝혔다. 그러다 보니 '당당한 배우'로 통하기도 했지만 한편으로는 '돈만 아는 배우'로 냉대를 받기도 했다. 프로 선언으로 출연 교섭이 뜸해지자 자구책을 마련해야 했다. "제작비를 최소한으로 줄여서 혼자 만들 수 있는 연극은 없을까?" 궁리 끝에 착안한 것이 어린 시절 혼자 하던 놀이를 재현한 모노드라마였다.

추송웅은 3살 때 홍역을 심하게 앓아 어려서부터 '사시'였다. 형제들과 달리 키까지 작아 자아가 발달한 뒤로는 늘 열등감에 사로잡혀 있었다. '사팔뜨기'라고 부르는 또래들의 놀림이 싫었고, 사람들의 시선이 불편했다. 그는 혼자 놀았다. 노랫말을 중얼거리는가 하면 일인다역으로 땅뺏기나 소꿉놀이를 즐겼다. 어린 추송웅에게 혼자 하는 '놀이'야말로 슬픔을 달래주고 콤플렉스를 해결해주는 유일한 안식처였고 구원의 등불이었다.

추송웅은 부산에서 고교 2학년 때 연극을 시작한 것을 계기로 중앙대 연극영화과에 입학해 배고픈 연극인의 길을 걸었다. 훗날 유명 탤런트가 되는 박근형처럼 동기들 모두 외모가 준수했다. 그들과 비교되는 추송웅의 외모는 초라하기 짝이 없었다. 사팔뜨기에 우락부락한 얼굴을 하고 있었고 왜소한 체구에 사투리까지 썼다.

그러나 추송웅은 연극을 천직으로 알고 연극에 몰입했다. 데뷔 무대는 대학 졸업 직후인 1963년 5월 민중극단의 창립동인으로 출연한 '달걀'(마르소 작)이었다. 10년 연극인의 삶은 무명의 세월이긴 했어도 내적으로는 단련된 기간이었다. 그렇게 10년 세월을 보내온 그가 1973년 배우생활 10년을 결산해본 것이다.

추송웅(1941~1985)

1973년부터 3년 동안은 다행히 수입이 몇십만 원으로 늘어났다. 1976년에는 연극 붐이 불고 TV에도 얼굴이 알려진 덕에 거금 112만 원을 손에 쥐었다. 그래도 여전히 변변한 집 한 칸 없었다. 그런데도 추송웅은 1977년 아내의 곗돈을 쏟아부어 데뷔 15년을 자축하는 기념 무대를 준비했다. 작품은 프란츠 카프카의 산문 '어느 학술원에 제출된 보고서'로 정해졌다.

추송웅은 "카프카의 이름에 쩔쩔맬 필요가 없다. 파괴적이고 파격적인 연극을 만들자"며 연출자도 없이 홀로 연습에 들어갔다. 연기는 물론 기획, 제작, 연출, 장치까지 혼자 하는 1인 5역이었다. 3개월 동안 틈만 나면 창경원으로 달려가 원숭이를 바라보며 자신을 원숭이 '피이터'로 탈바꿈시켰다. 추송웅의 말마따나 "원숭이를 몸에 넣는 동화(同化)작업"의 연속이었다. 그런 과정을 거친 끝에 작품은 카프카의 것이 아니라 추송웅의 것으로 변모했다.

한국 연극사에 새로운 금자탑

이런 과정을 거쳐 완성된 추송웅의 모노드라마 '빠알간 피이터의 고백'이 130석에 불과한 서울 삼일로 창고극장에 올려진 것은 1977년 8월 20일이었다. 그런데 개막 첫날부터 추송웅 자신도 깜짝 놀랄 만한 이변이 벌어졌다. 첫날부터 표를 산 입장객보다 매진으로 인해 포기하고 되돌아가는 관객이 더 많았던 것이다.

그것은 신화의 시작이었다. 보름 만에 예매표 1만 장이 팔리더니 연장에 연장을 거듭, 무려 7년 동안 482회나 무대에 올려져 15만 2,000명의 관객이 몰려들었다. 한국 연극사에 새로운 금자탑이 세워지는 순간이었다.

추송웅은 '공연일기'에 당시의 심경을 이렇게 썼다. "신연극 70년사에 전무후무한 경이적인 기록을 세운 해였다. 연극배우 개인소득 2,000만원대 돌파. 이로써 한국 연극의 새로운 시대가 추송웅에 의해 열렸다."

무명에 가깝던 배우는 일약 스타가 되었다. 버젓한 아파트도 사고 평소의 꿈이던 소극장 살롱 '테아트르 추(秋)'도 마련했다. 추송웅은 '빠알간…'을 들고 전국을 두 바퀴나 돌았고 40여 개 대학에서 초청공연을 꾸몄다. 대만(1982)과 일본(1984)에까지 진출했다.

'빠알간…'의 여세를 몰아 1979년 두 번째 모노드라마 '우리들의 광대'를 코리아극장에 올려 1984년 12월까지 512회 23만 5,000명의 관객을 끌어모았다. '빠알간…'과 '우리들…'을 합쳐도 1,000회 공연에서 6회가 부족하자 1985년 5월 '빠알간…'을 다시 무대에 올려 기어코 '1,000회 모노드라마 출연'이라는 전무후무한 대기록을 세웠다. 두 모노드라마로 벌어들인 수입은 당시 돈으로 3억 원이나 되었다.

'천의 얼굴을 가진 연기자'라는 찬사와 환호가 쏟아졌지만 일부 평론가들로부터는 '상업주의 연극의 표본', '관객의 거짓 욕망에 야합한 배우'라는 호된 비판의 소리를 들었다. 무대 위에 에너지를 모두 소진한 탓일까.

1985년 12월 29일, 추송웅은 44세 나이로 눈을 감았다. '한국 연극에 신화를 탄생시킨 사람', '연극으로 돈을 번 제1호 배우', '모노드라마 1,000회 기록을 돌파한 1인극의 독보적 존재', '천의 얼굴을 지닌 광대'가 우리의 곁을 떠난 것이다.

최종현의 선경, 폴리에스테르 필름 생산

'석유에서 섬유까지'라는 20세기형 첨단산업으로 선경을 발전시켰다.

SK그룹의 오늘이 있기까지에는 세 단계의 도약이 있었다. 1977년 폴리에스테르 필름 생산과 1980년 대한석유공사(유공) 인수, 그리고 1994년 정보통신사업 진출이 그것이다. 도약의 순간마다 최종현(1929~1998)은 고뇌 속에서 결단하고 뚝심으로 밀어붙여 오늘의 SK그룹을 일궈냈다.

도약의 발판을 마련해준 건 형이었다. 최종현의 형 최종건(1926~1973)은 경기도 수원에서 태어나 1944년 4월 경성직업학교를 졸업하고 당시 일본인이 운영하고 있던 '선경직물'에 입사해 사회에 첫발을 내디뎠다. 해방 후에 미 군정으로 귀속된 선경직물의 생산부장으로 근무했으나 6·25 전쟁으로 공장이 잿더미가 되자 1953년 10월, 부친 몰래 땅문서를 빼와 폐허가 된 선경직물을 불하받았다.

선경직물은 1955년 처음 출시한 양복 안감 제품인 '닭표 인조견'과 '봉황새 이불감', 그리고 1959년 생산한 '곰보 나일론' 등으로 큰돈을 벌었다. 하지만 직물산업의 불황과 업체 간 출혈경쟁이 겹치면서 선경직물에도 위기가 찾아왔다.

당시 최종현은 서울대 농대를 거쳐 1954년 미국으로 유학을 떠나 위스

최종현(1929~1998)

콘신대 화학과를 졸업(1956)하고 1959년 시카고대에서 경제학 석사학위를 취득한 뒤 미국에 체류 중이었다. 1962년 최종현에게 "귀국하여 형의 사업을 도우라"는 부친의 편지가 도착했다. 그해 10월 부친마저 급작스럽게 별세하자 최종현은 1962년 11월 두 살된 아들 최태원을 안고 부인과 함께 귀국해 선경직물의 부사장에 취임했다. 실전에 강하고 저돌적인 사업가였던 형과 경제학 이론으로 무장한 지략가 동생, 한국 대기업사에 유례가 없는 '형제 경영' 체제는 이렇게 싹을 틔웠다.

당시 국내에는 선경직물을 포함해 직물공장이 800여 개나 난립했다. 그런 상황에서 선경직물은 안감 생산에만 의존할 수 없었다. 형제는 1966년 6월 '선경화섬'을 설립하고 일본에서 차관을 들여와 아세테이트 원사공장(1968.12)과 폴리에스테르 원사공장(1969.2)을 준공했다. 이로써 선경은 종합 섬유제조업체로 발돋움할 수 있는 기반을 마련했다.

최종현은 1970년 11월 선경직물 사장으로 취임해 회장인 형을 도왔으나 1973년 11월 15일 형이 폐암으로 타계해 우애 좋던 '형제 경영'도 막을 내렸다.

2대 회장으로 취임한 최종현은 '석유에서 섬유까지'의 수직계열화와 사업 다각화라는 경영 목표를 하나하나 실천에 옮겼다. 최종현이 먼저 착수한 것은 폴리에스테르 필름 개발이었다. 이 필름은 컴퓨터와 오디오의 자기테이프, 마이크로 필름, 엑스레이 필름 등 용도가 다양했으나 당시 일부 선진국 업체만이 제조기술을 독점하고 있어 우리나라는 전량을 수입하고 있었다. 최종현은 선진국의 폴리에스테르 필름 메이커들을 상대로 기술협력을 타진했으나 어느 곳도 응해주지 않았다. 선경에 섬유 제조기술을 제공했던 일본의 데이진사도 마찬가지였다. 최종현은 독자 개발을 결정했지만 뭐 하나 쉬운 게 없었다.

선경이 끈질긴 연구 끝에 폴리에스테르 필름 개발에 성공한 것은 1977년 4월이었다. 선경화학은 1977년 10월 필름 생산공장 건설에 착수하고 1977년 12월 폴리에스테르 필름 시제품을 생산하는 데 성공했다. 그러나 기쁨도 잠시뿐, 예상치 못한 난관이 앞을 가로막았다. 선경화학이 완제품 시험에 성공했다는 정보를 입수한 일본의 데이진사가 태도를 바꿔 한국측 제일합섬에 기술을 제공키로 한 것이다.

뒤통수를 맞은 최종현은 1978년 1월 그동안 비밀에 부쳐왔던 폴리에스테르 필름 개발과정과 성공 사실을 처음으로 언론에 공개하며 국산 기술제품에 대한 보호조치를 정부에 요청했다. 정부는 "경제 파급효과가 매우 크다"며 선경화학의 기술을 4년 동안 보호한다는 결정을 내렸다. 덕분에 선경화학은 폴리에스테르 필름 기술을 이용한 비디오테이프 개발에 뛰어들어 1980년 1월 마침내 세계 4번째로 비디오테이프 필름을 개발하고 1980년 9월 시판에 들어갔다.

최종현이 '석유에서 섬유까지'라는 20세기형 첨단산업으로 선경을 발전시키겠다는 생각을 품게 된 것은 폴리에스테르 필름 생산에 성공한 후부터였다. 폴리에스테르가 원유 가공품에서 나온 것인 만큼 당연한 발상이었다.

'석유에서 섬유까지' 수직계열화가 목표

1979년 말 시작된 제2차 석유 파동이 세계 경제를 혼란에 빠뜨렸으나 선경에는 수년간 신뢰와 우정을 쌓아온 사우디 친구들이 있었다. 그 덕에 1980년 3월 사우디와 장기 원유 공급계약을 체결했다. 게다가 사우디의 은행으로부터 1억 달러의 차관까지 도입하는 데 성공했다. 이런 실적들은 선경이 그해 말 대한석유공사(유공)를 인수하는 데 결정적인 역할을 했다.

1980년 11월 28일 선경그룹이 삼성을 제치고 유공의 인수자로 결정되었다는 발표에 재계는 당혹감을 감추지 못했다. 당시 유공은 연매출 1조원을 돌파한 국내 유일 기업이었기 때문에 "새우가 고래를 먹었다"는 말이 재계에 공공연히 나돌았다.

유공 인수 후 최종현은 '석유에서 섬유까지'의 수직계열화를 이루기 위해 유공해운(1982), 유공가스(1985), 유공옥시케미컬(1987) 등을 차례로 설립했다. 최종현은 수직계열화에 회사의 모든 역량을 쏟아붓는 한편 10년 뒤를 생각했다. 그 산물이 미주 경영기획실에 신설한 텔레커뮤니케이션팀이었다. 향후 정보통신사업에 뛰어들기 위한 사전정지작업의 일환이었다.

선경은 1988년 미국의 소규모 이동통신사에 지분을 투자했다. 투자수익보다는 이동통신 경영을 학습한다는 게 주된 목적이었다. 1989년 10월에는 미국 내 이동통신 관련 기술을 보유한 벤처기업 투자를 목적으로 현지법인 '유크로닉스'를 설립했다.

이렇게 치밀하게 준비를 거듭하던 선경에 마침내 기회가 찾아온 것은 1990년 7월이었다. 정부가 이동통신 분야의 경쟁체제 도입을 주요 골자로 하는 통신사업 구조조정계획을 발표한 것이다. 최종현은 1991년 4월 선경텔레콤을 설립, 제2이동통신 사업자 선정에 대비했다. 그리고 1992년 8월 20일 압도적인 차이로 제2이동통신 사업권을 따내는 데 성공했다. 그러나 기쁨도 잠시였다. 노태우 당시 대통령과 최종현 회장이 사돈이라는 점을 의식한 김영삼 당시 대통령 후보가 선거에 부정적인 영향을 끼친다며 압력을 가한 것이다.

최종현은 억울했지만 선정 7일 만에 사업권을 반납했다. 대신 민영화가 추진되던 제1이동통신인 한국이동통신을 1994년 1월 4,271억원이라는 거액으로 경쟁입찰에 참여해 떳떳하게 제1대 주주가 되었다. 선경그룹의 미래사업에 대한 최종현의 꿈이 우여곡절 끝에 실현되는 순간이었다. 최종현은 1998년 8월 26일 69세를 일기로 타계하면서 "시신을 화장하라"고 유언했다. 그의 유언은 사회 각계각층에 신선한 충격을 불러일으켰다.

등소평의 세 번째 복권

세 번의 실각을 겪고도 오뚝이처럼 일어나 현대 중국의 초석을 놓았다.

등소평(1904~1997)의 별명은 '부도옹'이다. 중국 현대사의 험난한 파고 속에서 세 번의 결정적인 실각을 겪고도 오뚝이처럼 일어나 현대 중국의 초석을 놓았다고 해서 붙여진 별명이다. 등소평은 중국 사천성에서 태어나 16살 때인 1920년 프랑스로 유학을 떠났다. 그곳에서 만난 6살 위의 주은래(1898~1976)는 평생의 선배이자 동지가 되었다.

1921~1924년 파리에서 공산주의 활동에 참여하고 모스크바의 중산대를 거쳐 귀국 후에는 중국 공산당 지하운동에 참여했다. 1933년 공산당 안에서 노선투쟁이 일어났을 때 비주류였던 모택동(1893~1976)을 옹호하다 상대 세력에 의해 모든 직위에서 해임된 것이 첫 번째 좌절이었다.

이후 중일전쟁 내내 공산당의 팔로군에서 정치위원을 지내고 1949년 양자강 도하작전과 남경 점령을 지휘해 중화인민공화국 수립에 공을 세움으로써 1952년 정무원 부총리를 맡게 되었다. 이후에도 당 중앙위원회 비서장(1954), 정치국 위원(1955) 등 모택동의 총애를 받으며 정치인으로 승승장구했으나 주은래와 달리 때때로 입바른 소리를 해 모택동으로부터

등소평(1904~1997)

배척을 받았다.

모택동이 현실에 맞지 않는 대약진운동을 펼쳐 중국 경제가 파산상태가 되었을 때는 "흰 고양이든 검은 고양이든 쥐를 잘 잡는 고양이가 좋은 고양이"라는 이른바 '흑묘백묘론(黑猫白猫論)'으로 실용주의적 노선을 견지했다. 모택동이 대약진운동의 실패 후 유소기에게 국가 주석직을 넘겨주고 자신은 당 주석 자리만 유지한 채 외형상 권력 핵심에서 비껴나 있을 때는 유소기와 함께 물질적 보상제를 채택하는 등의 방법으로 망가진 경제를 회복시키며 당내 입지를 키웠다.

그러자 위기감을 느낀 모택동은 중국이 개인주의와 자본주의 경향으로 흐른다며 역공의 기회를 노렸다. 그래서 시작된 것이 문화대혁명(문혁)이었고 유소기와 등소평은 된서리를 맞았다. 문혁 기간 중 등소평은 '반모(反毛) 주자파(走資派·자본주의 길을 걷는 자)의 수괴'라는 비판을 받아 1967년부터 2년간 감금되고 1969년 강서성의 트랙터 수리 제조공장으로 유배되어 3년간 막노동자로 일했다. 두 번째 실각이었다. 당시 대학생이던 그의 아들은 홍위병들에게 아버지의 잘못을 인정하라는 고문에 시달리다 창문에서 뛰어내려 평생 불구의 몸이 되었다.

등소평의 능력을 높이 산 모택동이 "유소기와 등소평을 구분하라"는 지시를 내려 당적이 유지된 것은 그나마 다행이었다. 이것은 언젠가 다시 기회가 주어질 가능성이 있다는 것을 의미했다. 모택동은 "유소기의 모순은 적대적 모순"이지만 "등소평의 모순은 인민 내부의 모순"이라며 언젠가 등소평을 중용할 계획이 있음을 내비쳤다.

등소평 역시 유배지에서 "주석님의 보호가 아니었다면 어떻게 되었을 지 모릅니다. 저는 지난 17년 동안 특히 문화대혁명 중에 너무나 중대한 과오를 범했습니다"라는 편지를 써 모택동이 다시 그를 불러줄 날을 기다렸다. 유소기는 결국 홍위병들에게 혹독한 박해를 받다가 1969년 지방의 한 창고에서 죽었다.

모택동의 무오류성 추종해온 화국봉 간단히 꺾어

문화대혁명의 광기가 수그러들었을 즈음인 1973년 3월, 당 중앙이 "등소평 동지의 당 조직 활동과 국무원 부총리 직무를 회복시키는 일에 관한 결정"을 공포함으로써 등소평은 실각된 지 5년 만에 재기했다. 1975년 1월 당 부주석, 국무원 제1부총리, 군사위 부주석, 해방군 총참모장에 임명되어 단번에 모택동, 주은래에 이어 서열 3위로 올라섰다.

그러나 1975년 11월 모택동이 문화대혁명에 대한 총체적 평가를 "70%는 성공적인 업적, 30%는 과오"로 만들라며 등소평에게 정치국 회의를 주재하라고 했을 때 등소평이 자신은 적합하지 않다며 회의 주재를 거절하면서 또다시 위기가 닥쳤다.

모택동이 등소평을 비판하기 시작하자 문혁 이후 주춤해 있던 4인방도 등소평에 대한 공세 수위를 높였다. 등소평을 보호해주던 주은래마저 1976년 1월 사망하는 바람에 홀로 난국을 견뎌내야 했던 등소평은 결국 1976년 4월의 '제1차 천안문 사태' 후 세 번째로 실각되어 연금상태가 되었다. 다행히 그해 9월 모택동이 죽고 10월에는 4인방까지 체포되어 세 번째 실각의 기간은 짧았다. 그래도 주은래 사후 실권자가 된 화국봉이 애매한 태도를 취해 복권은 금방 이뤄지지 않았다.

당 원로 섭검영이 등소평을 당무에 복귀시키자고 해도 화국봉은 선뜻 결론을 내리지 않고 침묵만 지켰다. 그만큼 등소평은 부담스러운 존재였다. 그렇다고 마냥 모른 체할 수 없어 1977년 7월 중국 공산당 제10기 중앙위 3차 전체회의(3중전회)에서 화국봉 자신은 당 주석에 오르고 등소평은 해임 전 직위인 당 부주석, 정무원 부총리, 인민해방군 총참모장으로 복권시켰다.

이후 둘 간의 헤게모니 싸움이 전개되었으나 화국봉은 등소평의 적수가 되지 못했다. 등소평은 당내 지지를 바탕으로 1978년 12월 18일부터 22일까지 열린 중국 공산당 제11기 3중전회에서 '반혁명 사건'으로 규정되어온 제1차 천안문 사태를 '혁명 사건'으로 재평가하는 데 성공함으로써 모택동의 무오류성을 추종해온 화국봉과의 승부를 간단히 매듭지었다.

또한 같은 회의에서 낙후된 중국의 공업·농업·국방·기술 등 4개 분야를 발전시킨다는 '4대 현대화를 위한 개혁개방노선'을 제시해 이후 천지가 개벽하는 개혁·개방 바람을 중국에 불러왔다. 화국봉은 결국 1981년 6월 제11기 6중전회에서 당 주석을 호요방에게 넘겨주고 자신은 부주석으로 물러났다. 국무원 총리도 등소평 사람인 조자양에게 돌아가고, 등소평은 당 중앙군사위 주석을 맡아 당·정·군을 모두 장악한 최고 실세로 군림했다.

서독 적군파 루프트한자 여객기 납치

독일의 로이터통신에 한 통의 성명이 날아들었다. "적군파의 과업을 오늘로 종료한다."

열악한 대학시설에 대한 개선 요구와 베트남전 반대, 여기에 이란 팔레비 국왕의 서독 방문 반대까지 맞물려 서베를린이 뜨겁게 달아오르고 있던 1967년 6월 2일 저녁, 팔레비의 서독 방문 반대 시위를 벌이던 베를린자유대생 벤노 오네조르크가 경찰이 쏜 총을 맞고 즉사했다. 이른바 '6월 2일 사건'으로 불리는 그날의 현장에는 구드룬 엔슬린과 안드

레아스 바더도 있었다.

바더는 중산층 가정에서 태어나 고등학교를 중퇴한 직업운동가였고, 엔슬린은 목사의 딸로 태어난 혁명투사였다. 둘 다 기혼자였고 각각 아이들이 있었지만 두 사람은 1967년 처음 만나 연인이 되었다. 오네조르크의 죽음을 계기로 독일의 학생운동은 더욱 극렬해지고 조직화되었다.

'6월 2일 사건'이 있고 10개월이 지난 1968년 4월 2일, 연인관계였던 바더와 엔슬린을 포함한 4명이 소비사회에 대한 저항과 미군이 벌인 베트남전에 대한 복수의 표시로 프랑크푸르트의 백화점 두 곳을 방화함으로써 자신들의 존재를 세상에 드러냈다. 4명의 방화범은 이틀 후 체포되어 1968년 10월 3년형을 선고받고 감옥에 수감되었다. 그때 그들을 인터뷰하고 곧 동지가 된 사람이 함부르크 좌익계 잡지의 여기자 울리케 마인호프였다.

감옥의 네 사람은 1969년 6월 보석으로 가석방되었다. 이후 바더와 엔슬린은 법정에서 자신들을 변호한 호르스트 말러 변호사와 얀 카를 라스페, 홀거 마인스 등과 함께 독일 '적군파'의 결성을 도모했다. 그러던 중 대법원의 상고 기각으로 4명 모두 수감될 처지에 놓였다. 하지만 한 명만 교도소로 돌아가고 바더 등 나머지 세 사람은 감옥행을 거부하고 모두 도망쳤다.

독일 영화 '바더 마인호프 콤플렉스' 포스터 (2008.9.25 독일 개봉)

1970년 4월 바더가 체포되자 마인호프, 엔슬린, 말러가 바더의 구출에 나섰다. 5월 14일 마인호프는 교도소 측에 바더와 함께 저술할 것이 있다고 요청해 바더를 베를린의 한 연구소로 불러낸 뒤, 바더를 감시하고 있던 교도관과 연구소 직원에게 총격을 가한 뒤 창문을 통해 함께 탈출했다. 서독 적군파를 '바더·마인호프 그룹'으로 부르는 것도 그 무렵부터였고 일부에서는 이 탈옥일을 서독 적군파의 기원으로 삼기도 한다.

탈옥 후 바더, 마인호프, 엔슬린 등은 1970년 6월 PLO(팔레스타인 해방기구) 산하 조직인 '파타'의 도움을 받아 요르단으로 도주했다. 그곳에서 2개월간 군사교육을 받고 8월에 다시 독일로 돌아와 본격적으로 테러활동을 전개했다. 그들은 1970년 9월부터 1972년 2월까지 은행들을 수차례 습격해 자금을 끌어모았다. 위조여권용 서류를 탈취하기 위해 관공서를 습격하고 그들을 불심검문하는 경찰관을 살해했다.

1972년 5월 프랑크푸르트의 미군 헌병대에 가한 폭탄테러는 본격적인 무장투쟁의 시작이었다. 같은 달에만 아우크스부르크의 경찰청에 자동차 폭탄테러를 가하고 연방법원 판사를 상대로 암살을 시도했으며 보수 언론사인 '슈프링어 그룹'에 폭탄테러를 가했다. 하지만 결국 경찰의 추적을 받아 1972년 6월 바더와 마인호프를 비롯 적군파 1세대들이 모두 검거되었다.

서독 전역에 피바람 불어

수감된 마인스가 감옥에서 단식농성을 벌이다가 1974년 11월에 죽자 적군파 2세대들의 복수극이 시작되었다. 감옥 밖의 적군파 후계자들은 베를린 형사재판소장을 암살하고 1975년 4월에는 스톡홀름 주재 독일 대사관을 점거해 동료들의 석방을 요구했다.

죽은 마인스를 제외한 나머지 적군파에 대한 재판이 1975년 5월 시작되었을 때 법정은 피고들의 저항과 욕설로 아수라장이 되었다. 엔슬린은 판사에게 "늙은 돼지"라며 비아냥거렸고, 바더는 "파시스트 개새끼"라고 욕을 퍼부었다. 마인호프는 재판이 진행 중이던 1976년 5월 목을 매 자살함으로써 순교자가 되었다.

1977년 4월 바더, 엔슬린, 라스페 등에게 무기징역이 선고되자 서독 전역에 피바람이 불었다. 1977년 4월 독일연방 검찰총장의 암살을 시작으로, 7월에는 드레스덴 은행 총재가 살해되고, 8월에는 검찰청에 불발 로켓이 떨어졌으며, 9월에는 한스 마르틴 슐라이어 독일경영자연맹 회장이 납치되었다.

1977년 10월 13일에는 스페인의 휴양지 마요르카 섬을 떠나 서독 프랑크푸르트 공항으로 가던 서독 루프트한자의 보잉 737기가 4명의 아랍인 적군파에게 공중납치되었다. 여객기는 로마, 키프로스, 바레인, 두바이, 아덴 등을 거쳐 아프리카 소말리아 모가디슈 공항에 기착했다. 납치범들은 적군파의 석방과 거액의 현금을 요구했다.

슈미트 서독 총리는 한동안 납치범들과 교섭을 벌였으나 10월 17일 납치범들이 조종사 1명을 살해한데다 슐라이어 회장의 납치도 그들의 소행인 것이 드러나자 강경진압으로 선회했다. 서독에서 급파된 특공대가 야음을 틈타 여객기 문을 폭파하고 기내로 진입한 것은 10월 18일 새벽 2시 5분이었다. 86명의 인질 전부를 무사히 구출하는 데 걸린 시간은 단 7분이었다. 4명의 납치범 중 3명은 현장에서 사살되고 1명은 중상을 입었다.

자신들을 석방시키려는 아랍 게릴라들의 납치기도가 실패로 돌아간 것을 알게 된 바더와 라스페는 그날 밤 권총으로, 엔슬린은 목을 매 자살했다. 납치된 슐라이어 회장은 이튿날 자동차의 짐칸에서 시체로 발견되었다. 루프트한자 피랍사건 후 적군파는 한동안 숨을 죽이는 듯했다. 그러나 1989년 독일 지멘스사 경영자 카를 하인츠 베쿠르츠가 탄 승용차를 폭파해 즉사시키고, 1991년 4월 동독 산업민영화 책임자 로베더를 암살함으로써 건재를 과시했다. 다행히 더 이상의 테러는 없었다.

그리고 1998년 4월 20일 독일 본의 로이터통신 지사에 한 통의 성명이 날아들었다. "적군파의 과업을 오늘로 종료한다. 적군파라는 도시게릴라는 이제 역사가 되었다."

안와르 엘 사다트 이집트 대통령 이스라엘 방문

"마치 마법의 융단을 타고 약속된 땅 위에 내린 알라의 사자(使者)처럼"이라고 전했다.

1960년대 아랍의 맹주는 '아랍 민족주의의 영웅' 가말 압델 나세르(1918~1970)였다. 그러나 나세르는 1967년의 '6일 전쟁'에서 이스라엘에 시나이반도를 빼앗긴 뒤 절치부심하며 복수를 꿈꾸다 1970년 9월 28일 급서했다. 후임 대통령으로는 1952년 나세르와 함께 쿠데타를 성공시키고 국회의장 등 요직을 두루 거친 안와르 엘 사다트(1918~1981) 부통령이 선출되었다.

사다트는 나세르의 혁명 동지였기 때문에 나세르의 뜻을 거스르지 않을 것으로 예상되었다. 그러나 사다트는 "나세르의 관료주의가 모든 것을 질식시키고 사회주의 정책이 경제를 파멸시켰다"며 적극적으로 '탈 나세르 운동'을 펼쳤다.

사다트는 사회주의 노선을 수정한 신헌법을 공포(1971.9)하는 것으로 나세르와의 차별화를 시도했다. 1972년 7월에는 1만 5,000여 명의 소련 군사고문단을 추방해 나세르의 친소 정책도 폐기했다. 점차 친소에서 친미로, 사회주의 노선에서 시장경제로 전환한 그에게 세계의 이목이 집중되었다.

1973년 10월에는 제4차 중동전에서 한때나마 이스라엘로부터 시나이반도를 되찾아, 일약 아랍 세계의 기대주로 부상했다. 1975년에는 나세르가 봉쇄한 수에즈운하를 8년 만에 재개통하고 1976년에는 대소 우호협

력조약을 폐기해 그가 추구하는 노선이 무엇인지를 분명히 드러냈다.

안와르 엘 사다트(1918~1981)

문제는 개선되기는커녕 더욱 악화되어만 가는 경제였다. 노동자와 학생들은 "우리의 빵은 어디에 있는가? 나세르는 어디에 있는가?"라고 구호를 외치며 반정부 시위를 펼쳤다. 1977년 1월 식량폭동까지 일어날 정도로 상황이 악화되었다. 이처럼 혼란스러울 때 사다트의 대반전이 일어났다. 1977년 11월 9일 "필요하다면 크네세트(이스라엘 의회)라도 가겠다"며 대(對)이스라엘 관계 개선에 나설 뜻이 있음을 내비친 것이다.

이스라엘의 베긴 총리가 11월 15일 초청장을 보내 화답함으로써 1948년 이스라엘의 독립 이래 불구대천의 원수가 되어버린 이집트와 이스라엘 간에 평화의 기운이 감돌았다.

사다트는 시간을 끌지 않았다. 1977년 11월 19일 이스라엘 벤구리온 공항으로 날아가 평화를 향한 역사적인 첫발을 내디뎠다. 아랍 지도자로서는 최초의 이스라엘 방문이었다. 그 역사적인 순간을 당시 타임지는 "마치 마법의 융단을 타고 약속된 땅 위에 내린 알라의 사자(使者)처럼"이라고 전했다. 사다트는 3일 동안 이스라엘에 머물며 이슬람교와 유대교 사원을 방문했다.

이스라엘 의회에서는 중동의 지속적인 평화를 호소하고 이스라엘의 점령지역 철수와 팔레스타인 국가 수립을 주장하는 연설을 했다. 하지만 눈에 띄는 성과는 없었다. 3차례의 회담에도 불구하고 11월 21일 발표된 결과물은 "양국은 더 이상의 전쟁과 유혈 공격이 없어져야 한다"는 원론적 합의성명서 한 장뿐이었다.

아랍권은 사다트의 고립화 꾀해

이스라엘은 여전히 요르단강 서안 등 팔레스타인의 지위에 대해서는 한 치도 양보할 생각이 없었다. 평화 보장이 담보되어야 시나이반도를 반환하겠다는 입장에도 변함이 없었다. 이처럼 30년간의 해묵은 갈등이 전혀 해소되지 않았는데도 세계는 사다트의 용기와 결단에 찬사를 보냈다. 이집트 국민도 사다트를 열렬히 환영했다. 하지만 아랍권은 사다트를 '아랍의 배신자'라며 비난했다. 리비아, 시리아, 이라크, 알제리 등은 이집트와 단교하고 사다트의 고립화를 꾀했다.

사다트의 이스라엘 방문 후 이집트·이스라엘이 1년간을 더 회담으로 소모했으나 접점을 찾지 못하자 미국이 중재에 나섰다. 1978년 9월 카터 미 대통령의 초대로 미국의 '캠프 데이비드'로 건너간 사다트와 베긴은 카터 미 대통령의 중재로 의견을 조율하고, 9월 17일 중동평화협정 이른바 '캠프 데이비드 협정' 합의문서에 서명했다. 시나이반도의 이집트 반환, 이집트·이스라엘의 국교 수립, 5년 내 요르단강 서안 및 가자지구 내 팔레스타인 자치 보장 등을 담은 획기적인 내용이었다.

사다트와 베긴은 이 공로로 1978년 노벨평화상을 수상했고, 협정은 1979년 3월 26일 체결되었다. 국제적으로 사다트의 인기는 치솟았으나 국내에서는 6년 단임 대통령제를 폐지하고 영구집권을 시도하는 그에게 반발하는 목소리가 곳곳에서 터져 나왔다. '고독한 파라오'가 된 사다트는 반대 세력에 탄압을 가했다. 1981년 9월에는 2,000여 명의 반대파를 체포·수감해 과격파의 증오를 불렀다.

그러던 중 제4차 중동전 개전 기념일인 1981년 10월 6일, 카이로 북동부 '승리의 거리'에서 사다트가 참석한 전승 기념 군사 퍼레이드가 열렸다. 미라주 전투기 편대가 굉음을 울리며 저공으로 에어쇼를 펼치고 있었고 군중은 그 광경을 지켜보느라 한눈을 팔고 있던 오후 1시쯤, 갑자기 요란한 기관총 소리가 울려퍼졌다. 사열대 앞을 지나고 있던 장거리포 견인트럭에서 4명의 암살범이 뛰쳐나와 사열대의 사다트를 향해 기관총을 난사한 것이다.

사다트는 머리와 가슴 등에 5발의 총탄을 맞고 병원으로 옮겨졌으나 이미 심장 박동은 멈춰 있었다. 불과 40초 만에 끝난 총격전으로 사다트를 포함 9명이 숨지고 38명이 부상했다. 범인 중 3명은 현장에서 체포되었고 1명은 현장을 빠져나갔다가 이틀 후 체포되었다.

사건 당일 밤 무바라크 부통령이 과격파 이슬람 원리주의자가 암살범이라고 발표했지만 암살범의 모습만 TV 카메라에 잡혔을 뿐 사다트의 피격 순간이 TV 카메라에 잡히지 않고 피살 순간을 보았다는 확실한 목격자도 없어 한동안 "사다트가 피격 전에 이미 살해되었다"는 유언비어가 유포되었다.

알렉스 헤일리 원작 '뿌리' TV 드라마 방송

방송 후, 자신의 뿌리를 찾아 순례하는 흑인들의 아프리카 여행 붐이 일어났다.

알렉스 헤일리(1921~1992)는 뉴욕에서 태어나 대학을 중퇴한 뒤 20년(1939~1959) 동안 미 해안경비대원으로 복무하면서 해상 생활의 무료함을 달래기 위해 틈틈이 잡지에 글을 기고했다. 1960년 흑인 이슬람 지도자 말콤 엑스의 인터뷰를 '리더스 다이제스트'에 실은 것을 계기로 말콤 엑스의 자서전을 집필함으로써 전업 작가로 이름을 알렸다.

자서전은 1963년 말콤 엑스의 요청을 받아 1년간의 인터뷰와 1년간의 집필을 거쳐 1965년 7월 출판되었으나 불행히도 말콤 엑스는 자서전 출판 5개월 전에 피살되는 바람에 자신의 자서전을 보지 못했다. 그러나 자

타임지 표지에 소개된 알렉스 헤일리 (1977.2.14)

서전은 말콤 엑스의 극적인 죽음 덕분에 전 세계적으로 600만 부나 팔리는 대박을 터뜨렸고, 헤일리는 유명 작가로 이름이 널리 알려졌다.

헤일리는 오랫동안 별러온 소설을 구상했다. 그것은 어린 시절 외할머니에게서 간간이 들어온 미국 흑인 노예들의 가슴 아픈 역사였다. 흑인 가족사 소설을 써야겠다고 마음먹은 헤일리는 먼저 '토비 아저씨'라는 6대조 할아버지를 추적했다.

장장 12년 동안 미국의 도서관, 연구소 등 근 60개소를 돌아다니며 자료를 모으고, 아프리카의 감비아 강변 주푸레 마을까지 찾아가 자신의 조상 이름이 '쿤타 킨테'라는 사실을 알아냈다. 영국에 가서도 당시의 노예선에 관한 기록을 조사한 끝에 쿤타 킨테에 관한 구전이 사실이었음을 확인했다.

헤일리는 쿤타 킨테가 겪었던 노예선의 고통을 조금이나마 체험하기 위해 아프리카발 미국행 화물선을 타고 열흘 동안 밤마다 속옷만 입은 채 어둡고 추운 배 밑창의 짐칸에서 지내기도 했다. 12년 동안 80만 킬로미터를 돌아다니고 수천 명의 사람을 만나 확인한 그의 조상 쿤타 킨테의 과거는 이랬다.

1767년 쿤타 킨테는 마을 근처 숲 속으로 나무를 하러 갔다가 노예상인들에게 붙잡혀 노예선에 실려 다른 흑인들과 함께 미국으로 보내졌다. 돼지우리나 다름없는 노예선 지하에서 3개월을 지내는 동안 흑인들은 선상 반란을 일으켰지만 제압당하고, 결국 미국에서 노예의 삶을 살아야 했다.

농장 주인에 의해 '토비'라는 이름으로 불리게 된 쿤타 킨테는 가혹한 현실로부터 도망치려고 여러 번 시도했으나 결국 실패하고, 농장주 동생에게 다시 팔려 여성 노예인 벨과 부부가 되었다. 노예의 질곡은 자손 대대로 세습되었고, 쿤타 킨테의 피는 몇 대를 거쳐 헤일리에게까지 이어졌다.

쿤타 킨테의 파란만장한 삶은 587쪽의 대작소설 '뿌리'를 통해 세상에 소개되었다. 1976년 8월 17일 출간된 '뿌리'는 100만 부 이상 팔리고, 이듬해 4월 퓰리처상 특별상 수상작으로 뽑히는 등 대성공을 거뒀다.

소설이 완성되기도 전에 미 ABC 방송은 그동안 흑인 자신이 노예의 역사를 기록한 것이 거의 없고, 백인을 포함하여 자기의 뿌리를 캐고자 하는 분위기가 미국에 강하다는 점에 착안해 드라마 제작에 착수했다.

미 TV 드라마 사상 전무한 기록 세워

600만 달러의 거금이 들어간 드라마는 2년의 제작과정을 거쳐, 소설이 출간된 1976년 12시간짜리로 완성되었다. 1977년 1월 23일부터 30일까지 8일 동안 미 전역에 방송된 드라마에 쏟아진 반응은 소설과 비교가 되지 않을 정도로 폭발적이었다. 미 TV 시청자의 약 80%에 해당하는 3,640만 가구, 1억 3,000만 명을 브라운관 앞으로 끌어들이는 사상 전무한 기록을 세운 것이다.

에미상 37개 부문 후보에 지명되어 9개 부문을 휩쓸고, 골든 글로브와 피바디상을 받을 정도로 작품성도 인정을 받았다. 우리나라에서는 1978년 3월 25일부터 4월 1일까지 TBC TV를 통해 연속 방송되어 큰 인기를 끌었다.

'뿌리' 열풍은 도대체 어디에서 기인한 것일까? 먼저 거론되는 것이 헤일리가 기울인 12년간의 끈질긴 노력이다. 여기에 아프리카에서 노예로 끌려와 자유를 찾는 감동적인 스토리, 자신의 뿌리에 대한 향수와 미국 땅에 흘러들어온 과정을 반추하는 이민자 특유의 감상도 인기몰이에 작용했다는 분석이다.

노예선의 생생한 묘사와 탈주하려던 노예의 발을 자르는 잔혹한 형벌, 흑인의 딸들을 마구 겁탈하는 백인 주인들, 백인의 힘에 계속 억눌려가며 자유를 갈구하는 흑인 노예 일가의 원한 등 온갖 극적인 요소들이 다양하게 어우러진 것도 시청자의 눈을 사로잡기에 충분했다. 또한 흑인노예는 거의 전부가 착하고 선량하고 용감하게 그린 반면 백인은 거의 전부가 비겁하고 무자비한 악인으로 설정해 선악을 선명히 대조시키는 미국식 서부극의 수법이 재미를 배가시켰다는 분석이다.

'뿌리'가 방송된 후 호적 보관제도가 없고 몇 대에 걸쳐 핵가족 중심으로 이어져 선조가 누구인지 관심조차 없던 미국에서 조상을 찾아보려는 움직임이 일어나고, 또 자신의 뿌리를 찾아 순례하겠다는 흑인들의 아프리카 여행 붐이 일어난 것도 '뿌리'가 불러온 변화 가운데 하나였다.

'뿌리'에 대해 역사적 의미를 부여하는 목소리도 적지 않다. "1965년 앨라배마주의 셀마에서 벌어진 가두 시위 이후 가장 중요한 공민권 사건이었다", "미국의 인종관계를 가르치는 가장 극적인 교육이었다"라는 극찬이 있을 정도로 '뿌리'가 미국 사회에 던진 충격은 컸다. 흠이라면 표절 시비에 휘말리고 일부 내용이 사실과 다르다는 지적이 제기되는 등 논란에 휘말린 것이다. 헤일리는 결국 '뿌리'의 내용이 모두 사실이 아니라는 점을 시인했다.

1978년

국내 최초 원자력발전소 고리 원전 1호기 준공

_ *콜더홀 원자력발전소*

국내 최초 미사일 '백곰' 시험발사 성공

동일방직 똥물 사건

조세희 '난장이가 쏘아올린 작은 공' 출간

박현채 '민족경제론' 출간

김덕수 사물놀이 첫 공연

최은희·신상옥 홍콩서 납북

세계 최초 시험관 아기 탄생

등소평 개혁·개방 노선 천명

베트남의 캄보디아 침공과 '킬링 필드' 종식

요한 바오로 2세 교황 즉위

_ *교황 암살과 파티마 계시*

에드워드 사이드 '오리엔탈리즘' 발간

가이아나 '인민사원' 집단 자살

이탈리아 '붉은 여단' 알도 모로 전 총리 납치 살해

국내 최초 원자력발전소 고리 원전 1호기 준공

시설용량 58만 7,000kW는 전체 발전용량의 9%나 될 정도로 비중이 컸다.

1953년 12월 8일 미국의 아이젠하워 대통령이 '핵의 평화적 이용'이라는 제목의 유엔 연설을 통해 "원자력 발전 등 평화적인 목적으로 핵을 이용하려는 나라에게 기술을 제공하겠다"고 발표했다. 가공할 핵폭탄으로만 인식되어온 원자력을 평화적인 목적의 발전 동력으로 사용하자는 취지의 발언이었다. "인간이 지닌 위대한 창의력을, 죽음을 생산하는 물질이 아닌 삶을 창조하는 물질을 만드는 데 바칠 것을 전 세계 앞에서 약속한다"는 아이젠하워의 연설에 전 세계는 환영의 뜻을 표했다.

하지만 이승만 대통령은 우리가 과연 원자력 발전을 할 수 있을지에 대해서는 확신하지 못했다. 이런 이승만 대통령에게 원자력의 이용을 쉽게 설명하고 납득시킨 사람이 워커 리 시슬러였다. 그는 유럽 주둔 미군 총사령관 아이젠하워 장군 휘하에서 전후 유럽 복구사업의 총책임을 지고 단시일 내에 임무를 완수한 전기기술의 대가로, 미 에디슨사의 사장과 회장을 역임했다. 무엇보다 1948년 5월 14일 북한의 전력 송출 중단으로 남한이 심각한 전력난에 빠졌을 때 '자코나'(2만kW급)와 '엘렉트라'(6,500kW급) 발전함을 각각 인천항과 부산항으로 보내도록 미 정부를 설득해 관철시킨, 우리에겐 더없이 고마운 사람이다. 그는 이승만 대통령에게도 원자력의 중요성을 깨우쳐주었다.

한국은 1956년 2월 3일 '원자력의 민간 이용에 관한 대한민국 정부와 미합중국 정부 간의 협력을 위한 협정'이라는 다소 긴 이름의 원자력 협정을 미국과 체결했다. 한국이 비로소 원자력 발전에 첫발을 내디딘 것이다. 이미 1954년 6월 소련의 오브닌스크 원전이 세계 최초로 시운전에 성공하고 1956년 10월 세계 최초의 상업 원전인 영국의 콜더홀 원자력발전소가 가동을 준비하고 있었다.

미국과의 원자력 협정에 이어 1956년 3월 문교부 안에 원자력과가 설치됨으로써 우리나라 최초의 원자력 행정기구가 탄생했다. 4월에는 우리나라 최초의 원자력 연구생들이 미국 아르곤연구소에 파견되었다.

1957년 7월 29일 IAEA(국제원자력기구)가 발족한 가운데 원자력법이 1958년 2월 국회를 통과하고 3월 11일 공포되었다. 1959년 1월엔 원자력 정책을 집행할 '원자력원'이 설립되고, 1959년 3월엔 원자력원 산하에 '원자력연구소'가 세워졌다. 원자력연구소는 73만 달러를 들여 미국 제너럴 일렉트릭사의 자회사인 제너럴 아토믹(GA)사로부터 실험용 원자로 '트리가 마크-2'를 도입해 1962년 3월 30일 가동했다. '트리가'는 출력에 따라 마크-1(10kW), 마크-2(100kW), 마크-3(1,000kW)로 분류된다. 원자력연구소는 1969년 4월 마크-3도 도입해 우리나라는 2개의 실험용 원자로를 보유하게 되었다.

세계 21번째, 아시아 4번째로 '제3의 불' 점화

고리 원자력발전소(1978.7)

원자력 이용에는 박정희 정부도 관심이 많았다. 1967년 3월 원자력원을 확대 개편한 '원자력청'을 신설하고 그해 4월에는 원자력 정책을 포함한 국가 과학정책을 총괄하는 '과학기술처'를 발족시켰다. 1967년 10월에는 50만kW급 원전 2기를 건설한다는 장기 플랜을 세웠다.

원전을 지으려면 원자로를 선정해야 하는데 당시에는 경수로로 통칭되는 '가압경수로', 비등수로로 불리는 '가압비등수로', '가스냉각로' 세 가지 방식이 있었다. 경수로는 미국의 웨스팅하우스 등이 제작한 원자로였고, 비등수로는 트리가 마크-2를 제작한 제너럴 일렉트릭사가 기술을 갖고 있었다. 가스냉각로는 영국의 원자력수출공사에서 생산했다.

한국은 경수로를 선택해 1970년 12월 한국전력과 웨스팅하우스가 원자력 발전소 공급 계약을 체결했다. 경수로를 설치할 장소로는 경남 양산군 기장읍 공수리와 고리, 행주산성 부근인 행주외성 등 세 군데가 물망에 올랐으나 고리가 최종 후보지로 선정되었다. 고리에서 원전 1호기 착공식이 열린 것은 1971년 3월 19일이었다.

턴키 방식(일괄도급)으로 건설된 고리 1호기는 미국의 웨스팅하우스가 원자로 계통을 맡고, 영국의 제너럴 일렉트릭 컴퍼니(GEC)가 터빈 발전 계통을 담당했으며 현대건설과 동아건설이 현장공사에 참여했다. 원전에 대한 원천기술이 없었던 우리로서는 턴키 방식이라도 감수해야 했다.

1977년 6월 19일 고리 1호기에서 사상 첫 핵분열을 시작하고 1978년 4월 29일 상업운전을 시작했다. 동시에 웨스팅하우스사로부터 원전을 인수하면서 우리나라는 세계에서 21번째, 아시아에서는 일본, 인도, 파키스탄에 이어 4번째로 '제3의 불'을 점화한 나라가 되었다.

준공식은 1978년 7월 20일에 열렸다. 고리 1호기의 시설용량 58만 7,000kW는 당시 우리나라 전체 발전용량 659만kW의 9%나 될 정도로 우리 발전 시설에서 차지하는 비중이 컸다. 65만kW의 고리 2호기는 1977년 3월에 착공하고 1983년 7월 25일 상업운전을 시작했다. 중수로를 채택한 월성 1호기는 고리 2호기 준공에 앞서 1983년 4월 22일 상업운전을 시작했다. 고리 2호기와 월성 1호기도 턴키 방식이었다. 우리나라 최초로 논 턴키 방식을 채택한 발전소는 고리 1호기 준공식과 함께 기공식을 연 고리 3·4호기이다. 이는 우리의 원전 기술이 조금씩 나아지고 있다는 증표였다.

2012년 현재 전국적으로는 고리의 4호기를 비롯 전남 영광에 6기, 경북 울진에 6기, 경북 월성에 4기 등 모두 20기의 원전이 가동 중이고 신고리 1~4호기, 신월성 1·2호기 등 총 6기가 건설 중이다. 고리 1호는 설계수명 30년이 끝난 2007년 6월 9일 가동을 멈췄으나 안전성 평가에서 연장 가동이 가능한 것으로 확인되어 현재도 가동 중이다.

콜더홀 원자력발전소 1942년 12월 2일 미국의 페르미가 핵분열 연쇄반응에 성공함으로써 원자력의 가공할 위력이 검증되었다. 그러나 그 엄청난 위력이 평화적인 목적으로 사용되지 않고 원자폭탄으로 개발됨으로써 인류는 큰 충격에 휩싸였다. 원자력의 동력화가 몇 개 국가에서 시도된 것은 2차대전 후였다.

미국은 1951년 12월 아이다호 국립원자력실험장에서 세계 최초로 원자력의 동력화에 성공한 바 있어 기술면에서는 다른 나라보다 앞섰다. 하지만 미국은 원자력발전소를 개발하기보다는 잠수함과 항공모함에 원자로를 탑재하는 데 원자력 기술을 활용했다. 이 때문에 가장 먼저 원전을 가동한 것은 구소련이었다.

소련은 1954년 6월 모스크바에서 남쪽으로 100㎞ 떨어진 소도시 오브닌스크에서 5,000㎾급 원자력발전소의 시운전에 성공했다. 준공식에는 당시 소련의 우방국인 인도의 네루 총리, 유고의 티토 대통령, 베트남의 호찌민, 북한의 김일성 등이 참석했다. 이 원전은 오브닌스크 지역에 전기를 공급한 세계 최초의 발전용 원자로라는 점에서 소련에 큰 자부심을 안겨주었다. 하지만 전기를 상품화하여 소비자에게 판매할 목적으로 세워진 것이 아니었기 때문에 세계 최초의 상업용 원자력발전소로 기록된 것은 영국의 콜더홀 원전이었다.

원전 착공에 앞서 영국은 원전에 사용되는 연료 때문에 한동안 골머리를 앓았다. 원자력 연료인 우라늄에 쉽게 불을 붙이고, 오래 타도록 하기 위한 방법은 두 가지가 있는데, 하나는 천연우라늄 속에 0.7% 들어 있는 우라늄 235의 농도를 2~4% 정도로 높여주는 방법이고 다른 하나는 흑연과 가스를 사용하거나 중수를 사용하는 방법이다.

첫 번째 방법으로 원자력 발전을 하려면 우라늄 농축공장이 필요했으나 당시 서방세계에서 유일하게 우라늄 농축공장을 소유하고 있는 미국이 농축된 우라늄을 공급하지 않겠다고 거부하는 바람에 영국은 천연우라늄을 농축하지 않고, 흑연과 가스로 천연우라늄을 감싸는 두 번째 방법으로 원자력발전소를 건설해야 했다.

이렇게 해서 탄생한 것이 1956년 10월 17일 잉글랜드 북서부의 콜더홀에서 공식 가동을 시작한 콜더홀 원전이었다. 9만 2,000kW급 가스냉각로형 원자로 2기로 구성된 이 쌍둥이 원전은 47년간 가동되다가 2003년 3월 역사적 소명을 다하고 문을 닫았다.

국내 최초 미사일 '백곰' 시험발사 성공

자주국방을 향한, 작지만 의미 있는 '거보'는 이렇게 시작되었다.

박정희 대통령이 국산 미사일을 개발하라고 극비 지시를 내린 것은 1971년 12월이었다. 당시 우리나라는 미사일은 고사하고 탄두조차 제대로 만들지 못하는 무기 후진국이었다. 그런데도 이런 지시를 내린 것은 자주국방 의지가 그만큼 절박했기 때문이다.

당시 남북관계는 긴박하게 전개되고 있었다. 1968년 1월의 1·21사태와 푸에블로호 나포 사건, 1969년 4월의 미 정보기 격추 사건 등 북한의 도발이 잇따르고 있었고 1969년 7월에 발표된 '닉슨 독트린'에 따라 주한 미군 제7사단이 1971년 3월 철수하고 있었다.

미사일 개발의 임무가 맡겨진 곳은 국방과학연구소(ADD)였다. 문제는 당시 ADD 연구원 중 미사일 개발 경험자가 전무하다는 점이었다. 도면과 기술 자료도 없었다. ADD는 미 맥도널 더글러스(MD)의 나이키 허큘리스 미사일을 모방하기로 했다. 그러자 미 정부가 나서 한국의 미사일 개발을 반대했다.

우리 정부는 한국군이 장차 허큘리스 미사일을 정비하고 성능을 개량하려면 기술 습득이 절대적으로 필요하다며 미 정부를 설득했다. 1970년대 초 미국의 방위산업이 하향곡선을 그리고 있는 것도 우리에게는 유리하게 작용했다. 오랜 평화 지속으로 미국의 많은 군수업체가 경영난에 시달리고 있었던 것이다. MD도 예외가 아니었기 때문에 한국에 미사일 관련 기술을 판매해 수익을 올릴 필요가 있었다.

이런 과정을 거쳐 힘들게 개발된 미사일은 1978년 9월 26일 충남 태안의 안흥 시험장에서 공개적으로 시험발사되었다. 나이키 허큘리스 지대공 미사일을 모방하긴 했지만 우리나라 무기사에 첫 국산 미사일로 기록된 '백곰'(K-1)이었다. 백곰은 박 대통령과 국내 보도진이 지켜보는 가운데 화염과 연기를 내뿜으며 하늘로 솟아올랐다. 미사일의 표적지 명중을 알리는 "탄착!" 소리가 들리는 순간 한국은 세계에서 7번째로 탄도미사일 개발국이 되었다. 백곰뿐 아니라 대전차로켓 6발, 다연장로켓 구룡 56발, 중거리 무유도로켓 황룡 4발도 이날 바다에 포말을 일으켰다. 자주국방을 향한, 작지만 의미 있는 '거보'는 이렇게 시작되었다.

하지만 1979년 미국이 한국의 미사일 개발을 다시 문제 삼았다. 핵 탄두 운반체 역할을 할 수 있고, 북한에 대한 선제 공격용 무기로 사용될 수 있다는 이유에서였다. 미국은 1979년 7월 존 위컴 주한 미군사령관 명의의 서한에서 "한국의 미사일은 사거리 180㎞ 이내, 탄두 중량 500㎏ 이내로 제한해야 한다"고 우리 정부에 요구했다. 말도 안 되는 요구였지만 우리 정부는 선택의 여지가 없었다. 정치·경제·군사적인 측면에서 미국에 절대적으로 의존할 수밖에 없는 1970년대의 상황은 우리 정부로 하여금 미국의 요구를 수용하게 했다. 당시 북한은 사거리 55~70km의 구 소련제 로켓을 보유하고 있었을 뿐 미사일은 없었다.

박정희 대통령이 안흥 시험장에서
백곰의 발사 장면을 지켜보고 있다.

"사거리 180㎞ 이내, 탄두 중량 500㎏ 이내로 제한하라"

우리의 탄도미사일 대북 우위는 '사거리 180km를 넘어서는 안 된다'는 족쇄로 인해 오래가지 못했다. 여기에 1982년 전두환 대통령의 지시로 ADD가 해체된 것도 순수 국내 미사일 개발을 더디게 했다. 백곰의 후속 사업은 전면 중단되었다. 핵 개발과 운반수단인 탄도미사일 개발을 의심한 미국의 압력, 백곰과 ADD에 대한 전 대통령의 오해와 불신이 원인이었다. 반면 북한은 1981년 이집트로부터 사거리 300km의 구 소련제 스커드B 미사일을 도입·분해한 뒤 역(逆) 설계에 성공해 1985년 스커드B 시험발사에 성공했다. 1986년에는 사거리 500km의 스커드C 시험발사에도 성공, 순풍에 돛을 단 듯 발전을 거듭했다.

전두환 대통령에게 우리도 미사일을 개발해야 한다는 필요성을 깨우쳐 준 것은 1983년의 아웅산 테러사건이었다. 이후 우리 기술진은 더딘 진행 속에서도 1986년 사거리 180km의 '현무' 지대지 탄도미사일을 발사하는 데 성공했다. 사거리는 백곰과 비슷했으나 정확도는 미국 등 선진국 수준에 필적했다. 실전에 배치되지 못한 채 사라진 백곰과 달리 현무는 1980년대 후반 실전에 배치되었다. 비로소 우리가 제작한 최초 실용형 지대지 탄도미사일이 국토 수호에 나선 것이다.

현무는 1990년대 중반 무렵 구성요소의 98%가 국산화되어, 한국형 유도무기 중 가장 국산화율이 높은 무기로 진화했다. 하지만 미국의 감시와 견제로 '사거리 180km, 탄두 무게 500kg 이하'에 묶여 북한을 견제하는 데는 역부족이었다. 북한의 미사일 개발 속도는 1990년대 들어 더욱 빠르게 진행되었다. 1993년 5월 사거리 1,000km, 탄두 무게 1,000kg의 '노동 1호'의 시험발사에 이어 1998년 8월 사거리 1,500km인 '대포동 1호'를 발사하는 데도 성공했다.

위기의식을 느낀 우리 정부는 180km 제한을 철폐해줄 것을 지속적으로 미국에 요청했다. 양국은 수년간의 협상 끝에 2001년 1월 사거리를 180km에서 300km로 늘리고, 탄두 무게는 500kg 그대로 제한하는 데 합의했다. 우리나라는 개발도상국들의 무분별한 미사일 개발을 막는 대신 어느 정도의 미사일 기술 교류를 가능하도록 한 '미사일 기술 통제체제(MTCR)'에도 세계 33번째로 가입함으로써 공개적으로 180km의 족쇄로부터 풀려났다.

2012년 합의로 사거리 800km로 늘어나

당시 우리는 1990년대 후반에 개발을 완료한 사거리 300km인 '현무 2A'를 보유하고 있었다. 그래도 사거리 300km 미사일로는 사거리를 계속 늘리고 있는 북한을 대적할 수 없었다. 한국 정부는 점증하는 안보 불안을 해소하기 위해 2002년 1월 미국에서 사거리 300km인 '에이태킴스

(ATACMS)'를 도입했다. 그래도 사거리에서는 여전히 북한에 비해 열세였다. 한국은 이 문제를 크루즈(순항) 미사일에서 해법을 찾았다. 사거리와 탄두 무게의 제한을 받는 탄도미사일과 달리, 무인항공기(UAV)와 같은 계열로 분류되어 탄두 중량이 500kg을 넘지 않으면 사거리에 제한을 받지 않는 크루즈 미사일의 특성을 이용한 것이다. 크루즈 미사일은 탄도미사일보다 파괴력은 작지만 적의 핵심 시설을 10m의 오차 범위 내에서 타격을 가할 수 있어 위력이 크다.

우리나라는 2000년대 중반 사거리 500km의 크루즈 미사일 '현무 3A'을 개발했다. 이를 토대로 사거리 1,000km의 '현무 3B'를 개발한 데 이어 2010년 사거리 1,500km의 크루즈 미사일 '현무 3C'를 실전 배치했다. 이는 북한 전역은 물론 일본의 도쿄, 중국의 북경 등 주변국의 주요 지역 상당수를 사정권에 넣을 수 있는 거리다. 우리의 크루즈 미사일은 정확도가 5m 이내에 이를 정도로 뛰어나 미국의 토마호크 크루즈 미사일의 성능에 버금가는 수준인 것으로 알려졌다.

우리는 또한 한·미 간의 300km 제한 약속에도 불구하고 2009년 사거리 500km의 지대지 탄도미사일인 '현무 2B'를 비공식적으로 실전 배치했다. 크루즈 미사일보다 파괴력이 훨씬 강한 탄도미사일인 '현무 2B'의 배치로 우리 군은 함경북도의 나진 일대를 제외한 북한 전역의 주요 군사기지는 물론 중국의 길림성, 요령성, 흑룡강성 등 이른바 동북 3성의 일부 지역까지 사정권에 넣을 수 있는 강력한 탄도미사일을 확보하게 되었다. '현무 2B'의 비행속도가 음속의 4배 이상인 점을 감안하면 서울에서 '현무 2B'를 발사할 경우 평양에는 2분 22초, 평안북도 영변 핵시설에는 3분 17초에 도달할 수 있다.

그래도 우리가 풀어야 할 숙제는 미국과의 협의를 거쳐 사거리와 탑재 중량의 제한을 공식적으로 푸는 것이었다. 우리 정부는 이 문제를 해결하기 위해 2011년 1월부터 미국과 미사일 지침 협상을 벌여 사거리는 제주도에서 북한 전역을 사정권에 넣을 수 있는 1,000㎞, 탄두중량은 1톤을 미국에 요구했다. 그러나 미국의 완강한 반대로 300㎞로 제한되어 있는 탄도미사일 사거리를 800㎞로 늘리되 탄두중량은 500㎏ 그대로 제한하는 걸로 2012년 10월 합의하는 것에 만족해야 했다. 다만 사거리가 늘어나면 탄두중량을 줄이는 '트레이드 오프'를 적용하고 무인항공기(UAV)는 탑재중량을 500kg에서 최대 2.5톤으로 늘릴 수 있도록 했다. 또한 800km 이상의 탄도미사일도 배치와 시험발사만 허용되지 않을 뿐 시제품 제작은 가능하도록 했다.

이 합의로 남해안에서 북한 전역을 사정권에 넣을 수 있게 되었지만, 사거리 10,000㎞ 이상의 대륙간탄도미사일(ICBM)을 보유하고 있는 중국·러시아, ICBM으로 즉각 전환될 수 있는 고체로켓을 보유한 일본, 사거리 3,000~4,000㎞에 달하는 미사일을 실전 배치한 북한 등에 비해선 여전히 크게 뒤처진다.

동일방직 똥물 사건

방화수 통에 담아온 똥물을 마구 뿌려대며 집기들을 부수고 망가뜨렸다.

1960~70년대는 누구랄 것도 없이 못 먹고 못살던 시대였다. 그것은 농촌도 마찬가지였다. 농촌의 10대들은 남녀를 막론하고 초등학교나 중학교만 졸업하면 먹고살 길을 찾아, 혹은 도시 생활의 장밋빛 꿈에 젖어 서울 등의 대도시로 몰려갔다. 여자 아이들은 도시에서 사실상 하녀나 다름없는 중산층 가정의 식모로 들어가거나 만원버스 차장이 되어 새벽부터 밤까지 시달렸다.

여성들이 특히 많이 들어간 곳은 도시 외곽에 널려 있는 공장이었다. 그들은 그곳에서 '공순이'라는 사회적 멸시와 차별, 감독관과 남자 노동자들의 잦은 구타와 폭언과 성희롱에 시달렸다. 하지만 그들은 가난한 가족을 부양하기 위해 또는 오빠와 동생의 학비를 마련하기 위해 입술을 깨물며 참았다. 경제는 그들의 희생을 발판 삼아 성장에 성장을 거듭하며 '한강의 기적'을 향해 질주했다. 그런데도 공순이들의 삶은 나아지지 않았다. 그들이 비참하게 사는 이유를 깨우쳐준 것은 도시산업선교회나 가톨릭노동청년회 등 진보적인 종교단체들이었다.

그 무렵 인천시 만석동에는 동일방직 공장이 있었다. 상대적으로 보수가 좋아 입사가 쉽지 않았다. 하지만 공장 안의 모습은 그 무렵 다른 공장들과 마찬가지로 열악하기 이를 데 없었다. 늘 32도가 넘는 온도에 솜먼지가 풀풀 났고 집채만 한 기계에서 뿜어나오는 굉음 때문에 호루라기로 소통해야 했다.

1972년 5월 10일 이 동일방직에서 한국 노동운동사에 기념비적인 일이 일어났다. 한국 노동운동 사상 처음으로 여성이 노조위원장으로 선출된 것이다. 1,380여 명의 조합원 중 1,210여 명이 여성인 것을 감안하면 당연한 결과였지만 당시만 해도 여성이 노조위원장이 된다는 것은 꿈도 꾸기 힘든 시절이었다.

주길자 신임 위원장은 노조원에 대한 교육선전활동을 크게 강화해 노조를 자주적이고 민주적인 노동조합으로 탈바꿈시켜 나갔다. 회사는 집행부를 바꾸기 위해 온갖 방해 공작을 시도했지만 그래도 주길자 위원장의 임기가 무사히 끝나고 1975년 이영숙 위원장의 집행부가 들어섰다. 회사는 또다시 노조 집행부의 전복을 시도했다. 1976년 4월 3일의 정기 대의원대회를 앞두고는 몇몇 남자 대의원들이 대회 개최를 방해하도록 사주했다. 회사 측의 부당노동행위로 대의원대회는 결국 연기와 휴회를 반복했다.

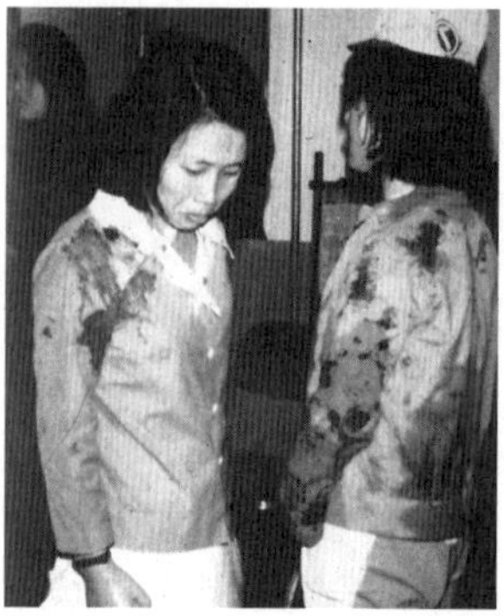
똥물을 뒤집어쓴 여성 근로자

회사가 이영숙 위원장을 불신임하기 위해 새로운 음모를 꾸미는 과정에서 이영숙 위원장과 총무가 1976년 7월 23일 경찰에 연행되었다. 그 틈을 타 남자 조합원들이 자파 대의원만으로 대의원대회를 열어 집행부 불신임안을 가결시켰다. 수백 명의 조합원은 위원장과 총무의 석방을 요구하며 농성에 들어갔다.

7월 25일 오후 5시쯤, 800여 명의 조합원들이 농성 중일 때 갑자기 수백 명의 경찰이 달려들었다. 노조원들은 손을 놓치지 않으려고 한 덩어리로 엉키고 뭉쳤다. 그때 누군가가 외쳤다. "옷을 벗자. 설마 옷을 벗은 여자 몸에 손을 대겠느냐." 수치심과 두려움을 무릅쓴 최후의 저항수단이었다. 하지만 경찰은 아랑곳하지 않고 72명의 조합원을 짐승처럼 끌고 갔다. 이 과정에서 팬티가 찢어지고 브래지어가 끊어져 사실상 발가벗은 몸이 된 조합원도 있었다.

"우리는 똥을 먹고 살 수 없다"

1976년 말 이영숙 위원장이 결혼을 앞두고 퇴사했을 때도 조합원들은 남자 조합원들의 방해 책동을 물리치고 1977년 4월 이총각(여)을 신임 위원장으로 선출했다. 1978년이 되자 그동안 민주노조운동을 지원하던 도시산업선교회와 가톨릭노동청년회에 대한 비방과 공격이 정부 차원에서 시작되었다. 동일방직 노조의 상급 기관인 '섬유노동조합연맹'(섬유노련)은 동일방직 노조원들에게 "노조 집행부가 국제공산주의자들의 지시로 움직이는 도시산업선교회의 조종을 받고 있다"고 위협했다.

그런 가운데 회사의 사주를 받은 노조위원장 후보와 남자 조합원들은 1977년의 선거 패배를 앙갚음하려고 새로운 수단을 동원했다. 1978년 2

월 21일에 있을 대의원 선거 하루 전에는 조합 사무실로 쳐들어와 투표함을 때려 부수고 이총각 위원장에게 온갖 욕설을 퍼부은 뒤 돌아갔다.

5~6명의 남자 사원이 다시 노조 사무실로 쳐들어간 것은 야근조가 철야작업을 마치고 대의원 선거를 위해 노조 사무실로 삼삼오오 모여들고 있던 선거 당일 새벽 5시 50분쯤이었다. 그들은 방화수 통에 담아온 똥물을 마구 뿌려대며 집기들을 부수고 망가뜨렸다. 노조 사무실은 온통 똥물로 뒤덮여 아수라장이 되었다. 하루 전의 폭력사태가 재발할지 몰라 노조의 요청으로 현장에 와 있던 경찰과 섬유노련 사람들은 그저 팔짱만 끼고 서 있기만 했다. 게다가 섬유노련은 이른바 '똥물 사건'으로 대의원대회가 무산되자 기다렸다는 듯 3월 6일 동일방직 노조를 사고지부로 처리하고, 농성 중인 이총각 지부장을 포함 4명의 노조 집행부가 "도시산업선교회와 관련이 있는 반조직 행위자"라며 제명했다.

노조원들은 결국 회사 밖으로 뛰쳐나갔다. 3월 10일 TV와 라디오로 생중계되고 있는 장충체육관의 노동절 행사 때는 76명의 조합원이 "우리는 똥을 먹고 살 수 없다"고 외쳐 생방송이 세 차례나 중단되었다. 3월 26일에는 동일방직의 정명자가 다른 회사 조합원 5명과 함께 50만 명이 모인 여의도 부활절 연합예배장의 단상으로 뛰어올라가 생방송으로 진행되는 마이크를 탈취한 뒤 '노동3권 보장하라', '우리는 똥을 먹고 살 수 없다' 등을 외치다 전원 구속되었다.

동일방직 노동자는 이렇게 끈질기고 과감하게 저항했으나 결국 4월 1일자로 124명의 조합원이 해고되었다. 섬유노련은 한술 더 떠 4월 10일 해고자 명단을 블랙리스트로 만들어 전국의 각 사업장으로 보내 해고자들이 다른 공장에 취업하는 길까지 봉쇄해버렸다.

4월 23일 회사 측의 새 집행부가 꾸려진다는 소식을 듣고 이총각 위원장과 수십 명의 조합원이 현장으로 달려가 기습 출근 투쟁을 감행했으나 이총각과 김인숙 총무는 업무방해 및 폭력에 관한 법률 위반으로 구속되었다. 124명의 해고자는 1979년 박정희 대통령의 서거 후 복직투쟁위원회를 조직하고 장외투쟁을 전개했으나 아무도 복직되지 않아 수십 년이 지난 지금까지 동일방직 사태는 진행형이다.

조세희 '난장이가 쏘아올린 작은 공' 출간

'전논', '해전사' 등과 함께 1980년대 대학생들의 '의식화 교재'로 읽혔다.

흔히 '난쏘공'으로 불리는 '난장이가 쏘아올린 작은 공'의 소설 속 주인공 김불이는 곧 철거될 서울특별시 낙원구 행복동에 살고 있는, 키가 117cm밖에 안 되는 난쟁이다. 2남1녀의 아버지인 그는 산업사회의 그늘에서 벗어나지 못하고 있는 날품팔이 노동자였고 성장의 과실과는 거리가 먼 도시빈민이었다. 채권 매매, 칼 갈기, 고층건물 유리 닦기, 펌프 설치하기 등을 거쳐 수도 수리공이 되었으나 40대 후반 나이보다 훨씬 늙어 보이는 얼굴로 더 이상 일거리를 찾지 못했다.

그에게 남은 건 그가 직접 짓고 수리하며 살아온 무허가 주택 한 채뿐이었다. 그나마 곧 철거될 예정이었다. 아파트 입주권을 준다고는 하나 아파트에 입주하려면 추가 비용이 만만치 않은데다 추가 비용이 있다한들 유지비가 없으니 들어가 살 수도 없었다. 결국 김불이는 경기도 성남으로 이사 가기 위해 아파트 입주권을 팔았다. 세입자에게 전세금을 주고 나니 몇 푼 남지도 않았다.

이사하기 전 어느 날, 김불이는 가족 모르게 동네 벽돌공장 굴뚝 속으로 몸을 던졌다. 고도성장기의 낙오자가 겪어야 했던 마지막 선택이었다. 김불이의 주검은 나중에 굴뚝을 허무는 철거반원들에 의해 발견되었다. 우등생이었으나 일찌감치 학업을 포기하고 인쇄소에 다니던 큰아들 영수는 노동운동을 하다 은강그룹 총수의 동생을 칼로 찔러 죽여 사형 선고를 받았다. '난쏘공'은 이렇게 1970년대 도시빈민의 처참한 생활상, 공장 노동자들에 대한 억압과 착취 실태를 정면으로 고발했다.

조세희(1942~)

조세희(1942~)는 1965년 경향신문 신춘문예에 단편 '돛대 없는 장선(葬船)'이 당선되어 등단했다. 하지만 1971년에 '심문'을 발표했을 뿐 10여 년 동안 평범한 직장인으로 살며 작가의 길을 포기했다. 좋은 작품을 쓸 자신이 없었던 것이다. 그러나 조세희에게도 1970년대는 파괴와 거짓 희망, 모멸과 폭압의 시대였다. 그제야 글을 쓸 생각을 하게 된 그는 재개발 지역에서 만난 난쟁이 가족으로부터 소설의 모티브를 얻었다.

벼랑 끝에 '위험' 표지판 하나 세운다는 심정으로 책 써

조세희는 1975년 '문학사상' 12월호에 단편 '칼날'을 쓴 것을 시작으로 1976년 '문학과 지성' 12월호에 '난장이가 쏘아올린 작은 공', 1978년 '창작과 비평' 여름호에 마지막 소설 '내 그물로 오는 가시고기' 등 12편의 연작소설을 썼다. 이 소설들을 모아 1978년 6월 5일 문학과 지성사가 단행본으로 출판한 것이 '난쏘공'이다.

조세희는 연작을 쓰면서 벼랑 끝에 '위험' 표지판 하나를 세워야 한다는 심정으로 글을 썼다. 발을 딛고 있는 땅 밑 도처에 지뢰가 묻혀 있어 언제고 폭발할 가능성도 있었다. 따라서 '난쏘공'은 유신 말기라는 폭압적 시대를 향한 절규이기도 했다. 글을 쓰면서 작가는 울기도 하고 분노하기도 했다. 독자들은 1970년대 고도성장기 한국 사회의 그늘을 고발한 작품을 보며 가슴 아파했다. 젊은이들은 책 속으로 빨려 들어갔다.

소설은 이야기가 큰 줄기를 따라가지 않고 연상되는 상황들이 이어지는 판타지적 구조로 이루어져 난해했다. 그런데도 평단과 독자로부터는 엄청난 지지를 얻어 부동의 스테디셀러가 되었다. 소설의 환상적인 분위기에 대해 작가는 훗날 "검열을 피하기 위한 방법이었다"고 고백했다.

출판사는 소설의 날선 비판 정신을 동화적인 이미지로 덮기 위해 책을 최대한 예쁘게 꾸몄다. 1975년 말까지 6개월 동안 팔려나간 10만 부는 당시로서는 일대 사건이었다. '난쏘공'의 힘은 1980년대 들어 더욱 뚜렷해졌다. 리영희의 '전환시대의 논리', 한길사에서 펴낸 '해방 전후사의 인식' 등과 함께 1980년대 대학생들의 '의식화 교재'로 읽혔다.

수없이 연극으로 만들어졌고 영화로도 제작되어 관객을 분노하게 했다. 책도 100만 부 이상 팔렸다. 대중성에 초점을 맞춘 베스트셀러 소설들이 짧은 기간에 100만 부를 넘겨 팔리는 경우는 종종 있었지만 사회성과 예술성을 두루 갖춘 무거운 주제의 문학작품이 장장 30년에 걸쳐 100만 부를 넘기는 일은 좀처럼 드문 일이었다. 100만 부 판매에 대해 문단에서는 '한국 현대문학사에 한 획을 그은 사건'으로 받아들이고 있다.

박현채 '민족경제론' 출간

우리 경제의 과도한 해외의존도를 극복해야 한다는 문제의식에서 출발했다.

박현채(1934~1995)는 서구 자본의 도움 없이 순수 민족자립 경제를 수립해야 한다고 주창한 진보좌파 경제학자다. 그의 경제학은 1970~1980년대에 외자에 의존한 수출 주도와 성장일변도의 개발독재를 비판하는 세력의 주요 이론으로 각광을 받았다.

박현채는 전남 화순의 지주 집안에서 태어났다. 중학생이던 해방공간 때 마르크스 이론서를 섭렵하고 6·25 발발 후인 1950년 10월 16살의 나이로 빨치산 활동에 뛰어들었다. 1952년 8월 복부 관통상을 입었을 때, "산을 내려가 민중을 위한 경제학자가 되라"는 빨치산 부대장의 말을 듣고 하산했다. 조정래의 대하소설 '태백산맥'에 등장하는 '위대한 전사 조원제'가 바로 박현채다.

박현채(1934~1995)

전주고와 서울대 경제학과를 졸업하고 1959년 서울대 대학원에 입학한 그는 '한국농업문제연구회' 간사로 활동하며 농업문제를 본격적으로 연구했다. 당시 한국농업문제연구회는 자본주의 세계 경제하에서 한국 국민경제의 독자적 존재 가능성을 검토하는 새로운 이론의 온상지 역할을 했다.

1961년 박정희가 5·16쿠데타 직후 국내 자본을 동원해 경제개발을 계획했을 때 당시 박현채가 속한 '국민경제연구회'의 보고서는 국가재건최고회의 의장 박정희에게도 일정한 영향을 미쳤다. 그러나 박정희 대통령이 1965년 한일 국교정상화 후 외자 도입과 수출 위주의 정책으로 방향을 틀면서 관계가 어긋나기 시작했다.

박현채는 1964년 1차 인혁당 사건으로 1년, 1979년 4월 통혁당 재건사건으로 9개월의 형을 살았다. 이런 사건들이 겹치면서 박현채는 학계의 야인으로 떠돌며 재야 '경제평론가'로 활동했다. 그러나 그의 영향력은 강단의 학자들보다 울림이 컸다. 특히 1978년 4월 1일 발간된 '민족경제론'은 리영희의 '전환시대의 논리'와 함께 당시 대학생들에게 가장 큰 영향을 끼친 책으로 꼽힌다.

'민족경제론'은 양적 팽창의 후유증이 극명하게 표출되기 시작하던

1970년대 중반 국내외 잡지에 발표했던 18편의 논문을 한데 모은 경제평론집으로, 우리 경제의 과도한 해외의존도와 일제 식민지 경제의 유산을 극복해야 한다는 문제의식에서 출발했다.

비판적 지식인들의 이론적 자양분

'민족경제론'은 국민경제 단위 내에는 민족적 이익에 보탬이 되는 민족자본과 해를 끼치는 매판·외국자본이 공존하는데 외국자본의 도움 없이 자립경제를 수립해야 한다는 이론이다. 그는 외자와 수출에 의존하는 외연적 성장모형이 아니라 자기 완결적인 재생산조건을 스스로의 힘으로 장악한 모델을 제시함으로써 1960~1970년대 외자에 의존하는 수출 주도·성장제일주의 전략을 취하는 박정희식 경제 모델에 반기를 들었다.

내자를 어떻게 동원해야 할지에 대한 논거가 빈약하고 박정희식 발전 전략에 대항하기 위한 주장에 불과하다는 비판이 주류 경제학에서 제기되었지만 '민족경제론'은 초판 5,000부가 나오자마자 매진되는 등 젊은 독자들의 비상한 관심을 모았다. 그러나 3개월 만에 판매금지 조치를 당해 '서울의 봄'이 한창이던 1980년 3월에야 2판을 발행했다.

이후 '민족경제론'은 변혁운동의 열기로 뜨거웠던 1980년대 내내 비판적 지식인들의 이론적 자양분으로 큰 영향력을 행사했다. 그러나 점차 외국자본이 주식시장의 40% 이상을 차지하게 되고 경제의 대외의존도가 60~70%로 늘어나는 한국적 경제 상황을 설명하지 못해 오늘날에는 사실상 용도 폐기된 상태다. 북한의 사례에서 보듯 자력갱생이란 환상에 불과하다는 사실이 입증된 것도 '민족경제론'의 의미를 퇴색시켰다.

그럼에도 불구하고 '민족경제론'이 담고 있는 문제의식은 여전히 유효하다는 주장도 있다. 즉 그의 사상이 내포한 민중지향적이고 통일론적인 성격과, 국민경제의 공공적 성격을 강조한 것 등이 자본주의의 모순을 극복할 수 있는 상상력의 단초가 되고, 서구 편향의 고전적 경제학에서 벗어나 정치경제학과 제3세계 경제에 대해 광범위한 관심을 불러일으키는 중요한 계기를 이룬 점을 인정해야 한다는 것이다.

박현채는 1985년 10월 '창작과 비평'지에 발표한 '현대 한국사회의 성격과 발전단계에 관한 연구' 논문으로 1980년대를 뜨겁게 달군 '사회구성체 논쟁'에 불을 당겼다. 1989년에는 50대 중반의 나이로 조선대 교수에 임용되어 뒤늦게 의욕을 불태웠으나 1990년 현실 사회주의의 몰락에 큰 충격을 받고 서서히 기운을 잃다가 1995년 눈을 감았다.

김덕수 사물놀이 첫 공연

관객은 듣도 보도 못한 현란한 앙상블과 신기에 가까운 연주에 넋을 잃었다.

김덕수(1952~)는 '사물놀이'를 창안하고 사물놀이의 국제화 시대를 개막케 한 '글로벌 광대'다. 그에게는 3대째 내려오는 남사당패의 진한 피가 흘렀고, 그래서 일찌감치 예인의 길로 들어선 것은 피할 수 없는 운명이었다.

대전에서 태어난 김덕수가 아버지의 손에 이끌려 충남 조치원의 '난장'을 찾은 것은 5살이던 1957년 추석 무렵이었다. 김덕수는 어른들의 어깨를 타고 올라가 맨 꼭대기에서 노는 남자 어린아이를 말하는 '새미' 역할을 2시간 정도 배우고 곧바로 난장에 투입되었다.

이후 김덕수는 당당하게 한몫을 하는 남사당패의 일원이 되어 당대의 대가들로부터 장구와 꽹과리, 줄타기 등을 배웠다. 실력은 일취월장했고, 7살 때이던 1959년 9월 서울운동장(현 동대문역사문화공원)에서 열린 전국농악경연대회에서 대통령상을 받아 '장구의 신동'으로 알려졌다.

1960년대 초부터는 국산품 애용 이동선전반과 약장수 등을 따라 전국을 돌아다녔다. 워낙 많은 공연을 쫓아다녀 초등학교 6년 동안의 출석 일수는 300일이 채 안 되었다. 초등학교 졸업 후 서울의 국악예술학교에 입학한 김덕수는 국악이론을 체계적으로 배우는 한편 1년의 반을 해외 공연으로 보냈다.

1971년 단국대에 특기생으로 입학했으나 민속가무예술단과 리틀엔젤스예술단 활동으로 너무 많은 기간을 해외에서 보내 결국 2학년 때 학교를 그만두었다. 전 세계를 돌아다니는 해외 공연은 군에 입대해서도 계속되었다.

1976년 제대 후 김덕수는 국악예술학교 2년 후배 김용배와 의기투합했다. 김용배 역시 어린 시절부터 남사당 걸립패를 따라다녔던 농악의 재인이었다. 그 무렵, 전문적인 농악 공연은 사실상 사라지고 없었다. 김덕수와 김용배는 1978년 2월 서울의 창덕궁 옆 소극장 '공간사랑'에서 열릴 예정인 '제1회 전통음악의 밤' 공연을 준비했다. 두 사람은 먼저 충청·경기 일대의 농악인 웃다리 풍물굿 가락을 정리한 뒤 농악의 여러 악기를 네 가지로 줄이고 극장에 맞춰 가락을 다시 짰다. 당시로서는 누구도 생각하지 못했던 발상의 전환이었다.

김덕수와 김용배는 각각 장구와 꽹가리를 맡고 최태현과 이종대를 끌어들여 징과 북을 맡겼다. 아직 '사물놀이'라는 명칭은 없었으나 혈기방장한 네 명의 젊은이는 공간사랑 공연장에서 장구, 북, 징, 꽹과리를 신들린 듯 두들겼다. 관객은 듣도 보도 못한 현란한 앙상블과 신기에 가까운 연주에 넋을 잃었다. 마침내 이전에 존재하지 않았던 '사물놀이'라는 예술형태가 세상에 처음 모습을 드러내고 세상을 울리는 '지구촌 사운드'가 탄생한 것이다.

"세계를 뒤흔든 혼의 소리"

사물놀이 공연은 천박하고 저급한 것으로 취급된 농악에 대한 인식을 바꾸기도 했지만 전통 놀이를 망가뜨렸다는 비판도 없지 않았다. 4인방은 경상지방의 농악을 정리한 뒤, 이종대 대신 최종실(징)을 합류시켜 1978년 4월 두 번째 공연을 꾸몄다. 뒤이어 최태현이 빠지고 이광수가 합류했다. 그들은 자신의 공연이야말로 새로운 남사당을 창조하는 몸짓이라는 데 의견을 함께 했다.

민속학자 심우성이 이름을 지어준 '사물놀이'라는 명칭이 처음 신문에 등장한 것은 1979년 4월이었다. 이들 남사당의 후예는 사물놀이를 세상에 선보인 후 풍물가락의 무대화를 위해 전국의 대가와 예인들을 찾아다니며 농악과 무속음악, 풍물굿 등의 가락들을 정리하고 다듬었다. 호남 우도굿, 경상지방 농악 등 가락이 정리될 때마다 발표회를 마련했다.

사물놀이의 틀이 어느 정도 갖춰졌을 때는 1982년 미국 초청 연주를 시작으로 일본, 캐나다, 영국 등지를 돌아다녔다. 특히 1982년 11월 미국 댈러스에서 열린 세계타악인대회는 사물놀이의 진면목을 제대로 드러낸 사물놀이 세계화의 신호탄이었다. 세계 각국 3,000여 명의 타악인들이 몰려와 세계 최고의 기량을 자랑했던 그곳에서 사물놀이팀은 10여 차례의 커튼콜을 받았다. 사물놀이는 훗날 뉴욕타임스로부터 "세계를 뒤흔든 혼의 소리"라는 찬사를 받았다. 브리태니커 백과사전에도 고유명사로 등록되었다.

김덕수(1952~)

1984년 1월 어느 날 김용배가 국립국악원으로 자리를 옮기더니 그해 3월 사물놀이팀을 결성했다는 소식이 김덕수 귀에 들려왔다. 김덕수는 큰 충격을 받았다. 각종 국내외 공연을 앞둔 상황에서 가장 중요한 상쇠가 사라진 것도 그렇거니와, 명색이 정부가 운영하는 국립국악원이 자신이 차려놓은 사물놀이 식탁에 숟가락을 얹는 것이 못내 분했기 때문이다.

김용배가 떠난 뒤 이광수가 꽹과리를 맡고 새로 영입한 강민석이 징을 치고 있을 때 김용배가 1986년 5월 자신의 아파트에서 목을 매 자살했다. 남아 있는 4명도 워낙 기량이 출중하고 개성이 강해 끝까지 한솥밥을 먹을 것 같지는 않았다. 예상대로 1989년 최종실이 대학으로 가겠다며 사물놀이패와 결별하고 14년을 함께 했던 이광수도 1991년 민족음악원을 창립하면서 떠나갔다. 최종실은 서울예술단 감독을 지낸 뒤 2001년 중앙대 국악과에 터를 잡았다. 이광수는 민족음악원 원장으로 재직하며 대불대학에서 후학을 가르치고 있다.

홀로 남은 김덕수는 1993년 3월 강민석과 함께 '한울림예술단'을 창단하고 2001년에는 전통문화의 상품화를 위해 문화벤처회사 '난장 컬처스'를 설립했다. 김덕수는 여전히 1년의 반을 해외 공연에 나서고 있다. 국내에 있을 때는 클래식 오케스트라, 무용, 재즈, 팝, 월드 뮤직, 연극에 이르기까지 장르를 넘나들며 전통예술의 다양한 가능성과 함께 '한국적인 월드 뮤직'을 다듬고 있다.

최은희·신상옥 홍콩서 납북

북한 영화를 발전시켜 달라는 게 납치의 표면적인 이유였다.

영화배우 최은희(1930~)는 영화보다 더 영화 같은 삶을 살았다. 1978년 1월 14일 홍콩에서 북한으로 납치된 것도 고단했던 인생사에 더해진 또 하나의 시련이었다. 정부 발표에 따르면 최은희는 1월 11일 홍콩으로 건너갔다가 그곳에서 북한 공작원에게 속아 북한으로 납치되었다.

납치되기 전, 최은희는 홍콩의 영화사 관계자로부터 두 가지 제안을 받았다. 하나는 홍콩에서 '옥루몽'이라는 영화를 제작할 예정인데 감독을 맡아 달라는 요청이었고, 다른 하나는 최은희가 교장으로 있는 한국의 안양영화예술학교 같은 예술학교가 홍콩에도 있는데 자매결연을 하자는 제안이었다. 결국 최은희는 북한 공작원과 모의한 홍콩 영화사 관계자의 미끼에 걸려들었다.

최은희는 1월 22일 북한의 남포항에 도착했다. 김정일은 평양에서 2시간 거리인 이곳까지 직접 마중나와 자신의 벤츠 승용차에 최은희를 태우고 평양까지 동행하는 등 각별한 관심을 보였다.

최은희의 전 남편 신상옥(1926~2006) 감독 역시 1978년 7월 19일 홍콩에서 북한 공작원들에게 납북되어 7월 23일 남포항으로 끌려가는 기이한 운명에 처해졌다. 그러나 납북되었다는 신상옥 본인의 주장과 달리 당시 정황상 최은희를 만나려고 자진 월북한 것이라고 말하는 사람도 많다.

최은희는 경기도 광주에서 태어나 17살이던 1947년 '새로운 맹서'를 통해 영화배우로 데뷔했다. 당시 영화계 풍토가 그랬던 것처럼 신인 여배우에게서 일어나기 쉬운 일이 최은희에게도 일어났다. 아이가 둘이나 딸린 12살 연상의 홀아비 촬영기사 김학성의 적극 구애를 받고, 10대 나이에 덜컥 결혼을 한 것이다. 최은희가 생활고에 시달리며 힘겨운 결혼생활을 하고 있을 때 6·25전쟁이 터졌다.

최은희는 결핵을 앓고 있는 남편 곁을 지키다가 인민군의 합주단 단원으로 끌려갔다. 9·28서울수복 후, 퇴각하는 인민군에 끌려 북으로 올라가던 최은희는 청천강 부근에서 감시가 소홀한 틈을 타 탈출하는 데 성공해 집으로 돌아왔다.

최은희와 신상옥

그러나 그를 기다리고 있는 것은 따뜻한 위로가 아니라 인민군과 아군에게 강간당했다는 헛소문과 남편의 의처증이었다. 최은희는 영화에 몰두하며 전쟁과 남편으로 인한 고통을 잊으려 했다. 바로 그 무렵 최은희 앞에 나타난 인물이 신상옥 감독이다.

신상옥은 함북 청진에서 태어나 경성고보를 졸업하고 1944년 도쿄미술전문학교에서 미술을 공부하다가 1945년 4월 귀국했다. 광복 후 '자유만세'(1946)를 연출한 최인규 감독의 문하생으로 들어가 영화를 배우다가 26살이던 1952년 '악야'를 연출해 영화감독으로 데뷔했다. 휴전을 앞둔 1953년, 신상옥이 최은희에게 홍보영화 '코리아'에 삽입될 '춘향전'을 찍자고 제의했다. '코리아'를 촬영하면서 둘의 관계는 사랑으로 발전했고 1954년 정식 부부가 되었다.

그러나 헤어진 최은희의 남편 김학성이 두 사람을 간통죄로 고소하면서 위기가 닥쳤다. 한국영화사상 간통죄 사건 제1호였다. 인기 스타와 무명의 촬영감독 사이에 벌어진 고소 사건은 언론의 관심을 끌기에 충분했다. 여론은 김학성 편이었다. 당시 김학성은 신사적이고 인격적인 인품으로 영화인들로부터 존경을 받고 있었다. 최은희는 전쟁터에서 불구가 된 나이 많은 남편을 버리고 젊은 남자와 놀아난 여자로 손가락질을 받았다. 신상옥 역시 영화계 대선배의 부인을 가로챈 파렴치한 남자가 되었다. 다행히 최은희와 김학성은 혼인신고가 되어 있지 않아 간통죄는 성립되지 않았으나 세인들의 비난은 식지 않았다.

1960년대를 자신들의 시대로 만들어

그런 중에도 신상옥은 감독으로 승승장구하고, 최은희는 배우로 전성기를 구가했다. 최은희와 함께 '코리아'를 비롯 '꿈'(1954) 등의 영화를 만든 신상옥이 한국 영화계의 제왕으로 등극하게 된 계기는 1961년 설날을 전후로 한 시기에 개봉된 영화 '성춘향'의 성공이었다.

당시 '성춘향'은 같은 소재의 영화 '춘향전'과 맞대결을 벌였다. '춘향전'은 홍성기 감독이 자신의 아내 김지미를 춘향으로 내세웠고 '성춘향'은 신상옥 감독이 역시 자신의 아내 최은희를 내세웠다. 이것만으로도 흥미진진했지만 두 편 모두 국내 최초의 총천연색 시네마스코프 영화라는 점에서도 화제가 되었다.

여론은 신상옥의 '성춘향'에 불리했다. 신문들은 '40대 춘향과 10대 춘향의 대결'이라고 과장되게 표현했다. 김지미는 생기발랄한 새파란 배우였고 최은희는 산전수전 다 겪은 30대였으니 이런 표현이 나올 만도 했다. 게다가 '춘향전'은 명보극장에서 개봉된 '성춘향'보다 열흘이나 빠른 1961년 1월 18일 국제극장에서 개봉되어 관객몰이에 유리했다.

그러나 결과는 1월 28일 개봉된 '성춘향'의 압승이었다. 장장 75일간이나 상영되었고 서울에서만 42만 명의 관객을 끌어모았다. '성춘향'의 성공으로 신상옥과 최은희는 1960년대를 자신들의 시대로 만들었다.

신상옥은 '신필름'을 통해 많은 영화를 감독하거나 제작했다. 1961년부터 1970년까지 신필름이 쏟아낸 작품은 '사랑방 손님과 어머니'(1961)를 비롯 '연산군'(1961), '열녀문'(1962), '빨간 마후라'(1964), '벙어리 삼룡'(1964) 등 102편이나 되었다. 대부분의 작품에서 최은희는 주연으로 등장하고 상이란 상은 모조리 쓸어 담았다.

승승장구하던 신상옥의 왕국에 몰락의 조짐이 보이기 시작한 것은 1967년 무렵이었다. 홍콩 등과 합작프로젝트를 추진하고 안양촬영소를 인수하는 등 몸집 불리기에 나섰지만 막대한 유지비를 감당하지 못해 재정 위기에 빠진 것이다. 제작편수는 많은데 거의가 태작이다 보니 흥행과도 거리가 멀었다.

연명하던 신필름은 1975년 홍콩과 합작한 '장미와 들개'의 극장 예고편에서, 검열과정 때 삭제한 키스신을 상영했다는 이유로 정부로부터 영화사 등록 말소 명령을 받았다. 이에 대해 신상옥은 훗날 "당시 영화정책이나 검열제도에 반발하고 오수미와의 스캔들 등이 겹치면서 괘씸죄가 적용되었던 것 같다"고 말했다.

오수미의 등장은 최은희에게 시련이었다. 신상옥이 1973년부터 오수미와 사랑에 빠져 동거를 시작했다는 사실을 최은희가 알았을 때는 오수미가 신상옥의 아이를 낳은 후였다. 결국 최은희는 결혼 22년 만인 1976년 신상옥과 이혼했다. 오수미는 신상옥이 납북된 뒤 사진작가 김중만과 재혼해 살다가 1992년 하와이에서 교통사고로 숨졌다.

신상옥은 북한에서 수차례 탈출을 시도했으나 그때마다 붙잡혀 3년 10개월 동안 정치보위부 교화소에 수감되었다. 이 때문에 신상옥과 최은희의 해후는 예정보다 훨씬 늦어진 1983년 3월 6일 김정일의 별장에서 이루어졌다. 1976년에 이혼했던 신상옥·최은희는 북한에서 과거의 이혼을 원인무효로 돌리고 결혼식을 다시 올렸다. 김정일은 두 사람이 한국에서 찍은 첫 작품부터 마지막 작품까지 모두 소장하고 있을 정도로 두 사람의 열렬한 팬이었다.

북한 영화는 신상옥 '이전'과 '이후'로 나뉘어

김정일은 신상옥이 확실히 전향한 것으로 믿은 뒤부터는 전폭적으로 신뢰를 보내고 지원을 아끼지 않았다. 북한 영화를 발전시키라는 게 표면적인 이유였지만 진짜 이유는 한국에서 유명한 두 사람을 데려다가 국제적으로 실추된 북한 정권의 이미지 개선에 유효하게 써먹는 데 있었다.

신상옥·최은희는 김정일이 자신들을 신뢰할 때까지 일생 일대 최고의 '연기'를 펼쳤다. 두 사람은 북한 영화의 활성화를 위해 헌신적인 노력을 다했다. 두 사람이 북한에서 만든 영화는 체코 영화제에서 특별감독상을 차지한 '돌아오지 않는 밀사'(1984)를 비롯, '탈출기'(1984), '소금'(1985), '불가사리'(1985) 등 7편이나 되었다. 특히 최은희에게 1985년 6월 모스크바 영화제 여우주연상을 안겨준 '소금'은 북한 영화를 한 단계 끌어올렸다는 평가를 받았다.

신상옥의 노력 덕에 북한 영화는 신상옥 '이전'과 '이후'로 나뉜다는 얘기를 듣는다. 그전까지의 북한 영화는 천편일률적으로 사상영화만 찍었으나 신상옥이 북으로 가면서부터 사람 이야기에 초점을 맞춘 영화가 나온 것이다. 신상옥은 통통함이 미덕이던 북한 여배우의 이미지까지 바꿔놓았다.

공산권의 각종 영화제에서 두 사람이 좋은 성적을 거두자 김정일은 서방 영화를 능가하는 수준의 영화를 만들어 달라며 두 사람에게 유럽 여행을 허락했다. 1986년 2월 베를린 영화제에 참가한 두 사람은 영화 기자재 수입 명목으로 헝가리 부다페스트를 거쳐 오스트리아 빈으로 갔다가 그곳에서 북한 감시원을 따돌리고 미국 대사관으로 들어갔다. 드라마 같던 삶에 마침표가 찍히는 순간이었다.

3년 동안 미국에 체류하던 두 사람은 1989년 5월 한국으로 돌아와 북한에서 북한체제를 찬양·선전하는 영화들을 제작한 것과 관련, 국가보안법 위반혐의로 불구속 입건되었다. 그러나 북한 공작원에 의해 강제로 납치당해 강압에 못 이겨 활동해온 점이 인정되어 불기소 처리되었다. 신상옥은 2006년 눈을 감을 때까지 154편의 영화를 제작하고 75편을 감독했다.

세계 최초 시험관 아기 탄생

"세계 불임 부부의 고민을 해결해 준 인류의 진보"라는 찬사가 쏟아졌다.

1978년 7월 25일 늦은 밤, 영국 북부의 산업도시 올드햄의 한 병원에서 2.6kg의 건강한 여자아이가 태어났다. 세계 최초의 '시험관 아기' 루이스 브라운이었다. 9년 동안 아이를 갖지 못해 초조해하던 레슬리 브라운과 남편 존 브라운이 불임 문제를 해결하기 위해 케임브리지대 생리학자 로버트 에드워즈(1925~)와 올드햄 병원 산부인과 의사 패트릭 스텝토(1913~1988)를 찾아간 것은 1977년 11월이었다.

두 연구자는 1966년부터 불임에 관한 공동연구를 하며 최소한 100번 이상의 실패를 경험하긴 했어도 불임 연구에 관한 한 당대 최고의 전문가들이었다. 스텝토는 여성 불임의 원인 중 하나인 나팔관이 막히는 현상에 대해 정통했고, 에드워즈는 인간의 정자와 난자를 수정시키는 방법에 대해 경험이 많았다.

에드워즈는 영국 맨체스터에서 태어나 뱅거대에서 2년간 농학을 공부하다가 동물학으로 전공을 바꿨다. 졸업 후에는 에든버러대 대학원에서 수정의 비밀과 배아의 신비를 연구해 박사학위를 취득했다. 이후에도 쥐의 난소에서 난자를 대량으로 성장시키는 방법을 연구해 인간의 체외수정을 가능케 할 정도의 이론과 경험을 쌓았다.

1962년에도 산부인과 의사들에게서 제공받은 난소 조직에서 인간의 난자를 추출하는 데 성공했다. 그러나 에드워즈가 난자를 추출한다는 사실을 알게 된 의사들이 반인륜적이라며 더 이상 난소 조직을 제공하지 않아 연구는 진전을 보지 못했다.

에드워즈는 몇 년간 인간 대신 소, 양, 원숭이의 난자 수정과 성장을 연구했다. 그러던 어느 날 인간의 난자를 구하게 되자 난자들을 배양기에서 성숙시킨 뒤 최초로 체외수정을 실험해 보기로 했다. 정자는 자신의 것을 사용했다.

인류사상 첫 시험관 아기로 태어난 루이스 브라운과 부모

실험 결과 놀랍게도 정자가 하나의 난자 안으로 침투해 들어가는 것을 확인할 수 있었다. 난자를 제공받지 못하는 상황에서 체외수정을 계속 실험하려면 여성의 난소로부터 성숙한 난자를 추출해야 했으나 그렇다고 개복 수술을 할 수는 없었다.

다행히 올드햄에서 일하고 있던 산부인과 의사 스텝토가 복부를 절개하지 않고도 수술이 가능한 복강경 수술법을 개발했다는 사실을 알게 되었다. 에드워즈는 1966년 스텝토를 만났다. 이후 스텝토가 인간의 난자를 공급하면서 연구는 급속히 진전되었다. 두 사람은 1968년 말에 사상 최초로 인간의 난자를 수정시킨 뒤 세포분열을 유도했다는 사실을 '네이처'지 1969년 2월호에 발표했다.

스텝토는 1977년 11월 10일 복강경 수술을 통해 브라운 부인의 몸속에서 난자를 추출했다. 그날 밤 에드워즈는 현미경을 통해 남편의 정자가 부인의 난자와 만나 수정이 일어난 사실을 확인했다. 이틀 뒤 난자는 정확히 8개의 세포로 이루어진 구체로 바뀌었다. 스텝토가 이 작은 배아를 레슬리 브라운의 자궁에 옮겨놓자 레슬리 브라운은 놀랍게도 임신이 되었다.

당시에는 브라운 말고도 3명의 산모가 시험관 아기 임신을 한 상태였다. 그러나 총 4명의 산모 중 1명은 유산했고 다른 1명은 유전적 이상으로 유산시켜야 했다. 남아 있는 2명 중 브라운이 예정보다 3주 빨리 제왕절개수술을 한 덕에 루이스 브라운이 세계 최초의 '시험관 아기'가 될 수 있었다.

불임 부부에게는 기적이자 축복

'시험관 아기'는 올더스 헉슬리가 공상소설 '멋진 신세계'(1932)에서 경고했던, 아기들이 시험관 속의 용액에서 대량생산되는 악몽의 첫 단계가 비로소 현실로 나타난 것이라는 우려를 자아냈다. 하지만 당장에 아이를 가질 수 없었던 전 세계 부부에게는 기적이었고 축복이었다. 브라운의 탄생을 2,000년 전 동정녀 마리아에게서 태어난 예수와 비교하는 사람까지 있었다.

당초 수술비가 없어 쩔쩔매던 브라운 부부는 브라운이 태어나기 전, 브라운의 탄생 스토리를 영국의 한 신문에 독점 게재하는 조건으로 미리 61만 달러의 거금을 손에 쥔 덕에 한시름 놓을 수 있었다. 루이스 부부는 세계 각국을 돌며 전 세계 불임 부부들에게 희망을 심어주었으나 한편에서는 신의 고유영역으로 여겨온 '인간 탄생'의 비밀 가운데 일부가 드러나도록 한 '시험관 아기'를 두고 윤리적 비판도 적지 않았다.

"과학기술의 놀라운 성과", "세계 불임 부부의 고민을 해결해 준 인류의 진보"라는 찬사가 있는가 하면 "신의 의지를 거스르는 사악한 실험", "인간 생명의 존엄성에 대한 도전"이라는 비판도 있었다. DNA를 발견한 제임스 왓슨은 "신성해야 할 출산의 과정을 조잡한 기술로 농락했다"고 했고, 바티칸 교황청은 "자연의 섭리에 반한 근원적 악"이라며 강력한 어조로 비판했다. 일부 과학자들도 위험성이 완전히 제거될 때까지 실험을 멈춰야 한다는 의견을 제시했지만 한번 성공한 '시험관 아기' 실험은 전 세계로 빠르게 전파되었다. 루이스의 어린 여동생 나탈리 제인도 시험관 아기로 태어났다.

브라운은 건강하게 살아남아 2006년 12월 아들을 자연출산하는 데 성공해 또다시 세계 언론의 주목을 받았다. 시험관 아기는 전 세계 불임 부부의 유일한 희망으로 관심을 끌었으나 점차 아기 제조산업이 생겨나고 정자와 난자가 비공개적으로 거래되는 등 부작용도 적지 않았다.

심지어 임신을 대신해주는 대리모까지 등장했다. 딸의 난자와 사위의 정자를 수정시킨 수정란을 친정 어머니의 자궁을 빌려 낳는 일까지 벌어져 윤리 문제를 더욱 촉발시켰다. 국내 최초의 시험관 아기는 1985년 10월 12일 서울대병원 장윤석 교수팀에 의해 태어난 천희(여), 천의(남) 이란성 쌍둥이다.

등소평 개혁·개방 노선 천명

"실천만이 진리를 검증하는 유일한 기준"이라고 화두를 던졌다.

중국 현대사에 천지개벽의 혁명적 변화를 불러온 등소평의 개혁·개방에는 크게 세 가지의 역사적 배경이 작용했다. 첫째는 문화대혁명의 좌경적 오류에 대한 반작용이고, 둘째는 중국의 경제와 과학기술이 크게 낙후되었다는 자각이며, 셋째는 중국 공산당이 개혁을 하지 않으면 중국의 사회주의가 장례를 치르게 될 것이라는 위기의식이었다.

하지만 모택동 사후의 실권자인 화국봉이 국책으로 삼고 있는 '모택동의 정책은 굳건히 옹호해야 하고 모택동의 지시는 반드시 따라야 한다'는 이른바 '양개범시(兩個凡是)'의 사회 기류가 여전히 위세를 떨치고 있어 개혁개방 쪽으로 물꼬를 바꾸는 작업은 쉽지 않았다.

등소평은 1978년부터 틈나는 대로 개혁개방을 강조했다. 그 결과 1978년 11월 10일부터 12월 15일까지 36일 동안 격렬한 토론을 거듭한 중국 공산당의 중앙공작회의에서 개혁개방 방침이 결정되었다. 등소평은 12월 15일의 폐막 연설에서, 평균주의에서 벗어나 시장경제하의 경쟁과 차등을 인정한 그 유명한 선부론(先富論)을 제창하고, "실천만이 진리를 검

등소평의 남순강화(1992)

증하는 유일한 기준"이라고 화두를 던짐으로써 화국봉의 '유훈통치론'을 무력화시켰다. 이후 '선부론'은 과거 등소평이 제기했던 '흑묘백묘론'과 함께 중국 개혁개방 정책의 이론적 기둥 역할을 했다.

중앙공작회의 폐막 후 3일이 지난 1978년 12월 18일에는 169명의 공산당 중앙위원과 112명의 후보 중앙위원이 중국 북경의 경서빈관에 모여 중국 현대사의 물줄기를 바꿀 역사적 회의를 시작했다.

등소평은 12월 22일까지 5일간 열린 이 회의에서도 '사상해방'과 '실사구시'를 강조하며 낙후된 중국의 공업, 농업, 국방, 기술 등 4개 분야를 발전시킨다는 이른바 '4개 현대화' 달성을 위한 개혁개방의 기치를 내걸었다. 회의 순번에 따라 중국공산당 제11기 중앙위 3차 전체회의(11기 3중전회)로 불린 회의는 이후 중국인에게 공산당 창건일 다음으로 가장 익숙한 회의로 기억되고 있다.

11기 3중전회 후 중국에서는 모택동과 인민공사 시대의 붉은색 구호가 사라지고 개혁개방이 인민의 삶을 지배하기 시작했다. 중국 정부는 1980년 8월 광동성 심천을 중국 최초의 경제 특구로 지정한 것을 비롯 주해와 하문 등을 경제특구로 지정해 개혁개방에 박차를 가했다. 1984년 4월에는 상해, 광주, 대련, 천진, 청도 등 동남부 연안 도시 14개를 개방한 연해개방도시 시책도 단행했다.

외곽에서 북경 때리는 전술

개혁개방 노선이 '사회주의 시장경제'라고 하는 중국 경제의 정론으로 자리잡는 데는 몇 단계의 이론 수정과정을 거쳐야 했다. '계획경제를 위주로 하고 시장경제를 보조수단으로 한다'는 이른바 '주보론(主補論)' 체제가 1982년 9월 제12차 전국대표대회(12전대)에서 공식 이론으로 채택되었으며 1984년 10월의 12기 3중전회에서 '경제체제의 개혁에 관한 당 중앙의 결정'이 발표됨으로써 사회주의 경제체제를 그대로 유지하되 일부 자본주의 경영방식을 도입하는 정책이 본격적으로 시행되었다. 1987년의 13전대에서는 계획과 시장이 내재적으로 통일된 '내재 통일론'이 채택되었다.

문제는 개혁개방 이후 농업 생산력은 크게 높아졌지만 시장경제 도입과정에서 불거진 갖가지 부작용이었다. 계획경제 속의 가격 자유화는 한 해 20% 가까운 물가 앙등을 불렀고, 생필품 배급권을 쥔 일선 관료들의 부패가 극성을 부렸다.

급기야 1989년의 제2차 천안문 사태가 터져 당내 좌경 보수파들이 개혁개방의 중단을 요구하고 나섰다. '사회주의냐 자본주의냐'를 놓고 치열한 논쟁을 벌인 '성사성자(姓社姓資)' 논란까지 가열되었다. 그런데도 등소평으로부터 권력을 물려받은 강택민 당 총서기 겸 국가주석은 보수세력에 밀려 개혁개방 정책을 제대로 밀고 나가지 못했다. 이 때문에 중국 경제는 계획된 고속성장의 길을 걷지 못하고 침체의 늪에 빠져들었다.

그러자 은퇴해 있던 등소평이 새로운 승부수를 던졌다. 1992년 1월 18일부터 2월 21일까지 노구를 이끌고 무창, 심천, 상해 등 남부 지방을 시찰하는 '남순강화(南巡講話)'를 통해 외곽에서 북경을 때리는 전술을 구사한 것이다.

등소평은 '남순강화'를 통해 중국 사회에 전면적인 각성을 촉구하고 개혁개방의 중요성을 역설했다. 그는 '성사성자' 논쟁이 중요한 것이 아니라 '삼개유리우(三個有利于)' 즉 사회주의 생산력의 발전, 사회주의 국가의 종합 국력의 강화, 인민 생활수준의 제고, 이 세 가지 측면에서 유리한 것이 곧 현재 중국에 유리한 것이고, 가야 할 길이라고 주장했다. 또한 "좌경도 사회주의를 망치고 우경도 사회주의를 망친다. 우경도 경계해야 하지만 지금은 주로 좌경을 방지해야 한다", "개혁개방을 하지 않아 경제가 발전하지 않고 인민생활을 개선하지 않으면 남는 것은 죽음으로 가는 길뿐이다" 등 온갖 말들을 거침없이 쏟아냈다.

등소평의 남순강화는 당시 지식인 사이에 만연한 이데올로기 논쟁에 종지부를 찍었다. 계획경제 숭배자들에게도 일침을 가하는 이중효과를 거두면서 개혁개방 정책에 날개를 달아주었다. 남순강화 내용은 1992년 10월 '중국 경제개혁의 목표가 사회주의 시장경제 체제의 수립에 있다'고 천명한 14전대 정치보고를 통해 중국 공산당의 최고 이념이 되었다.

베트남의 캄보디아 침공과 '킬링 필드' 종식

'킬링 필드'는 '대학살' 또는 '대학살의 현장'을 가리키는 일반명사가 되었다.

동남아시아의 가난한 나라 캄보디아가 80년 동안 프랑스의 식민 지배를 받다가 가까스로 독립한 것은 1953년 10월이었다. 그러나 캄보디아 앞에 놓인 것은 해방의 환희가 아니라 피비린내 진동하는 내전과 희대의 살인마 폴 포트(1928~1998)에 의한 대량학살이었다. 여기에 강대국들의 잦은 침공까지 더해져 아비규환의 일상이 계속되었다.

독립 후의 실권자는 식민지 시절부터 국왕 자리를 지켜온 노로돔 시아누크(1922~2012)였다. 그는 캄보디아가 프랑스의 식민지였을 때 왕족 가문에서 태어나긴 했어도 왕위와는 거리가 멀었다. 하지만 그의 외할아버지인 국왕이 사망한 뒤 아버지가 왕위를 계승할 차례였는데도 프랑스 식민

폴 포트(1928~1998)

당국이 만만하게 보인 시아누크를 낙점한 덕에 19살이던 1941년 전격적으로 왕위에 오르는 행운의 주인공이 되었다. 그는 프랑스와 협상 끝에 1949년 사법·경찰·군대를 제외한 주권을 인정받고, 1953년 완전한 독립을 이뤄냈다.

1955년에는 왕위를 아버지에게 넘겨주고 물러난 뒤 총리와 국가원수로 실질적인 통치를 했다. 외교적으로는 미국과 중국, 베트남 사이를 오가는 비동맹 중립 외교로 인도차이나 반도에 몰아닥친 냉전의 바람이 캄보디아로 확산되는 것을 차단했다. 1960년대 중반 무렵부터는 캄보디아 국경 너머에서 베트남전을 치르고 있는 미국과 거리를 두었으며, 북베트남의 공산군이 남베트남으로 잠입할 때는 캄보디아의 동부지역을 거쳐야 하는 '호찌민 루트'를 묵인해주어 미국의 미움을 샀다.

미국은 '호찌민 루트'에 대규모 공습을 가했고, 이 과정에서 미군이 투하한 네이팜탄과 폭탄들로 수많은 캄보디아인이 죽었다. 1969~1973년 미군이 폭격기로 캄보디아에 쏟아부은 폭탄만 2차대전 당시 미국이 일본에 투하한 폭탄량의 3배에 달했다. 이 때문에 캄보디아의 '킬링 필드'는 '크메르 루주'(붉은 크메르) 치하의 1970년대가 아니라 사실상 1960년대 말 미군에 의해 시작되었다는 주장도 있다. 미국은 반시아누크 무장세력들을 배후에서 지원하는 방법으로 쿠데타를 획책하거나 시아누크를 암살하는 음모도 꾸몄다.

론놀 정부의 붕괴는 새로운 공포와 죽음의 시작

1970년 3월 시아누크가 중국에 머물고 있을 때 미국의 지원을 받은 론

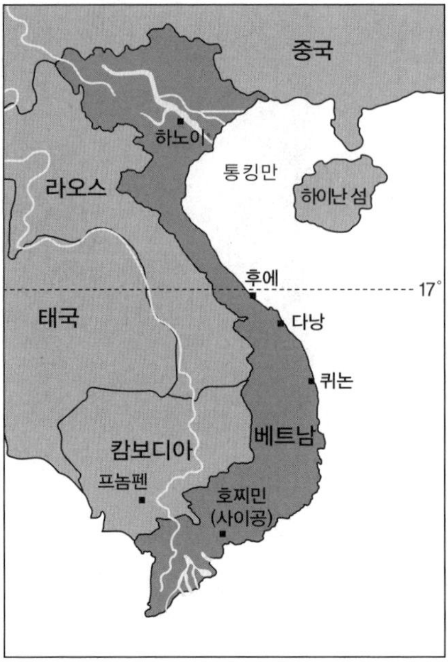

캄보디아와 베트남

놀(1913~1985)의 쿠데타로 시아누크는 결국 망명객 신세가 되어 1975년까지 중국과 북한 등지에서 5년간 유랑생활을 했다.

그가 캄보디아에 없는 동안 미국은 캄보디아 영토 안에서 수월하게 베트남전 작전을 펼쳤다. 쿠데타 한 달 후에는 캄보디아 내 공산기지를 쓸어내기 위해 수만 명의 미군과 남베트남 정부군이 캄보디아 영토를 침범했다.

이처럼 미군의 공습과 침공으로 수많은 사람이 가족과 생활터전을 잃게 되자 캄보디아인들은 미군에 강한 적개심을 품었고 반사적으로 당시 미국의 탄압을 받고 있는 공산 급진세력 '크메르 루주' 반군을 지지했다.

당시 크메르 루주 지도자는 모택동을 추종하는 폴 포트였다. 크메르 루주가 중국의 군사적 지원과 캄보디아인들의 지지를 받아 론 놀 정권에 무장투쟁을 벌이면서 캄보디아에는 피의 살육전이 전개되었다. 미국은 론 놀 정권을 지원했으나 부패한 그들은 개인 착복에 혈안이었고 경제는 파탄일로를 걸었다.

1970년대 중반 베트남전이 끝나가고 미군이 철수함에 따라 실정과 부패로 민심을 잃은 론 놀 정권의 붕괴는 시간문제가 되었다. 결국 론 놀 정권은 1975년 4월 17일 수도 프놈펜을 점령한 크메르 루주에 의해 붕괴되고 5년간에 걸친 내전은 종식되었다.

내전으로 약 60~80만 명이 죽고 300만 명의 난민이 발생했다. 캄보디아인들은 비로소 평화가 찾아왔다는 기대에 한껏 고무되었으나 그것은 새로운 공포와 죽음의 시작이었다.

5년 동안 150만~200만 명 처형

폴 포트는 캄보디아 사회의 완벽한 개조와 국가의 자립을 꿈꾼 몽상가였다. 그는 캄보디아의 과거를 모두 지워버리기 위해 1975년을 '0년(零年)'으로 선언하고, "유토피아적 농경 공산사회를 세우겠다"며 도시민 전체를 농촌으로 강제 이주시켰다. 도시민들이 크메르 루주의 신념과 상반되는 사상을 가졌다고 생각해 통제를 쉽게 하고 구질서와 관련된 모든 물질적 연결고리를 끊어버리기 위해 그들을 농촌으로 보낸 것이다.

도시민들은 농촌에서 농사를 짓고 댐을 건설하고 혁명에 봉사하도록 강요받았다. 이 과정에서 식량과 식수 부족 그리고 무더위로 인한 각종 전염병으로 수많은 사람이 죽어갔다. 론 놀 정부에서 일했던 군인, 경찰, 공무원, 교사 중 상당수도 감옥에 갇히거나 처형되었다. 시아누크는 폴 포트가 정권을 장악한 후 1975년 캄보디아로 돌아와 칩거하다가 1979년 크메르 루주 정권이 무너지자 중국으로 다시 망명했다.

폴 포트는 불교, 돈, 개인 소유를 모두 금지했다. 개인주의는 마땅히 제거되어야 할 악으로 규정하고, 가족은 부르주아적이고 불법적인 집단으로 간주해 해체했다. 남편은 아내와 떨어져 지내야 했고 아이들은 가족과 격리된 채 잔인한 훈련과 이념교육을 받아 광란의 도살에 동원되었다. 악명 높은 강제수용소도 전국적으로 수십 개가 세워졌다.

이런 식으로 1975년부터 1979년까지 처형된 사람이 150만~200만 명에 달했다. 20세기 중 전시가 아닌 평시에 동족을 대상으로 이념과 생각이 다르다는 이유만으로 이렇게 대규모 학살을 저지른 것은 폴 포트가 유일했다. 1984년 영화 '킬링 필드'가 개봉된 후 '킬링 필드'는 크메르 루주의 대학살을 가리키는 고유명사이면서 '대학살' 또는 '대학살의 현장'을 가리키는 일반명사가 되었다.

공포정치를 멈추게 한 건 베트남의 침공

폴 포트 정권의 공포정치를 멈추게 한 것은 베트남이었다. 당시 친소 성향의 베트남은 친중 성향의 폴 포트 정권과 국경분쟁을 벌이다가 1978년 12월 25일 캄보디아 국경을 침공하고 개전 2주 만인 1979년 1월 7일 수도 프놈펜을 점령했다. 폴 포트는 태국 국경지대의 밀림으로 도주해 권토중래를 꿈꾸다 20년이 지난 1998년 4월 자연사했다. 베트남은 크메르 루주에서 활동하다가 과거 베트남으로 도주해온 헹 삼린(1934~)과 훈 센(1951~)을 전면에 내세워 친베트남 정권을 구성했다.

1979년 2월 중국이 캄보디아 주둔군 철수를 요구하며 베트남을 침공했으나 베트남군의 강력한 반격에 막혀 개전 1개월 만에 물러났다. 미국도 베트남을 비난했으나 무력을 동원하지는 않았다. 당시 캄보디아의 친베트남, 친소련 정권에 맞선 반정부 세력은 키우 삼판(1932~)이 이끄는 크메르 루주와 중국에서 망명 중이던 시아누크 국왕, 그리고 손 산 전 총리가 이끄는 크메르 인민민족해방전선 등 세 갈래였다. 이들은 1982년 6월 '민주 캄보디아 연합정부'를 구성한 뒤 대통령 시아누크, 부통령 키우 삼판, 총리 손 산으로 자리를 안배했다.

중국은 태국을 거치는 이른바 '등소평 루트'를 통해 이 크메르 루주군에게 무기를 제공했다. 미국 역시 직접 원조는 하지 않았지만 자국의 무기들이 크메르 루주로 흘러가도록 도왔다. 이렇게 베트남 점령군과 크메르 루주군 간의 내전으로 캄보디아인의 삶은 또다시 죽음으로 내몰렸다.

비극의 캄보디아에 평화의 서광이 비친 것은 동남아시아 국가들의 중재로 베트남군이 캄보디아에서 물러난 1989년 가을이었다. 1991년 7월에는 파리평화협정이 체결되어 내전도 막을 내렸다.

중국으로 망명했던 시아누크 국왕은 12년에 걸친 망명생활 끝에 1991년 프놈펜으로 돌아가 1993년 국왕으로 복귀했다. 시아누크는 연립정부를 구성해 자신의 아들 노로돔 라나리드를 제1총리, 훈 센을 제2총리로 임명했으나 1997년 7월 훈 센이 쿠데타를 일으켜 권력을 장악하고 계속된 총선에서도 승리해 훈 센이 총리로 재직하고 있다. 시아누크는 계속 국왕으로 재직하다가 2004년 아들에게 양위한 뒤 상왕으로 물러났다가 2012년 사망했다.

요한 바오로 2세 교황 즉위

동유럽에서 일어난 모든 일은 교황이 없었다면 불가능했을 것이다.

1978년 10월 22일 요한 바오로 2세(1920~2005)가 제264대 교황으로 즉위한 것은 20세기 후반 가톨릭과 냉전세계에 몰아칠 대변화의 서곡이었다. 그의 즉위는 1522년 독일 출신으로 교황에 취임한 하드리아노 6세 이후 456년 만에 선출된 비이탈리아인 교황이자 사상 최초의 동유럽 공산국가 출신 교황이라는 점에서 파격적이었다.

요한 바오로 2세는 영화 '쉰들러 리스트'의 무대이던 폴란드 크라쿠프 부근의 작은 마을에서 태어났다. 본명은 카롤 요제프 보이틸라였다. 교황의 삶은 그의 조국 폴란드의 운명이 그러했던 것처럼 어려서부터 순탄치 않았다. 8살 때 어머니가 죽고 4년 뒤 사랑하던 형을 잃었으며 나치 독일이 폴란드를 침공한 1939년 아버지까지 세상을 떠나 그는 20살이 되기도 전에 가족 모두를 잃는 슬픔을 겪었다.

그가 하느님의 진리에 눈뜬 건 2차대전 때 나치의 침공으로 지인들이 하나둘 죽어가는 것을 목격하면서부터였다. 그는 나치의 박해를 피해 비밀리에 운영되던 크라쿠프 지하 신학교에서 1942년부터 신학을 공부했다. 전쟁이 끝난 1946년 11월 사제 서품을 받고 1964년 1월 크라쿠프 대주교, 1967년 6월 추기경으로 임명되었다. 그는 조국 폴란드에서 공산주의를 체험한 탓에 정치적으로 공산주의에 완강한 반대의 뜻을 견지했다.

요한 바오로 2세는 교황 즉위 이듬해인 1979년 6월 조국 폴란드를 방문했다. 교황의 방문은 자유를 갈망하던 폴란드 국민의 가슴에 불을 지폈다. 교황은 국민 대다수가 가톨릭을 믿는 조국 방문을 '순례'라고 부르며, 공산 독재에 신음하는 동포들을 향해 "당신들은 인간이다. 존엄성을 갖고 있다. 땅에 배를 깔고 기어다니지 말라"는 유명한 메시지를 남겼다. 가는 곳마다 "신념을 잃지 마라. 패배하지 마라. 용기를 잃지 마라"는 메시지를 거듭 전달했다. 교황의 방문과 직접적인 연관이 있던 것은 아니었지만 1980년 8월 폴란드는 동구권 최초의 노동조합 '자유노조'를 탄생시켰다. 교황은 소련의 경고에도 아랑곳하지 않고 레흐 바웬사가 이끄는 자유노조를 지지했다.

1989년에는 개혁과 개방을 추진하던 미하일 고르바초프 소련 공산당 서기장을 접견하고 냉전 종식에 힘을 실어주는 등 20세기 후반 이념 붕괴의 격동 속에서 정치적 좌표를 분명히 설정했다. 훗날 고르바초프는 "동유럽에서 일어난 모든 일은 교황이 없었다면 그리고 세계 무대에 그가 행했던 정치적 역할이 없었다면 불가능했을 것"이라고 말했다.

그는 원칙의 교황이었다. 교리에 입각해 중남미 해방신학의 도전을 물리쳤고 낙태와 콘돔 피임, 여사제 등 당시 가톨릭계를 뜨겁게 달구었던 세 가지 쟁점에 대해 분명한 거부 의사를 보이며 타협하지 않았다. 그는 행동하는 교황이었다. 주로 교황청에만 머물던 이전의 교황과 달리 재위

26년여 동안 정력적으로 전 세계 129개국 600여 개 도시를 방문하며 자신에게 주어진 역할과 소명에 충실했다. 그는 화해의 교황이었다. 1981년 5월 13일 터키 극우파 이슬람교도의 흉탄을 맞고 쓰러져 6시간의 수술을 받고 나흘 만에 의식을 회복하고서도 "내게 총을 쏜 형제를 위해 기도하자. 나는 그를 이미 용서했다"고 말해 전 세계를 감동시켰다.

20세기 후반기 대변화의 서곡

포클랜드 전쟁이 일어난 1982년 영국과 아르헨티나를 동시 방문해 평화를 호소했고, 1991년 유고슬라비아 연방이 해체되는 과정에서 자행된 인종 학살을 비난하며 평화적인 해결을 촉구했다. 1999년 코소보 전쟁 때는 유고에 특사를 파견했으며 2000년 3월에는 가톨릭 교회의 수장으로는 역사상 처음으로 이스라엘을 방문해 이스라엘과 팔레스타인 간 유혈 사태의 종식을 주문했다.

과학 분야와도 화해를 추구했다. 1992년 10월 과거 가톨릭계가 갈릴레이를 박해한 것을 공식 사과하고 1996년에는 "다윈의 진화론은 가톨릭 교의에 모순되지 않는다"며 교황청 사상 처음으로 다윈의 진화론을 인정했다. 그는 다른 종교에도 '진리의 씨앗'이 있음을 선언해 종교 간 갈등을 줄이는 데 힘을 썼다. 수백 년 전 헨리 8세 이후 끊어진 영국과의 국교를 회복(1982)하고, 그리스정교회와도 종파 분리 1,000여 년 만에 화해(1999)했다. 1999년 10월에는 루터파 개신교와도 구원론 논쟁을 종식하는 선언에 서명하고 2001년 5월 역대 교황으로는 처음으로 시리아의 이슬람 사원을 방문했다.

요한 바오로 2세(1920~2005)

2000년 3월 12일 교황이 로마 성 바실리카 성당에서 집전한 사상 최초의 '참회 미사'는 교황이 교회사적으로 가장 큰 영향을 미친 상징적인 행위로 꼽히고 있다. 교황이 무오류설의 상징인데도 참회 미사에서 중세의 종교재판, 십자군 전쟁, 유대인 박해 등 가톨릭 교회의 7가지 잘못을 참회한 것이다.

역대 교황 중 유일하게 그것도 두 차례나 한국을 방문한 그는 진심으로 한국을 사랑한 교황이었다. 한국 천주교 전래 200주년인 1984년 5월 방한 때는 103위 복자에 대한 시성식을 집례하고 1989년 10월 방한 때는 세계성체대회를 주관했다. 첫 방한 때는 여의도 광장에 운집한 100만 천주교 신자를 감동케 하고 소록도를 방문하는 등 한국의 아픔을 보듬었다. 두 번째 방한 때도 '젊은이 성찬제'에 참석해 '아리랑'을 합창하고 광주 망월동 민주화운동 희생자 묘역을 찾았다.

"나는 행복합니다. 그대들 또한 행복하시오. 울지 말고 우리 함께 기쁘게 기도합시다." 2005년 4월 2일 임종을 지키던 폴란드 출신 신부와 수녀들에게 남긴 이 메모는 유언이 되었다. 역대 교황의 평균 재위기간 7.3년의 4배에 가까운 26년 6개월 동안 자리를 지켜 역대 세 번째 최장기 재위 교황으로 기록된 그는 사후 6년 1개월 만인 2011년 5월 1일 '복자'로 추대되어 가장 영예로운 지위인 '성인' 반열에 한 걸음 더 다가섰다.

교황 암살과 파티마 계시

1917년 5월 13일, 포르투갈 리스본 북부의 구릉지대 파티마 들판에서 양을 돌보던 루치아(10세), 프란치스코(9세), 히야친타(7세) 등 세 어린 목동이 환한 빛에 휩싸여 그들 앞에 나타난 성모 마리아로부터 '하늘의 메시지'를 들었다. 성모 마리아가 그해 10월까지 매월 13일 같은 장소에 나타나 6번이나 목동들에게 세 가지 계시를 했다는 이른바 '파티마의 예언'이었다. 그로부터 2년 뒤 두 목동은 폐

렴에 걸려 세상을 떠났고 루치아만 살아남아 수녀원으로 들어갔다. 계시 가운데 두 가지는 시간이 흐르면서 자연스럽게 세상에 알려졌다. 하나는 22년 후 발발한 제2차 세계대전으로 해석된 지옥의 모습이었고, 다른 하나는 신의 존재를 부인하는 러시아 공산주의의 성쇠에 관한 것이었다. 그러나 세 번째만은 비밀에 부쳐져 공개되지 않았다.

1944년 루치아 수녀는 어린 시절 그가 보았던 환상을 기록해 교황청에 건넸으나 역대 교황과 소수 성직자의 함구로, "계시가 인류의 종말을 예고한 엄청난 비밀을 안고 있다"는 억측만 난무할 뿐 실상이 알려지지 않았다. 루치아의 증언은 문서로 정리되어 1957년 교황청에 보관되었다. 그리고 세월이 흘렀다.

파티마의 예언이 있고 정확히 64년 후인 1981년 5월 13일 오후 5시경, 교황 요한 바오로 2세가 무개차를 타고 성 베드로 광장에 운집한 2만여 신도를 접견하러 가던 중 인근에서 날아든 총탄을 맞고 현장에 쓰러졌다. 교황은 복부에 총상을 입었으나 다행히 총알이 교황의 심장을 1㎜ 차로 비껴간 덕에 6시간의 수술을 받고 목숨을 건졌다.

경찰은 현장에서 범인으로 체포된 터키 청년 메메트 알리 아그자의 배후를 추궁했으나 범인은 끝까지 단독범행을 주장하다가 그해 7월 종신형을 선고받았다. 그러나 1년이 지난 1982년 10월 말, 아그자가 "소련 KGB의 지시가 있었고 불가리아 정보기관이 개입했으며 터키 우익단체도 가담했다"고 새로운 사실을 진술하면서 수사는 원점으로 돌아갔다.

당시 폴란드에서 타오르고 있던 자유노조 '연대' 운동을 억누르기 위해 소련이 폴란드에 영향력을 행사하고 있는 교황을 암살하려 했다는 것이 아그자의 주장이었다. 미·소 대립이 첨예하던 때 발생한 교황 암살사건은 곧 '악의 제국' 소련이 꾸민 국제 테러사건으로 확대되어 세계의 이목을 집중시켰다.

"내가 살아난 것은 파티마 예언 덕"

이탈리아 경찰은 아그자가 공범으로 지목한 3명의 불가리아인을 추적했으나 2명은 이미 귀국하고 없어 1명만 체포했다. 불가리아 정부는 "미 CIA의 자작극"이라며 개입 사실을 강력히 부인했다. 그러나 이탈리아 경찰이 직접 불가리아로 날아가 공범으로 지목된 2명을 심문하는 등 2년여를 수사한 끝에 터키인 3명과 불가리아인 3명을 기소했다.

사건이 일어나고 4년 만인 1985년 5월, 2명의 불가리아인 등 4명이 궐석 상태에서 진행된 재판은 예상대로 아그자의 증언에 의존했다. 그러나 재판 도중 아그자가 "나는 환생한 예수"라며 횡설수설하고 "암살 지령은 불가리아 소피아의 소련 대사관에서 떨어졌고 소련 대사관은 300만 마르크를 지불했다"는 등 앞뒤가 맞지 않는 주장을 펼쳐 결국 재판은 1986년 3월 증거 불충분으로 아그자를 제외한 전원에게 무죄를 선고했다. 아그자 등을 '소련의 앞잡이'로 몰아간 검찰이 한 점의 증거도 보여주지 못한 채 실로 이해할 수 없는 한 편의 코미디로 막을 내린 것이다. 아그자는 2000년 6월에 사면되어 터키로 강제송환되었다.

교황 암살 기도가 있고 다시 정확히 19년의 세월이 흐른 2000년 5월 13일, 교황 요한 바오로 2세가 오래전 죽은 두 목동의 시복식을 위해 파티마를 찾았다. 60만 신도가 참석한 옥외 특별미사가 끝나갈 무렵 교황청 국무장관이 80년 이상 침묵해온 세 번째 계시를 공개했다. 그는 "교황의 지시에 따라 발표한다"며 "마지막 환상은 순교자들의 시신 사이로 십자가를 향해 걷다가 총탄에 쓰러지는 흰 옷차림의 사제 모습이었다"고 말했다. 19년 전 발생한 교황 암살사건이 세 번째 계시라는 것이다.

갑작스러운 공개를 두고 "새 세기와 새 천년을 맞으면서 회개와 반성을 촉구한 파티마 예언을 다시 한번 되새기기 위한 것"이라는 해석이 무성한 가운데 교황은 2005년 초에 발간한 회고록에서 "내가 살아난 것은 1917

년에 발현하신 성모 마리아의 파티마 예언 덕"이라고 밝혔다. 루치아 수녀는 교황이 선종(2005.4.2)하기 2개월 전인 2005년 2월 14일, 97세로 눈을 감았다.

에드워드 사이드 '오리엔탈리즘' 발간

어느 한 나라에도 소속되지 않고 동서양 어디에도 속하지 않았다.

에드워드 사이드(1935~2003)는 '행동하는 지성'으로 평생 동안 언어와 문화, 민족과 종교가 교차하는 어지러운 경계선 위를 걸었다. 아랍인이면서 기독교도였고, 이슬람을 옹호하면서도 테러는 부인했다. 스스로 술회했듯 "어디 있든지 어긋나 있는 인생"이었으나 그 '어긋남'을 오히려 자신의 정체성으로 끌어안은 지혜로운 사람이었다.

에드워드 사이드라는 이름이 출생 당시 팔레스타인을 지배하고 있던 대영제국의 황태자 이름 '에드워드'와 아랍 이름인 '사이드'를 합친 데서 알 수 있듯 '어긋남'과 '어울림'은 그에게 운명이었다. 그는 심정적으로 어느 한 나라에도 소속되지 않았으며 동서양 어디에도 속하지 않은 채 그 경계 위에 서서 양쪽의 진정한 통합을 모색하는 삶을 살았다.

사이드는 1935년 영국 통치하 팔레스타인의 예루살렘에서 태어났다. 2차대전 후 예루살렘이 이스라엘의 영토가 되고 사이드가 살던 집이 이스라엘 군부에 접수되면서 팔레스타인인이던 그의 가족은 1947년 이집트로 이주했다. 카이로에서 명문 고교를 다녔으나 팔레스타인 난민이라는 이유로 급우들로부터 멸시와 조롱을 받는 일이 잦자 학교를 중퇴하고 1951년 아버지를 따라 미국으로 건너갔다. 프린스턴대를 졸업하고 하버드대에서 석·박사를 취득한 뒤 1963년 컬럼비아대의 비교문학 교수가 되

에드워드 사이드(1935~2003)

었다.

그가 20세기 문명사에 한 획을 긋는 저서 '오리엔탈리즘'을 출간해 문화제국주의와 탈식민주의의 원조로 평가받기 시작한 것은 1978년이었다. '오리엔탈리즘'은 서구인의 동양관이 본질적으로 제국주의적 편견과 왜곡에서 비롯한 허상임을 밝혀낸 명저다. 그가 말하는 오리엔탈리즘은 동양을 문화적·이데올로기적으로 지배하기 위해 동원되는 각종 제도, 학문, 주의 나아가 식민지적 관료제도를 포괄하는 총체적 개념이다.

사이드는 오리엔탈리즘을, 서양이 만들어낸 동양에 관한 이야기가 예술과 학문으로 제도화되어 서양의 동양 지배를 정당화하는 권력장치로 기능하는 과정으로 파악했다. 그는 서양, 곧 유럽과 미국의 동양에 대한 인식이 편견과 오류에 가득 차 있음을 지적하며 동양이라는 말이 지리적 구분은 물론 문화적·정치적 실체로 현실 속에서 작용하고 있음을 일깨워주었다.

그러나 오리엔탈리즘의 궁극적 지향점은 동서의 동등한 공존과 화합이었다. 그의 이러한 태도는 1993년 발간한 '문화와 제국주의'에서도 드러난다. 사이드는 상대방의 문화를 적대시하는 편협된 문화주의에서 탈피해 상호공존하는 다문화주의를 추구해야 한다고 주장했다. 또한 동서양이 서로 비난하거나 헤게모니 쟁탈전을 벌이지 말고 동서 공통의 경험과 문화적 이해를 통해 화해·공존할 것을 촉구했다.

학문적 양심을 행동으로 표현한 실천적 지성

그는 팔레스타인해방기구(PLO)의 망명 국회의원(1977~1991)으로 활동했으나 1993년의 '오슬로 협정'을 PLO 의장 야세르 아라파트의 굴복이라고 비판하며 아라파트에 등을 돌렸다. 2000년 레바논 국경의 이스라엘 경비초소를 향해 항의의 뜻으로 돌을 던진 데서 알 수 있듯 그는 학문적 양심을 행동으로 표현한 실천적 지성이었다.

2001년 9·11사태 때는 아랍인들이 죄 없는 미국인을 상대로 극악무도한 테러를 저지른 것에 누구보다 앞서 비판하고 규탄하면서도 미국이 자신의 목적을 위해 이슬람을 제물로 삼는 것에 대해서는 더욱 분노했다.

그는 이슬람 원리주의 운동을 맹목적으로 지지하지 않았다. 오히려 팔레스타인 출신 미국인으로서 아랍세계에 팽배해 있는 가난과 무관심, 무지와 억압을 비롯해 아랍세계에서 용인되어온 광신주의나 테러 옹호론 등이 지닌 문제점에도 정당한 관심을 가질 것을 아랍인들에게 촉구했다. 아랍 지식인들도 상대방을 이해하려는 노력은 하지 않고 무조건 부정부터 하는 과거의 이분법적 도그마 논리에 빠져 있다고 비판했다.

그는 음악비평가이자 아마추어 피아니스트이기도 했다. 음악이야말로 공존으로 가는 징검다리가 되리라 믿었던 그의 음악적 동지는 다니엘 바렌보임(1942~)이었다. 사이드와 바렌보임은 1990년 초 런던의 한 호텔 로비에서 우연히 만나 우정을 쌓아왔다. 이스라엘 국적의 유대인 바렌보임과 팔레스타인계 미국인 사이드는 서로 다른 민족과 종교, 역사적 배경에도 불구하고 역사, 사상, 음악, 사회 등을 관통하면서 어떻게 조화로운 세계를 만들 것인가를 진지하게 대화했다.

그 결과물이 1995년부터 5년여에 걸쳐 나눈 대화록 '평행과 역설'(2003)이고, 1999년 함께 창단한 '웨스트-이스턴 디반(서동시집) 오케스트라'다. 이 과정에서 사이드는 미국 유대계 지식인들의 비난에 둘러싸여 테러 위협까지 당했지만 백혈병과 싸웠던 말년에는 유대계 병원에 입원해 치료를 받았다. 죽는 날까지 통합의 끈을 놓지 않았던 것이다.

가이아나 '인민사원' 집단 자살

독극물을 먹고 자살하거나 강제로 죽임을 당한 사람만 914명이나 되었다.

짐 존스(1931~1978)가 미국 인디애나주 인디애나폴리스에 '인민사원'이라는 교회를 설립한 것은 1957년이었다. 그는 각종 박해와 계급 차별을 타파한다는 명목으로 소외된 자들을 인민사원으로 끌어들였다. 1967년 7월 인디애나폴리스를 떠나 캘리포니아주의 한 계곡으로 교회를 이전하고 1970년 근거지를 다시 샌프란시스코로 옮겨, 인종 차별에 대한 반대와 무료 빈민구제 활동 등을 통해 신도를 끌어모았다.

신도들은 사회경제적으로 소외된 마약 중독자, 노숙자, 도시 빈민, 흑인 등이 대부분이었지만 1970년대 정치적 이념의 장벽에 부닥친 일부 반전운동가 등도 집단 종교생활을 통해 새로운 대안을 모색할 생각으로 인민사원을 찾아왔다. 존스는 '사회주의 신', '사회주의 노동자 신'이라고 자칭하며 신도들의 정신을 혼란케 하고 무력화시켰다. 이 과정에서 신도 재산을 가로채고 폭행을 하는 등 인권 유린 행위가 빈발하고 있다는 폭로가 탈퇴자들에 의해 잇따라 제기되었다.

교주가 성생활을 허가제로 만들어 신도들을 통제하고, 자신은 여성 신도와 문란한 성생활을 하고 있다는 등의 목소리도 끊이지 않았다. 그러자 존스는 1977년 1,200여 명의 신도들을 남미 가이아나로 이주시켜 자신의 이름을 딴 '존스 타운'이라는 신앙촌을 건설했다.

신도들은 '약속의 땅'으로 간다는 말을 듣고 가이아나의 밀림으로 향했지만 그들을 기다린 것은 포로수용소를 방불케 하는 건물들과 무장 경비원들, 그리고 마을 밖으로 나가면 독사와 원주민들 때문에 살지 못할 것이라는 존스 교주의 광기 어린 협박뿐이었다. 여권은 압수당하고 재산은 교주의 통제를 받았다. 일요일에도 온종일 노동에 시달리고, 일이 끝나면 종교에 관한 세뇌교육으로 몸이 납덩어리가 되어갈 즈음, 존스 타운에서 세뇌와 감금 등 인권 유린이 자행되고 있다는 소문이 조금씩 미국에 전해지기 시작했다.

집단 자살이라기보다는 대량 학살

미 국무성은 1978년 10월 가이아나 주재 미 영사를 4번이나 존스 타운에 파견해 50여 회에 걸친 개별 인터뷰를 해보았으나 본인의 의사에 반해 강제억류 상태에 있다는 일부 진정내용을 뒷받침할 만한 사례를 단 한 건도 탐지하지 못했다.

그러자 레오 라이언 연방 하원의원과 NBC 방송기자 등이 인민사원의 인권 유린을 조사하기 위해 1978년 11월 14일 현장을 방문했다. 초기 조사는 순조롭게 진행되었다. 그러던 중 16명이 인민사원을 떠나고 싶어한다는 것을 알게 된 라이언이 이 사실을 존스에게 통고하면서 긴장이 감돌기 시작했다.

급기야 조사단과 인민사원 신도 등 30여 명이 11월 18일, 2대의 비행기에 분승해 신앙촌을 떠나려는 순간, 그들을 향해 무차별 총격이 가해졌다. 존스의 명령으로 시작된 총격에 라이언 의원과 3명의 NBC 기자, 신도 1명 등 모두 5명이 총에 맞아 숨지고 11명은 중경상을 입었다.

뒤이어 존스는 오후 5시쯤 신도들을 모아놓고 "너무 늦기 전에 죽음을 선택해야 한다"며 그들 모두에게 진정제와 청산칼리를 섞은 주스를 마시게 했다. 신도들 주위에는 무장한 경비원들이 배치되었고 확성기에서는 교리가 반복적으로 흘러나왔다. 평소 존스로부터 수십 차례나 죽음의 예행 연습을 받았던 신도들은 대부분 독극물을 마셨으나 음독을 거부한 일부 신도는 총탄 세례를 받았다.

그렇게 독극물을 먹고 자살하거나 강제로 죽임을 당한 사람만 914명이나 되었다. 집단 자살이라기보다는 대량 학살에 가까운 이 사건으로 숨진 청소년·어린이도 276명에 달했다. 존스 역시 머리에 총상을 입고 숨진 채 발견되었고 그의 아내와 7명의 자녀들도 모두 독극물을 마신 시체로 발견되었다. 다행히 80여 명은 살아남아 당시의 상황을 증언해 주었다.

인민사원 살인 사건은 그때까지 인류사에 알려진 가장 큰 집단 자살사건이었다. 전시가 아닌 평시 단일 사건으로는 2001년의 9·11테러에 의한 사망자 다음으로 많은 희생자를 낸 것으로 기록되었다.

이탈리아 '붉은 여단' 알도 모로 전 총리 납치 살해

절망하듯 "국가 권력과 당 인사들이 내 장례식에 참배하는 것을 거부한다"고 편지를 썼다.

이탈리아 총리를 5번이나 역임한 기독교민주당(기민당)의 당수 알도 모로(1916~1978)가 자택을 떠나 국회의사당으로 향하던 1978년 3월 16일 아침 8시 50분쯤, 갑자기 자동차 한 대가 모로의 차를 가로막는가 싶더니 뒤이어 자동소총 소리가 요란했다. 여자 1명을 포함해 12명으로 구성된 범인이 불과 20~30초 만에 80발의 총탄을 쏟아부어 운전기사를 포함해 경호원 5명을 현장에서 즉사시킨 뒤 능숙한 몸놀림으로 모로를 납치해 어디론가 사라진 것이다.

주요 도로에서 일제 검문이 시작된 10시 10분쯤, 로마, 밀라노, 토리노의 주요 신문사에 범인들의 녹음 메시지가 전화로 전달되었다. "우리가 모로를 체포했다. 곧 성명이 발표될 것이다. 붉은 여단." 극좌파 테러단체 '붉은 여단'과 이탈리아 정부, 기민당, 공산당, 바티칸의 55일간에 걸친 숨막히는 줄다리기는 이렇게 시작되었다.

붉은 여단은 1968년 프랑스 '5월 혁명'의 영향을 받아 이탈리아 트렌트

대 학생인 레나토 쿠르치오가, 나중에 그의 아내가 될 마르게리타 카골과 함께 1970년에 창설한 극좌파 조직이었다. 조직원은 수백 명이었고 자금, 정보, 은신처 등을 제공하는 동조자도 수천 명이나 되었다. 붉은 여단은 1970년 11월 밀라노의 공장과 상점에 폭탄 테러를 가함으로써 자신의 존재를 처음 세상에 알렸다.

그들의 표적은 기존 질서를 대표하는 인사들이었다. 초기 활동은 관계와 재계 인사들을 납치해 인민재판으로 유죄선고를 내렸을 뿐 위해(危害)는 없었다. 그러나 1974년 쿠르치오가 체포된 뒤부터는 과격노선으로 전환해 은행강도와 살인 등을 일삼았다. 마르게리타는 1975년 교도소를 습격해 쿠르치오를 빼내는 데 성공했으나 자신은 4개월 뒤 총격전을 벌이다 목숨을 잃었다. 쿠르치오는 1976년 다시 체포되어 15년형을 선고받았다. 이런 와중에 모로 당수의 납치사건이 벌어진 것이다.

"30년 동안 압정을 펼쳐온 정계의 대부를 인민재판에 내건다"는 붉은 여단의 첫 성명은 사건이 일어나고 이틀 뒤 전해졌다. 납치가 있던 날은 모로가 몇 년 전부터 은밀하게 추진해온 보수 기민당과 공산당의 악수가 예정된 역사적인 날이었다. 붉은 여단은 좌·우연합을 공산당의 배신으로 간주했다. 그래서 좌·우연합을 방해하기 위해 연합 주체인 모로를 납치한 것이다. 이탈리아 정부는 수만 명의 군경을 동원해 전 국민의 20%나 되는 1,000만 명을 조사했지만 성과가 없었다. 그런 가운데 4월 24일 붉은 여단이 8번째 발표한 성명을 통해 포로 교환을 요구했다. 옥중에 있는 동료 13명을 석방하라는 요구였다.

테러범들이 납치 후 촬영해 보낸
알도 모로 총리 사진

그러나 줄리오 안드레오티 총리와 기민당

은 "테러범들을 석방하면 법질서가 폭력에 짓밟히는 것이 되어 정부의 위신뿐만 아니라 테러를 오히려 조장하는 꼴이 되므로 테러범과는 절대로 거래하지 않겠다"며 협상을 거부했다. 이 같은 자세는 당시 국제사회에서 용기있는 행동으로 평가받았다. 그 사이 붉은 여단은 마치 경찰 수사를 비웃기라도 하듯 9차례나 성명을 신문사로 우송했다.

기존 질서를 대표하는 인사들이 표적

모로도 붉은 여단을 통해 부인과 교황 요한 바오로 6세, 대통령, 총리 등 지인들에게 488통이나 되는 친필 편지를 보내 범인들의 동료를 석방해 줄 것을 요구했다. 안드레오티 총리가 미동도 않자 모로는 "내가 세운 정부, 내가 기른 정치가들에게 배반당했다"며 분노를 퍼부은 뒤 절망하듯 "국가 권력과 당 인사들이 내 장례식에 참배하는 것을 거부한다"는 편지를 마지막으로 썼다.

5월 5일 범인들로부터 "사형선고를 집행한다"는 최후통첩이 전해졌다. 그리고 5월 9일 오후, 전신에 11발의 총탄을 맞은 모로의 사체가 로마 시내 한 자동차 안에서 담요에 싸인 채 발견되었다. 경찰은 테러범들이 모로를 납치·살해하기까지 범인을 체포하기는커녕 소재도 제대로 파악하지 못하는 무능력을 드러냈다.

붉은 여단은 1981년 12월 17일 나토의 남유럽군 부사령관 도지어 장군을 42일간 납치·감금함으로써 또다시 존재를 과시했다. 하지만 이탈리아 경찰이 이후 10년간 조직원 364명을 포함 1,100여 명의 과격파를 체포함으로써 붉은 여단은 무력화되고 '모로 사건'은 일단락되는 듯했다.

그러던 중 '모로 사건'과 관련된 책 출판을 앞둔 한 언론인이 의문의 변시체로 발견되고, 전향한 마피아 두목이 1993년 "모로 사건의 배후에 안드레오티가 있고, 피살된 언론인은 너무 많은 것을 알고 있기 때문에 죽은 것"이라고 증언하면서 '모로 사건'은 새로운 국면을 맞았다.

그러나 안드레오티가 누군가. 총리를 7차례나 지내고 장관도 21번이나 역임했으며 1991년부터는 종신 상원의원에 뽑힌 명실상부한 이탈리아 정계의 얼굴이었다. 때문에 당시 부패 척결에 나선 디 피에트로 검사의 '마니 풀리테(깨끗한 손)'와 안드레오티의 보수 진영 사이에 사활을 건 전선이 형성되었다.

검찰은 모로가 납치되었을 때 안드레오티가 모로의 협상 호소를 거부하고 강경대응책을 고수해 납치범들로 하여금 살해를 유도한 것으로 추정했다. 자신의 정치적 약점이 모로에 의해 폭로된 것을 알게 된 안드레오티가 이를 영원히 은폐하기 위해 암살을 방조한 인상이 짙다는 것이다.

그러나 의혹만 있을 뿐 증거는 없었다. 마니 풀리테가 정치권과 마피아의 검은 커넥션을 파헤치면서 안드레오티 총리가 모로 사건의 몸통으로 떠오르긴 했으나 혐의는 언론인 살해에만 한정되었다. 법원은 "언론인 피살이 안드레오티 총리에 의한 교사"라는 검찰 주장에 대해 무죄(1심)와 24년형(2심)을 오락가락하다가 대법원이 2003년 무죄로 판결함으로써 모로 사건의 법정 공방은 끝을 맺었다.

1979년

YH무역 여공 신민당사 농성과 김영삼 의원직 제명

부·마 사태

박정희 대통령 서거

_ *박정희의 18년 공과*

12·12군사쿠데타

김형욱 전 중앙정보부장 실종

_ *국가정보원 진실위 발표*

'해방 전후사의 인식' 출간

_ *'해방 전후사의 재인식'*

이문열 '사람의 아들' 출간

김진호 세계양궁선수권대회 5관왕

차범근 독일 분데스리가 진출

현신규와 '현사시나무'

마거릿 대처 영국 총리 취임

워크맨, 소니, 모리타 아키오

피에르 부르디외 '구별 짓기' 출간

아야톨라 호메이니와 이란 회교 혁명

_ *미 대사관 점거 및 인질*

모하마드 레자 팔레비 이란 국왕 망명

소련의 아프가니스탄 침공

니카라과 산디니스타 정권 탄생

_ *다니엘 오르테가*

제임스 러브록 '가이아 - 생명체로서의 지구' 발간

페르낭 브로델 '물질문명, 경제, 자본주의' 완간

YH무역 여공 신민당사 농성과 김영삼 의원직 제명

야당 당사가 이토록 노골적이고도 야만적으로 짓밟힌 것은 30년 헌정사상 처음이었다.

1979년 8월 9일 새벽, 187명의 YH무역 여공이 서울 마포구 신민당사에 기습적으로 들어가 4층 강당에서 농성을 벌였다. 이른바 '수출의 꽃'으로 불리던 그들이 야당인 신민당사를 찾은 이유는 단 하나 "잃어버린 일자리를 찾아달라"는 것이었다.

YH무역은 1966년 1월 재미교포 장용호가 10명의 종업원으로 서울 면목동에서 시작한 가발 생산업체였다. 4년이 지난 1970년에는 100만 달러를 수출해 국내 기업 중 15위의 수출액을 기록하고 종업원도 4,000여 명이나 될 정도로 급성장했다. 하지만 YH무역은 장용호가 1970년 동서에게 경영을 맡기고 자신은 다시 미국으로 돌아가면서 쇠퇴의 길로 접어들었다. 장용호가 미국에서 YH무역으로부터 수입한 가발대금 300만 달러를 갚지 않아 YH무역의 은행 빚이 눈덩이처럼 불어나고, 동서의 무리한 사업 확장에다 한국의 주요 수출 품목이었던 가발산업이 사양길로 접어들면서 사세가 급속히 위축된 것이다.

YH 노조가 설립된 것은 이처럼 사세가 기울고 있던 1975년 6월이었다. 이후 동일방직 노조, 원풍모방 노조와 함께 섬유업계 3대 민주노조로 불릴 만큼 강성노조로 성장했다. 이런 가운데 1979년 3월 29일 YH무역 회사 측이 "경영난으로 4월 말에 문을 닫는다"고 폐업을 공고했다. 노조는 회사의 일방적인 폐업 발표를 인정하지 않았다. 사측이 공장문을 다시 열기로 했지만 그것은 폭발 시점을 잠시 늦춘 것일 뿐 근본적인 해결책은 아니었다.

신민당사에서 농성 중인 YH무역 여공들

노조는 노동청 등 관계기관을 찾아다니며 대책을 호소했다. 그러나 누구도 도움을 주지 않았다. 회사도 달리 방법이 없어 8월 7일 최종 폐업공고를 냈다. 결국 오갈 데가 없어진 YH 여공들은 자신들의 문제를 사회적으로 이슈화시키기 위해 신민당사를 마지막 농성장으로 선택했다.

농성 사흘째인 8월 11일 새벽 2시, 자동차 클랙슨 소리가 길게 세 번 울렸다. '101호 작전' 개시를 알리는 신호음이었다. 뒤이어 당사를 에워싸고 있던 1,000여 명의 정사복 경찰이 당사 정문을 부수고 난입했다. 일부는 당사 뒤쪽에서 2대의 고가 사다리차를 타고 건물로 올라갔다.

"못간다. 죽어도 여기서 죽겠다"

소방차 2대에서 쏟아지는 불빛이 당사 주변을 환히 비추는 가운데 여공들은 "못 간다. 죽어도 여기서 죽겠다"고 울부짖으며 반항했다. 유리창과 사이다병을 깨뜨려 "자살하겠다"며 창가로 달려간 여공들도 있었다.

곤봉을 휘두르고 주먹과 발길질을 해대는 억센 경찰들을 당해낼 수는 없었다. 여공들은 무차별로 구타당하며 '닭장차'에 쑤셔넣어졌다. 상황은 불과 23분 만에 끝이 났다. 그런데 잠시 후 22살의 노조 상임집행위원 김경숙이 당사 뒤편 지하실 입구에서 싸늘한 주검으로 발견되었다. 경찰은 사인에 대해 세 차례나 말을 바꾸는 등 오락가락하다가 "진압작전 개시 30분 전인 8월 11일 새벽 1시 30분에 왼팔 동맥을 끊고 12m 아래로 뛰어내렸다"고 최종 발표했다.

하지만 훗날 밝혀지지만 이 발표는 사실이 아니었다. 2008년 3월 진실·화해를 위한 과거사정리위원회가 "경찰의 강제 폭력진압 과정에서 추락사한 것으로 확인되었다"며 진실규명 결정을 내렸기 때문이다. 위원회가 전문가를 통해 김경숙의 부검기록 등을 재분석한 결과, 동맥을 절단한 흔적은 발견되지 않았고 머리 뒷부분에서 각진 둔기로 인한 치명적인 상처가 발견되었다. 위원회는 이 충격으로 인해 김경숙이 건물에서 떨어져 사망한 것으로 추정했다.

4층 농성장이 아비규환을 이루는 동안 2층 회의실 역시 아수라장을 이뤘다. 저항하는 신민당 당원들은 사복 청년들에게 곤봉과 주먹질로 순식간에 제압되었다. 김영삼 총재 역시 회의실에서 대책을 숙의하다가 멱살이 잡혀 끌려나갔으며 10여 명의 국회의원과 기자, 당원들도 한쪽으로 내몰려 무차별로 구타당했다.

황낙주 원내총무는 경찰의 구둣발에 깔렸고 박권흠 대변인은 얼굴을 난타당해 피범벅이 되었다. 기자도 예외가 아니었다. 사진기가 박살났고 필름도 빼앗겼다. 수십 명의 여공과 30여 명의 신민당원, 10여 명의 기자들을 다치게 한 '101호 작전'은 이렇게 막을 내렸다. 야당 당사가 이토록 노골적이고도 야만적으로 짓밟힌 것은 30년 헌정사상 처음이었다.

민심은 더욱 멀어지고 정권은 종말로 달려가

작전 종료 후 경찰은 YH무역 노조지부장 최순영 등 3명의 노조원을 집시법 위반 혐의로 구속했다. 그것으로는 부족했는지 "불순 세력이 배후에서 조종하고 있다"며 문익환 목사, 이문영 교수, 인명진 영등포도시산업선교회 목사, 서경석 목사, 시인 고은 등 5명을 '배후 불순 세력'으로 구속했다. 불똥은 신민당 안으로도 튀었다. YH 노조의 농성이 진압되고 이틀이 지난 8월 13일, 신민당 원외지구당 위원장 3명이 김영삼 총재를 비롯 총재단 전원에 대한 '직무정지 가처분 신청'을 낸 것이다. 원외지구당 위원장들은 1979년 5월 30일 신민당 전당대회에서 김영삼 의원이 재적 대의원 751명의 과반수(376표)를 2표 넘겨 신민당 총재로 당선되었지만 당원과 대의원 자격이 없는 22명이 투표했기 때문에 당선이 무효라고 주장했다.

당시 전당대회에서 '선명 야당'과 '민주 회복'을 기치로 내걸었던 김영삼 의원은 2차 투표까지 가는 접전 끝에 378표를 획득해 '중도 통합론'을 주장하는 이철승 의원(367표)을 11표 차로 따돌리고 2년 6개월 만에 신민당 총재로 복귀했다. 9월 8일 서울민사지법은 가처분신청을 받아들여 전당대회 의장 정운갑을 총재 직무대행으로 선임했다.

분개한 김영삼 의원은 9월 10일 '박정희 정권 타도를 위한 범국민적 항쟁'을 선언했다. 9월 16일자 뉴욕타임스 기자회견을 통해서는 "미 정부가 박 정권에 대한 지지를 철회해야 한다"고 주장했다. 박정희 대통령이 발끈하자 집권당인 공화당과 유정회가 돌격부대로 나섰다. 그들은 김영삼의 발언을 '사대주의', '반국가적 발언'으로 규정하고 김영삼의 의원직을 박탈하는 징계안을 냈다.

10월 4일 오후 4시경, 공화당과 유정회 의원 159명이 무술경관 수백 명의 호위를 받으며 야당 의원들이 점거 중이던 국회 본회의장 대신 의원총회장으로 사용되던 146호실로 모여들었다. 그리고 10여 분 후 김영삼 의원 제명 결의안을 비공개로 변칙 통과시켰다. 민심은 더욱 멀어지고 정권은 종말을 향해 앞만 보고 달려갔다.

부·마 사태

사진기자들의 촬영을 막을 정도로 언론에 대한 거부감이 컸다.

1979년에 이르러 그토록 견고해 보이던 유신체제에도 곳곳에 균열이 생겼다. 그해 8월 YH무역의 신민당사 점거농성 사건을 계기로 신민당이 대정부 강경투쟁으로 선회하고, 유신정권이 김영삼 의원의 총재직 직무정지와 더불어 의원직까지 제명하는 등 초강경책으로 맞받아치면서 유신정권의 몰락이 가속화되었다. 국회와 사법부까지 정권 유지의 도구로 유린당한 반민주적 상황은 국민에게 분노와 깊은 절망감을 안겨주었다.

특히 김영삼의 정치적 고향인 부산 시민의 좌절과 울분이 컸다. 전년도보다 32%나 늘어난 조세 부담도 울고 싶었던 부산 시민의 뺨을 때리는 역할을 했다. 당시 부산 지역 계엄사 합동수사본부가 부산 시민을 상대로 시위 원인을 조사한 자료에 따르면, 부산 시민의 가장 큰 불만은 김영삼 의원의 제명(13%)이었다. 물가 폭등과 부가가치세에 대한 불만(12%)이 두 번째였고, 장기집권에 대한 불만(11%)은 세 번째였다. 경제 불만(11%), 정부 자체에 대한 불만(10%), 언론 탄압(9%)에 대한 불만도 적지 않았다.

1979년 10월 15일 오전, 부산대 학생 2명이 강의실을 돌면서 "오전 10시 도서관 앞에서 집결하자"고 적힌 선언문을 나눠주었다. 10시 20분이 되도록 학생들이 모이지 않자 일을 그르쳤다고 생각한 두 사람은 학교를 빠져나와 대낮부터 소주를 마셨다. 그때까지만 해도 두 사람은 뒤늦게 도서관 앞에 모인 학생들이 리더의 등장을 기다리다 발길을 돌렸다는 사실을 알지 못했다.

비록 그날 시위는 무산되었지만 두 사람의 역할은 컸다. 오랜 침묵 속에 빠져 있던 부산대생들의 가슴에 "분연히 일어나야 한다"는 공감대와

"곧 무엇이 터질지 모른다"는 기대감을 불어넣어 주었기 때문이다.

다음날인 10월 16일 오전 9시 30분, 부산대 상대 2학년생 정광민이 상대 강의실로 들어가 학생들에게 선언문을 나눠주었다. 친구들과 밤새도록 등사한 선언문이었다. "유신 독재정권에 맞서 우리 모두 투쟁하자!"라는 선언문을 손에 쥔 학생들은 누구랄 것도 없이 밖으로 몰려나갔다.

이윽고 "독재타도!" 구호가 부산캠퍼스 곳곳에 울려퍼졌다. 1974년 이후 5년 동안 단 한 차례의 데모도 일어나지 않아 '유신대학'으로 조롱받던 부산대가 마침내 오랜 침묵을 깨고 "유신정권 타도"의 전면에 나선 것이다.

500명으로 불어난 학생 시위대는 '애국가', '선구자', '아침 이슬' 등을 불렀다. 스크럼을 짜고 "독재 타도!", "유신 철폐!", "학원 사찰 중단하라!"를 외치며 운동장 밖으로 뛰쳐나올 무렵 학생들의 숫자는 4,000여 명으로 불어나 있었다. 그러나 경찰이 최루탄을 쏘며 교내로 진입하고, 학생들의 교문 밖 진출도 경찰의 저지로 물거품이 되자 학생들은 흩어져 부산역으로 몰려갔다.

시민들의 대거 시위 참여는 박정희 정권 출범 후 처음

부산역 광장 주변에 이미 전투복 경찰관들이 깔려 있는 것을 확인한 학생들은 부산역 광장을 지나 시청 부근으로 몰려들었다. 오후 2시, 시위대는 200~300명씩 대오를 이뤄 시청 부근 남포동과 광복동을 오가며 "유신 철폐! 독재 타도!"를 외쳤다. 오후 3시경 국제시장 주변에 모인 시위대만 2만~3만 명을 헤아렸다.

길거리 시민들도 학생들을 응원했다. 고층건물의 사무실에서는 시민들이 창밖으로 몸을 내밀어 박수를 쳤다. 시민들의 가세는 쫓는 자와 쫓기는 자를 바꿔놓았다. 밤 8시가 넘어서 남포동 일대를 가득 메운 시위대는 파출소를 파괴하고 순찰차와 작전차를 불태웠다.

10월 17일 부산대에 임시휴교 조치가 내려진 가운데 동아대 학생들이 가세하면서 분노의 불길은 시내 곳곳으로 번져나갔다. 어느덧 학생보다 시민이 더 많이 눈에 띄었다. 시민들까지 대거 소요에 가담한 것은 1961년 박정희 정권 출범 후 처음이었다. 시위대는 경남도청과 세무서, 언론사에도 돌을 던졌다. 사진기자들의 촬영을 막을 정도로 언론에 대한 거부감이 커 부·마 사태는 기자들이 찍은 시위장면이 거의 없는 흔치 않은 사건이 되었다.

시위가 확산되자 10월 18일 0시를 기해 부산지역에 비상계엄이 선포되고 공수부대가 투입되었다. 그러나 시위는 멈추지 않았다. 18일 저녁 8시경 남포동에 모여든 2,000여 명의 시위대가 계엄군이 지키는 시청 쪽으로 나아갔으나 M16 총에 대검을 꽂은 공수부대의 무자비한 진압에 밀려 해산되었다. 이후 부산은 다시 '강요된 침묵' 속으로 빠져들었고 사흘 동안 파출소 21곳과 경찰차량 18대를 불태우거나 파손시킨 부산 시위도 막을 내렸다. 그러나 항쟁의 불길은 이미 마산으로 번져 있었다.

부산에 계엄령이 선포되었다는 소식에도 아랑곳하지 않고 마산의 대학생과 시민들은 10월 18일 밤, 공화당사와 파출소, 방송국을 부수는 등 격렬한 시위를 전개했다. 19일 저녁 마산수출자유지역의 노동자와 고교생들의 합세로 시위가 확산될 조짐을 보이자 유신 정권은 10월 20일 마산·창원 지역에도 위수령을 선포해 시위를 봉쇄했다. 이로써 박 정권의 몰락을 재촉한 부·마 사태도 막을 내렸지만 서울에서는 부·마 사태로 인한 정권 내 갈등이 부글부글 끓고 있었다.

박정희 대통령 서거

김재규가 영향력 밖에 있는 육본으로 향하는 순간 역사는 한 차례 요동을 치게 된다.

1979년 10월 26일 저녁 7시 40분쯤, 갑자기 두 발의 총성이 청와대 인근 중앙정보부 궁정동 안가의 적막을 흔들었다. 1961년 5·16쿠데타로부터 만 18년 5개월 10일 동안 이어져온 박정희 대통령의 절대권력이 무너져내리는 소리였다.

생전의 마지막 행사가 된 충남 삽교천 방조제 준공식에 참석하고 돌아온 박 대통령이 안가에서 술자리를 가진 것은 그날 오후 6시 5분쯤이었다. 김재규 중앙정보부장, 차지철 경호실장, 김계원 비서실장이 동석했다. 6시 50분쯤 가수 심수봉과 대학생 신재순이 들어왔고, 저녁 7시 뉴스가 시작되었다. 방조제 준공 소식에 이어 김영삼 전 신민당 총재의 모습이 TV 화면에 비치자 박 대통령은 "중앙정보부가 무섭지 않아 김영삼 총재를 구속하지 않는다"며 핀잔을 주었다. 뒤이어 김재규를 안하무인 격으로 대하는 차지철이 "신민당이고 뭐고 나오면 전차로 싹 깔아뭉개야 한다"며 김재규의 부아를 돋우었다. 그렇지 않아도 평소 차지철에 대한 증오심과 열등감, 게다가 차지철을 편드는 박 대통령에 대한 배신감 등으로 부글부글 끓고 있던 김재규는 침울한 표정을 지었다.

8일 전 비상계엄 선포로까지 발전한 부·마 사태의 대응 방식을 둘러싸고도 갈등이 있었다. 박 대통령이 상대적으로 온건한 대응을 주장한 김재규의 의견보다 강경 대응을 고집한 차지철의 입장을 받아들여 강경진압 쪽으로 힘을 실어주었던 것이다. 김재규가 차지철로 인한 불만을 참지 못하고 무언가를 폭발시키려 한다는 사실을 아는지 모르는지 박 대통령은 TV를 끄도록 하고는 참석자들에게 노래를 부르도록 했다.

심수봉이 먼저 '그때 그 사람'과 '눈물 젖은 두만강'을 불렀고, 차지철이

'도라지'를 불렀다. 뒤이어 신재순이 '사랑해'를 부르다 노래가 잠시 끊긴 사이, 갑자기 김재규가 차지철을 향해 권총을 발사했다. 오른쪽 팔목에 총을 맞은 차지철은 본능적으로 방안 화장실에 몸을 숨겼다.

고 박정희 대통령 운구 행렬(1979.11.3)

믿기지 않는 상황 앞에서 박 대통령은 "뭣들 하는 거야!"라고 호통을 치고는 눈을 감고 정좌한 채 있었다. 수초 후 김재규가 또다시 방아쇠를 당겼고 박 대통령은 총탄을 가슴으로 받았다. 박 대통령은 심수봉 쪽으로 쓰러진 채 고통스러운 신음을 토해냈다. 김재규가 세 번째 방아쇠를 당겼으나 총탄이 발사되지 않아 밖으로 뛰쳐나간 순간, 안가 내 전깃불이 일제히 꺼졌다. 총소리를 전기합선 소리로 착각한 전기공이 배전판을 열고 인입선 주 스위치를 내린 것이다.

심수봉 쪽으로 쓰러진 채 고통스러운 신음 토해내

어둠 속에서 주변에 대기하고 있던 김재규의 수행비서관 박흥주 대령과 박선호 의전과장, 이기주 궁정동 경비원 관리책임자, 유성옥 운전기사가 대통령 경호원들을 사살하는 총소리가 연달아 터져나왔다. 그 사이 김계원은 황급히 자리에서 빠져나왔다. 밖으로 나갔던 김재규가 박선호의 권총을 빼들고 만찬장 안으로 들어오는 순간, 막 문밖으로 나가는 차지철과 실랑이가 벌어졌다. 김재규는 차지철의 오른쪽 가슴을 향해 또다시 총을 쏘아 차지철을 고꾸라뜨렸다.

다시 만찬장 안으로 들어간 김재규가 박 대통령의 머리를 향해 방아쇠를 당기자 네 번째 총성이 저녁 바람을 갈랐다. 총알은 박 대통령의 오른쪽 귀 위로 들어가 뇌수를 관통하고 콧잔등까지 나와서 살 속에서 멈췄다. 사건 후 와이셔츠 차림에 구두도 신지 않은 김재규는 인근 궁정동 본관 1층에서 식사를 하고 있는 정승화 육군 참모총장을 찾아가 "큰일났다"는 말만을 되풀이했다. 정승화는 아무 영문도 모르고 김재규의 초대를 받아 궁정동 본관에서 김정섭 중앙정보부 제2차장보와 식사 중이었다.

김재규는 정 총장과 함께 남산 중정본부로 가면서 자신이 범인임을 밝히지 않은 채 박 대통령의 유고 사실을 알렸다. 김재규가 차 안에서 어디로 가야 할지를 몰라 갈피를 못 잡고 있을 때 정 총장이 병력을 장악하려면 육군본부로 가야 한다며 육본 B-2 벙커로 가자고 해 두 사람은 육본으로 갔다. 김재규가 자신의 영향력이 미치는 중정으로 가지 않고 영향력 밖에 있는 육본으로 향하는 결정적인 실수를 저지르는 순간 역사는 한 차례 요동을 치게 된다.

단독범행이고 우발적 사건

김계원은 아직 숨이 끊어지지 않은 박 대통령을 인근의 국군서울지구병원으로 옮겼다. 그러나 대통령은 병원 도착 전, 차 안에서 운명했다. 김계원은 대통령의 시신을 병원에 안치하고 청와대로 가서는 최규하 국무총리, 구자춘 내무장관, 김치열 법무장관, 박동진 외무장관을 불러모았다.

김재규와 정승화 총장이 육본에 도착하고 그들의 요청을 받은 노재현 국방장관이 벙커로 오자 김재규는 청와대에 있는 김계원에게 전화를 걸어 국무총리 이하 모두 육본으로 오라며 반명령조로 지시했다. 곧 국무총리 이하 장관들과 김계원이 육본으로 갔다.

김계원이 김재규가 군을 장악하고 혁명을 일으킨 것으로 판단해 총리와 함께 육본으로 갔는지는 분명치 않지만 정황상으로 그런 의심을 사기에 충분한 행동이었다. 최 총리 역시 분명 김재규가 대통령을 시해한 범인이라는 사실을 김계원에게 듣고도 육본으로 갔기 때문에 두 사람은 훗날 기회주의적인 행동이라는 의심을 사게 된다.

밤 10시 반, 김계원이 아직 시해범을 모르고 있는 국방장관과 정 총장에게 김재규가 범인이라는 사실을 알렸다. 정 총장은 김진기 육군 헌병감에게 김재규 체포를 지시한 뒤, 전두환 보안사령관에게도 이 사실을 알렸다. 헌병감은 보안사 오일랑 중령과 국방부 헌병중대장을 데리고 국방장관실로 가 정 총장이 찾는다며 김재규를 불러냈다. 김재규가 별 의심 없이 그들을 따라 어둑한 곳에 다다랐을 때 헌병감은 김재규를 무장해제시켜 차 속에 몰아넣고는 어디론가 급히 차를 몰았다. 10월 27일 0시 20분께였다.

김재규를 태운 차는 처음 보안사의 세종로 분실로 갔다가 곧 전두환의 지시를 받고 다시 보안사 서빙고 분실로 쏜살같이 달렸다. 그것으로 김재규는 끝이었고 전두환의 화려한 등장만이 다음 수순으로 남았다. 전두환은 김재규를 조사한 지 두 시간도 안 되어 전모를 파악했다. 단독범행이었고 우발적 사건이었다. 그러나 정 총장도 사건 현장에 있었고 함께 차를 타고 육본까지 갔다는 김재규의 진술은 엄청난 파괴력을 지녔다. 초침은 12·12사태를 향해 째깍째깍 달려가고 있었다.

박정희의 18년 공과

박정희 대통령은 사후 30여 년이 지난 지금까지도 현재진행형의 화두다. 그의 공과(功過) 역시 보수와 진보, 우파와 좌파 간의 이념적 논쟁에서 늘 핵심 쟁점이다. 다만 일반 여론조사에서는 역대 대통령 중 가장 뛰어난 인물로 평가받고 있다. 모든 여론조사마다 압도적 1위 자리에는 늘 박정희 대통령의 이름이 철옹성처럼 버티고 있다. 심지어 일부 여론조사에서는 한국 역사 전 기간을 통해 '가장 위대한

한민족의 지도자'라는 평가를 받기도 했다. 대표적인 예가 2001년 12월의 국정홍보처 조사인데, 이 여론조사에 따르면 역사상 가장 존경하는 인물은 박정희(21.1%), 세종대왕(19.8%), 이순신(12.7%), 김구(10.5%) 순으로 나타났다.

먼저 박정희를 비판하는 사람들의 얘기를 들어보자. 그들은 일본의 괴뢰 국가인 만주국의 사관학교를 나온 친일파가 대통령이 된 것에 분개한다. 사실이 아닌 것으로 밝혀졌지만 한동안은 박정희의 부대가 독립군을 토벌하는 만주군의 간도특설대였다는 소문까지 돌았다. 그들에게 박정희는 쿠데타를 일으켜 반대세력을 탄압하고 인권을 무자비하게 유린한 만악의 근원이다. 그들은 한목소리로 헌정 유린과 인권 탄압을 비판한다.

실제로 박정희는 어떤 비판이나 저항도 용납하지 않았다. 6·25전쟁의 기억과 분단 상황을 최대한 활용해 자신에 대한 비판이나 저항조차 이적 행위로 몰아갔다. 이런 절대권력을 가능케 한 것은 공포정치와 공작정치였다. 민주주의와 인권을 외치는 수많은 정치인, 언론인, 교수, 학생, 문인, 노동자들이 옥에 갇히거나 고문을 당했다. 그를 반대하는 야당 의원 심지어 여당 의원들까지 중앙정보부로 끌려가 고문과 구타를 당하는 것은 1970년대의 일상적인 모습이었다.

박정희 장기집권의 포석이 된 것은 1969년의 3선 개헌이다. 1972년에는 유신헌법을 제정해 영구집권과 장기독재의 길을 닦았다. 박정희는 18년 집권 기간에 계엄령을 세 차례(31개월) 발동했다. 군대가 주요 시설물을 점거해 경비하는 '위수령'과 각종 '비상조치'를 포함하면 '비정상적' 혹은 '반민주적'으로 통치한 기간이 8년 9개월이나 된다. 1호부터 9호까지 계속된 긴급조치는 체제 비판을 원천봉쇄하는 초헌법적인 명령이었다. 1970~1979년 10년 동안 국가보안법, 반공법, 노동법, 긴급조치 등을 위반한 죄로 구속된 사람들도 2,704명(그중 1,184명은 구류)에 달했다.

국민 다수가 박정희의 최대 업적으로 인정하고 있는 경제발전에 대해서도, 외형적 경제성장이 가져온 양적인 결과물보다 개발독재가 낳은 경제성장의 폐해가 더 심각하다고 주장한다. 가시적인 성과와 실적 위주의 성장제일주의에 따른 구조적 모순이 한국 경제의 기반을 취약하게 만들었다는 것이다. 그들이 꼽는 대표적 후유증은 정경 유착, 분배의 왜곡에 의한 빈부 격차, 경제력 집중, 노동자 탄압, 지역 차별 등이다.

여론조사에서 늘 압도적 1위

박정희를 지지하는 사람들은 어떻게 생각하고 있을까. 그들은 민주주의라는 가치도 중요하지만 기아와 빈곤으로 찌든 1960년대의 한국적 상황에서 생존문제가 무엇보다 시급했기 때문에 개발독재가 불가피했다고 옹호한다. 그들은 경제적 성과, 강력한 지도력, 국가발전 비전 그리고 '하면 된다'는 자신감과 민족적 자부심을 국민에게 심어준 것을 박정희의 대표적인 업적으로 꼽는다.

박정희는 재임기간 중 4차례에 걸친 경제개발계획을 성공적으로 수행해 평균 9.19%의 높은 경제성장을 이룩했다. 5·16쿠데타가 일어난 1961년에 4,090만 달러였던 수출은 집권 마지막 해인 1979년에는 150억 5,550만 달러로 366배가 되었다. 1인당 국민소득은 1961년 불과 82달러에서 1979년 20배로 증가해 1,647달러로 껑충 뛰었다.

인권탄압에 대해서도 다른 주장을 편다. 냉전으로 전 세계가 양분되어 있는 상태에서 호전적인 북한을 상대해야 하고 경제발전 말고는 선택의 여지가 없는 당시 상황에서 경제발전을 위해 민주주의와 자유를 유보했던 '박정희식 한국적 민주주의'는 불가피한 선택이었다는 것이다.

그들은 1960년대 당시 한국은 자본도 기술도 없는 대표적인 후진국으로, 가진 것이라곤 풍부하고 저렴한 노동력뿐이었음을 강조한다. 박정희가 1970년대에 중화학공업 중심의 공업화와 수출정책을 추진한 것도 이런 이유 때문이었다는 것이다. 이를 효과적으로 달성하기 위해 채택한 것이 성장과 대기업 위주, 관 주도였다는 것이다.

그들은 박정희가 '한강의 기적'을 이루는 과정에서 재벌 특혜와 정경 유착, 노동자와 인권 탄압 등 부정적 유산을 남긴 것은 인정한다. 하지만 결과적으로 1970년대에 성공한 경제발전이 대규모 중산층을 창출하고, 이 두터운 중산층이 1980년대 정치 민주화의 발판이 된 것이라며 경제발전의 긍정적 측면을 강조한다. 경제발전이 있었기에 민주화도 가능했다는 것이다. 그러면서 "후진국 중에서 자유민주주의부터 내세워 경제가 제대로 발전한 나라가 없다"는 하버드대의 발표를 인용한다.

또한 "정치 민주화는 레닌, 모택동, 호찌민, 간디, 네루, 만델라 같은 세계적이고 역사적인 지도자들도 그들의 나라에서 이루지 못했다"는 사실을 간과해서는 안 된다고 주장한다. 더불어 20세기에 식민지를 경험했던 나라 중에서 산업화와 민주화를 동시에 달성한 국가는 대한민국이 유일하다는 사실을 왜 애써 외면하느냐고 묻는다.

▶ 연표

1917.11	경북 선산군 구미면 상모리에서 7형제 중 막내로 출생
1926.4	구미보통학교 입학(~1932.3 졸업)
1932.4	대구사범학교 입학(~1937.3 졸업)
1937.4	문경보통학교 교사(~1940.3)
1940.4	만주국 육군군관학교 제2기 예과 입학 (~1942.3 졸업. 만주·조선계 전체 수석)
1940.秋	다카기 마사오(高木正雄)로 창씨개명
1942.10	일본 육사 유학생대 편입(일본 육사 57기와 동기)
1944.4	일본 육사 졸업. 유학생대 중 3등
1944.7	일본군 육군 소위 임관. 열하성 흥륭현 반벽산 주둔 만주군 보병8단 배속
1945.9	일본의 패망 후 '광복군 제3지대 주평진대대' 2중대장으로 피임

1946.9	조선경비대사관학교 제2기생 입학
1946.12	조선경비대사관학교 졸업(3등) 및 육군 소위 임관
1948.11	남로당 가입 등 혐의로 피체(被逮) 군대 내 남로당 조직원들 정보 제공·전향
1949.2	군법회의에서 무기징역·파면 선고(1949.4 징역 10년으로 감형 및 집행정지)
1950.7	6·25 발발 후 소령 복직
1950.12	육영수와 대구 천주교성당에서 결혼
1952.2	박근혜 대구에서 출생
1954.1	미 육군 포병학교 고등군사반 유학(~1954.6 귀국)
1958.3	소장 진급
1959.7	서울 지역 관할 6관구(현 수도방위사령부) 사령관
1960.1	부산 군수기지사령부 초대 사령관
1961.5	5·16군사쿠데타 주도
1961.7	국가재건최고회의 의장
1962.12	제5차 개헌안 국민투표(85.28% 투표, 78.78% 찬성) 및 공포
1963.10	제5대 대통령 선거. 박정희 470만 표(46.65%), 윤보선 454만 표(45.10%)
1963.12	제5대 대통령 취임. 세3공화국 출범
1967.5	제6대 대통령 선거. 박정희 568만 표(51.4%), 윤보선 452만 표(41.0%)
1969.9	3선 개헌안 변칙 국회통과
1969.10	3선 개헌안 국민투표. 77.1% 투표, 65.1% 찬성
1971.4	제7대 대통령 선거. 박정희 634만 표(53.2%), 김대중 539만 표(45.3%)
1972.11	유신헌법안 국민투표. 91.9% 투표, 91.5% 찬성
1972.12	제8대 대통령 당선. 통일주체국민회의 대의원 99.9% 지지
1974.8	재일교포 문세광이 쏜 총에 육영수 여사 서거
1978.7	제9대 대통령 당선. 통일주체국민회의 대의원 99.9% 지지
1979.10	서거

12·12군사쿠데타

진압군은 중심점이 없이 분산된 행동을 보여 신군부 측에 유리할 수밖에 없었다.

1979년 12월 12일 오후, 서로 다른 움직임이 동시에 세 곳에서 진행되었지만 권력 찬탈이라는 목적지는 같았다. 정승화 육군참모총장을 강제 연행하기 위해 허삼수, 우경윤, 성환옥 세 대령과 7명의 보안사 수사관이 보안사 서빙고 분실에 모인 시간은 오후 6시 30분이었다.

그 시각 정승화 총장의 합법적인 연행을 뒷받침하기 위해 전두환 보안사령관 겸 계엄사 합수부장은 최규하 대통령 권한대행의 삼청동 총리공관으로 향하고 있었다. 노태우 9사단장, 유학성 군수차관보, 차규헌 수도군단장, 황영시 제1군단장 등 신군부의 주요 장성 9명이 경복궁 내 30경비단에 모인 것도 같은 시각이었으며 신군부의 치밀한 계략에 말려 우국일 준장의 초청으로 장태완 수경사령관과 정병주 특전사령관이 연희동 요정에서 술을 마시기 시작한 것도 6시 30분이었다. 이처럼 12월 12일 저녁 6시 30분은 12·12군사쿠데타의 출발점이었다.

전두환이 정승화 총장을 연행하기로 마음을 굳힌 것은 1979년 11월 중순경이었다. 전두환은 정치군인들의 사조직인 '하나회' 소속 장성·대령들과 이 문제를 상의하고 은밀히 계획을 준비했다. 당시 전두환과 정승화 총장은 김재규 사건 수사와 군 인사 문제를 놓고 갈등을 빚고 있었다. 항간에는 전두환이 동해안 경비사령관으로 전보될 것이라는 소문이 돌고 있었다. 실제로 정승화 총장은 12·12쿠데타가 일어나기 사흘 전 전두환의 잦은 월권을 이유로 노재현 장관에게 전두환 교체를 언급한 적이 있었다.

서울 중앙청에 진주한 신군부 병력(1979.12.13)

허삼수, 우경윤, 성환옥 세 대령이 정승화 총장의 한남동 공관에 도착한 시간은 12월 12일 6시 55분이었다. 해병들이 정문을 지키고 있었으나 총장에게 보고할 일이 있다고 둘러대 통과하는 데는 별 무리가 없었다. 경호실 33헌병대장 최석립 중령이 장교 4명과 60여 명의 병력을 이끌고 세 대령의 뒤를 따랐으나 아직 정문에는 이르지 못했다. 그 시간 정 총장은 2층 거실에 있었고 수행부관 이재천 소령과 경호장교 김인선 대위 등 4명은 1층 응접실에 있었다.

7시 정각, 공관에 들어선 허삼수·우경윤 두 대령은 1층으로 내려온 정 총장에게 김재규의 돈을 받은 것으로 확인되었다며 진술을 받아야 하므로 녹음 준비가 되어 있는 곳까지 동행을 요구했다. 정 총장은 버럭 화를 내며 부관인 이재천 소령에게 총리공관이나 국방장관에게 전화를 대라고 지시했다. 이 소령이 전화 다이얼을 돌리는 순간 옆에 있던 보안사 수사관이 이를 저지하기 위해 권총을 발사했다. 이 소령이 고꾸라지자 김인선 대위가 전화를 시도했다. 그러자 또다시 수발의 총탄이 김 대위에게 발사되었다. 다행히 이 소령은 4~5분 뒤 의식을 회복해 병원으로 실려갔고, 김 대위는 5발의 총알을 맞은 뒤 초겨울의 연못에 2시간 동안 숨어 있다가 부하의 도움을 받았다. 이렇게 두 사람은 목숨을 건졌다.

두 대령과 옥신각신하던 정 총장은 유리창을 깨고 들어온 보안사 수사관의 M16 개머리판에 얼굴을 맞고 안경이 떨어져 나갔다. 두 대령은 기선을 제압당한 정 총장을 끌고 공관을 빠져나와 7시 30분쯤 보안사 서빙고 분실로 되돌아오는 데 성공했다. 그들에게는 생사를 넘나들었던 30분이었다.

총장 공관에서는 곧 본격적인 교전이 시작되었다. 공관에 진입해 있던 성 대령은 해병에 붙잡혀 다음날 새벽 6시까지 차가운 콘트리트 바닥에 무릎이 꿇리는 수모를 당했다. 당시 공관 내에서 일어난 우경윤 대령 피격설에 대해서는 양측의 주장이 엇갈린다. 신군부 측은 응접실에서 정 총장 측이 먼저 쏜 총탄에 맞았다고 주장하고, 정 총장은 자신이 차에 태워질 때까지 우 대령은 무사했다며 자신들끼리의 오발사고라고 주장한다.

돌아올 수 없는 루비콘 강 건너다

비슷한 시각, 총리공관으로 간 전두환 보안사령관은 최규하 대통령 대행이 노재현 국방장관을 거치라며 재가를 거부하는 바람에 골머리를 앓고 있었다. 정확히 말하면 최 대통령이 재가를 거부했다기보다 노재현 장관에게 책임을 떠넘기려는 면피용 처세였다. 문제는 노재현 장관이 사라져 행적을 알 수 없다는 점이었다. 당시 노재현은 국방장관 공관에 머물다 100m 정도 떨어진 총장 공관에서 들려오는 총성을 듣고 어디론가 피신해 있었다.

전두환은 최규하 대통령의 재가를 받지 못하고 돌아왔다가 6명의 선배 장성들과 함께 다시 총리 공관을 찾아가 최 대통령에게 재가를 요청했다. 그러나 이번에도 돌아온 것은 노 장관을 찾아오라는 대답뿐이었다.

12월 12일 저녁 요정에서 술을 마시고 있는 장태완·정병주 두 사령관에게 정 총장 연행 사실이 전해진 것은 밤 7시 40분쯤이었다. 장태완은 곧바로 수경사로 귀대했고 정병주는 자택을 거쳐 9시쯤 특전사에 도착했다. 정 총장 공관에서 양측의 출동이 간헐적으로 벌어지고 곳곳에서 군이 출동했다는 소식이 군 상층부에 전해지면서 상황은 일촉즉발로 긴박하게 돌아갔다.

그러나 신군부 측이 전두환을 정점으로 일사불란하게 행동한 데 반해 진압군은 중심점이 없이 분산된 행동을 보여 결과는 신군부 측에 유리할 수밖에 없었다. 결국 사태 파악을 못한 장태완과 정병주는 반란군에 체포되었다. 정병주는 자신의 예하 부대원이 쏜 총에 맞아 체포되었고, 그의 비서실장 김오랑 소령은 목숨을 잃었다. 정병주는 이때의 일을 괴로워하다 1989년 3월 한 야산에서 목을 맨 시체로 발견되었다.

노재현은 국방장관 공관에서 총성을 듣고 한미연합사가 있는 미 8군으로 피신했다. 그곳 지하 벙커에는 위컴 한미연합사 사령관과 글라이스틴

주한 미 대사가 있었다. 노재현은 지하 벙커에 들어서자마자 이건영 3군 사령관에게 전화를 걸어, 절대로 병력을 출동시키지 말라고 지시한 뒤 최규하 대통령, 전두환과 통화를 한 후 새벽 무렵 자진해서 국방부로 갔다.

노재현이 국방부로 왔다는 사실을 전해 들은 신현확 총리는 새벽에 자신이 직접 국방부를 찾아가 노재현을 데리고 나왔다. 노재현은 새벽 4시쯤, 보안사에 들러 전두환으로부터 협조를 부탁받은 뒤 신현확과 함께 최 대통령이 있는 총리공관으로 갔다. 그리고 12월 13일 새벽 5시 10분, 최 대통령에게 재가를 건의하고 최 대통령은 연행 건의서에 서명했다. 3명이 숨지고 16명이 부상했던 긴장의 12시간, 신군부는 마침내 돌아올 수 없는 루비콘 강을 건넜다.

김형욱 전 중앙정보부장 실종

결정적인 물증이 나오지 않고 있어 실종사건은 영원한 미스터리로 남을 전망이다.

김형욱은 1961년 5·16쿠데타에 가담한 공로를 인정받아 1963년 7월부터 6년 3개월 동안 중앙정보부장을 지내며 막강한 권력을 휘둘렀던 실세 중의 실세였다. 3선 개헌을 주도하는 등 박정희 정권의 충실한 하수인 역할을 했으나 3선 개헌 후인 1969년 10월 중앙정보부장에서 전격 해임되면서 박 대통령과 멀어졌다. 이후 국회의원을 1년 남짓 했을 뿐 유신 정권에서 완전히 소외되자 1973년 4월 미국으로 망명했다.

미국에서 숨어 지내던 그가 공식석상에 나타난 것은 미 하원 '프레이저 소위' 청문회 증인으로 나선 1977년 6월 22일이었다. 당시는 이른바 '박동선 사건'으로 한미관계가 벼랑으로 내몰릴 때였다.

'박동선 사건'은 1976년 10월 워싱턴포스트지를 통해 본격적으로 세상

김형욱(1925~1979)

에 알려졌다. 워싱턴포스트는 기사를 통해 "박 대통령의 지시로 박동선과 중앙정보부 등이 90여 명의 전·현직 의원에게 50만~100만 달러의 뇌물을 뿌렸다"고 보도했다. 박정희 정권은 미국에서 연이어 보도가 터져나오자 신직수 중앙정보부장과 양두원 차장보를 해임하며 미국의 공세를 차단하려 했다.

그러나 워싱턴의 불길은 좀처럼 잡히지 않았다. 1977년 1월 인권과 도덕을 내건 카터 행정부가 출범하고, 2월엔 한미관계 전반을 조사할 권한이 부여된 미 하원 프레이저 소위가 발족하면서 미국은 박 정권의 꼬투리를 잡는 데 혈안이었다. 미 언론이 연일 한국 정부를 동네북처럼 두들기는 상황에서, 박 정권의 은밀한 내용까지 속속들이 알고 있는 김형욱이 프레이저 소위의 증인으로 출석한다는 사실이 알려지자 박 정권에 비상이 걸렸다.

김재규 중앙정보부장이 편지를 쓰고 정일권 국회의장을 비롯 김종필 의원, 한병기 주유엔 대사 등이 김형욱을 만나 귀국을 간곡히 권유했지만 모든 게 허사였다. 김형욱은 청문회가 있기 전인 1977년 6월 5일자 뉴욕타임스와의 인터뷰를 통해 그동안의 침묵을 깼다. "박동선은 내가 정보부장 때 부린 사람"이라며 프레이저 청문회에 출석할 뜻이 있음을 밝혔다.

김형욱은 6월 22일의 프레이저 청문회에서 박 정권을 향해 거침없이 포격을 가했다. 6시간 20분에 걸친 청문회를 통해 박동선과 통일교, 김대중 납치사건에 이르기까지 유신 정부의 약점을 헤집으며 박정희 가슴에 통한의 못질을 했다. 분노가 극에 달한 박 대통령이 오직 김형욱만을 겨냥한 위헌적인 '반국가행위자 재산 몰수에 관한 특별조치법'(1977)까지 만들었지만 효력은 없었다.

수사는 아무런 단서도 찾지 못하고 종결돼

박 정권은 이미 엎질러진 청문회보다 원고가 완성된 것으로 확인된 김형욱의 회고록 발간을 중단시키는 데 총력을 기울였다. 1978년 12월 김형욱은 자택까지 찾아간 윤일균 중정 차장보에게 집필을 중단하는 조건으로 50만 달러를 받았다. 그러나 1979년 4월 일본의 한 출판사에서 회고록의 일부가 출판되는 바람에 박 대통령과는 사실상 화해가 불가능해졌다.

김형욱이 가족의 만류를 뿌리치고 파리로 간 것은 1979년 10월 1일이었다. 파리행 목적에 대해선 국내 연예인과의 밀회설 등 추측이 분분했지만 정확한 이유는 알려지지 않고 있다.

김형욱은 특급호텔인 리츠호텔에 묵다가 10월 7일 2류 호텔인 웨스트엔드호텔로 옮겼다. 여종업원은 그가 오전 11시 30분쯤 '키 큰 동양인'과 함께 카지노에 들렀다고 했다. 그러나 그것으로 끝이었다. 그날 저녁 7시, 파리의 한 카지노에서 나간 이후 김형욱을 보았다는 사람은 아무도 없었다. 실종 사실은 10월 16일자 조선일보의 특종보도를 통해 알려졌다.

프랑스 경시청은 수사본부를 차리고 4개월 동안 수사를 벌였다. 사건의 열쇠를 쥐고 있는 것으로 추정되는 이상열 주프랑스 공사도 조사했다. 이상열 공사는 김형욱이 중정 부장 시절 가장 신뢰하던 오른팔로 김형욱이 뉴욕에서 파리로 갈 때마다 수행하던 인물이다.

이 공사는 실종 전날 밤 12시까지 김형욱과 함께 있었던 사실은 인정했으나 나머지 사실에 대해서는 함구했다. 더구나 이상열 공사가 본격적인 조사를 앞두고 서울로 가는 바람에 이 공사에 대한 조사도 제대로 이뤄지지 않았다. 프랑스 경시청은 "4개월 동안 시신 수색 등 철저한 수사를 했지만 생존해 있든 죽었든 김형욱은 파리에 없다"고 결론을 내렸다. 결국 수사는 아무런 단서도 찾지 못하고 종결되었다.

1980년 3월 몇몇 프랑스 특파원에게 프랑스어로 된 문서가 우편으로 배달되었다. "김형욱이 한국 정보기관에 납치되어 마취된 상태에서 외교 행낭편으로 KAL기에 실려 서울로 압송되었다가 청와대 지하에서 총살되었다"는 내용의 문서였다. 10여 일 뒤 이 문서를 토대로 작성된 기사가 '오작교 작전. 김형욱은 박 대통령에게 사살되다'라는 제목으로 일본의 '주간문춘'에 실렸다. 르몽드지도 1981년 1월 같은 내용을 발췌해 보도했다. 1991년 서울 가정법원이 실종 5년 만인 1984년 10월 7일자로 김형욱의 실종 선고를 내려 법적으로는 사망자로 처리되었다.

국가정보원 진실위 발표 김형욱의 실종사건은 청와대 지하실 사살, 파리 근교 살해 후 양계장 분쇄기로 처리, 파리에서 살해 후 센 강에 유기 등 온갖 억측이 난무했으나 결정적인 증거가 없어 좀처럼 실체가 밝혀지지 않았다. 국가정보원 진실위가 조사에 나선 것은 사건 발생 후 26년이 지난 2005년이었다.

1,500여 건의 문건을 분석하고 김형욱 살해에 가담했을 것으로 추정되는 중앙정보부 요원 등 관련 인물 33명을 면담 조사한 결과 살해에 직접 참여했다고 시인한 사람은 신현진, 이만수(가명) 등 2명뿐이었다. 그러나 핵심 인물로 지목된 이상열 공사가 진술을 거부하고 이만수도 구체적 진술을 회피해 진실위는 신현진의 진술을 토대로 2005년 5월 사건 정황을 발표했다. 내용은 이랬다.

1979년 9월 어느 날. 서울의 김재규 중앙정보부장이 이상열 공사에게 은밀히 지시를 내렸다. 김형욱이 프랑스로 갈 테니 살해하라는 내용이었다. 이 공사는 파리에 머물고 있던 중정 연수생 중 신현진과 이만수 2명을 살해 가담자로 추렸다. 신현진은 평소 친하게 지내던 동구권 출신의 제3국인 친구 2명을 미화 10만 달러를 미끼로 끌어들이고 파리 시내의 벼룩시장에서 칼과 노끈 등을 구입했다. 이 공사로부터는 미화 10만 달러와 권총을 건네받았다. 살해 당일인 10월 7일, 신현진은 이상열 공사로부터 "김형욱에게서 돈을 빌려 달라는 전화가 왔다. 샹젤리제 거리로 김형욱을 오라고 했다"라는 전화를 받았다. 이만수는 미화 10만 달러가 든 돈가방을 들고 호텔방으로 갔고, 이 공사와 신현진, 2명의 제3국인 등 4명은 리도 극장 인근에서 김형욱을 만났다.

이 공사는 제3국인들을 돈을 빌려줄 사람이라고 속이고 김형욱을 앞자리 조수석에 태워 자리를 떴다. 운전 중 뒷좌석에 앉은 제3국인 중 한 명이 주먹으로 김형욱의 머리를 가격했고 김형욱이 고꾸라졌다. 제3국인 2명은 실신한 김형욱을 파리 외곽 숲 속으로 끌고가 방아쇠를 7번 당겼다. 주검은 낙엽으로만 감춘 뒤 김형욱의 바바리코트와 여권, 지갑, 시계 등은 차에서 대기 중이던 신현진에게 건넸다. 총은 분실했다고 했다.

신현진은 제3국인을 이만수가 기다리는 호텔로 데리고 가 10만 달러가 든 가방을 건네며 "내일 중 프랑스를 떠나라"고 종용했다. 신현진은 돌아오는 길에 김형욱의 시계를 센 강에 던지고, 바바리코트와 벨트는 가위로 잘게 썰어 쓰레기통에 버렸다. 김형욱 살해사건은 이렇게 막을 내렸다.

그러나 진실위 발표가 너무 허점투성이라 아직도 많은 의문점이 해소되지 않고 있다. 낙엽으로 덮었다는 시신이 끝내 발견되지 않았고 범행에 사용된 총을 제3국인이 분실했는데도 신씨가 이를 챙기지 않은 점도 석연치 않다. 또 이상열 공사의 관용차량을 살해에 사용했다고 했는데 남의 눈에 잘 띄는 외교관 번호판을 단 차량을 범행에 버젓이 이용할 만큼 살해 계획이 허술했다는 점도 의문으로 남는다. 살해 장소가 기억나지 않는다고 한 것도 신뢰성에 물음표를 찍게 하고 있다. 결국 결정적인 물증이 나오지 않는 한 김형욱 실종사건은 영원한 미스터리로 남을 수밖에 없다.

‘해방 전후사의 인식’ 출간

대학생들은 시각 교정을 통한 인식 전환에 그치지 않고 시대의 모순에 몸을 던졌다.

1970년대 말까지 한국의 현대사는 ‘반공’과 ‘친미’로부터 자유롭지 못했다. 반공·친미에 반하는 주장과 해석은 늘 조심스러웠다. 6·25의 비극을 경험한 다수 국민도 정권의 뜻에 동조하며 살았다. 특히 해방 전후는 한국 현대사에서 가장 결정적이고 중요한 시기인데도 제대로 된 연구 성과가 나오지 않았다. 대학에서조차 현대사의 다양한 얼굴을 가르치지 않았다.

이처럼 특정 잣대만을 요구받던 시기에 반공·친미에 반하는 해방 전후사를 과감하게 조명한 책이 출간되어 큰 반향을 불러일으켰다. 송건호, 백기완, 진덕규, 김학준 등 12명이 공동으로 집필한 ‘해방 전후사의 인식’(이하 해전사)이었다. ‘해전사’ 제1권이 한길사에서 출판된 것은 1979년 10월 15일이었다.

‘해전사’는 해방에 대한 해석부터 기존의 통설을 뒤집었다. ‘해전사’에 따르면 남한 정권은 미국의 허수아비 이승만이 민중의 반대를 억압하며 세운 분단 정권인 반면, 북한의 김일성 정권은 인민의 뜻이 아래로부터 모아진 나름대로의 대표성을 갖고 있는 합법적인 정권이었다. “소련군은 해방군, 미군은 점령군이자 분단의 원인”이라는 새로운 주장이 나름대로의 근거를 제시해가며 책 곳곳에서 반복되자 대학생들은 고등학교에서는 듣도 보도 못한 주장을 신선하게 느끼며 정설로 받아들였다.

소련과 김일성은 ‘절대악’, 미국과 남한 정권은 ‘절대선’이었던 역대 반공정권의 논리를 과감하게 깨부순 ‘해전사’의 주장은 대학생들의 가슴을 그대로 파고들었다. ‘해전사’에 반하는 기존의 논리는 어용학자들의 궤변으로 치부되었다.

‘해전사’는 해방을 단순한 해방의 의미로 보는 것도 거부했다. 민중이 주체가 될 수 있었던 해방을 맞았으나 민족 지도부의 역량 부족으로 미 군정하로 들어가는 것을 막지 못했다는 게 ‘해전사’의 해석이었다. 미 군정의 몰이해와 이승만의 권력욕으로 친일청산이라는 식민역사의 당연한 과업을 이루지 못했다는 점을 강조하고 부각했다. 이처럼 ‘해전사’는 반공정권이 주장해온 단편적이고 일방적인 시각의 전면적인 수정을 시도했다.

‘해방 전후사의 인식’

대학 신입생들은 분단에 눈뜨고 현대사 새롭게 이해해

유신 독재가 언제 끝날지 모르는 시기에 이런 내용의 책을 발간한다는 것은 모험이었다. 그러나 한길사의 김언호 사장은 출판을 감행했고, 긴장 속에서도 책은 불티나게 팔렸다. 사회과학 서적이 열흘 만에 초판 5,000부 중 4,500부나 팔리는 것은 당시로서는 드문 일이었다. 그러나 책 출판 열흘만에 박정희 대통령을 죽음으로 몰아간 10·26이 일어나고 계엄령이 선포되면서 현실을 부정·왜곡했다는 이유로 ‘해전사’에도 ‘판매 금지’ 딱지가 붙었다. 팔다 남은 500부는 문화공보부로 실려갔다.

1980년 ‘서울의 봄’이 찾아왔을 때 ‘해전사’도 판매 금지에서 풀려나 봄을 맞았다. 대학 선배들은 기존의 현대사 지식에 대한 ‘시각 교정용’이라며 리영희 교수의 ‘전환시대의 논리’와 함께 ‘해전사’를 가르쳤다.

신입생들에게 두 책은 충격이었다. 스폰지가 물을 빨아들이듯 책 속으로 빨려들어간 신입생들은 ‘해전사’를 통해 분단에 눈을 떴고 교실에서 배우지 못한 한국의 현대사를 새롭게 이해했다. 이처럼 ‘해전사’는 해방공간 역사에 대한 관심을 환기시키는 기폭제 역할을 하며 그 뜨거웠던 1980년대에만 30만 권이나 팔려나갔다. '해전사'는 어느덧 대학생과 지식인들의 필독서가 되었다. 김언호 대표는 당시를 이렇게 회고했다. "1980년대는 책의 시대였다. 폭력적인 권위주의 권력과 대응하는 출판문화운동이 치열하게 전개되었다. 엄혹한 현실을 극복하려는 젊은이들은 책을 읽었다. 그 80년대의 한가운데에 '해방 전후사의 인식'이 있었다."

'해전사'는 1980년대 한국사회를 뿌리부터 흔들며 변화시켰다. '해전사'를 읽은 대학생들은 시각 교정에 의한 인식전환에 그치지 않고 시대의 모순에 몸을 던졌다. '해전사'를 통해 새롭게 깨우친 현실인식은 대학 선배에서 후배로, 전교조 교사에서 중고교 어린 학생들로 그대로 복제되어 탄탄한 386 세대층을 구축했다. 이런 과정을 거쳐 창출된 김대중·노무현 정권은 '해전사'가 키워낸 386세대의 절정기였다.

1987년 '6월 항쟁'으로 이 땅에 비로소 민주주의가 찾아올 때까지 '해전사'는 교과서였고 거역해서는 안 되는 바이블이었다. 1985년 2권, 1987년 3권이 나오고 1989년에 4~6권이 출간되었으나 세상은 사회주의가 몰락한 1990년대 이후부터 서서히 바뀌고 있었다. 판매가 시들해지는 것과 때를 같이해 '해전사'에 대한 비판도 하나둘 모습을 드러내기 시작했다.

'해방 전후사의 재인식'

반공과 친미의 잣대만이 횡행하던 유신 말기에 민족주체적인 입장에서 민족운동, 미 군정, 분단의 원인, 친일 청산 등 해방 전후사의 예민한 문제들을 다뤘다는 점에서 '해방 전후사의 인식'(해전사)이 1980년대 우리 사회에 끼친 영향은 컸다. 다만 세상이 바뀌고 새로운 학문적 사실과 사료들이 속속 밝혀진 21세기에까지 반미·반독재 투쟁을 목적으로 했던 20여 년 전의 잣대로 역사를 재단하고 해석한 것에는 문제가 있다는 지적이 제기되었다.

특히 '해전사'로 무장한 386 정치인들이 1980년대에 세상을 바라보던 시각으로 21세기의 정책 결정을 주도한다는 데 문제의 심각성이 있었다. 여기에 김대중·노무현 정권의 10년 세월이 우리의 현대사를 지나치게 부정하고 폄훼하고 있다는 목소리에 힘이 실리면서 '해전사' 식의 논리를 더 이상 묵과해서는 안 된다는 주장이 보수 세력을 중심으로 전파되었다. 그래서 나온 결과물이 2006년 2월 8일 '책세상'에서 출간된 '해방 전후사의 재인식'(이하 재인식)이었다.

서울대 박지향과 이영훈, 연세대 김철, 성균관대 김일영 교수가 편집위원으로 참여한 '재인식'은 '해전사'가 민족지상주의와 민중혁명 필연론에 사로잡혀 있다는 문제의식하에서 이를 극복하자는 취지로 28편의 논문과 편집위원의 대담을 담아 2권으로 출간되었다.

서문에서 박지향 교수는 "'해전사를 읽고 피가 거꾸로 흘렀다'는 노무현 대통령의 발언을 접한 뒤 우리 사회의 역사 인식을 이대로 두고 본다는 것은 역사학자의 직무 유기라는 생각이 들었다"며 출간 이유를 댔다.

'해전사'와 곳곳에서 충돌

'재인식'은 '해전사'를 비판하기에 앞서 '해전사'가 우리 사회에 끼친 일정한 공로를 인정했다. 즉 학계에서 외면해온 1945~1953년의 광복과 대한민국 건국 과정을 본격적으로 조명함으로써 일천했던 우리 현대사 연구에 불을 지핀 점, 1980년대라는 어려운 시기에 민중과 민족을 주축으로 한 역사 해석을 시도한 그들의 용기로 인해 우리 사회의 민주화가 좀 더 앞당겨졌다는 점 등은 의심하지 않았다.

그러나 '해전사'가 '시대적 요구'였다는 사실을 감안하더라도 정치적 선언과 역사적 사실이 혼재되어 있는 것은 결코 바람직하지 않다는 입장을 견지했다. '해전사'가 일방적이고 편파적이며 이데올로기적으로 편향되어 있다는 비판도 서슴지 않았다. 첫 글 '왜 다시 해방 전후사인가'를 쓴 서울대 이영훈 교수는 "'해전사'는 1980년대 좌파 민족주의 진영의 정치학에 충실한 실천적 역사 쓰기에 다름 아니다"라고 혹평하기까지 했다. 예상대로 '해전사'와 '재인식'의 시각은 곳곳에서 충돌했다.

이승만 대통령에 대해 '해전사'는 개인적 탐욕으로 분단에 앞장서고 장기집권으로 결국 민중의 심판을 받았다는 식으로 서술한 반면, '재인식'은 약소국 대한민국의 생존을 확보하기 위해 한미상호방위조약, 수입대체산업이라는 목적을 설정하고 그것을 위해 기회와 자원을 최대한 활용한 마키아벨리 같은 인물로 그렸다.

백범 김구에 대해서는 '해전사'가 남한의 단독정부를 추진한 이승만을 비판하고 남북합작노선을 추구한 김구를 높게 평가한 반면, '재인식'은 "이미 소련이 북한을 자신의 위성국으로 만든 상황에서 김구가 김일성과의 협상을 통해 통일정부를 추진한 것은 현실적 선택을 회피한 위험한 이상주의에 불과하다"고 평가절하했다.

'재인식'은 "'해전사'가 해방공간 역사에 대한 관심을 환기시키는 기폭제 역할을 한 것은 분명하지만 한국 현대사를 외세에 의한 분단, 친일파 청산의 좌절, 민족 통일의 염원을 외면한 남한의 단독정부 수립 등 오욕이 점철된 역사로만 각인시키려 했다"며 비판했다.

이문열 '사람의 아들' 출간

소설이 잘 팔릴 것이라고는 작가도 출판사도 예상하지 못했다.

이문열(1948~)은 '문학의 연금술사'이자 '베스트셀러 제조기'로 불린다. 2012년 현재까지 팔린 책이 3,000만 부에 육박한다. 단연 국내 최고 기록이다. 대중소설 격인 '삼국지' 평역 10권이 판매량의 절반 이상을 차지하고 있긴 하지만, 나머지 대부분은 문학성과 중량감으로 주목받은 수작들이다.

이문열(1948~)

이문열은 밀양초등학교만 졸업했을 뿐 중·고·대학이 모두 중퇴다. 더구나 밀양중은 5개월, 안동고는 1년, 서울사대 국어교육과는 1년 후 그만뒀기 때문에 학교에 적을 둔 기간은 중·고·대학을 통틀어 2년 반에 불과하다. 초중고와 사투리 때문에 이문열의 출생지를 경상도로 미뤄 짐작하는 사람들이 많다. 하지만 이문열의 출생지는 서울 청운동이다. 다만 출생 2년 만에 터진 6·25전쟁과 공산주의자였던 아버지의 자진 월북으로 가족 전체가 문중이 있는 경북 영양으로 이사 가면서 그곳이 이문열의 고향이 된 것이다.

당시 맹위를 떨치던 연좌제는 이문열의 가족을 어느 한 곳에서 정착하도록 놔두지 않았다. 경찰이라도 찾아올라치면 온 가족이 다시 짐을 싸 다른 곳으로 이주해야 하는 불안한 날들의 연속이었다. 이 때문에 이문열의 가족은 경북 영양과 안동, 서울, 경남 밀양, 부산 등으로 떠돌았다.

이문열은 어려서부터 공산주의라고 하면 '경기'를 일으켰다. 그런 공산주의를 위해 헌신했던 아버지가 이북에서 숙청당하고 고초를 겪고 있다는 소식을 나중에 듣고서는 더욱 진저리를 쳤다.

이문열은 그를 작가로 이끈 '날카로운 첫 키스의 추억'을 잊지 못한다. 서울사대 국어교육과 1학년이던 1968년 서울사대 문학회에서 단편소설 '이 황량한 역에서'를 읽어내려 갈 때 발표장 안이 고요해지고, 발표 후 참석자들의 찬사가 쏟아졌던 그 순간이 그에게는 '날카로운 첫 키스'였다.

그러나 이문열은 대학을 1년 만에 그만두고 고시 공부에 매달렸다. 1973년 군에 입대하기 전까지 네 번이나 연거푸 떨어졌으니 판·검사가 그의 길이 아님이 분명해졌다. 1977년 대구의 매일신문 신춘문예에 '나자레를 아십니까?'로 입선하고, 1979년 동아일보 신춘문예에 중편 '새하곡'이 당선되어 문단에 이름을 올렸다.

1979년 5월에는 중편소설 '사람의 아들'로 계간지 '세계의 문학'이 시상하는 제3회 '오늘의 작가상' 수상자로 선정되었다. 단행본 '사람의 아들'은 그해 6월 15일 민음사에서 출간되었다. 이문열은 '사람의 아들'을 쓰면서 '헤브라이즘' 등 생소한 신학적 주제들을 이해하기 위해 500권이 넘는 관련 서적을 읽고 성경을 6번이나 정독하며 젊은 날의 열정을 쏟아부었다.

당시는 대중소설이 많이 팔리던 시절이었다. 그렇기에 관념소설을 표방하며 신과 인간의 문제라는 다분히 비상업적인 소재를 다룬 '사람의 아들'이 잘 팔릴 것이라고는 작가도 출판사도 예상하지 못했다. 그러나 출간되자마자 쏟아진 폭발적인 반응으로 출판 첫해에만 10만 부가 팔렸고, 이후 100쇄를 넘기며 180만 부 이상이 팔린 초대박 베스트셀러가 되었다.

'사람의 아들'은 네 번의 개작이라는 드문 기록도 갖고 있다. 1973년 초고가 쓰이고 1979년 6월 400장 분량의 단행본으로 발간된 후 1987년 다시 1,300여 장 분량의 장편소설로 늘어나더니 1993년의 부분 개정을 거쳐 2004년 또다시 개정·출판되었다.

무엇보다 아프게 한 건 동료 작가들의 침묵

이후 이문열의 전성기가 펼쳐졌다. '젊은 날의 초상'(1980), '금시조'(1981년), '황제를 위하여'(1982), '레테의 연가'(1983), '영웅시대'(1984) 등 출판하는 소설마다 족족 베스트셀러나 수작으로 꼽혔다. 한결같이 유려한 문체에 '인문'과 '교양', 그리고 '탐미'를 내장하고 있어 젊은 대학생들로부터 열렬한 호응을 받았다.

그러나 1980년대는 이념의 시대였다. 문단을 포함해 그 시대의 문화계는 진보적 집단이나 좌파 운동권이 장악하고 있었다. 그런 분위기 속에서 이문열은 사회적 발언을 거의 하지 않으며 주류 문단과 '밀월기'를 보냈다. 하지만 결국 이문열은 '영웅시대'(1984) 출간 후 '시대와의 불화'에 휩싸이기 시작한다. 평단 일각으로부터 "6·25전쟁을 관념 유희로 천박하게 조작해냈다"는 비판이 '영웅시대'에 가해지더니 '전망 결여와 이념 혐오', '민중 불신과 궁극적 체제 옹호', '고급 부르주아 문학의 기수' 등의 비판이 뒤를 이었다.

이문열은 1984년부터 1986년까지 돌연 절필에 들어갔다가 1987년 '우리들의 일그러진 영웅'을 출간했다. 그러자 이문열에 대한 공격이 재개되었다. 그런 와중에 이문열은 1986년 3월부터 한국일보에서 대하소설 '변경' 연재를 시작하고 1987년 '추락하는 것은 날개가 있다'를 출간했다. '변경'은 12년에 걸친 대장정 끝에 1998년 전12권으로 출간되었다.

이문열이 본격적으로 사회적 발언을 시작한 것은 1980년대 후반이었다. 1990년 들어서는 한국 사회의 아킬레스건 같은 이데올로기 문제에 대해서도 침묵하지 않고 입을 열었다. 민족, 자주, 통일, 반미, 분배, 평등, 과거 청산, 부패 추방, 개혁, 진보로 요약되는 그 시대 주류 코드는 이런 이문열을 그냥 두지 않았다.

2001년 김대중 정권에 의해 언론사 세무조사가 시작되었을 때 이문열이 이를 강하게 비판하면서 시발된 이문열 책 반환 장례식은 이른바 '이문열 때리기'의 결정판이었다.

이문열은 2001년 7월 언론사 세무조사가 시작되자 조선일보와 동아일보에 각각 '신문 없는 정부 원하나'(조선일보 7.2)와 '홍위병을 떠올리는 이유'(동아일보 7.9)라는 비판 기고문을 썼다. 그러자 일부 시민단체와 운동권 세력들이 이문열의 소설을 반환하겠다며 들고 일어났다.

급기야 2001년 11월 3일 이문열의 집 앞에서 그의 소설책 수백 권을 관의 형태로 묶어 운구하는 장례 퍼포먼스를 벌여 이문열에게 큰 상처를 안겨주었다. 이문열의 책들을 나무에 매달아 새들이 뜯어 먹게 한다는 소위 '풍장'을 자행하고 심지어 책들을 마당에 깔아 소와 말이 밟고 지나가게 한 뒤 불쏘시개로 태워 버리는 퍼포먼스도 벌였다. 무엇보다 이문열을 아프게 한 것은 동료 작가들의 침묵이었다.

김진호 세계양궁선수권대회 5관왕

은퇴 당시에도 3개의 세계신기록과 7개의 한국기록을 보유하고 있었다.

김진호(1961~)는 '한국 양궁의 주춧돌'이다. 그가 걸어가면 그 길은 곧 한국 양궁의 길이 되었다. 그가 처음 길을 낸 것은 예천여고 2학년생이던 1978년이었다. 그해 8월 국가대표선수 기록 평가전에서 60m 더블, 70m 더블, 개인종합성적 등 3개 부문에서 비공인 세계신기록을 세워 국내 양궁계를 놀라게 한 것이다. 그해 12월 방콕 아시안게임에서도 개인전 금메달을 따내 우리나라 양궁사상 국제양궁대회 첫 금메달을 조국에 안겨주었다.

그것은 시작일 뿐이었다. 1979년 7월, 독일 베를린에서 열린 제30회 세계양궁선수권대회에서 총 6개의 금메달 중 5개의 금메달을 따내는 신기(神技)로 세계 양궁계를 깜짝 놀라게 한 것이다. 7월 19일 김진호는 60m 더블에서 세계신기록인 643점을 쏘아 한국 기록경기 사상 첫 세계 제패의 위업을 달성했다. 이튿날에도 30m와 50m까지 석권해 개인종합과 단체전까지 우승으로 이끌어 국내 양궁사상 전인미답의 5관왕 금자탑을 쌓았다.

70m까지 금메달을 땄으면 전무후무한 대기록을 달성할 수 있었으나 신은 훗날의 영웅을 위해 6관왕 자리만은 허용하지 않았다. 비록 당시 세계 최강 소련을 비롯 중국, 폴란드 등 공산권 15개 국가가 불참하고 28개 서방 국가만 참가해 5관왕의 의미가 일부 반감되긴 했으나 올림픽과 세계선수권대회를 휩쓸어온 미국세를 누르고, 기록도 세계 최고 수준이었다는 점에서 김진호를 명실상부한 세계 1인자로 부르는 데는 이견이 있을 수 없었다.

김진호(1961~)

'양궁의 여왕'으로 등극한 김진호는 1980년에 열릴 모스크바 올림픽의 꿈을 키웠다. 언론은 1976년 몬트리올 올림픽에서 올림픽 출전사상 첫 금메달을 따낸 레슬링의 양정모 선수에 이어 2호 금메달을 따낼 주인공으로 김진호를 꼽는 데 주저하지 않았다.

그러나 서방 세계의 모스크바 올림픽 출전 무산으로 김진호의 목표는 좌절되었고 그런 그녀에게 찾아온 것은 슬럼프와 부상이었다. 1981년 이탈리아에서 열린 제31회 세계양궁선수권대회에서는 30위권 밖으로 밀려나고 국가대표에서마저 탈락하는 등 깊은 수렁으로 빠져들었다. 모두들 김진호 시대가 끝났다고 수군댔다.

그가 걸어간 길은 한국 양궁의 길

김진호는 그러나 다시 비상을 꿈꿨다. 결과는 1982년 뉴델리 아시안게임 2관왕과 1983년 전미오픈선수권대회 우승에 이어 1983년 10월 LA에서 펼쳐진 제31회 세계양궁선수권대회 5관왕이었다. 바야흐로 1984년의

LA 올림픽이 1년 앞으로 다가왔고 4년 전과 마찬가지로 누구도 김진호의 금메달을 의심하지 않았다.

그러나 올림픽은 여전히 그녀와 인연이 없었다. 올림픽 최초의 양궁 금메달의 주인공은 팀의 막내 서향순에게 돌아갔고 김진호는 동메달에 그쳤다. 이후 김진호에게는 '비극의 스타', '무관의 여왕'이라는 별명이 붙여졌다. 그래도 김진호는 속으로 삭여가며 훈련에 매진한 끝에 1986년 서울 아시안게임에서 3관왕을 차지함으로써 건재를 과시했다.

1987년 은퇴할 때까지 김진호는 통산 39개의 한국신기록을 수립하고, 은퇴 당시에도 3개의 세계신기록과 7개의 한국기록을 보유하고 있었다. 비록 올림픽에서는 1개의 동메달을 따낸 것이 전부였지만 그래도 그는 세계선수권대회에서 금메달 10개를 따고 아시안게임에서도 5개의 금메달을 목에 걸었던 세계 최고의 궁사였다.

김진호 개인은 올림픽과 인연이 없었으나 그가 닦아놓은 길을 따라간 한국의 여자양궁은 1984년 LA 올림픽을 시작으로 역대 모든 올림픽의 개인전을 휩쓸어 세계 양궁을 한국 양궁의 독무대로 만들었다. 1988년 서울 올림픽 김수녕, 1992년 바르셀로나 올림픽 조윤정, 1996년 애틀랜타 올림픽 김경욱, 2000년 시드니 올림픽 윤미진, 2004년 아테네 올림픽의 박성현 등이 그 주인공들이었다. 2008년 북경 올림픽에서만 개인전 금메달을 중국 선수에게 내줬을 뿐이다. 그러다가 2012년 런던 올림픽 때 기보배가 다시 금메달을 되찾아왔다.

여자단체전은 1988년 서울 올림픽 이후 2012년 런던 올림픽까지 한국이 모두 휩쓸어 한국은 세계 여자양궁계의 성지가 되었다. 특히 1996년 애틀랜타 올림픽 우승의 주인공 김경욱은 70m 떨어진 타깃 정중앙에 있는 소형 카메라를 두 차례나 깨뜨리는 '퍼펙트 골드'로 '신궁의 신궁' 소리를 들었다. 1997년 캐나다에서 열린 제39회 세계양궁선수권대회에서는 한국이 남녀 개인전과 남녀 단체전 4종목을 모두 휩쓰는 초유의 사태가 벌어지기도 했다.

올림픽에서 메달 따는 것보다 한국 대표팀에 선발되는 것이 더 어렵다고 할 정도로 한국 양궁이 승승장구하자 외국 선수들의 목표는 어쩔 수 없이 2위로 바뀌었고 은메달을 목에 걸어도 그들은 우승한 것 같은 기쁨을 누렸다. 올림픽과 세계대회에서 한국 양궁의 싹쓸이와 단독 질주가 좀처럼 멈추지 않자 세계양궁연맹은 수시로 경기방식을 바꿔 한국 양궁을 견제하는 데 골몰했다. 그렇다고 결과가 달라지지는 않았다.

차범근 독일 분데스리가 진출

308게임 출장에 98골은 역대 외국인 선수로는 분데스리가 최다골이었다.

차범근(1953~)은 경기도 화성의 가난한 소농 집안에서 태어났다. 또래보다 유달리 키가 컸던 그의 주특기는 달리기였다. 서울의 경신고 축구선수로 뛸 무렵, 키가 178cm로 커지고 준족으로 성장해 고교 졸업을 앞둔 1972년 초 청소년대표선수로 선발되었다.

고려대 1학년이던 1972년 4월 태국 방콕에서 열린 아시아청소년축구대회는 차범근이란 이름을 아시아 무대에 알리는 기회가 되었다. 그의 종횡무진 활약으로 한국청소년팀은 결승까지 진출했다. 비록 0대 1로 이스라엘에 패해 준우승에 그쳤지만 차범근은 한국 축구의 기대주로 국민의 뇌리에 깊이 박혔다.

차범근은 1972년 7월의 메르데카배 축구대회 때 사상 최연소인 19세의 나이로 태극마크를 가슴에 달았다. 국가대표 선수로 첫 출전한 메르데카배 축구대회 결승전에서 차범근은 결승골을 넣어 한국이 말레이시아를 2

차범근(1953~)

대 0으로 누르고 우승하는 데 기여했다. 이후 한국 축구는 동남아대회에서 자주 우승을 차지하는 이른바 '70년대 전성기'를 맞았다. 차범근은 이 전성기의 주역 중 한 명이었다.

차범근의 실력이 여실히 입증된 사례는 1976년 9월 11일 제6회 대통령배대회에서 말레이시아와의 대결이었다. 말레이시아는 한국보다 실력이 특별히 뛰어나지는 않았지만 그날은 운이 좋아 경기 종료 5분을 앞두고 한국을 4대 1로 앞서나갔다. 차범근은 사실상 패한 것이나 다름없는 그 경기를 포기하지 않고 그라운드를 누벼 5분 동안 혼자서 3골을 터뜨리며 기염을 토했다. 이 극적인 무승부를 발판으로 한국은 우승을 거머쥐었다. 이 '사건'은 축구 팬들에게 강렬한 인상을 남겼다.

하지만 한국의 축구 수준은 여전히 아시아에서 최고가 아니었다. 월드컵이나 올림픽 출전을 위한 아시아 예선전을 통과하지 못하고 항상 문턱에서 좌절했다. 차범근도 독일 월드컵 예선(1974), 몬트리올 올림픽 예선(1976), 아르헨티나 월드컵 예선(1978)에 모두 출전했으나 번번이 본선 티켓을 놓쳐 분루를 삼켰다.

사실 당시 차범근의 기술은 단조로웠다. 드리블 기술은 세련미가 부족했고, 상대 수비 뒤로 볼을 차놓고 스피드로 경쟁하는 기술 하나로는 한계가 있었다. 어떤 전기가 필요했던 그때, 독일의 분데스리가가 그에게 손짓을 했다. 분데스리가는 축구선수라면 누구나 뛰고 싶어하는 꿈의 무대였다.

그러나 1978년 12월 방콕 아시안게임을 앞둔 축구협회는 그의 출국을 허락하지 않았다. 다행히 아시안게임을 치르고 가는 것을 조건으로 출국을 허락하자 차범근은 아시안게임에서 조국에 우승(북한과 공동우승)을 안긴 뒤 방콕에서 바로 독일로 날아가 12월 25일 분데스리가 최하위팀인 'SV다름슈타트'와 입단 가계약을 체결하고 귀국했다.

그러자 이번에는 병역이 발목을 잡았다. 정부가 병역의무를 마치지 않는 한 재출국을 허락할 수 없다고 강경한 입장을 취하는 바람에 차범근은 또다시 발이 묶였고 결국 다름슈타트와의 가계약은 취소되었다.

차범근은 6개월의 잔여 복무기간을 채운 뒤 다시 독일로 건너가 1979년 7월 16일 프랑크푸르트 팀에 입단했다. 이는 한국 사회 전체를 흥분케 한 사건이긴 했지만 그렇다고 차범근이 분데스리가에서 성공할 것이라고 확신한 사람은 많지 않았다.

'갈색 폭격기'로 부르며 열광

차범근은 그러나 기대 이상의 활약을 펼쳤다. 그러자 반신반의하던 국민들도 열광하기 시작했다. 차범근은 데뷔 첫해인 1979~1980 시즌 거의 전 경기(31경기) 출전에 12골을 기록, 득점랭킹 7위에 오르는 기적적인 성적을 냈다. 팀이 그해 전통의 UEFA(유럽축구연맹)컵 대회에서 우승하는 데도 크게 기여했다. 독일인들은 차범근을 '갈색 폭격기, '한국산 호랑이'라고 부르며 열광하기 시작했다.

첫 시즌에 차범근의 주특기인 빠른 돌파를 몰라 속수무책으로 당했던 독일 선수들은 80~81 시즌이 시작되자마자 날을 세운 태클로 차범근을 압박했다. 차범근은 결국 상대 선수의 고의적인 파울로 척추뼈를 크게 다쳤다. 한 달 이상 누워 있다가 다시 일어나 출전했는데도 시즌 8골을 기록해 재기에 성공했다. 82~83 시즌이 끝나고 차범근은 레버쿠젠으로 이적했다. 83~84 시즌엔 분데스리가에 진출한 뒤 처음으로 큰 부상없이 전

경기(34 경기)에 출장하고 85~86 시즌엔 17골로 득점랭킹 4위에 오르는 등 최고조의 경기를 펼쳤다.

차범근은 '차붐'으로 불렸다. 프랑스 '풋볼'지는 차범근을 "유럽에서 가장 위험한 선수"로 지목했고, 독일 프랑크푸르트 알게마이너지는 차범근을 영국의 대처 총리와 함께 '80년대의 4대 상승세 인물'로 선정하기도 했다. 재미있는 것은 분데스리가 진출 후 스테미너 식사를 고집한 차범근의 키가 2cm 정도 더 커지고 체격도 유럽 선수들과 비슷해졌다는 것이다.

1986년 한국 축구팀이 마침내 멕시코 월드컵 출전 자격을 따낸 덕에 차범근도 8년 만에 태극마크를 달고 월드컵에 출전했다. 공격의 활로를 열면서 최선을 다했지만 골은 넣지 못했다.

차범근은 88~89 시즌을 화려하게 장식했다. 만년 하위에 맴돌던 레버쿠젠을 분데스리가의 강호로 탈바꿈시키고 UEFA컵 우승으로 이끌었다. 특히 이 대회 결승에서 승부를 원점으로 되돌린 세 번째 골을 터뜨려 수훈갑이 되었다.

88~89 시즌을 마치고 은퇴를 선언했을 때 차범근의 분데스리가 통산 기록은 308게임 출장에 98골이었다. 역대 외국인 선수로는 최다골이었다. 또한 1972년부터 1986년까지 국가대표 A매치 55골(121경기)을 기록했는데 이는 2012년 현재까지 깨지지 않고 있는 역대 최다골이다.

차범근은 1990년부터 4년 동안 프로축구 현대팀을 이끌었으나 우승시키지는 못했다. 1997년 1월 한국 축구대표팀 감독이 되어 1998년 6월 프랑스 월드컵에 출전했으나 멕시코전 역전패에 이어 네덜란드에 0대 5라는 치욕적인 스코어로 완패하는 바람에 월드컵 기간 도중 경질되는 수모를 당했다. 2003년 11월부터 수원 삼성팀의 감독직을 맡아 2010년 6월까지 활동하다 일선에서 물러나 2012년 현재 방송해설위원으로 활동중이다.

현신규와 '현사시나무'

산림이 국부의 척도이고 산림의 성쇠가 국가의 성쇠와 비례한다.

현신규(1912~1986)는 '우리나라 임목육종학의 창시자', '한국 임학의 대부', '한국 산림녹화의 선구자'로 불린다. 그는 평소 "산림이 국부의 척도이고 산림의 성쇠가 국가의 성쇠와 비례한다"는 '산림 국부론'을 역설하며 우리나라가 개발도상국 중 유일하게 산림녹화에 성공한 나라로 우뚝 서는 데 크게 기여했다.

그는 평남 안주에서 태어나 서북 지방의 명문 오산학교에 입학했으나 2년 후 조만식 교장이 총독부 방침에 반대하여 학교를 떠나게 되자 오산학교를 자퇴하고 서울 휘문고보 3학년으로 편입했다. 휘문고보와 수원농림학교(서울대 농대)를 졸업한 뒤 1933년 일본 규슈대 농학부로 유학을 떠나 1936년 3월 임학과를 졸업했다.

귀국 후 서울 홍릉의 조선총독부 임업시험장에서 근무했으나 공부에 대한 미련을 떨치지 못해 1943년 다시 규슈대 대학원에 진학했다가 1945년 5월 귀국했다. 1946년 수원농전의 교수로 임용되어 학생들을 가르치면서도 임목육종 연구논문에 힘을 쏟아 1949년 7월 규슈대에서 농학 박사학위를 취득했다.

6·25전쟁이 한창이던 1951년에는 미 국무부의 초청으로 2년 동안 미국 캘리포니아 삼림유전연구소에 머물면서 주로 소나무 종자 교배 연구에 매달렸다. 당시 한국에는 일제 때 도입된, 척박한 토양에서도 잘 자라고 추위에도 강한 리기다소나무가 많았는데 목질

현신규(1912~1986)

이 구부러지고 생장이 늦다는 문제점이 있었다.

현신규는 이 리기다소나무와 추위에 약하지만 생장속도가 빠르고 목질이 좋은 미국의 테다소나무를 교배하는 연구 끝에 수백 개의 종자를 얻어 1953년 1월 귀국했다. 당시 한국의 산은 일제의 식민 지배와 6·25전쟁으로 모두 민둥산이었다.

현신규는 귀국 후 미국에서 가져온 소나무 종자를 묘포에 뿌리고 생장을 관찰했다. 다행히 소나무 종자는 곧게 빨리 자라고 추위에도 강하다는 것이 확인되었다. 그는 나무 이름을 '리기테다소나무'로 명명한 뒤 종자를 대량으로 생산하여 전국에 보급했다.

리기테다소나무는 1962년 미국의 한 의원으로부터 '기적의 소나무'라는 찬사를 듣고 1967년 장려수종으로 지정될 정도로 성공했다. 하지만 리기다소나무와 테다소나무의 개화 시기가 일치하지 못해 교잡을 만들기가 극히 어렵고, 보급 초기에 리기다소나무와 섞이는 등 종자의 품질관리가 철저하지 못해 현재는 우리나라 남부의 극히 제한된 지역에만 식재되어 있다. 현신규의 대표적인 업적을 말할 때 흔히 이 '리기테다소나무'의 교배와 이태리포플러 보급, 은수원사시나무 육종을 꼽는다.

'현사시나무'에서 '현'은 현신규의 성

이태리포플러는 현신규가 1954년 유럽 임업선진국을 순방하고 돌아와 한국의 풍토에 적합하게 개량한 포플러로, 1960년대 중반까지 대대적으로 보급해 우리나라를 세계 굴지의 포플러 조림국으로 만드는 데 기여했다. 당시 한국일보는 1964년부터 '포플러 1억 그루 심기 운동'을 펼쳐 이태리포플러의 보급을 뒷받침했다.

현신규는 하천가에서 주로 자라는 이태리포플러 보급에 이어 산에서도 잘 자라는 포플러 수종을 개발하는 데 힘을 쏟았다. 그러다가 그가 주목한 것이 같은 서울대 농대 교수 이창복이 발견한 은수원사시나무였다. 이창복은 1960년대 수원의 서울농대 수목원에서 유별나게 잘 자라는 은수원사시나무를 발견하고 유전자 등을 검사한 결과 은백양(포플러의 한 종류)과 수원사시나무의 자연교잡종이라는 것을 밝혀냈다.

현신규는 1967년 은백양을 암나무로, 수원시 여기산 인근에서 자라고 있는 수원사시나무를 수나무로 접목해 은수원사시나무를 대량 증식하는 데 성공했다. 은백양은 생장이 왕성하고 건조한 땅에서도 잘 자라며 병충해에 강하고 꺾꽂이가 잘 되는 장점이 있지만 줄기가 바르지 못해 경제가치가 떨어지고 평지에만 심어야 한다는 단점이 있었다. 반면 수원사시나무는 줄기가 곧고 산지 조림에 적합하다는 것이 장점이지만 꺾꽂이가 되지 않아 번식이 어렵고 생장이 느리다는 게 단점이었다.

두 수종을 접목한 은수원사시나무는 부모의 성질 중 좋은 것만 닮고 부모보다 더 우수한 생장을 보이는 잡종강세 현상을 보였다. 게다가 가파른 산에서도 잘 자라 우리나라 지형에 딱 맞았다. 은수원사시나무는 1965년 정부가 산림녹화에 관심을 갖게 되면서 전국에 보급되기 시작해 벌거숭이 산을 단기간에 녹화하는 데 크게 기여했다. 이태리포플러와 은수원사시나무는 1973년 정부가 치산녹화 10년 계획을 짤 때 발표한 10대 권장수종에 들어가 전국의 모든 산에 식재되기 시작했다.

박정희 대통령은 현신규의 공로를 인정해 1978년 11월 4일 경기도 시흥군에서 열린 제1회 육림의 날 행사 때 은수원사시나무 명칭을 현신규의 이름을 딴 나무 이름으로 바꾸는 것이 좋겠다고 지시했다. 은수원사시나무가 현신규의 성을 딴 '현사시나무'로 공식 개칭된 것은 1979년 4월 5일 식목일 때였다.

현신규는 1986년 눈을 감았지만 2001년 산림청이 현신규, 박정희, 김이만 나무할아버지, 조림왕 임종국 4명을 광릉 국립수목원에 마련한 '숲의 명예전당'에 헌정했다. 2003년 1월에도 대한민국 과학기술인 명예의 전당에 헌액되어 우리나라 대표 임학자로 자리매김했다.

마거릿 대처 영국 총리 취임

부를 추구하는 개인의 성공 심리, 이윤을 추구하는 자본주의적 기업 의욕을 적극 옹호했다.

1979년 영국의 경제상황은 최악이었다. 경제성장은 정체되었고 인플레이션은 극심했다. 거리는 실업자들로 넘쳐났다. 일상적인 노조 파업에도 정부는 무기력했다. 경제상황이 이처럼 악화된 것은 역대 정부의 '큰 정부론'과 '영국형 사회주의'에 그 이유가 있었다.

직접적인 단초는 노동당 정부(1945~1951, 1964~1970, 1975~1979)가 제공했지만 보수당(1951~1964, 1970~1975) 정권이라고 해서 크게 다르지 않았다. 그래도 철강, 석탄, 전기, 가스, 철도, 통신, 방송 등을 잇달아 국유화하고 복지정책을 강화한 것은 노동당 정부 때였다.

노동당 정부는 복지비용을 충당하기 위해 고액의 세금을 거두어가고, 국민은 '요람에서 무덤까지' 국가가 보살펴주는 보호막 속에 안주하며 서서히 일과 담을 쌓았다. 생산성 저하에도 불구하고 노조는 파업을 일삼았다. 영국은 '유럽의 병자'라는 치욕스런 별명을 듣기에 이르렀고, 1976년 결국 IMF 관리체제라는 수모를 당했다. 이때 해결사로 등장한 이가 '철의 여인' 마거릿 대처(1925~)였다.

대처는 영국의 소도시 그랜섬에서 식료품 가게의 딸로 태어나 옥스퍼드대에서 약학을 전공했다. 그녀가 정치에 전념할 수 있도록 도와준 경제적 후원자는 염료공장을 운영하고 있던 10살 위 백만장자 남편 데니스 대처였다. 마거릿 대처는 두 차례의 낙선 끝에 1959년 하원에 입성했다.

1960년 맥밀런의 보수당 정부에서 연금 및 국가보험 정무차관을 맡고, 1964년 보수당이 노동당에 정권을 빼앗긴 뒤에는 야당 의원으로 활동하면서 정치 이력을 쌓았다.

마거릿 대처(1925~)

1970년 다시 보수당이 선거에 승리하자 교육과학 담당 차관으로 에드워드 히스 정부에 합류했다. 대처는 1974년 총선 패배로 히스 내각이 무너지자 당수에 도전, 1975년 2월 마침내 꿈을 이뤘다. 영국 정치사상 최초의 여성 당수라는 사실만으로도 당내외에는 놀라움과 충격을 주었다. 하지만 이것은 서막에 불과했다.

대처는 노동당의 실정을 지켜보며 때를 기다렸다. 그러다가 1979년 5월 3일의 총선에서 보수당이 마침내 과반수 의석을 석권함으로써 영국 최초의 여성 총리가 되었다. 하지만 대처 앞에 놓여 있는 것은 두 자릿수의 인플레와 낮은 경제성장률, 그리고 고질적인 노사분규였다. 대처는 무덤까지 챙겨주는 복지정책이 영국인들의 근로정신을 빼앗고, 노조의 강경노선이 기업의 경쟁력을 약화시킨다고 진단했다.

'유럽의 병자'라는 치욕스런 별명 들어

대처는 먼저 최고세율과 기본세율을 동시에 인하했다. 뒤이어 재정지출을 대폭 줄이고 노조의 파업에 대한 규제조치를 입법화했다. 각종 규제도 과감하게 철폐하거나 완화했다. 그런데도 약효가 나타나기는커녕 경제상황이 오히려 악화되었다. 실업률은 치솟았고 인플레율은 한때 20%를 넘어섰다. 경제가 소생할 기미를 보이지 않아 대처의 인기도 서서히 바닥으로 주저앉았다.

위기에 처한 대처를 구해준 것은 1982년 4월의 포클랜드 전쟁이었다.

대처는 영국으로부터 1만 3,000km나 떨어진 포클랜드에 군대를 출병시켜 전쟁을 승리로 이끌었다. 포클랜드 전쟁 후 지지율이 2배 가까이 올라간 덕에 1983년 6월의 총선에서도 승리했다. 이후 경제가 활기를 띠고 '대처리즘'이 서서히 효력을 발휘했다. 대처는 자신의 판단이 옳았음을 확신하며 개혁에 박차를 가했다.

그에게 개혁은 고질적인 '영국병'과의 싸움이었다. 첫 상대는 1974년 히스 정권을 무너뜨린 최강의 노조였다. 이미 거대 권력으로 군림하고 있는 노조는 '클로즈드숍'을 무기로 무소불위의 힘을 행사했다. 특히 공산주의자 아서 스카길이 이끄는 탄광노조는 '세계 최강의 노조'라는 소리를 듣고 있었다.

대처는 노조와의 전쟁에 앞서 노동조합법을 개정해 부당 파업을 원천봉쇄하고 파업에 대비해 석탄을 비축했다. 그리고 1984년 3월 "적자가 누적되고 있는 20개의 탄광을 폐쇄하고 2만 명의 광원을 줄이겠다"는 석탄산업 구조조정 계획을 발표했다. 스카길은 당연히 파업으로 맞섰고, 영국 경제는 먹구름 속에 잠겼다.

파업은 1년 동안 계속되었다. 노조는 대처를 향해 '독선에 빠진 늙은 암소', '냉혈한'이라는 악평을 쏟아냈다. 그러나 대처는 꿈쩍도 하지 않았다. 결국 노조는 1년이 지난 1985년 3월 자진복귀를 선언하며 무릎을 꿇었다. 대처는 영국을 '파업의 나라'에서 '비즈니스의 나라'로 바꾸었다. 취임 첫해 2,125건에 달하던 파업과 2만 9,474일에 달하던 노동손실일은 1985년 각각 903건, 6,402일로 줄어들었다. 대처 정권이 발족할 당시 노조원 수는 1,200만 명을 넘었으나 집권 말기에는 800만 명 수준으로 떨어졌다.

국영기업을 영국병의 또 다른 원인으로 진단

대처가 다음 단계로 겨냥한 것은 '작은 정부'를 만들기 위한 국영기업의 민영화였다. 대처는 국영기업이야말로 영국병의 또 다른 원인이라고 진단했다. 경영자들로부터 '기업가 정신'을 박탈하고 국민의 정신을 썩게 만든 것이 국영기업이라고 믿었다. 국영기업 민영화는 재임기간 11년 내내 추진되어 40개사를 민영화했다. 이런 노력의 결과 1979년 17%이던 인플레율은 1985년 9%를 거쳐 5% 이하로 떨어졌고, 1980년 마이너스 4%를 기록한 국내총생산도 해마다 증가해 1988년에는 5%의 경제성장률을 기록, 유럽에서 가장 높은 수준으로 올라섰다.

대처리즘의 진짜 성과는 자본주의 작동 원칙을 대중에게 가르쳐 자본주의에 대한 지지를 높였다는 점이다. 대처는 부의 창출을 미덕으로 격상시켰다. 부를 추구하는 개인의 성공 심리, 이윤을 추구하는 자본주의적 기업 의욕을 적극적으로 옹호했다. 그런 점에서 대처는 20세기 정치 지도자 가운데 그동안 부정적으로 인식되던 자본주의라는 단어를 당당하고 자랑스럽게 외친 거의 최초의 정치인이었다. 경기 호전과 인플레의 억제로 1987년 6월 총선거는 또다시 대처의 손을 들어주었다.

그러나 그렇게 막강하던 대처리즘도 3기에 들어서면서 각종 부작용이 나타났다. 세월이 흐르고 상황이 변했는데 과거의 방식만을 고집한 게 문제였다. 대처리즘이 한때는 효능을 발휘했는지 몰라도 만병통치약일 수는 없었다. 지나친 자신감 탓에 신념을 넘어 독선에 빠진 것도 문제였다. 1987년 선거 후 실시된 급격한 금융규제 완화가 과잉 부동산 투자 및 신용판매 붐으로 이어지더니 결국 스태그플레이션을 초래했다. 빈부격차가 더욱 커지고 거리에는 부랑아가 부쩍 많아졌다.

1990년 4월 세제개혁의 총결산으로 도입한 '인두세(주민세)'도 대처에게는 치명적이었다. 소득이나 재산규모와는 상관없이 동일 세율을 부과하는 인두세에 대한 항의의 불길이 전국으로 번지면서 보수당 내에서도 이견이 터져나왔다. 1990년 11월 20일 당수를 뽑는 투표에서 대처가 승리하긴 했으나 과반수를 얻지 못해 2차 투표에 들어갔다. 그러나 투표 시작 전 각료들의 출마 포기 요구에 밀려 결국 대처는 2차 투표를 포기하고 11월 22일 퇴진의 뜻을 밝혔다. '병든 영국'을 구한 '철의 여인'이 한 시대를 마감한 것이다.

워크맨, 소니, 모리타 아키오

"음악은 실내에서 감상하는 것"이라는 패러다임을 바꿔놓았다.

'소니'의 전신인 '도쿄통신공업'이 설립된 것은 1946년 5월 7일이었다. 직원 수 20명에 불과한 이 작은 공장의 산파는 학생 때부터 발명가로 유명했던 이부카 마사루(1908~1997)였다. 창업 동지 중에는 13살 아래의 모리타 아키오(1921~1999)도 있었다.

모리타는 나고야에서 가장 규모가 큰 양조회사 아들로 태어나 1944년 오사카제국대 물리학부를 졸업하고 태평양전쟁 때는 해군 장교로 복무했다. 그때 만난 이부카는 민간인으로 잠수함 탐색장치를 개발하다가 종전 후인 1945년 10월 라디오를 수리하거나 개조하는 도쿄통신연구소를 설립하고 1946년 5월 주식회사 도쿄통신공업으로 개명한 이를테면 벤처기업인이었다. 모리타가 합류한 것은 바로 이 무렵이었다.

1950년 1월 일본 최초로 '테이프 레코더'를 생산해 기술력을 인정받은 도쿄통신공업이 도약의 계기를 맞은 것은 1953년이었다. 미국의 웨스턴 일렉트릭사(WE)에 2만 5,000달러를 주고 트랜지스터 라이선스권을 따낸 것이다. 다음 단계로 트랜지스터 라디오를 준비하던 1954년 12월, 미국의 리전시가 세계 최초로 트랜지스터 라디오를 시판한다는 뉴스가 들려왔다. 도쿄통신공업은 한동안 망연자실했으나 1955년 1월 트랜지스터 라디오를 개발하는 데 성공했다. 비록 세계 최초라는 영예는 빼앗겼지만 리전시의 라디오가 자기네가 생산한 트랜지스터가 아닌 다른 회사의 트랜지스터로 만들어졌다는 것을 생각하면 조금도 꿀릴 게 없었다.

모리타 아키오(1921~1999)

모리타는 1955년 3월 소니 상표가 부착된 트랜지스터 라디오를 팔기 위해 미국을 방문했다. 어느 날 모리타에게 한 대형 시계 제조업체로부터 10만 대의 주문자부착상표(OEM) 제안이 들어왔다. 당시 소니의 총자산 규모보다 많은 액수의 제안이고 본사 역시 제안을 수용하라고 했지만 모리타는 소니를 독립적이고 세계적인 브랜드로 키워보겠다는 생각에 제안을 거절했다. 모리타는 훗날 은퇴회견에서 "브랜드를 고수한 당시의 의사결정이 내가 내린 의사결정 가운데 가장 자랑스러운 것"이라고 말했다.

"큰 것을 작게 만들어, 회사를 크게 만든다"

소니가 일본 최초로 트랜지스터 라디오(모델명 TR-55)를 시판한 것은 1955년 8월이었다. 그러나 가격이 너무 비싸고 진공관 라디오에 비해 성능도 크게 뛰어나지 않아 시장의 반응은 차가웠다. 다행히 성능이 개선된 모델이 속속 개발되면서 판매에 탄력이 붙었다.

가장 인기를 끈 모델은 1957년부터 시판된 세계에서 가장 작은 'TR-63'이었다. 1만 3,800엔의 가격은 당시 일본 노동자들의 한 달 평균임금에 해당했는데도 불티나게 팔렸다. 소니 브랜드가 당당히 부착된 TR-63은 '포케터블 라디오'라는 이름이 붙여져 처음 미국으로 수출되었다. 이는 소니의 승리였고, OEM을 거부했던 모리타의 승리였다. '포케터블'은 '주머니에 넣을 수 있는'이란 뜻의 일본식 조어였는데 오래지 않아 미국의 영어사전에까지 수록되었다.

1958년 새해 벽두에는 회사명까지 소니로 바꿔 '소니 신화'에 박차를 가했다. 세계 최초의 트랜지스터 TV(1960)와 트랜지스터 VTR(1961)을 개발한 소니는 1970년 9월 17일 일본 기업으로는 최초로 뉴욕 증권거래소에 상장되는 기쁨을 누렸다. 모리타는 1971년 이부카의 뒤를 이어 사장에 오르고 1976년 회장으로 부임했다. 그때부터 "큰 것을 작게 만들어, 회사를 크게 만든다"는 소니의 원칙이 확립되었다.

1978년 가을, 어느덧 70세가 된 이부카는 미국으로 출장을 가기 전 비행기 안에서 음악을 들을 수 있는 제품을 만들어보라고 지시했다. 개발팀은 이부카의 요청대로 녹음기능을 삭제하고 재생기능만 있는 제품을 만들어냈다. 그것을 본 모리타의 가슴 속에 비즈니스 감각이 요동쳤다. 1979년 2월 모리타는 여름방학 전인 6월까지 상품화할 것을 지시했다. 1999년 '포천'지는 그때 모리타의 판단을 "역사상 가장 뛰어난 경영 결단" 중 하나로 평가했다.

신제품을 개발하는 데는 미국의 벨연구소가 세계 최초로 만들어낸 녹음 기술과 네덜란드 필립스의 콤팩트 카세트 제조기술이 이미 상용화되고 있었기 때문에 그리 어렵지는 않았다. 그러나 이 기술을 응용해 녹음기를 주머니에 들어갈 정도로 소형화하고, 소리를 녹음하는 데 사용하던 녹음기를 단순히 음악 등 소리를 재생해 듣는 제품 즉 '헤드폰 스테레오'라는 새로운 시장을 창출해 낸 것은 소니였다.

'포케터블', '워크맨' 해외 사전에 등재시켜

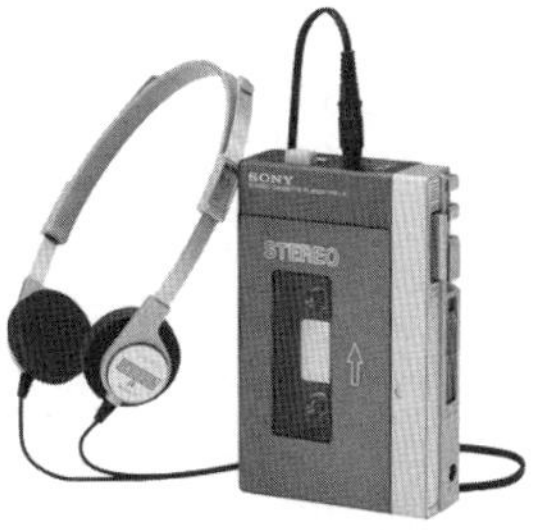

최초의 워크맨 TPS-L2

신제품의 이름을 '워크맨(walkman)'이라고 지었을 때 영어 문법에 맞지 않는다며 반대의 목소리가 컸다. 소니의 해외지사에서도 이름이 이상하다고 생각해 '사운드 어바우트'(미국), '스토어웨이'(영국), '프리 스타일'(스웨덴)이라는 이름으로 팔았다. 그러다가 워크맨의 이름이 점차 세계에 알려지면서 국내외 모두 워크맨으로 통일되었다. '워크맨'이란 단어도 1981년 프랑스 사전에 실리고 1986년 영국의 옥스퍼드 사전에 수록됨으로써 결과적으로 소니는 '포케터블'에 이어 '워크맨'까지 해외 사전에 등재시키는 위력을 발휘했다.

창립 33주년을 기념해 3만 3,000엔으로 가격이 정해진 가운데 1979년 7월 1일 파란색과 은색의 외장을 갖춘 '워크맨'(모델명 TPS-L2)의 발매가 시작되었다. 초기에는 별 반응이 없었으나 8월부터 주문이 폭주해 첫 생산량 3만 대를 순식간에 팔아치웠다.

언제 어디서든 남의 눈치를 보지 않고 음악을 감상할 수 있는 워크맨의 매력에 젊은 층이 열광하면서 "음악은 실내에서 감상하는 것"이라는 패러다임을 바꿔놓았다. 이는 소니 브랜드가 세계를 제패하는 시작이기도 했고, 1980년대 서구시장을 휩쓴 '메이드 인 재팬'의 첨병이기도 했다.

워크맨은 10년 뒤 1,000만 대를 돌파하고 1992년 1억 대, 1995년 1억 5,000만 대가 팔렸다. 소니는 이것 말고도 세계 기업사상 수많은 신제품을 세상에 내놓았다. 그러자 소니는 '모방의 일본인'이라는 통념을 거스르고 일본의 자존심을 지켜온 기업이라는 평가가 쏟아졌다. 소니는 1993년 모리타가 뇌졸중으로 은퇴하면서 내리막길을 걸었다.

카리스마의 부재에 1994년 일본 최초로 도입한 '컴퍼니 제도'의 실패가 침체를 가속화시켰다. 여기에 1998년 미국의 '콜럼비아 영화사'를 인수한 것도 화를 키웠다. 콜럼비아 영화사는 매년 수백억 엔의 적자를 냈고, 이 적자는 부채로 쌓였다. 특히 1990년대 후반에 이르러 일본 국내시장의 침체가 장기화되면서 몰락이 본격화되었다. 결국 2001년 애플컴퓨터의 '아이팟'까지 등장함으로써 워크맨의 신화는 추억이 되었고, 전체 매출액까지 2002년을 기점으로 한국의 삼성전자에 뒤처지는 수모를 당했다.

피에르 부르디외 '구별 짓기' 출간

문화행위의 계급적 속성과 자본주의 사회구조의 감춰진 이면을 해부했다.

피에르 부르디외(1930~2002)는 비판사회학의 거두이자 평생 약자 편에 서서 모든 형태의 지배 권력에 대항하고 투쟁했던 지성인이었다. 그는 칼 마르크스, 에밀 뒤르켐, 막스 베버의 뒤를 이어 사회학사의 한 획을 그은 인물로 꼽히고 있다. 포스트모더니즘 선풍을 불러일으켰던 미셸 푸코와 비교될 만큼 지성사에도 큰 영향을 미쳤다.

부르디외는 프랑스 남부 시골에서 태어나 최고 엘리트 코스인 파리고등사범학교를 졸업하고 25세 때 교수 자격시험을 통과했다. 알제리대의 철학과 조교로 근무할 때 알제리 독립전쟁이 일어나 제국주의 프랑스군으로 징집되어 참전했다. 그때의 경험은 그의 진로를 철학에서 사회학으로 바꿔놓았다.

5년 만에 알제리에서 귀국한 뒤에는 레몽 아롱이 있는 파리대의 조교를 거쳐 릴대의 조교수(1961)와 파리고등실천학교 학과장(1964)으로 활동하며 사회학자로서의 경력을 쌓았다. 그 무렵 출간한 프랑스 사회의 불평등을 심화시키는 고등교육제도에 대한 일련의 비판적 저서들은 1968년 5월

혁명의 이념적 기반이 된 것으로 평가되고 있다. 그가 프랑스 사회를 대상으로 펼쳐 보인 실증적 연구작업은 대학과 사회 전체에 팽배해 있던 불평등과 권위주의에 대항하는 주요 논거로 활용되었다.

피에르 부르디외(1930~2002)

1975년 사회과학연구지를 창간하고 동료·제자들과 함께 학회지에 연구논문을 활발하게 게재하면서 이른바 '부르디외 에콜(학파)'을 탄생시켰다. 1970년대 말 부르디외는 정부의 지원을 받아 전 국민을 상대로 한 전국적인 조사 연구를 했다. 음악, 미술, 의상 스타일, 실내장식, 스포츠, 요리, 영화 등 여러 분야에 걸쳐 프랑스인의 문화적 취향 및 생활양식을 파악하는 조사였다. 연구 결과는 1979년 출간된 부르디외의 대표 저작 '구별 짓기-문화와 취향의 사회학'을 통해 세상에 모습을 드러냈다.

부르디외는 다양한 계층의 사람들이 향유하는 문화와 취향에 대한 방대한 분량의 실증적·경험적 조사분석을 통해 문화행위의 계급적 속성과 자본주의 사회구조의 감춰진 이면을 해부했다. 부르디외가 보기에 자본주의 사회에서는 예술 감상에서부터 속옷을 고르고 음식을 먹는 일에 이르기까지 모든 선택과 결정이 계급적 구별과 무관하지 않았다.

개인의 문화적 취향은 계급의 문화적 취향

개인이 어떤 문화적 취향을 갖고 어떤 종류의 문화를 소비하는가에 따라 그 사람의 교육 수준과 사회적 위치, 계급이 드러나는 것이다. 예를 들어 상류층은 자신을 사회적으로 구별 짓기 위해 비싼 외제 승용차를 타고 고급 레스토랑에서 식사를 즐기며 승마를 하고 유명 브랜드의 비싼 옷을 입는다. 이런 문화생활은 개인적 취향의 문제이기도 하지만 상류층의 과시적이고 차별적 의도가 담긴 상징적인 행위일 수도 있다.

이런 관계를 설명하기 위해 그는 '사회공간으로서의 장(場)', '문화자본', '아비투스' 등의 개념을 도입했다. '사회공간으로서의 장'이란 서로 얼마나 닮아 있는가 혹은 이질적인가에 따라 개개인이 서로 구별되는 공간으로, 이 장에선 개개인이 각종 자본을 얼마나 갖고 있느냐에 따라 사실상 서열이 매겨진다.

부르디외에게 자본이란 "사회적 경쟁에서 도구로 사용할 수 있는 모든 에너지"로, 문화자본, 사회자본, 상징자본 등으로 구분된다. 이 중에서 '문화자본'은 문화적 소양과 능력, 문화상품, 학력(학벌이나 학연) 등의 형태로 존재한다. '사회자본'은 연줄이나 인맥, 지연 따위의 개념에 가까우며 '상징자본'은 지명도에 따른 것이다.

학력은 문화자본의 대표적인 형태로, 학교에서 우수한 학업 성적을 얻는 것은 훌륭한 문화자본을 획득하는 것이다. 경제적 여유와 문화소비 능력, 학벌과 연줄로 엮인 상층 부르주아는 이런 총체적인 자본을 통해 다른 계급과 자신을 구별 짓고 나아가 문화를 구별 짓는다.

'아비투스'는 개인의 문화적인 취향과 소비의 근간이 되는 성향을 의미하는 용어로, 이것은 타고나는 게 아니라 사회적 위치와 교육환경, 계급 위상에 따라 후천적으로 길러진다. 사람들은 흔히 자신이 똑똑해서 수준 높은 문화적 취향을 가지고 있다고 생각하기 쉬운데 사실 그 사람의 문화적 취향은 자신이 속한 계급의 문화적 취향일 뿐이라는 것이다.

부르디외는 '구별 짓기' 말고도 프랑스 대학과 지식시장을 분석한 '호모 아카데미쿠스'(1984), 예술의 사회적 현상을 분석한 '예술의 규칙'(1992), 교외의 빈곤과 사회 문제를 다룬 '세계의 비참'(1993) 등 30여 권에 달하는 저서를 통해 사회적 불평등에 가차 없이 메스를 가했다.

1981년에는 프랑스 지성의 전당 '콜레주 드 프랑스'의 교수로 임명되고, 1990년대 들어서는 미국의 노엄 촘스키와 함께 세계화와 신자유주의를 반대하는 첨병 역할을 했으며 파업 노동자들과 함께 길거리 대정부 투쟁에 가담하기도 했다. 일생 동안 어느 정당에도 가입한 적이 없는 그를 가리켜 르몽드지는 보수화한 좌파와 구별해 "좌파 중의 좌파", "모든 방면에서 투쟁한 사회학자"로 칭했으며 그와 대척점에 있는 반대자들은 "저속한 마르크시즘의 특이한 변이", "사회학적 테러리즘", "반항을 부추기는 선동적 담화"라고 비난했다.

아야톨라 호메이니와 이란 회교 혁명

호메이니의 꿈은 민족과 지역을 뛰어넘는 전 세계 단일 이슬람공동체의 실현이었다.

1979년 1월 16일 이란의 팔레비(1919~1980) 국왕이 국민의 거센 저항에 밀려 이집트로 쫓겨나고, 보름 후인 2월 1일 이란의 최고 종교지도자 아야톨라 호메이니(1900~1989)가 15년간의 망명생활을 접고 테헤란 공항에 내림으로써 50여 년간 '페르시아만의 경찰'을 자임했던 팔레비 왕정은 붕괴되었다. 아무런 군사적 뒷받침 없이 망명지에서의 원격조종만으로 팔레비를 축출한 호메이니의 성공은 현대사에 유례가 없는 일이었다.

호메이니는 이란의 호인에서 태어났다. 할아버지와 아버지는 시아파 종교지도자를 지칭하는 '물라'였다. 1922년 시아파 회교 중심지 콤에 정착해 그곳에서 이슬람 학교를 다니고 성직자 생활을 하던 호메이니에게 생애 첫 번째 전기가 찾아온 것은 1930년이었다. 부유한 집안의 딸과 결혼, 경제적인 안정과 지위 상승의 기회를 얻어 이슬람 근본주의 운동의

아야톨라 호메이니(1900~1989)

지도적 성직자로서 명성을 쌓을 수 있는 토대가 마련된 것이다.

1950년대 들어 '물라' 중에서도 신앙심과 학식이 뛰어난 사람에게 쓰는 존칭인 '아야톨라'로 칭송받고 있던 호메이니의 생애 두 번째 전기는 팔레비의 '백색혁명'이 제공했다. 백색혁명은 토지개혁으로 종교 영지를 축소하고 여성을 정치적으로 해방하려는 팔레비의 친서방 개혁정책이었다.

팔레비가 여성참정권법안을 통과시키자 호메이니는 1963년 6월 공개적으로 팔레비를 '악의 상징'에 비유하고 그의 죽음을 경고했다. 팔레비가 1964년 10월 미국으로부터 차관을 들여오기 위해 이란 주둔 미군의 치외법권을 허용하는 법안을 발표했을 때는 "이슬람 정신을 팔아먹은 매국행위"라며 반발, 반팔레비 투쟁의 지도자로 부상했다. 이 때문에 호메이니는 1964년 11월 터키로 추방되었고 이듬해 10월 시아파 이슬람의 성지인 이라크 내 나자프로 망명지를 옮겼다. 이로써 호메이니의 역할은 끝나는 것 같았고 팔레비는 절정기를 맞는 듯했다. 그러나 성직자와 민중의 불만이 점점 높아지면서 호메이니의 존재가 새롭게 부각되었다.

이란 혁명은 중세적 신정체제의 부활

1977년 호메이니 아들의 죽음은 망각 속에 잊혀가던 호메이니가 13년 만에 국민의 심장 속에서 부활하는 계기가 되었다. 당시 호메이니의 든든한 후원자는 이란 전역에 흩어져 있는 18만 명의 '물라'였다. 그들은 팔레비의 근대화정책 그늘에 내버려진 지적 엘리트였고 호메이니의 근황을 민중에게 전파한 봉화와도 같은 존재였다. 8만 개의 모스크는 호메이니의 병영이자 정보선전기관이었다. 이처럼 호메이니의 영향력이 커지자 이라크의 사담 후세인은 호메이니를 1978년 10월 국외로 추방했다.

호메이니는 터키를 거쳐 프랑스 파리 교외의 한 시골 마을에 정착, 그곳에서 반팔레비 운동을 막후 지휘했다. 호메이니의 설교 내용이 녹음테이프에 담겨 몰래 국경을 넘어 이란으로 운반되면 물라들은 테이프를 신도들에게 틀어주며 호메이니의 건재를 알렸다. 1979년 1월 16일 팔레비가 망명했다는 소식이 전해지자 호메이니는 "알라는 위대하다. 승리의 시작에 불과하다"는 담화를 발표하고 15년 만에 조국 땅을 밟았다.

호메이니는 열광적으로 환호하는 군중 앞에서 팔레비의 내각을 '불법'으로 선언했다. 2월 9일 왕정파와 호메이니파 간에 격렬한 유혈 충돌이 벌어졌으나 군의 중립 선언으로 2월 11일 마침내 이슬람 혁명이 성공하고 4월 1일 국민 99%의 찬성에 힘입어 이란이슬람공화국이 수립되었다.

호메이니의 이란혁명은 1차적으로는 부패한 정치권력과 제국주의에 대한 민중 투쟁의 승리였지만 결국에는 세속적인 정부 대신, 이슬람교 경전인 '쿠란'과 이슬람법 '샤리아'로부터 정치적 권리를 신탁받은 이슬람 성직자들이 직접 국가를 통치하는 중세적 신정체제의 부활이었다.

호메이니는 이란을 알라와 이슬람 법률이 지배하는 국가로 만들고자 했다. 종국적인 꿈은 민족과 지역을 뛰어넘는 전 세계 단일 이슬람공동체의 실현이었다. 이상적인 모델은 1,300년 전에 계시된 '율법의 나라'였다.

대학은 폐교되거나 신학교로 바뀌어

호메이니는 율법학자를 이슬람 정부의 지도자로 내세웠다. 새롭게 수립된 이슬람 정부는 율법에 의해 통치되는 정부이기 때문에 입법부도 필요 없었다. 또한 모든 영역에서 제국주의의 잔재인 서구적 생활양식을 추방했다. 200여 개의 대학이 서구적 반동으로 규정되어 폐교되거나 신학교로 바뀌었고 남녀공학은 사라졌다. 서양의 음악과 음주가 금지되었고 여성들은 얼굴을 히잡으로 가려야 했다.

호메이니가 설치한 혁명재판소는 비공개 약식재판을 통해 팔레비 정권의 핵심 인사와 호메이니에게 비판적이었던 600여 명을 총살했다. 승리의 태풍이 지나간 후, 이슬람 국가를 실현시키기 위해 창당한 이슬람공화당의 성직자 집단과 바자르간 임시총리로 대표되는 중도 자유주의파, 그리고 좌파세력까지 가세한 치열한 권력투쟁으로 이란의 정치는 혼란으로 빠져들었다. 친서방 바자르간 내각은 한동안 혁명평의회와 대립했으나 효과적인 정책 창출에 실패해 민심을 얻지 못했다. 실업자는 늘고 생활은 나아지지 않았다.

이런 상황에서 1979년 11월 4일 미국 대사관 점거 및 인질 사태가 일어났다. 이틀 후 바자르간 내각이 총사퇴한 가운데 호메이니는 인질사건을 '제2의 혁명'이라며 격려했다. 이슬람공화당은 1980년 1월 바니 사드르가 이슬람공화당의 후보를 누르고 대통령에 당선되어 잠시 기세가 꺾이는 듯했으나 1980년 3월 총선에서 국민 전체로는 17%에 불과한 지지를 얻었는데도 불구하고 60%의 국민이 기권한 덕에 유효투표의 과반수를 얻어 자신의 뜻대로 정국을 요리할 수 있었다.

호메이니마저 이슬람공화당으로 기울자 결국 바니 사드르는 1981년 6월 이슬람공화당이 주도하는 국회에 의해 탄핵되어 프랑스로 망명했다. 이슬람공화당이 지원하는 라자이가 대통령에 당선되었으나 취임 36일 만에 폭탄테러로 숨지고 이슬람공화당 당수 하메네이가 당선됨으로써 이슬람공화당은 사실상 행정·사법·입법 3권을 장악하는 막강한 권부가 되었다. 그러나 민중 사이에 정치적 자유의 제한과 경제적 피폐로 호메이니와 그의 혁명에 대한 회의가 커지고, 이란의 홀로서기도 어려움을 겪었다. 1989년 6월 3일 호메이니가 눈을 감음으로써 신정정치도 막을 내렸다.

미 대사관 점거 및 인질

1979년 1월 팔레비가 이란에서 황망히 쫓겨나고 보름 뒤 호메이니가 망명 15년 만에 귀국함으로써 이란에 소용돌이쳤던 이슬람혁명도 마침내 막을 내리는 듯했다. 그러나 1979년 10월 22일 미국이 팔레비의 입국을 허용함으로써 반미 반팔레비 감정이 고조되어 있던 이란인들을 또다시 격동시켰다. 이란이 팔레비의 인도를 요구했으나 미국이 이를 거부하자 1979년 11월 4일 400여 명의 대학생이 이란 내 미국 대사관을 점거해 66명의 미국인과 4명의 비미국인을 인질로 삼았다.

11월 11일 이란은 대미 석유 금수를 선언하고, 미국은 이란산 석유 수입금지 조치로 맞대응했다. 11월 14일에는 양국 모두 자국 내의 상대국 자산과 예금을 동결했다. 미국은 사건 일주일 후 2척의 항공모함을 페르시아만으로 급파해 무력시위를 벌였다. 11월 19일 인질 가운데 여자 5명과 흑인남자 8명 등 13명이 풀려나고 11월 22일 한국인 1명을 포함해 비미국인 4명이 풀려나 남아 있는 인질은 53명이었다.

12월 15일 팔레비가 파나마로 망명처를 옮기고 1980년 1월 이란 대통령에 당선된 온건파 바니 사드르가 취임사를 통해 "인질을 석방할 수 있다"고 시사하면서 인질사태는 해결의 빛이 보이는 듯했다. 호메이니도 대미 관계 정상화를 암시하고 미국도 팔레비의 죄상을 시인하는 공식 견해를 표명하는 유화 제스처를 취하면서 협상 분위기를 돋우었다.

그러던 중 이란 주재 캐나다 대사관에 피신해 있던 미 외교관 6명이 1월 29일 이란을 탈출하고, 팔레비가 3월 23일 이집트로 망명처를 옮기면서 이란 내 강경 세력들이 다시 팔레비 송환을 강력히 요구하는 등 사태가 악화되어 인질 문제는 다시 원점으로 되돌아갔다.

미국은 결국 4월 9일 대(對)이란 국교 단절을 정식으로 선언하고 주미 이란 외교관들을 추방했다. EC 등 서방 각국도 미국의 강력한 압력으로 대이란 경제제재 조치를 취해 이란을 국제사회에서 정치·경제적으로 고립시켰다. 그래도 이란이 꿈쩍을 않자 곧 대통령 선거를 치러야 하는 미국의 카터 대통령은 초조해졌다. 그래서 생각한 것이 비밀 인질 구출작전이었다.

이집트에서 출발한 7대의 C-130 허큘리스 수송기와 아라비아해의 항모 니미츠호에서 발진한 8대의 헬리콥터에 분승한 90여 명의 특공대가 테헤란에서 330km 떨어진 사막지대에 비밀리에 침투한 것은 1980년 4월 24일 밤이었다.

그러나 8대의 헬리콥터 중 3대가 사막의 모래로 인한 기계 고장을 일으켜 작전은 취소되었다. 더욱이 어둠 속에서 황급히 철수작업을 벌이던 수송기와 헬리콥터가 서로 충돌하는 바람에 8명이 죽고 4명이 부상하는 참변이 일어났다.

"이제 우리는 세계 최강 아니다" 교훈 가르쳐

특공대원들은 동료의 시신을 회수할 만한 시간적 여유조차 없어 그들을 내버려둔 채 되돌아왔다. 사막에 널브러진 미군기 잔해는 카터 정권의 무능을 보여주는 상징물이 되었다. 이 참담한 실패로 세계 최강국 미국의 체면은 여지없이 구겨지고 작전 성공을 재선의 발판으로 삼으려던 카터 대통령의 구상은 물거품이 되었다.

1980년 7월 11일 인질 중 1명이 신병으로 풀려나 52명으로 줄어든 가운데 호메이니로부터 인질 문제를 위임받은 이란 의회가 7월 20일 개원하고 7월 27일 팔레비가 이집트에서 병사함으로써 인질사태는 또다시 호전될 가능성이 높아졌다. 호메이니는 9월 12일 팔레비의 재산 반환, 미국의 이란 내정 불간섭, 대이란 청구사항 포기, 미국의 이란 자산 동결 해제 등 4개 항의 인질 석방 조건을 제시했다. 그런데 4개 항 중에 미국의 공개 사과가 빠져 있어 인질 석방 협상이 순탄할 것으로 예상되었다.

그러나 9월 22일 예상치 못한 이란·이라크전의 발발로 인질문제는 또 다시 뒷전으로 밀려났다. 미국이 전쟁에 중립을 선언한 가운데 이란의 라자이 총리가 1980년 10월 중순 유엔 안보리 참석차 뉴욕을 방문한 자리에서 "미국이 이란에 군사지원을 한다면 인질을 석방하는 데 도움이 될 것"이라는 입장을 밝혔다. 미국은 전쟁 중립의 입장을 바꿔 이라크를 침략자로 규정하고 친이란 자세를 보이며 이란과의 협상에 적극적인 태도를 보였다.

11월 3일 이란은 주미 알제리 대사를 통해 호메이니가 그전에 밝혔던 4개 항의 조건을 미국 측에 공식 전달했다. 이런 유화국면에도 불구하고 인질 석방이 계속 지연되는 바람에 카터는 그해 11월의 대통령 선거에서 재선에 실패했다. 미 정부는 레이건 차기 대통령이 취임하는 1981년 1월 전까지 인질 사건을 매듭짓기 위해 알제리를 중재자로 내세워 막후 교섭을 벌였다. 이란으로서도 이란·이라크전에 전념하려면 이란의 자금을 묶어두고 있는 인질 문제를 어떤 방식으로든 털어내야 하는 상황이었다.

결국 이란은 미국으로부터 80억 달러의 이란 자산 동결 해제와 사건 담당자를 기소하지 않겠다는 약속을 받고 구금 444일 만인 1981년 1월 20일 52명을 풀어주었다.

중동권 반미주의가 처음 미국에 직접 도전장을 던진 이란의 미국인 인질사건은 세계 최강국인 미국, 그리고 전후 세계를 지배해온 미국인의 위신과 긍지를 여지없이 실추시켰다. 인질사건은 미국인에게 "이제 우리는 세계 최강이 아니다"라는 중대하고 현실적인 교훈을 새삼 일깨워주었다. 이후 미국의 재외공관은 이슬람 테러공격의 단골 목표가 되었고, 이란 경제는 20년 넘게 후퇴를 거듭했다.

모하마드 레자 팔레비 이란 국왕 망명

낙타국가를 공업화된 군사기술 강대국으로 발전시켰으나 불만 세력이 배양되고 있었다.

모하마드 레자 팔레비(1919~1980)를 왕좌에 앉힌 것은 그의 부왕을 폐위시켰던 영국과 소련의 외세였다. 부왕인 레자 샤 팔레비는 페르시아군의 육군 장교로 1921년 쿠데타를 일으켜 1925년 카자르 왕조의 마지막 왕을 퇴위시킨 뒤 자신이 국왕 자리에 올라 팔레비 왕조를 창건했다.

2차대전이 발발했을 때 레자 샤가 중립을 선언하자 영국과 소련은 이란이 독일 쪽으로 기울 것을 우려해 1941년 이란을 침공했다. 영국은 레자 샤를 외국으로 추방하고 그의 아들인 21세의 모하마드 레자 팔레비를 왕위에 앉혔다. 아들 팔레비는 젊어서 여자, 카드놀이, 자동차경주 등을 좋아하는 플레이보이로 이름을 날렸다. 그러나 1953년 8월 모사데크 총리에 의해 이탈리아로 쫓겨났다가 미 CIA의 도움을 받아 6일 만에 왕권을 되찾은 후부터는 강력한 통치를 추구했다.

1963년부터는 공고육 기회 확대, 사원·성직자 소유 토지의 재분배, 여성 참정권의 허용, 비이슬람교도의 피선거권 허용 등을 골자로 한 '백색혁명'을 추진했다. 백색혁명에 따라 토지는 농민에게 분배되었고, 문맹률은 떨어졌으며 여성의 대학 입학, 투표권, 이혼권이 허용되었다.

그러나 백색혁명은 이슬람 종교 지도자들의 강력한 저항에 부딪혔다. 그들은 토지개혁과 여성의 참정권 확대에 특히 강한 거부감을 드러냈다. 주로 부재지주가 많은 성직자 계층은 토지개혁이 자신들 권력의 원천 기반이 무너지게 되는 결과를 가져오고, 이것이 결국에는 성직자 계급의 힘의 약화를 초래하여 자신들의 권위가 크게 추락할 것을 우려했다.

아야톨라 호메이니(1900~1989)는 1963년 시아파의 성지인 콤에서 행한 연설에서 "토지개혁은 개혁을 빙자하여 이슬람의 적인 유대인과 기독교인들에게 토지 등을 팔아버리는 악마적 행위"라며 팔레비 국왕을 불신자, 유대인이라고 비난했다. 여성의 참정권 확대도 이슬람의 가치를 이교도들에게 팔아버리는 행위라는 식으로 격렬하게 반대했다.

'근대화'를 '서구화'로 잘못 이해한 게 치명적 실수

팔레비는 국왕의 친위부대이자 비밀경찰인 '사바크'를 동원해 폭력적으로 반대파들을 감시, 체포, 구금했다. 이는 다시 격렬한 반대 시위를 야기하고 이를 진압하기 위해 더 큰 물리력이 동원되면서 이란은 반복되는 악순환에 빠져들었다. 결국 팔레비 시대의 인권상황은 여성 참정권의 확대에서는 진전을 이뤘지만 반대자들을 무자비하게 짓밟았다는 점에서는 인권의 상당한 후퇴를 불러왔다.

팔레비는 국왕의 권위를 높일 목적으로 1971년 10월 고대 페르시아 제국 수립 2,500년 행사를 성대하게 개최하고 팔레비 자신이 고대 페르시아 황제들의 계보를 승계했음을 대외적으로 천명했다. 1976년에는 새로운 페르시아력(2,500년 전 고대 페르시아 제국의 성립을 기원으로 하며 1976년을 2535년으로 바꿈)을 선포했다.

그러자 그의 급진적인 서구화와 전제정치, 여기에 이슬람 신학자들에게는 비이슬람적이고 이교도적으로 비치는 고대 페르시아 기념 행사에 반대하는 목소리가 커지고 반팔레비 행동도 급진적으로 바뀌었다.

팔레비는 1973년과 1974년에 걸쳐 원유 가격을 배럴당 3달러에서 12달러로 인상했다. 덕분에 1970년대 초 10억 달러에 불과했던 석유 판매액은 1970년대 말 210억 달러로 뛰었고, 1인당 국민소득은 1960년대 후반부터 1970년대 후반까지 10년 동안 150달러에서 2,500달러로 증가하는 등 괄목할 만한 성과를 거뒀다. 오일 달러 덕에 프랑스와 서독으로부터는 원자로를, 소련으로부터는 제련공장을, 미국으로부터는 통신시설을 사들였다. 군은 최첨단 장비로 현대화했다. 팔레비는 이처럼 짧은 기간에 낙타국가를 공업화된 군사기술 강대국으로 발전시켰으나 성장의 그늘에서는 불만 세력이 배양되고 있었다.

토지개혁은 자작농을 만들었지만 토지를 가진 사람과 갖지 못한 사람으로 계층분화를 일으켜 농민은 고향을 등져야 했고, 도시민들은 연간 50%로 치솟는 인플레로 고통을 겪었다. 수백년 동안 대지주였던 이슬람 성직자들로부터 땅과 특권적 지위를 빼앗은 것도 불만 세력을 양산한 요인으로 작용했다.

무엇보다 치명적인 실수는 '근대화'를 '서구화'로 잘못 이해해 이란의 전통적인 이슬람 문화를 파괴하고 황폐화시킨 데 있었다. 이슬람식 문화가 하나둘 사라지는 대신 성직자들이 극도로 싫어하는 매춘부, 카지노, 디스코가 물밀 듯이 밀려왔다. 사람들은 '근대화'라는 팔레비의 슬로건 대신 이슬람적 생활 이념을 되찾자는 호메이니의 주장에 귀를 기울였다.

호메이니는 1964년 11월 백색혁명을 반대하다 터키로 추방된 후 십수년 동안 이라크에 머물고 있었다. 성직자들이 반왕정운동의 선봉에 서고 대중이 반팔레비 목소리를 높이자 팔레비는 사바크를 동원해 의회를 무력화하고 언론을 탄압했으며 반체제 인사를 고문했다.

황급히 이집트로 도망쳐

1977년 11월, 이라크에 있던 호메이니의 아들이 갑자기 죽자 내연해온 이란 정국이 소용돌이쳤다. 협심증이라는 이라크 정부의 발표에도 호메이니 측은 사바크에 의한 독살이라고 주장했다. 진실이 무엇이든 이 소식이 이란 전역에 알려지면서 대규모 시위가 촉발되었다.

1978년 1월 시아파 성지인 콤에서 일어난 대규모 반정부 시위로 70여 명이 죽었으나 그것은 피의 시작일 뿐이었다. 지인을 잃으면 40일을 주기로 다시 애도 모임을 여는 이슬람 시아파의 전통에 따라 대규모 시위가 끊이지 않았다. 경찰이 발포하면 또다시 대규모 시위로 이어지는 악순환이 반복되면서 1978년 한 해 동안 이란 전역은 폭동과 시위로 몸살을 앓았다. 팔레비는 시위대의 분노를 누그러뜨리기 위해 자유로운 정당활동을 허용하고 언론 검열을 해제했으며 데모 군중에 관용을 베풀었다. 그러나 역설적으로 이 조치들은 시위를 더욱 격화시키는 촉매제로 작용해 팔레비의 몰락을 재촉했다.

모하마드 레자 팔레비(1919~1980)

1978년 8월 19일 관객 430명의 목숨을 앗아간 극장 화재는 반팔레비 과격 이슬람교도가 일으킨 화재였지만 격앙된 민심은 되레 팔레비를 겨냥했다. 팔레비는 9월 7일 주요 도시에 계엄령을 선포하는 강압책으로 대응했지만 한번 붙은 불은 쉽게 꺼지지 않았다.

9월 8일 군이 시위대에 발포해 수백 내지 수천 명이 죽은 것으로 추산되는 '검은 금요일' 사건이 벌어지자 시위가 다시 전국적으로 확산되었다. 공무원, 석유노동자도 파업에 동참해 경제는 거의 마비상태에 빠졌다. "팔레비에게 죽음을! 호메이니 만세!"라는 구호가 전국을 뒤덮었다.

호메이니의 영향력이 커지자 이라크는 1978년 10월 호메이니를 파리로 추방했다. 덕분에 호메이니는 한층 자유로운 파리에서 혁명을 지도할 수 있었다. 1978년 12월 10일부터 11일까지 테헤란에서는 100만 명이 시위를 벌여 국왕의 퇴진을 요구했다.

믿었던 군도 동요하고 미국조차 망명을 권유하자 더 이상 버틸 수 없다고 판단한 팔레비는 1979년 1월 16일, "긴 휴양을 떠날 것"이라는 공식

담화를 남긴 채 보잉기를 타고 황급히 이집트로 도망쳤다. 팔레비는 모로코와 바하마를 거쳐 10월 22일 신병 치료차 미국에 갔다가 다시 멕시코를 거쳐 이집트로 돌아와 1980년 7월 27일 숨을 거두었다.

소련의 아프가니스탄 침공

'무자헤딘(자유전사)'을 제압하지 못해 아프가니스탄은 '소련의 베트남'이 되고 말았다.

역사적으로 남진정책을 추구해 온 소련은 제정 러시아 시대부터 아프가니스탄에 관심을 보였다. 그러나 20세기 중반까지는 이곳에서 영향력을 행사해 온 영국에 가로막혀 뜻을 이루지 못했다. 20세기 중반 이후 냉전기에는 아프가니스탄을 통해 소련을 견제하려는 미국에 가로막혀 남진에 실패했다.

기회를 엿보고 있던 소련에게 기회가 찾아온 것은 1978년 4월이었다. '아프가니스탄 인민민주당(PDPA)' 계열의 청년 장교들이 쿠데타를 일으켜 대통령을 살해하고 무함마드 타라키를 수반으로 한 혁명평의회를 설치한 것이다. 소련은 친소 노선을 추구하는 신생 정권을 경제·군사적으로 지원하고 타라키의 급진 정책을 도와주었다.

그러나 급진 정책은 국민의 대다수를 이루는 이슬람교도들의 반발을 사고 반정부 투쟁을 초래했다. 타라키는 결국 1979년 9월 하피줄라 아민의 쿠데타 세력에 피살되었다. 아민은 '아프가니스탄의 티토'를 자처하며 소련의 내정 간섭을 공개적으로 비난하고 소련의 지원을 거절했다.

하지만 아민 역시 지지 기반이 약하고 경제까지 흔들려 지위가 불안했다. 안에서는 그동안 타라키 공산정책에 반발해온 봉건주의 세력이 이란 혁명의 영향을 받은 이슬람 원리주의 세력들과 제휴해 반정부 활동을 펼쳤고, 밖에서는 소련이 호시탐탐 아민의 실각을 노렸다.

특히 소련을 불안하게 한 것은 이슬람 원리주의의 급격한 확산과 이란의 회교혁명이었다. 당시 소련 남부의 변경 지역에는 소련의 구성원인 이슬람 공화국들이 위치해 있었는데 이슬람 원리주의가 이들 남부 공화국으로 확산되면 종교분쟁은 물론 경우에 따라 이슬람 국가로의 독립을 요구할 가능성도 있었기 때문이다.

아프가니스탄을 이슬람 원리주의 확산을 차단하기 위한 방패막이로 생각한 소련이 마수를 뻗친 것은 1979년 12월 24일이었다. 4,000~5,000명의 소련군 정예부대가 비밀리에 아프가니스탄으로 공수되고, 12월 27일에는 아프가니스탄 군복으로 위장한 소련 KGB특공대가 아민의 숙소를 습격해 아민과 가족을 살해함으로써 반소 정권을 무너뜨렸다.

그날 밤 타라키 친소 정권 때 총리였다가 소련으로 망명해 있던 바브라크 카르말이 라디오를 통해 자신이 국가원수가 되었음을 선포했다. 이것을 신호탄으로 국경 부근에 집결해 있던 소련군이 탱크를 앞세워 국경을 침공했다.

소련의 베트남

소련의 침략은 전 세계적으로 큰 파문을 몰고 왔다. 유엔은 1980년 1월 "아프간에서 외국 군대의 즉각적이고 무조건적인 철수"를 결의했고, 서방국가를 비롯한 이슬람 국가 모두 소련을 맹비난했다. 미국은 대소 곡물수출 금지조치를 단행하고 1980년 7월의 모스크바 올림픽에 대해 보이콧을 선언해 59개국의 올림픽 불참을 이끌어냈다. 이로써 세계는 1970년대 말부터 불기 시작한 데탕트 무드가 깨지고 다시 냉전 분위기에 휘말렸다.

소련은 침공 초기 7만 명이었던 소련군을 14만 명까지 늘려 아프간 전체를 점령하려 했으나 전략요충지와 주요 도로만 확보했을 뿐 전체 면적의 80%에는 영향력을 행사하지 못했다. 반정부 게릴라에 대해서도 대대적으로 소탕작전을 펼쳤으나 성과를 거두지 못했다.

미국으로부터 무기 지원을 받은 수십만 명의 반정부 게릴라들은 자신들을 '무자헤딘(자유전사)'이라고 부르며 신출귀몰했고, '지하드(성전)'라는 생각에 사기 또한 충천했다. 그러나 그들 역시 연합전선을 구축하지 못해 소련군을 쫓아낼 만큼 군사적인 역량을 갖추지는 못했다.

소련군의 가장 큰 골칫거리는 기나긴 전쟁으로 인한 소련군 내부의 후유증이었다. 사기 저하에 탈영병이 속출하는가 하면 서방 진영으로 망명하는 사례도 빈번했다. 소련은 점차 수렁 속으로 빠져들었다. 미국이 베트남에서 굴욕적으로 패배한 것처럼 소련군 역시 무자헤딘을 제압하지 못해 아프가니스탄은 '소련의 베트남'이 되고 말았다.

아프간 사태는 1985년 고르바초프가 등장하면서 새로운 국면을 맞았다. 고르바초프는 1986년 5월 카르말을 해임하고 나지불라를 대통령으로 내세워 화해 제스처를 취했다. 나지불라는 게릴라 소탕전에 주력하는 한편 공산당 색채를 줄이고 이슬람 색채를 전면에 내세우는 등 양면정책을 폈으나 그래도 별 소용이 없었다.

결국 소련은 1987년 아프간 철군계획을 발표했다. 1988년 4월 14일에는 미국, 소련, 아프가니스탄, 파키스탄이 제네바에서 평화협정을 맺어 소련군 전면 철수에 합의하고, 5월 15일에는 제1진 1,200명을 철수시켰다. 1989년 2월 15일 소련군의 마지막 부대가 철수함으로써 9년 2개월에 걸친 승산 없는 소모전도 막을 내렸다.

소련이 얻은 것은 영광 없는 상처뿐이었다. 허우적거리며 수렁에서 빠져나오기까지 소련이 치른 대가는 엄청났다. 1만 5,000여 명이 죽고 3만여 명이 부상했으며 500억 달러를 휴지조각으로 만들었다. 아프간은 100만 명이 희생되고 500만 명의 난민이 인근 파키스탄과 이란으로 피신하는 아픔을 겪었다. 그러나 곧 더 큰 비극이 아프간에 휘몰아쳤다. 소련군 철수 후 생겨난 힘의 공백지대에서 반정부군 간의 파벌 항쟁으로 다시 200만 명이 희생된 것이다.

니카라과 산디니스타 정권 탄생

국가 소유와 개인 소유가 공존하는 '혼합경제체제'를 유지했다.

니카라과는 20세기 내내 미국의 입김이 강력하게 작용한 중미의 소국이다. 1909년 니카라과 대통령을 축출하는 반군을 지원하고, 1912년 내전 때 군을 파병한 이후 21년 동안 니카라과에 주둔하며 영향력을 행사한 것도 미국이었다. 이런 미국을 상대로 무장투쟁을 펼쳤던 인물이 있었다. 그는 1926년 광산 노동자와 농민들을 규합한 진보당저항군(일명 산디노군)을 결성해 미 해병대와 니카라과 국가경비대를 상대로 라틴아메리카 혁명사에 유례가 없는 게릴라 투쟁을 벌인 아우구스티노 세자르 산디노였다.

1933년 1월 미군이 철수한 후 산디노가 미군 대신 상대한 인물은 아나스타시오 소모사 가르시아였다. 소모사는 산디노와 같은 진보당저항군 출신이었지만 곧 미군 편으로 기울어 미군이 물러날 때 니카라과 국가경비대의 지휘권을 물려받았던 군부의 실세였다.

결국 산디노는 1934년 국가경비대에 의해 피살되었고, 소모사 가르시아는 1936년 군사쿠데타를 일으켜 43년 동안 이어질 족벌 독재의 길을 열었다. 가르시아는 미국을 보호막으로 삼아 20여 년간 철권통치를 일삼다가 1956년 9월 암살되었다. 아버지의 독재와 축재는 장남 루이스, 차남 데바일레로 이어지는 3대 족벌 통치를 거치며 더욱 강화되었다.

먼저 대통령에 오른 장남이 심장마비로 사망하자 1967년 미 웨스트포인트 출신의 차남 데바일레가 대통령을 승계했다. 데바일레는 공업화 정책을 추진하는 과정에서 구재벌들을 철저히 따돌리고 경제 독점을 강화함으로써 소모사가(家)를 니카라과 내 토지 30% 이상, 유일의 항공회사와 해운회사, 최대 정유공장, 주요 신문사, 각종 은행 등을 소유한 족벌왕국으로 만들었다. 미국은 소모사 정권이 중남미에서 공산주의를 막는 첨병 노릇을 해준 대가로 소모사 정권의 폭정과 인권 유린을 묵인했다.

이런 폭압정치 속에서 1961년에 결성된 것이 피살된 산디노의 이름을 딴 '산디니스타 민족해방전선(FSLN)'이었다. FSLN이 주목을 받기 시작한 것은 1974년 12월 27일 산디니스타 게릴라들이 소모사 정부의 주요 고관들이 참석한 크리스마스 파티장을 점거해 인질극을 벌이고부터였다.

게릴라들은 외국 대사들과 외무장관 등 정부 고관 13명을 인질로 잡아 몸값으로 500만 달러를 받아내고 정치범 14명을 석방했다. 이때 풀려난 사람 가운데 한 명이 1979년 니카라과 혁명의 주역 다니엘 오르테가(1945~)였다. 그러나 당시의 FSLN은 다양한 집단이 섞여 있어 조직적이지 못하고 통일성도 없었다. 이 분열에 종지부를 찍은 것이 1978년 1월 라 프렌사지(紙) 편집인 페드로 차모로의 암살사건이었다. 소모사 독재에 맞서 수차례의 정간 등 형극의 길을 걷던 차모로가 결국 비명에 쓰러지자 전국적으로 총파업이 일어났다.

중산층까지 반정부 시위에 합세해 반소모사 기운이 점점 비등점을 향해 달려가고 있을 때 산디니스타군은 1978년 8월 국회의사당을 점거하고 9월엔 전국 5대 도시에서 일제히 봉기했다. 사실상 내전이 시작된 가운데 1979년 5월 산디니스타가 마침내 '소모사 타도를 위한 최후의 결전'을 선언함으로써 국가경비대와 마지막 일전에 돌입했다.

미국은 폭정과 인권 유린 묵인해

1979년 6월 미주기구(OAS)가 소모사의 즉각 사임을 결의하고, 미국이 소모사 정권 지지를 철회한 것도 정권의 몰락을 가속화시켰다. 결국 소모사는 1979년 7월 9일 하야 성명을 발표한 뒤 7월 17일 가족·측근과 함께 비행기를 타고 미국으로 망명했다. 1년 동안의 내전으로 260만 명의 니카라과 주민 중 약 6만 명이 사망한 뒤였다. 소모사는 다시 파라과이로 피신했지만 그곳까지 쫓아온 FSLN군에 의해 1980년 9월 17일 피살되었다.

소모사가 망명한 7월 17일, 5인으로 구성된 국가재건평의회가 수도 마나과에 무혈 입성해 소모사 정권의 모든 권력기관을 해체하고 신정부를 구성했다. 또한 경제체제는 국유화 및 사기업의 혼합경제로 바꾸고 외교노선은 비동맹주의를 채택했다.

5인 평의회는 최고 집행기관으로 다니엘 오르테가를 비롯 암살된 차모로의 미망인 비올레타 차모로, 기업인, 좌파 작가 등으로 구성되었다. 평의회와는 별도로 실질적인 권력 핵심부를 장악한 9인 군사위원회에는 FSLN의 3개 파에서 3명씩 참여했다. 5인회와 9인회에 모두 이름을 올린 것은 오르테가가 유일했다. 비올레타 차모로는 1980년 4월 평의회와 결별한 뒤 신정부의 갖은 협박과 검열, 무기정간 등에도 굴하지 않고 남편의 유지를 계승했다.

정권을 장악한 오르테가는 탈미 사회주의를 지향했다. 완전한 사회주의라기보다 국가 소유와 개인 소유가 공존하는, 사회주의권에선 유례가 없는 '혼합경제체제'를 유지했다. 그러나 미국은 제2의 쿠바화를 우려해 이런 니카라과의 좌경향을 방관하지 않았다. 미국이 오르테가 정부를 반대하는 우익 콘트라 반군을 도우면서 니카라과는 다시 내전에 시달렸다. 미국이 콘트라 반군을 도울수록 오르테가는 더욱 소련으로 기울며 좌경적 색채를 강화했다.

결국 다시 시작된 내전으로 니카라과는 1990년 정권이 바뀔 때까지 10년 동안 5만 명에 이르는 인명 손실과 122억 달러의 재산 피해를 보았다. 국방비가 예산의 36%를 차지해 도저히 경제 재건을 도모할 수 없는 상황에서 미국의 경제 봉쇄까지 겹쳐 경제난이 가중되었다.

계속된 경제난에 시달린 니카라과 국민들은 경제난의 원인을 오르테가로 지목했다. 결국 오르테가는 1990년의 대통령 선거에서 낙선하고 미국의 전폭적인 지원을 받은 비올레타 차모로가 당선되었다. 국민들이 경제난과 내전의 원인이 미국에 있다고 목소리를 높이는 산디니스타 정권의 주장보다는 어떻게든 변화가 있어야 한다는 차모로의 주장을 선택한 것이다.

다니엘 오르테가 검은 테 안경에 콧수염, 전투복 차림으로 20여 년의 게릴라 시대와 10년의 혁명지도자 생활로 일관한 다니엘 오르테가(1945~)는 10대 때부터 반소모사 투쟁에 온몸을 던졌다. 1959년 '니카라과 애국청년'의 창립 멤버로 참여하고 1963년 '산디니스타 민족해방전선(FSLN)'에 가입해 본격적인 혁명가의 길로 들어선 것도 10대 때였다.

다니엘 오르테가(1945~)

1967년 은행 습격사건에 연루되어 30년 형을 선고받고 수감되어 있던 중 1974년 크리스마스 파티장을 점거한 FSLN의 인질극 덕에 석방되었다. 오르테가는 이후 농촌게릴라 투쟁론과 합법 투쟁론으로 나뉘어 분열되어 있던 FSLN의 노선 다툼을 통일했으며 부르주아를 포함한 반소모사 민족연합전선을 구축했다.

이런 과정을 거쳐 1979년 산디니스타 정

권을 탄생시켰으나 10여 년에 걸친 내전과 경제난을 견디지 못한 국민들이 등을 돌려 1990년 차모로에게 정권을 내주었다. 혁명으로 쟁취한 정부였으면서도 자유민주주의 선거를 실시하고 선거 결과에 따라 순순히 정권을 내놓았다는 점에서 오르테가 대통령은 도덕성과 민주성을 갖춘 인물로 평가받았다.

차모로 정권 출범에 앞서 산디니스타군의 무장해제에 합의해준 것도 오르테가의 대승적 결단이 있었기에 가능한 일이었다. 이런 오르테가의 결단을 두고 카터 전 미 대통령은 "니카라과의 민주주의와 평화에 엄청난 기여를 했다"고 평가했다.

이후 오르테가는 1996년과 2001년 연거푸 대권에 도전해 고배를 마셨으나 꿈을 포기하지는 않았다. 2006년의 대선을 앞두고는 '뉴 오르테가 플랜'이라는 이미지 변신에 노력을 기울였다. 산디니스타 시절 자신의 상징처럼 즐겨 입었던 군복을 벗어던지고 평화를 상징하는 흰색 옷을 입었다. 해외 투자를 적극 유치해 경제성장에 박차를 가하겠다는 공약을 내걸었고 콘트라 반군을 이끌던 사람을 러닝메이트로 삼아 '좌우합작'을 이끌어냈다.

이런 노력의 결과 2006년 11월 대선에서 승리해 합법적으로 정권을 탈환했다. 당선 후 오르테가는 자신이 여전히 사회주의자임을 자처하면서도 "독재는 끝났고 내전은 극복되었다"며 "나는 이해와 화해가 이 나라를 움직일 수 있는 유일한 방법이라는 결론에 이르렀다"고 말해 유연하고 유화적인 모습을 보였다. 2011년 11월에는 세 번째로 대통령에 당선되어 순항 중이나 장기집권을 우려하는 목소리도 나오고 있다.

제임스 러브록 '가이아-생명체로서의 지구' 발간

지구도 주위 환경을 조절하는 '자기조절 기능'을 갖는다는 결론을 도출했다.

제임스 러브록(1919~)에게는 '과학계의 이단아', '자유분방한 학문의 편력자'라는 꼬리표가 따라다닌다. 그는 영국에서 태어나 맨체스터대 화학과를 졸업하고 런던대에서 의학박사(1948)와 생물물리학 박사(1959)학위를 취득했다. 하버드대, 휴스턴대 등 미국의 대학에서 객원연구원 및 교수로 활동하던 그가 화성 생물체를 탐사하기 위한 미 항공우주국(NASA)의 바이킹 위성발사 계획에 참여한 것은 1960년대 중반이었다.

연구팀의 연구과정에서 금성과 화성의 대기 중 이산화탄소의 비율은 95%이고 지구는 0.03%에 불과하다는 사실이 밝혀졌다. 이 사실을 통해 "원시 지구의 이산화탄소 비율은 금성·화성과 비슷했으나 지구가 생명체를 배태하면서 이 생명체가 지구의 대기 조성을 바꾼 것"이라는 데까지 사고가 확장되었다. 광합성을 하는 세균과 조류(藻類)가 이산화탄소를 빨아들이고 산소를 내뿜어 지구 대기를 변화시켰다는 것이다. 이는 생물체가 자연에 순응하지만 않고 능동적으로 자신에 적합한 환경을 만들어갔다는 것을 의미했다.

이후 러브록은 학문적 분파주의를 혐오해 영국의 한 시골마을에 틀어박혀 독립적인 연구를 시작했다. 연구과정에서 탄소, 질소, 인, 황, 규소 등 지구를 구성하는 주요 원소들이 육지와 바다를 오가며 순환하고 있고, 놀랍게도 그 메커니즘은 전적으로 생물에 의해서 통제되고 있다는 사실을 알게 되었다. 그는 이런 지구의 실체를 고대 그리스 신화에 등장하는 대지의 여신을 지칭하는 '가이아'라고 명명했다.

1972년에는 '대기권 분석을 통해 본 가이아 연구'라는 제목의 단 한 쪽 분량의 짧은 논문에서 지구가 살아 있는 존재라는 견해를 처음 제시하며

'가이아 이론'을 발표했다. 가이아 이론의 핵심은 지구의 온도나 산소 농도, 바다 등 다양한 구성 요소들이 장기간 큰 변화 없이 일정 수준을 유지한다는 것이다. 그러나 가이아 이론은 과학학술지로부터 철저하게 외면을 당했다.

제임스 러브록(1919~)

러브록은 대중 과학서적을 출간해 대중적 인지도를 높인 다음 대중적 압력을 이용해 과학계로 논의를 끌어들이는 우회전략을 폈다. 1979년 발간된 '가이아–생명체로서의 지구'는 그 산물이었다. 책에서 "지구는 생물과 무생물의 복합체로 구성된 하나의 거대한 유기체"라고 규정한 러브록이 가이아의 존재를 입증하기 위해 제시한 근거는 이랬다.

지구에 생명이 처음 출현했던 당시의 원시 대기에는 산소가 전혀 없었으나 오늘날의 대기권은 산소가 21%나 된다. 만일 산소의 농도가 1%라도 올라가면 지구가 화염에 휩싸일 가능성이 70% 이상 높아진다. 그런데도 다행히 지구의 대기권은 수백만 년간 거의 일정한 산소 비율을 유지해오고 있다. 또한 지구가 탄생한 후 그리 오래지 않아서 생겨난 바다의 염분 농도는 그때나 지금이나 거의 일정하게 유지되고 있으며, 지구의 평균기온 역시 지난 35억 년 동안 생물의 생존에 부적당했던 때가 단 한순간도 없이 거의 일정하게 유지되고 있다.

'지구는 살아 있는 존재' 견해 처음 제시해

러브록은 이 같은 사실을 통해 생물체가 생존을 위해 체내 환경을 유지하는 것처럼 지구도 능동적으로 주위 환경을 조절하는 '자기조절 기능'을 갖는다는 결론을 도출했다. 러브록은 가이아를 대단한 자기조절 능력을 발휘하는 거의 불멸의 존재로 인식했다. 과거 운석의 낙하로 모든 공룡이 한꺼번에 멸종하는 대재앙이 발생하는 등 많은 재난이 있었지만 전체 생물종이 한꺼번에 사라지거나 혹은 그로 인해 중요한 물질순환의 과정이 단절되었던 적이 한 번도 없었기 때문이다.

가이아 이론에서 지구에 사는 생물은 지구에 일방적으로 영향을 받는 피동적인 존재가 아니다. 오히려 전체 지구와 상호작용하며 살기 좋은 환경을 만든다. 인간도 그런 작용을 하는 존재다. 가이아의 세계에서 인류는 단지 한 종의 생물에 불과할 따름이다. 이는 인간이 만물을 지배하고 소유하는 존재가 아니며 지구의 다른 생명체 심지어 물이나 산소 같은 무기물과도 평등한 위치라는 것을 확인시켜 주었다.

러브록은 이후 '가이아 시대'(1988)와 '가이아-지구의 체온과 맥박을 체크하라'(1991)를 통해 가이아 이론을 더욱 구체화시켰다. '지구의 체온과 맥박을 체크하라'에서는 지구의 환경을 제멋대로 훼손하고 있는 인간을 가이아의 건강에 피해를 끼치는 세균에 비유하면서 열대삼림과 오존층 파괴, 산성비 등 인간에 의해 옮겨지는 각종 질환이 지구의 건강을 위협하고 있음을 역설했다.

러브록은 열대우림 지역을 지구에서 가장 소중한 부분으로 간주했다. 지구 온난화의 추세가 열대삼림의 파괴에 덧붙여질 때 전혀 예기치 못한 방향에서 우리 인류를 포함하여 생물권 전체에 엄청난 재난을 초래하게 될 것임을 경고했다. 2006년 러브록은 '가이아-생명체로서의 지구'를 대폭 수정한 '가이아의 복수'를 발간해 지구 온난화는 대재앙을 몰고 와 21세기가 끝나기 전 지구에 살고 있는 수십억 명을 죽게 만들 것이고 일부만이 북극에서 살아갈 것이라고 전망했다.

현재 세계 과학계는 지구가 초생명체라는 '가이아 개념'은 포기한 상태다. 대신 지구 자체가 능동적으로 기후를 조절할 수는 없지만 기후 시스템에 참여하고 있으며 해양과 대기의 조성에 영향을 미친다는 '가이아 이론'에는 어느 정도 동의하고 있다.

페르낭 브로델 '물질문명, 경제, 자본주의' 완간

인간 삶의 복잡한 양상 속에 드리워진 근대사의 구조를 찾아내는 데 혼신의 힘을 쏟았다.

페르낭 브로델(1902~1985)은 15~18세기 사회의 '구조사'와 '전체사'에서 일가를 이뤄, 살아 있을 때부터 '현대 역사학의 교황'으로 불린 20세기 역사학계의 기린아다. 그는 프랑스 로렌지방에서 태어나 소르본대에서 사학을 전공했다. 알제리에서 고교 교사로 근무하다가 파리를 거쳐 브라질 상파울루대로 건너가 그곳의 원시림 지역을 답사하는 등 강한 탐구심을 보였다.

다시 파리로 돌아와 박사논문을 준비하던 중 2차대전이 발발해 참전했다가 독일군에 포로로 잡혀 5년 동안 감옥에 갇혔다. 박사학위 논문이자 첫 번째 대작인 '펠리페 2세 시대의 지중해와 지중해 세계'의 골격이 만들어진 것은 포로수용소에서였다.

종전 후 그는 논문을 완성해 박사학위를 받고 1949년 책으로 출간했다. '펠리페…'는 약 2세기(1450~1650) 동안의 지중해 세계, 구체적으로는 유럽과 아프리카, 아시아 및 멀리 남미 지역의 지리, 역사, 종교, 농업, 기술과 지적 풍토를 다루고 있다. 그는 '아날학파'의 차세대 주자였다.

'아날학파'는 1929년 프랑스에서 창간된 '사회경제사 연보(아날)'를 중심으로 활동했던 일군의 역사학자 집단을 가리킨다. 아날학파는 역사 연구에 각기 다른 학문 분야를 폭넓게 적용하는 접근방법으로 20세기 역사 서술에 혁명을 불러일으켰으며 뤼시앙 페브르(1878~1956)와 마르크 블로

페르낭 브로델(1902~1985)

크(1886~1944)가 1세대다.

블로크는 2차대전 당시 레지스탕스운동에 참여했다가 감옥에서 '역사를 위한 변명'을 집필하던 중 나치군에 의해 총살당했으며, 페브르는 1956년 '아날'지의 편집책임자 자리를 제자인 페르낭 브로델에게 물려줄 때까지 아날학파의 정신적 지주 역할을 했다.

이들 1세대는 정치사·외교사 등 '사건사' 중심으로 역사를 바라보던 기존의 전통사학과 달리 지리학, 경제학, 인류학, 심리학, 사회학 등 모든 학문적 성과를 흡수해 인간 삶의 복잡하고 다양한 모습을 상호연관 속에서 파악하는 '전체사'를 추구했다. 민중의 자질구레한 일상생활사가 꼼꼼히 기록된 것도 이런 이유 때문이다.

브로델은 1956년 스승 페브르가 죽은 뒤 '아날'지 편집장, 콜레주 드 프랑스 교수, 고등연구원 제6부(현재의 사회과학고등연구원) 책임자 자리를 모두 물려받아 명실상부한 2세대 대표주자로 부상했다. 그는 아날학파의 전통에 따라 서양 근세사를 완전히 새로운 시각으로 재해석하고 종합해 '물질문명, 경제, 자본주의'라는 제목의 대작을 완성했다.

책은 1967년 '물질문명과 자본주의'라는 제목으로 첫 권이 간행되었다가 1979년 첫 권을 포함해 전3권으로 된 '물질문명, 경제, 자본주의'란 제목으로 발간되어 현대 역사학의 고전으로 자리매김했다. 1권 '일상생활의 구조', 2권 '교환의 세계', 3권 '세계의 시간' 등으로 나뉘어 출간된 '물질문명…'은 15~18세기 산업화 이전 시대의 물질문명과 인간의 관계를 세계사적으로 고찰한 대저다.

서양 근세사를 완전히 새로운 시각으로 재해석

브로델은 치밀한 실증에 바탕한 인문학적 상상력을 동원해 일상의 양식인 빵에서부터 시작해 음식, 주택, 의복, 유행을 거쳐 기술의 보급과 화폐와 도시, 시장과 경제에 이르기까지 당대의 인간사를 생생하게 되살려냈으며, 인간 삶의 복잡한 양상 속에 드리워진 근대사의 구조를 찾아내는 데 혼신의 힘을 쏟았다.

브로델이 제시한 가장 흥미로운 개념은 제1권에서 소개한 '장기 지속'이다. 그는 오랜 시간 '지속'되는 것들이 일상생활에서 변함없이 반복되다 보면 사람들의 기본적인 삶의 방식과 한계를 규정하는 '구조'가 만들어진다고 생각했다. 브로델은 역사를 시간적 지속에 비례하여 순식간의 역사(사건사), 주기적 역사(변동사), 장기 지속의 역사(구조사)로 구분한 뒤 진정한 역사인식은 장기 지속 즉 구조를 파악하는 데 있다고 보았다.

'구조'란 사건사의 관점에서 보면 별 변화 없이 정체되어 있는 듯한 현상들이나, 몇 세기에 걸쳐 지극히 완만하게 흐르고 있는 '관습'과 같은 것을 말하는데 이러한 것들이 사실은 변천하는 시대의 밑바닥에서 사회와 인간을 규제하고 있다는 것이다. 브로델의 표현을 빌리면 구조는 '시간의 마모를 견뎌내는 힘'이며 오랜 기간 변함없이 인간에게 반복적으로 영향을 미치는 힘이다. 이런 힘을 발견하려면 장기적인 시간대를 관찰해야 했기 때문에 브로델이 수 세기에 걸친 사회상을 관찰한 것이다.

브로델은 학계에 대한 막강한 영향력을 바탕으로 조르주 뒤비, 자크 르고프 등 많은 제3세대 학자를 길러냈다. 브로델의 학문을 잇는 후학으로 꼽히는 인물은, 1976년 뉴욕주립대 빙엄턴 캠퍼스에 '페르낭 브로델 센터'를 설립한 미국 사회학자 이매뉴얼 월러스틴(1930~)이다. 월러스틴은 근대 세계사를 하나의 체계로 설명하는 거대이론을 만들기 위해 방대하고 야심적인 '근대세계체제'를 1974년부터 발간하고 있다.

| 후기 |

'20세기 이야기'가 나오기까지

2000년 3월 5일 조선일보가 개최한 '21세기 한민족 대항해시대' 특별전이 예술의전당에서 열렸습니다. 제목만 보면 마치 21세기 해양대국을 기치로 내세운 전시회 같지만 실은 20세기를 회고하는 전시회였습니다. 당시 저는 실무자로 전시회에 참여했습니다. 그런데 준비 과정에서 20세기에 대해 모르는 것이 너무 많다는 것을 알게 되었습니다. 알고 있는 것도 깊이가 없어 결국 총체적으로 자괴감에 빠졌습니다.

사실 그 몇 년 전부터 시오노 나나미의 '로마인 이야기'를 계기로 세계사에 푹 빠져 있었는데도 정작 제가 숨 쉬고 있는 20세기에 대해 무지했던 겁니다. 전시회가 끝난 후 20세기에 관심을 가졌습니다. 관련 책만 편식했습니다. 그렇게 1년 반 정도가 지나고 나니 20세기를 정리하고 싶다는 욕심이 생겼습니다. 1~2권짜리 분량의 '20세기 소사전'이 목표였습니다. 그런데 관련 자료를 모으고 있던 2002년 11월 어느 날 신문사에선 '흔치 않은 일'이 일어났습니다.

김태익 당시 조선일보 문화부장이 '오늘의 소사' 성격의 글을 신문에 연재하면 어떻겠냐고 제안한 것입니다. '흔치 않은 일'이라고 한 것은 취재기자도 아니고 신문에 글을 써 본 적도 없는 사람에게 전국의 수백만 독자를 상대로 '오늘의 소사'를 연재하라고 했기 때문입니다. 이 결정은 누가 보아도 상식에서 벗어난 모험이었습니다. 변용식 당시 편집국장이 문화부장의 결정을 받아들인 것도 뜻밖이었습니다.

'흔치 않은 일'은 '역사 속의 오늘'이란 제목으로 구체화되어 2002년 12월 2일부터 조선일보 지면의 한 귀퉁이에서 매일 독자와 만났습니다. 준비가 충분치 않은 상태에서 갑작스럽게 시작되고, 연재 말고도 고유의 업무를 따로 수행해야 했기 때문에 하루하루가 고역이었습니다. 시간에 쫓겨 내용이 만족스럽지 않은 날도 있었습니다. 결국 '역사 속의 오늘'은 회사의 결정에 따라 연재를 시작한 지 2개월도 채 지나지 않은 2003년 1월 29일자를 끝으로 중단되었습니다.

그런데 다음날부터 놀라운 일이 벌어졌습니다. '역사 속의 오늘'을 계속 연재하라는 독자들의 전화가 연일 빗발쳤던 것입니다. 결국 회사는 십수일이 지난 2월 10일 '역사 속의 오늘'을 부활했습니다. 그때 전화를 했던 독자가 이 책을 읽고 있다면 이 자리를 빌려 진심으로 감사하다는 말씀을 전합니다. 이 분들이 없었다면 필시 글에 대한 흥미를 잃어버렸거나 역사에 대한 관심을 접었을 테고 결국 '20세기 이야기'(전 10권)도 세상에 나오지 못했을 겁니다.

연재 중 답답한 것은 또 있었습니다. 원고지 7~8장 안에 매일 두 꼭지씩의 국내외 사건·사실이나 인물을 소개해야 했는데 그럴 때마다 발단, 전개과정, 의미, 영향 등을 제대로 짚어주기에는 지면이 부족했던 겁니다. 그러다 보니 꼭 소개해야 할 부분조차 포기할 때도 많았습니다. 그렇다고 신문 특성상 지면을 늘릴 수도 없어 나중에 꼭 보완하리라 마음먹고 연재를 이어갔습니다. 조선일보 연재는 이런 우여곡절을 거쳐 1년 만인 2003년 11월 29일에 끝을 맺었습니다. '역사 속의 오늘'은 2004년 9월부터 2006년 8월까지 2년 동안 또다시 주간조선의 지면을 통해 독자들과 만났습니다.

'20세기 소사전'을 정리해보고 싶다는 당초의 구상을 실천에 옮긴 것은 조선일보 연재가 끝난 후인 2004년 초부터였습니다. 본격적으로 자료를 수집하고 원고를 쓰는데 그동안 알지 못했던 새로운 사실들이 불쑥불쑥 튀어나왔습니다. 내공이 부족했던 겁니다. 점차 욕심이 커지고 범위가 넓어졌습니다. 결국 '20세기 소사전'은 '20세기의 모든 것'으로 확장되었습니다. 책 권수는 1~2권에서 10권으로 늘어나고 2~3년이면 끝날 줄 알았던 작업 기간은 그 몇 배인 8년을 훌쩍 뛰어넘었습니다.

마지막으로 이 책이 나오기까지 심적·물적으로 도움을 주신 분들께 감사의 말을 전합니다. 글을 쓸 수 있도록 계기를 마련해 준 김태익 당시 조선일보 문화부장과 변용식 편집국장, 원고를 꼼꼼히 읽고 격려해준 이희용 연합뉴스 부장과 김정일 외환은행 지점장, 책을 출판하는 과정에서 여러모로 도움을 준 김애숙 한길합동법무사사무소 대표, 장진한 A플러스어문연구소 대표, 서필봉 새터출판사 대표, 이민재 제이소프트 대표, 최중홍 문화일보 부국장, 김남호 나모에디트 대표 등이 그들입니다. 종로·정독도서관의 사서, 교보문고 매장 직원들께도 감사의 뜻을 전합니다.

2012년 12월 1일

김정형 _ 대표 저자

찾아보기

ㄴ

ㄷ

ㄹ

ㅅ

ㅇ

ㅈ

ㅊ

ㅎ